KB260531

한국 고대사 연구의 새 동향

● 지은이

강종훈 _ 대구가톨릭대학교 역사교육과
강현숙 _ 동국대학교 고고미술사학과
권덕영 _ 부산외국어대학교 역사학과
권오영 _ 한신대학교 국사학과
김복순 _ 동국대학교 국사학과
김영미 _ 이화여자대학교 사학과
김영하 _ 성균관대학교 사학과
김재홍 _ 국립중앙박물관
김창석 _ 강원대학교 역사교육과
김태식 _ 홍익대학교 역사교육과
김현숙 _ 동북아역사재단
노중국 _ 계명대학교 사학과
노태돈 _ 서울대학교 국사학과
문창로 _ 국민대학교 국사학과
백승충 _ 부산대학교 역사교육과
송완범 _ 고려대학교 일본학연구센터
송호정 _ 한국교원대학교 역사교육과
양기석 _ 충북대학교 역사교육과
여호규 _ 한국외국어대학교 사학과
연민수 _ 동북아역사재단
오영찬 _ 국립중앙박물관

윤선태 _ 동국대학교 역사교육과
윤용구 _ 인천시립박물관
이문기 _ 경북대학교 역사교육과
이병호 _ 국립부여박물관
이성주 _ 강릉대학교 사학과
이영식 _ 인제대학교 역사고고학과
이우태 _ 서울시립대학교 국사학과
이인철 _ 동북아역사재단
이청규 _ 영남대학교 문화인류학과
이한상 _ 동양대학교 문화재학과
임기환 _ 서울교육대학교 사회교육과
임상선 _ 동북아역사재단
전덕재 _ 경주대학교 교양과정부
전호태 _ 울산대학교 역사문화학과
조법종 _ 우석대학교 사회교육과
조인성 _ 경희대학교 사학과
주보돈 _ 경북대학교 사학과
최광식 _ 고려대학교 한국사학과
최종택 _ 고려대학교 고고미술사학과
하일식 _ 연세대학교 사학과
한규철 _ 경성대학교 사학과

한국 고대사 연구의 새 동향

초판인쇄일 : 2007년 7월 23일 / 초판발행일 : 2007년 7월 25일 / 초판 2쇄 발행일 : 2007년 12월 5일

지은이 : 한국고대사학회 / 발행인 : 김선경 / 발행처 : 도서출판 서경문화사 / 인쇄 : 한성인쇄 /

제책 : 반도제책사 / 등록번호 : 제 1 - 1664호 / 주소 : 서울 종로구 동숭동 199 - 15(105호) /

전화 : 743 - 8203, 8205 / 팩스 : 743 - 8210 / 메일 : sk8203@chollian.net

ISBN 978-89-6062-015-5   93900

* 파본은 본사나 구입처에서 교환하여 드립니다.

정가   33,000원

한국 고대사 연구의 새 동향

한국고대사학회

서 경 문 화 사

| 차 례 |

『한국 고대사 연구의 새 동향』 발간을 맞아

한국고대사학회가 1987년 2월에 창립총회 겸 제1회 합동토론회를 가진 후, 벌써 20년이 지나, 지난 2007년 2월에는 제20회 합동토론회를 열었다. 20년이라는 것은 성년을 의미하는 것이다. 그래서 한국고대사학회에서는 창립 20주년을 기념하기 위하여, 20년간의 연구사를 정리해 보기로 하였다.

지난 20년간 한국고대사 연구는 장족의 발전을 이루었다. 20년 전의 한국고대사와 요즘의 한국고대사는 체계, 용어, 연구 성향 등의 면에서 큰 차이를 보이고 있다. 한국고대사학회는 그동안 이런 변화를 주도했다는 자부심을 가지고 있다. 요즘은 1년에 발표되는 한국고대사 논문 수만 해도 200편을 넘을 정도이다.

이와 같이 활발한 연구논문의 홍수에도 불구하고, 일반인이나 학생들이 겪는 혼란은 매우 큰 듯하다. 그것은 그 연구논문들을 쉽게 접하기 어렵거나, 접해도 이해하기 어렵거나, 혹은 이해해도 어느 학설이 맞는(사실은 보다 우세한) 것인지를 판별하기 어렵기 때문이다. 게다가 한국고대사 분야에는 아마추어 사학자들의 진출도 다양하여, 학술적으로 용인되지 않는 다양한 가설들이 서점의 가판대에서 성행하기도 한다.

이러한 혼란을 어느 개인적인 학자가 모두 해명하기는 어렵다. 이를 혼자의 노력으로 모두 정리한다 해도 그것은 일개인의 견해라고 치부당할 수 있다. 그러므로 이런 문제를 정리하는 것이 한국고대사학회의 公的인 의무라고 생각된다. 그 책임을 좀 더 공정하게 이행하기 위하여, 학회에서는 2005년부터 2006년 전반기에 걸쳐 당시 임원들을 중심으로 강종훈, 김태식, 문창로, 송호정, 여호규, 윤선태, 임기환, 임상선, 전덕재, 조법종, 조인성, 하일식 등의 연구자들을 모아 몇 차례의 편집위원회를 열었다. 한국고대사학계의 당면한 주제를 어떻게 분류하여, 어느 학자가 이를 집필케 하는 것이 가장 좋은 결과를 얻는가 하는 점이 그 편집위원회의 과제였다. 다만 최선의 연구자를 선정하여 집필 의뢰를 하는 과정에서, 일부 연구자가 외국에 장기간 체류 중인 것과 같은 특수한 사정으로 집필자가 교체되는 경우도 더러 있었다.

기획 초기에는 지난 20년간 한국고대사의 연구 현황을 정치사, 사회사, 경제사, 사상사와 같은 분류사로 정리하려고 진행하였다. 그러나 기획의 중간 단계에서, 20년간의 과거에만 매달리지 말고 그와 아울러 미래를 전망할 수 있는 분류로 나아가자는 윤선태 연구이사의 제안에 따라 구성을 바꾸어, ① 국가별 연구의 흐름, ② 최근 연구의 주요 쟁점, ③ 연구자료의 확대와 재해석, ④ 연구지평의 확대와 주제의 다변화, ⑤ 부록 등의 5개 항목으로 42개의 주제를 정리하기로 하였다. 그리고 전반적인 서술 형식은 하일식 총무이사의 제안에 따라 간명한 형식을 취하였다.

총 42인의 한국고대사 연구자들이 각종 주제를 정리 서술하는데 또 1년이 소요되어, 이제 한국고대사학회 20주년 기념 단행본이 출간을 앞두고 있다. 그런 과정에서 한국고대사학회의 집행부가 바뀌어, 2007년 3월 이후 김수태 회장을 중심으로 새로운 이사진이 구성되었다. 그리하여 그동안 문창로 편집이사가 정리한 파일을 이어받아 새 편집이사인 김창석 편집이사가 이 책의 마무리를 지었다.

한국고대사학회 임원들의 다년간에 걸친 기획과 편집 노력 및 여러 집필자들의 노고를 토대로 이 책이 나오게 되었으니, 이는 그대로 현재의 한국고대사학계 현황을 반영한다. 그 모든 분들이 이 책의 진정한 주인이라고 할 수 있다. 특히 한국고대사학회의 역대 회장들로서 이 단행본의 출간을 격려하고 각기 하나의 주제를 맡아 열성적으로 완성시켜 준 노중국, 노태돈, 양기석, 김영하, 한규철, 주보돈, 최광식, 이문기 교수 등의 학회 고문들에게 마음 속 깊은 곳으로부터 감사드리고 싶다. 마지막으로 이 책의 출판을 맡아준 서경문화사 김선경 사장을 비롯하여 여러 과정에서 노력한 모든 분들께 감사의 뜻을 표한다. 이 책이 한국고대사를 연구하는 전문 학자, 학생, 그리고 한국고대사를 사랑하는 많은 동호인들에게 좋은 길잡이가 되기를 믿어 의심치 않는다.

2007년 7월

한국고대사학회 제9기(2005년 3월~2007년 2월) 회장 김태식

제1부
국가별 연구의 흐름

고조선 · 부여 · 삼한
고구려
백제
신라 상대
가야
신라 중대
발해
신라 하대 · 후삼국

고조선 · 부여 · 삼한

송호정 _ 한국교원대학교 역사교육과

1. 고조선(古朝鮮)

1) 최근의 연구 동향

한국고대사 연구자들은 그 동안 삼국시대 연구에만 관심을 가져왔지, 삼국 이전의 역사에 대한 인식이 부족하였다. 특히 삼국의 사회성격을 이해하기 위해서는 그 이전에 존재한 여러 초기국가에 대한 이해가 기본 전제가 되어야 함에도 불구하고 대부분 관심밖에 있었다. 오히려 고고학자들을 중심으로 초기국가에 대한 연구가 이루어져 왔다.

고조선 · 부여 · 삼한에 대한 연구가 체계적으로 이루어지지 못하는 데는 방법론상의 결함과 자료의 결핍도 주요한 요인이 되고 있다. 따라서 삼국 이전 시기의 역사는 아직도 많은 주제가 논쟁 중에 있고 하나로 통일된 견해를 도출하지 못하고 있는 실정이다.

고조선은 국가의 기원과 형성문제뿐만 아니라 한국사의 시원이라는 점에서 매우 중요한 연구 대상이다. 고조선은 동시기 부여 · 동옥저 · 삼한을 비롯하여 주변국가와 많은 문화적 교류와 영향 관계에 있었고, 멸망 후에는 고구려 · 백제 · 신라 삼국의 국가형성과 정치적 성장에도 대단히 중요한 영향을 미쳤다.

1980년대 이후 지금까지도 고조선사에 대해 대부분 사람들은 단군신화로 표현된 단군조선을 말하는 것으로 이해한다. 그리고 고조선사 관련논문은 주로 고조선의 건국시기 문제나 영토 문제 등을 다루고 있다.

고조선사의 여러 문제를 접근하는 데 유용한 관련 사료는 매우 단편적이고 얼마 되지 않는다. 따라서 문헌자료의 부족함을 메워줄 수 있는 고고학 자료가 고조선사 연구에서 중요하다. 그러나 물질 자료는 기본적으로 그 사용 주민집단과 주거 지역이 명확히 고증되어야만 자료로서 가치를 갖게 되기 때문에, 먼저 지리적 위치와 중심지 문제에 대해 많은 논의가 전개되었다.

이밖에도 고조선이라는 국가체는 언제 형성되었고, 과연 '고조선문화'는 무엇인가의 문제가 중점적으로 논의되었다. 그리고 전통적으로 관심을 가져왔던 단군신화를 비롯하여 건국시기 문제, 기자조선 문제, 국가의 강역 문제 그리고 지배체제와 사회성격 문제 등이 여전히 주요 쟁점이 되고 있다.

2) 단군조선과 기자조선

고조선의 탄생 내력은 檀君神話 형태로 기록되어 있다. 단군신화는 고조선 왕조의 성립 과정에 대한 역사적 사실을 반영하고 있으며, 한편으로는 이러한 역사적 사실을 해석하고 그 해석을 신화적 형식으로 표현하는 고대사회의 사유 내지 표현 형식을 반영하고 있다.[6, 9, 32, 34]

중·고등학교 국사 교과서를 포함하여 많은 일반 연구자들은 단군조선의 존재를 인정하고 이를 남만주 지역에서 개화한 비파형동검문화와 연결시켜 보려고 시도하였다.[21, 23, 25] 재야사학자를 포함하여 단군신화의 실재성을 믿는 논자들은 최근까지도 계속 고조선의 출발 단계부터 그 역사가 오래 되었고 영역 또한 광대한 것으로 설정하고 있다.[21, 23, 25]

그러나 이러한 주장의 근본적인 문제점은 단군신화를 포함하여 후대의 고조선 사료에 대한 종합적이고 비판적인 이해가 결여되었다는 점이다. 이들 연구는 우리 역사에 대한 지나친 민족의식의 발로로 인해 한국사의 유구함과 영토의 광대함을 밝히고자 하는 선입관이 많이 들어가 있다. 이러한 논의는 고대의 신화나 건국신화의 역사성에 대한 이해, 다시 말해 단군신화가 역사적 사실인지에 대한 고민 없이 먼저 그 사회상을 복원하려고 시도하는 것으로 역사 논문으로서 인정하기 어렵다.

단군신화가 이야기하고자 하는 바는 궁극적으로 고조선이 어떻게 해서 등장하게 되었는가라는 점이다. 단군신화는 고조선사와 관련된 것이 아니라 시조 단군의 근본을 풀이하는 데 초점을 맞추고 있다. 다시 말해 단군은 至高神인 桓因의 아들이며 지상에 풍요와 다산·문화와 규범을 가지고 온 문화영웅 桓雄이 지상을 대표하는 熊女와 신성결혼을 해서 출생한 신성한 존재이며, 바로 이러한 단군에 의해 고조선이 있게 되었다는 점이다.[32]

단군신화가 비록 비현실적인 표현들로 꾸며져 있으나 그 속에는 고조선이 건국되는 전후시기의 역사적 사실들이 함축적으로 표현되었다. 물론 고대의 신화가 역사적인 사실을 얼마나 충실히 반영하고 있는가에 대해서도 충분한 검토가 뒤따라야 할 것이다. 사실 신화라는 것은 지배계급의 지배를 정당화하기 위한 이데올로기로서의 기능이 본질적인 요소이기 때문에 과거의 사실들에 대한 정확한 반영이 아니라 현실적인 필요에 의해 조작되었을 가능성도 부정할 수 없기 때문이다.[6, 10, 30]

일부에서는 단군신화의 역사성을 부정하는 대신 箕子·朝鮮에 대한 실재성을 믿고 기원전 1천년 이전부터 만주의 남부지역을 거쳐 서북한 지역에 이르기까지 고조선의 역사가 전개되었다고 주장하고 있다.[19] 특히 1970년대에 요서지역 대릉하 유역을 중심으로 '箕侯'와 '孤竹' 명문이 있는 靑銅禮器가 발견된 점은 기자가 동쪽 조선 땅으로 온 사실을 입증하는 것이라고 주장한다. 그러나 기자조선과 관련하여 언급되는 기자 집단이나 고죽국 등은 대개 殷의 유이민이 중심이 된 집단들이었지만, 결국은 토착 戎狄 문화에 흡수되어 존재하였다고 보인다.[35]

따라서 伏生의 『尙書大典』에 처음으로 등장하는 '주 무왕이 은을 이기자 기자가 북쪽으로 향해 조선으로 갔다'는 고사는 바로 '기자조선'의 존재를 입증하는 것이라기보다는 이 광대한 지역에 '箕侯'가 존재하였고, 또 '殷 왕조'와 밀접한 관계가 있었기 때문에 등장한 것으로 보는 것이 가장 합리적이다.[31, 35]

3) 고조선의 성립

선진 문헌인 『管子』 기록에 따르면 고조선이 등장하는 시기는 중국 동북지방에서 청동기문화가 개화하는 기원전 8~7세기 이후이다.[9, 24, 33] 그렇다면

이때부터 고조선의 역사가 시작된 것으로 보아야 한다.[6, 8, 15, 30]

고조선은 濊와 貊이라는 종족이 정치적으로 성장하여 발전시킨 나라이다. 濊貊族은 한반도와 요령성 및 길림성 등 현재의 중국 동북지역에 살고 있던 주민이다. 이 종족은 청동기시대 고조선의 대표 문화인 비파형동검문화를 형성시키고 발전시켰다.

비파형동검문화는 遼河를 경계로 遼西 지역 청동기문화와 大凌河 동쪽에서 遼東 지역에 분포하는 청동기문화가 특징의 차이를 보인다.[33] 이때 요동지역에서 한반도에 걸쳐 활동하던 주민 집단이 바로 예맥족이고 이들이 세운 정치체가 바로 고조선이라 할 수 있다.[6, 8, 15, 30]

처음에 고조선은 일정 지역에 위치한 부족 집단에서부터 성장하였을 것이다. 따라서 처음에는 일정 지역의 이름이나 종족의 명칭으로 불리다가 나중에 그 사회가 발전하게 되자 국가의 명칭으로 고착되었던 것으로 보인다.[33]

문헌 기록에 보면 청동기문화 단계의 遼東 지역에는 濊貊으로 불리는 여러 종족집단이 거주하였고, 고조선은 예맥과 함께 등장하거나 그와 구분되어 요동에서 한반도 서북지방에 걸쳐 거주한 것으로 나온다. 그런데 그 당시에는 요동에서 한반도 서북지방에 걸쳐 비파형동검과 탁자식[북방식] 지석묘, 그리고 석관묘와 미송리형토기가 특징적으로 분포하고 있음이 눈에 띈다.[17, 33]

현재까지의 연구 성과에 의할 때 요동일대에 펼쳐진 탁자식 지석묘 · 석관묘 · 미송리형토기문화 · 비파형청동기문화는 대체로 濊貊族과 古朝鮮의 문화일 것이라는 점에서는 학계의 견해가 일치하고 있다.[6, 30, 33]

그러나 아직도 고조선이나 예맥에 대한 이해가 서로 달라 합치된 결론에 도달한 것은 아니다. 고조선을 건국한 穢族의 문화로 보거나,[1] 고조선의 배경문화로 보는 견해,[11] 고조선과는 별개로 고구려의 선조인 貊族의 문화로 보는 견해,[17] 고조선의 세력권,[7, 21, 25] 箕子朝鮮侯國으로 보는 견해[5] 등 다양한 주장이 제기되고 있다.

많은 논의가 있지만 분명한 사실은 先秦 시기 이래 遼河 동쪽에서는 모두 濊貊族이라는 동일 계통의 주민집단이 전체적으로는 비파형동검문화권 내에서 지역적인 특색을 가지고 성장하고 있었다는 점이다. 여기서 성장한 정치체가 바로 고조선인 것이다.

4) 고조선의 발전과 國家 형성

기원전 5~4세기가 되면 '예맥' 계통의 종족과 고조선 세력이 급속히 성장하여 요동~서북한 지역에 걸쳐 이른바 '朝鮮侯國'이 형성된다. 문헌에서는 이 당시 요동지역에서 성장한 세력에 대해 '조선후국'이라 표현하고, 이들이 성장하여 '稱王'하는 등 교활해졌다고 기록하고 있다. 이는 요동 지역의 청동기문화를 바탕으로 고조선, 즉 조선후국이 주변지역을 일정하게 아우르는 상당히 강한 지배 권력을 수립했음을 말해준다.

기원전 5~4세기 경 고조선은 중국에서 이른바 '조선후국'이라 부르는 정치세력이 맹주가 되어 그 주변에 위치한 濊貊·眞番·臨屯 등 小國 세력에 대해 일정한 영향력을 행사하였다. 연구자들은 대개 『魏略』에 나오는 기원전 4세기 경 고조선이 '王'을 칭하고 燕나라와 전쟁을 벌이려 했던 사실을 주목하여, 이때에 이르면 國家 단계로 성장했다고 본다.[8, 10, 24, 30]

기원전 4~3세기경에는 遼寧省 지역에 이미 철기문명이 전래되었고, 이를 바탕으로 고조선이 경제적 성장을 했음을 고려한다면 당시에 고조선은 국가 단계로 나아갔다고 볼 수 있다. 다만 기원전 4~3세기 당시에 고조선의 국가적 위상을 보여주는 고고학 자료가 빈약함을 들어 다음 단계에 국가 형성을 주장하는 논자도 있다.[33]

'진번', '임둔', '동옥저' 등 여러 지역집단들과 계층으로 분열되어 있던 고조선은 기원전 3~2세기 이래 계속되는 중국의 東進 세력과 대립관계가 조성되면서 점차 국왕을 정점으로 전 지역을 포괄하는 지배체제를 정비하고 중앙정부의 통제력을 강화해 나갔다. 그리고 고대국가 형성에 이르게 된 것으로 보인다.[24, 33]

기원전 2세기 衛滿 등장 이전부터 대동강 유역에서는 정치력이 성장하여 하나의 우세 지역집단이 영도세력으로 등장하는 小國 간 聯盟이 형성되었다. 이러한 토착사회의 기반 위에 漢族의 유이민이 이주하면서 衛滿 왕조를 수립하였다. 위만은 원래 燕나라 사람으로 중국 동북지방에서 계속 흘러들어온 유이민과 그들을 포섭하여 새로운 왕조를 개창하게 된다.

정권을 차지한 위만은 새로운 왕조를 유지하기 위해 중국에서 흘러 들어온 세력과 토착 고조선 사람들 모두를 관리로 임명해, 두 세력 사이에 있을 수 있는 갈등과 대립을 줄이고 정치의 안정을 꾀했다.[27, 28, 33] 위만이 유이민과 토착민의 연합 정권을 이루어 국가를 운영해 나간 점은 중국 변방의 제후국과 비슷한 모습으로 주목할 만하다.[33] 그리고 위만은 중국의 철기 문화를 받아들여 군사력을 키웠다. 게다가 한반도 남부에 생겨난 여러 작은 나라가 한나라와 교역하는 것을 통제하면서 중간에서 경제적 이익을 챙겼다. 이후 더욱 강해진 국력을 바탕으로 이웃한 동옥저와 임둔, 진번 같은 부족 집단을 정복하여 사방 수 천리에 이르는 정복 국가가 되었다. 이때의 고조선 중심지는 세형동검문화가 발전한 한반도 서북지방에 있었다.[15]

고조선 멸망 후 고조선 사람들은 지역에 따라 약간씩 상황이 다르기는 하지만, 동예, 옥저, 삼한, 백제, 신라 등 여러 나라의 지배집단을 이루는 데 중요한 역할을 하였다.『삼국사기』「신라본기」에는 신라 건국 집단인 사로 6촌의 촌장들이 고조선의 유이민이었음을 말하고 있다. 또 고구려는 고조선 사회의 외곽에서 성장하여 국가로 발전하였다. 이러한 고조선이라는 최초의 국가경험이 이후 사회에 어떻게 계승되었는가에 대한 연구야말로 과거의 경험을 통해 현재를 돌아보고 미래를 전망한다는 역사학의 궁극적 과제에 답하기 위한 하나의 노력에 속할 것이다.

2. 扶餘

1) 한국 고대사 속의 扶餘

扶餘는 만주에서 일어나 700년 이상 지속한 濊·貊族의 국가였다. 부여가 한국고대사에 끼친 영향은 실로 크다. 부여의 터전은 지금의 만주 쑹화강 유역을 중심으로 했는데, 거기에서 동부여가 나오고, 그 동부여에서 고구려의 지배층이 된 주몽 집단(계루부 왕실)이 나왔다. 주몽 집단은 압록강 일대에 진출하여 졸본부여, 곧 고구려를 세우게 된다. 그러자 압록강 유역에서 먼저 살던 주민들 중 일부(비류, 온조집단)가 다시 남쪽으로 내려가 한강 유역에서 백제를 세웠다. 이들도 부여족이었기에 백제는 그 왕실의 성을 부여씨라고 했고, 동명 사당을 두어 부여를 세운 동명왕에게 제사를 지냈다. 또한 서기 6세기 중반에 이르러, 나라의 이름을 남부여라고 고치기도 했다.

이처럼 부여는 고구려·백제 왕실의 뿌리 구실을 했다. 따라서 고구려와 백제 모두 부여의 '別種'이라고 불릴 정도였다. 최근 경상남도의 가야가 있던 지역에서, 청동 솥을 비롯해 북방 유목 민족이나 부여 계통의 유물들이 나오는데, 부여 사람들의 움직임이 한반도 남부 지방까지 영향을 미쳤다는 증거가 된다.[34]

게다가 고구려를 계승한 발해의 시조 대조영도 발해는 "부여, 옥저, 변한, 조선의 땅과 바다 북쪽 여러 나라의 땅을 완전히 장악했다"고 하여, 부여를 자신들의 오래 된 조상의 나라로 보았다.

이렇듯 부여의 세력이 커지면서 그 곳에서 떨어져 나온 세력 집단이 고구려와 백제, 나이기 발해를 세웠다는 점에서 부여의 역사는 우리 고대 국가의 출발점에서 중요한 디딤돌이었고, 부여족은 우리 겨레를 형성한 주요 종족의 하나가 되었다. 이것이 부여사를 주목해 보아야 하는 하나의 이유이다.[20, 34, 51]

그러나 지금까지 부여의 역사에 관해서는 그다지 깊이 있게 연구된 바가 없다. 최근에야 고고학자들이 부여 왕성과 지배층의 무덤으로 추정되는 유적을 조사하면서 관심을 모으게 되었으나 그 또한 중국학자들이 연구한 내용이 대부분이다. 중국의 학자들은 부여를 중국 동북 지방 역사의 일부로 볼뿐이다.[17, 36]

2) 부여의 성립과 영역

부여는 『史記』貨殖列傳과 『漢書』地理志에 烏桓과 함께 등장함으로써 역사서에 처음으로 기록되기 시작하였다. 이를 근거로 부여가 기원전 2세기인 前漢 초기에 등장했음을 분명히 확인할 수 있다.

부여족의 기원에 관해서는 일찍이 東夷族이 동쪽으로 이동하는 과정에서 그 일부가 渤海灣 일대에서 長春·農安 지방으로 이동해서 부여를 건국했을 가능성이 제기되었다. 그러나 건국전설을 보면 오히려 북방계통의 그것과 밀접히 관련되어 있어 북쪽에서부터 송화강 유역으로 남하한 세력에 의해서 부여가 건국되었다고 볼 수 있다.[4, 5, 20, 34]

부여 건국 설화의 기본 줄기는 왕이 탁리국(고리국)에서 엄호수를 거쳐 부여까지 망명하여 도읍을 정하였다는 이른바 종족(주민집단)의 이주 전설이라 할 수 있다. 즉 동명으로 대표되는 집단이 탁리국에서의 세력 갈등을 피하여 남하·망명함에 따라 松遼 평원에 먼저 거주하고 있던 종족들이 이들 동명집단을 구심점으로 하여 국가를 형성하였음을 시사한다. 건국설화를 비롯한 다른 문헌 기록을 보면 부여를 세운 주민집단은 송화강 이북 지역에 거주하던 주민 집단이 토착 예맥족과 융합하여 형성되었다.[4, 5, 20, 34]

부여의 영역으로 비정되는 길림성의 중심을 흐르는 제2 송화강과 그 유역은 부여국의 발상지였으며 오랫동안 중심지였다. 송화강 유역을 중심으로 사방 2천 리의 지역을 차지한 부여는 서쪽으로 鮮卑, 남쪽으로는 고구려, 동쪽으로 挹婁와 각각 이웃하였으며 북쪽에는 弱水(제1 송화강)가 있었다고 한다. 부여는 남쪽으로 삼국시대의 고구려와 접하고 있었다. 전한 때의 고구려는 국력이 미약하였기 때문에 그 세력은 輝發河를 넘을 수 없었고, 이러한 상황은 동한 때에도 계속된 것으로 보인다.

이상에서 보아 1~3세기의 부여국은 대략 북으로 눈강과 송화강 일대를 포괄하면서, 서쪽으로는 洮兀河 하류의 건안·장령·쌍요 등지를 경계로 하였고, 서남으로는 요동의 중국세력과 접하였다고 볼 수 있다. 동으로는 위호령을 경계로 牧丹江 유역에 이르고, 남으로는 길림 哈達嶺을 경계로 輝發河 이북에 이르렀다고 한다. 이 지역의 동부는 "산릉이 많고", 서부는 "넓은 못이 있고", 중부는 "동이지역에서 가장 평탄한 곳"이었다.

부여가 처음 도읍했던 王城 소재지에 대해서는 과거에 의견이 분분하였지만, 吉林市에서 東團山 南城子古城과 帽兒山 고분군이 잇따라 확인되어 고고학적으로 뒷받침됨으로써 이곳으로 비정하는 설을 따르고 있다.[38, 51, 52] 부여의 수도에 있었다는 南山은 한때 모아산으로 보기도 하였으나 최근의 논의는 주변 어디에서든지 잘 바라볼 수 있는 東團山이 유력하다. 부여의 왕성은 이로부터 북쪽에 해당하는 龍潭山 일대에 비정하고 있다.[2, 3, 14, 15, 51]

3) 부여의 발전

부여의 영토는 사방 2000리에 미쳤다. 가운데에 도읍이 있어 왕이 다스렸고, 도읍 밖의 나라를 넷으로 나누어 대가들이 맡았으니 온 나라를 5개 지역으로 나누어 통치했다.

한반도보다 훨씬 북쪽에 있었던 부여의 터전은 논농사가 적당하지 않아 주로 밭농사를 지었고, 또 초원 지대가 많아 말을 기르는 데 적합했다. 한반도에 자리 잡은 나라에서는 목축이 농가의 부업에 그쳤는데, 부여에서는 그보다 훨씬 중요한 일이었다. 이러한 농업과 목축업을 바탕으로 부여는 국가적 성장을 지속해 나갔다.

최근 연구자들은 부여 성장의 기반으로 西團山文化와 泡子沿式文化에 주목하고 있다. 그 동안의 연구로 길림성 지역을 중심으로 하는 서단산문화를 先扶餘文化로 여기는 데에는 이견이 없다.[7, 8, 26, 35, 42, 50] 그리고 서단산문화를 뒤이어 前漢 시기 부여인들이 발전시킨 부여문화는 길림시 泡子沿前山 유적의 발굴을 통하여 이를 泡子沿式文化로 명명하였다.[13, 43] 포자연식문화는 서단산문화에 이어 기원전 2세기 초반에서 기원후 2세기까지 지속된 것으로 보인다.[10, 43, 49, 50, 52]

이러한 부여문화의 실체는 토광묘가 대규모로 발굴된 楡樹 老河深 무덤군과 길림 帽兒山 무덤군에서 보다 확연히 드러나고 있다.[1, 11, 37, 40] 무덤에서 나온 많은 철제 무기와 농기구는 부여문화가 기본적으로 漢의 선진적인 철기문화를 바탕으로 발전된 농경문화를 이룩하였음을 말해준다. 그리고 이러한 문화적 역량은 부여가 고대의 국가로서 성장하고 발전하는 배경이 되었던 것이다.[10, 22, 52]

부여가 성장·발전하는 데는 고구려와의 세력 경쟁이 가장 중요하였다. 결국 부여는 주도권을 고구려에게 내주고 만다. 국가 성립 초기부터 부여와 대립하던 고구려는 비록 부여 왕을 죽이기까지 하였으나 그 나라를 멸하지는 못하였다.

이후 부여는 후한 建武 25년(49년)부터 정식으로 漢과 交聘 관계를 수립하고 遼東郡과도 관계를 맺게 된다. 그리고 기원전 1세기에는 '稱王'을 했다는 기록으로 보아 국가적인 성장을 이룩했음을 알 수 있다.

서기 1세기 초부터 부여의 명칭이 중국의 역사서에 자주 등장한다. 이는 부여가 흉노나 고구려와 함께 王莽의 新(8~23)에 위협적인 존재로 비칠 만큼 큰 세력으로 성장했기 때문으로 볼 수 있다. 서기 49년에 부여왕은 후한 光武帝에게 사신을 보내어 공물을 바쳤고 후한으로부터 朝服衣責을 받았는데, 이 조복의책은 漢에 대한 臣屬을 의미하는 동시에 각 족장에게 무역권의 부여를 상징한다고 한다. 따라서 늦어도 이때에는 부여가 중국식 왕호를 사용하였고 중국인에게 국가적인 존재로 비칠 정도로 성장하였던 것 같다.[34]

서기 2~3세기 초까지의 사실을 기록한 『위략』에는 "그 나라는 매우 부유하고 선세 이래로 일찍이 파괴된 적이 없다"고 한 것으로 보아 그 때까지는 국가적 성장이 지속되면서 國都의 천도나 남에게 큰 타격을 입는 일이 없었음을 알 수 있다.

그러나 285년 요하 상류에서 일어난 선비족 출신 慕容廆의 침략을 받아 국가적인 위기에 처한다. 부여는 저항다운 저항도 하지 못하고 부여왕 衣慮는 자살하고, 많은 자제들이 沃沮로 망명한다. 부여 본국은 의려가 자살한 다음 해에 의려의 아들 依羅에 의하여 나라가 재건되었으나 이 재건된 부여국은 이미 그 옛날의 모습을 찾아 볼 수 없는 무력한 것이었다.

쯥이 북방민족에게 쫓겨 남천하고(316~317) 쇠망함에 따라 부여는 더 이상 외부로부터의 지원을 받을 수 없게 되었다. 완전 고립무원의 상태에 빠진 부여는 4세기에 들어 고구려의 공격을 받아 원래의 중심지를 유지할 수 없게 되자, 서쪽으로 그 근거지를 옮겼다.

西遷한 뒤인 後期 扶餘의 王城 소재지는 그 후보지로서 農安, 昌圖, 西豊 등이 유력하게 거론되고 있다.[20, 22, 51] 그러나 부여가 고구려에 쫓겨 갔다고 한다면 적어도 고구려 영역 밖에 있어야 한다는 점에서 西豊이나 昌圖는 후보지에서 제외한다. 더구나 발해 扶餘府가 후기부여의 도성지에 설치하였다는 점을 고려하여 현재로서는 農安이 가장 유력한 대상지로 거론되고 있다.[51]

부여는 고구려의 침략을 받은 후 서쪽으로 연 가까이에서 고립무원의 상태로 있다가 346년 전연왕 慕容皝이 보낸 세자 모용준과 모용각 · 모여근 휘하 1만 7천 명의 침략을 받아 국왕 玄 이하 5만 여명의 백성이 포로로 잡혀가는 타격을 받았다. 이로써 부여는 그 중심 세력을 잃었다. 이때부터 부여는 전후로 前燕과 前秦에 臣屬하였다.

이러한 부여의 세력은 광개토왕의 정복에 의해서 비로소 고구려에 편입되고 만다. 이후 부여 왕실은 고구려의 지배 하에서 고구려의 부여지역 지배를 위한 방편으로 겨우 그 명맥을 유지하다가 494년 국왕과 그 일족이 고구려에 망명 · 항복해 옴으로써 멸망하였다.

4) 부여와 북부여, 동부여

최근에는 扶餘의 또 다른 역사적 실체로서 北扶餘와 東扶餘가 존재했는지 여부가 부여사 연구의 핵심 연구 과제로 되어 있나. 역사 기록에는 扶餘 외에 北扶餘, 東扶餘가 더 있어서 마치 세 개의 실체가 있는 것처럼 나타난다.

대부분의 논자들은 북부여와 부여를 동일한 것으로 보면서 부여가 고구려의 북쪽에 있었기 때문에 때로는 북부여로 불렀다고 판단하고 있다.[20, 51] 반면 부여, 북부여를 별개의 실체로 파악하기도 한다.[34] 여기에는 동부여를 포함하여 세 개의 실체로 파악하는 의견이 있는가 하면,[24, 55] 동부여를 부여나 북부여와 일치시키는 의견도 있다.[34] 이밖에 세 개의 부여를 모두 동일한 실체로 파악하는 논자도 있다.[2, 45]

이처럼 다양하고 복잡한 견해는 몇몇 혼란스런 사료를 어떻게 해석하느냐 하는 점에 기인한다. 기본적으로는 중국 문헌에 아예 등장하지 않거나 극히 몇 사례만 나타나고 그것도 후대에 등장하는 동부여와 북부여가 『三國史記』와 『三國遺事』에는 초기부터 언급되고 있다는 점이다. 이에 따라 중국의 사료와 한국의 사료를 어떻게 합리적으로 연계시키느냐가 해석의 관건이 된다.

「광개토왕릉비문」에는 부여와 북부여, 그리고 동부여가 모두 기록되어 있다. 이것은 이들의 실체를 별개로 해석하게 하는 주요 근거가 된다. 그러나 『삼국사기』 등에서는 대개 고구려인의 시각에서 고구려 북쪽에 있는 부여라는 의미에서 북부여라 기록하고 있다.[20, 51]

동부여의 경우는 부여의 동쪽에 있는 부여로 기술한 것이 대부분이다. 정황 증거로 판단컨대 역시 북옥저 지역에서 건국한 것으로 보는 것이 통설이다.[20, 51] 그러나 구체적인 동부여의 고고학적 증거가 보이지 않는다는 점과 이 지역이 이미 고구려의 영역에 포함되어 있었던 사실을 어떻게 합리적으로 해석할지가 관건이다.[34, 55]

당대인의 인식이 기록돼 있는 「광개토왕릉비문」을 포함하여 서로 진위가 뒤섞여 있는 부여 사료들을 모두 종합하여 합리적으로 해석하기는 무척 힘이 든다. 따라서 이 문제는 만주와 한반도에서 전개되었던 한국고대사의 큰 틀 속에서 해결하지 않을 수 없다. 즉 부여사의 전개 과정과 주변의 고구려사 및 중국사, 유목민족인 선비족의 역사와 관련하여 무리 없이 해석해낼 필요가 있다.

부여에 대한 연구는 문헌 자료에 대한 재검토는 물론 고고학 발굴 자료를 정리해야 하는 등 이제부터 시작이라 할 수 있다. 앞으로 東團山과 帽兒山 등 부여 都城 주변 유적에 대한 깊이 있는 고찰과 老河深 묘장 및 西岔溝·彩嵐 묘장에 대한 비교 분석, 그리고 주거지 등 생활유적에 대한 조사 등을 통해 부여의 문화 기반에 대한 명확한 정리가 필요하다.

3. 三韓

1) 辰國(衆國)과 三韓 사회의 형성

『史記』 朝鮮傳과 『漢書』 朝鮮傳에 의하면 서기전 2세기경까지도 한반도 중남부지역은 '辰國' 또는 '衆國'으로만 기록되었다. 구체적인 韓 소국의 활동 기사가 나타나는 것은 서기 1세기 초엽의 것이 가장 오래된 것이다. 『三國志』와 『後漢書』의 기록에 의하면 辰韓 또는 三韓 모두가 이 진국으로부터 발전된 것으로 되어 있다. 그런데 『사기』의 판본이 '衆國' 이외에 '辰國'으로 기록된 것이 있다는 사실이 알려진 이래 '辰國' 자체에 대한 논쟁이 제기되고, 辰國과 三韓의 발전 관계에 대해서도 서로 다른 견해들이 제기되었다.

'辰國'의 역사적 존재를 부인하고 '衆國說'을 취할 경우 三韓 전체 또는 馬韓과 弁韓이 함께 辰國으로부터 발전한 것으로 본다.[3] 반면 辰國을 남한 일부 지역에 형성된 특정세력집단으로 규정하는 입장에서는 辰韓이 '옛 辰國'이라는 『삼국지』의 기록을 취하고 이를 논리적으로 설명하려는 노력이 이루어지고 있다.[3, 25] 그리고 진국이 존속했던 2세기의 중남부 지역에 세형동검문화가 발달했던 점과 '辰王'이 마한에서 나왔던 점에 주목하여 진국의 지리적 위치를 충청남도와 전라도 지역 일대로 비정하는 논자가 많다.[3, 23, 25, 42, 45]

삼한의 형성과정에 대해서도 견해가 다양하다. 종래의 연구는 마한족·진한족·변한족이라는 별개의 종족집단이 한반도 남부지역으로 이주, 정착하여 삼한을 형성하였다는 이동설이 주류였다.[24] 그러나 최근에는 고고학 자료에 대한 고찰을 통해 토착집단의 점진적 발전 결과로 삼한이 대두하였다는 의견이 지배적이다.[18, 23, 38, 43] 그 중에는 남부지역의 정치집단에 대하여 '韓'이라는 명칭이 사용되기 시작한 시기와 유래에 주목하여 고조신 準王의 南走와 결부시키는 견해가 일반적으로 받아들여지고 있다.[3, 23, 25, 42] 비슷한 견해로 문헌자료에 나오는 辰國과 韓王의 존재를 근거로 위씨조선의 멸망을 '韓' 형성의 시발점으로 잡는 견해도 있다.[3]

이와는 달리 韓族 사회의 문화 배경에 주목하여 한반도 남부지역의 지석묘 사회가 점진적인 발전을 거쳐 서기 1세기경 소부족국가를 형성하여 대두하게 된 것이 『三國志』의 三韓이라는 주장이 있다.[3, 21] 역시 고고학 자료를 근거로 한강 유역을 경계로 남쪽지역이 특색 있는 문화를 형성하기 시작한 것은 청동기시대이며, 이들이 구분되어 韓族으로 불리게 된 것은 초기철기시대라는 견해도 있다.[15, 27]

이처럼 고고학 자료를 근거로 한다면 韓이라는 칭호가 사용되기 시작한 시기와는 별개로 韓族 사회의 형성과 토착화 과정은 청동기문화 단계에 이미 진행되고 있었던 것으로 추정될 수 있다. 그러므로 韓族 사회의 형성과 이 지역에 성립된 단위 정치집단인 三韓 각 小國의 형성과정, 그리고 총체적인 의미의 馬韓·辰韓·弁韓의 대두는 시기적으로나 개념적으로 상호 구분되어야 한다는 것이 기본적으로 유념해야 될 내용이다.[45]

자료에 의하면 청동기유물이 집중 출토되는 마한지역 소국의 상당부분은 서기전 3~2세기의 청동기문화를 배경으로 대두되는 것으로 파악되었다. 이와는 달리 청동기유물에 비하여 철기유물이 다량 분포된 한강유역이나 경상도지역의 小國들은 서기전 1세기 이래 철기의 유입, 위씨조선을 비롯한 북방 流移民의 정착을 계기로 형성되는 것이 주로 많은 것으로 나타났다.[3, 25]

이처럼 삼한사회 70여 소국들은 일정 시기에 일률적으로 대두되는 것이 아니라 지역과 문화배경, 형성 주체에 따라 시기와 과정이 비교적 다양하다. 고고학 자료상 개인이 소유하는 금속제 유물의 수량과 구성은 정치집단의 존재와 규모, 분포 상태, 문화 배경을 나타내는 주요한 척도가 된다.

2) 三韓과 小國의 관계 및 '國'의 구조

지금까지의 연구 결과 三韓의 소국들은 중심 邑落인 國邑과 다수의 일반 邑落으로 구성됨을 알 수 있었다. 국읍은 상대적으로 세력이 강하고 정치 경제적으로 주도적인 기능을 수행하는 대읍락이다. 삼한사회의 읍락은 단일한 농경촌락을 뜻하는 것이 아니라, 하나의 중심지에 연결되는 다수의 취락군으로서 1천호 미만의 인구를 가지고 동일한 시조를 내세우는 擬制的 血緣集團으로서 독립된 지배자에 의해 통치되는 개별 정치집단이다.[3, 23]

삼한에서 정치세력 단위는 읍락이 아니라 國邑을 중심으로 한 '國'이었다. 삼한에서 국읍은 재분배와 잉여생산물의 보관 등을 위한 경제적 기능, 외부세력과의 전쟁과 방어를 위한 군사적 기능, 다수의 읍락들을 결집시키는 천군을 중심으로 한 종교적 기능을 가지고 있던 단위 정치체(국)의 중심지였다.[3, 23]

이들 삼한 소국은 대체로 평균인구 1만여 명으로 상정되며, 지금의 郡 단위 정도의 크기로 추정되고 있다. 삼한 각 '國'의 인류학적 정치 수준은 準國家 단계인 君長社會로 이해하기도 하며,[5, 29, 44] 이 단계를 '城邑國家'라는 용어로 부르기도 한다.[2]

최근 고고학계에는 삼한지역 국의 크기를 놓고, 직경 10킬로미터 정도의 지역 규모로 볼 것인가, 아니면 지역 규모는 읍락이고, 수 개의 읍락을 포괄한 30킬로미터 정도의 지역 규모를 국이라 볼 것인가에 대한 논쟁이 있다.[38, 43] 이것은 삼한에서 독자적인 정치세력단위의 규모를 어떻게 상정할 것인가의 문제이다. 그러나 『삼국지』에 의하면 삼한의 각국은 몇 개의 읍락 즉 취락 단위로 구성된 것으로 나오기 때문에 국 내부에 몇 개의 읍락 구분이 있었다고 보는 해석이 사료에 부합한다고 판단된다.

3) 삼한의 발전과 국가형성

삼한에 대한 최근의 가장 두드러진 연구 경향은 성읍국가 · 군장사회 · 읍락 · 국(소국 · 대국) · 연맹체 · 연맹왕국 등의 개념을 통하여 삼한 사회의 발전 과정과 그 사회 구조를 연구하는 국가형성론의 흐름을 들 수 있다.

삼한 소국 연맹의 성격을 단일한 연맹체 또는 연맹왕국으로 볼 것인가, 아니면 몇 개의 지역연맹체로 구성된 구조로 볼 것인가에 대해 각각의 경우 세부적인 입장 차이는 있으나, 이 연맹론들은 모두 삼한에서 국가 단계를 설정하지 않는다는 데 공통섬이 있나.[11, 6, 12, 37, 30, 21, 3, 25, 39]

이와 달리 목지국 · 사로국 · 백제국 · 구야국(가락국)과 같은 大國의 경우에는 이미 국가 단계에 도달했다고 보아, 삼한에서 국가의 형성을 논하는 경향도 있다.[5, 8, 29, 44] 그리고 이러한 국가론의 연장선에서 『삼국지』 · 『진서』에 보이는 3세기 삼한의 왕들을 군사권, 대외교섭권까지 획득한 state 단계의 king으로 해석하기도 한다.[42]

이 문제는 지난 70년대부터 역사학계에서 가장 활발히 논의되고 있는 주제이다. 이 같은 논의는 한편으로는 고고학적 지견을 바탕으로 하고 있으며, 다른 한편으로는 국가사회의 형성과정에 대한 신진화주의 인류학자들의 이론에 의존하고 있다. 여기서 학계에 제출된 것이 이른바 chiefdom설인데, 이는 state 바로 앞 단계에 해당되는 개념이다.[44] 이 chiefdom은 우리 학계에서 수장제사회, 추장제사회 혹은 군장제사회 등으로 번역 사용되고 있다. 그러나 본디 신진화주의 인류학자들의 state와 chiefdom에 대한 개념이 다소간 모호하여, 그 차이를 구별하기 어려운 것이 사실이다.

삼한의 각 소국들에 대한 개념의 설정 문제는 삼한사회의 기본성격을 규정하고 발전과정을 체계화하는 작업의 일환으로서 소국의 전반적 성격과 조직에 관해 구체적인 지식이 축적되어야 한다. 그리고 이후 단계에 등장하는 삼국 사회와 연관지어 고민해야 한다.

1990년대에 들어와 특히 고고학계에서 두드러지게 나타난 경향으로 '삼한시대론'을 거론할 수 있다.[18, 19, 30, 39] 원삼국시대 개념의 문제점을 지적하면서 그 대신 『삼국지』 동이전 등 문헌기록을 원용하여, 기원전 2세기부터 또는 기원 전후부터 기원후 3세기까지를 삼한시대로 보자는 것이다. 이 논의는 삼국시대 이전에 삼한시대를 설정하는 것으로 고고학계의 시각에서 한국 고대 사회를 시기 구분하려는 노력의 일환이라 할 수 있다.

삼국 중 가장 선진적이었던 고구려를 제외한 백제와 신라는 각각 백제국과 사로국을 모체로 하여 발전한 나라들이다. 그러므로 백제와 신라의 국가적 발전을 삼한사회의 연장선상에서 추구해야 함은 말할 나위도 없다. 그러나 이들 국가의 초기 발전 모습을 보여주는 『삼국사기』와 중국 쪽의 『삼국지』 위서 동이전의 기록 사이에는 서로 조정하기 어려울 정도의 큰 격차가 난다. 즉 『삼국사기』에는 백제가 마한을 정복한 시기를 건국자인 온조왕 말년 경(서기 1세기 초)의 일인 것처럼 기록했으며, 신라가 3세기 중엽까지 낙동강 동쪽의 진한 동료국가들을 모두 병합한 것으로 기록했다.

이에 반해 『삼국지』는 260년 경까지도 마한 54개국, 진한 12개국, 변한 12개국이 아직 건재한 것으로 되어 있다. 다시 말하면 백제국과 사로국은 각기 마한과 진한 여러 나라 중의 한 평범한 국가일 뿐인 것으로 기록되어 있다. 이처럼 삼한 78개국의 문제는 마한과 진한의 통합 세력으로서의 백제와 신라의 형성 문제와 서로 뒤엉켜 있는데, 다만 그 통합 시기는 아직도 합리적인 조정을 기다리고 있는 형편이다.

한 동안 역사학계의 통설은 『삼국지』의 기록을 보다 중시하는 입장에서 백제와 신라의 마한과 진한 통일 시기를 동아시아 세계의 일대 격동기였던 4세기 중엽의 일일 것으로 보았다.[24] 그러나 최근 학계에서는 『삼국사기』의 기록을 보다 존중하고 초기 기록을 최대한 합리적으로 해석하여 삼국 초기 역사 쪽에서 이해하는 쪽으로 정리하고 있다.

1990년대 후반 이후 중국과의 관계를 중심으로 삼한을 바라보는 시각의 연구도 활발히 이루어지고 있다.[28] 이러한 시각은 삼한을 동아시아의 넓은 시야에서 조감할 수 있다는 긍정적인 면도 있지만, 상대적으로 삼한 토착세력의 기원과 내재적 발전과정에 대한 주목은 부족하다고 할 수 있다.

1. 고조선

1. 三品彰英, 1953, 「濊貊族小考」 『朝鮮學報』 4.

2. 金哲埈, 1973, 「古朝鮮社會의 政治勢力의 成長」 『한국사』 2, 국사편찬위원회.

3. 林沄, 1980, 「中國東北系銅劍初論」 『考古學報』 1980-2.

4. 崔夢龍, 1983, 「韓國古代國家形成에 대한 一考察」 『金哲埈博士回甲紀念史學論叢』.

5. 張博泉, 1984, 『東北地方史稿』 吉林大學出版社.

6. 金貞培, 1986, 『韓國 古代의 國家起原과 形成』, 高麗大出版部.

7. 박진욱, 1987, 『비파형단검문화에 관한 연구』, 과학백과사전출판사.

8. 韓國精神文化研究院, 1987, 『韓國上古史의 諸問題』.

9. 李基白, 1988, 「古朝鮮의 國家形成」 『韓國史市民講座』, 一潮閣.

10. 盧泰敦, 1988, 「고조선사 연구의 현황과 과제」 『한국상고사』 (Ⅰ), 민음사.

11. 황기덕, 1989, 「고조선국가의 기원」 『고고민속론문집』 12집.

12. 千寬宇, 1989, 『古朝鮮史·三韓史研究』, 一潮閣.

13. 徐榮洙, 1989, 「古朝鮮의 위치와 강역」 『韓國史 市民講座』 제2집, 一潮閣.

14. 金杜珍, 1990, 「檀君神話의 文化史的 接近」 『韓國史學』 11.

15. 盧泰敦, 1990, 「古朝鮮 중심지의 변천에 대한 연구」 『韓國史論』 23.

16. 權五榮, 1990, 「古朝鮮史研究의 動向과 그 內容」 『北韓의 古代史研究』, 一潮閣.

17. 鄭漢德, 1990, 「美松里型土器の生成」 『東北アジアの考古學』 「天池」.

18. 李成珪, 1991, 「先秦 文獻에 보이는 '東夷'의 성격」 『韓國古代史論叢』 1.

19. 李亨求, 1991, 「大凌河流域의 殷末周初 靑銅器文化와 箕子 및 箕子朝鮮」 『韓國上古史學報』 5.

20. 尹武炳, 1991, 『韓國靑銅器文化研究』, 藝耕產業社.

21. 사회과학원, 1993, 『단군릉에 관한 학술보고논문집』.

22. 李鍾旭, 1993, 『古朝鮮史研究』, 一潮閣.

23. 윤내현, 1994, 『고조선연구』, 一志社.

24. 송호정, 1994, 「고조선의 국가적 성격」『역사와 현실』제14호.

25. 사회과학원, 1994, 『북한의 「단군 및 고조선」논문자료 -제2차 학술토론회 발표-』.

26. 金光洙, 1994, 「古朝鮮 官名의 系統的 理解」『歷史敎育』第五十六輯.

27. 노태돈, 1996, 「衛滿朝鮮의 政治構造」『古朝鮮史와 檀君』, 高麗學術文化財團.

28. 서영수, 1996, 「衛滿朝鮮의 形成過程과 國家的 性格」『古朝鮮과 夫餘의 諸問題』, 韓國古代史
　　　研究會 編.

29. 이선복, 1997, 「최근의 '단군릉' 문제」『한국사 시민강좌』제21집, 일조각.

30. 金貞培, 1997, 「고조선의 국가형성」『한국사』4 -초기국가-, 국사편찬위원회.

31. 노태돈, 1998, 「기자동래설의 사실성 여부」『한국사를 통해 본 우리와 세계에 대한 인식』, 풀빛.

32. 서영대, 2000, 「전통시대의 단군 인식」『단군과 고조선사』, 사계절.

33. 송호정, 2003, 『한국 고대사 속의 고조선사』, 푸른역사.

34. ＿＿＿, 2004, 『단군, 만들어진 신화』, 산처럼.

35. ＿＿＿, 2005, 「大凌河流域 殷周 靑銅禮器 사용 집단과 箕子朝鮮」『한국고대사연구』38.

2. 부여

1. 張立明, 1982, 「古林帽兒山漢代木槨墓」『遼海文物學刊』1988-2.

2. 李健才, 1982, 「夫余的疆域與王城」『社會科學戰線』1982-4.

3. 武國勛, 1983, 「扶餘王城新考」『黑龍江文物叢刊』1983-4.

4. 干志耿, 1984, 「槀離文化研究」『民族研究』1984-2.

5. 孫正甲, 1984, 「夫餘源流辨析」『學習與探索』1984-6.

6. 吉林市博物館, 1985, 「吉林市泡子沿前山遺址和墓葬」『考古』1985-6.

7. 李健才, 1985, 「關于西團山文化族屬問題的探討」『社會科學戰線』1985-2.

8. 劉景文·張志立, 1985, 「西團山文化及其族屬」『北方文物』1985-2.

9. 이병도, 1985, 「沃沮와 東濊」『韓國古代史研究』수정판, 博英社.

10. 李殿福, 1985, 「漢代夫余文化芻議」『北方文物』1985-3.

11. 劉景文·龐志國, 1986, 「吉林楡樹老河深墓葬群族屬探討」『北方文物』1986-1.

12. 李健才, 1986, 「北扶餘,東扶餘,豆莫婁的由來」『東北史地考略』, 吉林文史出版社.

13. 張立明, 1986, 「吉林泡子沿遺址及其相關問題」『北方文物』1986-2.

14. 田耘, 1987, 「兩漢夫余研究」『遼海文物學刊』1987-2.

15. 田村晃一, 1987, 「新夫餘考」『靑山考古』5, 1987.

16. 吉林省文物考古硏究所 編, 1987, 『楡樹老河深』, 文物出版社.

17. 孫進己, 1987, 『東北民族源流』, 黑龍江人民出版社.

18. 張博泉, 1988, 「夫余的地理環境與疆域」『北方文物』1998-2.

19. 박진욱, 1988, 『조선고고학전서』고대편, 과학백과사전종합출판사, 평양.

20. 盧泰敦, 1989, 「扶餘國의 境域과 그 變遷」『國史館論叢』4, 국사편찬위원회.

21. 孔錫龜, 1990, 「廣開土王陵碑의 東夫餘에 대한 考察」『韓國史硏究』70.

22. 王綿厚, 1990, 「東北古代夫余部的興衰及王城變遷」『遼海文物學刊』1990-2.

23. 馬德謙, 1991, 「夫余文化的幾個問題」『北方文物』1991-2.

24. 李道學, 1991, 「方位名 夫餘國의 성립에 관한 檢討」『白山學報』38.

25. 김병룡, 1992, 「후부여(부여봉건국가)의 형성과 그 력사적 변천」『조선 고대 및 중세초기사연구』, 교육도서출판사.

26. 董學增, 1993, 『西團山文化硏究』, 吉林文史出版社, 1993.

27. 朴京哲, 1994, 「부여사의 전개와 지배구조」『한국사』2, 한길사.

28. 馬德謙, 1995, 「夫余前期國都的幾個問題」『博物館硏究』1995-3.

29. 魏國忠, 1995, 「夫餘的源流」『東北民族史硏究』2, 中州古籍出版社.

30. 神崎勝, 1995·1996, 「夫餘の歷史に關する覺書」上·下, 『立命館文學』542·544.

31. 朴京哲, 1996, 「扶餘國家의 支配構造 考察을 위한 一試論」『韓國古代史硏究』9.

32. 孫進己, 1996, 「夫余史硏究」『東北民族史硏究』1, 中州古籍出版社.

33. 藺新建·張志立, 1997, 「考古學上夫余文化之探索」『中國考古集成』東北卷 10.

34. 송호정, 1997, 「부여의 성립」『한국사』4, 국사편찬위원회.

35. 정상석, 1997, 「西團山文化와 初期扶餘」, 東亞大 大學院 석사학위논문.

36. 張博泉·魏存成 主編, 1998, 『東北古代民族 考古與疆域』, 吉林大學出版社.

37. 朴洋震, 1998, 「族屬 추정과 夫餘 및 鮮卑 고고학자료의 비교 분석」『韓國考古學報』39.

38. 송호정, 1999, 「고고학 자료를 통해서 본 부여의 기원과 그 성장과정」『한반도와 동북 3성의 역사 문화』, 서울대학교출판부.

39. 權兌遠, 1999, 「夫餘社會와 文化圈」『道山學報』7, 道山學術硏究院, 大田.

40. 오영찬, 1999, 「楡樹 老河深 유적을 통해 본 부여 사회」『한반도와 동북 3성의 역사 문화』, 서울대학교출판부.

41. 林沄, 1999, 「夫余史地再探討」『北方文物』1999-4.

42. 吳江原a, 2000, 「西團山文化의 圈域에 관한 硏究」『韓國上古史學報』33.

43. 吳江原b, 2000, 「中滿地域의 初期鐵器文化＝泡子沿式文化의 成立과 展開樣相」『전환기의 고
　　고학』Ⅲ, 제24회 한국상고사학회 학술발표대회문집, 2000년 10월.

44. 朴洋震, 2000, 「중국 동북지방의 鮮卑 무덤 연구」『百濟硏究』32, 충남대 백제연구소.

45. 李健才, 2001, 「三論北夫余,東夫余卽夫余的問題」『東北史地考略』第3集, 吉林文史出版社.

46. 王禹浪 · 李彦君, 2002, 「北夷 索離國과 夫餘 初期王城의 새로운 고찰」『高句麗 國際關係』, 高
　　句麗硏究 14, 고구려연구회.

47. 宋基豪, 2003, 「粟末靺鞨의 원류와 扶餘系 집단 문제」『한반도와 만주의 역사 문화』, 서울대학
　　교출판부.

48. 박경철, 2004, 「扶餘史 硏究의 諸問題」『동북아시아 선사 및 고대사 연구의 방향에 대한 학술
　　회의』, 학연문화사.

49. 李鍾洙, 2004, 「夫餘文化硏究」, 吉林大學文學院 博士學位論文.

50. 박양진, 2005, 「考古學에서 본 夫餘」『韓國古代史硏究』37.

51. 송기호, 2005, 「扶餘史 연구 쟁점과 자료 해석」『韓國古代史硏究』37.

52. 송호정, 2005, 「扶餘의 國家形成 過程과 文化基盤」『북방사논총』6.

53. 이기동, 2005, 「한국민족사에서 본 부여」『韓國古代史硏究』37.

54. 李鍾洙, 2005, 「松花江流域 初期鐵器時代 文化 硏究」『先史와 古代』22.

55. 李道學, 2006, 「高句麗와 夫餘 關係의 再檢討」『고구려 광개토왕릉비문 연구』.

3. 삼한

1. 노태돈, 1982, 「三韓에 대한 認識의 變遷」『韓國史硏究』38.

2. 이종욱, 1982, 『新羅國家形成史硏究』, 일조각.

3. 이현혜, 1984, 『三韓社會形成過程硏究』, 일조각.

4. 김두진, 1985, 「三韓 別邑社會의 蘇塗信仰」『韓國 古代의 國家와 社會』역사학회 편, 일조각.

5. 김정배, 1986, 『韓國 古代의 國家起原과 形成』, 고려대출판부.

6. 노중국, 1987, 「馬韓의 成立과 變遷」『馬韓 百濟文化』10.

7. 三品彰英, 1987, 「史實と考證-魏志東夷傳の辰國と辰王」『史學雜誌』55-1.

8. 천관우, 1989, 『古朝鮮史 · 三韓史硏究』, 일조각.

9. 坂田隆, 1989, 「三韓に關する一考察」『東アジアの古代文化』59.

10. 김정학, 1990, 『韓國上古史研究』, 범우사.

11. 김태식, 1990, 「加耶의 社會發展段階」『한국 고대국가의 형성』, 한국고대사연구회 편, 민음사.

12. 노중국, 1990, 「目支國에 대한 一考察」『百濟論叢』2.

13. 박성봉, 1990, 「馬韓認識의 歷代變化」『馬韓 百濟文化』12.

14. 사회과학원 력사연구소, 1991, 「진국사」『조선전사』2, 과학백과사전종합출판사.

15. 이남규, 1993, 「三韓 鐵器文化의 成長過程-樂浪地域과의 比較的 視覺에서」『三韓 社會와 考古學』, 제17회 한국고고학전국대회 자료집.

16. 임효택, 1993, 「洛東江 下流域 土壙木棺墓의 登場과 發展」『三韓社會와 考古學』, 제17회 한국고고학전국대회 자료집.

17. 유원재, 1994, 「晉書의 馬韓과 百濟」『韓國上古史學報』17.

18. 최종규, 1995, 『三韓考古學研究』, 서경문화사.

19. 신경철, 1995, 「三韓時代의 東萊」『東萊區誌』.

20. 박찬규, 1995, 「百濟의 馬韓 征服過程 研究」, 단국대 박사학위논문.

21. 백승충, 1995, 「弁韓의 成立과 發展」『韓國古代史研究』10.

22. 武田幸男, 1995·1996, 「三韓社會における辰王と臣智」『朝鮮文化研究』2·3.

23. 권오영, 1996, 「三韓의 '國'에 대한 연구」, 서울대 박사학위논문.

24. 이기동, 1996, 『百濟史研究』, 일조각.

25. 이현혜, 1997, 「三韓의 정치와 사회」『한국사』4, 국사편찬위원회.

26. 최병현, 1998, 「原三國土器의 系統과 性格」『韓國考古學報』38.

27. 박순발, 1998, 「前期 馬韓의 時·空間的 位置에 대하여」『馬韓史研究』, 충남대출판부.

28. 윤용구, 1999, 「三韓의 對中交涉과 그 性格 - 曹魏의 東夷經略과 관련하여」『國史館論叢』85.

29. 김정배, 2000, 『韓國 古代史와 考古學』, 신서원.

30. 문창로, 2000, 『三韓時代의 邑落과 社會』, 신서원.

31. 송계현, 2000, 「辰·弁韓 文化의 形成과 變遷」『고고학으로 본 변·진한과 왜』, 영남 고고학회·구주 고고학회.

32. 이성주, 2000, 「紀元前 1世紀代의 辰·弁韓地域」『轉換期의 考古學Ⅲ - 歷史時代의 黎明』, 한국상고사학회.

33. 최완규, 2000, 「馬韓墓制의 最近 調査 및 研究動向」『三韓의 마을과 무덤』, 제9회 영남고고학회 학술발표회 자료집.

34. 이영식, 2000, 「문헌으로 본 가락국사」『가야 각국사의 재구성』, 부산대 한국민족문화연구소 편, 혜안.

35. 정중환, 2000, 『加羅史硏究』, 혜안.

36. 윤선태, 2001, 「馬韓의 辰王과 臣濆沽國 - 嶺西濊지역의 歷史的 推移와 관련하여」『百濟硏究』 34.

37. 노중국, 2002, 「辰·弁韓의 政治·社會 구조와 그 운영」『진·변한사 연구』, 계명대 한국학연 구원, 경상북도.

38. 이희준, 2002, 「초기 진·변한에 대한 고고학적 논의」『진·변한사연구』, 계명대 한국학연구 원, 경상북도.

39. 주보돈, 2002, 「辰·弁韓의 成立과 展開」『진·변한사연구』, 계명대 한국학연구원, 경상북도.

40. 이재현, 2003, 「弁·辰韓社會의 考古學的 硏究」, 부산대 박사학위논문.

41. 신현웅, 2003, 「三韓 起源과 '三韓'의 成立」『韓國史硏究』122.

42. 박대재, 2005, 「三韓의 '王'에 대한 硏究-戰爭과의 관계를 중심으로」, 고려대 박사학위논문.

43. 이청규, 2005, 「사로국의 형성에 대한 고고학적 검토」『國邑에서 都城으로 - 新羅 王京을 중심 으로』, 신라문화제 학술논문집 26.

44. 최몽룡·김경택, 2005, 『한성시대 백제와 마한』, 주류성.

45. 박대재, 2006, 「삼한의 기원과 국가형성」『한국고대사입문』1, 신서원.

고구려

임기환 _ 서울교육대학교 사회교육과

1. 고구려사의 시기 구분

고구려사의 전개 과정을 체계적으로 이해하는 방법으로 시기 구분을 하게 되는데, (초기) 국가의 형성, (중기) 국가 체제의 정비 완성, (후기) 국가 체제의 붕괴와 멸망으로 나누어보는 것이 一國史의 흐름을 조망하기에 가장 일반적인 관점이 될 수 있다. 고구려사에도 이러한 시기구분을 적용할 수 있는데, 문제는 정치사의 전개나 국가체제의 변화 양상에서 볼 때 각 시기의 성격을 어떻게 규정할 것인가이다.

가장 일반적인 시기구분으로는, 연맹체적이 부체제 시기와 영역 국가적인 중앙집권체제 시기로 크게 구분하고, 다시 중앙집권체제 시기 내에서 6세기 중반 이후를 귀족연립정권기로 다시 구분한다. 즉, 봉상왕대까지를 초기의 部체제기로, 미천왕~안원왕대를 중기의 중앙집권체제기로, 양원왕~보장왕대를 후기의 귀족연립정권기로 나누어 본다.[64] 많은 연구자들이 이러한 시기구분을 취하고 있다.[55, 70, 73]

그러나 부체제론이 고대국가 발전단계의 한단계로 설정함을 비판하며, 고대 국가의 범주 안에서 귀족합의체제 - 大王執權체제 - 중세 중앙집권적 귀족 관료체제로 단계화하는 견해도 있다.[44, 65] 이는 고대 국가에서는 大王만이 출현하였을 뿐 중앙과 지방 사이에 권력 지배가 관철되지 않았기 때문에 중앙 집권성은 중세 국가에서 비로소 달성되었다고 보기 때문이다.

고구려사의 시기 구분은 아직 합리적 기준을 마련했다고 보기는 어렵다. 현재까지의 연구 동향이 각 시기별로 자료 조건이나 연구 시각에서 서로 차별되어 있기 때문이다. 특히, 집권적 지배체제가 완성된 중기의 지배체제에 대한 이해가 부족한 실정이라, 전 시기의 시기구분 기준을 설정하기 어렵다. 중앙 집권성이란 통시대적 개념이기 때문에, 역사적 단계성을 분명히 부여할 때 비로소 하나의 시기구분의 지표가 될 수 있다. 부체제와 상대적으로 비교하면 그 역사성이 분명하겠지만, 삼국시대 이후의 중앙집권체제와 비교해서 그 역사적 단계가 분명히 드러나야 한다.

한편 이러한 시기 구분은 고구려사의 연구 자료의 상황과도 일정하게 연관되어 있다. 『삼국사기』 고구려본기는 3세기까지의 역사상을 전해주는 국내 전승 자료를 상당수 포함하고 있어, 초기 고구려사의 경우에는 다른 시기에 비해 상대적으로 고구려 내부의 정치 사회상을 제법 규모있게 구성할 수 있는 편이다. 그런데 4세기 이후 본기의 기년 기사는 많은 부분이 중국측 자료를 토대로 구성되어 있어 독자적인 전승 자료는 드문 편이다. 다음 중국측 자료는 전 시기에 걸쳐 있으나, 초기 자료는 『삼국지』 고구려전 등 민족지적인 성격의 자료이고, 5~6세기에는 조공·책봉 관계를 중심으로 하는 대외교섭관계 자료가 중심이며, 6세기 말~7세기에는 새로운 사회변화상을 보여주는 일부 자료 및 고구려와 수·당과의 전쟁 기사가 대부분이다. 중국측 자료 역시 시기별로 반영되는 역사상에 차별성이 나타나고 있다.

따라서 고구려본기의 내용이나 이와 대교되는 중국 사서 자료 등의 반영 시기를 고려하면, 자연스럽게 미천왕대를 전후한 시기를 경계로 연구 주제가 달라질 수 밖에 없게 된다. 그리고 광개토왕비·중원고구려비를 비롯한 당대 금석문도 시기구분상의 중기에 집중되어 있어, 자료 조건상 자연스럽게 하나의 시기 범주가 정해지게 된다. 현재 고구려사 연구 주제가 시기에 따라 불균형해질 수 밖에 없는 사정이 여기에 있다.

한편 수도의 변천에 따라 시기를 나누어보기도 하는데, 졸본에 도읍기는 문헌상으로는 매우 짧은 시기이기 때문에 논외로 하면, 크게 국내성 도읍기와 평양성 도읍기로 구분하는데, 이는 엄격한 의미의 시기구분은 아니고 편의적으로 사용하고 있다.

2. 국가 형성 및 초기 정치체제

1) 국가 형성과 부체제론

고구려의 국가형성에 대해서는 고대국가 이전 단계인 과도기 국가체를 중심으로 논의가 이루어졌다.[51] 특히, 연맹체를 구성하는 단위 집단의 편제 방식과 그 변천 과정에 주목하면서, 곧 '部'에 초점이 맞추어졌다. 部에 대한 연구는 처음에는 고구려 국가 형성과 관련하여 그 연원적 성격을 해명하는 데 집중되면서, 씨족설, 부족설, 행정 구획설, 원시적 소국설, 부족 국가설 등이 제기되었다.[19]

그 뒤 초기 국가가 부를 단위로 구성되고 운영되었다는 점에 주목하여 '部體制'를 고대국가 발전 단계의 하나로 이해하면서,[5] '부체제론[나부체제론]'이 하나의 연구 흐름을 이루게 되었다. 즉 那와 那部의 동태적 파악을 통해 나부의 변천과 그 성격을 해명하는 연구가 이어지고,[13, 22, 32] 나의 성격에 대해서도 성읍국가,[20] 군장사회,[25, 50] 독립소국[13, 22] 등으로 다양하게 이해하였다.

아직 여러 개념의 차이가 있으나, 그 대강을 보면 지역 집단인 那 · 솝 집단 등이 싱장하여 那國으로 발전하였고, 이들 那集團과 나국들이 동합 · 복속하는 과정에서 계루부 왕권이 중심이 된 5나부 체제가 성립하였으며, 이 때 5나부는 단위 정치체로 기능한 것으로 정리될 수 있다.

그러나 부체제기에 대한 국가 발전단계의 위상은 서로 달리 파악하여, 부체제기를 국가 발전 단계에서 연맹체의 대체 개념으로 사용하거나,[70] 혹은 연맹국가에서 중앙집권국가로 이행하는 과도기 단계로 설명하기도 하고,[39] 또는 부족연맹단계[형식적으로 대등한 단계]와 부체제 단계[왕권 중심의 결속단계]를 구분하기도 하였다.[66] 그리고 부체제론이 국가발전단계론이나 정치체제론으로서 다루어지거나, 혹은 양자를 결합하여 이해하면서 논자마다 다양한 차별성을 드러내기도 하였다. 따라서 서로 층위가 다른 국가 발전 단계와 정치체제의 발전 단계를 구분하지 못한 결과라는 비판이 제기되었다.[44]

이처럼 1980년대 이후 연구 동향에서 '부체제론'을 하나의 연구 흐름으로 할 때, 이와는 달리 초기 국가 단계부터 왕권의 집권력을 중심으로 정치 체제를 파악하는 '早期集權體制論'이 또다른 연구 흐름을 이루었다.

즉 단위 정치체로서의 部의 존재를 부정하고 행정·관료 기구와 지방 통치 조직이 일찍부터 왕권 아래 정비되었다고 보기도 하고,[12, 13] 초기에 보이는 賜姓 제도와 관직 체계, 왕위 계승의 양상은 독자적 수장층을 기반으로 하고 있지만, 이러한 양상이 나타나지 않는 태조왕 이후에는 국왕에게 권력이 집중된 집권적 지배 체제로 전환되었다는 견해이다.[14]

그리고 고구려본기에 등장하는 부의 용례를 보면 那部에서 方位部로 변천하고 있는데, 이에 대한 이해에서도 양자의 입장에는 뚜렷한 차이가 나타난다. 조기집권체제론의 입장에서는 방위부를 계루부의 지역 구분으로 보고 那 세력들이 방위부로 이동하면서 정치적 비중이 나부에서 방위부로 옮아감으로써 중앙집권화가 완성된다고 이해하였다.[13, 25] 그러나 부체제론의 입장에서는 수도의 행정 구역인 방위부로의 전환은 곧 단위정치체로서의 那部의 소멸을 뜻하는 것으로, 부체제의 해체 및 정치체제의 전환으로 파악하고 있다.[22, 32]

2) 관등제와 정치 운영 기구

『삼국지』권30 고구려전에는 초기 고구려의 관명으로 相加·對盧·沛者·古鄒加·主簿·優台·丞·使者·皂衣·先人 등을 전하고 있다. 그런데 이 기사를 근거로 한 초기 고구려 관등제와 그 성격에 대한 이해는 다양하다.

기본적으로는 족적 기반을 갖는 諸加 세력을 편제하는 성격을 갖는 관등 및 왕권을 뒷받침하거나 왕 직속의 관료적 성격을 갖는 관등으로 구성된 이원적 성격을 갖는 것으로 파악하고 있다.[2, 78] 세부적으로는 일정한 차이가 있는데, 2세기 말 이후 관등체계를 부의 이중 구조와 연관시켜 패자·우태·조의를 나부계열 관등으로, 대로·주부·사자를 방위부계열 관등으로 나누어 이원적 구조로 파악하는 견해가 있고,[47] 초기 관계조직을 나부의 다양한 지배 세력을 편제하던 관등, 나부의 자치권을 뒷받침한 관등, 계루부 왕권을 뒷받침한 관등으로 나누어 보는 견해[32]가 있다.

이와는 달리 초기 관등조직을 집권적 관제로 보아 국왕 아래 분화된 직능을 담당하였다고 보기도 한다.[14] 한편 관등제가 기본적으로는 제가 세력의 편제

기능을 하였으나, 관등제의 성립 이후에는 관등제 자체의 운영 원리에 의해 왕실을 중심으로 5부 세력을 하나의 정치체로 결집시켜 나갔다는 점에서 동태적 파악을 강조하는 견해도 제기되었다.[64]

초기의 정치운영에 대해서는 최고 관으로서 左右輔·國相·相加의 성격이나 諸加會議에 대한 이해가 중요하다. 좌우보제에 대해서는 계루부와 나머지 나부들의 대표자가 각각 1인씩 임명되었다고 보는 견해,[39, 70] 혹은 왕권 아래 나부의 대리인으로서 행정적 실무 기능을 담당한 관직으로 보는 견해가 있다.[56] 국상과 상가의 관계에서 양자를 동일시하는 견해는 대체로 국상을 제가회의나 상설적인 귀족회의의 의장으로 파악한다.[8, 56] 또는 상가는 4부의 부장에게 부여한 작위, 국상은 왕의 측근 관직으로 구분하고, 당시 국정 운영의 중심은 제가회의이지만, 기본적으로는 왕권 아래에 종속된 존재로 이해하기도 한다.[64]

이에 대하여 조기집권체제론의 견해를 살펴보면, 국상과 제가회의를 대립적인 관계로 파악하거나,[41] 제가회의는 한정된 기능만 수행하는 기구로 이해하며,[29] 국상을 군신회의의 장으로서 왕권 강화의 대표자로 보거나 막료적 성격을 강조하고 있다.[9, 41]

이렇듯 부체제론과 조기집권체제론은 초기의 정치체제를 이해하는 방식이 서로 대립되어 있다. 즉, 부체제론에서는 왕권의 집권력과 나부의 자치권이라는 지배권력의 상호 관계에서 초기 정치체제를 이해하면서, 관등조직을 제가세력에 대한 편제 원리로서, 그리고 제가의 자립성에 기초한 제가회의를 국가 운영의 중심적인 정치기구로 상정한다. 이와는 달리 조기집권체제론에서는 왕권을 중심으로 하는 행정적·관료적 정치 기구가 일찍부터 정비되었다고 이해하고, 제가회의보다는 왕권 아래의 君臣회의를 중심적 정치기구로 이해하고 있다.

3) 왕실 교체와 왕계 문제

『삼국지』 고구려전에 기록된 소노부에서 계루부로의 왕실 교대 기록과 고구려본기에 보이는 왕계상의 의문점들에 의해, 왕실 교대론이나 왕계를 둘러싼 논의 역시 적지 않다. 왕실 교대는 우선 이를 인정하지 않는 견해가 있으며, 왕실 교대를 인정한다고 하더라도 그 교체의 시기에 대해서는 여러 견해로 나뉜다.

연맹주의 교체 시기에 대하여는 松壤과 消奴部를 동음으로 보아, 주몽설화를 근거로 소노부에서 계루부로의 왕실 교체가 주몽왕대에 있었다는 주장[1] 이래, 많은 학자가 이를 따르고 있다. 그러나 解氏와 高氏의 차이 및 太祖라는 왕호에서 풍기는 시조적 성격으로 볼 때, 태조왕대에 나타나는 世系상의 단층에 주목하는 연구도 적지 않다. 해씨왕계인 모본왕까지를 소노부의 왕실, 고씨 왕계인 태조대왕 이후를 계루부 왕실 시대로 파악하는 견해,[10] 태조왕계의 단절을 인정하고 태조왕계에 의하여 주몽 시조 의식이 성립하였다는 견해[34] 가 있다. 그러나 성씨의 변화를 계루부 왕실내의 방계로의 교체로 보는 입장도 적지 않다.[27, 37, 42, 58]

태조왕대에 뚜렷이 드러나는 고구려 왕계의 의문점에 대해서는 왕계의 성립 과정을 추적하는 일련의 연구들에 의하여 새로운 방법론으로 접근되고 있다. 중국측 사서와 고구려본기의 왕계를 비교하여 왕계 성립 과정을 4단계로 구성하는 견해[83]도 있으며, 광개토왕비에 전하는 왕계와 고구려본기의 왕계를 비교하여 실전한 왕계를 삽입하는 형태로 왕계 복원을 시도하기도 한다.[33] 그리고 고구려 왕실의 시조 의식이 동천왕대의 태조왕에서, 소수림왕대의 주몽왕으로 변화하였음을 밝힌 연구,[30] 모본왕까지의 초기 왕계와 그 이후의 왕계가 결합하여 추모왕을 시조로 하는 새로운 왕계로 정리된 시점을 소수림왕대로 추정하는 연구,[40] 고구려 왕호 성립의 배경과 단계성을 검토하여, 초기 3왕의 왕호 및 국양왕 이하의 장지명 왕호가 먼저 성립하고, 뒤에 초기 5왕의 왕호가 추가 정리되었다고 보는 연구[68]는 고구려본기의 사료적 성격에 대한 검토와 맞물려 진행되어 주목된다.

태조왕대의 성격은 단지 왕실 교대나 왕계상의 문제만이 아니라, 고대 국가의 확립기로서 이미 주목을 받아왔으며, 부체제론의 입장에서는 5나부 체제가 성립된 시기로 파악되어 정치체제상으로도 하나의 전환기로 이해되고 있다. 태조왕대의 정치 상황과 정치 체제에 대한 보다 다각도의 검토가 향후 주요 과제라 할 수 있다.

4) 왕도의 위치 및 천도 시기

초기 정치사와 관련하여 중요한 논쟁점의 하나는 王都 위치 및 천도 시기 문제이다. 고구려본기에 의하면 고구려의 수도는 卒本 - 國內 - 丸都 - 平壤 - 환도 - 평양동황성 - 평양 - 長安城으로 옮긴 것으로 되어있다. 물론 국내 천도 이후의 수차례 이거는 모두 국내 지역에서 벗어나지 않는 것으로 이해하는 견해가 주류였다,[11, 19] 그러나 고국원왕대에 천도한 평양동황성의 위치에 대해서는 지금의 평양 지역으로 보는 견해도 제기되고 있다.[26, 48]

다음 국내성으로 천도한 시기에 대해서 고구려본기에는 국내 천도가 유리왕대로 기록되어 있음에 반하여, 『삼국지』 고구려전에는 산상왕대에 환도로 천도하여 "다시 새로운 나라를 세웠다(更作新國)"라고 기록되어 있다. 따라서 삼국지 고구려전의 기사를 신뢰하는 입장에서는 이 천도 기사가 고구려본기를 불신하는 근거가 되고 있다.[83] 유리왕대 천도를 부정하는 주장 중에는 왕실교대와 천도를 연관하여 태조왕대의 천도 및 왕실교대가 일어났던 것으로 보는 견해[69]가 있으며, 방위관의 변화에 입각하여 태조왕대 천도를 인정하고 그 배경으로서 후한의 분리통제책에 주목한 연구도 있다.[72] 앞으로 고구려본기와 고고 자료의 성과를 종합적으로 검토하여 천도의 시기와 도성의 위치를 파악하는 과제가 남아있다.[63]

3. 중기 중앙집권체제

1) 관등제와 태왕권

정치체제상으로는 당대의 지배 세력을 귀족 관료로 편제하는 방식으로서 관등제가 중요한 연구 과제가 되고 있다. 고구려의 관등조직은 계속 변천하다가 말기에는 12등급 혹은 13등급으로 구성되었다. 고구려 관등 자료는 7세기의 사정을 전하는 자료가 가장 신뢰성이 있는데, 이를 기준으로 역으로 추적해 오는 방법론으로 그 변천 과정이나 일원적 관등제의 성립을 이해하고 있다.[78, 60] 그 결과 관등제의 전체 구조와 관등제가 신분제와 연관되어 운영되었음이 밝혀졌는데, 14관등제와 4계층 신분 구조로 보는 견해,[78] 13등 관등 구조나 3계층 신분 구조로 보는 견해가 있다.[60] 그리고 4세기 이후 관등제의 변천 과정을 당대의 정치적 변화상과 연관하여 4·5세기와 6·7세기 관등제의 차이는 곧 왕권과 귀족 세력의 정치적 역관계의 추이에 따른 결과로 보고 있다.[60]

중앙 정치조직와 관련하여 관등제에 관해서는 자료 조건으로 인하여 그다지 연구가 진행되지 못하고 있지만, 당대 왕권의 위상과 그 현실적 기반을 太王權 및 天下觀의 시각에서 접근하고 있다.

태왕호의 등장이 갖는 의미에 대해서는 처음 5세기 고구려의 대외 관계 및 국제 질서의 관점에서 시작되어, 주로 고구려 중심의 차등적 '국제 관계'의 시각에서 그 성격이 해명되었으며,[16, 23, 83] 동시에 태왕호가 기반하고 있는 국내 정치 질서나 정치 체제의 입장에서도 검토가 이루어졌다. 즉, 太王 - 奴客의 군신 관계,[81] 또는 '太王國土'라는 영역적 기반,[23] 혹은 태왕 - 民의 관계[52, 62]를 통한 태왕권의 현실적 기반이나 당대 정치체제 성격의 일면을 밝히려는 연구들이 이어졌다.

2) 지방 통치와 영역 지배

4세기 이후의 지방통치제가 城을 단위로하는 중앙집권적 지배체제로서 운영되었음은 대체로 동의하고 있으나, 지방 통치체제의 기본 구조 및 변천 과정, 그리고 군현제의 실시 여부나 지방 5부의 존부 문제 등에서 다양한 견해가 제출되어 있다.

지방제의 통치 구조에 있어서는 4~5세기와 6~7세기의 두 시기로 구분하여 파악하는 입장이 일반적이다. 먼저 4~5세기 지방 지배에 대하여, 城 - 戶 지배를 기본축으로 하되 종족 지배의 양상을 극복하지 못하였다고 보기도 하지만,[79] 중앙집권적 지배방식이 관철되어 守事[태수] - 宰라는 상하 2단계의 중층적 구조로 보는 견해[22, 46] 및 수사 - 태수 - 재의 3단계 구조로 보는 견해로 나뉜다.[54] 이 시기 지방지배의 성격에 대해서는 점적·단위 지역 중심의 거점 지배에서 면적·중층적인 권역 지배로 전환되는 점에 주목하기도 하고,[54] 교

통로를 중심으로 지방 통치조직의 정비 과정을 해명하기도 한다.[46]

城을 단위로 구성된 6~7세기 지방제의 구조에 대해서도 다양한 견해가 있다. 지방관의 구성으로 볼 때, 褥薩 - 處閭近支 - 可邏達 - 婁肖의 4단계로 보거나,[4] 가라달이 욕살과 처려근지의 속료라고 보아 욕살(가라달) - 처려근지(가라달) - 루초의 3단계로 보기도 한다.[46] 3단계 구조에서 하부 단위를 전략 지역(가라달)과 일반 지역(루초)으로 나누어 보기도 하고,[54] 욕살과 처려근지가 병렬적으로 서로 통속 관계가 없었다는 견해도 제기되었다.[53]

고구려 중기 · 후기의 지방 통치 연구에 있어서, 지방제의 구조에 대한 접근은 결국 城이란 통치 단위의 성격 문제로부터 그 실마리를 풀어갈 수밖에 없을 것이다. 성이 지방 통치의 단위가 되었다는 점에서도 군사적 성격 역시 간과할 수 없겠지만, 고구려의 지방조직을 군사적 성격의 軍區조직으로 파악하는 견해[77]는 동의를 얻지 못하고 있다. 최근에 활발하게 진행되는 고구려 영역 내에 현존하는 성에 대한 일련의 조사와 연구는[57] 향후 지방 통치제 이해에 중요한 단서를 제공하고 있다.

다음 군현제의 존부 문제에 대해서 5세기 전후에 전국적으로 郡制가 시행되어 6세기 후반에 소멸되었다는 견해가 제기되었다.[53] 그리고 전국을 광역으로 구분한 5부의 존재에 대해서는 긍정론[77]과 부정론[53, 54]으로 나뉘어 있다. 또한 고구려의 영역 지배에서는 고구려민으로 통합되지 않고 생활 방식과 종족면에서 이질성이 강했던 말갈족 등 이종족에 대한 지배 방식에 대한 이해도 중요하다.[38] 이는 다종족 국가로서 고구려의 국가 성격을 해명하는 단서가 될 것이다.

한편 4세기 초~5세기 초 고구려 지방 지배의 독특한 양상이 예상되는 지역이 과거 중국 군현이었던 낙랑 · 대방지역이다. 현재까지의 연구는 주로 피장자 자체에 대한 논의에 집중되어 왔으며,[7] 그에 따른 고구려의 지배력에 대한 이해도 상반되어 있다. 주로 낙랑 대방 지역에서 중국계 이주민이나 토착 세력이 독자적인 세력권을 구축하였다는 견해가 주류였는데,[75, 79, 24, 28] 이를 비판하고 幕府制를 통해 고구려의 지배방식을 이해한 견해[48]가 제기된 이후,

낙랑·대방 지역에 대한 고구려의 지배 양상이 주목을 끌었다.[49, 59]

5세기 고구려 정치사와 관련하여 가장 주목할 만한 사건은 평양 천도이다. 그럼에도 불구하고 왕권 및 중앙 집권력의 강화라는 시각에서 평양 천도의 배경을 파악한 연구[11] 이외에는 별로 찾아볼 수 없다. 고대 국가에서 천도가 갖는 정치적 비중과 의미를 고려하면, 천도의 배경만이 아니라, 평양 천도 이후 나타나는 고구려 정치 체제의 모습에 주의를 기울여야 한다.

4. 후기 귀족연립체제와 연개소문 정권

1) 귀족연립정권의 성립

6세기 이후 고구려 정치사 연구 동향을 보면, 왕권의 약화와 귀족들 중심의 정치운영 양상을 보인 이 시기 정권의 성격을 귀족연립정권(체제)으로 이해하는 것이 현재 일반화되어 있다.[6]

그러나 중기의 강력한 왕권 중심의 정치체제가 붕괴되고 어떤 이유로 귀족연립정권이 등장하게 되었는지에 대한 배경이나 귀족연립정권의 구체적인 정치 운영 양상에 대한 검토는 별로 진전되지 않았다. 6세기 이래의 귀족 간의 대립을 국내계 정치 세력과 평양계 정치 세력의 대립으로 파악한 견해가 있으나,[36] 귀족연립정권의 성립 배경을 밝힌 것으로 보기는 어렵다.

귀족연립정권의 정치운영체제에 대해서는 안정적인 권력의 분배 방식에 초점을 맞추어 대대로 - 막리지 중심의 정치운영 체제를 부각하는 견해[36]가 있으며, 대대로가 중심이 된 귀족회의 중심의 권력 운영을 귀족연립정권의 특징으로 보면서, 일급 귀족인 상위 5관등 소지자의 회의체를 주목하기도 한다.[64] 그리고 귀족연립정권 아래에서도 고구려 왕실이 유지되었던 배경으로 왕실의 신성성, 고씨 왕족의 유대감과 정치적 비중, 왕실을 압도할 정도의 권력을 갖는 귀족 세력의 부재, 왕이 갖는 권위가 귀족 연립 정권을 안정시킬 수 있는 배경이 되었던 점을 지적하고 있다.[64]

2) 연개소문 정권의 성격

귀족연립정권에 대한 연구는 그 자체의 존부나 권력 기반에 대한 이해보다 그 마지막 단계에 나타나는 淵蓋蘇文의 정변과 그 정권에 대한 이해에 집중되어 있다. 오히려 연개소문 정권에 대한 이해를 통해 그 이전 귀족연립정권의 성격을 역으로 추적해 가는 면도 없지는 않다.

연개소문 정변의 배경으로서, 우선 당의 등장과 위협에 따른 대당 강경파의 정변으로 보아왔으나, 당 침공의 명분이 연개소문 자신에에 집중되어 강경한 입장을 취하게 되었는 견해도 제시되었다.[31] 혹은 6세기 이래의 귀족 간의 대립(국내계 - 평양계)의 연장선이라는 점에 초점을 맞추기도 하고,[36] 연개소문과 왕위를 노리던 大陽王의 결속 가능성도 제기한다.[43] 정변의 배경과 원인은 복합적일 수밖에 없는데, 일단은 이전의 귀족연립정권과 연개소문 정권의 성격 차이가 정변의 배경을 이해하는 단서를 제공한다고 볼 수 있다.

이 시기 정치사나 권력 구조에 대한 해명 없이 연개소문의 정변과 정권의 성격을 제대로 파악하기는 힘들다. 따라서 후기 정치 권력의 핵심 관직인 대대로 혹은 연개소문을 통하여 강렬한 인상을 남겼던 막리지의 성격이 주목을 받기 마련이다. 연개소문이 승계한 관이 대대로인가 막리지인가 또는 大人인가에 대해서도 의견이 분분하고, 정변 이후 연개소문의 권력 기반이 된 막리지의 성격에 대한 이해도 여러 갈래이다.

막리지의 성격에 대한 그동안의 논의는 크게 막리지 = 대대로라는 견해와 막리지 = 태대형이라는 견해로 나뉜다. 후자의 견해 중에는 연개소문 집권기에는 대대로를 空洞化시키고, 새로운 권력 집중의 중심체로서 막리지를 활용한 것이라는 해석이 있다.[78] 막리지를 국왕의 근시직으로서 中裏制의 최고위직인 中裏太大兄으로 보고, 귀족연립적 정치 운영을 견제 극복하기 위한 왕권 강화를 뒷받침할 수 있는 제도적 장치로 이해하기도 한다.[67] 그리고 연개소문의 지위가 정변 전 동부 욕살(대인)에서 정변 후 대모달(대장군) 막리지(태대형)로 바뀌었다가, 이후 대대로에 취임하여 귀족회의 중심의 귀족연립정권의 정상적인 운영 방식을 따른 것으로 이해하는 견해도 있다.[64]

고구려 후기의 정치적 운영 방식이나 권력 구조에 대한 이해의 차이에서 연개소문 정권의 역사적 성격에 대한 해석을 달리하게 된다. 연개소문 정권이 귀족연립정권의 기본 틀을 벗어나지 않았다고 보기도 하지만,[64] 연개소문 정권이 당대에 대내외적으로 돌발적인 인상을 주고 있고, 이 때 고구려가 멸망되었다는 점을 고려해야 하면, 연개소문 정권의 성격을 그 이전과 달리 파악할 여지가 적지 않다. 따라서 연개소문 정권은 이전의 귀족연립정권의 정치운영체제인 대대로 - 막리지 체제를 붕괴시키고 사적 권력을 장악함으로써 이 시기 내분의 주요인이 되었음을 지적하는 견해나,[36] 보장왕권과 연개소문 권력의 대립적 측면,[43] 또는 보장왕대의 권력 구조를 실제적인 집권자인 연개소문과 상징적인 존재로서의 보장왕이라는 이원집정제로 파악하는 견해[31] 등은 흥미롭다.

연개소문의 정변이 갖는 역사적 의미를 좀 더 적극적으로 평가한 견해는 달리 정변전 대대로에서 정변 후 막리지로 지위의 변화에 주목하여, 연개소문이 족제적 성격의 구세력을 타도하고 집권화를 지향하여 국가 체제를 재편하려는 의도를 가졌다고 평가한다.[84] 연개소문 정권의 성격은 대외 정책만이 아니라 도교 정책[17] 등을 포함한 대내 정책의 측면에서도 함께 검토되고 있다.

5. 고구려 연구의 국제적 동향

앞에서 살펴본 바와 같이 80년대 이후에는 한국학계에서 고구려사 연구가 활성화되었다. 그런데 이 시기에는 아니라 북한은 물론 중국과 일본에서도 모두 고구려사 연구가 활성화되기 시작하여 많은 연구 성과가 쏟아져 나왔다. 이러한 공통된 현상의 배경에는 각 국가별로 서로 다른 요인이 작용하고 있겠지만, 공통적으로 냉전 체제의 해체 이후 고조되어 가는 국가주의 · 민족주의의 확산과 밀접하게 연관되고 있다는 점에 유의할 필요가 있다. 즉 각국의 정치 · 사회적 환경이 점차 고구려사를 국가주의 · 민족주의에 기반한 역사인식의 국제적 충돌 지점으로 만들 가능성이 점차 높아지고 있기 때문이다.

북한에서는 70년대 말부터 주체사관과 결합한 방향에서 고고 조사와 연구가 본격적으로 진행되기 시작하였다. 78년의 동명왕릉의 발굴 조사와 76년의 덕흥리고분 발굴이 대표적이다. 또 76년도에 복간된 『력사과학』과 『조선고고연구』등을 통하여 고구려사 연구 성과가 급격하게 증가하고 있다. 그러나 이들 연구는 『조선전사』에서 제시된 연구 방향을 구체적으로 확대 재생산하는 수준에서 벗어나지 않았다. 다만 80년대의 고고 발굴 조사가 활발하게 진행되어 상당수의 고고 자료가 집적되면서, 이를 통해 한국이나 일본학계에서 연구 활성화의 기반을 마련한 점은 주목된다.

그런데 90년대 초반에 북한학계에서는 고구려사에 대한 연구가 새로운 방향에서 다시 이루어지기 시작하였다. 이때는 고구려사나 발해사 만이 아니라 북한의 역사인식 체계 전반이 변화되고 있었다. 1993~4년에 이루어진 단군릉 발굴과 개건, 1993년 동명왕릉과 왕건릉의 개건은 이 무렵 북한의 역사인식의 틀이 급격히 바뀌고 있음을 상징적으로 보여주는 사건이었다. 나아가 평양을 중심으로 한 '대동강문화론'으로까지 발전하고 있는데, 이는 평양 중심의 역사 인식, 즉 평양을 중심으로 한 왕조인 고조선·고구려·고려로 이어지는 정통론적 인식이 강화된 결과이다.

중국에서 고구려사 연구도 80년대에 활발해지기 시작하였다. 연구자의 수가 대거 늘어났으며, 문헌자료에 대한 연구와 함께 고구려의 도읍지였던 集安과 桓仁 일대를 중심으로 고구려 고분이나 산성 등 고구려사 관련 유적 자료가 조사 정리되었다. 그런데 중국에서는 80년대 초반에 '통일적 다민족국가론'이 일종의 역사 인식의 지침으로 작용하면서 90년대에 들어서는 고구려를 중국의 소수민족 지방정권으로 보는 견해가 본격적으로 전개되기 시작하였으며, 1990년대 중반부터는 고구려사 전체를 중국사로 귀속시키는 입장이 강화되고 있었다. 그 결과 2002년 이후 '동북공정'을 통하여 고구려사를 비롯하여 동북지역의 역사체계를 새롭게 구축하는 연구 작업이 진행되고 있으며, 이로 인해 남북한 학계와 심각한 갈등을 초래하고 있다.

한편 80년대 일본학계에서는 광개토왕비를 비롯하여 중국 현지 조사에 대한 관심이 촉발되었으며, 중원고구려비·덕흥리벽화고분 등의 발견을 계기로 고구려사 전반에 대한 관심이 높아지면서 연구 영역도 점차 확장되었다. 특히 고구려사의 현장인 중국과 북한을 자유롭게 드나들 수 있었기에 양국의 고고 자료를 이용한 연구 분야에서 눈에 띄는 성과가 축적되었다. 그리고 '고대 동아시아세계'라는 연구 관점이 지속적으로 확대되고 있음도 유의된다. 또한 연구 자료에서도 중국 사서나 금석문에 집중하는 경향이 있어 『삼국사기』 고구려본기를 활용한 연구는 부족하였다. 이는 아마도 일제시기 관학파 이래의 연구 전통과 무관하지는 않을 것이다. 사실상 『삼국사기』를 주된 자료로 하는 문헌 연구는 한국학계를 제외하고는 북·중·일 학계가 모두 부진한 상황이니, 이 점이 한국학계의 가장 큰 장점이라고 할 수 있겠다.

1980년대~2000년대에 이루어진 고구려사 연구는 각국에서 양적으로나 질적으로 급속히 확대 심화되었으며, 각국 간의 학술교류도 늘어나 연구의 폭을 넓혀나가면서 고구려사 연구를 한단계 끌어올렸다고 평가된다. 특히 한국학계에서는 문헌 자료에 대한 이해와 연구 방법론이 깊이있게 추구되었으며, 연구 영역도 가장 다양화해 갔다.

한편 북한이나 중국학계는 고구려사의 역사 현장에 대한 조사와 발굴의 성과를 집적해가면서 새로운 연구 자료를 지속적으로 공급하였다. 다만 정치적 입장에서 비롯하는 자료의 일방적인 해석이 연구의 객관성을 제약하고 있는 상황이 우려된다. 일본학계는 동아시아론의 관점을 제시하지만 일본사의 시각에서 벗어나지 못하고 있는 실정이다.

각국의 고구려사 연구 동향이 모두 기본적으로 각국의 현실적인 입장을 반영하게 마련이지만, 국가주의와 민족주의에 의한 충돌의 접점들이 향후 고구려사 연구를 제약할 가능성 또한 커지고 있다고 할 수 있다.

이처럼 고구려사 연구가 남북한과 중국·일본 학계에서 모두 이루어지는 등 국제적인 연구 대상이 되고 있는 배경은 당시 동북아시아 역사에서 고구려가 차지하고 있는 위상과 밀접하게 연관되어 있다. 따라서 앞으로 고구려사 연구의 시각도 동북아시아사 차원에서 거시적으로 접근하는 시도가 이루어져야 할 것이며, 그러한 점에서 고구려사 연구는 이제 새로운 전기를 맞고 있다고 할 수 있다.

참고문헌

1. 이병도, 1956, 「高句麗 國號考」『서울대학교논문집』3.

2. 김철준, 1956, 「高句麗 新羅의 官階組織의 成立過程」, 『李丙燾博士華甲紀念論叢』.

3. 이홍직, 1956, 「淵蓋蘇文에 대한 若干의 存疑」, 『李丙燾博士華甲紀念論叢』.

4. 노중국, 1979, 「고구려 律令에 관한 일시론」『東方學志』21.

5. 노태돈, 1975, 「三國時代의 部에 관한 研究」『韓國史論』2.

6. ______, 1976, 「高句麗의 漢江流域 喪失原因에 대하여」『한국사연구』13.

7. 김정배, 1978, 「安岳 3號墳 被葬者 論爭에 대하여」『古文化』16.

8. 노중국, 1979, 「高句麗 國相考」上·下『韓國學報』16·17합집.

9. 이종욱, 1979, 「高句麗 初期의 左右輔와 國相」, 『全海宗博士華甲紀念論叢』.

10. 김용선, 1980, 「高句麗琉璃王考」『역사학보』87.

11. 서영대, 1981, 「高句麗 平壤遷都의 動機」『韓國文化』2.

12. 이종욱, 1982, 「高句麗 初期의 中央政府組織」『東方學志』33.

13. ______, 1982, 「高句麗 初期의 地方統治制度」『역사학보』94·95합집.

14. 김광수, 1983, 「高句麗 古代 集權國家의 成立에 관한 研究」, 연세대학교 박사학위논문.

15. 노태돈, 1983, 「高句麗 초기의 娶嫂婚에 관한 一考察」『金哲埈華甲紀念論叢』.

16. 양기석, 1983, 「4~5세기 고구려의 천하관에 대하여」『호서사학』11.

17. 이내옥, 1983, 「淵蓋蘇文의 執權과 道敎」『역사학보』99·100합집.

18. 김영하, 1985, 「高句麗의 巡守制」『역사학보』106.

19. 노태돈, 1986, 「高句麗史研究의 現況과 課題 -政治史論理-」『東方學志』52.

20. 이기백, 1985, 「高句麗의 國家形成 問題」『韓國古代의 國家와 社會』, 일조각.

21. 金基興, 1987, 「고구려의 성장과 대외무역」『한국사론』16.

22. 임기환, 1987, 「고구려 초기의 지방 통치 체제」『朴性鳳回甲紀念論叢』.

23. 노태돈, 1989, 「5세기 金石文에 보이는 高句麗人의 天下觀」『韓國史論』19, 서울대학교 국사학과.

24. 공석구, 1989, 「安岳 3號墳의 墨書銘에 대한 考察」『역사학보』121.

25. 금경숙, 1989, 「高句麗의 '那'에 관한 硏究」『江原史學』5.

26. 민덕식, 1989, 「故國原王代 平壤城의 位置에 관한 試考」『車文燮華甲紀念史學論叢』.

27. 김기흥, 1990, 「高句麗의 國家形成」『한국고대국가의 형성』, 민음사.

28. 공석구, 1990, 「德興里 壁畵古墳의 주인공과 그 性格」『百濟硏究』21.

29. 김광수, 1991, 「高句麗의 '國相'職」『李元淳停年紀念論叢』.

30. 조인성, 1991, 「4·5세기 고구려 王室의 世系認識 變化」『한국고대사연구』4.

31. 김기흥, 1992, 「고구려 淵蓋蘇文 政權의 한계성」『조항래화갑기념논총』.

32. 여호규, 1992, 「高句麗 初期 那部統治體制의 成立과 運營」『韓國史論』27.

33. 이도학, 1992, 「고구려 初期 王系의 복원을 위한 검토」『韓國學論集』20.

34. 이종태, 1992, 「高句麗 太祖王系의 등장과 朱蒙國祖意識의 성립」『北岳史論』2.

35. 전미희, 1992, 「高句麗初期의 王室交替와 五部」『朴永錫華甲紀念論叢』.

36. 임기환, 1992, 「6~7세기 高句麗 政治勢力의 動向」『한국고대사연구』5.

37. 노태돈, 1993, 「朱蒙의 出自傳承과 桂婁部의 起源」『한국고대사논총』5.

38. 김현숙, 1993, 「고구려의 말갈 지배에 관한 시론적 고찰」『한국고대사연구』6.

39. ______, 1993, 「高句麗 初期 那部의 分化와 貴族의 姓氏」『경북사학』16.

40. 노태돈, 1994, 「高句麗의 初期 王系에 대한 一考察」『李基白古稀紀念論叢』.

41. 금경숙, 1994, 「고구려 初期의 中央政治構造 -諸加會議와 國相制를 중심으로-」『한국사연구』
        86.

42. 김현숙, 1994, 「고구려의 해씨왕과 고씨왕」『대구사학』47.

43. 전미희, 1994, 「淵蓋蘇文의 집권과 그 정권의 성격」『李基白古稀紀念論叢』.

44. 김영하, 1995, 「한국 고대 사회의 정치 구조」『한국고대사연구』8.

45. 김현숙, 1995, 「고구려 전기 那部統治體制의 운영과 변화」『歷史敎育論叢』20.

46. 여호규, 1995, 「3세기 후반 4세기 전반 고구려의 교통로와 지방 통치 조직」『한국사연구』91.

47. 임기환, 1995b, 「고구려 초기 官階組織의 성립과 운영」『경희사학』19.

48. ______, 1995c, 「4세기 고구려의 樂浪·帶方地域 경영」『역사학보』147.

49. 김미경, 1996, 「고구려의 낙랑·대방 진출과 그 지배 형태」『학림』17, 연세대학교 사학회.

50. 박경철, 1996, 「高句麗의 國家形成 研究」, 고려대학교 박사학위논문.

51. 여호규, 1996, 「한국 고대의 국가 형성」『역사와 현실』19.

52. 임기환, 1996, 「광개토왕릉비에 보이는 '民'의 성격」『광개토호태왕비 연구 100년』, 고구려연
　　　구회.

53. 노태돈, 1996, 「5~7세기 고구려의 지방 제도」『한국고대사논총』8.

54. 김현숙, 1997, 「고구려 중 후기 중앙 집권적 지방 통치 체제의 발전 과정」『한국고대사연구』
　　　11.

55. 여호규, 1997, 「1~4세기 高句麗 政治體制 연구」, 서울대학교 박사 학위 논문.

56. _____, 1998, 「고구려 초기 제가 회의와 국상」『한국고대사연구』13.

57. _____, 1998, 『高句麗 城』ⅠⅡ, 국방군사연구소.

58. 강경구, 1999, 「高句麗 桂樓部의 王室交替에 대하여」『韓國上古史學報』30.

59. 이문기, 1999, 「고구려 덕흥리고분 벽화의 '칠보행사도'와 묵서명」『역사교육논집』25.

60. 임기환, 1999, 「4~7세기 고구려 관등제의 전개와 신분제」『한국 고대의 관등제와 신분제』, 아
　　　카넷.

61. 김현숙, 1999, 「6세기 고구려 집권 체제 동요」『경북사학』22.

62. _____, 1999, 「고구려왕의 대민관의 변화와 그 의미」『대구사학』58.

63. 노태돈, 1999, 「고구려의 기원과 국내성 천도」『한반도와 중국 동북 3성의 역사문화』.

64. _____, 1999, 『고구려사 연구』, 사계절.

65. 김영하, 2000, 「한국 고대 국가의 정치 체제 발전론」『한국고대사연구』17.

66. 노태돈, 2000, 「초기 고대 국가의 국가 구조와 정치 운영」『한국고대사연구』17.

67. 이문기, 2000, 「高句麗 莫離支의 官制的 性格과 機能」『白山學報』55.

68. 임기환, 2002, 「고구려 王號의 변천과 성격」『한국고대사연구』28.

69. 김종은, 2003, 「고구려 초기천도기사로 살펴본 왕실교체」『숙명한국사론』3.

70. 임기환, 2004, 『고구려 정치사 연구』, 한나래.

71. 금경숙, 2004, 『高句麗 前期 政治史 硏究』, 고려대학교 민족문화연구소.

72. 여호규, 2005, 「고구려 국내 천도의 시기와 배경」『한국고대사연구』38.

73. 김현숙, 2005, 『고구려 영역지배방식 연구』, 모시는 사람들.

74. 이성제, 2005, 『高句麗의 西方政策 硏究』, 국학자료원.

75. 岡崎敬, 1964, 「安岳三號墳(冬壽墓)の硏究」『史淵』93.

76. 宮崎市定, 1959, 「三韓時代の位階制について」『朝鮮學報』14.

77. 山尾幸久, 1974, 「朝鮮三國の軍區組織」『古代朝鮮と日本』.

78. 武田幸男, 1978,「高句麗官位制とその展開」『朝鮮學報』86.

79. ______, 1978,「廣開土王碑からみた高句麗の領域支配」『東洋文化研究所紀要』78.

80. 請田正幸, 1979,「高句麗莫離支考」『朝鮮歷史論集』上.

81. 武田幸男, 1981,「牟頭婁一族と高句麗王權」『朝鮮學報』99·100합집.

82. ______, 1989,「德興里壁畵古墳被葬者の出自と經歷」『朝鮮學報』130.

83. ______, 1989,『高句麗と東アジア』, 岩波書店.

84. 李成市, 1993,「高句麗泉蓋蘇文の政變について」『朝鮮史研究會論文集』31.

백제

조법종 _ 우석대학교 사회교육과

1. 연구 동향

백제사 연구는 1960년대까지 정치제도중심의 이해가 70년대 고대국가의 기원과 발전단계론 논의속에서 정치사회사 분야에 대한 성과를 이룩하였고 특히, 무녕왕릉의 발굴을 통해 문헌과 고고학을 통한 연구체계의 전기가 마련되었다. 이 같은 상황에서 백제사연구는 1980년대 중반이후 본격적인 성장의 기반이 확립되었다. 즉, 1987년 한국고대사학회(한국고대사연구)의 발족을 필두로 한국상고사학회(한국상고사학보)가 발족되고 한국사의 대중화를 위한 한국사시민강좌가 창간되었으며 1990년에는 한국고대학회(선사와 고대)가 발족되어 특화된 연구영역의 확충과 전문화를 촉진하게 되었다. 특히, 1986년 백제 지배세력을 중심으로 정치적 변화과정과 중앙 및 지방의 통치조직 등을 통해 백제사를 조망한 박사학위논문을 필두로 1990년대에는 웅진시대나 사비시대만을 다룬 박사학위 논문들이 나왔으며, 1990년대 후반에는 백제 지방통치제도에 대한 일련의 박사학위논문이 나왔고 2000년대이후 백제사회의 분야별 연구 및 고고학적 연구결과가 학위로 정리되었다.(백제박사학위목록 참조) 이러한 연구들을 통해 백제사는 한국 고대사 본령에 부응하는 국가로서의 체계를 잡았다.

한편, 1993년 능산리 사원에서 백제금동대향로 및 昌王銘 사리감과 같은 유물 및 금석문이 발견되고 궁남지, 능산리 목간, 공주 수촌리, 청주 신봉동, 천안 용원리 유적 등과 같은 새로운 자료들이 발굴되면서 문헌 사료의 한계를 극복할 수 있는 길을 열어주고 있다. 또한 한성백제시대를 규명할 수 있는 임진강 - 한강유역 고분 및 풍납토성의 시축연대와 위례성 위치논의 등은 이 같은 논의를 더욱 심화시켰다. 특히, 웅진사비기의 대외교류에 대한 현장적 접근은 백제의 해양국가적 성격과 문화수용과 전파의 특성을 다각적으로 분석할 수 있는 새로운 장을 마련하였고 영산강유역 고분문화의 성격논의는 백제 - 왜관계에 대한 새로운 논쟁을 진행시켰다.

한편 대학 및 박물관, 민간연구소의 활발한 활동이 90년대 부각된다. 충남대 백제연구소(백제연구), 공주대 백제문화연구소(백제문화), 원광대 마한백제문화연구소(마한백제연구), 백제문화개발연구원(백제논총)등의 활동과 발굴관련 단체들의 활동은 백제 관련 지역연구 및 분야별 심층연구가 진행되어 체계적 연구성과가 누적되었다. 또한 국립공주박물관은 백제와당 특별전(1988)이후 백제고분출토 유물특별전(1989), 백제로의 시간여행전(2000), 백제 斯麻王 - 무령왕릉발굴, 그 후 30년의 발자취(2001), 4~5세기 백제유물 특별전 -한성에서 웅진으로 - (2006)의 특별전을 진행하였고 국립부여박물관은 백제의 토기(1986)이래 백제사지출토유물(1988), 백제와전(1989), 백제왕궁지 출토유물(1990), 특별전 백제(1999), 백제의 문자(2002), 백제의 도량형(2003), 백제의 문물교류(2004), 백제인과 복식(2005), 백제의 공방(2006) 시리즈의 특별전을 통해 백제유물의 현장적 인식과 새로운 자료의 공유기회를 제공하여 백제사의 저변을 확대시켰다.

2. 건국과 초기국가체제

백제 건국사에 대한 80년대 이후 학계의 논의는 『삼국사기』 불신론을 극복하고 백제왕실이 교체없이 지속되었다는 연속론적 인식에서 신빙론과 수정론 그리고 왕실주체가 바뀌었다는 단절론의 왕조교체론으로 나뉜다. 연속론은 『삼국지』伯濟와 『삼국사기』百濟의 관계를 연속선상에서 보는 것으로 이견해는 다시 『삼국사기』 초기기록을 역사적 사실의 반영으로 인정하는 긍정론[74, 38]과 일부 수정되었다는 절충론[27]으로 나뉜다. 단절론적 입장은 4세기 중반 이후 백제의 갑작스런 발전은 이전의 백제국과는 별개의 존재인 만주지역의 기마민족이 남하하여 세운 일종의 정복왕조라는 것이다. 즉, 부여계 세력이 남하해 선주 백제국을 정복한 것으로 파악하는 백제왕실교체설[59, 68]로서 백제사회의 이중적 성격을 강조하는 논의의 핵심이다. 그러나 이 같은 입장들은 단절론에 대한 문헌, 고고학적 비판[19]이 제기되고 현재 절충론적 입장에 부응하는 고고학적 고분양상변화내용에 의해 비판되고 있다.

한편, 백제국가의 초기양상을 이해하는 방안으로서 백제 초기사에 보이는 部의 문제는 백제 초기 '부'의 성격을 어떻게 파악하느냐 하는 문제가 고구려·신라의 '부' 문제와 더불어 부각되었다. 이 내용은 부여·고구려·백제·신라 등의 초기 역사에서 공통적으로 찾아지는 '부'를 연맹단계의 내부구조로서 주목해 '部體制'를 중앙 정치구조와 관련시켜 국가발전단계상 혈연적 부족연맹체론을 비판적으로 수용하면서 그 대안으로서 '부체제론'을 제기한 것이다.[31] 이 논의의 핵심은 '단위정치체'로서의 부체제론과 지방의 '행정구획론'으로 나뉘어 논의되었다. 이는 정치적 독자성을 띠는 단위정치체인 부체제가 해체되면서 일원적인 관료조직에 입각한 중앙집권체제가 출현했다는 것이다.[27, 23, 83] 이에 대해 백제 초기의 '부'는 고구려·신라의 이른바 '部體制'와는 달리 초기기록에서 부터 이른바 '族制的 또는 部族的' 성격이 약한 方位部인 행정구획적 특징을 나타낸다고 보고[38] 행정 군사적 지방조직[72]나 군관구적인 지방구획[51]으로 보아 지방행정구획인 部에 산재해 있던 재지세력들을 통한 간접통치의 양상으로 파악한다. 그런데 部는 고대국가발전의 한 단계로 파악되기보다는 지배체제 즉, 각 정치체를 표용한 국가구조이며 운영원리라는 측면에서 접근해야 된다고 파악된다.[24] 이는 『삼국사기』와 각종 금석문에 이미 고구려, 백제, 신라라는 국가체를 구성하는 요소로서 인식되고 있음에서 확인된다.

3. 도성

백제 한성시대 도성과 관련된 내용은 『삼국사기』 백제본기에 건국 당시의 河南 慰禮城, 온조왕 14년에 천도한 都城과 新宮, 근초고왕 26년의 漢城, 개로

왕대 都城의 北城과 南城 등 다양한 기록이 있다. 이에 대해 『삼국유사』의 위치비정 이래 다기한 견해가 제기되었는데 위례성, 하남위례성, 한성으로 백제의 도성이 변천했다는 데는 뜻을 같이 하면서 위례성의 실체에 대응하는 유적에 대해 많은 논의가 있었다. 80년대이후 백제건국세력초기 정착지에 대해 미추홀이 아닌 파주연천지역[15]견해와 대방고지에 입각한 황해도설[80]도 제기되었으나 주요유적은 한강유역권이다. 여기서 도성의 위치문제는 정약용 이래 하남 위례성의 후보지로 거론된 하남 春宮里 일대의 경우 백제시대 유적이 존재하지 않는다는 사실이 확인되었고,[16] 二聖山城 역시 백제시대의 유적보다는 신라의 南漢城으로 비정될 가능성이 높으며 남한산성도 백제시기에 축조되었을 가능성은 거의 없는 것으로 파악되어[33] 1990년대이후 夢村土城과 風納土城을 중심으로 논의가 심화되었다. 관련 견해를 보면 먼저, 몽촌토성을 위례성으로 파악했던 기왕의 견해가 재확인된 이래[87] 위례성은 하남위례성이고 한성은 별개의 성이라고 보면서 위례성을 풍납리토성에 비정하고, 한성은 몽촌토성에 비정하였다.[2] 또한 漢城이란 북성을 주축으로 하여 왕성인 南城을 포함하는 명칭으로서 두 성을 포괄하는 지역의 범칭으로 보고 북성은 大城으로 또는 蛇城으로도 표현된 백성들이 거주하는 성으로 현재의 풍납토성이며 남성은 하남위례성으로서 왕성으로 현재의 몽촌토성으로 파악하였다.[14]

한편, 하남위례성에서의 ‘河南’ 이란 한강 남쪽으로 고유명사가 아닌 위례성의 상대적 개념으로 쓴 것으로 보고 근초고왕 26년의 ‘移都漢山’ 이란 고국원왕 피살에 대한 고구려의 반격을 대비해 산성으로 일시적으로 도읍을 옮긴 것으로 보았다. 따라서 백제 한성시대의 도성은 위례성(중랑천 일대)에서 한성(하남위례성, 풍납토성과 몽촌토성) 그리고 한성과 한산성(남한산성)으로 변화해 간 것으로 파악하였다.[41] 이같이 고구려와의 전쟁관계에 따라 371년 무렵 고구려의 침공에 대비하기 위하여 한산에 축조한 군사 방어성이 한성이며 계속 왕성으로 사용되다가 396년 고구려 광개토왕의 백제 도성 공략에 항복하면서 평상시의 왕성이었던 북성, 즉 풍납토성으로 환도하였고, 몽촌토성

은 비상시의 군사방어성으로 활용되었을 것으로 보았다.[54]

한편, 이들 토성의 축조시기와 관련하여 백제의 왕도인 한성 즉, 하남위례성에는 대성인 北城과 왕성인 南城이 존재하며 북성은 풍납토성, 남성은 몽촌토성으로 보고 풍납토성은 심발형토기와 장란형토기, 대옹 등의 존재와 몽촌토성의 錢文도기(4C 초)를 고려하여 3세기 중·후반경 이후에 축성되었다고 보았다[35] 이에 대해 출입구를 갖추고 있는 평면6각형의 주거지를 풍납동식 주거지로 설정하고 이를 근거로 풍납토성을 기원 전후에 초축된 것으로 파악하여[47] 『삼국사기』 초기기록의 신뢰성을 확인할 수 있다고 보아 풍납토성의 축조시기와 성격을 둘러싼 고고학계의 논쟁으로 한성시대 도성 문제는 계속 논의가 진행될 상황이다.

4. 고분과 계통

백제의 건국세력과 고분문화의 연결은 한성시기 고분문화를 土墓 계통과 石墓 계통으로 나누고, 이들을 역사상에 등장하는 沸流系와 溫祚系로 비정하는 인식에서 나타났다. 즉, 서울 강남지역에서 제일먼저 등장하는 묘제가 토묘 계통의 토광묘이고, 뒤이어 석묘 계통의 적석총이 등장하는 것을 들어 비류계 = 토광묘 = 부여계, 온조계 = 적석총 = 고구려계로 이해했던 것이다.[1] 한편, 한강유역고분을 적석총계(적석총, 석곽묘, 석실분)와 토광묘계(토광묘, 옹관묘, 즙석봉토분, 토광적석묘)로 나누고[76] 적석총의 등장을 압록강 이남지역의 적석총 축조집단과 연결시켜 백제의 건국세력으로 보고 그 시기는 3세기 중엽 경에 해당되는 것으로 보았다. 이는 고구려와의 관련성을 강조하고 부여와는 무관함을 주장하는 입장이다. 이에 대해 이른바 葺石封土墳을 새로이 木棺封土墳으로 보고, 이러한 목관봉토분의 등장을 백제의 건국시기로 파악해[35] 목관봉토분인 가락동 2호분의 축조시기를 출토된 토기를 통해 3세기 중·후반 경으로 보고, 이 시기를 곧 백제의 실질적인 건국으로 파악하였다. 이는 고구려와 백제와의 관련성을 부정하는 입장이다. 이같이 고고학적 유적에 대한 검토에서 이들 견해는 백제의 실질적인 건국을 3세기 중·후반으로 보고 있지만 그 증거로 제시하는 묘제와 계통은 다른 것을 제시하고 있다. 즉, 백제건국주체세력의 고고학적 근거로 논의되는 즙석봉토분이 고구려 적석총 영향[78]인가 예계말갈족계통[35]인가 또는 즙석봉토분과 기단식 적석총은 서로 다른 정치집단인가[68] 등의 논의를 거쳐 한강유역의 횡혈식 석실분의 사용주 체에 대한 논의가 진행되고 있다.

한편, 웅진도읍기 횡혈식 석실분은 처음부터 주묘제로 등장하며 궁륭식의 가장 발전된 양상을 보여준다는 점에서 그 계통과 주체에 대한 논의가 분분하 였다. 즉, 한성지역에서 사용되던 묘제가 연속선상에서 유입된 것인가 또는 주변 지방사회에서 사용되던 묘제가 웅진지역으로 역유입된 것인가가 논란 이다. 이에 대해 한성지역 방이동 석촌동석실분을 백제고분으로 볼 경우 한 성-웅진 연속성을 설정하게 되며[62] 신라계로 볼 경우[89] 주변부 묘제의 중앙 채 택이란 현상으로 파악되게 된다. 공주 표정리 유적을 볼 때 백제 수혈식고분 이 지배층묘제인 횡혈식석실분을 모방하여 횡구식으로 변천한 것으로 파악 된다.[65]

또한 천안 화성리, 청주 신봉동유적은 남한강상류 대규모 토광묘집단의 존 재를 확인시켜 백제의 지방세력의 양상을 새롭게 인식하는 계기를 제공하였 다.[52] 특히, 청주의 신봉동, 봉명동유적은 4세기부터 5세기를 중심으로 조성 된 백제 지방세력과 관련된 최대의 고분군이다. 지금까지 300여기의 무덤이 발견되었으며, 널무덤은 전쟁과 관련된 백제 戰士集團의 공동 무덤으로 파악 된다. 출토유물로는 쇠갑옷과 투구, 둥근고리 큰칼 큰칼 손칼 화살촉 창 등의 무기류, 발걸이 재갈 등 마구류, 단지 바리 손잡이잔 등의 토기류 등 다양하며 초기 백제의 문물 연구에 중요한 위치를 차지하고 있다. 특히 갑옷과 철제 무 기류, 뚜껑 접시 등은 加耶, 倭의 유물들과 비교되어 당시 청주 지역을 중심으 로 활동하였던 백제 세력이 한강 유역과 금강 유역의 여러 집단은 물론 가야, 왜 세력과도 활발한 교류를 하였음을 알 수 있다. 이같이 지속적으로 확대되 는 백제지방세력에 대한 자료의 확대는 향후 백제사를 보다 다기하게 파악할 수 있게 한다는 점에서 추가적인 성과가 기대된다.

5. 중앙과 지방

백제의 중앙정치세력집단의 대표격인 왕실의 계통문제에 대해서는 일찍이 한성시대 전기 비류계의 解氏에서 초고계의 扶餘氏로 왕실이 교체되었다고 보았다.[27] 이에 대해 比流王을 추대한 세력은 범초고계의 왕족을 비롯하여 해씨와 고이계 優氏 세력 일부가 포함되었을 것으로 보기도 한다.[3] 한편, 백제 웅진시대 정치사의 전개과정은 국왕과 귀족세력의 동향을 중심으로 체제의 개혁과 권력구조의 변화 등 많은 정치적 변혁이 이루어졌음이 고찰되었다.[81] 그리고 진씨 왕비족은 부여씨 왕실이 지배 귀족 가운데 진씨 가문과 거듭 혼인함으로써 성립된 것으로, 근초고왕에서 아신왕대까지를 진씨 왕비족시대로 부르기도 하였다. 그러나 진지왕의 왕위계승에서 일어난 분쟁을 계기로 진씨에서 해씨로 왕비족이 바뀌었다고 보았다.[27] 귀족신분에 대해서는 한성 및 웅진시대 성씨집단 분석과 사비시대 大姓八族을 중심으로 검토되었는데 특히 대성팔족은 왕권과 대립적 성격으로 파악되어 사비시대 백제의 정치를 주도한 것으로 이해되었다.[27, 26] 그러나 대성팔족과 왕권과의 상보적 관계도 세시되있고.[17] 사비시대의 웅자를 비롯한 왕족에 대한 적극적인 해석이 이루어지고 있다.[26, 17, 18]

백제의 통치제도에 대한 논의는 3세기 중엽 고이왕대의 관제개혁을 사실로 인정하여 관제골격이 형성되었다고 보는 입장[74]에 대해 6좌평·16관등제는 후대 사실의 부회로 파악되면서[27, 49] 최근의 연구 경향은 고이왕대에 이루어진 관직의 정비와 공복제를 사비시대의 소급으로 이해하고 있다. 백제의 중앙 정치기구로서 좌평제는 관직중심의 정치기구로서 성립시기에 대해서 3세기 중엽,[74] 5세기 초,[49] 7세기 초[27, 26] 등으로 파악하고 사비시대의 대좌평이 상좌평과의 동일성,[27, 50] 및 차별성[20]의 논의와 성격이 친왕권적인지,[49] 친귀족적인지[27] 논의가 나뉘고 있다. 행정관서로 구체적 직무가 분리된 22부사는 궁중사무와 일반 서정의 분리, 군사·재정·행정 업무의 분화, 장관의 임기 3년 임기제 등은 관료제적 성격을 보여주지만, 內官이 싸官 10부보다 많고, 북주의 6관제를 채용하였다는 점은 왕권강화의 측면을 말해 준다. 또한 6좌평과 22부사의 관계는 6좌평제는 7세기에 성립되어 관계가 약하다는 입장[27]과 6좌평제는 6세기 이전에 성립된후 22부사제의 실시로 신분표시기능만 남았다고 보거나,[50] 6세기 전반 합의기구적 성격의 좌평제와 행정기구인 22부사가 양립하다가 6세기 후반 좌평이 22부사를 장악하고 7세기 전반 국왕 통제하의 행정기구로 22부사를 관장하였다는 입장[26] 등으로 나뉜다.

백제의 지방통치문제는 1990년대 후반이후 백제사 연구의 중요 주제로 부각되었다. 즉, 部制에서 檐魯制를 거쳐 五方體制로 변화된 백제의 지방통제 방식은 이들 제도의 성격과 운영방식 등과 관련된 논의가 중심을 이뤄 진행되었다. 먼저 지방제도의 계기적 변화를 강조한 입장에서 5부체제(근초고왕이전) - 담로체제(웅진도읍기) - 방 군 성체제(사비도읍기)로 보는 견해가 제시되었다.[27, 28] 이 같은 입장에서 5부체제 - 4세기중반 담로제 - 6세기 중반 5방체제로 전국에 걸친 일원적 통치체제로의 발전성을 강조하는 입장이 제시되었다.[41] 이에 대해 왕후제와 담로제를 계기적 관계로 파악해 동성왕대 웅진주변지역은 지방관이 파견되고 토착세력이 강한 지역은 왕족등을 왕후로 파견하고 무녕왕대 담로제를 실시한 이후 6세기 중반경 담로를 관할하는 5방제가 확립된 것으로 제시하였다.[81] 그러나 초기 부체제이후 설치된 22담로제는 개로왕대 백제영역을 중앙정부의 통제하에 둔 편제로서 담로의 설정단계를 5방제의 성립과정으로 파악하는 입장이 제시되었다.[23, 15] 또한 5부제와 담로제가 일정기간 공존하였음을 강조하기도 하였다.[72] 한편, 지방통치체계의 계기적 연결에 반대하고 4세기중반이후 금강이북지역은 기존의 5부제가 금강이남은 거점중심의 담로제가 병존한 이원적 통치체제가 유지되었다고 보는 입장도 개진되었다.[68]

사비시대의 도성과 관련하여 부소산성 남록으로 인식하던 이해[58]에서 왕성의미확인과 공간에 대한 문제제기를 통한 부소산성이 왕궁일 가능성[44]이 제기되었다. 또한 사비 羅城의 경우도 서나성의 존재가 확인되지 않아 북 - 동나성만을 인정하는 견해가 제기되었다.[34] 행정구획으로 『주서』에 기록된 왕도 5부제에 대해는 동성왕대인 5세기 말~6세기초 단계에서 왕도 5부제의 틀이 마련되고, 사비도읍기에 들어서 部·巷체제를 갖춘 전형적인 5부제가 실시된 것으로 보거나[23] 궁남지 출토목간에 나타난 자료를 통해 사비시대에 들어 왕도 5部에 5巷씩 즉, 25항 제도가 존재하였음이 제기되었다.[40] 한편, 백제의 지방통치와 관련된 지방관파견 사실은 道使의 존재를 주목하였으며,[18] 도사의 파견 시기를 담로제의 확립과정 속에서 구하고, 이 때 파견된 지방관을 성주로 칭하였을 것으로 보았다.[27] 그러나 성주의 명칭이 3세기 초반부터 나타나므로 그 파견시기를 3세기대로 올려 보기도 하였다.[25]

6. 대중국 교류 문제

백제의 중국과의 관계에서 요서진출문제는 5세기대 편찬된 『송서』, 6세기대의 『양직공도』, 7세기대의 『양서』 등에 나타난 내용으로 초기 긍정론적 입장이 제기된 이래 찬반양론 및 새로운 논의가 진행되었다. 이를 313년 낙랑과 대방이 요서로 옮겨간 사실과 관련시켜 백제의 진출을 부정하거나[56] 4세기 前燕에 의해 사민된 扶餘系 후예인 후연의 장수 餘巖의 할거기사를 근거로 『송서』 편찬시 부어게 인물의 활동을 백제 요서진출로 바꾸어 기술한 것으로 백제의 진출은 부정하는 인식을 제기하였다.[53] 이는 백제요서진출을 막연히 주장하거나 부정 또는 낙랑 등으로 바꾸어 파악하던 학계인식에 부여계통인들의 역사에 대한 관심을 제고한 입장이다. 한편, 이 같은 입장을 일부 수용해 4세기후반 해상진출이 활발해진 백제가 385년 북중국의 혼란을 활용해 여암의 세력과 백제의 침류왕이 연합하여 요서지역을 장악하였다는 입장이 다시 제기되어[3] 향후 지속적인 논의 가능성을 유지하고 있다. 한편, 1970년대 무령왕릉과 1990년대 금동대향로 발견은 중국과의 관련성이 강조되는 일련의 연구성과가 진행되었다. 즉, 백제지역에서 육조도자기의 출토예가 100점이 넘은 상황에서[12] 특히, 한성기 백제유적에서 발견되는 錢文陶器 및 錢文瓦當은 후한 - 삼국시대 搖錢樹와 연결되는 것이 지적되어 도교적 성격이 강조되었다.[13] 한편 무령왕릉의 묘지, 매지권 및 표현이 남조 도교영향이 농후하며 연화문양의 경우 불교문양을 강하게 반영한 것으로 나타나고 있다. 또한 獨角

系鎭墓獸는 도교적 저승세계를 반영한 것이며 금동대향로 또한 남조 향로와 매우 흡사한 내용을 보여주고 있어 백제문화의 본질이해에 있어 중국적 요소와의 이해와 변별성이 중요함이 강조되었다.[13]

한편 백제관련자료의 확대측면에서 1992년 부안 죽막동유적의 발견은 백제의 해양국가적 성격과 중국 - 가야 - 왜를 포함한 국제적 해상교역망의 실체를 확인하는 인식의 장을 확대시켰다.(국립전주박물관1998) 또한 1989년 『북경도서관장 중국역대석각탁본휘편』이 국내에 소개되면서 흑치상지, 흑치준 등 백제유민의 묘지가 소개되고 관련연구가 심화되었다.[70, 67] 또한 백제궁남지 및 능산리사지에서 출토된 목간자료의 증대는 영세한 백제사의 외연을 확충시켜 관련자료에 대한 적극적 해석이 진행되었다.[86, 40, 58]

참고문헌

1. 강인구, 1991, 「初期 百濟古墳의 檢討 -建國과 관련하여-」『百濟研究』22, 忠南大學校 百濟研究所.

2. ______, 1993, 「百濟 初期 都城 問題 新考」『韓國史研究』81.

3. 강종원, 2003, 『4세기 백제사 연구』, 서경문화사.

4. ______, 2005, 「수촌리 백제고분군 조영세력 검토」『百濟研究』42, 忠南大學校 百濟研究所.

5. 강종훈, 1992, 「백제 대륙진출설의 제문제」『韓國古代史論叢』4, 가락국사적개발연구원.

6. ______, 2003, 「4세기 백제의 遼西 지역 진출과 그 배경」『한국고대사연구』30.

7. 국립부여박물관, 2002, 『陵寺』.

8. ____________, 2003, 『百濟金銅大香爐와 古代東亞世亞』.

9. 국립전주박물관, 1998, 『扶安 竹幕洞 祭祀遺蹟 研究』.

10. 국사편찬위원회편, 1995, 『삼국의 정치와 사회 -백제-』, 한국사 6.

11. 권오영, 2002, 「百濟의 對中交涉의 전개와 그 성격」『古代 東亞世亞와 三韓·三國의 交涉』, 복천박물관.

12. ______, 2003, 「백제의 대중교섭의 진전과 문화변동」『강좌한국고대사』4.

13. ______, 2005, 「백제문화의 이해를 위한 중국육조문화탐색」『한국고대사연구』37.

14. 김기섭, 1990, 「百濟前期 都城에 관한 一考察」『청계사학』7.

15. ______, 1998, 「彌鄒忽의 位置에 대하여」『韓國古代史研究』13, 韓國古代史學會.

16. 김무중 외, 2000, 「河南 校山洞 建物址 發掘調査 中間報告書」, 畿甸文化財研究院.

17. 김수태, 1992, 「百濟 義慈王代의 太子册封」『百濟研究』23.

18. ______, 1997, 「백제의 지방통치와 도사」『백제의 중앙과 지방』, 충남대 백제연구소.

19. ______, 2002, 「백제의 만주기원설 검토」『百濟研究』35, 忠南大 百濟研究所.

20. ______, 2003, 「고대국가 중앙관서의 조직과 운영 -백제를 중심으로-」『강좌 한국고대사』2.

21. 김영심, 1990, 「5~6世紀 百濟의 地方統治體制」『韓國史論』22.

22. 김영심, 2000, 「百濟史에서의 部와 部體制」『韓國古代史研究』17.

23. ＿＿＿, 2000, 「泗沘都城의 행정구역 편제」『사비도성과 백제의 성곽』, 서경문화사.

24. 김영하, 2002, 「三國時代 王과 權力構造」『韓國史學報』12, 高麗史學會.

25. 김주성, 1990, 「百濟 泗沘時代 政治史 硏究」, 전남대학교 박사학위논문.

26. ＿＿＿, 1992, 「百濟 地方統治體制의 變化와 地方社會의 再編」『國史館論叢』35.

27. 노중국, 1988, 『百濟政治史硏究』, 일조각.

28. ＿＿＿, 1991, 「百濟 武寧王代의 集權力 强化와 經濟基盤의 擴大」『百濟文化』21.

29. ＿＿＿, 1994, 「4~5세기 百濟의 政治運營」『韓國古代史論叢』6.

30. ＿＿＿, 2003, 「웅진·사비시대 백제사」『고대 동아세아와 백제』, 충남대 백제문화연구소.

31. 노태돈, 1975, 「三國時代의「部」에 關한 硏究 -成立과 構造를 中心으로-」『韓國史論』2.

32. 문안식, 2002, 『百濟의 領域擴張과 地方統治』, 신서원.

33. 박순발, 1994, 「漢城百濟 成立期 諸墓制의 編年 檢討」『先史와 古代』6.

34. ＿＿＿, 2000, 「泗沘都城의 構造에 대하여」『百濟硏究』31, 忠南大 百濟硏究所.

35. ＿＿＿, 2001, 『漢城百濟의 誕生』, 서경문화사.

36. ＿＿＿, 2002, 「漢城期 百濟의 城郭」『향토서울』62.

37. ＿＿＿, 2003, 「漢城期 百濟 都城의 問題 -風納土城과 夢村土城의 築造 時期 比定을 中心으로-」『先史와 古代』19.

38. 박현숙, 1990, 「百濟 初期의 地方統治體制 硏究 -'부'의 성립과 변화과정을 중심으로-」『百濟文化』20.

39. ＿＿＿, 1993, 「百濟 檐魯制의 實施와 그 性格」『宋甲鎬敎授停年退任紀念論文集』.

40. ＿＿＿, 1996, 「宮南池출토 百濟 木簡과 王都 5部制」『韓國史硏究』92, 韓國史硏究會.

41. ＿＿＿, 1997, 「백제지방통치체제연구」, 고려대 박사학위논문.

42. 서울역사박물관, 2002, 『풍납토성 - 잃어버린 王都를 찾아서』.

43. 서정석, 1995, 「宋山里 方壇階段形 積石遺構에 대한 檢討」『百濟文化』24, 公州大學校 百濟文化硏究所.

44. ＿＿＿, 2002, 『百濟의 城郭』, 學硏文化社.

45. 성주탁, 1997, 「百濟 熊津城 硏究 再齣」『百濟의 中央과 地方』, 忠南大 百濟硏究所.

46. 신형식, 1990, 『백제사』, 이화여자대학교 출판부.

47. 신희권, 2001, 「風納土城의 築造技法과 性格에 대하여」『風納土城의 發掘과 그 成果』, 한밭대학교 향토문화연구소.

48. 신희권, 2002, 「風納土城 발굴조사를 통한 河南慰禮城 고찰」 『鄕土서울』62.

49. 양기석, 1990, 「百濟 威德王代 王權의 存在形態와 性格」 『韓國古代史硏究』21.

50. _____, 1997, 「백제 사비시대의 좌평제 연구」 『충북사학』9.

51. _____, 2000, 「百濟 初期의 部」 『韓國古代史硏究』17.

52. 양기석 외, 2005, 『백제 지방세력의 존재양태 -청주 신봉동유적을 중심으로-』, 동북아 역사총
　　　　서 3, 한국학중앙연구원.

53. 여호규, 2001, 「百濟의 遼西進出說 再檢討 -4세기 후반 扶餘系 人物의 동향과 관련하여-」 『진
　　　　단학보』91.

54. _____, 2002, 「漢城時期 百濟의 都城制와 防禦體系」 『百濟硏究』36.

55. 유원재, 1989, 「「百濟略有遼西」記事의 分析」 『백제연구』20, 충남대학교 백제연구소.

56. _____, 1993, 『中國正史 百濟傳 硏究』, 學硏文化社.

57. 윤무병, 1994, 「百濟王都泗沘城硏究」 『학술원논문집』33.

58. 윤선태, 2004, 「扶餘 陵山里 出土 百濟木簡의 再檢討」 『東國史學』40, 東國史學會.

59. 이기동, 1981, 「百濟 王室交代論에 대하여」 『百濟硏究』12.

60. _____, 1996, 『百濟史 硏究』, 일조각.

61. 이남석, 1997, 「熊津地域 百濟遺蹟의 存在意味」 『百濟文化』26, 公州大學校 百濟文化硏究所.

62. _____, 1999, 「백제의 황혈식석실분 수용양상에 대하여」 『한국고대사연구』16.

63. _____, 2002, 『百濟 墓制의 硏究』, 서경문화사.

64. _____, 2002, 『백제의 고분문화』, 서경문화사.

65. _____, 2002, 『熊津時代 百濟考古學』, 서경문화사.

66. 이도학, 1990, 「漢城 後期의 백제 王權과 支配體制의 整備」 『百濟論叢』2.

67. _____, 1991, 「百濟 黑齒常之墓誌銘의 檢討」 『향토문화』6, 향토문화연구회.

68. _____, 1995, 『백제 고대국가 연구』, 일지사.

69. _____, 1996, 『백제장군 흑치상지 평전』, 주류성.

70. 이문기, 1991, 「百濟 黑齒常之 父子 墓誌銘의 檢討」 『한국학보』64.

71. 이병호, 2001, 「백제 사비도성의 구조와 운영」 『한국의 도성』, 서울시립대학교.

72. 이용빈, 2002, 『백제 지방통치제도 연구』, 서경문화사.

73. 이우태, 1993, 「百濟의 部體制」 『百濟史의 比較硏究』, 충남대 백제연구소.

74. 이종욱, 1978, 「百濟의 佐平」 『震檀學報』45.

75. _____, 1990, 「百濟 泗沘時代의 中央政治組織」『百濟研究』21.

76. 임영진, 1987, 「石村洞一帶 積石塚系와 土壙墓系 墓制의 性格」『三佛金元龍敎授停年退任紀念
論叢』 I (考古學篇).

77. _____, 1993, 「百濟 初期 漢城時代 古墳에 관한 硏究」『韓國考古學報』30.

78. _____, 2003, 「積石塚으로 본 百濟 建國集團의 南下 過程」『先史와 古代』19.

79. _____, 2004, 「고분을 통해 본 한성백제」『한성백제의 역사와 문화』(서울역사 학술대회).

80. 전영래 ,1998, 「百濟의 興起와 帶方故地」『百濟研究』제28집, 忠南大學校百濟研究所.

81. 정재윤, 1992, 「熊津·泗沘時代 百濟의 地方統治體制」『韓國上古史學報』10.

82. 조법종, 1989, 「百濟 別稱 鷹準考」『韓國史研究』66.

83. 주보돈, 2000, 「百濟初期史에서의 戰爭과 貴族의 出現」『百濟史上의 戰爭』, 서경문화사.

84. 차용걸, 1981, 「慰禮城과 漢城에 대하여」(I)『鄕土서울』39.

85. _____, 2004, 「백제의 도성」『백제문화의 특성 연구』, 이남석 편, 서경문화사.

86. 최맹식, 1995, 「扶餘 宮南池內部 發掘調査槪報 ; 百濟木簡 出土 意義와 成果」『한국상고사학
보』20, 한국상고사학회.

87. 최몽룡·권오영, 1985, 「考古學的 資料를 通해 본 百濟 初期의 영역 考察」『千寬宇先生 還曆
紀念韓國史學論叢』.

88. 최몽룡·심정보 편, 1991, 『百濟史의 理解』, 학연문화사.

89. 최병현, 1992, 『新羅古墳硏究』, 一志社.

90. 최완규, 1996, 「周溝墓의 特徵과 諸問題」, 『古文化』49.

91. 충남발전연구원, 2003, 『공주 수촌리유적』.

*백제박사학위논문

길기태, 2006, 「백제 사비시대의 불교신앙 연구」, 충남대 대학원.

조경철, 2006, 「백제불교사의 전개와 정치변동」, 한국학중앙연구원 한국학대학원.

최병식, 2006, 「백제부흥운동과 공주 연기지역」, 상명대 대학원.

김종만, 2004, 「사비시대 백제토기 연구」, 충남대 대학원.

김영관, 2004, 「백제부흥운동연구」, 단국대 대학원.

조원창, 2003, 「백제 건축기술의 대일전파 - 기단축조와 제와술을 중심으로」, 상명대 대학원.

서정석, 2001, 「백제성곽연구 - 웅진 사비시대를 중심으로」, 한국정신문화연구원 한국학대학원.

최범호, 2001, 「백제 온조왕대의 부 연구」, 전북대 대학원.

오순제, 2001, 「백제 한성시기 도성체제의 연구」, 명지대 대학원.

문안식, 2001, 「백제의 영역확장과 변방세력의 추이」, 동국대 대학원.

김병남, 2001, 「백제 영토변천사 연구」, 전북대 대학원.

이용빈, 2001, 「백제 담노제 연구」, 명지대 대학원.

정재윤, 2000, 「웅진시대 백제 정치사의 전개와 그 특성」, 서강대 대학원.

文東錫, 2000, 「4~6世紀 百濟 支配勢力의 推移」, 경희대 대학원.

성정용, 2000, 「중서부 마한지역의 백제영역화과정 연구」, 서울대 대학원.

姜鍾元, 1998, 「4世紀 百濟 政治史 硏究」, 忠南大 大學院.

崔完奎, 1998, 「錦江流域 百濟古墳의 硏究」, 崇實大 大學院.

朴淳發, 1998, 「百濟 國家의 形成 硏究」, 서울大 大學院.

朴賢淑, 1997, 「百濟 地方統治體制 연구」, 高麗大 大學院.

金英心, 1997, 「百濟 地方統治體制 연구 - 5~7세기를 중심으로」, 서울大 大學院.

金起燮, 1997, 「百濟 漢城時代 統治體制 연구 - 近肖古王代를 中心으로」, 韓國精神文化硏究院 韓
        國學大學院.

朴燦圭, 1995, 「百濟의 馬韓征服過程 연구」, 檀國大 大學院.

林永珍, 1995, 「백제한성시대고분연구」, 서울大 大學院.

李南奭, 1995, 「백제 石室墳墓制의 연구」, 高麗大 大學院.

李道學, 1991, 「百濟 集權國家形成過程 硏究」, 漢陽大 大學院.

兪元載, 1990, 「中國正史 百濟傳 연구」, 忠南大 大學院.

梁起錫, 1990, 「百濟 專制王權 成立過程 연구」, 檀國大 大學院.

金周成, 1990, 「百濟 사비時代 政治史 硏究」, 全南大 大學院.

張慶浩, 1988, 「百濟 寺刹建築에 關한 硏究」, 弘益大 大學院.

安承周, 1987, 「百濟古墳의 構造樣式에 관한 硏究」, 慶熙大 大學院.

盧重國, 1986, 「百濟政治史硏究 - 國家形成과 支配體制의 變遷을 中心으로」, 서울大 大學院.

成周鐸, 1985, 「百濟城址 硏究 - 都城址를 中心으로」, 동국대.

千得琰, 1990, 「百濟系 石塔의 造形特性과 變遷에 관한 연구」, 高麗大 大學院.

安東柱, 1992, 「百濟文學의 연구」, 朝鮮大 大學院.

趙載勳, 1999, 「百濟歌謠의 硏究」, 高麗大 大學院.

안의종, 2003, 「백제미술의 미의식과 생사관」, 대전대 대학원.

한미옥, 2003, 「백제 건국신화의 계통과 전승연구」, 전남대 대학원.

서미영, 2004, 「백제 복식의 연구」, 충남대 대학원.

신라 상대

강종훈 _ 대구가톨릭대학교 역사교육과

『삼국사기』에서는 신라 시조 혁거세 거서간으로부터 제28대 진덕여왕에 이르는 시기를 '上代'라고 칭하여, 우리가 흔히 통일신라시기라고 부르는 中代 및 下代 시기와 구분하였다. 이 글에서는 바로 이 '상대' 시기, 즉 삼국통일전쟁이 본격적으로 펼쳐지기 시작한 태종 무열왕대 이전 시기를 대상으로 최근 20여 년간 이루어진 신라사 연구의 주요 성과를 살펴보고자 한다.

1. 최근 20여 년간 연구의 흐름

고대사 부문의 다른 분야에서도 마찬가지이지만, 1980년대 중반 이후 신라 상대사 연구는 양적·질적으로 엄청난 팽창과 발전을 이룩하였다.

우선 연구자의 숫자가 급증함에 따라, 80년대까지만 하더라도 일년에 10~20편 정도에 그치던 연구 논저가 2000년대에 들어와서는 해마다 60편 이상 쏟아지고 있다. 연구 분야도 갈수록 세분화되는 추세이다.

이와 더불어 금석문과 목간 등 새로운 문자 자료의 발견이 이어지고, 고고학 분야에서의 발굴 조사도 활발하게 이루어지면서 상대사에 관한 논의의 폭과 깊이는 더욱 확대·심화되었다. 또 기존의 문헌 자료와 갑작스럽게 등장한 신자료의 신빙성 여부를 둘러싸고 치열한 논전이 벌어지면서, 상대사 연구의 출발점이라고도 할 수 있는 사료 비판의 문제가 학계의 큰 이슈로 부각되었다.

새롭게 알려진 금석문 자료로는 1988년에 경북 울진에서 발견된 울진봉평비와 그 이듬해 경북 영일(현 포항)에서 발견된 영일냉수비가 대표적이다. 각각 524년과 503년에 세워진 두 비석에는 6세기 전반의 신라 사회에 관한 다양한 정보가 담겨 있었는데, 특히 이른바 '육부체제'의 실상을 밝혀줄 내용이 들어 있어 연구자들로부터 많은 주목을 받았다. 신라 상대의 지배체제로서의 육부체제에 관한 논의는 이미 70년대 중엽에 시작되었으나 이 두 비석의 발견을 계기로 크게 활성화되었으며, 90년대 이후 나온 논문들은 거의 대부분 이 두 비석의 내용을 토대로 논지를 전개하고 있다(이에 대한 자세한 내용은 이 책의「영일냉수리비와 울진봉평비」부분 참조).

목간 자료는 1970년대 중엽 경주 안압지 발굴을 통해 처음 소개되었는데, 1980년대 이후 경주 월성 해자와 하남 이성산성, 함안 성산산성 등지에서 삼국시대 후반의 신라 목간이 잇따라 출토되면서 금석문과 함께 문헌 자료를 보완할 수 있는 또다른 중요 자료로서 연구자들의 큰 관심을 끌게 되었다. 최근에는 국내에 목간학회가 출범하여, 바야흐로 목간 연구가 신라 상대사 연구의 새로운 흐름으로 자리잡고 있음을 보여주었다(이에 대한 자세한 내용은 이 책의「목간연구의 현황과 전망」부분 참조).

고고학 자료의 경우, 1970년대의 경주 천마총과 황남대총 발굴, 황룡사지 발굴 등과 같은 대규모 학술 발굴 조사는 줄어들었으나, 황성동 제철 유적, 사라리 130호분 등과 같은 경주 일원의 중요 유적들에 대한 발굴이 꾸준히 이어지면서, 초기 신라사 해명에 없어서는 안 될 귀중한 자료들이 계속 축적되고 있다. 아울러 경주 부근의 울산과 경산, 포항 등지에서도 크고 작은 고분군의 발굴 조사가 계속 이루어지면서 신라 국가 성립기의 고고학적 양상과 진한 통합 이후의 지방 사회의 실상을 엿볼 수 있는 자료들이 상당수 확보되기에 이르렀다.

한편 문헌 자료와 관련하여 지난 20여 년 동안 신라 상대사 연구자들 사이에 주요 논쟁거리가 되었던 것은 『삼국사기』 신라본기 초기기록의 기년의 신뢰성 문제와 필사본 '화랑세기'의 진위 문제였다. 전자는 『삼국사기』 초기기록의 신빙성을 둘러싼 기존의 논란과 연관되면서 제기되었는데, 신라사의 실제 시작 시기를 언제로 잡을 것이며 초기사의 전개 과정을 어떻게 이해할 것인가의 문제와 직결되는 것이어서, 앞으로도 뜨거운 논쟁이 이어질 전망이다.

후자를 둘러싼 논쟁은 1989년 학계에 처음 알려진 필사본 '화랑세기'가 신라 중대의 역사가 김대문의 원작을 필사한 것인가 아니면 일제시기에 그의 이름에 가탁하여 조작된 것인가를 놓고 치열하게 전개되었다. 만약 김대문의 원작 내용이 전해진 것이라고 한다면, 신라인의 손에 의해 쓰여진 역사 기록이 최초로 확보되는 셈이어서 신라사 연구에 일대 전기가 마련될 수 있겠으나, 그렇지 않다면 허황된 역사상의 구축이라는 오명만을 남기고 끝날 위험성이 도사리고 있다.

2. 상고기 신라사 관련 연구 성과의 검토

신라 상대 시기는 『삼국유사』에 의할 때 두 시기로 구분된다. 혁거세 거서간부터 지증 마립간까지는 上古, 법흥왕 이후 진덕여왕까지는 中古로 나뉘는데, 상고 시기는 왕의 호칭 변화에 따라 다시 거서간, 차차웅, 이사금, 마립간 시기로 세분될 수 있다. 이 글에서는 일단 상고와 중고 시기로 대별하여 연구 성과를 살펴보기로 하되, 상고 시기는 이사금시기까지의 초기 단계와 관련된 연구 성과와 마립간시기를 다룬 연구 성과를 구분하여 언급하기로 하겠다.

1) 신라 초기

거서간~이사금시기는, 『삼국사기』에 기록된 바를 따를 때, 혁거세 거서간이 즉위한 기원전 57년부터 실성 이사금이 사망한 417년까지 500년에 가까운 시간 폭을 갖는다. 『삼국유사』에서는 실성에 앞선 내물부터 이사금이 아닌 마립간 칭호를 사용한 것으로 기록하고 있어, 좁혀 잡더라도 4세기 후반까지는 거서간~이사금시기로 볼 수 있다.

그런데 이 시기는 과거에 일본인 학자들에 의해 신화와 전설의 시대로 치부되면서 신라사 연구의 대상 시기가 아니라는 견해가 우세했고, 해방 후 한때 우리 학계에서도 내물왕대에 이르러서야 비로소 신라가 국가로 성립했다는 견해가 유행하였다. 이러다 보니 이사금시기까지의 신라사는 본격적인 논의의 대상이 되기가 어려웠다.

일본인 학자들이 이 시기를 전설의 시대로 도외시한 데에는 『삼국사기』 신라본기 초기기록에 보이는 여러 가지 모순들이 빌미로 작용하였다. 실제로 신라본기 초기기록은 기년상의 문제점이나 대외 관계 기사에서의 의문점 등이 도처에서 발견된다.

그러나 그러한 문제점들이 있다고 해서 곧바로 초기기록에 실린 기사 내용 전체를 불신하는 것은 지나친 사료말살적 태도이다. 납득하기 어려운 불합리한 부분을 제거하거나 바로잡고, 그 수정의 결과를 토대로 하여 합리적 이해 체계를 구축하는 것이 오히려 올바른 사료 비판의 자세라고 할 수 있다.

이에 이미 1960년대와 70년대에 각각 한 번씩 신라본기 초기기록의 기년 문제를 해결하기 위한 시도가 이루어졌고,[1,2] 80년대 후반과 90년대에 걸쳐서도 그러한 초기 연구들에 바탕을 두되 그 연구에서 드러난 한계를 극복할 다양한 방법론을 제시하면서, 기년상의 모순점을 해결하려 한 연구들이 이어졌다.[3,4,5,6,7] 논자에 따라 방식과 결론은 각기 다르지만, 『삼국사기』에 전하는 신라 초기 왕들의 재위 연대를 인하하여 보려는 점에서는 공통점을 보이고 있다.

한편 이 같은 기년인하론에 대해 근본적인 의문을 제기하면서, 초기기록의 기년 조정 자체가 무의미하다는 주장도 일각에서 제기되어 있다.[8,9,10] 신라 초기 왕계에 몇몇 누락의 사례가 있을지언정 대략의 기년 자체는 굳이 의심할 필요가 없다는 주장인데, 이러한 견해는 기년인하론과 비교할 때 『삼국사기』 초기기록에 대해 비판보다는 신뢰의 입장을 보이는 것이 특징이다. 그래서 논쟁은 자연스럽게 『삼국사기』 초기기록을 어디까지 믿을 수 있는가의 문제로 번지게 된다.

이 문제에 대해서는 80년대 후반에, 긍정적인 측면에서의 세밀한 사료 비판이 필요하지만 기년을 포함하여 기사 전체를 신뢰하는 것은 위험하다는 주장이 제기된 바 있었고,[11] 기년인하론자들도 대체로 이러한 입장에 서 있다.[12]

기년 문제를 제외하고도, 『삼국사기』 신라본기 초기기록의 신빙성 문제와 관련하여 논란거리가 되었던 것들은 많다. 신라사의 벽두부터 주변 세력으로 등장하여 신라와 적대적 관계를 형성한 것으로 전하는 '낙랑'과 '말갈'의 실체를 둘러싼 논의가 그 대표적인 것이다. 이에 대해서는 낙랑을 신라 이외의 '진한' 세력으로 보고 말갈을 원사료상의 '예맥'의 후대 개칭으로 보는 견해 와[13] 낙랑은 동해안의 옥저 방면 토착 세력, 말갈은 동해안 방면의 '예계 말 갈'로 파악하는 견해 등이 제시되어 있다.[14, 15]

이와 함께 탈해 이사금시기부터 시작된 것으로 나오는 백제와의 교전에 관 한 기사에 대해서도 다양한 논의가 있었다. 경주 지역으로 이동 과정에 있었 던 석씨 세력이 이 시기 백제와의 교전의 주체였다는 설이 이미 70년대에 제 기된 바 있는데,[16] 80년대 후반 이후 신라 상고기 삼성 족단 가운데 하나인 김 씨 족단이 경주 지역으로 편입되어 들어가기 전에 겪은 역사적 사실을 반영한 다는 견해가 새로이 나왔고,[17, 18] 아예 6세기 전후에 벌어진 사실이 앞시기의 사실로 소급된 것이라는 설도 제시되었다.[19] 근래에는 소맥산맥 동쪽에 위치 해 있던 사벌국과 감문국 등이 백제와의 교전 주체였다고 보는 견해도 나온 바 있다.[20]

삼성 족단의 출자에 대해서도 여러 견해가 나왔다. 먼저 상주의 옛 이름 '사 벌' 또는 '사량벌'이 혁거세 설화에 등장하는 '소벌'이나 '서라벌' 등과 상 통함을 들어 박씨 족단의 원래 세력 근거지를 상주 지역으로 비정하는 견해가 있으며,[21] 탈해로 대표되는 석씨 족단의 경우, 낙랑 계통의 유이민 세력으로 2 세기 후반 무렵 해로를 통해 흘러들어왔다고 보는 견해,[22] 옥저 방면의 낙랑 유민들로서 동해안을 따라 남하했다고 보는 견해,[14] 본래 울산 방면의 철산지 를 장악하고 있었으나 김해 지역의 수로 세력과의 세력 경쟁에서 밀려 경주의 사로국에 편입되었다고 보는 견해[23] 등이 있다.

김씨 집단의 출자에 대해서는 이사금시기 백제 관련 기사 등을 중시하여 소 백산맥 부근의 상주, 보은, 의흥 일대로 보는 견해[17]와 소백산맥 이북의 충주 지역으로 보는 견해[18]가 있고, '달구벌'로 불린 대구 지역이 닭과 관련이 깊 은 김씨 족단의 원근거지였을 것이라고 보는 견해도 있다.[24] 마지막 견해는 다시 김씨 족단의 성장 배경으로서 의성 지역 황금 산지의 장악을 상정하는 쪽으로 이어지고 있다.[25, 26]

사로국의 형성 및 발전 과정에 관해서도 적지 않은 연구들이 있었는데, 주로 문헌 자료의 검토를 통해 박·석·김 세 족단의 경주 유입 및 연맹체 형성 과정을 구명한 논문들[23, 27]과 고고학 자료를 적극 활용하여 사로국의 형성과 지배체제의 발전 과정을 살펴본 논문들[28, 29]로 대별할 수 있다. 후자의 경우, 신라 초기 지배체제의 발전 과정을 고구려에서의 부체제 발전 과정에 대비시켜, '벌집단 → 벌국 → 벌국연맹체 → 훼부(신라)' 라는 도식으로 정리하기도 했다.[28]

신라 국가 성립기의 육촌의 위치와 성격에 관한 논의들도 여러 차례 이루어졌다. '사로육촌' 또는 '진한육촌' 으로 불리는 경주 지역 선주 세력의 실체에 대해서는 『삼국사기』에서 이미 고조선 멸망 이후 남하한 유이민 집단으로 밝혀놓고 있는데, 경주시 조양동, 사라리, 황성동 등지에서 발굴 조사된 기원 전후~기원후 수세기대의 유적·유물들을 토대로 경주 일원에서 육촌의 위치를 새로 비정하려는 연구가 있었고,[30, 31] 진한육촌은 본디 사실상의 소국에 해당하던 것으로 그 위치를 경주 지역 내로 한정시켜서는 안 되며 경상도 전역으로 시야를 확장시켜 재탐색해야 한다는 주장도 제기되었다.[32] 한편 사로육촌의 기원에 대해서는, 고조선 멸망에 앞선 서기전 3~2세기경에 고조선 후기의 청동기 문화를 경험한 유이민 세력이 경주 지역으로 들어와 기존의 지석묘 사회를 통합하면서 형성한 것으로 보는 견해도 있다.[33]

이사금시기 신라의 진한 소국 통합 과정에 대해서도 다양한 견해들이 이어졌다. 음즙벌국, 이서국, 압독국, 골벌국, 소문국, 감문국, 사벌국 등 『삼국사기』 신라본기에 등장하는 여러 소국들과 『삼국지』 동이전에 보이는 진한 소국들에 관한 자료를 정리하고, 주로 문헌 기록을 바탕으로 신라의 각 소국 통합 과정을 그려낸 연구들을 비롯하여,[34, 35, 36] 신라의 진한 소국 통합에는 대백제 관계가 중요한 변수로 작용했음을 지적한 연구들이 있었고,[37, 38] 『삼국사기』 신라본기 초기기록을 그대로 받아들이는 입장에서 신라는 이미 국가 성립 초기부터 진한의 맹주적 위상을 차지하고 있었으며, 소백산맥 이서 지역에 이르는 교통로를 일찍이 장악하고서 그 주변 지역의 소국에 대해 간접 지배를 실행하였다고 보는 연구도 있었다.[39] 그리고 파사왕 시기의 음즙벌국과 실직곡국 사이의 영토 분쟁에 관한 기사에 특별히 주목하여 신라가 3세기 후반에 이르러 여타의 진한 소국들에 대해 우위권을 확보했음을 주장한 연구도 나와 있다.[40]

삼성 족단 사이의 왕위 계승에 관한 연구들도 꾸준히 이루어졌다. 족단 내부의 분기화 현상과 족단들 사이의 연합 관계의 변화가 박, 석, 김 삼성 족단의 계기적 왕위 계승의 원인이었음을 고찰한 논문들[23, 41, 42]과 왕실내 근친혼 사례의 분석을 통해 왕위 계승 자격을 가진 자들의 범위를 추적한 논문이 있다.[43]

신라 초기 왕의 성격을 둘러싼 논란도 몇 차례 있었는데, 巫的 사제왕으로서의 성격을 부각시키는 견해[44]와 사제왕은 표방에 불과하며 본질적으로 정치적 군장이었다고 보는 견해[45, 46]가 맞서고 있다.

신라의 건국신화에 관한 논의도 지속적으로 이루어졌다. 박, 석, 김 삼성 족단의 시조와 관련된 건국신화를 신라사회에서의 지배 이데올로기 형성이라는 측면에서 고찰하면서 각 신화들의 성립 과정을 추구한 논문들[47, 48]과 신화와 제의의 상관관계를 주목하며 건국신화가 지니는 사회통합적 기능이나 왕권 수식의 이데올로기로서의 측면을 강조한 논문들[49, 50]이 있다. 아울러 선주 세력인 육촌의 우두머리들과 관련하여 전해지는 천강신화의 성격에 대해 언급한 논문도 있다.[51]

마지막으로 이사금시기까지의 신라의 대외관계에 대해서는 위에서 거론한 대백제 관계에 관한 논문들을 비롯하여, 가야, 왜, 고구려 등과의 관계를 다룬 논문들이 있다. 이 가운데는 『삼국사기』 신라본기 초기기록에 보이는 대외관계 기사들이 실제로는 5~6세기 이후의 사실을 소급하여 기록한 것이라고 하여 사실성 자체를 부정하는 견해도 있으나,[52] 대체로 기년의 착오는 있다고 하더라도 사건 자체는 이사금시기에 있었던 것으로 보는 경향이 우세하다. 관련 문헌 자료의 신뢰성이 비교적 높아지는 4세기를 대상 시기로 하여, 국제 정세의 변동과 신라의 외교 정책의 변화상을 구체적으로 그려낸 논문도 나와

있다.[53]

2) 마립간시기

마립간시기는 대체로 4세기말 내물왕 시기부터 6세기초 지증왕 시기까지를 말한다. 이 시기는 앞선 이사금시기에 박, 석, 김 삼성 족단 사이의 연맹을 토대로 국가가 운영되면서 왕위 계승에 있어서도 세 성씨의 교립 현상이 나타났던 것과는 달리, 김씨 족단의 주도권이 확고하게 세워지면서 왕위가 김씨 인물로만 이어지게 된 시기이며, 신라의 '육부체제'가 본격적으로 가동된 시기로도 파악되고 있다(이에 대한 자세한 내용은 이 책의 「신라 상고기의 통치체제」 부분 참조).

마립간이라는 칭호는 大首長의 의미인데, 이는 聯盟長을 일컫는 이사금과는 성격상 큰 차이를 보여주는 것이다. 이에 착목하여 마립간시기에 신라의 왕권이 상당한 정도로 성장했을 가능성을 타진하는 글들이 그동안 몇 편 나왔다.[54, 55, 56] 이 가운데 일부는 당시 갈문왕의 존재에 주목하여, 그것이 김씨 왕실의 버팀목 역할을 한 것으로 파악하기도 한다.[55, 56] 『삼국사기』에 의하면 갈문왕은 이사금시기부터 등장하는데, 妃后의 父에게 예우로서 수여된 명예적인 작호로서 왕위 계승 및 왕실내 근친혼과 밀접한 관련을 갖고 있다는 주장도 있으며,[57] 마립간시기의 갈문왕을 시조묘를 비롯한 국가 제사의 주관자이자 제의체계 개혁의 주도자로 자리매김하는 견해도 있다.[58]

한편 『일본서기』와 광개토왕릉비, 중원고구려비 등에는 이 시기의 신라 왕을 '寐錦'이라고 호칭한 사례들이 보이는데, 고구려와의 대외관계 속에서 그 연원을 탐색해보려는 견해가 나와 있다.[59, 60]

마립간시기는 본디 진한의 한 소국에서 출발했던 신라가 주변의 여타 소국들에 대한 정복과 흡수를 마무리짓고, 영역국가적 면모를 드러낸 시기이기도 했다. 이 시기에 이르러 경주에 자리잡은 신라와 현재의 영남 지방 곳곳에 산재하였던 정치 세력 사이의 관계는 더 이상 예전처럼 國과 國의 관계가 아니라 중앙(왕경)과 지방의 관계로 재편되었다.

이러한 변동기의 지방통치의 실상을 둘러싸고 그동안 많은 논의들이 있었는데, 주로 문헌 자료를 활용한 연구들과 고고학 자료를 적극 이용한 연구들로 대별된다. 전자의 경우에는, 복속 지역의 재지세력을 온존시킨 상태에서 다양한 형태의 공납제에 바탕을 두고 간접지배를 실행했다는 견해와[61] 기본적으로 공납을 토대로 한 간접지배의 양상이 이어졌지만, 전략적 요충지에는 왕경에서 파견된 군대가 주둔하면서 지방 세력을 통제했다는 견해[37]가 나와 있다. 이밖에 마립간시기 김씨 왕실이 왕권의 안정을 위해 지방의 유력자들의 도움을 필요로 했으며, 그 결과 지방 세력의 정치 참여가 가능했다는 주장도 제기되어 있다.[62]

마립간시기 지방 세력의 존재 양태와 관련하여, 눌지왕대에 활약한 박제상의 출자가 몇 차례 논란의 대상이 되기도 했다. 박제상은 『삼국사기』에 의하면 혁거세의 후손으로 파사왕의 5세손이었다고 하는데, 눌지왕 즉위 초반에 지금의 경남 양산 지역인 '삽량주'의 '干'으로 파견되어 있었다고 한다. 관련 기록을 그대로 받아들이면, 박제상은 왕경인으로서 지방에 나가 있던 행정 관리나 군 지휘관으로 봄이 순리인데,[37, 63] 기록의 내용과 상관없이 박제상을 양산 지역의 재지세력으로 보려는 견해가 일찍이 제기된 이래[64] 그런 쪽으로 이해하는 경우가 계속 있어왔다.[62, 65] 근래에는 박제상의 조상은 본래 왕경인이었으나, 정치적 이유로 말미암아 지방으로 사민되어 지방 세력으로 바뀌었고, 박제상 당대에는 양산 지역의 재지 세력이었다고 보는 견해도 나와 있다.[66]

마립간시기 지방통치의 실상을 고고학적 측면에서 규명하려는 연구들은 주로 고분 자료를 토대로 하여 진행되었는데, 묘제의 변천상과 그 지역적 차이에 중점을 둔 연구들[67, 68, 69]과 부장 유물, 특히 관모, 허리띠, 귀걸이 등의 장신구나 장식 대도의 분포 양상에 초점을 맞춘 연구들[70, 71]이 여러 편 나와 있다.

사실 고고학계에서는 그동안 경주 지역과 그밖의 낙동강 동쪽 지역에서 확인되는 5~6세기대의 고분들이 내부구조상 서로 현저하게 다른 모습을 보이는 것에 주목하여, 경주를 제외한 나머지 지역은 이 시기에 신라 영역에 포함되지 않았다고 보는 견해들이 강하게 자리잡고 있었다.

이에 대해 낙동강 이동 지역의 고분들은 분포상의 특성이나 출토 토기의 상관성, 위세품의 양식적 통일성 등으로 보아 이미 신라의 지배에 들어가 있던 지역의 수장층들의 무덤이라고 보는 주장이 제기되었고[72], 이러한 입장에 서서 각 지역 高塚 고분들의 특성과 그 발생 배경, 소멸 과정 등을 신라의 지방 지배와 연관지어 검토한 논문들이 잇따라 나온 바 있다[73, 74, 75]. 아울러 특정 지역을 단위로 하여 문헌 및 고고학 자료를 세밀히 분석한 뒤, 해당 지역에 대한 신라의 지배 방식의 변화상을 추론해 보는 논저들도 여러 편 발표되었다[76, 77, 78, 79, 80].

한편 고고학적 측면에서 보았을 때, 마립간시기는 지금의 경주시 중심부에 엄청난 크기의 무덤들이 축조된 시기이기도 했다. 흔히 적석목곽분이라고 불리는 이 거대한 무덤들은 지난 1970년대에 천마총과 황남대총 등에 대한 대대적인 발굴 조사가 이루어지면서 신라고고학 연구에 비약적인 발전을 안겨다주었다. 1980년대 이후 지금까지 이와 관련된 연구 성과들은 셀 수 없이 많은데, 주로 기원과 편년을 둘러싼 논의가 중심을 이루고 있다.[81, 82]

먼저 적석목곽분의 기원에 대해서는 일찍이 재래의 토광묘가 고구려 적석총의 영향을 받아 발전하였다는 설[83, 84]과 북방 초원지대의 기마민족이 경주로 이동해 와서 처음부터 완성된 형태로 만들었다는 설[85, 86]이 양립해 있었는데, 근래에는 고구려 적석총의 영향을 인정하지 않으면서 재래의 목곽묘에서 자체 발전한 것으로 보는 설[87, 88]이 나와 논란이 이어지고 있다. 최근에는 기마민족 이동설에 대한 재비판과 함께,[89] 재래의 위석목곽묘에 고구려 적석총의 아이디어가 결합하여 적석목곽묘가 출현하였다는 주장이 다시 제기되기도 했다.[90]

적석목곽분의 발생시기 및 편년에 대해서도 많은 논란이 벌어졌는데,[91] 논의의 핵심 가운데 하나는 문헌쪽 연구와도 직결되는 주제로서, '황남대총 남분이 언제 축조되었는가?'라는 것이었다. 신라 적석목곽분 가운데 가장 거대한 규모를 자랑하는 황남대총은 남북으로 두 개의 무덤이 붙어져서 만들어진 것으로, 발굴 조사 결과 남분의 주피장자는 남성이고 북분의 주피장자는 여성이며, 축조 시기는 남분이 앞서는 것으로 밝혀졌다. 여기서 남분에 묻힌 남성이 5~6세기대 신라의 왕일 것은 불문가지인 바, 그러면 도대체 어느 왕일지가 문제가 되었다. 이에 대해서는 현재 내물왕설[92, 93]과 눌지왕설[94, 95, 96]이 대립해 있는데, 최근에는 집안 지역의 고구려 왕릉인 태왕릉의 묘주를 4세기말에 사망한 고국양왕으로 비정하면서, 거기서 출토된 등자에 후속하는 등자가 나온 황남대총 남분은 5세기초에 죽은 내물왕의 무덤이라는 주장이 다시 제기되었다.[97]

황남대총 남분 이외의 주요 적석목곽분의 축조 시기에 대해서도 몇 편의 논문이 나왔는데, 황남대총 북분의 경우 6세기초로 추정하는 견해가 있고,[98] 고구려계 유물이 출토된 호우총과 서봉총에 대해서는 각각 6세기의 1/4분기 내지 2/4분기로 늦추어 보려는 견해가 제시되어 있다.[99, 100]

이밖에 마립간시기의 신라 사회에 대한 고고학적 접근 가운데는, 순장의 사례를 주목하는 연구들이 있었고,[101, 102] 통계학적 방법을 원용하여 고분의 규모 및 용적과 출토 위세품의 수를 통계 처리한 뒤 내물왕대가 실질적인 신라의 국가 형성 시기리고 주장하는 논문도 있었다.[103]

마립간시기의 신라사와 관련하여 그동안 학계에서 비교적 활발하게 논의가 이루어진 주제로는 대외관계를 빼놓을 수 없다. 신라는 내물왕대를 전후하여 왜의 군사적 침탈에 몹시 시달리고 있었는데, 이 위기를 타개하기 위해 고구려 광개토왕의 군사적 지원을 받지 않을 수 없었고, 그로 인해 한동안 고구려로부터 강한 정치적·군사적 압박과 간섭을 감수해야 했다. 내물왕대 이후 신라와 고구려 사이의 관계의 추이에 관해서는 여러 편의 개괄적 성격의 논문들이 나와 있으며,[104, 105, 106, 107, 108] 고구려의 남진의 실상과 그 파장을 집중적으로 다룬 논문도 몇 편 나와 있다.[109, 110]

한편 신라는 눌지왕대에 백제의 요청을 받아들여 군사동맹을 맺음으로써 고구려의 영향권으로부터의 이탈을 시도하였다. 나제동맹의 결성은 신라와 고구려 사이의 관계가 이전의 주종 관계에 토대를 둔 평화·우호적 관계에서 정면충돌을 불사하는 적대적 관계로 180도 바뀌는 계기였고, 이로 인해 한반도 정세는 일대 격변을 겪게 되었다. 그간 학계에서는 나제동맹 시기 신라의 대백제 관계와 대고구려 관계의 변화상에 대해 많은 논의가 있었는데, 백제와의 관계에 초점을 맞춘 연구들과,[111, 112] 고구려 세력의 축출을 포함한 신라의 대응 양상에 초점을 맞춘 연구들로 대별할 수 있다.[113, 114]

마립간시기의 대고구려 관계와 관련하여 특별히 논란이 되었던 것은 신라 영역 내에 이른바 '高句麗故地'가 존재하였는가와 만약 존재하였다면 구체적으로 어느 시기의 사실인가라는 문제였다. 「중원고구려비」에서 고구려 군대가 신라 영역 내에 일정 기간 주둔한 사실이 확인되고, 『삼국사기』 지리지에도 지금의 경북 북부 지역과 동해안 일대가 본래 고구려에 속한 군현이었다는 기록이 있으며, 1980년대 중반에 학계에 알려진 경북 영주시 순흥면의 읍내리 벽화고분 등에서 고구려 색채를 강하게 느낄 수 있다는 것 등이 전자와 관련된 논의의 핵심을 이루었다.[115, 116, 117]

후자와 관련해서는, 고구려고지가 광개토왕대 신라 구원전이 펼쳐지는 시점에서 이미 만들어졌다는 견해[115, 116, 118, 119, 120]와 5세기 후반에 비로소 고구려 영역이 되었다는 견해로 나뉘어져 있고,[104, 107] 그 소멸 시점에 대해서는 5세기 중엽설[115, 116, 118, 120]과 5세기말설,[119] 6세기 중엽설[107] 등의 다양한 견해가 제시되어 있다.

그런데 이런 주장들과는 달리 『삼국사기』 지리지에 보이는 고구려 군현 관련 기사의 신빙성에 의문을 제기하면서, 경북 북부 지역이 실제로 고구려의 군현으로 존재했을 가능성은 높지 않다고 보는 견해도 있다.[121, 122]

마립간시기 신라의 대외관계를 거론할 때 고구려, 백제와 함께 빠뜨릴 수 없는 것이 왜이다. 『삼국사기』 신라본기에 의하면 이미 이사금시기부터 신라의 대외관계에서 왜와의 관계가 차지하는 비중은 무척 높았는데, 특히 마립간시기 대왜관계의 실상을 『삼국사기』와 『일본서기』 등의 관련 기록을 통해 규명해 보려는 연구들이 몇 편 나와 있다.[123, 124, 125, 126]

지금까지 거론한 논문들 이외에 마립간시기를 비중 있게 다룬 주요 논문으로는, 5세기말 소지왕대에 설치된 것으로 전하는 神宮을 통해 이 시기 신라

사회의 제반 변화상을 추론한 논문[127]과 천신신앙을 불교 공인 이전의 신라 사회의 지배 이데올로기로 주목하면서 신궁의 설립 배경을 그와 연관시킨 논문[128, 129] 등이 있다(신궁에 관한 자세한 논의는 이 책의 「제사와 의례」 부분 참조).

3. 중고기

중고기는 신라에 불교가 공인된 법흥왕대로부터 7세기 중엽 진덕여왕대까지를 일컫는 용어이다. 이 시기는 흔히 '불교식 왕명' 시기라고도 불리는데, 이전의 상고기와 비교할 때 정치, 경제, 사회, 문화, 사상 등의 여러 측면에서 실로 엄청난 변화가 일어난 시기였다.

우선 정치의 측면에서는 육부체제의 소멸 및 국왕 중심의 일원적 지배체제의 성립, 영역의 대대적인 확장과 그에 수반한 중앙 및 지방의 통치조직 정비 등을 들 수 있고, 경제의 측면에서는 우경의 보급과 수리시설의 축조 등에 따른 농업생산력의 비약적 발전과 그로 말미암은 생산수단으로서의 토지의 가치 상승 등을 거론할 수 있다. 사회적 측면에서는 신라의 특수한 신분제로서의 골품제의 성립과 화랑도의 창설 등이 이 시기의 중요한 변화라 할 수 있으며, 불교의 공인과 확산으로 대표되는 사상적 측면의 변화는 물론 그 자체로서도 큰 의미를 지니는 것이지만, 곧바로 문화적 측면에서 묘제 및 장제의 변화를 몰고 온 요인이 되기도 했다.

이처럼 다방면에서 큰 변화가 일어난 시기였기에 중고기는 그간 많은 연구자들로부터 비상한 관심을 끌어왔다. 더욱이 자료적 여건도 상고기에 비해 크게 좋은 편이어서, 『삼국사기』 등의 문헌 기록이 그 신뢰성에 대한 문제 제기를 별로 받지 않는데다가, 다양한 금석문 자료가 당시의 사회상을 유추하는 데 적극적으로 활용될 수 있다. 이런 이유들로 인해, 중고기에 관한 연구는 사실상 그동안 신라사 연구의 중핵을 이루었다고 표현해도 좋을 만큼 양적으로나 질적으로 괄목할 성과를 보여왔다.

지금까지의 중고기 신라사 연구에서 두드러지게 나타난 특징을 들자면, 무엇보다도 금석문 자료의 활용도가 대단히 높았다는 것을 꼽지 않을 수 없다.[130, 131] 단양 적성비[132, 133, 134]와 북한산비, 창녕비, 마운령비, 황초령비[135] 등 신라의 영역 확장과 관련된 진흥왕대의 여러 비석들을 비롯하여, 울주 천전리서석,[136, 137, 138, 139] 명활산성작성비,[140, 141, 142, 143, 144] 남산신성비[145, 146, 147] 등이 지난 20여 년간 끊임없이 연구자들의 주목을 끈 것들이다.

이 시기 연구의 또다른 특징으로는, 위에서 언급한 금석문 자료의 활용과도 밀접한 관련을 지니는 것이지만, 지방통치체제 내지 지방사회의 실상에 대한 연구가 많다는 점을 들 수 있다(이에 대해서는 이 책의 「신라 중고기의 지방통치조직」 부분 참조). 아울러 영일냉수비와 울진봉평비에 보이는 내용을 토대로 육부체제의 소멸 과정을 다룬 연구들도 하나의 흐름을 형성했다고 할 만하다(이에 대한 자세한 내용은 이 책의 「신라 상고기의 통치체제」 부분과 「영일냉수리비와 울진봉평비」 부분을 참조).

한편 골품제와 화랑도에 관한 연구는 주로 문헌 자료의 분석을 통해 이루어졌는데, 이 두 가지 주제는 일찍부터 신라사 전체를 이해하는 데 관건이 되는 것으로 취급되어 많은 연구 성과가 축적되어 있었던 바, 그러한 선행 연구의 토대 위에서 새로운 시각으로 문제에 접근하려는 시도들이 이어졌다. 경제사적 측면에서의 연구 성과는 그다지 많이 나온 것은 아니지만 이 시기 연구의 시야를 확대시켰다는 점에서 큰 의미를 부여할 수 있으며(이에 대해서는 이 책의 「농경의 발전과 고대사회」, 「수공업생산」, 「삼한·삼국의 교역」, 「남북국시기의 교역」, 「신라의 경제제도와 소위 '촌락문서'」 등을 참조), 불교사 방면에서는 불교 공인 과정 및 왕권과 불교의 관계 등에 대한 연구를 비롯하여(이에 대해서는 이 책의 「왕권과 불교」 부분을 참조), 불교 신앙과 고승들의 활동에 관한 연구가 집중적으로 이루어져(이에 대해서는 이 책의 「불교신앙과 결사」 부분을 참조) 중고기 신라사 이해의 폭을 더욱 넓혀주었다. 고고학 분야에서는, 마립간시기의 적석목곽분에 비해서는 연구자들의 관심이 많이 떨어져 있지만, 횡혈식석실분으로의 묘제의 변화와 厚葬에서 薄葬으로의 葬制의 변화를 통해 중고기 신라 사회의 모습을 그려낸 논문들이 나오고 있다.[148, 149]

1) 정치사

그간의 중고기 정치사 연구의 동향을 살펴보면, 이 시기 정치사의 흐름을 전체적으로 개관하는 논문들과 특정 왕대별로 정치 상황을 규명하려는 논문들, 영역 확장과 대외관계에 초점을 맞춘 논문들, 그리고 제도사적 측면에서 중앙정치조직이나 군사조직의 성립 과정 및 특징에 대해 검토한 논문들이 주류를 이루고 있다.

먼저 정치사의 흐름을 개관한 논문으로는, 마립간시기 이후 6세기에 이르는 시기에 신라가 경험한 대내·외적 변화를 정치·경제·사상사의 측면에서 종합적으로 정리한 것이 있고,[150] 지배체제로서의 '부체제'의 해체 과정이라는 시각에서 접근한 것도 있다.[151] 그리고 권력 구조를 둘러싼 국왕과 귀족 사이의 갈등과 대립으로 이 시기 정치사의 특징을 규정하는 논문들이 여러 편 있는데,[152, 153, 154] 논자들 사이에 의견 차이가 있기는 하지만[153] 대체로 귀족연합체제적 遺制를 견지하려는 진골귀족 집단과 중앙집권적 지배체제를 지향하는 왕실간의 갈등과 대립이 이어진 것으로 파악하고 있다. 이밖에 중고기의 왕권강화 과정에 초점을 맞춘 논문[155]과 6부체제의 해체 및 골품제 성립이라는 시대 변화 속에서 신라 왕권의 존재 양태를 불교와 관련지어 고찰한 논문도 있다.[156]

한편 중고기에 김씨 왕실과 혼인 관계를 맺었던 박씨 왕비족에 대해 주목한 연구도 있는데,[157, 158] 중고기를 지증왕계 김씨 왕족과 박씨 왕비족의 연합정권시기로 파악하고, 법흥왕의 아버지인 지증왕이 박씨족과의 혼인으로 강력한 세력을 구축한 것이 중고기 김씨 왕실의 왕위 독점을 가능하게 했다고 보고 있다. 아울러 지증왕대는 『삼국사기』에 의하면 국호가 '신라'로 확정되고 마립간 대신 '왕'이라는 칭호가 처음 사용된 것으로 나오는 바, 그 변화가 갖는 의미를 탐색해보는 논문들도 몇 편 있다.[159, 160]

중고기의 왕대별로 정치 상황을 규명한 논문들로는, 율령의 시행을 비롯하여 법흥왕대에 이루어진 체제 정비의 실상을 다룬 것들이 여러 편 있고,[161, 162, 163] 진흥왕의 즉위 과정과 그 재위 초반 정국 운영의 주도 세력에 대해 고찰한 논문[164]과 진흥왕대 후반 이후 진평왕 즉위까지의 정국 동향을 살핀 논문[165]이 있다. 그리고 진평왕대 초반의 정치 개혁을 주제로 한 논문도 있는데, 당시 주요 정치 세력으로 진평왕 자신의 동륜계와 용춘으로 대표되는 사륜계를 설정하고, 전자가 후자의 협조를 얻어 왕권의 안정과 정치 개혁을 달성할 수 있었다는 결론을 내리고 있다.[166] 이 연구에서는 『삼국유사』에 실린 '桃花女·鼻荊郎' 설화의 비형랑을 김춘추의 아버지인 용춘으로 파악하고 있는 점이 특색인데, 근래에 이에 동조하는 연구 성과가 나오고 있다.[167] 이와 관련하여 진평왕에 바로 앞선 왕인 진지왕부터 선덕여왕까지의 정치사를 진지왕 및 그의 아들 용춘의 활동을 중심으로 정리한 글도 있다.[168]

진평왕대에 관련해서는 이외에도 꽤 많은 연구 성과가 축적되었는데, 진평왕대 후반에 중대 전제왕권의 토대가 이미 구축되었다고 주장한 논문[169]과 진평왕대 진골귀족 세력의 상하 분열을 상정하고 그를 바탕으로 정치사의 흐름을 살펴본 논문[170]이 있고, 『삼국사기』 實兮傳과 劍君傳의 내용 분석을 통해 진평왕대 국왕과 귀족의 가신집단의 존재를 추출해내고, 이 시기에 설치된 位和府는 가신집단의 관료화를 통해 왕권의 강화를 추구한 결과로 보는 논문[171]도 나와 있다.

진평왕의 뒤를 이은 선덕여왕대의 정치 상황에 관한 글로는 그 즉위 배경을 다룬 논문[172]과 재위 말년에 일어난 상대등 毗曇의 난의 성격을 고찰한 논문들[173, 174, 175]이 몇 편 있다. 비담의 난은 일반적으로 진평왕대 후반 이후 여왕지지파와 반대파로 귀족세력이 분열한 것에서 원인을 찾고 있는데, 전통사상에 토대를 둔 對唐實利 외교노선과 유교사상에 토대를 둔 親唐事大 외교노선의 대결이라는 관점에서 접근한 논문[174]이 이채롭다. 한편 선덕여왕이 상대등 비담에 의해 왕위에서 쫓겨나고 시해당한 것으로 추측하는 글도 있다.[176]

중고기 신라의 영역 확장에 관한 논문으로는, 먼저 상고기 이래 대외 정복 전쟁의 전개과정을 개관하면서 전쟁의 성격을 논한 글이 있고,[177] 낙동강 서쪽의 가야 방면과 소백산맥 이북 지역으로의 진출 과정을 검토한 글들이 여러 편 있다. 『일본서기』를 비롯한 각종 문헌 기록을 토대로 신라의 가야 지역 진출 과정을 정리한 글들[178, 179, 180]과 고고학 자료를 이용하여 신라의 가야 복속 과정을 살펴본 글들[181, 182]이 나와 있으며, 특히 후자의 경우에는 신라가 5세기초에 이미 낙동강 하구의 김해 지역에 교두보를 확보하고 가야 지역 진출을 시도한 것으로 파악하고 있다.

소백산맥 이북 지역으로의 진출에 대해 살펴본 논문들은 주로 문헌 및 금석문 자료를 활용하여 논지를 전개하고 있는데,[183, 184, 185] 그 가운데는 경북 북부 지역 성곽 자료의 검토를 통해 현재의 예천 지역이 신라의 북진에 있어서 거점 역할을 했다고 추정한 것도 있다.[184] 이밖에 신라의 한강 하류 지역 점령 후 백제와의 사이에 벌어진 관산성 전투의 배경과 전개 과정 등을 고찰한 논문도 있다.[186]

중고기의 대외관계와 관련된 논문으로는, 진평왕대에 이루어진 對中 교섭의 배경과 성격에 대해 검토한 글을 위시하여,[187] 7세기 신라의 외교 전략과 나당동맹의 결성 과정을 개관한 글[188]과 김춘추의 對唐ㆍ對日 외교활동을 중심으로 통일전쟁기 신라의 외교 및 내정에 관해 개관한 글[189] 등이 있으며, 6·7세기 신라와 백제 사이의 문화적 교류 양상을 정리한 글[190]과 가야 지역 정복 이후 신라의 대일 외교 추진의 배경 및 성격을 논한 글[191]도 나와 있다.

7세기에 들어와 가열된 삼국간의 전쟁에 대해서도 몇 편의 글이 나와 있는데, 그동안 학계의 일반적인 인식과는 달리 '삼국통일전쟁'을 부정하고 '백제병합전쟁'이라는 시각에서 접근한 글들[192, 193]과 대고구려전을 중심으로 이 시기 신라의 군사활동을 정리한 글,[194] 통일전쟁의 와중에 순국한 신라 인물들의 성격을 고찰한 글[195] 등이 있다.

다음으로 제도사적 측면에서 중고기 정치사를 다룬 글들을 살펴보면, 우선 중앙정치조직 일반에 관해 검토한 글들이 있고,[196, 197] 국가 재정과 관련된 기구들을 집중적으로 조명한 글들[198, 199]과 상고기 이래 관직제도의 정비 과정을 살핀 글들[200, 201]도 몇 편 나와 있다.

아울러 이 시기 귀족회의의 존재에 주목하고, 그 성격 및 변화상에 관해 고찰한 논문들도 여러 편 제출되었는데, 상대부터 하대까지 신라 전시기를 대상으로 하여 최고 귀족회의의 존재양태와 그 변화상을 추적한 논문[202]과 중고기 이후 신라 하대까지의 귀족회의의 성격과 그 수장으로서의 상대등의 위상 및 기능에 대해 검토한 논문,[203] 6세기에 한정하여 신라 귀족회의의 성격 변화를 고찰한 논문[204] 등이 있다.

신라의 귀족회의는 흔히 '和白會議'라고도 불리는 바, 관계 기사의 검토를 비롯하여 그 기능 및 성격에 대한 고찰도 여러 번에 걸쳐 이루어졌다.[205, 206, 207, 208] 최근에는 화백회의를 회의 장소와 참가 주체에 따라 '남당회의'와 '정사암회의'로 구분하고, 시대 흐름에 따른 성격의 변화를 추적한 논문도 나온 바 있다.[209]

이와 더불어 上級 臣僚로서 귀족회의의 구성원이었던 '大等'에 초점을 맞추어, 그 어원과 官名化 과정을 고찰하거나[210] 신분 문제를 다루는 연구[211]도 진행되었다.

한편 귀족회의와 함께 중고기의 정치제도사 연구에서 그간 많은 성과가 축적된 또 하나의 분야는 군사제도이다.[212] 관련 논문으로는 신라의 군사제도 전반에 대해 개관한 논문들[213, 214]을 포함하여, 군사동원체제의 변천 과정을 전체적으로 조망한 글[215]이 있고, 시기를 중고기에 한정시켜 왕경인의 군역 징발이 어떻게 이루어지고 있었는지를 고찰한 논문,[216] 군령체계가 어떻게 갖추어져 있었는지를 살핀 논문,[217] 군정기구로서의 병부의 성립과 조직 정비, 그리고 그 수장으로서의 병부령의 군정 기능에 대해 고찰한 논문[218] 등이 있다. 이들과 함께 법흥왕대로부터 진평왕대에 이르는 기간 동안 신라의 군사 조직과 지휘체계가 변화·발전해 간 양상을 정리한 논문도 나와 있다.[219]

중고기 군사조직 관련 연구에서 특히 주목을 받은 것은 진흥왕 5년의 大幢 설치였는데, 그 이전 상고기부터 육부체제를 뒷받침하는 군사력으로 존재했던 육부병의 성격과 그 변화 및 소멸 과정을 언급한 논문,[220] 대당 설치 이후 7세기 통일전쟁과정에서 신라의 핵심 군사력으로 기능했던 6정군단의 운용 양상을 고찰한 논문,[221, 222] 그리고 6정의 성격과 그 성립 및 소멸 과정을 고찰한 논문 등이 나와 있다.[223] 6정 이외에 삼천당과 시위부, 법당군단을 대상으로 그 성격을 논한 논문들도 몇 편 있으며,[224, 225, 226] 고분에서 출토된 무기와 무장에 대한 분석을 통해 삼국시대 후반 군사조직의 운용과 그 변화상을 살펴본 이색적인 논문도 있다.[227]

2) 골품제와 화랑도

골품제와 화랑도는 1980년대 이전까지만 하더라도 신라사 연구를 이끌고 간 대표적인 연구 주제였다. 최근 20년 사이에도 적지 않은 연구 성과가 축적되었으며, 기존 연구의 문제점을 비판하면서 새로운 시각에서 접근한 논문들이 많이 나왔다.

먼저 골품제 관련 연구 성과부터 살펴보면,[228] 그 기원과 구조, 운용, 변동, 소멸 등에 대한 종합적인 정리를 시도한 저서가 나온 바 있고,[229] 시야를 넓혀 골품제를 포함한 한국 고대 신분제 전반에 대해 개관한 글도 발표되었다.[230]

골품제의 성립에 관해서는, 상고기 육부체제의 변화·소멸 과정을 주목하면서 법흥왕대 체제 정비와 함께 골품제의 틀이 갖추어졌다고 파악하는 논문[231]이 있고, 衣冠制의 개정이 이루어진 7세기 중엽 진덕여왕대에야 비로소 골품제가 확립되었나고 보는 논문[232]도 있다.

골품제의 구조에 대해서도 많은 논의가 오갔는데, 친족집단이 골품제의 신분 단위로 기능했다는 기존의 통설을 부정하면서 골품은 혈연집단의 구성원이 공유하는 제도가 아니라 개인의 능력이나 공로 등에 의해 성취되기도 하고 잃기도 하는 것으로 파악하는 신설이 나왔으며,[233] 이는 다시 骨制와 달리 頭品制는 성취신분일 가능성이 있다는 주장으로 연결되고 있다.[234]

한편 그동안 골품제와 관련하여 연구자들의 최대 관심 주제가 되었던 것은 '聖骨'의 실체였다. 진평왕대에 이르러 銅輪系의 혈연의식이 고양되면서 성골이 최고 신분층으로 등장했다는 주장이 이미 1970년대 전반에 제기되었고,[235] 골제와 두품제의 형성 배경을 달리 보면서 성골은 진평왕대에, 진골은 선덕여왕 이후에 나타난 것으로 파악하는 견해도 70년대 후반에 제시된 바 있다.[236] 그런데 1990년대 이후, 성골을 혈연집단으로 보지 않고 왕과 왕위계승 자격을 갖춘 자에 대한 '현재적' 신분 개념에 불과하다고 보는 견해[237]와 역시 성골의 실재를 부정하면서 성골에서 진골로의 왕통의 변화는 결국 명칭의 변화에 불과하다고 보는 견해[238]가 잇따라 나오면서 학계에 파장을 일으켰다.

이러한 신설과는 달리 중고기 성골의 존재를 긍정하고, 성골이란 국왕과 갈문왕의 친족 중 정상적인 신분내혼을 통해 출생한 자의 신분이라고 보면서, 진지왕의 아들인 용춘은 모계가 진골이어서 진골 신분을 갖게 되었다고 파악하는 견해도 나와 있다.[239]

진골 아래의 육두품을 비롯한 두품 신분과 평인 신분에 대해서도 몇 차례 정리가 이루어졌으며,[240, 241] 흔히 6두품 출신으로 인식되었던 원효의 신분을 5두품으로 낮추어 보는 견해[242]와 신라 상대 박씨 왕실 및 하대 박씨 왕가의 실재를 부정하고 신라시대의 박씨는 5두품 내지 6두품에 해당했다는 주장[243]도 제기되어 있다.

골품제와 관련하여 신라시대의 혈족 집단에 관한 연구도 꾸준히 진행되었다. 왕실을 위시한 최고 지배층의 씨족 집단과 그 아래의 가계 집단으로 혈족 집단을 나누어 살펴보면서 전자에서 후자로의 분기가 이루어졌다고 주장한 글[244]과 혈족집단의 성격을 부계 혈족집단으로 파악한 글,[245] 그리고 신라 지배층의 世系認識이 부계적이었음을 고찰한 글[246]이 있다. 아울러 신라의 친족 구조가 상고기에는 兩系였다가 중고기 이후에는 부계로 변화해갔다고 주장하는 글도 발표되었다.[247]

골품제와는 별개의 제도였지만, 그와 밀접한 연관을 맺었던 것이 관등제였다. 골품에 따라 승진할 수 있는 관등의 상한선이 정해져 있었기에, 관등제는 골품제의 규제를 강하게 받는 것이었다. 신라의 관등제는 17개 등급으로 이루어진 京位制가 중심을 이루지만, 중고기에는 11개 등급으로 구성된 外位制가 따로 마련되어 있었고, '重位制'라 하여 경위제를 보완하는 제도적 장치도 구비되었다.

그동안 학계에서는 신라를 비롯한 삼국의 관등제의 특성을 중국의 爵制 및 일본의 官位制와의 비교 검토를 통해 파악해 보려는 논문[248]을 비롯하여, 관등제와 관직제의 운영 양상을 전체적으로 개관한 논문,[249] 6세기 초 왕권의 강화과정과 맞물려 경위 17관등제와 외위제가 성립하였음을 고찰한 논문,[250] 상고기 이래 관등의 정비 과정 속에서 신라 경위 17관등제의 성립 과정을 살피고 외위제와 중위제 등의 보완 장치가 나올 수밖에 없었던 배경 등에 대해 언급한 논문,[251] 경위 관련 사료에 대한 세밀한 검토를 통해 경위의 기원을 탐색한 논문[252] 등이 발표되었다.

관등제의 기원에 관한 연구는 그간 관등제 연구의 주종을 이루었다고 할 만큼 활발한 모습을 보였는데,『삼국사기』신라본기 초기기록의 관등 관계 기사를 적극 활용하여 유리 이사금시기에 이미 관등제의 골격이 갖추어졌다고 보는 견해[253]와 초기기록의 관등 관계 기사는 대부분 마립간시기 이후의 상황을 반영한다고 보는 견해[254]가 있다. 17관등제의 성립 과정에 대해서는, 원래 나마까지의 8개 관등으로 구성되었다가 상위 관등의 분화와 나마 이하 관명의 하위 관등화가 일어나면서 중고기에 17관등제로 발전했다는 설이 제시되어 있으며,[255, 256] 본디 한 지역의 독자적 수장이었던 '干'이 점차 왕권에 신속하는 관료로 변화해간 상황을 통해 경위제와 외위제의 성립 배경을 함께 추적하려 힌 논문도 나외 있다.[257] 한편 근래에 발견된 금석문 자료를 이용하여 관등제 문제에 접근한 글들도 여러 편 있다.[258, 259, 260, 261, 262]

경위 관등 가운데 특별히 阿湌과 奈麻에 주목하여 그 성격 및 중위제와의 관련성을 검토한 글도 있으며,[263] 아예 중위제만을 대상으로 삼아 법흥왕대 이전에는 나마중위제만 존재하였고 중고기에 진골과 육두품이 독자적인 신분계층으로 성립하면서 아찬중위제가 비로소 출현하였다고 주장하는 글도 발표되어 있다.[264]

중고기에 지방 세력의 흡수 및 편제를 위해 성립된 외위제의 실상을 규명한 논문도 몇 편 나왔는데,[265, 266] 통설과 달리 지방에 출거한 진골귀족이 자신의 가신층에게 독자적으로 수여한 위계 제도로 외위제를 파악하는 색다른 견해도 제기되이 있디.[267] 이 문제와 관련하여 신라시대에는 왕경인과 지방민 사이에 근본적인 위상 차이가 존재했음을 강조하면서 중고기에 외위제가 실시될 수밖에 없었던 이유를 궁구하려는 글이 있다.[268, 269]

다음으로 화랑도에 관한 연구 성과를 살펴보면, 그동안의 연구 동향을 정리한 글들이 여러 편 나와 있고,[270, 271, 272, 273] 화랑도의 성격과 그 변천에 관한 개괄적 성격의 글들이 몇 편 있다.[274, 275, 276] 한편 필사본 '花郎世紀' 의 존재가 알려진 이후, 그 내용을 중심으로 화랑도의 성격과 활동상에 대해 새로운 이해를 시도한 글들도 상당수 발표되었다.[277, 278, 279]

화랑도의 기원에 대해서는, 그 전신인 원화 조직을 산악신앙과 관련된 국가적 제사 집단으로 파악하고, 중앙집권적 귀족국가의 출현에 맞물려 일어난 분산적인 제사권의 국가적 통합이라는 관점에서 접근하는 견해가 있었으며,[280] 巫佛交替期라는 시대 상황과 연관지어 화랑제도 창설의 배경을 이해하려 한 논문도 있었다.[281] 화랑도의 사회적 기능에 대해서도, 골품제에 입각한 폐쇄적 사회운영에서 야기될 수 있는 사회계층간의 갈등을 해소시키고 궁극적으로 골품제에 순응하게 하는 제도적 장치로 파악하는 논문이 나온 바 있다.[282]

이밖에 화랑도의 편성과 조직에 대해 개관한 글[283]과 화랑제도가 인재양성 및 관인 선발에서 지니는 의미를 고찰한 글들[284, 285]이 나와 있으며, 화랑도의 무예 수련의 한 과정으로 여겨지는 手搏의 기원과 전승 과정을 검토한 글[286]도 발표되었다. 『삼국사기』 열전에 등장하는 화랑 및 낭도의 삶과 죽음을 통해 중고기의 시대상을 엿보는 논문들도 있다.[287, 288]

마지막으로 지난 20여 년간 학계의 뜨거운 논쟁거리로 대두되었던 필사본 '花郎世紀' 의 진위 논란에 대해 살펴보면,[289] 처음 그 존재가 알려진 1989년에는 眞本으로 볼 수 있다는 주장[290]과 僞作의 가능성을 염두에 두면서 신중한 접근을 강조하는 견해[291]가 양립하였다. 그 후 전자의 입장에 선 논고들이 몇 편 나오다가,[292, 293, 294] 1995년에 이르러 또다른 필사본이 존재한다는 새로운 사실이 알려지는 한편, 일제시기에 일본의 궁내성 서릉부에 근무한 적이 있던 朴昌和라는 인물에 의한 위작이라는 설이 강력하게 대두하였다.[295]

그러나 진본설에 서 있던 연구자들은 위작설에 수긍하지 않고 오히려 사료로서 적극 이용하는 과감성을 보였으며,[296, 297, 298] 더욱 철저한 사료 검토의 필요성을 제기하는 논문이 나오기도 했다.[299] 진본설이 불식되지 않은 가장 큰 이유는 흔히 ‘母本’으로 불리게 된 새로운 필사본의 내용 가운데 鄕歌가 한 수 들어 있었기 때문인데, 위작설에서 주장하는 것처럼 ‘花郞世紀’가 일제시기에 조작된 것이라면 향가가 실려 있을 수 없다고 판단했던 것이다.

이런 상황 속에서 母本 ‘花郞世紀’가 신라 중대의 역사가 金大問의 『花郞世記』를 충실하게 전하는 것이라는 주장은 계속 이어졌고,[300, 301] 위작설이 재차 천명되었음에도 불구하고[302] 진본으로 믿는 입장에서 수권의 저서가 출간되었으며,[303, 304, 305, 306, 307] 따로 몇 편의 논문이 발표되었다.[308, 309]

한편 계량문헌학의 방법론을 원용하여 필사본 ‘花郞世紀’의 진위 문제를 따져본 이색적인 논문도 나왔고,[310, 311] 위작설의 입장에 서되 그동안의 통설과는 달리 1989년에 처음 알려진 ‘拔萃本’이 먼저 만들어지고 1995년에 소개된 ‘母本’이 뒤에 만들어졌다고 보면서, 둘 다 박창화의 창작물이라고 주장하는 논문도 나온 바 있다.[312, 313, 314]

2003년에는 일본근현대사 전공자에 의해 박창화가 1920년대 후반에 발표한 신라사 관련 논문이 소개되었고,[315] 이를 계기로 필사본 ‘花郞世紀’의 진위논쟁이 다시 불타올랐다.[316, 317, 318] 현재는 상당수 연구자들이 진본설의 입장에 서서 논문을 발표하고 있으며,[319, 320, 321, 322, 323, 324, 325, 326] 위작설에 동조하는 연구자들은 더 이상의 직접적인 반응을 보이지 않고 있는 상황이다.

4. 향후 연구의 방향과 과제

지금까지 최근 20여 년간 우리 학계에서 만들어낸 신라 상대사 관련 연구 성과들을 살펴보았다. 모든 논문을 다 소화하지는 못했지만, 대략의 흐름은 어느 정도 잡힐 수 있으리라 생각해본다. 그간의 연구에서 나타난 문제점을 짚어보고, 향후 연구의 방향과 과제를 제시하면서 글을 마무리짓고자 한다.

문제점으로는 우선 엄밀한 사료비판이 이루어지지 않은 상태에서 논지를 진개하는 글들이 적지 않다는 것을 들어야겠다. 특히 상고기 관련 연구에서 그러한 면이 많이 보이는데, 『삼국사기』를 비롯한 문헌 자료를 어느 선까지 믿어야 할지에 대해 심각한 고민이 전제되어야 한다.[327, 328] 관련 기록이 어떤 과정을 통해 남게 되었으며, 그러한 기록의 원형이 어느 시기에 어떤 인식에서 만들어진 것인지를 늘 고민하면서 사료를 대해야 한다.[329, 330] 그렇지 않으면 아무리 정치한 설을 구축한다고 한들 결국 사상누각에 지나지 않게 될 것이다.

또하나의 문제점은 자기 나름의 주장을 창의적으로 펼쳐내기보다는 선행 연구를 추종하면서 그 틀 속에 안주하려는 경향이 자못 많이 발견된다는 것이다. 물론 선행 연구가 합리적 이해 체계를 갖춘 것이라면, 그 틀을 수용하는 것이 당연하다. 그러나 애초부터 잘못된 방향에서 이루어진 연구를 제대로 된 비판 없이 받아들이는 것은 연구상의 문제점을 증폭시킬 뿐 아무런 긍정적 성과를 바랄 수 없다. 합리적인 이해 체계 위에 서 있는 연구 성과라 하더라도 사료해석을 비롯하여 소소한 점에서 허점을 노출하고 있는 것들이 많다. 그런 허점들에 대해 비판적 극복을 하려 하지 않고 선학의 명성에 기대어 무작정 追隨하려고만 한다면 학문의 진정한 발전은 요원할 수밖에 없다. 자기만의 틀을 구축하겠다는 의욕이 앞서서 철저한 사료비판을 거치지 않고 좌충우돌식 논지 전개를 하는 것도 곤란하지만, 자기 소신도 없이 타인이 먼저 세워놓은 틀이나 이해 방식을 빌려다가 쉽게 논문을 쓰려는 태도는 학문을 하려는 사람이라면 더욱 경계해야 할 것이 아닌가 한다. 앞으로 선행 연구의 합리적인 면은 발전적으로 계승하고 불합리한 면은 비판적으로 극복하려는 연구 풍토가 널리 확산되기를 기대해본다.

참고문헌

1. 金哲埈, 1962, 「新羅上古世系와 그 紀年」『歷史學報』17 · 18합집 ; 1975, 『韓國古代社會研究』, 지식산업사.

2. 金光洙, 1973, 「新羅 上古世系의 再構成 試圖」『東洋學』3, 단국대 동양학연구소.

3. 李仁哲, 1986, 「新羅上古世系의 新解釋」『淸溪史學』4, 한국정신문화연구원 청계사학회.

4. 姜鍾薰, 1991, 「新羅 上古紀年의 再檢討」『韓國史論』26, 서울대학교 국사학과 ; 2000, 『신라상고사연구』, 서울대출판부.

5. _____, 1999, 「三國史記 新羅本紀 初期記錄의 紀年問題 再論」『歷史學報』162.

6. 宣石悅, 1996, 「新羅 上古紀年의 再調整」『慶大史論』9, 경남대학교 사학회 ; 2001, 『新羅國家成立過程研究』, 혜안.

7. 李富五, 1999, 「新羅初期 紀年問題에 대한 재고찰」『先史와 古代』13, 한국고대학회.

8. 李鍾旭, 1980, 『新羅上代王位繼承研究』, 영남대 민족문화연구소.

9. 李熙眞, 1998, 「三國史記 초기기사에 대한 최근 紀年調整案의 문제점」『歷史學報』160.

10. _____, 1999, 「三國史記 초기기사에 대한 최근 기년조정 논쟁」『한국사연구』106.

11. 盧泰敦, 1987, 「三國史記 上代記事의 信憑性 問題」『아시아문화』2, 한림대 아시아문화연구소.

12. 강종훈, 2001, 「삼국사기 초기기록의 제문제」『金富軾과 三國史記』, 경주김씨대종회.

13. 姜鍾薰, 1995, 「三國史記 初期記錄에 보이는 ‘樂浪’ 의 實體 -진한연맹체의 공간적 범위와 관련하여-」『韓國古代史研究』10.

14. 文安植, 1997, 「三國史記 新羅本紀에 보이는 樂浪 · 靺鞨史料에 관한 검토」『전통문화연구』5, 조선대 전통문화연구소.

15. _____, 1998, 「三國史記 羅 · 濟本紀의 靺鞨 史料에 대하여」『韓國古代史研究』13.

16. 千寬宇, 1976, 「三韓의 國家形成(上)」『韓國學報』2 ; 1989, 『古朝鮮史 · 三韓史研究』, 一潮閣.

17. 朴南守, 1987, 「新羅上古金氏系의 起源과 登場」『慶州史學』6.

18. 姜鍾薰, 1998, 「新羅 上古期 金氏 族團의 出自 -尼師今時期 百濟關係記事와 관련하여-」『韓國

史硏究』102 ; 2000, 『신라상고사연구』, 서울대출판부.

19. 宣石悅, 1994, 「三國史記 新羅本紀 上代 百濟關係記事의 檢討와 그 紀年」 『韓國古代史硏究』7.

20. 박대재, 1999, 「三國史記 初期記事에 보이는 新羅와 百濟의 戰爭」 『韓國史學報』7, 고려사학회.

21. 盧重國, 1990, 「鷄林國考 -초기신라사의 재검토를 위한 시론-」 『歷史敎育論集』13 · 14.

22. 金泰植, 1993, 『加耶聯盟史』, 一潮閣.

23. 姜鍾薰, 1998, 「新羅 '三姓族團體制' 의 成立과 展開」 『韓國古代史硏究』14 ; 2000, 『신라상고
    사연구』, 서울대출판부.

24. 朱甫暾, 1999, 「新羅의 達句伐遷都 企圖와 金氏集團의 由來」 『白山學報』52.

25. _____, 2002, 「新羅國家 形成期 金氏族團의 成長背景」 『韓國古代史硏究』26.

26. _____, 2003, 「初期國家 召文國과 그 向方」 『仁荷史學』10, 인하역사학회.

27. _____, 2003, 「斯盧國을 둘러싼 몇 가지 問題」 『신라문화』21, 동국대 신라문화연구소.

28. 김재홍, 1996, 「신라[사로국]의 형성과 발전」 『역사와 현실』21, 한국역사연구회.

29. 李富五, 2000, 「기원전후 斯盧國의 支配構造 변화」 『歷史敎育』76, 역사교육연구회.

30. 權五榮, 1997, 「斯盧六村의 위치문제와 首長의 성격」 『新羅文化』14, 동국대 신라문화연구소.

31. 朴洪國 · 鄭尙洙 · 金志勳, 2003, 「斯盧 6村의 위치에 대한 試論」 『新羅文化』21, 동국대 신라문
    화연구소.

32. 徐毅植, 2003, 「 '辰韓六村' 의 性格과 位置」 『新羅文化』21, 동국대 신라문화연구소.

33. 金炳坤, 2001, 「斯盧 六村의 出自와 村長의 사회적 성격」 『韓國古代史硏究』22 ; 2003, 『신라
    왕권성장사연구』, 학연문화사.

34. 宣石悅, 1995, 「斯盧國의 小國征服과 그 紀年」 『新羅文化』12, 동국대 신라문화연구소 ; 2001,
    『新羅國家成立過程硏究』, 혜안.

35. 李炯佑, 2000, 『新羅初期國家成長史硏究』, 영남대출판부.

36. 李仁哲, 2003, 「斯盧國의 진한소국 정복과 국가적 성장」 『仁荷史學』10, 인하역사학회.

37. 강종훈, 1999, 「상고기 신라의 영역 확장과정과 지방통치방식」 『역사와 현실』31 ; 2000, 『신
    라상고사연구』, 서울대출판부.

38. 강봉룡, 2004, 「新羅 州郡制의 淵源 -上古期 小國 編制方式-」 『新羅文化』23, 동국대 신라문화
    연구소.

39. 徐毅植, 1991, 「新羅 '上古' 初期의 辰韓諸國과 領土擴張」 『李元淳敎授停年紀念 歷史學論叢』,
    敎學社.

40. 宣石悅, 2003, 「新羅國家 성립과정에 있어서 小國爭疆」『역사와 경계』49, 부산경남사학회.

41. 張彰恩, 2000, 「新羅 昔氏王室의 分岐와 味鄒王의 卽位」『北岳史論』7, 북악사학회.

42. ____, 2004, 「新羅 朴氏王室의 分岐와 昔氏族의 집권과정」『新羅史學報』1, 신라사학회.

43. 河廷龍, 1995, 「新羅上代 王位繼承 硏究 -王室內 近親婚을 中心으로-」『新羅文化』12, 동국대 신라문화연구소.

44. 羅喜羅, 1990, 「新羅初期 王의 性格과 祭祀」『韓國史論』23, 서울대 국사학과 ; 2003, 『신라의 국가제사』, 지식산업사.

45. 金炳坤, 1999, 「新羅 初期 王의 性格 再考」『韓國古代史硏究』16 ; 2003, 『신라왕권성장사연구』, 학연문화사.

46. ____, 2002, 「신라 초기 왕실 집단의 出自와 사회적 성격」『史學硏究』65, 한국사학회 ; 2003, 『신라왕권성장사연구』, 학연문화사.

47. 金杜珍, 1986, 「新羅 昔脫解神話의 形成基盤 -英雄傳說的 性格을 中心으로-」『韓國學論叢』8, 국민대 한국학연구소.

48. ____, 1989, 「新羅 建國神話의 神聖族觀念」『韓國學論叢』11, 국민대 한국학연구소.

49. 金貞淑, 2000, 「新羅 神話의 歷史的 機能 및 그 認識의 變遷」『慶北史學』23, 경북사학회.

50. 나희라, 2005, 「신라의 건국신화와 의례」『韓國古代史硏究』39.

51. 金杜珍, 2003, 「신라 六村長神話의 모습과 그 의미」『新羅文化』21, 동국대 신라문화연구소.

52. 宣石悅, 1996, 「三國史記 新羅本紀 ‘初頭’ 對外關係記事의 檢討와 그 意味」『釜山史學』31, 부산사학회.

53. 전덕재, 2000, 「4세기 국제관계의 재편과 신라의 대응」『역사와 현실』36, 한국역사연구회.

54. 梁正錫, 1998, 「新羅 麻立干期 王의 統治形態 -訥祗麻立干代를 中心으로-」『新羅文化』15, 동국대 신라문화연구소.

55. 우선정, 2002, 「麻立干의 位相과 性格」『慶北史學』25, 경북사학회.

56. 宣石悅, 2003, 「麻立干時期의 王權과 葛文王」『新羅文化』22, 동국대 신라문화연구소.

57. 河廷龍, 1994, 「新羅上代 葛文王 硏究」『民族文化硏究』27, 고려대 민족문화연구소.

58. 宣石悅, 2002, 「신라 금석문을 통해 본 葛文王」『新羅文化祭學術論文集』23(신라 금석문의 현황과 과제), 경주시 · 신라문화선양회 · 동국대 신라문화연구소.

59. 金炳坤, 2003, 「新羅 王號 ‘寐錦’의 非新羅系 使用例 分析」『東國史學』39, 동국사학회.

60. ____, 2003, 「新羅 王號 ‘寐錦’의 新羅系 使用例 分析」『慶州史學』22, 경주사학회.

61. 朱甫暾, 1996, 「麻立干時代 新羅의 地方統治」『嶺南考古學』19, 영남고고학회 ; 1998, 『新羅 地方統治體制의 整備過程과 村落』, 신서원.

62. 양정석, 1996, 「신라 麻立干期 왕권강화과정과 지방정책」『韓國史學報』창간호, 고려사학회.

63. 宣石悅, 1998, 「朴堤上의 出自와 官等 奈麻」『慶大史論』10, 경남대 사학회 ; 2001, 『新羅國家 成立過程研究』, 혜안.

64. 金龍善, 1979, 「朴堤上 小考」『全海宗博士華甲紀念史學論叢』, 일조각.

65. 申鉉雄, 2006, 「朴堤上의 出自와 身分 問題」『新羅文化』27, 동국대 신라문화연구소.

66. 朱甫暾, 1998, 「朴堤上과 5세기 초 新羅의 政治 動向」『慶北史學』21, 경북사학회.

67. 金在弘, 2001, 「4~5세기 新羅의 古墳文化와 地域支配」『韓國古代史研究』24.

68. 이한상, 2000, 「4세기 전후 신라의 지방통제방식 -분묘자료의 분석을 중심으로-」『역사와 현실』37.

69. 李漢祥, 2003, 「동해안지역의 5~6세기대 신라분묘 확산양상」『嶺南考古學』32, 영남고고학회.

70. ____, 1995, 「5~6世紀 新羅의 邊境支配方式 -裝身具 分析을 중심으로-」『韓國史論』33, 서울대 국사학과.

71. ____, 1997, 「裝飾大刀의 下賜에 반영된 5~6世紀 新羅의 地方支配」『軍史』35, 국방군사연구소.

72. 李熙濬, 1996, 「낙동강 以東 지방 4, 5세기 고분 자료의 定型性과 그 해석」『4·5세기 한일고고학』(제2회 합동고고학대회 발표논문집), 영남고고학회·구주고고학회.

73. ____, 1997, 「新羅 高塚의 특성과 의의」『嶺南考古學』20, 영남고고학회.

74. 金大煥, 2004, 「新羅 高塚의 지역성과 의의」『新羅文化』23, 동국대 신라문화연구소.

75. 金龍星, 2004, 「新羅 高塚의 擴散過程」『新羅文化』23, 동국대 신라문화연구소.

76. 朱甫暾, 1996, 「新羅國家形成期 大邱社會의 動向」『韓國古代史論叢』8, 가락국사적개발연구원.

77. 金龍星, 1998, 『新羅의 高塚과 地域集團 -大邱·慶山의 例-』, 춘추각.

78. 李熙濬, 2000, 「대구 지역 古代 政治體의 형성과 변천」『嶺南考古學』26, 영남고고학회.

79. 李熙濬, 2004, 「경산 지역 고대 정치체의 성립과 변천」『嶺南考古學』34, 영남고고학회.

80. ____, 2005, 「4~5세기 창녕 지역 정치체의 읍락 구성과 동향」『嶺南考古學』37, 영남고고학회.

81. 이성주, 2002, 「적석목곽분을 통한 신라사의 이해」『한국 전근대사의 주요 쟁점』, 역사비평사.

82. 김창호, 2004, 「신라 적석목곽묘의 연구 성과와 과제」『新羅文化』23, 동국대 신라문화연구소.

83. 姜仁求, 1981, 「신라 積石封土墳의 구조와 계통」『韓國史論』7, 서울대 국사학과.

84. 崔鍾圭, 1983, 「中期古墳의 性格에 대한 약간의 考察」『釜大史學』7, 부산대 사학회.

85. 崔秉鉉, 1992, 『新羅古墳研究』, 一志社.

86. _____, 1998, 「新羅 積石木槨墳의 起源 再論」『崇實史學』12, 숭실대 사학회.

87. 李熙濬, 1996, 「경주 月城路 가 - 13호 積石木槨墓의 연대와 의의」『碩晤尹容鎭敎授停年退任紀念論叢』, 논총간행위원회.

88. 李盛周, 1997, 「木棺墓에서 木槨墓로 -蔚山 中山里遺蹟과 茶雲洞遺蹟에 대한 檢討-」『新羅文化』14, 동국대 신라문화연구소.

89. 강봉원, 2004, 「신라 적석목곽분 출현과 '기마민족 이동' 관련성의 비판적 재검토」『韓國上古史學報』46, 한국상고사학회.

90. 朴光烈, 2001, 「新羅 積石木槨墓의 開始에 對한 檢討」『慶州史學』20, 경주사학회.

91. 李鍾宣, 1992, 「積石木槨墳의 編年에 대한 諸論議」『韓國古代史論叢』3, 가락국사적개발연구원.

92. 李熙濬, 1995, 「경주 皇南大塚의 연대」『嶺南考古學』17, 영남고고학회.

93. 李鍾宣, 1996, 「古新羅 積石木槨墳의 品階와 編年(上 : 王族墓)」『韓國考古學報』35, 한국고고학회.

94. 金斗喆, 1998, 「新羅馬具 研究의 몇 課題」『新羅文化』15, 동국대 신라문화연구소.

95. 姜鍾薰, 2000, 「積石木槨墳과 新羅 麻立干時期」『皇南大塚의 諸照明』(제1회 국립경주문화재연구소 국제학술대회 발표논문집), 국립경주문화재연구소.

96. 金龍星, 2003, 「皇南大塚 南墳의 年代와 被葬者 檢討」『韓國上古史學報』42, 한국상고사학회.

97. 李熙濬, 2006, 「太王陵의 墓主는 누구인가?」『韓國考古學報』59, 한국고고학회.

98. 朴普鉉, 2000, 「熨斗로 본 皇南大塚 北墳의 年代」『慶北史學』23, 경북사학회.

99. 김용성, 2006, 「호우총의 구조 복원과 피장자 검토」『先史와 古代』24, 한국고대학회.

100. 朴光烈, 1999, 「新羅 瑞鳳塚과 壺衧塚의 絶對年代考」『韓國考古學報』41, 한국고고학회.

101. 權五榮, 1992, 「고대 영남지방의 殉葬」『韓國古代史論叢』4, 가락국사적개발연구원.

102. 金龍星, 2002, 「新羅 高塚의 殉葬」『古文化』59, 한국대학박물관협회.

103. 강봉원, 2000, 「고분 분석을 통한 신라 정치 사회 발전 단계의 연구 -국가형성시기와 관련하여-」『慶州文化研究』3, 경주대 경주문화연구소.

104. 盧泰敦, 1997, 「삼국사기 신라본기의 고구려관계 기사 검토」『慶州史學』16, 경주사학회.

105. 鄭雲龍, 1994, 「5~6世紀 新羅·高句麗 關係의 推移 -遺蹟·遺物의 解釋과 關聯하여-」『신라문화제학술발표회논문집』15(新羅의 對外關係史 研究).

106. 우선정, 2000,「麻立干 時期 新羅의 對高句麗 關係」『慶北史學』23, 경북사학회.

107. 李明植, 2002,「5세기 新羅의 對高句麗關係」『大丘史學』69, 대구사학회 ; 2003,『新羅政治變遷史研究』, 형설출판사.

108. 주보돈, 2006,「5~6세기 중엽 高句麗와 新羅의 관계 -신라의 漢江流域 진출과 관련하여-」『北方史論叢』11, 고구려연구재단.

109. 李道學, 1988,「高句麗의 洛東江流域進出과 新羅·伽倻經營」『國學研究』2, 국학연구소.

110. 朱甫暾, 2006,「高句麗 南進의 性格과 그 影響 -廣開土王 南征의 實相과 그 意義-」『大丘史學』82, 대구사학회.

111. 梁起錫, 1994,「5~6世紀 前半 新羅와 百濟의 關係」『新羅文化祭學術發表會論文集』15(新羅의 對外關係史 研究), 동국대 신라문화연구소.

112. 鄭雲龍, 1996,「羅濟同盟期 新羅와 百濟 關係」『白山學報』46, 백산학회.

113. 장창은, 2004,「신라 訥祗王代 고구려세력의 축출과 그 배경」『韓國古代史研究』33, 한국고대사학회.

114. 張彰恩, 2005,「新羅 炤知王代 對高句麗關係와 政治變動」『史學研究』78, 한국사학회.

115. 金貞培, 1988,「高句麗와 新羅의 영역문제 -順興地域의 考古學자료와 관련하여-」『韓國史研究』61·62합집, 한국사연구회.

116. 鄭雲龍, 1989,「5世紀 高句麗 勢力圈의 南限」『史叢』35, 고려대 사학회.

117. _____, 1999,「順興 邑內里壁畵古墳의 新羅史的 意義」『白山學報』52, 백산학회.

118. 李道學, 1988,「永樂 6년 廣開土王의 南征과 國原城」『孫寶基停年記念韓國史學論叢』.

119. 金賢淑, 2002,「4~6세기경 小白山脈 以東地域의 領域向方 -三國史記 地理志의 慶北地域 '高句麗郡縣' 을 중심으로-」『韓國古代史研究』26, 한국고대사학회.

120. 張彰恩, 2004,「新羅 慈悲~炤知王代 築城·交戰地域의 검토와 그 의미 -소백산맥 일대 신라·고구려의 영역향방과 관련하여-」『新羅史學報』2, 신라사학회.

121. 이인철, 2000,『고구려의 대외정복연구』, 백산자료원.

122. 강종훈, 2004,「대구·경북 지역 삼국시대 신라 城址의 조사 및 연구」『大丘史學』77, 대구사학회.

123. 延敏洙, 1988·1989,「五世紀 以前의 新羅의 對倭關係 -三國史記 倭關係記事를 中心으로-」『日本學』7·8·9, 동국대 일본학연구소.

124. 강종훈, 2005,「三國史記에 보이는 '倭' 의 성격」『한일관계사연구논집』1(광개토대왕비와 한

일관계), 경인문화사.

125. 朱甫暾, 2005, 「5세기 高句麗·新羅와 倭의 관계」『한일관계사연구논집』2(왜 5왕 문제와 한
　　　 일관계), 경인문화사.

126. 宣石悅, 2005, 「마립간시기 신라와 왜의 관계」『釜大史學』28·29, 부산대 사학회.

127. 姜鍾薰, 1994, 「神宮의 設置를 통해 본 麻立干時期의 新羅」『韓國古代史論叢』6, 가락국사적
　　　 개발연구원.

128. 金炳坤, 1999, 「新羅 初期王權의 成長과 天神信仰」『韓國思想史學』13, 한국사상사학회 ;
　　　 2003, 『신라왕권성장사연구』, 학연문화사.

129. ______, 2003, 「新羅 骨品制度 成立期의 思想的 基盤」『新羅文化』22, 동국대 신라문화연구소.

130. 金昌鎬, 2002, 「古新羅 金石文의 研究 成果와 課題」『新羅文化祭學術論文集』23(新羅 金石文
　　　 의 현황과 과제), 경주시·신라문화선양회·동국대 신라문화연구소.

131. 朱甫暾, 2002, 「6세기 新羅 金石文과 그 特徵」『新羅文化祭學術論文集』23(新羅 金石文의 현
　　　 황과 과제), 경주시·신라문화선양회·동국대 신라문화연구소 ; 2002, 『금석문과 신
　　　 라사』, 지식산업사.

132. ______, 1984, 「丹陽新羅赤城碑의 再檢討 -碑文의 復元과 分析을 中心으로-」『慶北史學』7,
　　　 경북대학교 인문대학 ; 2002, 『금석문과 신라사』, 지식산업사.

133. 金昌鎬, 1989, 「丹陽 赤城碑의 재검토」『嶺南考古學』6, 영남고고학회.

134. 李宇泰, 1992, 「丹陽 新羅 赤城碑 建立의 背景 -也尒次의 功績과 恩典의 性格을 중심으로-」
　　　 『泰東古典研究』8, 태동고전연구소.

135. 盧鏞弼, 1996, 『新羅眞興王巡狩碑研究』, 일조각.

136. 文暻鉉, 1987, 「蔚州 新羅 書石銘記의 新檢討」『慶北史學』10, 경북사학회.

137. 朱甫暾, 1996, 「蔚州川前里書石銘文에 대한 一檢討」『碩晤尹容鎭教授停年退任紀念論叢』, 논
　　　 총간행위원회 ; 2002, 『금석문과 신라사』, 지식산업사.

138. 李宇泰, 1997, 「蔚州 川前里書石 原銘의 再檢討」『國史館論叢』78, 국사편찬위원회.

139. 姜鍾薰, 1999, 「蔚州 川前里書石 銘文에 대한 一考察」『蔚山研究』1, 울산대 박물관.

140. 朱甫暾, 1985, 「雁鴨池出土 碑片에 대한 一考察」『大丘史學』27, 대구사학회 ; 2002, 『금석문
　　　 과 신라사』, 지식산업사.

141. 朴方龍, 1988, 「明活山城作城碑의 檢討」『美術資料』41, 국립중앙박물관.

142. 金昌鎬, 1989, 「明活山城作城碑의 재검토」『斗山金宅圭博士華甲紀念文化人類學論叢』, 두산

김택규박사화갑기념논문집간행위원회.

143. 閔德植, 1992, 「新羅의 慶州 明活山城碑에 관한 考察 -新羅王京研究를 위한 일환으로-」『東方學志』74, 연세대 국학연구원.

144. 金昌鎬, 1994, 「明活山城作城碑의 몇 가지 問題」『鄕土史硏究』6, 한국향토사연구전국협의회.

145. 朴方龍, 1994, 「南山新城碑 第9碑에 대한 檢討」『美術資料』53, 국립중앙박물관.

146. 朱甫暾, 1994, 「南山新城의 築造와 南山新城碑 -第9碑를 중심으로-」『新羅文化』10 · 11, 동국대 신라문화연구소 ; 2002, 『금석문과 신라사』, 지식산업사.

147. 金昌鎬, 1996, 「南山新城碑 第9碑의 재검토」『釜山史學』30, 부산사학회.

148. 洪潽植, 1995, 「古墳文化를 통해 본 6~7세기대의 사회변화 -嶺南地域을 중심으로-」『韓國古代史論叢』7, 가락국사적개발연구원.

149. 金大煥, 2006, 「新羅 王京 古墳의 분포와 체계 변화 -石室墓 출현기를 중심으로-」『新羅文化祭學術論文集』27(신라왕경의 구조와 체계), 경주시 · 신라문화선양회 · 경주문화원 · 동국대 국사학과.

150. 鄭雲龍, 1996, 「5~6世紀 新羅社會의 變動 -政治 · 經濟的 側面을 中心으로-」『史叢』45, 고대사학회.

151. 姜鳳龍, 1992, 「6~7世紀 新羅 政治體制의 再編過程과 그 限界」『新羅文化』9.

152. 金瑛河, 1988, 「新羅 中古期의 政治過程試論 -中代王權成立의 理解를 위한 前提-」『泰東古典研究』4, 태동고전연구소 ; 2002, 『韓國古代社會의 軍事와 政治』, 고려대 민족문화연구원.

153. 金炳坤, 2004, 「新羅 中古期 支配 集團의 政治 過程에 대한 새로운 理解Ⅰ」『史學研究』76, 한국사학회.

154. 李晶淑, 2005, 「중고기 신라의 중앙정치체제와 권력구조 -통일 후 신라 中代로의 재편성 과정을 이해하기 위한 일고찰-」『新羅文化』25, 동국대 신라문화연구소.

155. 李明植, 1990, 「新羅 中古期의 王權強化過程」『歷史教育論集』13 · 14합집, 역사교육학회.

156. 李基東, 2003, 「新羅 王權 연구의 몇 가지 前提 -中古期 왕권과 신분제, 종교의 相互 관계-」『新羅文化』22, 동국대 신라문화연구소.

157. 李喜寬, 1990, 「新羅上代 智證王系의 王位繼承과 朴氏王妃族」『東亞研究』20, 서강대 동아연구소.

158. _____, 1990, 「迎日 冷水里碑에 보이는 至都盧葛文王에 대한 몇 가지 問題」『韓國學報』60,

       일지사.

159. 李文基, 1991, 「6世紀 新羅 ‘大王’의 成立과 그 國際的 契機」『新羅文化祭學術發表論文集』
       9(新羅와 周邊諸國의 文化交流), 동국대 신라문화연구소.

160. 朱甫暾, 1994, 「新羅 國號의 確定과 民意識의 成長」『九谷黃鍾東敎授停年紀念史學論叢』;
       1998,『新羅 地方統治體制의 整備過程과 村落』, 신서원.

161. 盧重國, 1987, 「法興王代의 國家體制의 强化」『統一期의 新羅社會 硏究』, 경상북도 · 동국대
       신라문화연구소.

162. 朱甫暾, 1989, 「蔚珍鳳坪新羅碑와 法興王代 律令」『韓國古代史硏究』2, 한국고대사연구회 ;
       2002,『금석문과 신라사』, 지식산업사.

163. 金羲滿, 2000, 「新羅 智證 · 法興王代의 政治改革과 그 性格」『慶北史學』23, 경북사학회.

164. 李晶淑, 1994, 「眞興王의 卽位에 대한 몇 가지 문제」『釜山女大史學』12, 부산여대 사학회.

165. ______, 1994, 「眞平王의 卽位를 전후한 政局動向」『釜山史學』27, 부산사학회.

166. 金杜珍, 1990, 「新羅 眞平王代 初期의 政治改革 -三國遺事 所載 ‘桃花女 · 鼻荊郎’ 條의 分析
       을 중심으로-」『震檀學報』69.

167. 金基興, 1999, 「桃花女 · 鼻荊郎 설화의 역사적 진실」『韓國史論』41 · 42합집, 서울대 국사학과.

168. 金德原, 1999, 「新羅 中古期 舍輪系의 政治活動」『白山學報』52, 백산학회.

169. 李晶淑, 1986, 「新羅眞平王代의 政治的 性格 -所謂 專制王權의 成立과 關聯하여-」『韓國史硏
       究』52, 한국사연구회.

170. 朴海鉉, 1988, 「新羅 眞平王代 政治勢力의 推移 -王權强化와 관련하여-」『全南史學』2, 전남
       사학회.

171. 田美姬, 1993, 「新羅 眞平王代 家臣集團의 官僚化와 그 限界」『國史館論叢』48, 국사편찬위원회.

172. 李晶淑, 1999, 「眞平王 末期의 政局과 善德王의 卽位」『白山學報』52, 백산학회.

173. 朱甫暾, 1994, 「毗曇의 亂과 善德王代 政治運營」『李基白先生古稀紀念 韓國史學論叢(上) -古
       代篇 · 高麗時代篇-』, 일조각.

174. 鄭容淑, 1994, 「新羅 善德王代의 정국동향과 毗曇의 亂」『李基白先生古稀紀念 韓國史學論叢
       (上) -古代篇 · 高麗時代篇-』, 일조각.

175. 高慶錫, 1995, 「毗曇의 亂의 성격 문제」『韓國古代史論叢』7, 가락국사적개발연구원.

176. 文暻鉉, 1999, 「弑王說과 善德女王」『白山學報』52, 백산학회.

177. 金瑛河, 1991, 「新羅의 發展段階와 戰爭」『韓國古代史硏究』4, 한국고대사연구회.

178. 延敏洙, 1990, 「六世紀前半 加耶諸國을 둘러싼 百濟·新羅의 動向 -소위 '任那日本府' 說의
　　　究明을 위한 序章-」『新羅文化』7, 동국대 신라문화연구소.

179. 李明植, 1997, 「6세기 新羅의 洛東江流域進出考」『啓明史學』8, 계명사학회 ; 2003, 『新羅政
　　　治變遷史硏究』, 형설출판사.

180. 정운용, 2000, 「6世紀 新羅의 加耶 倂合과 그 意味」『史叢』52, 고대사학회.

181. 李熙濬, 1998, 「김해 禮安里 유적과 新羅의 낙동강 西岸 진출」『韓國考古學報』39, 한국고고
　　　학회.

182. _____, 1999, 「신라의 가야 服屬 過程에 대한 고고학적 검토」『嶺南考古學』25, 영남고고학회.

183. 李道學, 1987, 「新羅의 北進經略에 관한 新考察」『慶州史學』6, 동국대 국사학회.

184. _____, 1989, 「醴泉의 上乙谷城考 -신라의 소백산맥 以北 進出據點과 관련하여-」『慶州史
　　　學』8, 동국대 국사학회.

185. 李仁哲, 1997, 「新羅의 漢江流域 進出過程에 대한 考察」『鄕土서울』57, 서울특별시사편찬위
　　　원회.

186. 金甲童, 1999, 「新羅와 百濟의 管山城 戰鬪」『白山學報』52, 백산학회.

187. 李晶淑, 1993, 「新羅 眞平王代의 對中交涉」『釜山女大史學』10·11합집, 부산여대 사학회.

188. 김수태, 2004, 「삼국의 외교적 협력과 경쟁 -7세기 신라와 백제의 외교전을 중심으로-」『新羅
　　　文化』24, 동국대 신라문화연구소.

189. 朱甫暾, 1993, 「金春秋의 外交活動과 新羅內政」『韓國學論集』20, 계명대 한국학연구소.

190. 盧重國, 2000, 「新羅와 百濟의 交涉과 交流 -6~7세기를 중심으로-」『新羅文化』17·18합집,
　　　동국대 신라문화연구소.

191. 金恩淑, 1994, 「6세기후반 신라와 왜국의 국교 성립 과정」『신라문화제학술발표회논문집』
　　　15(新羅의 對外關係史 硏究).

192. 김영하, 1988, 「신라의 삼국통일을 보는 시각」『韓國古代史論』, 한길사.

193. 金瑛河, 1999, 「新羅의 百濟統合戰爭과 體制變化 -7세기 동아시아의 國際戰과 사회변동의
　　　一環-」『韓國古代史硏究』16, 한국고대사학회.

194. 강종훈, 2004, 「7세기 삼국통일전쟁과 신라의 군사활동 -660년 이전 對高句麗戰을 중심으
　　　로-」『新羅文化』24, 동국대 신라문화연구소.

195. _____, 2004, 「7세기 통일전쟁기의 순국 인물 분석」『신라문화제학술논문집』25(삼국사기
　　　열전을 통해 본 신라의 인물), 경주시·신라문화선양회·경주문화원.

196. 盧鏞弼, 1990,「新羅 中古期 中央統治組織에 대한 研究史的 檢討」『忠北史學』3, 충북대 사학회.

197. 李仁哲, 1991,「新羅의 中央行政官府」『韓國獨立運動史의 認識 -白山朴成壽敎授華甲紀念論 叢-』, 백산박성수교수화갑기념논총간행위원회 ; 1993,『新羅政治制度史研究』, 일지사.

198. 李京燮, 2004,「7세기 新羅의 財政運用」『韓國古代史研究』34, 한국고대사학회.

199. 全德在, 2005,「新羅 中央財政機構의 性格과 變遷」『新羅文化』25, 동국대 신라문화연구소.

200. 金羲滿, 2002,「新羅 官職制의 成立과 運營」『東國史學』37, 동국사학회.

201. ____, 2003,「新羅의 王權과 官職制」『新羅文化』22, 동국대 신라문화연구소.

202. 李仁哲, 1991,「新羅의 群臣會議와 宰相制度」『韓國學報』65, 일지사 ; 1993,『新羅政治制度 史研究』, 일지사.

203. 李泳鎬, 1992,「新羅 貴族會議와 上大等」『韓國古代史研究』6, 한국고대사연구회.

204. 申衡錫, 2002,「6세기 新羅 貴族會議와 그 性格」『國史館論叢』98, 국사편찬위원회.

205. 朴南守, 1992,「新羅 和白會議 關係記事의 檢討」『何石金昌洙敎授華甲紀念史學論叢』, 하석 김창수교수화갑기념논총간행위원회.

206. 朴南守, 1992,「신라화백회의의 기능과 성격」『水邨朴永錫敎授華甲紀念韓國史學論叢(上)』, 수촌박영석교수화갑기념논총간행위원회.

207. ____, 2003,「新羅 和白會議에 관한 再檢討」『新羅文化』21, 동국대 신라문화연구소.

208. 金羲滿, 2003,「新羅 和白會議의 人的 構成과 運營」『新羅文化』21, 동국대 신라문화연구소.

209. 全德在, 2004,「新羅 和白會議의 성격과 그 변화」『歷史學報』182, 역사학회.

210. 金光洙, 1996,「新羅 官名 '大等'의 屬性과 그 史的 展開」『歷史教育』59, 역사교육연구회.

211. 申衡錫, 2001,「新羅 中古期 大等의 身分」『新羅學研究』5, 위덕대 신라학연구소.

212. 李文基, 1988,「新羅 軍事組織 研究의 成果와 課題」『歷史敎育論集』12, 역사교육학회.

213. 李仁哲, 1989,「新羅骨品制社會의 兵制」『韓國學報』54, 일지사 ; 1993,『新羅政治制度史研 究』, 일지사.

214. ____, 1994,「新羅의 軍事組織과 그 運營實態」『軍史』28, 국방군사연구소.

215. 姜鳳龍, 2000,「三國 및 統一新羅 軍事參與層의 擴大와 軍役制」『百濟研究』32, 충남대 백제 연구소.

216. 李文基, 1988,「新羅 中古期 王京人의 軍事的 運用」『新羅文化』5, 동국대 신라문화연구소 ; 1997,『新羅兵制史研究』, 일조각.

217. ____, 1992,「新羅 中古期 軍令體系의 檢討」『新羅文化』9, 동국대 신라문화연구소 ; 1997,

『新羅兵制史研究』, 일조각.

218. ____, 1992,「新羅 中古期 軍政機構의 成立과 機能」『香山卞廷煥博士華甲紀念韓國學論叢』, 향산변정환박사화갑기념한국학논총간행위원회 ; 1997,『新羅兵制史研究』, 일조각.

219. 盧瑾錫, 1992,「新羅 中古期의 軍事組織과 指揮體制」『韓國古代史研究』5, 한국고대사연구회.

220. 李文基, 2001,「新羅의 六部兵과 그 性格」『歷史敎育論集』27, 역사교육학회.

221. ____, 1986,「新羅 6停軍團의 運用」『大丘史學』29, 대구사학회 ; 1997,『新羅兵制史研究』, 일조각.

222. ____, 1992,「新羅 中古期 ‘停’制의 成立과 展開」『大丘史學』44, 대구사학회 ; 1997,『新羅兵制史研究』, 일조각.

223. 朱甫暾, 1987,「新羅 中古期 6停에 대한 몇 가지 問題」『新羅文化』3·4합집, 동국대 신라문화연구소.

224. 李文基, 1990,「新羅 中古期의 三千幢과 그 性格」『歷史敎育論集』13·14합집, 역사교육학회 ; 1997,『新羅兵制史研究』, 일조각.

225. ____, 1986,「新羅 侍衛府의 成立과 性格」『歷史敎育論集』9, 경북대 ; 1997,『新羅兵制史研究』, 일조각.

226. 李仁哲, 1988,「新羅 法幢軍團과 그 性格」『韓國史研究』61·62합집, 한국사연구회 ; 1993,『新羅政治制度史研究』, 일지사.

227. ____, 1995,「6~7世紀의 武器·武裝과 軍事組織의 編制 -新羅를 中心으로-」『韓國古代史論叢』7, 가락국사적개발연구원.

228. 金基興, 2000,「골품제 연구의 현황과 전망」『韓國古代史論叢』9, 가락국사적개발연구원.

229. 李鍾旭, 1999,『新羅骨品制研究』, 일조각.

230. 金基興, 2003,「한국 고대의 신분제」『강좌 한국고대사』3, 가락국사적개발연구원.

231. 朱甫暾, 1992,「三國時代의 貴族과 身分制 -新羅를 中心으로-」『韓國社會發展史論』, 일조각.

232. 전덕재, 2000,「7세기 중반 관직에 대한 관등규정의 정비와 골품제의 확립」『한국 고대의 신분제와 관등제』, 아카넷.

233. 尹善泰, 1993,「新羅 骨品制의 構造와 基盤」『韓國史論』30, 서울대 국사학과.

234. 徐毅植, 1997,「新羅 骨品制의 構造와 그 變化」『韓國 古代·中世의 支配體制와 農民』(金容燮敎授停年紀念韓國史學論叢 2), 지식산업사.

235. 李基東, 1972,「新羅 奈勿王系의 血緣意識」『歷史學報』53·54합집, 역사학회 ; 1984,『新羅

骨品制社會와 花郎徒』, 일조각.

236. 申東河, 1979,「新羅 骨品制의 形成過程」『韓國史論』5, 서울대 국사학과.

237. 徐毅植, 1994,「新羅 上代의 王位繼承과 聖骨」『韓國史研究』86, 한국사연구회.

238. 田美姬, 1998,「新羅의 聖骨과 眞骨 -그 實體와 王統의 骨轉換의 의미-」『韓國史研究』102, 한국사연구회.

239. 金基興, 1999,「新羅의 聖骨」『歷史學報』164, 역사학회.

240. 李鍾旭, 1986,「新羅時代의 頭品身分」『東亞研究』10, 서강대 동아연구소 ; 1999, 『新羅骨品制研究』, 일조각.

241. 이종욱, 1998,「新羅骨品制하의 平人(百姓)身分」『西江人文論叢』9, 서강대 인문과학연구소 ; 1999, 『新羅骨品制研究』, 일조각.

242. 田美姬, 1988,「元曉의 身分과 그의 活動」『韓國史研究』63, 한국사연구회.

243. 文暻鉉, 1990,「新羅 朴氏의 骨品에 대하여」『歷史敎育論集』13·14합집, 역사교육학회.

244. 李鍾旭, 1987,「新羅時代의 血族集團」『歷史學報』115, 역사학회.

245. ＿＿＿, 1989,「新羅時代의 血族集團과 相續」『歷史學報』121, 역사학회.

246. ＿＿＿, 1989,「新羅人의 世系認識」『東亞研究』17, 서강대 동아연구소.

247. 李仁哲, 1989,「新羅骨品制社會의 親族構造」『정신문화연구』36, 한국정신문화연구원.

248. 하일식, 2000,「삼국시대 관등제의 특성에 대하여 -爵制·官位制와의 비교-」『韓國古代史論叢』9, 가락국사적개발연구원.

249. 李仁哲, 1993,「新羅 律令官制의 運營」『新羅政治制度史研究』, 일지사.

250. 朱甫暾, 1990,「6세기초 新羅王權의 位相과 官等制의 成立」『歷史敎育論集』13·14, 역사교육학회.

251. 盧重國, 1997,「新羅 17官等制의 成立過程」『啓明史學』8, 계명사학회.

252. 하일식, 2000,「신라 京位 관련 사료와 경위의 기원 문제」『한국 고대의 신분제와 관등제』, 아카넷 ; 2006, 『신라 집권 관료제 연구』, 혜안.

253. 金羲滿, 1996,「新羅 上古期의 王權과 官等」『東國史學』30, 동국사학회.

254. 宣石悅, 1991,「新羅 官等體系의 成立」『釜山史學』20, 부산사학회.

255. 金瑛河, 1997,「新羅 上古期의 官等과 政治體制」『韓國史研究』99·100, 한국사연구회 ; 2002, 『韓國古代社會의 軍事와 政治』, 고려대 민족문화연구원.

256. 金羲滿, 2001,「新羅 京位制의 成立과 運營」『慶州史學』20, 경주사학회.

257. 徐毅植, 1993,「新羅 ‘上古’期 ‘干’의 編制와 分化」『歷史教育』53, 역사교육연구회.

258. 盧泰敦, 1989,「蔚珍鳳坪新羅碑와 新羅의 官等制」『韓國古代史研究』2, 한국고대사연구회.

259. 宣石悅, 1990,「迎日冷水里新羅碑에 보이는 官等·官職問題」『韓國古代史研究』3, 한국고대
사연구회.

260. 金羲滿, 1990,「迎日 冷水碑와 新羅의 官等制」『慶州史學』9, 경주사학회.

261. _____, 1991,「蔚珍 鳳坪碑와 新羅의 官等制」『慶州史學』10, 경주사학회.

262. _____, 2002,「新羅 金石文의 官等名 檢討」『新羅文化祭學術論文集』23(新羅 金石文의 현황
과 과제), 경주시·신라문화선양회·동국대 신라문화연구소.

263. 權悳永, 1991,「新羅 官等 阿湌·奈麻에 對한 考察」『國史館論叢』21, 국사편찬위원회.

264. 서의식, 2003,「신라 중위제의 추이와 지배신분층의 변화」『역사와 현실』50, 한국역사연구회.

265. 權悳永, 1985,「新羅 外位制의 成立과 그 機能」『韓國史研究』50·51합집, 한국사연구회.

266. 하일식, 1991,「6세기 新羅의 地方支配와 外位制」『學林』12·13합집, 연세대 사학연구회.

267. 徐毅植, 1999,「6~7세기 新羅 眞骨의 家臣層과 外位制」『韓國史研究』107, 한국사연구회.

268. 전덕재, 2002,『한국고대사회의 왕경인과 지방민』, 태학사.

269. _____, 2003,「신라의 왕경과 지방, 넘을 수 없는 경계」『역사비평』65, 역사문제연구소.

270. 李基東, 1994,「新羅 花郎徒 연구의 現段階」『李基白先生古稀紀念 韓國史學論叢(上) -古代
篇·高麗時代篇-』, 일조각.

271. 崔在錫, 1996,「花郎研究의 成果 -初期부터 1986년까지를 중심으로-」『花郎文化의 新研究』,
한국향토사연구 전국협의회.

272. 崔光植, 1966,「화랑에 대한 연구사 검토」『花郎文化의 新研究』, 한국향토사연구 전국협의회.

273. 朱甫暾, 1997,「新羅 花郎徒 研究의 現況과 課題」『啓明史學』8, 계명사학회.

274. 李基東, 1987,「花郎徒의 全盛과 武士道 發揚」『統一期의 新羅社會 研究』, 경상북도·동국대
학교 신라문화연구소.

275. _____, 1988,「花郎像의 變遷에 관한 覺書 -花郎文化論에 붙여서-」『新羅文化』5, 동국대 신
라문화연구소.

276. _____, 1996,「新羅社會와 花郎徒의 역사적 展開」『花郎文化의 新研究』, 한국향토사연구 전
국협의회.

277. 崔光植, 1991,「新羅의 花郎에 대한 新考察」『韓國의 社會와 歷史』(崔在錫教授停年退任紀念
論叢), 일지사.

278. 李鍾旭, 1996,「新羅 中古時代의 花郎徒」『省谷論叢』27권 4호, 성곡학술문화재단.

279. 이종욱, 2002,「신라 화랑도의 활동」『西江人文論叢』16, 서강대 인문과학연구소.

280. 李道學, 1990,「新羅 花郎徒의 起源과 展開過程」『정신문화연구』13권 1호, 한국정신문화연
구원.

281. 鄭雲龍, 1996,「新羅 花郎制 成立의 政治史的 意義」『花郎文化의 新研究』, 한국향토사연구
전국협의회.

282. 金炳坤, 1996,「新羅 中古期의 花郎徒 -骨品制를 뒷받침하는 花郎徒의 役割에 대하여-」『東
國史學』30, 동국사학회.

283. 李鍾旭, 1989,「新羅 花郎徒의 編成과 組織·變遷」『新羅文化祭學術發表會論文集』10(花郎
文化의 再照明), 신라문화선양회·경주시.

284. 고경석, 1997,「신라 관인선발제도의 변화」『역사와 현실』23, 한국역사연구회.

285. 鄭雲龍, 1998,「新羅 花郎制 成立과 人材 選拔」『新羅文化祭學術發表會論文集』19(新羅의 人
材養成과 選拔), 신라문화선양회·경주시.

286. 全德在, 2005,「新羅 花郎徒의 武藝와 手搏」『韓國古代史研究』38, 한국고대사학회.

287. 鄭雲龍, 2004,「三國史記 斯多含傳을 통해 본 新羅 社會相」『신라문화제학술논문집』25, 경주
시·신라문화선양회·경주문화원.

288. 金基興, 1992,「三國史記 劍君傳에 보이는 7세기초의 시대상」『水邨朴永錫敎授華甲紀念韓
國史學論叢』(上), 수촌박영석교수화갑기념논총간행위원회.

289. 권덕영, 2000,「筆寫本 ‘花郎世紀’ 진위 논쟁 10년」『韓國學報』99, 일지사.

290. 李載浩, 1989,「‘花郎世紀’의 史料的 價値 -최근 발견된 筆寫本에 대한 檢討-」『정신문화연
구』36, 한국정신문화연구원.

291. 權悳永, 1989,「筆寫本 ‘花郎世紀’의 史料的 檢討」『歷史學報』123, 역사학회.

292. 鄭在鑂, 1990,「새로 발견된 花郎世紀에서 본 花郎史」『昌山金正基博士華甲紀念論叢』, 창산
김정기박사화갑기념논총간행위원회.

293. 李鍾學, 1991,「筆寫本 ‘花郎世紀’의 史料的 評價」『慶熙史學』16·17합집, 경희대 사학회 ;
2003,『花郎世紀를 다시 본다』, 주류성.

294. 李鍾旭, 1995,「‘花郎世紀’ 研究 序說 -사서로서의 신빙성 확인을 중심으로-」『歷史學報』
146, 역사학회.

295. 盧泰敦, 1995,「筆寫本 花郎世紀의 史料的 價値」『歷史學報』147, 역사학회.

296. 李鍾旭, 1995, 「'花郎世紀' 에 나타난 眞骨正統과 大元神統」『韓國上古史學報』18, 한국상고사학회.

297. _____, 1996, 「'花郎世紀' 를 통하여 본 新羅 花郎徒의 起源과 設置」『花郎文化의 新研究』, 한국향토사연구 전국협의회.

298. 尹榮玉, 1996, 「'花郎世紀' 의 문맥적 검토 -魏花郎 3대에 대해-」『花郎文化의 新研究』, 한국향토사연구 전국협의회.

299. 李康來, 1996, 「'三國史記' 와 필사본 '花郎世紀'」『花郎文化의 新研究』, 한국향토사연구 전국협의회.

300. 金學成, 1996, 「筆寫本 '花郎世紀' 와 鄕歌의 새로운 理解」『省谷論叢』27권 1호, 성곡학술문화재단.

301. 李鍾旭, 1997, 「'花郎世記' 의 신빙성과 그 저술에 관한 고찰」『韓國史研究』97, 한국사연구회.

302. 盧泰敦, 1997, 「筆寫本 花郎世紀는 眞本인가」『한국사연구』99, 100, 한국사연구회.

303. 김대문 저·이종욱 역주해, 1999, 『화랑세기 -신라인의 신라 이야기-』, 소나무.

304. 이종욱, 2000, 『화랑세기로 본 신라인 이야기』, 김영사.

305. 김태식, 2002, 『화랑세기, 또 하나의 신라』, 김영사.

306. 이종욱, 2003, 『화랑』, 휴머니스트.

307. 이종학 외, 2003, 『花郎世紀를 다시 본다』, 주류성.

308. 李鍾旭, 2000, 「풍월주의 임명과 퇴임」『東亞研究』39, 서강대 동아연구소.

309. 李榮薰, 2002, 「'花郎世紀' 에서의 奴와 婢 -三國時代 身分制 再論-」『歷史學報』176, 역사학회.

310. 이근우, 2001, 「필사본 화랑세기 진위 감정 시론」『慶州文化研究』4, 경주대 경주문화연구소.

311. _____, 2004, 「'화랑세기' 에 대한 통계적 접근」『지역과 역사』15, 부경역사연구소.

312. 金基興, 2003, 「'花郎世紀' 두 사본의 성격」『歷史學報』178, 역사학회.

313. 김기흥, 2003, 「필사본 花郎世紀와 관련된 기초적 문제들」『建大史學』10, 건국대 사학회.

314. 金基興, 2003, 「화랑 설치에 관한 諸 史書의 기사 검토 -김대문 花郎世紀와의 관련성을 중심으로-」『歷史教育』88, 역사교육연구회.

315. 박환무, 2003, 「박창화의 '신라사에 대하여'」『역사비평』62, 역사문제연구소.

316. 김태식, 2003, 「박창화와 '화랑세기'」『역사비평』62, 역사문제연구소.

317. 윤선태, 2003, 「필사본 화랑세기 진위논쟁에 뛰어들며」『역사비평』62, 역사문제연구소.

318. 김태식, 2003, 「'화랑세기' 수록 향가 조작설 비판」『역사비평』63, 역사문제연구소.

319. 이도흠, 2003, 「필사본 '화랑세기'의 사료적 가치에 대한 국문학적 고찰」 『花郞世紀를 다시 본다』, 주류성.

320. 정운용, 2003, 「필사본 '화랑세기'를 통해 본 신라 화랑제의 성립」 『花郞世紀를 다시 본다』, 주류성.

321. 조범환, 2003, 「필사본 '화랑세기'를 통하여 본 진평왕의 왕위계승」 『花郞世紀를 다시 본다』, 주류성.

322. 하정룡, 2003, 「필사본 '화랑세기'에 대한 서지학적 일고찰」 『花郞世紀를 다시 본다』, 주류성.

323. 김희만, 2003, 「필사본 '화랑세기'의 사학사」 『花郞世紀를 다시 본다』, 주류성.

324. 金台植, 2003, 「사금갑(射琴匣) 설화의 역사적 이해 - '화랑세기' 관련 기록과의 대비 검토-」 『민속학연구』 12, 국립민속박물관.

325. 박문옥, 2004, 「'화랑세기'로 본 金庾信의 세계, 姻統과 婚姻 -신라 골품제하에서의 지위-」 『韓國上古史學報』 43, 한국상고사학회.

326. 金台植, 2006, 「두 갈문왕(기보·습보), 같은 여인(조생), 그리고 한 아들(지증) -또 하나의 '화랑세기', '상장돈장' 검증을 위한 시론」 『忠北史學』 16, 충북대 사학회.

327. 李康來, 1996, 『三國史記 典據論』, 민족사.

328. 선석열, 2006, 「신라본기의 전거자료 형성과정 -삼국사기 초기기록을 중심으로-」 『韓國古代史硏究』 42, 한국고대사학회.

329. 金基興, 2005, 「삼국사기 신라 소지마립간본기 6眼龜 기사의 검토」 『歷史學報』 188.

330. 강종훈, 2002, 「新羅時代의 史書 편찬 -진흥왕대의 '國史' 편찬을 중심으로-」 『강좌 한국고대사』 5, 가락국사적개발연구원.

가야

김태식 _ 홍익대학교 역사교육과

1. 가야사의 기본

가야는 사료 상에 加耶, 伽耶, 伽倻, 狗邪, 加羅, 駕洛 등의 여러 가지 한자로 나타나고 있어서, 이를 어느 하나로 통일할 필요가 있다. 狗邪, 駕洛, 加羅는 김해나 고령만을 가리키므로 문제가 있다. '伽耶'는 불교와 연관하여 주로 某伽耶 형태로 쓰이고, '伽倻'는 조선시대 이후에나 쓰이기 시작하여 사료적 가치가 떨어진다. 그러므로 가야의 한자 명칭으로는, 고령과 김해를 모두 포괄하면서, 사용빈도도 높고, 한국 고대사의 기본 사서인 『삼국사기』에서 일반적으로 쓰인 명칭인 '加耶'가 가장 타당하다.[51]

한편 일제 강점기를 전후하여 일본의 사학자들은 가야의 별칭은 任那이며, 이 지역은 왜국이 일찍부터 경영하기 시작하여 신라에게 빼앗기는 562년까지 왜왕권의 통치기관인 任那日本府의 통제 아래 있었다고 주장하였다.[5] 이 학설은 임나일본부설 또는 남한경영론이라고 하는 것이다. 그렇게 해서 심어진 선입견 때문에 가야사는 한동안 한국 고대사 연구자들이 금기시하는 분야가 되었다. 이에 대한 자세한 연구사는 본서의 「임나일본부」 항목 참조.

또한 가야사에 대해서는 금관가야(김해), 대가야(고령), 아라가야(함안), 소가야(고성), 비화가야(창녕), 성산가야(성주), 고령가야(함창) 등의 이른바 '6가야' 이름이 유명하여, 자연히 이를 연맹체로 보는 견해가 많다. 그리하여 가야의 정치체제에 대한 연구로는 단일연맹체설을 기본으로 하면서, 소국 간에 연맹 체제를 이루지 못하였다는 단순분립설, 여러 개의 소지역별로 연맹체가 있었다는 지역연맹체설, 엄연히 영역국가(고대국가) 체제를 이루었다는 견해 등이 있다. 이에 대한 자세한 연구사는 본서의 「가야 정치체에 대한 연맹론과 국가론」 항목 참조.

2. 가야사의 시기 구분

가야사를 시기 구분하는 견해로 기존의 문헌사학계에서는 『삼국유사』의 6가야연맹을 중심으로 하여, 2세기 말까지 고령 대가야를 중심으로 한 6가야연맹이었다가 3세기 전반 이후로는 김해 금관가야를 중심으로 한 6가야연맹이었다고 보는 견해[15]와, 3~4세기에는 6가야연맹이었으나 5~6세기에는 금관가야와 대가야를 중심으로 한 상하 가야연맹이었다고 보는 견해[6]가 있었다. 그러나 6가야연맹은 신라 말 고려 초의 지방호족들이 대두하는 시대적 상황과 관련하여 가야시대 이래의 전승이 반영된 관념일 뿐이라고 하여,[49, 59, 77] 근래에는 그 실체를 부정하는 추세이다.

1980년대 이후로는 『삼국지』와 고고학 자료들을 중심으로 하여 가야사를 시기 구분하는 경향이 나뉘었으니, 그 하나는 3세기 말, 4세기 초를 기준으로 삼는 견해이고, 다른 하나는 4세기 말, 5세기 초를 기준으로 삼는 견해이다.

전자에서 가장 먼저 4세기를 중시하기 시작한 연구에서는, 기원전 2~1세기를 先 가야시대, 서력기원후 1~3세기를 변한연맹국가 단계의 가야시대 전기이고, 4~6세기를 가야연맹국가 단계의 가야시대 후기로되, 가야 전기의 맹주국은 김해가야였고, 가야 후기의 맹주국은 초반에 6가야 중의 김해가야였다가 말기에 고령의 대가야로 바뀌었다고 보았다.[18] 이 시기 구분은 거기에 사회발전 단계의 관념을 추가하여, 1~3세기는 변한 12나라가 있었던 성읍국가 단계이고, 4~6세기는 고총고분이 발생한 이후의 연맹왕국 단계라고 보는 견해[23]로 발전하였다. 이 연구는 근래에 이른바 '前史論'으로 발전하여, 1~3세기는 변한사로서 가야사의 전사이고, 4~6세기가 진정한 가야사라고 보는 견해[77]로 전환되었다.

'변한'이 종족의 명칭인지 정치적 실체를 가진 소국연맹체의 이름인지는 확실치 않으나, 그 변한 속에 '구야국' 즉 가야국이 있고, 그것이 적어도 3세기 이후로는 변한을 주도하는 위치에 있었다는 것은 분명하다. 그렇다면 그 시대는 삼한사로 볼 수도 있으나, 삼한 소국의 성장, 발전의 결과가 곧 가야제 국이므로,[96] 가야사를 다루는 관점에서는 어디까지나 가야사의 일부로 포함 되어야 할 것이다.[92]

후자의 연구에서는 가야의 세력 중심이 변동한 것을 기준으로 하여 시기 구 분을 하였다. 그리하여 『삼국사기』에 나오는 가야 관계 기사 중에서 서기 212 년(나해왕 17년)까지의 조기 가야의 중심은 김해의 금관가야이고, 280여 년간 의 공백을 지나, 서기 496년(소지왕 18년) 이후의 만기 가야의 중심은 고령의 대가야라고 하였다.[16] 그 후 이 견해는 4세기 말 5세기 초 고구려 군대의 남정 을 기준으로 전후 구분하여, 1~4세기는 김해의 가야국을 중심으로 한 전기 가 야연맹 시기이고, 5~6세기는 고령의 대가야국을 중심으로 한 후기 가야연맹 시기로 나누는 견해로 전개되었다.[29, 70, 98]

가야제국이 하나의 단일연맹체를 이루지는 못했다는 관점에 의거하여 복 수의 지역연맹체를 상정하는 연구도 있으나, 거기서도 김해의 가락지역연맹 체와 고령의 기리지역연맹체가 교대한 시기를 5세기 전반으로 잡고 있으므 로,[73] 시기 구분으로는 같은 견해이다. 5세기 후반 이후의 연맹체를 '대가야연 맹체'라고 부른 연구[57, 74, 94]도 있으나, 이것도 지역연맹체설의 일종이다.[95]

3. 가야의 신화

가야 지역에는 2개의 건국 신화가 전하고 있는데, 그 가운데에서 김해 지방 의 것이 『삼국유사』 소재 駕洛國記에 전하는 首露王 신화이다. 이 신화에 대 해서는 수로의 강림과 9간의 추대에 의한 가락국 형성과 그를 중심한 6가야연 맹체 형성을 기술하고 있다고 보는 것이 일반적이다.[97] 9간과 수로의 관계에 대해서는, 9간에 대한 수로의 우월성과 위협적 자세를 지적하는 견해[38]와, 9 간들의 결속에 의해 수로기 추대된 점을 강조하는 견해[83] 및 이 둘을 절충하 여 수로 등극이 9간의 추대 형식이기는 하지만 강제적인 성격이 강하다고 본 연구[87]가 있다.

허왕후의 성격에 대해서는, 신령과 결혼하는 제의를 실제 수행하는 해변의 空唱巫女설,[4] 일본열도의 가락국 분국에서 돌아온 왕녀설,[8] 인도 아요오디아 왕국의 식민국인 아유티야에서 온 왕녀설,[19] 인도 아요디아국에서 중국 四川 省 安岳縣으로 이주해 살던 허씨족 소녀설,[35] 낙랑에서 온 2차 유이민 상인설[83] 등이 있다. 마지막 설에서는 허왕후가 아유타국에서 왔다고 한 것은 사실이 아니라, 그 나라가 불교적으로 가장 인연이 깊은 나라였기 때문에 결혼 설화 속에 삽입된 것이고, 이는 신라 중대 시기의 왕후사 창건연기에 포함되어 전승된 것이라고 보았다.

가야 지역에 전하는 또 하나의 건국 신화는 『신증동국여지승람』 고령현 건 치연혁 조에 전하는 伊珍阿豉王 신화이다. 이 신화에 대해서는 가야산신 정 견모주 및 월광태자의 성격, 이진아시왕과 수로왕의 관계 등에 관한 연구가 주류를 이룬다. 특히 이를 상하 가야연맹체 성립을 보이는 설화라는 견해[6]와 금관가야에서 대가야로의 연맹장 교체를 나타내는 설화라는 견해[29]가 대조를 이룬다. 이 신화의 조성 시기에 대해서는, 5세기 후반이후의 후기 가야연맹 시기로 보는 견해[78]가 있는가 하면, 해인사라는 대사찰의 창건을 계기로 최초 로 정리 윤색되었다고 보기도 한다.[97] 그러나 불교 전래 이전에 이미 가라국 건국 신화의 줄거리나 인명은 있었고, 6세기 전반의 불교 수용[69] 이후에 가야 산신이나 가야왕자의 이름을 불교적으로 수식했다고 볼 수 있으며, 가야 멸망 이후에 월광태자와 관련해 거덕사나 월광사가 만들어졌다고 하는 이야기처 럼 해인사 창건 당시에 추가된 요소도 있었으리라고 추정된다.

4. 가야사의 시작

가야사의 시작은 언제부터일까? 『삼국유사』 왕력이나 가락국기에 의하면 가락국 수로왕이 후한 광무제 건무18년 임인, 즉 서기 42년에 태어나서 대가 락, 또는 가야국의 왕위에 오른 것으로 되어 있다. 그리하여 가야사의 시작, 또는 가야에 소국과 같은 정치체가 형성된 시기에 대해서는 이를 기점으로 하 여 ① 기원 전 2세기 이전설, ② 기원 전후설, ③ 2세기 중엽설, ④ 3세기 후반

설 등이 있다.

가락국의 성립 연대를 기원 전 2세기 이전으로 추정한 견해[15]는 『사기』 조선전의 '辰國' 당시에 이미 가락국이 형성되어 있었을 것이라고 본 점에 근거한다.

조선 후기의 실학자를 비롯한 상당수의 문헌연구자들은 금관가야의 개국 시기를 기원 후 42년으로 설정하였다.[53] 혹은 『삼국지』 위서 동이전의 염사치 설화를 토대로 삼기도 한다.[12, 77] 고고학적으로도 창원 다호리 고분군, 김해 양동리 고분군의 개시, 김해식 토기 및 철기의 등장 등을 근거로 하여 김해 지방의 소국 형성을 기원 후 1세기 초로 추정하기도 한다.[18, 24] 그리하여 이러한 경향은 문헌사학계에서도 최근까지 이어오고 있다.[28, 62, 73]

그러나 가락국기 및 그와 관련된 『삼국사기』 초기 기록들에 보이는 기사들은 그대로 인정하기 어렵다고 하여, 신라와 가야의 초기 왕계는 어느 정도 상향 조정되어 있다고 보는 견해를 무시하기 어렵다. 이에 따르면 신라와 가야의 개국 연대를 3세기 후반 정도로 늦추어 보아야 한다.[6, 91] 고고학계에도 창원 다호리 1호묘 등을 가지고는 정치적 군장의 존재를 입증할 수 없으며, 무덤 입지조건의 차별성, 부곽의 존재, 순장의 증거, 도질토기의 등장, 부장 유물의 질과 양 등의 측면에서 보아 영남 지역에서 지배계급의 성장에 따른 수장의 등장 또는 국가의 출현은 부산 노포동 고분, 김해 대성동 29호분과 같은 3세기 후반 이래의 목곽묘로부터라고 보는 견해가 있다.[46, 90]

혹은 이를 절충하여 가야국의 성립 시기를 2세기 중엽으로 보는 설도 있다.[59] 그에 따르면 김해 양동리 162호분은 길이 5미터의 대형 목곽묘로서 가장 오래된 2세기 중후반의 유구로서, 그 피장자는 주술적인 힘과 경제적인 재력 및 정치적인 권력을 모두 갖춘 소국의 수장이었다고 해도 손색이 없다는 것이다. 다만 이 견해에서도 경남 지역에서 기원 전 1세기 무렵에 위만조선 유민의 이주로 인하여 세형동검 및 초기 철기 문화가 시작되었을 때 가야 문화의 기반은 성립되기 시작했다고 보고 있다.

5. 전기 가야사의 전개

'가야'라는 이름을 썼던 지역은 김해와 고령의 둘이 있으나, 400년경까지는 김해의 가야국이 가야라고 칭하였고, 고고학적으로 보아 4세기 이전의 문화 중심은 김해 지방이었다.

2세기 후반 내지 3세기에 가야는 철 생산 능력과 해운 입지조건의 우월성을 바탕으로 하여 한, 예, 왜 및 서북한 지역의 낙랑과의 원거리 교역을 통해서 발전하였다. 이는 『삼국지』 위서 동이전 왜인 조의 대방군에서 왜에 이르는 통로에 대한 기사와 연관하여 대개 구야한국, 즉 김해의 구야국(가야국)을 중심으로 한 변한에 대한 사실로 인정하고 있다.

또한 『삼국지』 위서 동이전 마한 조에는 "辰王이 目支國을 다스리는데 臣智는 或은 우월을 더하여 臣雲遣支報, 安邪踧支, 瀆臣離兒不例, 拘邪秦支廉의 호칭으로 부른다."라는 기사가 나온다. 이에 대해서는 많은 견해가 대립되어 있지만, 적어도 변한 12국 중에 김해의 구야국과 함안의 안야국이 우월한 존재였다고 보는 점에는 의견이 일치하고 있다.[28, 47, 49]

반면에 고고학자들은 토기를 비롯한 여러 유물들의 출토 상태로 미루어 3~4세기 단계의 변한, 즉 전기 가야제국은 김해의 가야국에 의한 통합이 이루어지지 않고 분산된 형태로 있었다고 보는 것이 대세이다. 그러나 그 시기에 김해를 중심으로 하여 부산 및 창원 지방에 대하여 지배력을 미치는 김해 지역연맹체가 형성되어 있었다는 점은 대체로 인정되고 있다.[63, 73, 71, 89, 96] 그렇다면 낙동강 및 서부 경남 일대에 대하여 김해의 가야국이 상대적으로 우월적인 지위에 있었고, 이를 토대로 해당 지역 전체에 대하여 완만한 지배력을 가지는 연맹체를 구성하고 있었다고 볼 수 있을 것이다.

전기 가야시대의 소국들이 오랫동안 근거지로 삼았던 곳은 낙동강 중·하류의 양쪽 연안 지역, 낙동강의 서쪽 지류인 황강과 남강 유역 및 경남 해안 일대의 땅이었다. 전기 가야를 구성했던 변진 12국에는 彌離彌凍國(밀양), 接塗國(칠원), 古資彌凍國(고성), 古淳是國(산청), 半路國(고령), 樂奴國, 彌烏邪馬國(창원), 甘路國(개령), 狗邪國(김해), 走漕馬國(함양), 安邪國(함안), 瀆盧

國(부산)이 있다. 또한 碧珍國(성주)과 比斯伐國(창녕)도 한 때는 전기 가야의 구성원이었을 가능성이 높다.[98] 다만 지명 비정에 대해서는 일부 다른 견해도 있어서 미오야마국을 고령으로 보는 견해[15, 47]는 한동안 정설의 위치를 차지하였다. 반로국을 성주로 보고, 낙노국을 하동군 악양으로 보는 견해[15]도 유력하다. 독로국을 거제도로 보는 견해[3]도 있다.

한편 『삼국사기』 신라본기에는 탈해 이사금 21년부터 기마 이사금 5년까지에 걸쳐 신라와 가야 사이의 전쟁 기사가 나온다. 그 기사들에 대해서는 신빙성을 두지 않는 것이 기존학계의 태도였는데, 근래에 이 기사들을 사실로 인정하는 입장이 나타나고 있다. 즉 그 당시 전쟁지역 주변의 변진계 가야소국이 신라를 대상으로 전쟁을 수행한 것으로 인정하기도 하고,[26, 32, 44] 혹은 이 관계 기사들은 신라와 가야가 황산하 즉 양산-김해 사이의 낙동강을 경계로 하여 대치하던 3~4세기의 상황,[49] 혹은 좀 더 좁혀서 3세기 후반의 사실을 반영하는 것이라고[111] 보기도 하였다.

또한 『삼국사기』와 『삼국유사』에는 두 차례에 걸친 浦上八國 전쟁이 나오고 있다. 즉 신라 나해왕 14년에 保羅國, 古自國(고성), 史勿國(사천) 등 포상팔국이 가야국(또는 아라국)을 공격하였고, 이에 신라는 가야국(또는 아라국)의 요청을 받고 구원하였으며, 그 3년 후인 나해왕 17년에 骨浦(마산), 柒浦(칠원), 古史浦(고성) 등 삼국의 군대가 신라 竭火城(울산)을 공격하자 신라 나해왕은 군대를 거느리고 이를 물리쳤다는 것이다.

여기서 가장 문제가 되는 것은 이 사건이 일어난 시기가 언제였느냐 하는 점이다. 이에 대해서는 3세기 초설,[20, 44, 58] 3세기 후반설,[81] 3세기 말설,[80] 4세기 전반설,[65] 6세기 중엽설,[18, 61] 7세기 초설[7] 등이 있다.

포상팔국의 전쟁 대상국에 대해서는, 『삼국사기』 신라본기를 따라 김해의 가야국으로 보는 설[20, 32, 44, 58, 65, 81]과 『삼국사기』 물계자전을 따라 함안의 아라국으로 보는 설[7, 61, 80]로 나뉜다.

6. 전기 가야연맹의 해체

『삼국사기』에서 포상팔국 기사 이후로 가야에 대한 서술이 200년 이상 나오지 않는 것도 신라 측의 역사 인식일 뿐이며, 가야가 망한 것은 아니었다. 김해 대성동 고분군의 유적 규모로 보아, 4세기 무렵의 가야는 신라와 거의 대등한 세력이었다. 김해 중심의 동부 가야는 대방군이 사라진 상태에서 왜와의 교역에 더욱 몰두할 수밖에 없었다. 이러한 시기에 백제의 근초고왕이 가야와 교류를 시작하였으며, 이는 369년부터 이어지는 고구려와의 전투를 위한 것이었다.

그런데 4세기 후반의 가야사는 『일본서기』 신공 49년 조 기사를 둘러싸고 일대 논란이 벌어지고 있다. 그 줄거리를 살펴보면, 신공황후 49년에 왜가 장군들을 보내 신라를 쳐서 比自㶱, 南加羅, 喙國, 安羅, 多羅, 卓淳, 加羅의 일곱 나라를 평정하였다는 것이다.

이 기사에 대해서는 4세기 후반 왜에 의한 임나 경영 개시로 보는 견해[5, 7]로 정립되었다가, 1970년대 이후로는 그 사료적 가치를 부정하는 견해로 돌아섰다.[11, 14, 22, 37] 기사에 나오는 백제장군 木羅斤資의 생존연대와 관련지은 3주갑인하론[25]이나 그에 바탕을 둔 기사분해론[57]도 목씨 문제만 제외하고는 7국 평정에 대하여 부정 일변도이다.

반면에 한국에서는 이를 4세기 후반 백제의 마한 잔여세력 정벌로만 보려는 견해가 있다가,[15] 1980년대 이후로는 각기 다른 시각을 보이게 되었다. 즉 7국 평정의 주체를 왜에서 백제로 교체하여 이를 369년 백제에 의한 가야 정벌로 보는 견해가 나왔고,[20, 30, 71, 77] 혹은 그 연대를 429년으로 늦추어야 하나 그 역시 목라씨 가계전승의 그릇된 주장일 뿐이라고 보는 견해[68]도 있다.

가야사 연구자들은 기사 자체를 후대 사실의 반영이라고 하여 전면 부정하거나,[75, 84] 또는 이를 『일본서기』 흠명 2년 4월 조의 기사와 관련시켜 백제와 가야제국의 교역 개시를 과장 표현한 것으로 보는 견해[64, 88, 103, 104, 108]로 나누어진다.

한편 위의 7국 평정 기사를 왜나 백제의 가야 지배 개시로 보는 쪽에서는 七

支刀의 제작 연대를 369년으로 보는 견해가 다수이나, 이를 5세기 후반 내지 6세기 전반의 것으로 보는 견해도 많다.[15, 9, 21, 54, 66, 105] 후자의 경우에는 그 근거를 일반적인 銘文大刀와 七子鏡의 유행 시기와 연관시키고 있다.

결국 가야연맹은 4세기 후반에 다시 김해 가야국을 중심으로 일원적으로 통합되어, 백제와 왜 사이의 중개 기지로서 안정적인 교역 체계를 형성하게 되었으나, 400년경에 국제 관계에 휘말려 고구려-신라 연합군의 공격을 받고 몰락하여 해체되었다. 광개토왕릉비문에 따르면 400년에 광개토왕은 보병과 기병 5만을 신라에 보내 왜구를 쳐서 구원하고 이를 추격하여 任那加羅 종발성 및 기타 성들을 공략하여 왜구를 궤멸시켰다고 하였다.

여기 나오는 '임나가라'에 대해서는 고령으로 보는 견해[62, 79]와 김해로 보는 견해[64]가 있으나, 근래에는 김해 쪽이 대세로 굳어진 듯하다.[88, 103, 104] '安羅人戌兵'에 대해서는 고유명사로 보는 견해와 문구로 보는 견해로 대별된다. 고유명사로 보는 견해는 이를 함안 안라국인으로 구성된 수비군으로 보되, 그 성격을 '일본군의 별동대'로 보는 견해[5], '백제 및 왜와 공동전선을 이룬 군대'로 보는 견해,[31, 40, 57, 88, 109] '백제를 돕는 동맹군'으로 보는 견해,[20, 32, 36, 60, 73, 71] '고구려에 동조한 군대'로 보는 견해[45, 103]로 나뉜다. 문구로 보는 견해는 '신라인에게 수비시켰다'는 뜻의 문장으로 보는 견해[27, 37, 42, 56]와 '(고구려가) 邏人을 두어 수비케 하였다'는 뜻으로 보는 견해[48, 64, 107]로 나뉜다.

능비에 나오는 왜군의 성격에 대해서는 대부분 일본 大和 중심 소국연맹체의 파견군으로 보고 있다. 다만 과거에는 이를 임나 경영을 위한 일본의 점령군[5]으로 보았다. 근래에는 대개 백제 및 가야의 동맹국으로서의 왜국이 파견한 군대로 보는 것이 일반적이나, 이를 주도한 것이 누구였는가에 대해서는 견해가 갈린다.[60, 106, 109]

7. 후기 가야연맹의 대두

5세기 전반에는 전기 가야 맹주국의 몰락으로 상대적인 우위를 가지게 된 함안의 安羅國과 고성의 古自國 등의 가야 서부 제국이 활발하게 움직여 교류를 확대해나가는 모습을 보였으나, 세력의 집적을 이루지는 못하였다.[82, 86] 반면에 고령 大加耶를 중심으로 한 경상 내륙지방 소국들은 차츰 세력을 축적하고 5세기 후반에는 세력을 확대하여 후기 가야 연맹을 결성하였다. 당시 고령 지산동 고분군 축조세력은 서쪽으로 소백산맥을 넘어 섬진강 유역의 호남 동부지역까지 포섭하면서 크게 대두하였다.[29]

『남제서』 권58 동남이전 加羅國 조에 의하면, 479년에 加羅王 荷知가 남제에 사신을 보내 조공하여 제3품에 해당하는 '輔國將軍本國王'의 칭호를 얻었다고 하였다. 여기서 나오는 가라국에 대해서는 김해설,[1, 84] 함안설,[13] 고령설[17] 등이 있으나, 근래에는 고령으로 보는 것이 대부분이다. 하지는 가야금을 창안한 것으로 유명한 가야의 가실왕과 동일인으로 추정된다.[50] 여기서 가라왕 하지가 중국 남제에 간 것은 독자적이었다는 설,[29] 백제의 도움을 받았다는 설[99]과, 고구려의 도움을 받았다는 설[73] 등이 있다.

『삼국사기』 신라본기에 따르면, 481년에 고구려가 말갈과 함께 신라 狐鳴城(영덕군 영덕읍) 등 일곱 성을 빼앗고 다시 彌秩夫(포항시 흥해읍)로 진군하자, 가야는 백제와 함께 원병을 보내 신라군을 도와 막았다. 490년대에 들어 신라는 고구려의 남하 정책에 백제와 공동 대처하면서 성장하고 있었는데, 496년에 가야는 신라에게 白雉(흰 꿩)을 보내 호의를 표시했다.

가야 후기의 영역은 대부분의 영역이 낙동강 서쪽으로 치우쳤다. 후기 가야의 소국들로는 경북 지역의 대가야국 = 加羅國(고령)과 경남 지역의 安羅國(함안), 斯二岐國(부림), 多羅國(합천), 卒麻國(함양), 고자국 = 古嵯國(고성), 子他國(진주), 초팔국 = 散半下國(초계), 乞飱國(산청), 稔禮國(의령), 금관국 = 南加羅國(김해), 卓淳國(창원), 喙己吞國(영산) 등의 13국이 있다.[98] 다만 사이기국을 삼가로 보는 견해,[15] 다라국을 합천군 쌍책면으로 보는 견해[43, 76]도 있다.

호남 동부 지역은 한반도 13정맥의 하나인 호남정맥의 동쪽으로서 5세기 중엽 이후 고령양식 토기가 본격적으로 나타난다.[85] 이 지역에 있었던 가야

소국으로는 전북 지역의 上己汶(장수 번암 및 임실), 下己汶(남원)과 전남 지역의 娑陀(순천), 牟婁(광양), 上哆唎(여수), 下哆唎(돌산) 등이 있다.[33, 98, 110, 112] 다만 기문에 대해서는 경북 북부의 김천시 개령면에 비정하는 견해[53, 93]도 있고, 다리를 경북 의성군 다인, 사타를 칠곡군 인동, 무로를 예천으로 비정하는 견해도 있다.[53] 모루를 전남 서부의 영광, 함평, 무안, 전북 고창 일대로 비정하고, 다리를 광주-영암 일대, 사타를 전남 구례로 넓게 잡아 거의 호남 전역으로 보는 견해도 있다.[5, 102]

『일본서기』 계체 6년부터 10년 조로 보아, 6세기 전반에 대가야는 섬진강 유역을 통한 왜와의 교역권을 둘러싸고 백제와의 분쟁에 휩쓸렸으나 결국 패배하여 다리, 사타, 모루 및 기문 등의 호남 지역을 상실하였다. 그런 중에 계체기 8년 3월 조의 기사를 보면, 반파 즉 대가야(경북 고령)가 子呑(진주시)과 帶沙(하동군 고전면)에 성을 쌓아 滿奚(광양시 광양읍)에 이어지게 하고, 爾列比(의령군 부림면)와 麻須比(창녕군 영산면)에 성을 쌓아 麻且奚(밀양시 삼랑진읍)와 推封(밀양시)에까지 뻗쳤다고 하였다.[98]

여기서 반파국은 기존에 경북 星州였다고 보는 견해가 일반적이었으나,[15, 60] 근래에는 고령 대가야국의 전신이었다는 견해[29, 71, 76, 100, 103]가 많은 지지를 얻고 있다. 그와 달리 남원 월산리에서 함양 상백리 일대였다는 견해,[33] 혹은 원래 성주 지역에 존재한 가야의 일국이었다가 후에 가라국에 병합된 나라였다고 보는 견해[113]도 있다. 이열비를 의령, 마수비를 삼가로 보는 설[33]도 있다.

여기서 대가야가 자신의 본거지인 고령에서 멀리 떨어진 곳인 백제와 신라와의 접경지역에 여러 성을 축조했다고 하는 점은 매우 중요하다. 기존의 가야연맹체의 최대판도보다는 좁지만 대가야가 광역에 걸쳐 인력을 동원하고 방어한 사실을 보여주기 때문이다. 그렇다면 이 시기에 대가야는 초기 고대 국가를 형성한 것이라고 상정할 수 있다.[101]

8. 후기 가야연맹의 쇠퇴 및 멸망

대가야는 510년대에 호남 지역의 소국들을 상실하고 백제와의 대립이 심화되었기 때문에, 522년에 신라와 결혼동맹을 맺어서 국제적 고립을 극복하고자 하였다. 그 결혼을 둘러싼 신라 법흥왕의 책략에 의하여 喙己呑國이 신라에 병합되었다. 그 후 안라국(함안)이 새로이 高堂을 지어서 국제회의를 열었는데, 거기에는 국내의 대인들과 왜, 백제, 신라의 사신들이 모였다.

안라회의는 탁기탄국의 멸망을 막아내지 못한 대가야국의 책임을 물어 함안의 안라국이 그 복구를 명분으로 회의를 개최한 것이다. 그러나 그 목적이 달성될 수는 없었고 가야연맹은 남북으로 분열되는 조짐을 보였다. 백제는 그 회의에서 받은 수모를 탓하며 531년에 군대를 출동하여 안라의 乞乇城을 영유하였다.

이에 신라도 군대를 출동시켜 532년에 김해의 남가라국 즉 금관가야를 병합하였다. 그러자 백제는 久禮牟羅城을 비롯한 5성을 쌓고 그에 인접한 卓淳國에 압력을 넣었으나, 신라는 탁순국의 지배세력과 내통하여 이를 병합하고 구례산 5성의 백제군을 쫓아냈다. 그 결과 530년을 전후하여 탁기탄, 남가라, 탁순의 가야 동남부 3국이 신라에게 병합되고 말았다.

여기서 탁순과 탁기탄의 위치를 대구 및 경산으로 보는 견해[3, 5]가 과거에 유력하였으며, 이를 추종하는 견해도 아직 상당하다.[53, 104] 그러나 근래에는 탁순을 창원으로 비정하는 견해[39]가 주류를 이룬다. 탁기탄에 대해서는 밀양·영산[39] 또는 영산 방면으로 한정하는 견해[73]와, 김해와 창원 사이[57, 103] 또는 김해시 진영읍으로 보는 견해[68, 75]가 대립하고 있다. 혹은 탁순과 탁기탄을 의령군 의령읍과 부림면으로 비정하는 견해도 있다.[76] 구례산성의 위치에 대해서는 함안군 칠원면 구성리산성으로 보는 견해,[59] 창녕 화왕산으로 보는 견해,[41, 72] 창녕군 계성면으로 보는 견해[75, 103] 등이 있다.

540년대 이후 가야연맹은 대가야 - 안라의 남북 이원체제로 분열된 상태로, 백제와 두 차례의 회의를 하였다. 그리하여 541년 4월에 안라, 가라, 졸마, 산반해, 다라, 사이기, 자타의 旱岐들과 안라왜신관 관리 등, 가야연맹을 대표하는 사신단이 백제에 모였다. 544년 11월에는 다시 안라, 가라, 졸마, 사이기, 산반해, 다라, 자타, 구차 등 8국의 대표들과 왜신관 관리가 백제에 갔다.

기존 설에서는 이 회의에 대하여 '임나 부흥회의'[5, 88]라고 하였고, 근래에는 약간 어감을 바꾸기 위해 '임나 복건회의'[73]로 표현하기도 하고, 또는 회의 장소를 살려 '사비회의'[59, 74, 84, 103, 104]라고 부르기도 했다. 가야의 입장에서 보아 이 회의는 백제와의 교섭을 통하여 독립을 보장받으려고 한 것이나, 상호간의 의견 불일치로 인하여 결렬되었다.

『일본서기』 흠명 9년(548) 4월 조의 기사에 의하면, 백제가 고구려와의 馬津城 = 獨山城(예산군 예산읍) 전투에서 잡은 포로로부터, '안라국과 왜신관이 백제를 벌줄 것을 요청하였다.' 는 증언을 듣고 왜국에 원병 파견을 중지시키고 안라를 추궁하였다. 안라는 백제의 압력을 완화하고 가야연맹의 결속을 도모하기 위하여, 고구려와 밀통했던 것이다.[55, 103]

다만 안라의 밀통에 대해서는 부정적인 견해도 많다. 혹자는 안라가 백제에 비협조적이었음을 비방하기 위한 외교적 주장이거나 백제의 僞計에 의한 조작이라고 하고,[67, 75] 혹은 그 기사 자체가 상호 모순된다며 부정하였다.[102] 혹자는 안라의 대 고구려 구원책은 불가피했으나 의문점이 많다고 하였다.[73]

안라국은 고구려군이 무력하게 패배하자 백제의 추궁에 대하여 답변할 수 없어서, 가야연맹 내의 反백제 행위 주도자들을 제거하였다. 그리하여 550년 무렵에 가야연맹은 독립을 유지하고 있으면서도 백제의 외교와 힘에 눌려 종속적으로 연합되었다.

551년 백제와 신라의 한강유역 탈환 전쟁에서 가야는 백제군을 따라 동원되었다. 이 당시 娘城(청주시)에까지 순수해간 신라 진흥왕은 가야에서 투항한 于勒과 그 제자 尼文을 불러 음악을 들었다. 대가야의 궁정악사였던 우륵이, 대가야가 멸망하기도 전에 이미 신라에 투항해 있었다는 것은, 대가야의 몰락을 예견하게 한다.

552년에도 가야연맹은 대외관계 면에서 백제와 보조를 같이했고, 554년에는 백제에 의하여 관산성 전투에 동원되었으나, 이 때 백제 - 가야 연합군은 신라군에게 크게 패하였다. 그 후 신라는 한강 유역을 정비하면서 가야제국을 하나씩 병합해 나갔으니, 560년에는 함안의 안라국이 복속되고, 562년에 대가야국이 신라의 공격으로 함락되면서 후기 가야연맹은 종식되었다.

참고문헌

1. 今西龍, 1919, 「加羅疆域考」『史林』4-3 4 ; 1970, 『朝鮮古史の硏究』.

2. ______, 1922, 「己汶伴跛考」『史林』7-4 ; 1970, 『朝鮮古史の硏究』.

3. 鮎貝房之進, 1937, 「日本書紀 朝鮮地名攷」『雜攷』7上 · 下卷.

4. 三品彰英, 1943, 「首露傳說 -祭儀と神話-」『日鮮神話傳說の硏究』 ; 1972, 『增補日鮮神話傳說の
     硏究』, 三品彰英論文集 第4卷, 平凡社, 東京.

5. 末松保和, 1949, 『任那興亡史』, 大八洲出版 ; 1956, 再版, 吉川弘文館.

6. 김철준, 1962, 「신라 상고세계와 그 기년」『역사학보』17, 18합.

7. 三品彰英, 1962, 『日本書紀 朝鮮關係記事 考證』上卷, 吉川弘文館, 東京.

8. 김석형, 1966, 『초기 조일관계 연구』, 사회과학원출판사.

9. 樋口隆康, 1972, 「武寧王陵出土鏡と七子鏡」『史林』55-4.

10. 旗田巍, 1973, 「三國史記 新羅本紀の倭」『日本のなかの朝鮮文化』19.

11. 井上秀雄, 1973, 『任那日本府と倭』, 東出版.

12. 정중환, 1973, 「염사치 설화고 -가라 전사의 시고로서-」『대구사학』7, 8합.

13. 鬼頭淸明, 1974, 「加羅諸國の史的發展について」『古代朝鮮と日本』, 龍溪書舍.

14. 請田正幸, 1974, 「六世紀前期の日朝關係 -任那 日本府'を中心として-」『朝鮮史硏究會論文
     集』11.

15. 이병도, 1976, 『한국고대사연구』, 박영사.

16. 천관우, 1976a, 「'삼국지' 한전의 재검토」『진단학보』41.

17. ______, 1976b, 「삼한의 국가형성」(하)『한국학보』3.

18. 김정학, 1977, 『任那と日本』, 小學館, 東京.

19. 이종기, 1977, 『가락국탐사』, 일지사.

20. 천관우, 1977 · 1978, 「복원가야사」 상 · 중 · 하, 『문학과 지성』28 · 29 · 31.

21. 村上英之助, 1978, 「考古學から見た七支刀の製作年代」『考古學硏究』25-3.

22. 大山誠一, 1980, 「所謂 ‘任那日本府’ の成立について」上・中・下 『古代文化』32-9・11・12, 古代學協會, 京都.

23. 이기동, 1982, 「가야제국의 흥망」『한국사강좌』1(고대편), 일조각.

24. 이은창, 1982, 「가야고분의 편년 연구」『한국고고학보』12.

25. 山尾幸久, 1983, 『日本古代王權形成史論』, 岩波書店.

26. 강봉원, 1984, 「가야제국의 형성 및 강역에 관한 연구」, 경희대 석사학위논문.

27. 王健群, 1984, 『好太王碑研究』, 吉林出版社.

28. 이현혜, 1984, 『삼한사회 형성과정 연구』, 일조각.

29. 김태식, 1985, 「5세기 후반 대가야의 발전에 대한 연구」『한국사론』13, 서울대 국사학과.

30. 김현구, 1985, 『大和政權の對外關係研究』, 吉川弘文館.

31. 武田幸男, 1985, 「四~五世紀の朝鮮諸國」『シンポジウム好太王碑』.

32. 이영식, 1985, 「가야제국의 국가형성문제 -「가야연맹설」의 재검토와 전쟁 기사 분석을 중심으로-」『백산학보』32.

33. 전영래, 1985, 「백제 남방경역의 변천」『천관우선생환력기념한국사학논총』.

34. 안재호・송계현, 1986, 「고식도질토기에 관한 약간의 고찰 -의창 대평리 출토품을 통하여-」『영남고고학』1.

35. 김병모, 1987, 「가락국 허황옥의 출자 -아유타국고(I)-」『삼불김원룡교수정년퇴임기념론총』 I, 일지사 ; 1988, 「고대 한국과 서역관계 -아유타국고 II-」『한국학논집』14 ; 1992, 「가락국 수로왕비탄생지」『한국상고사학보』9 ; 1994, 『김수로왕비 허황옥』, 조선일보사.

36. 연민수, 1987, 「광개토왕비문에 보이는 왜관계 기사의 검토」『동국사학』21.

37. 鈴木英夫, 1987, 「加耶・百濟と倭 - ‘任那日本府’ 論-」『朝鮮史研究會論文集』24.

38. 이강옥, 1987, 「수로신화의 서술원리의 특수성과 그 현실적 의미」『가라문화』5, 경남대학교 가라문화연구소.

39. 김태식, 1988, 「6세기 전반 가야남부제국의 소멸과정 고찰」『한국고대사연구』1.

40. 鈴木靖民, 1988, 「好太王碑の倭の記事と倭の實體」『好太王碑と集安の壁畵古墳』, 讀賣テレビ放送編, 木耳社, 東京.

41. 이용현, 1988, 「6세기 전반경 가야의 멸망과정」, 고려대 석사학위논문.

42. 이현혜, 1988, 「4세기 가야사회의 교역체계의 변천」『한국고대사연구』1.

43. 조영제, 1988, 『합천 옥전 고분군 I (목곽묘)』, 경상대학교박물관.

44. 백승충, 1989,「1~3세기 가야세력의 성격과 그 추이-수로집단의 성장과 포상팔국의 난을 중심으로-」『부대사학』13.

45. 山尾幸久, 1989,『古代の日朝關係』, 塙書房.

46. 신경철, 1989,「가야의 무구와 마구」『국사관논총』7.

47. 천관우, 1989,『고조선사 삼한사연구』, 일조각.

48. 高寬民, 1990,「永樂十年, 高句麗廣開土王の新羅救援戰について」『朝鮮史硏究會論文集』27.

49. 김태식, 1990,「가야의 사회발전단계」『한국 고대국가의 형성』, 민음사.

50. 田中俊明, 1990,「于勒十二曲と大加耶聯盟」『東洋史硏究』48-4, 京都大文學部.

51. 김태식, 1991a,「가야사 연구의 시간적, 공간적 범위」『한국고대사논총』2, 가락국사적개발연구원.

52. ____, 1991b,「530년대 안라의 '일본부' 경영에 대하여」『울산사학』4.

53. 천관우, 1991,『가야사연구』, 일조각.

54. 宮崎市定, 1992,『謎の七支刀 -五世紀の東アジアと日本-』, 中央公論社.

55. 김태식, 1992,「6세기 중엽 가야의 멸망에 대한 연구」『한국고대사논총』4, 가락국사적개발연구원.

56. 이종욱, 1992,「광개토왕릉비의 신묘년조에 대한 해석」『한국상고사학보』10.

57. 田中俊明, 1992,『大加耶連盟の興亡と'任那'』, 吉川弘文館.

58. 권주현, 1993,「아라가야의 성립과 발전」『계명사학』4.

59. 김태식, 1993,『가야연맹사』, 일조각.

60. 김현구, 1993,『임나일본부연구』, 일조각.

61. 선석열, 1993,「『삼국사기』「신라본기」 가야관계기사의 검토-초기기록의 기년 추정을 중심으로-」,『부산사학』24.

62. 이영식, 1993,『加耶諸國と任那日本府』, 吉川弘文館.

63. 권학수, 1994,「가야제국의 상관관계와 연맹구조」『한국고고학보』31.

64. 김태식, 1994a,「광개토왕릉비문의 임나가라와 '안라인수병'」『한국고대사논총』6, 가락국사적개발연구원.

65. ____, 1994b,「함안 안라국의 성장과 변천」『한국사연구』86.

66. 연민수, 1994a,「七支刀銘文の再檢討 -年號の問題と製作年代を中心に-」『年報 朝鮮學』第4號.

67. ____, 1994b,「고대한일관계사 연구의 현단계와 문제점 -김현구 · 김태식씨의 업적을 중심

으로-」『역사학보』143.

68. 이근우, 1994, 『일본서기에 인용된 백제삼서에 관한 연구』, 한국정신문화연구원 한국학대학원 문학박사 학위논문.

69. 김복순, 1995, 「대가야의 불교」『가야사연구』, 경상북도.

70. 김태식, 1995, 「가야사의 시기구분 문제 검토」『한국사의 시기구분에 관한 연구』(연구논총 95-16), 한국정신문화연구원.

71. 노중국, 1995, 「대가야의 정치 사회구조」『가야사연구』, 경상북도.

72. 백승옥, 1995, 「탁순의 위치와 성격 -일본서기 관계기사 검토를 중심으로-」『부대사학』19.

73. 백승충, 1995, 『가야의 지역연맹사 연구』, 부산대학교 박사학위논문.

74. 이문기, 1995, 「대가야의 대외관계」『가야사연구』, 경상북도.

75. 이영식, 1995, 「백제의 가야진출과정」『한국고대사논총』7, 가락국사적개발연구원.

76. 이희준, 1995, 「토기로 본 대가야의 권역과 그 변천」『가야사연구』, 경상북도.

77. 주보돈, 1995, 「서설 - 가야사의 새로운 정립을 위하여」『가야사연구』, 경상북도.

78. 김태식, 1996, 「대가야의 세계와 도설지」『진단학보』81, 진단학회.

79. 이영식, 1996, 「대가야의 국제관계」『가야사의 새로운 이해』, 경북개도100주년기념 가야문화 학술대회 발표요지.

80. 남재우, 1997, 「포상팔국전쟁과 그 성격」『가야문화』10.

81. 백승옥, 1997, 「고성 고자국의 형성과 변천」『한국고대사연구』11(한국 고대사회의 지방지배).

82. 안재호, 1997, 「철검의 변화와 획기」『가야고고학논총』2, 가락국사적개발연구원.

83. 김태식, 1998, 「가락국기 소재 허왕후 설화의 성격」『한국사연구』102.

84. 연민수, 1998, 『고대한일관계사』, 혜안.

85. 곽장근, 1999, 『호남 동부지역 석곽묘 연구』, 서경문화사.

86. 박천수, 1999, 「기대를 통하여 본 가야세력의 동향」『가야의 그릇받침』, 국립김해박물관.

87. 백승충, 1999, 「가야의 개국설화에 대한 검토」, 『역사와 현실』33.

88. 이용현, 1999, 「加耶と東アジア諸國」, 國學院大學 大學院 博士論文.

89. 이형기, 1999, 「아라가야연맹체의 성립과 그 추이」『사학연구』57 · 58합.

90. 홍보식, 1999, 「고고학으로 본 금관가야 -성립 · 위계 · 권역-」『고고학을 통해 본 가야』(제23회 한국고고학전국대회 발표요지), 한국고고학회.

91. 강종훈, 2000, 『신라상고사연구』, 서울대학교출판부.

92. 김태식, 2000, 「가야연맹체의 성격 재론」 『한국고대사논총』10, 한국고대사회연구소 편, 가락
　　　국사적개발연구원.

93. 김현구, 2000, 「백제의 가야진출에 관한 일고찰」 『동양사학연구』70.

94. 이형기, 2000, 「대가야의 연맹구조에 대한 시론」 『한국고대사연구』18.

95. 노중국, 2001, 「가야사 연구의 어제와 오늘」 『한국 고대사 속의 가야』, 혜안.

96. 백승옥, 2001, 「전기 가야 소국의 성립과 발전」 『한국 고대사 속의 가야』, 혜안.

97. 백승충, 2001, 「가야 건국신화의 재조명」 『한국 고대사 속의 가야』, 혜안.

98. 김태식, 2002, 『미완의 문명 7백년 가야사』1~3권, 푸른역사.

99. 이근우, 2002, 「웅진·사비기 백제와 가야」 『고대 동아세아와 백제』, 충남대 백제연구소.

100. 김세기, 2003, 『대가야연구』, 학연문화사.

101. 김태식, 2003, 「초기 고대국가론」 『강좌 한국고대사』2, 가락국사적개발연구원.

102. 김현구 외, 2003, 『일본서기 한국관계기사 연구(Ⅱ)』, 일지사.

103. 남재우, 2003, 『안라국사』, 혜안.

104. 백승옥, 2003, 『가야 각국사 연구』, 혜안.

105. 김태식, 2004, 「고대 한일관계사의 민감한 화두, 칠지도」 『고대로부터의 통신 -금석문으로
　　　한국 고대사 읽기-』, 푸른역사.

106. ＿＿＿, 2005, 「4세기의 한일관계사 -광개토왕릉비문의 왜군문제를 중심으로-」 『한일역사공
　　　동연구보고서』제1권, 한일역사공동연구위원회.

107. 백승옥, 2005, 「광개토왕릉비문의 왜관계기사에 대한 연구사」 『광개토대왕비와 한일관계』,
　　　한일관계사연구논집 편찬위원회편, 경인문화사.

108. 백승충, 2005, 「일본서기 신공기 소재 한일관계 기사의 성격」 『광개토대왕비와 한일관계』,
　　　한일관계사연구논집 편찬위원회편, 경인문화사.

109. 濱田耕策, 2005, 「4세기의 일한관계」 『한일역사공동연구보고서』제1권, 한일역사공동연구위
　　　원회.

110. 이동희, 2005, 「전남동부지역 복합사회 형성과정의 고고학적 연구」, 성균관대학교 대학원 박
　　　사학위논문.

111. 김태식, 2006, 「한국 고대제국의 대외교역 -가야를 중심으로-」 『진단학보』101.

112. 박천수, 2006, 「임나사현과 기문·대사를 둘러싼 백제와 대가야」 『가야, 낙동강에서 영산강
　　　으로』(제12회 가야사국제학술회의 발표자료집), 김해시.

113. 백승옥, 2006, 「기문·대사의 위치비정과 6세기 전반대 가라국과 백제」 『5~6세기 동아시아의 국제정세와 대가야』, 제5회 대가야사 국제학술회의, 고령군.

신라 중대

전덕재 _ 경주대학교 교양과정부

1. 문제제기

『삼국사기』와 『삼국유사』의 찬자는 삼국통일 이전과 이후의 신라를 특별히 구별하여 인식하지 않았다. 신라가 삼국을 一統한 사실을 긍정적으로 평가하여 통일 이후의 신라를 '統一新羅'라고 명명하고, 그것이 하나의 王朝名으로 널리 알려진 것은 해방 이후였다. 일찍이 조선후기에 유득공은 신라 삼국통일의 한계성을 인식하고, 통일 이후의 신라를 南國, 발해를 北國이라고 부르자고 제안하였고, 이러한 역사인식을 계승하여 근래에 신라가 唐軍을 한반도에서 축출한 676년(문무왕 16) 이후의 신라를 '大新羅' 또는 '後期新羅'라고 부르기도 한다.

대체로 1980년대 전반까지 정치사 및 정치제도, 골품제를 중심으로 통일신라사 연구가 진행되었다. 1980년대에 통일신라 중세 봉건제사회설이 제기되어 1990년대에 많은 호응을 받았고, 일부 연구자들이 이를 비판하면서 통일신라 사회경제사 연구가 활성화되었다.[1] 이 시기에 정치사 분야에서는 전제왕권의 개념, 상대등과 집사부 侍中(中侍)의 성격, 각 정치세력의 정치적 성향을 둘러싸고 학자들 사이에 비판과 반비판이 활발하게 전개되었다. 2000년대에 들어 연구자의 증가와 아울러 연구환경의 개선으로 군사제도, 교역 및 상업유통, 수공업, 대일·대당관계 및 재당신라인, 王京制에 대한 실증적이고 구체적인 연구성과들이 쏟아져 나왔다. 이로 말미암아 통일신라 사회에 대한 이해의 폭이 상당히 넓어졌다고 평가할 수 있다.

본고는 통일신라사에 대한 연구성과를 개괄하기 위하여 준비된 것이다. 통일신라 가운데 하대 부분은 별고에서 다룰 예정이고, 게다가 전제왕권의 개념, 경제제도 및 상업유통, 대외관계사, 사상사 등은 별도의 주제로서 검토하기 때문에 본고에서는 중대 정치사 분야의 연구성과들을 중점적으로 정리하려고 한다. 특히 중대 각 왕대의 정치적 전개 및 정치세력의 동향을 개괄하면서 그것을 둘러싼 기존의 연구동향을 정리하는 방법으로 연구사를 조망할 것이다. 검토 대상은 1980년대 중반부터 2006년까지의 연구성과에 한정하며, 본고의 작성 과정에서 종래의 연구사 정리 성과를 크게 참고하였다.[2, 3, 4]

2. 중대 초반 왕권강화와 정치세력의 재편

654년 3월 진덕왕이 사망하고, 뒤를 이어 金春秋가 왕위에 오르니, 그의 諡號가 바로 太宗武烈王이다. 『삼국사기』와 『삼국유사』에는 그가 진골로서 왕위를 계승한 최초의 왕으로 전한다. 1990년대에 김춘추가 진흥왕의 후손임에도 불구하고 성골이 아니라 진골이 된 이유에 관한 논고가 여럿 발표되었는데, 특히 성골의 실체를 밝히는 것과 직결시켜 논의가 이루어졌다.[5, 6, 7, 8] 금관가야계인 김유신과 김춘추는 647년(선덕여왕 16) 上大等 毗曇의 亂을 진압하고 정치적 실권을 장악하였다. 1980년대 후반 이후에 비담의 난을 선덕여왕의 후원을 받은 김유신-김춘추 연합세력과 비담을 중심으로 하는 전통적인 진골귀족, 즉 구귀족세력의 충돌로 이해하는 경향이 두드러졌고,[9, 10, 11, 12] 이러한 시각을 비판하는 논고들이 여럿 발표되기도 하였다.[13, 14, 15, 16] 두 사람은 진덕여왕대에 漢化政策을 주도하고, 마침내 김춘추가 왕위에 올라 660년에 당나라의 도움을 받아 백제를 멸망시켰다.

태종무열왕은 661년에 사망하였다. 뒤를 이어 그의 맏아들 法敏(文武王)이 왕위를 계승하였다. 문무왕은 당나라와 연합하여 고구려를 멸망시킨 다음, 한반도에서 唐軍마저 축출하고 삼국통일을 완수하였다. 문무왕은 大幢總管 眞珠 등 여러 진골귀족들을 숙청하여 왕권의 강화를 도모하는 한편, 전쟁이 종결된 이후에 兵仗器를 농기구로 鑄造하도록 지시하고, 백성들의 力役과 賦稅納付의 부담을 경감시키는 安民策을 추진하였다. 이 결과 문무왕대 말년에

民生의 안정이 이루어지기도 하였다.

문무왕의 뒤를 이어 그의 아들 신문왕이 681년에 즉위하였다. 신문왕은 두 방향에서 왕권의 강화를 모색하였다. 하나는 범내물왕계의 진골귀족을 억압하고 무열왕계와 김유신계를 중심으로 정치세력을 재편하는 것이고, 다른 하나는 중앙관제와 지방통치조직을 새롭게 정비하여 보다 강화된 중앙집권적인 정치체제와 지배체제를 구축하는 것이었다. 신문왕이 즉위한 681년에 왕의 丈人 金欽突 등이 반란을 일으켰다가 진압되었다. 신문왕은 이어 문무왕대에 상대등을 역임한 兵部令 金軍官을 김흠돌의 반란을 알고도 고하지 않은 죄목으로 처형하였다. 종래에 중대 專制王權說을 주창하는 연구자는 문무왕대에 무열왕계와 6두품 중심의 관료세력이 크게 성장하자, 김흠돌세력을 중심으로 하는 진골귀족세력이 이에 반발한 것이 바로 김흠돌의 난이라고 규정하고, 이것을 계기로 전제왕권이 확립되었다고 이해하였다.[17, 18]

문무왕과 신문왕대에 숙청된 진골귀족들은 범내물왕계에 해당하였다. 신문왕대에 김유신의 아들 三光이 執政者로서 人事를 銓衡하였음이 확인된다.[19] 비록 신문왕대에 상대등이나 집사부 시중에 무열왕계나 김유신계의 인물이 임명되었다는 기록은 전하지 않지만, 대체로 범내물왕계의 진골귀족세력이 크게 위축되고, 무열왕계와 김유신계가 정국을 주도하였다고 이해되고 있다.[20] 신문왕의 왕권강화는 여러 가지 제도적 장치로 뒷받침되었다.

법흥왕과 진덕여왕대 사이에 이미 執事部와 兵部, 調府, 禮部, 倉部 등의 중앙관서를 설치하였고, 신문왕은 682년과 686년에 각각 工匠府와 例作部를 더 설치하여 중앙관서를 체계적으로 완비하였다. 이때에 중앙관직체계도 令 - 卿 - 大舍 - 舍知 - 史의 5관직체제로 새롭게 편성하였다. 685년(신문왕 5)에 9州5小京을 중심으로 하는 지방통치조직을 새롭게 정비하였고, 지방관을 감찰하기 위하여 外司正을 州와 郡에 파견하기도 하였다. 여기다가 682년(신문왕 2)에 國學을 설치하고, 거기에서 유학을 배운 학생들을 관리로 채용하는 원칙을 마련하기도 하였다.[21, 22] 나아가 689년(신문왕 9)에는 녹읍을 혁파하고 歲租를 지급하는 방향으로 녹봉제도의 개혁을 단행하였다. 종래의 통설은 전제왕권이 진골귀족의 경제적 기반을 약화시키기 위하여 녹읍을 혁파하였다고 이해한 것이다. 최근에 국가가 민에 대한 지배력을 보다 강화하기 위한 의도에서 녹읍을 혁파했다는 주장이 새로 제기되었다.[23]

중대 전제왕권설을 주창하는 연구자들은 신문왕대 제도개혁의 핵심은 바로 상대등의 권한이 약화되고 집사부가 행정계통상으로 볼 때 신라의 최고관부로 부상하고, 그 장관인 시중이 행정상의 首班으로서 전제왕권의 방파제 내지는 안전판의 구실을 담당한 것에 있다고 이해하였다.[24, 25, 26] 1990년대에 이를 비판하는 논고들이 여럿 제출되었다. 이들 논고에서 주로 비판한 핵심은 상대등과 집사부 시중의 정치적 성격에 관해서였다. 대체적인 견해는 집사부 시중은 행정부 수반으로 보기 어렵고, 상대등은 통일기에도 여전히 정치적 영향력이 상당하였다는 것으로 모아졌다.[27, 28, 29, 30, 31, 32, 33, 34] 이에 대하여 전제왕권설을 주창한 연구자는 집사부를 신라의 최고관부라고 보는 입장을 철회하고 그것을 '핵심적인 정치기구'라고 견해를 수정하는 한편, 상대등이나 화백회에 대한 비판에 대해서는 기존의 주장을 그대로 고수하는 논고를 발표하기도 하였다.[35] 최근에 기존과 다른 시각에서 화백회의와 상대등에 접근한 논고가 발표되었는데, 그 내용은 중고기에 대등회의(정사당회의)를 주재한 상대등이 행정부를 총괄하는 首相의 지위에 있었으나 통일기에는 귀족을 대표하는 인물이 상대등에 취임하긴 하였지만, 실질적인 정치적 권한이 주어지지 않았고, 대신 재상회의(정사당회의)를 주재한 上宰相(大宰相)이 국정을 총괄하는 執政者로서 군림하였다는 것으로 요약된다.[19]

신문왕은 진골귀족의 숙청과 제도개혁을 통하여 강력한 왕권을 확립하였다. 신문왕대의 왕권을 전제왕권이라고 규정하는 것에 대하여 논란이 분분하지만, 그러나 분명히 신문왕대에 전제적이라고 말할 수 있을 정도로 강력한 왕권이 확립된 것은 부인할 수 없다. 이에 대하여 종래에 신문왕대에 왕권이 전제적인 듯 보이는 것은 국왕의 과단성 있는 정책추진에서 비롯되었다는 견해를 피력하기도 하였다.[30] 그러나 신문왕의 제도개혁이 모두 성공한 것은 아니었다. 신문왕은 689년(신문왕 9)에 達句伐(대구)로 수도를 옮기려다가 포기하였다. 일부는 상당한 기간 동안 遷都를 준비하다가 그만두었다고 주장하고,[36, 37] 일부는 계획 단계에서 포기하였다고 주장하고 있다.[38] 천도가 무산된 이유에 대하여 대체로 진골귀족들의 강력한 반발을 주목하였다. 특히 전제왕권설을 주창하는 연구자는 전제왕권을 반대하는 진골귀족세력이 여전히 무너지지 않고 나름대로 세력을 유지하였음을 알려주는 증거로 이해하기도 하였다.[17] 최근에 달구벌 천도와 王京制의 변천을 밀접하게 연관시켜 이해한 논고가 발표되었는데, 그 내용은 신문왕이 천도를 포기하는 대신에 王京의 범위를 오늘날 경주시내의 범위로 축소 조정하고, 그곳을 당나라의 坊制를 수용하여 동서와 남북방향의 직선도로로 구획된 坊을 기초로 재편하였다는 것으로 요약된다.[38, 39]

3. 효소왕~경덕왕대 무열왕계의 분화와 정치적 전개

신문왕은 692년에 사망하고, 그 뒤를 이어 태자 理恭이 즉위하였으니, 시호가 孝昭王이다. 즉위할 때 그의 나이는 겨우 만 5세에 불과하였다. 母后인 神穆王后가 攝政하였다고 추정되나 구체적인 기록은 전하지 않는다. 효소왕 3년(694)에 태종무열왕의 아들인 愷元이 상대등에 임명되었고, 그와 더불어 신문왕대에 김유신의 아들인 三光, 그리고 文穎 등이 활약하였기 때문에 효소왕대에 그들이 모후를 도와 정국을 주도한 것으로 이해되고 있다.[40, 41]

기존에 효소왕 및 그를 지지하는 귀족세력과 이들에 반대하는 귀족세력의 대립 갈등을 중심으로 효소왕대 정치사의 흐름을 조망하였다. 종래에 효소왕의 즉위와 동시에 신문왕의 왕권강화와 정치개혁에 반발하는 진골귀족들의 움직임이 있었다고 주장하였는데, 그 근거로 萬波息笛이 사라진 사실을 제시하였다.[40, 41] 효소왕대의 대표적 정치적 사건이 효소왕 9년(700)에 일어난 이찬 慶永의 모반과 그것과 연류되어 侍中 金順元이 파면당한 것이다. 전제왕권론자는 효소왕대에 개원 등을 중심으로 정치개혁을 단행하였으나 진골귀족들의 반대로 성과를 거두지 못하자, 경영과 김순원 등의 왕당파 세력이 모반을 꾀하였다고 보았다.[40] 한편 성덕왕을 효소왕의 이복형으로 이해하는 연구자는 성덕왕을 지지하는 세력이 효소왕의 측근세력을 제거하기 위하여 반란을 일으킨 것으로 보았고,[41] 일부는 신문왕의 왕자들, 또는 왕자를 옹립하고 권력을 장악하려는 세력들이 반란을 도모한 것이라고 파악하기도 하였다.[42] 그리고 그것은 모후의 섭정에 따른 문제로 발생한 정치적 사건이며, 당 및 일본과의 외교정책과 관련하여 발생한 귀족사회의 분열과도 무관하지 않았다는 견해를 피력한 연구자도 있었다.[43]

효소왕의 뒤를 이어 隆基(興光)가 왕위를 계승하였으니, 그의 시호가 성덕왕이다. 『삼국사기』 신라본기와 『삼국유사』 왕력편에 효소왕과 성덕왕은 同腹兄弟라고 전하나 일부는 『삼국유사』 권제3 탑상제3 臺山五萬眞身條에 보이는 淨神大王의 태자 寶川과 孝明의 爭位 사건을 주목하여 성덕왕을 효소왕의 異腹兄으로 보았고, 이에 근거하여 성덕왕이 즉위할 때에 왕위계승을 둘러싸고 분쟁이 발생하였다고 이해하기도 한다.[44] 성덕왕대 정치세력의 동향과 관련하여 성덕왕이 김유신의 嫡孫인 金允中을 重用하자, 이에 대하여 '지금 宗室·戚里들 가운데 어찌 좋은 사람이 없어서 疎遠한 신하를 부르십니까? 또 이것이 어찌 이른바 親한 자를 친히 한다는 일이겠습니까? 라고 항의한 사람이 있었다는 『삼국사기』의 기록을 중시하였다.[20] 왜냐하면 이것은 당대에 종실·척리, 즉 무열왕계가 요직에 등용되어 정국을 주도하였음을 시사해줄 뿐만 아니라 성덕왕대 이전에 김유신계가 소외받았음을 시사하여 주는 증거이기 때문이다. 이와 관련하여 효소왕대 경영의 반란 때에 김유신계가 핵심 권력에서 밀려난 것으로 이해한 견해가 참조된다.[40]

성덕왕대에 무열왕계가 여러 정치세력으로 분화되었는데, 종래에 이와 관련하여 성덕왕의 혼인관계를 주목하였다. 성덕왕은 처음에 金元泰의 딸인 嚴貞王后와 혼인하였다가 716년(성덕왕 15)에 그녀를 出宮시키고, 720년(성덕왕 19)에 金順元의 딸과 재혼하였다. 중대에 족내혼을 널리 행하였으므로 김원태와 김순정은 무열왕계의 一族일 가능성이 높다. 종래에 성덕왕의 이혼 및 재혼에 관하여 王黨派와 반전제주의 진골귀세력 사이의 힘겨루기를 반영한다는 견해,[45] 김원태와 김순원의 대립에서 후자가 승리하였음을 반영한다는 견해[46]가 제기되었다. 엄정왕후의 出宮을 바라보는 시각은 다르지만, 무열왕계인 김원태와 김순원이 서로 대립되는 정치세력이었다는 사실에 대해서는 견해를 같이하였다. 성덕왕대에 무열왕계인 金順貞派와 金思恭派가 대일외교를 둘러싸고 첨예하게 대립하였다고 이해한 견해[47] 역시 당대에 무열왕계가 여러 정치세력으로 분화되었음을 보완하는 입론으로 볼 수 있다.

성덕왕의 뒤를 이어 그의 아들인 효성왕과 경덕왕이 잇따라 즉위하였다. 현재 학계에서는 왕당파 대 반전제주의파(진골귀족파)의 대립에 초점을 맞추어 효성왕과 경덕왕대 정치사의 흐름을 조망하는 견해와 외척과 왕당파의 대립을 주목하는 견해로 크게 양분되어 있다. 효성왕대에 가장 커다란 관심을 끈 정치적 사건은 파진찬 永宗의 모반이다. 『삼국사기』 신라본기에서는 '영종의 딸이 後宮으로 들어갔는데, 그녀를 왕이 매우 사랑하여 은총이 날로 더해지자, 왕비가 이를 질투하여 族黨과 함께 그녀를 죽이고자 하였다. 영종은 왕비와 그의 친족들을 원망하였는데, 이로 말미암아 반란을 일으킨 것이다'라고 전한다. 여기에 언급된 후궁을 효성왕의 先妃인 박씨로 이해하는 견해[45]와 그렇지 않은 견해로 크게 나뉜다.[46] 왕비는 김순원의 딸을 가리키고, 그녀의 족당은 김순원 가문을 이른다.

영종의 모반은 대체로 효성왕이 박씨들을 비롯한 진골귀족들을 등용하여 김순원 등의 외척세력, 김사인과 김신충 등의 왕당파를 누르고 왕권강화를 모색하려는 시도가 실패로 끝나자, 박씨를 비롯한 진골귀족들이 후자에 반발한 사건으로 이해되고 있다.[45, 46]

경덕왕대 초반에 정국을 주도한 대표적인 인물이 金思仁이다. 그는 경덕왕 15년(756)에 상대등으로 시국 정치의 잘되고 잘못된 점을 極論하였다. 김사인의 정치적 성향에 대하여 종래에 반전제주의파라고 보는 견해[48, 49]와 왕당파로 보는 견해[50, 51]로 나뉜다. 자연히 김사인이 극론한 내용에 대해서도 의견이 나뉘었는데, 전지는 한화정책 등 경덕왕대의 왕권전제화정책에 반대하는 내용을 극론한 것으로, 후자는 친왕파로서 김사인이 녹읍부활에 반대한다는 내용을 극론한 것으로 파악하였다. 김사인은 그 다음 해인 경덕왕 16년

(757)에 병으로 상대등에서 물러나고 대신 金信忠이 上大等에 취임하였다. 그 해에 녹읍을 부활하고, 지명을 중국식으로 개정하였으며, 경덕왕 18년(759)에 官號 역시 중국식으로 개정하였다. 전제왕권론자들은 녹읍의 부활을 전제왕권에 대한 진골귀족파의 승리와 연결시켜 이해하였고, 신충을 비롯한 왕당파가 왕권강화책의 일환으로 地名과 官號를 漢式으로 개정하였으나 진골귀족들의 반대로 곧바로 철회되었다고 생각하였다.[48]

경덕왕 19년(760)에 金邕이 집사부 시중에 임명되었다. 종래에 김옹과 관련하여 논란이 분분한 것은 그를 金義忠의 아들로 볼 수 있느냐의 여부이다. 경덕왕의 先妃는 三毛夫人인데, 그녀는 金順貞의 딸이었다. 경덕왕 2년(743)에 김의충의 딸을 맞아들여 왕비로 삼았는데, 그녀가 滿月夫人이다. 이때 삼모부인은 자식이 없다는 이유로 출궁당한 것으로 보인다. 「성덕대왕신종명」에 '아침에는 元舅(천자의 외숙)의 현명함과 저녁에는 忠臣의 輔弼을 받아 말을 가리지 않음이 없으니, 어찌 행동에 허물이 있으리오' 라는 내용이 보이는데, 종래에 여기에 보이는 원구를 바로 김옹이라고 이해하였고, 만월부인과 김옹을 모두 김의충의 자식으로 이해한 견해가 있었다. 『속일본기』에 김옹이 김순정의 손자라고 전하므로 결국 김순정-김의충-김옹으로 이어지는 계보를 확인할 수 있다는 것이다.[52, 53, 54, 43, 51] 이에 대하여 종래에 「성덕왕대왕신종명」에 보이는 원구를 김옹과 연결시키는 것은 지나친 비약이라는 비판이 있었다.[48] 현재 원구를 김옹이라고 이해하느냐, 그렇지 않느냐에 따라 경덕왕대 및 혜공왕대의 정국동향을 설명할 때에 의견이 크게 엇갈리고 있다.

김옹을 김의충의 아들이라고 본다면, 경덕왕대에 김순정가문이 강력한 외척으로서 존재하였다고 볼 수 있다. 그러나 경덕왕 19년 김옹의 집사부 시중의 임명에 대해서는 논자에 따라 해석이 다르다. 김옹의 집사부 시중의 임명을 경덕왕과 측근세력의 정국 주도에 반발하여 외척세력이 전면에 등장한 것으로 이해하는 견해가 있는가 하면,[51] 단순하게 외척이 국왕과 왕자를 담보로 자신들의 권력기반을 강화하려는 의도를 반영한 것에 불과하다고 이해하는 견해도 있기 때문이다.[43] 이에 반하여 김옹을 김의충의 아들, 즉 외척으로 이해하지 않는 연구자들은 그의 집사부 시중 임명을 다른 시각에서 접근하였다. 중대 전제왕권론을 지지하는 연구자는 김옹을 경덕왕대에 가장 대표적인 반전제주의파 인물로 평가한 다음, 그를 집사부 시중에 임명한 것은 한화정책의 부정, 나아가 중대의 전제왕권에 대한 부정과도 연결될 수 있으므로 결국 그것은 하대적인 성격을 갖는 새로운 정권의 수립으로 평가할 수 있다고 주장하였다.[48] 한편 김옹의 등장을 일본의 신라정토계획과 연관시켜 설명한 논고도 발표되었는데, 그 내용은 일본 조정에서 759년에 新羅征討計劃을 세우고 실행에 옮기려고 하자, 신라 조정에서 외교적으로 일본의 태도를 완화시키기 위하여 전통적으로 친일외교를 강조하는 김순정 가문의 일원인 金邕을 시중으로 등용하였다는 것으로 요약된다.[47]

4. 혜공왕대의 정변과 중대의 종말

경덕왕은 765년에 사망하고, 아들 乾運이 뒤를 이었는데, 그의 시호가 惠恭王이다. 『三國遺事』 卷第2 紀異第2 景德王·忠談師·表訓大德條에는 '태자가 8세 때에 왕이 돌아가 왕위에 오르니, 이가 혜공대왕이다. 나이가 어렸으므로 태후가 조정에 나아가 정사가 다스려지지 못하고 도적이 벌떼처럼 일어나 미처 막을 수가 없었다' 라고 전한다. 기록에서 언급한 것처럼 학계의 통설은 혜공왕대에 오랫동안 누적되어온 신라사회의 모순이 일시에 폭발하였다고 이해하는 것이다.[20] 혜공왕대에 발생한 정변은 혜공왕 4년(768) 일길찬 大恭과 그의 동생 아찬 大廉의 반란, 6년(770) 대아찬 金融의 반란, 11년(775) 6월 이찬 金隱居의 반란, 8월 이찬 廉相과 侍中 正門의 반란, 16년(780) 金志貞의 반란 등이다. 각 반란의 성격에 대해서는 김옹을 외척으로 보느냐, 그렇지 않느냐의 여부 및 혜공왕이 11년(775)에 親政을 하였다고 볼 수 있느냐의 여부에 따라 의견이 크게 엇갈린다.

먼저 전통적인 학설은 김옹을 혜공왕의 어머니, 즉 만월부인의 오빠(또는 동생)로 보지도 않고 혜공왕의 親政을 고려하지 않은 상태에서 정변의 성격을 설명하는 견해이다.[55] 이에 따르면, 혜공왕 4년 대공과 8년 김융의 반란은 반혜공왕적인 정변으로 이해되며, 혜공왕 10년에 김양상이 상대등에 취임하여 下代的인 성격의 신정권을 수립하고 官號를 復故하자, 중대적인 성격을 대변하는 귀족들이 반발한 것이 김은거와 염상, 김지정 등의 반란이라는 것이다. 그리고 김양상과 김경신(원성왕)이 거병하여 김지정의 반란을 진압할 때에 혜공왕마저 시해하고, 中代를 종식시켰다고 한다.

김옹의 시중 임명을 하대적인 성격의 정권 수립과 연결시킨 연구자는 혜공왕대 초기에도 여전히 반전제주의파인 김옹과 그를 지지하는 김양상 등이 권력을 차지하였고, 왕당파인 대공 등이 반란을 일으켰다고 보았다. 이 결과 일시적으로 왕당파인 김은거가 권력을 장악하였다가 곧바로 반전제주의파인 김융의 반란으로 실각하고, 다시 김옹과 김양상이 권력을 차지하자, 왕당파인 김은거와 염상, 시중 정문, 김지정 등이 이들에게 반발하여 반란을 일으킨 것으로 파악하였다. 그리고 혜공왕은 왕당파인 김지정에 의하여 피살된 것으로 이해하였다.[56] 이밖에 혜공왕 4년에서 6년까지 지속된 귀족들 사이의 권력투쟁에서 김옹과 김양상세력이 승리하였고, 그들이 官號의 復故를 추진하자, 김은거, 염상 등이 반발하여 반란을 일으킨 것으로 이해하는 견해도 있었다.[47] 이 견해는 혜공왕대의 정변을 전제왕권과 그에 반대하는 반전제주의파의 대립으로 이해하지 않은 점에서 위의 학설과 차별된다.

앞에서 김옹을 혜공왕의 외삼촌으로 이해하는 학설을 소개한 바 있다. 이를 지지하는 연구자들은 혜공왕대 초반에 외척인 김옹이 권력을 장악하였고, 대공과 김융의 반란은 권력에서 소외된 귀족들이 외척세력에 반발한 것으로 이해하였다. 다만 혜공왕 11년(775)에 왕이 親政을 행하였다고 볼 수 있느냐의 여부에 따라 그 이후 정치사 흐름에 대한 설명에 차이를 보였다. 전제왕권론자들은 반전제주의 귀족세력이 정권을 확실히 장악한 이후 시기의 혜공왕은 실질적으로 허수아비에 불과하였다고 보았다.[56] 김옹을 외척으로 인정하면서 친정을 인정하지 않은 연구자는 김양상과 김옹을 다른 정치적 성향을 가진 인물로 대비시켜 설명하였다.[46] 그에 따르면, 김양상은 김경신과 김주원, 김유신 후손 등을 이끌고 김옹 등의 외척세력에게 대항하였고, 그가 혜공왕 10년에 상대등이 되어 점차 권력을 강화하자, 외척 일파인 김은거와 시중 정문, 김지정 등이 반란을 일으켰다는 것이다.

혜공왕이 775년(혜공왕 11)에 親政하면서 정국을 주도하였을 것이라는 논고는 1999년에 발표되었다.[57] 이에 따르면, 774년(혜공왕 10) 3월 이후에 외척인 김옹에게 사망과 같은 신상에 변고가 생기자, 혜공왕이 그 다음 해에 섭정을 물리치고 친정을 하기 시작하였다고 한다. 그가 친정을 지지하는 김양상 등을 등용하여 경덕왕대 및 섭정모후기에 추진한 한화정책을 폐기(官號 復故)하였을 뿐만 아니라 五廟制를 개혁하였는데, 섭정을 지지하는 귀족세력들이 친정세력에게 반발한 것이 김은거, 염상, 김지정 등의 반란이라는 것이다. 이 논고가 발표되기 이전에 혜공왕대의 관호 복고는 중대적인 성격의 부정이 아니라 경덕왕대의 한화정책에 대한 형식적인 비판에 불과하며, 김양상은 반혜공왕파가 아니라 친왕파라는 시각에서 중대 정치사를 조망한 연구자가 있었는데,[50, 58] 그는 혜공왕의 친정론이 제기되자, 그것을 적극 수용하여 김은거와 염상, 김지정의 반란을 친정반대세력이 일으킨 정변이라는 방향으로 논지를 전개하기도 하였다.[43]

혜공왕은 780년 김지정이 반란을 일으키자, 김양상과 김경신 등이 이를 진압하는 과정에서 살해되었다. 『삼국사기』 신라본기에서 김지정의 반란군이 혜공왕을 살해하였다고 하였고, 『삼국유사』 紀異篇 景德王·忠談師·表訓大德條에는 김양상이 혜공왕을 살해하였다고 전한다. 현재 학계에서도 두 가지 설을 둘러싸고 논의가 분분한 실정이다. 혜공왕이 살해된 후에 金良相이 왕위를 이었는데, 그가 宣德王이다. 『삼국사기』의 찬자는 선덕왕대부터를 그 이전과 구별하여 下代라고 시기구분하였다. 왕통이 무열왕 직계에서 내물왕 방계로 바뀌었기 때문이었다. 김양상은 성덕왕의 外孫이었기 때문에 엄밀하게 말해서 중대 왕실과 혈연적으로 무관하다고 말하기 곤란하다. 宣德王 死後에 무열왕계인 金周元과 내물왕 방계인 金敬信이 왕위계승분쟁을 벌여 후자가 승리하였다. 下代 155년 동안 김경신, 즉 元聖王의 후손들이 왕위를 계승하였으므로 실질적인 하대의 시작은 원성왕대부터였다고 정의하여도 크게 잘못은 아닐 듯싶다.

5. 중대 정치사 연구의 전망과 과제

　중대 각 왕대의 정국동향을 둘러싼 연구사를 정리하면서 신문왕과 효소왕, 성덕왕대는 국왕 및 그를 지지하는 측근세력과 진골귀족세력과의 역관계에 초점을 맞추어 정치적 전개를 설명하고, 경덕왕과 효성왕, 혜공왕대는 왕당파와 반전제주의 진골귀족 또는 外戚과 그들에게 소외된 진골귀족의 대립에 초점을 맞추어 정치적 전개를 조망하는 경향이었음을 살필 수 있었다. 종래의 연구에서 外戚의 존재를 중대 정치적 전개에서 중요한 변수로서 고려하는 경향이 강하였다. 고려와 조선시대에 宗室들은 仕宦이 제한되었다. 따라서 두 왕조에서 외척의 정치적 영향력이 강하게 발휘될 수 있었다. 이에 반하여 통일신라에 종실들의 사환을 제한하지 않았다. 종실들을 국가의 요직에 등용하였고, 게다가 왕실은 일반적으로 族內婚을 행하기까지 하였다. 이와 같은 측면을 염두에 둔다면, 중대에 외척이 정국운영에서 중요한 역할을 수행했다고 추단하는 것은 위험하다. 『속일본기』에 효성왕대에 외척이 아닌 金思恭이 大夫(執政大夫)로서 반일외교를 주도하였다고 전하고 있는 것은 단적인 사례의 하나다. 한편 일부 연구자는 金邕이 義忠의 아들이었다는 점과 혜공왕이 775년에 親政하였다는 사실을 전제로 하여 혜공왕대 정치사를 설명하였는데, 그러나 현재 두 가지 사실을 입증해주는 증거 자료가 미비한 상태이기 때문에 이러한 시각에서 혜공왕대 정치사에 접근하는 태도 역시 주의할 필요가 있을 듯싶다.

　전제왕권론자들은 전제왕권과 진골귀족의 역관계에 초점을 맞추어 중대 정치사의 흐름을 개관하였는데, 논지의 전개과정에서 史料에 등장하는 주요 인물들을 왕당파나 반전제주의파로 분류하는 데에 관심을 집중시켰다. 전제왕권론을 비판하는 연구자들은 바로 이러한 전제왕권론자들의 분석 시각을 집중적으로 문제 삼는 경향이 짙었다. 그러나 현재 중대의 사료에 등장하는 인물들의 정치적 성향을 뚜렷하게 규정할 수 있는 자료가 절대적으로 부족한 상황에서 이와 같은 접근 방법은 재고의 여지가 많다. 나아가 중대 정치사의 흐름을 국왕과 진골귀족의 역관계, 또는 외척과 여타 진골귀족과의 역관계에 초점을 맞추어 조망하는 연구방법 역시 중대 정치사의 흐름을 지나치게 단순하고 도식적으로 설명할 위험성이 있기 때문에 주의가 요청된다고 하겠다.

이와 같은 기존 연구의 한계를 극복할 수 있는 代案으로 중대 정치운영의 시스템을 염두에 두고 정치사를 조망하는 연구방법을 들 수 있다. 신라시대에 국가의 정책을 심의하고 결정하는 귀족회의체가 발달하였다. 일반적으로 그것을 화백회의라고 부른다. 통일기에 화백회의(정사당회의 또는 재상회의)를 주재한 사람은 上宰相이었으며, 그를 執政者라고 불렀음이 최근의 연구로 밝혀졌다.[19] 일반적으로 화백회의에서 결정된 사항이 곧바로 국가의 정책으로서 집행되는 것은 아니었다. 거기에서 귀족들이 의논하여 결정된 사항은 국왕에게 上奏되었고, 그의 재가를 받은 이후에 그것은 비로소 국가의 정책으로 집행되었던 것이다. 그것을 집행하는 기관이 바로 집사부를 비롯한 행정관부였다. 집사부는 국왕의 허가를 받은 정책을 집행하는 핵심 기구였던 것이다.

중대에 무열왕계를 비롯한 진골귀족들은 여러 정치세력으로 분화되었다. 그들은 국가의 정책을 둘러싸고 대립 갈등하였을 것이다. 각 세력의 정치적 입장은 화백회의를 통하여 표명되었고, 거기에서 격렬한 논의를 거쳐 결정된 사항은 국왕의 재가를 받아 국가의 정책으로 집행되었다. 만약에 국왕이 여러 정치세력을 통제할 수 있는 능력과 연륜이 있다면, 그는 정치세력의 상호 견제와 균형을 유도하면서 정치적 안정을 도모할 수 있었을 것이고, 그렇지 못할 경우에는 일반적으로 가장 강력한 정치세력의 대표, 즉 執政者가 왕권을 압도하고 정국을 주도하였다고 볼 수 있을 것이다. 대체로 신문왕과 성덕왕, 경덕왕은 전자에 해당하는 국왕이었고, 효소왕과 효성왕, 혜공왕은 후자에 해당하는 국왕으로 분류할 수 있다. 특히 국왕이 어리거나 능력이 부족한 경우에 상재상이 상대등이나 병부령 등 주요 요직을 겸임하면서 막강한 권력을 행사하기도 하였는데, 대표적인 인물로 혜공왕대의 김옹과 김양상을 들 수 있다. 이처럼 국가정책의 결정이나 집행과정을 염두에 두고 통일기의 정치사를 조망한다면, 국왕과 진골귀족과의 역관계에만 초점을 맞추어 정치사를 개괄함에 따라 파생되는 여러 가지 문제점을 나름대로 해소할 수 있을 것으로 기대된다.

이상에서 중대 정치사 연구의 한계와 전망을 지적하여 보았다. 종래의 연구로 인하여 중대 정치사에 대한 이해의 폭이 넓어졌음을 부인하기 힘들다. 그러나 한계도 분명히 존재한다는 점도 부인할 수 없다. 앞으로 종래의 연구성과를 딛고 보다 더 진전된 중대 정치사 연구가 이루어지기를 기대하는 바이다.

참고문헌

1. 노태돈, 2003, 「古·中世 分期 設定을 둘러싼 諸論議」『강좌 한국고대사 -한국고대사연구 100
년-』1, 가락국사적개발연구원.

2. 裵琮道, 1995, 「전제왕권과 진골귀족」『한국역사입문②』중세편, 한국역사연구회.

3. 李泳鎬, 1999, 「統一新羅 政治史 研究의 現況과 方向 -中代의 權力構造를 중심으로-」『백산학
보』52.

4. 정운용, 2006, 「신라 중대의 정치」『한국고대사입문 -신라와 발해-』3, 신서원.

5. 李鍾旭, 1980, 「新羅 中古時代의 聖骨」『진단학보』50 ; 1999, 『新羅骨品制研究』, 一潮閣.

6. 徐毅植, 1994, 「新羅 上代의 王位繼承과 聖骨」『韓國史研究』86.

7. 田美姬, 1997, 「新羅 骨品制의 成立과 運營」, 서강대학교 박사학위논문.

8. 金基興, 1999, 「新羅의 聖骨」『歷史學報』164.

9. 金瑛河, 1988, 「新羅 中古期의 政治過程試論」『泰東古典研究』4.

10. 朱甫暾, 1994, 「毗曇의 亂과 善德王代 政治運營」『李基白教授古稀紀念 韓國史學論叢』上.

11. ______, 1993, 「金春秋의 外交活動과 新羅內政」『韓國學論集』20.

12. 高慶錫, 1995, 「毗曇의 亂의 성격 문제」『韓國古代史論叢』7.

13. 李明植, 1990, 「新羅 中古期의 王權強化過程」『歷史教育論集』13·14合.

14. 南東信, 1992, 「慈藏의 佛教思想과 佛教治國策」『韓國史研究』76.

15. 姜鳳龍, 1992, 「6~7세기 新羅 政治體制의 再編過程과 그 限界」『新羅文化』9.

16. 鄭容淑, 1994, 「新羅 善德王代의 정국동향과 毗曇의 亂」『李基白教授古稀紀念 韓國史學論叢』上.

17. 金壽泰, 1992, 「新羅 專制王權의 確立과 金欽突亂」『新羅文化』9 ; 1996, 『新羅中代政治史研
究』, 一潮閣.

18. 李基白, 1993, 「新羅 專制政治의 成立」『韓國史 轉換期의 문제들』, 지식산업사 ; 1996, 『韓國
古代政治社會史研究』, 一潮閣.

19. 全德在, 2004, 「新羅 和白會議의 性格과 그 變化」『歷史學報』182.

20. 주보돈, 1994, 「남북국시대의 지배체제와 정치」 『한국사 -고대사회에서 중세사회로-』3, 한길사.

21. 고경석, 1997, 「신라 관인선발제도의 변화」 『역사와 현실』23.

22. 전덕재, 2002, 『한국 고대사회의 왕경인과 지방민』, 태학사.

23. 全德在, 2000, 「新羅時代 祿邑의 性格」 『韓國古代史論叢』10 ; 2006, 『한국고대사회경제사』, 태학사.

24. 李基白, 1962, 「上大等考」 『歷史學報』19 ; 1974, 『新羅政治社會史硏究』, 一潮閣.

25. _____, 1964, 「新羅 執事部의 成立」 『震檀學報』25·26合 ; 1974, 『新羅政治社會史硏究』, 一潮閣.

26. _____, 1982, 「統一新羅와 渤海」 『韓國古代史講座』1(古代篇), 一潮閣.

27. 金英美, 1988, 「聖德王代 專制王權에 대한 一考察 -甘山寺 彌勒像·阿彌陀像銘文과 관련하여-」 『梨大史苑』22·23合.

28. 李泳鎬, 1995, 「新羅 中代의 政治와 權力構造」, 경북대학교 박사학위논문.

29. 하일식, 2006, 「통일기의 정치기구와 관료제 운영」 『신라 집권 관료제 연구』, 혜안.

30. 李仁哲, 1991, 「新羅의 中央行政官府」 『白山朴成壽敎授華甲紀念論叢 -韓國獨立運動史의 認識-』 ; 1993, 『新羅政治制度史硏究』, 一志社.

31. _____, 1991, 「新羅 群臣會議와 宰相制度」 『韓國學報』65 ; 1993, 『新羅政治制度史硏究』, 一志社.

32. _____, 1994, 「新羅 中代의 政治形態」 『韓國學報』77 ; 2003, 『新羅政治經濟史硏究』, 一志社.

33. _____, 2003, 「新羅의 王權과 政治構造 -군신회의의 구성원의 변화를 중심으로-」 『新羅文化』22.

34. 申瀅植, 1984, 『韓國 古代史의 新硏究』, 一潮閣.

35. 李基白, 1993, 「統一新羅時代의 專制政治」 『韓國史上의 政治形態』, 一潮閣 ; 1996, 『韓國古代政治社會史硏究』, 一潮閣.

36. 朱甫暾, 1996, 「新羅國家形成期 大邱社會의 動向」 『韓國古代史論叢』8 ; 1998, 『신라 지방통치체제의 정비과정과 촌락』, 신서원.

37. 李泳鎬, 2004, 「신라의 遷都 문제」 『韓國古代史硏究』36.

38. 전덕재, 2004, 「신라 신문왕대 천도론의 제기와 왕경의 재편에 대한 고찰」 『신라학연구』8, 신라학연구소.

39. _____, 2005, 「新羅 里坊制의 施行과 그 性格」 『新羅文化祭學術論文集』26.

40. 金壽泰, 1991, 「新羅 孝昭王代 眞骨貴族의 動向」『國史館論叢』24 ; 1996, 『新羅中代政治史研究』, 一潮閣.

41. 朴海鉉, 1996, 「孝昭王代 貴族勢力과 王權」『歷史學研究』14 ; 2003, 『신라 중대 정치사 연구』, 국학자료원.

42. 金英美, 1985, 「統一新羅時代 阿彌陀信仰의 歷史的 性格」『韓國史研究』50·51合 ; 1994, 『新羅佛敎思想史研究』, 民族社.

43. 李泳鎬, 2003, 「新羅의 王權과 貴族社會 -중대 국왕의 혼인 문제를 중심으로-」『新羅文化』22.

44. 辛鍾遠, 1987, 「新羅 五臺山事蹟과 聖德王의 卽位背景」『崔永喜先生停年紀念論叢』.

45. 金壽泰, 1983, 「新羅 聖德王·孝成王代 金順元의 政治的 活動」『東亞研究』3 ; 1996, 『新羅中代政治史研究』, 一潮閣.

46. 朴海鉉, 2003, 『신라 중대 정치사 연구』, 국학자료원.

47. 全德在, 1997, 「新羅 中代 對日外交의 推移와 眞骨貴族의 動向 -성덕왕~혜공왕대를 중심으로-」『韓國史論』37, 서울대 국사학과.

48. 金壽泰, 1983, 「統一新羅期 專制王權의 崩壞와 金邕」『歷史學報』99·100合 ; 1996, 『新羅中代政治史研究』, 一潮閣.

49. 李基白, 1962, 「景德王과 斷俗寺·怨歌」『韓國思想』5 ; 1974, 『新羅政治社會史研究』, 一潮閣.

50. 李泳鎬, 1990, 「新羅 惠恭王 12년 官號 復故의 意味 -소위 '中代 專制王權 說의 一檢討-」『大邱史學』39 ; 1995, 「新羅 中代의 政治와 權力構造」, 경북대학교 박사학위논문.

51. 朴海鉉, 1997, 「新羅 景德王代 外戚勢力」『韓國古代史研究』11 ; 2003, 『신라 중대 정치사 연구』, 국학자료원.

52. 李昊榮, 1975, 「聖德大王神鐘銘 解釋에 대한 몇가지 문제」『考古美術』125 ; 1997, 『新羅三國統合과 麗濟敗亡原因 研究』, 서경문화사.

53. 鈴木靖民, 1985, 「金順貞·金邕論」『古代對外關係史の研究』.

54. 浜田耕策, 1981, 「新羅の聖德大王神鍾と中代の王室」『呴沫集』3 ; 2002, 『新羅國史の研究』, 吉川弘文館.

55. 李基白, 1958, 「新羅 惠恭王代의 政治的 變革」『社會科學』2 ; 1974, 『新羅政治社會史研究』, 一潮閣.

56. 金壽泰, 1996, 『新羅中代政治史研究』, 一潮閣.

57. 李文基, 1999, 「新羅 惠恭王代 五廟制 改革의 政治的 意味」『白山學報』52.

58. 李泳鎬, 1990, 「惠恭王代 政變의 세로운 解釋」『歷史敎育論集』13·14合 ; 1995, 「新羅 中代의 政治와 權力構造」, 경북대학교 박사학위논문.

발해

임상선 _ 동북아역사재단

1. 1980년대 이후의 연구방향

발해사는 실학시대 유득공의 적극적인 한국사로의 편입 이후, 일제강점기를 거쳐 1960년대 초 북한의 박시형에 의해 고구려계승이 강조되고,[1] 이우성과 이용범에 의해 한국사와의 접점이 모색되었다.[2,3] 그후 발해사가 연구인력이나 내용상으로 새로운 단계에 접어든 것은 바로 1980년대 부터라고 할 수 있다.

이 시기 발해사 연구논문의 숫자를 보면 성격·계승문제, 정치·제도, 외교·군사, 유민, 건국·종족·주민·사회, 문화, 고고성과, 건축 등이 높은 비율을 차지하고 있다.[4] 이 가운데 개별 연구자의 성과[5~13] 이외에, 복수의 연구자들이 참여한 고려대 민족문화연구원의 『渤海史의 綜合的 考察』, 국사편찬위원회의 『한국사』10(발해사), 고구려연구재단의 『새롭게 본 발해사』·『중국의 발해사연구 동향분석』·『고구려와 발해의 계승관계』, 동북아역사재단의 『발해의 역사와 문화』와 같은 전문서도 발간되었다.[14~19] 특히 2002년부터 중국정부 차원에서 추진하고 있는 동북공정에서도 발해사가 핵심적인 분야이고, 중국측이 고구려사도 중국사라고 함에 따라 남북한에서 발해사가 한국사라고 하는 주장이 뿌리채 흔들리게 되었다. 그리하여 국내학계에서는 새삼 중국측의 연구 현황을 분석·비판하고,[20~38] 발해사를 새롭게 인식하려는 노력이 본격화되고 있다.

2. 시기구분

발해의 역사에 대한 이해는 시기구분으로부터 시작한다고 할 수 있다. 발해사 성과가 축적되면서 건국으로부터 멸망에 이르는 각 시기를 특징적인 요소에 따라서 다양하게 구분하려는 시도가 이루어지고 있다. 이와 관련된 주요 성과는 아래의 표와 같다.

구분	시기		명칭		기준
韓圭哲	발해건국기(698-713)		남북 우호기		남북국의 관계(5)
	발해왕권확립기(713-785)		남북 대결기		
	발해왕권 동요와 신라귀족 항쟁기(785-818)		남북 교섭기		
	발해중흥기(818-911)		남북 대결기		
	발해멸망 전(911-926)		남북 교섭기		
宋基豪	대조영 건국(698년) - 簡王 사망 (818년)	고왕 시기	건국기	전기	정치발전, 왕계변화 (선왕)(6)
		무왕, 문왕 시기	발전기		
		廢王 大元義 - 간왕	내분기		
	宣王 즉위(818년)-멸망(926년)	선왕 - 大瑋瑎	융성기	후기	
		大諲譔 시기	멸망기		
林相先	大祚榮- 簡王(大明忠)	고왕-문왕, 4대 大元義	대조영 직계	大祚榮系 시대	발해 왕계 변화(39)
		宏臨, 成王(大華璵)	宏臨系		
		康王(大嵩璘), 定王(大元瑜)·僖王(大言義), 簡王(大明忠)	嵩璘系		
	宣王(大仁秀) - 大諲譔(?)	宣王-大虔晃	大野勃系	大野勃系 시대	
		大玄錫·大瑋瑎·大諲譔	大野勃系(?)		
朴眞淑	727년에서 762년까지		武의 시대		발해의 대일본외교 중심(40)
	762-강왕까지		초기 교역시대		
	선왕 - 대현석대까지		후기 교역시대		
	대건황, 대현석대		文의 시대		
尹載云	건국 - 安史의 亂(755~763)전까지		남북국시대 貿易網 성립기		南北國時代 무역의 양상(41)
	安史의 亂-淄青藩鎭 혁파까지(755~818)		발해 무역우위기		
	청해진 설치 - 청해진 혁파까지(828~851)		신라 무역독점기		
	청해진 혁파 - 발해 멸망, 후삼국시대 시작		무한경쟁 시기		
구난희	727년 752년		교류 성립기		발해와 일본과의 교류(42)
	758년-763년		정치적 격변기 교류		
	771년-799년		교류질서 모색기		
	809년-920년		교류 풍성기		

이상에서 알 수 있듯이, 발해와 신라와의 교섭을 중심으로 시기구분이 이루어지고, 정치 발전과 王系의 변화를 기준으로 발해사회를 전기와 후기로 대별하고 각각을 다시 세분하였다. 이 중에서 文王 사후로부터 宣王 즉위까지 단기간에 여러 번의 왕위교체가 이루어진 것을 이유로 정상적이 아닌 불안한 시기라 하고, 귀족항쟁기[43] 혹은 내분기[6]로 설정하였다. 그러나 이 시기가 宏臨系에서 嵩璘系로의 변화가 있을뿐, 당시 왕들이 어린 나이에 즉위하여 後嗣를 남기지 못하고 사망한 것이 왕위교체의 주요한 배경일 것이라는 지적에서 알 수 있듯이,[39] 불안한 시기라는 설정의 근거가 분명하지 않은 점이 있다.

이밖에 발해와 일본과의 교류를 기준으로 시기를 나누기도 하고, 南北國時代 무역의 양상에 따라 남북국시대가 사실상 끝나는 10세기 초반을 경계로 동북아시아 무역의 주도권이 중국으로 넘어가게 되었다는 견해도 등장하였다.

발해사의 시기구분은 기준을 어디에 두느냐에 따라 그 결과가 달라지지만, 대체적으로 획기가 되는 것은 文王 전후 시기, 그리고 宣王의 즉위시기라는 것에는 이론의 여지가 없다. 특히 제10대 선왕은 大祚榮의 동생 大野勃의 4대손이라 하며, 선왕의 즉위는 단순히 왕계의 교체만을 의미하는 것이 아니라, 발해의 정치 · 사회적인 분위기를 점차 쇄신시켰다는 점에서 시대구분의 획기로 일반적으로 받아들이고 있다.

3. 왕위계승과 지배집단

발해의 왕위계승은 단순한 왕의 사망과 즉위라는 일련의 시간적 흐름이 아니라, 이를 통하여 당시 발해 국가의 가장 절박한 현안으로서 발해 왕권의 구조와 특징을 살필 수 있다.

발해에는 229년 동안 15명의 王이 在位하였는데, 그 왕위계승은 적자계승이 발해 전시기를 통하여 기본 원칙으로 지켜졌으며,[44] 3대 문왕 이후 9세기 전반까지 이루어진 형제간의 왕위계승도 기본적으로는 적자계승원칙의 변형된 형태라고 할 수 있다. 특히 大元義 이후 선왕 즉위까지의 왕위계승의 중요한 변수는 문왕의 아들이었던 宏臨인데, 그는 '早死' 하였다. 정혜공주와 정효공주의 墓誌에 보이는 '東宮'을 宏臨이라고 한다면 사망시 나이가 30~35세 전후가 된다. 그 아들인 成王은 즉위시의 나이가 대략 10~15세 내외가 되어 後嗣 없이 사망하였을 것이다.[39] 이와 달리 성왕의 즉위가 '國人' 세력에 의한 것이었지만, 여전히 권력장악에 한계가 있어 내분 상황이 완전히 수습되지 못하고, 그 결과 성왕의 죽음은 폐왕 대원의 지지세력과 관련이 있을 것이라는 주장도 있었다.[45]

성왕 이후 등장하는 康王 大嵩璘도 문왕의 손자이고 동시에 성왕의 동생이라면 10세 전후에 즉위하여, 사망시에는 25세 전후가 되었을 것이다. 이리하여 강왕 사후, 그의 아들인 定王 大元瑜·僖王 大言義, 그리고 簡王 大明忠이 차례로 형제계승을 하였는데, 그 이유는 대숭린의 나이로 미루어 이들 세 형제의 나이는 成年이 되지 않은 연령이었고, 그 결과 後嗣가 없이 사망함으로써 부득이 형제계승이 이루어졌을 것으로 생각된다.

그리고, 간왕의 사망 이후 선왕의 등장도 대명충이 적자를 남기지 않고 어린 나이에 사망하고, 대인수가 당시의 실권을 장악하고 있었던 것이 중요한 배경이 되어 나타난 王系交替라고 할 수 있다.[39] 또한 大野勃의 후손이라는 선왕의 즉위에 따라 발해 왕실은 대조영보다는 乞乞仲象을 선양하는 것이 자신들의 정통성을 강조하는데 부합하다고 생각하였다는 주장도 제기되었다.[46] 그렇다면 『新唐書』 渤海傳은 宣王系의 발해 세계를 반영한 것이고, 『舊唐書』 渤海靺鞨傳은 그 이전의 大祚榮系의 세계를 반영한 것과 관련이 있을 것이다.

앞에서도 살펴보았듯이 발해의 왕위계승을 이해할 때 주목되는 정치세력이 國人이다. 문왕 사후 대명충까지의 왕위계승은 문왕직계와 이것을 지지하는 國人, 즉 귀족세력의 연합의 결과이고, 당시 왕들의 즉위배경이나 재위기간 등으로 미루어 실권은 국인층이 가지고 있었다. 특히 貞元中 문왕이 東京으로 遷都한 것은 일본과의 관계에서 경제적 이익을 독점하던 국인층의 세력을 배제하려는 조치였을 것으로 설명되어 왔다.[47]

그러나 '國人' 층은 8세기말 文王을 중심으로 上京 지역에 기반을 가진 세력으로서 東京 지역에서 일본과의 무역을 통하여 富를 축적한 대원의계와는 대립적인 입장에 있었고, 나아가 국인층이 왕권을 좌우할 정도의 세력이었다면 귀족층중에서도 右姓家門이 여기에 가장 접근하는 집단이라고 할 수 있다.[48] 『三國史記』와 『三國遺事』에 등장하는 國人은 발해의 경우와 일맥 상통하는 것으로서, 대원의의 즉위가 그의 독자적인 즉위인 듯이 생각되지만 일정한 세력의 뒷받침이 있었을 것이며, 아울러 그를 살해한 國人은 대원의 집단과는 분명히 정치적 성격이 다른 부류일 것이다.[49]

795년에 康王이 일본에 보낸 國書에서 즉위시 관료들이 '감정을 억제하였다'고 한 이 官僚도 앞의 國人과 연결시킬 수 있는 존재이다.[6] 한편 '국인'은 문왕이 추진한 왕권중심의 중앙집권체제를 정비하는 과정에서 성장한 귀족세력이며, 대당관계의 개선과정에서 사면된 親唐派가 주축을 이루었을 것이라는 견해도 제기되었다.[45]

국인 이외에 발해의 세력집단으로 주목되는 것에 南宋의 洪皓가 지은 『松漠紀聞』에 나오는 '十姉妹'와 '右姓', 그리고 지방토착세력인 首領이 있다. 『송막기문』의 이른바 '십자매'는 발해 婦人의 투기에 대한 내용이 아닌 지배세력 속의 정치적 관계를 알 수 있는 자료이고, 이것을 통하여 발해의 王權과 귀족들이 상호 균형적인 관계에 있었음을 알 수 있다.[49] 발해에는 왕의 성인 大氏 이외에 高, 張, 楊, 竇, 烏, 李의 성씨를 右姓이라고 하였는데, 이들은 바로 발해에서의 유력귀족이라고 할 수 있다.[50] 그리고 수령은 중앙정부로부터 관직이나 官品을 받지 않은 세력이며, 이들은 독자성을 강하게 유지하고 있었던 재지지배자들로 발해의 관직체제 밖에 있었다. 그러나 이들이 대외사신단에 참여하였다는 것은 그 세력이 중앙정부에서도 무시하지 못할 정도였음을 알 수 있다.[51] 또한 수령은 시기가 지남에 따라 정치적 역할이나 성격이 변하였고, 발해가 지방제도를 운영할 때 府州縣制를 기본으로 하되, 새로 복속된 지역에서는 羈縻的 성격으로 운영하였다고 하는 견해도 나왔다.[52]

4. 대외교류상의 발해국 위상

대조영은 698년 발해국 건국후, 곧이어 당의 침공 가능성에 대비하여 突厥

에 사신을 보내어 통교하였다. 이것은 두 나라가 공동의 적인 당나라의 세력
에 대항하기 위한 필요에 의해 이루어진 것이다. 8세기초에 접어들면서 당은
정책을 바꾸어 발해를 인정하고 회유하고자 하였다. 『신당서』와 『구당서』의
발해전에 의하면, 당은 中宗이 즉위하여 侍御史 張行岌을 보내 그를 위로하니
대조영은 아들을 보내 入侍하게 하였다. 예종 선천 2년(713)에 崔訢을 보내
대조영을 左驍衛員外大將軍 渤海郡王으로 삼고 아울러 통할하는 지역을 忽
汗州라 하며, 홀한주 都督을 제수하였고, 이때부터 靺鞨이라는 호칭을 버리고
渤海라고만 하였다는 것이다. 그런데 최흔의 발해 사신 왕래를 전하는 遼寧
省 남단의 旅順 黃金山 기슭에 있던 鴻臚井碑의 내용과 '발해군왕'이라는 것
을 근거로 발해의 처음 국호는 '말갈'이고 713년 이후 '발해'로 개칭되었다
고 하며, 나아가 발해가 말갈이 세운 국가라는 주장이 제기되었다.[53, 54]

그러나 '말갈'이나 '발해'라는 국호를 사용한 것은 발해가 아니라 당나라
이다.[55] 당이 발해를 그렇게 불렀다는 것이지, 발해 사람들이 국호를 '말갈'
이나 '발해'라고 하지 않았다. '말갈'은 최흔이 방문한 발해의 수도(오늘날
길림성 돈화시)가 말갈족이 많이 거주하던 지역인 것과 관련성이 깊고, 발해
의 국호라고 보기는 어렵다. 오히려 발해 사람들은 처음에 '진국'(震國, 혹은
振國이라고도 함)이라는 국호를 사용하였다는 것이 『구당서』와 『신당서』의
발해전에 기록되어 있고, '고려' 혹은 '高麗國'도 또다른 국호였을 것이다.[56]

또한 발해군왕으로 册封을 받고, 홀한주도독부가 된 것은 발해가 당 왕조의
하나의 羈縻州이며 지방행정기구가 된 것을 의미하는 동시에, 지방의 민족정
권으로서 唐 왕조와는 중앙과 지방의 관계였으며, 藩屬관계를 의미하는 것이
라고 하였다.[57] 혹은 당조 예속하의 地方民族政權, 즉 한 개의 특수한 邊地州
郡이라는 해석도 등장하였다.[58, 54] 그러나 책봉과 朝貢은 중국을 포함한 고대
동아시아 각국이 서로의 국제관계속에서 보이는 이상과 현실의 괴리를 조화
시켜 이루어낸 독특한 외교형식이었다.[59] 발해가 자주 독립국가였다는 것은
많은 사례를 통해서도 입증된다. 발해는 황제가 사용하는 年號를 武王의 仁
安 이래 거의 전 기간에 걸쳐 독자적으로 사용하였고, 문왕이 자신을 大王, 聖

人 등으로 부르면서 皇上이라 하고, 일본에 보낸 國書에서 스스로 天孫임을 자처하고, 당에서 본 과거시험이 외국인을 상대로 하는 賓貢科였고, 발해와 신라를 『구당서』에 '平盧淄靑節度觀察使', '海運押新羅渤海兩蕃等使'의 관할이라고 하였는데 발해만이 당의 지방정권이라 할 수 없고, 주변의 靺鞨族을 藩國으로 상정까지도 하였다.[60, 38]

당과의 관계와 달리 발해와 신라의 관계는 한국사에서 南北國時代 설정에 중요한 근거가 되기 때문에 매우 중요한 의미를 가지고 있지만, 국외 학계에서는 당의 以夷制夷 정책에 의해 대립의 국면이 지속되는 것으로 파악하고 있다.[61, 62] 그리하여 국내에서의 연구는 발해사가 한국사의 일부임을 입증하는 것에 초점이 맞추어 지고, 그 결과 양국간의 관계를 대립보다는 교류의 측면에서 조망하려고 노력하였다.

남북국의 교섭을 중심으로 이 시기를 연구한 바에 의하면, 건국 직후인 700년 경 발해가 신라에 사신을 파견하며 비롯된 양국 간의 우호 관계는 발해국의 기틀이 어느 정도 확립되어 가면서 깨어지기 시작하고, 결국 당과 신라, 일본과 발해가 서로 연호하며 대립하였다. 文王 末期인 元聖王 6년(790)과 憲德王 4년(812) 두 차례 신라에서 발해에 사신을 파견하여 두 나라는 짧은 교섭을 하였다. 그러나 宣王 大仁秀의 즉위(818)와 함께 발해와 신라는 다시 대립하기 시작하고, 이러한 과정에서 거란의 세력이 강해지는 가운데, 남북국은 마지막의 교섭 시기를 맞게 되고, 발해가 911년 경 新羅에 이어 후삼국의 高麗 등에도 도움을 청하였지만, 남북 대립의 분위기는 신라 및 고려 등이 발해와의 약속에도 불구하고, 오히려 거란을 돕는 결과를 가져왔다.[5]

이밖에 『삼국사기』 地理志에는 발해의 柵城府에서 신라의 泉井郡까지 39개의 驛이 있었다 하고, 『신당서』 발해전에는 양국간의 교통로가 '新羅道' 라 기록하고 있다. 신라도는 신라가 두 번에 걸쳐 발해에 사신을 파견하고, 764년 당의 사신 韓朝彩가 발해에서 신라로 직접 내려갈 때도 이용하는 등, 발해와 신라의 교류를 뒷받침하는 것이다. 신라는 동북쪽의 천정군을 井泉郡으로 개명하고 炭項關門을 설치하였는데, 관문은 내외의 차단과 교섭 창구의 기능을 동시에 가지고 있었다.[63] 또한 9세기말 10세기 초에도 양국간 교섭이 이루어지고 있었다는 것을 발해국 商人들의 활동을 통해서도 알 수 있다. 이들은 중국 동해안의 산동반도와 양자강 사이를 왕래하며 연안 貿易에 종사하고, 이따끔 西海를 횡단하여 新羅의 서쪽 해안에 도착하여 무역 활동을 하고, 이곳에서 다시 渤海 땅으로 이동하기도 하였다. 발해 商人들이 자유로이 신라를 방문하고 다시 발해로 해상 이동하고, 일반인도 육지를 통하여 신라에서 발해로 이동하고 있다는 것을 알 수 있다.[64]

이밖에 발해는 武王 때인 727년에 처음으로 일본에 사신을 파견하였으며 이후 양국은 지속적으로 교류관계를 유지해 왔다. 발해는 일본을 34차례 방문하였고 일본 또한 발해를 13차례 방문했다. 이러한 횟수는 같은 시기 신라와 발해간에 이루어진 교류는 말할 것도 없고, 신라와 일본간의 교류와 비교해 보더라도 매우 빈번하였다.

국내 학계는 1980년대에 이르러서 본격적으로 양국 교류에 관심을 갖기 시작하면서 이 분야에 대하여 전반적으로 재검토를 하고 있다. 727년 발해의 일본으로의 사신파견은 발해만의 필요에 의한 것이 아니고, 일본의 필요도 있었고, 특히 750년대 후반 일본의 이른바 '신라침공계획' 이 주목받았다. 일본학계는 이 계획을 일본과 발해가 군사동맹을 맺고 신라를 침공하고자 한 사건이라고 보지만, 필요이상의 과잉해석이라는 비판이 제기되었다.[65, 66] 당시 발해사신의 방문은 모두 일본의 초빙에 의해 이루어지고, 발해사신의 귀국길에 일본사신이 동행하고 있는 것으로 보아, 당시 양국교류를 긴밀하게 추진해야만 하는 일본 내부의 절실한 필요가 있었고, 그것은 다름이 아닌 집권자 藤原仲麻呂의 집권 위기 타개였다고 한다.[67]

그후 양국교류는 8세기 후반을 경계로 군사적인 목적에서 경제적인 목적으로 전환되고,[68, 69] 이 과정에서 발해는 신라의 경우와는 달리 민간상인의 활약이 거의 보이지 않고, 公使 자신이 실질적으로는 상인으로서 대일무역에 종사하기도 하였다고 한다.[70] 일본학계에서 발해와 일본간의 정치적 관계에 대하여 대륙침략기부터 현재까지도 '발해 = 일본의 朝貢國 혹은 附庸國' 으로

보려는 경향이 있지만,[71] 이것은 발해가 일본측의 요구를 들어준 것을 실제적
인 국가의 위상을 반영하는 것으로 잘못 해석한 것이라고 할 것이다.[72]

5. 발해의 고구려계승의식

발해는 건국 초기부터 대외적으로도 스스로 고구려와의 연관성을 표명하
였다.[18] 당나라는 713년 대조영의 적자인 무예를 桂婁郡王으로 삼았고, 720년
에 무왕의 아들 대도리행도 계루군왕으로 책봉을 하였다. 이것은 발해 왕실
이 고구려와 일정한 관계가 있다는 것을 당에서도 알고 있었다는 것을 의미한
다.[6] 727년에는 최초로 일본에 파견된 발해 사신이 가져간 글에서 무왕은 '高
麗의 옛땅을 수복하고 夫餘의 풍습을 지니고 있다' 며 고구려계승의식을 분명
히 표방하였다.

문왕 시대에는 '天孫' 과 '皇上' 이란 칭호를 사용하였다.[60] 천손이라는 말
은 壹萬福을 대사로 한 사신 일행이 771년 일본에 도착하여 이듬해 일왕에게
전달한 발해왕이 보낸 국서에 등장하며, 옛날 고구려 때와 같이 양국관계를
형제로서 칭하지 않고 舅甥으로서 칭하였다는 내용이 있었다. 발해가 천손
칭호를 사용한 것은 고구려의 천손의식의 계승을 뒷받침하는 것이었다.[1, 73]
이와 더불어 정혜공주와 정효공주의 묘지에 문왕을 높여서 당시에 '대왕',
'聖人', '황상' 등으로 불렀음을 알 수 있다. 문왕 후기에 천손이란 칭호와 함
께 황제의 칭호가 사용된 것을 알 수 있다.

『續日本紀』에는 759년 발해사신을 高麗蕃客으로 표기한 뒤로부터 778년
大綱公廣道를 送高麗客使로 삼는 데에까지 高麗란 말이 발해와 병용되고 있
다. '고려' 란 기록에 대해서는 대일외교를 위한 외교적인 용어라거나,[74] 혹은
발해가 고구려 후계국가라는 사실을 부정하기 위한 방편으로 이 자료가 허구
라는 주장까지도 나오고 있다.[75, 76, 53]

그러나 발해가 727년 일본에 처음 사신을 보냈을 때부터 발해는 "고구려 옛
땅을 수복하였다"고 하였으니, 그러한 고구려 계승의식이 이 시기에 와서 본
격적으로 표방되기 시작한 것으로 보아야 한다. 발해의 고구려 계승의식은

단순히 정략적 차원이 아니라 과거의 강대국이었던 고구려를 계승하였다는 자존심을 바탕으로 한 것이었다.[77] 771년 일본에 보낸 국서에서 자신을 천손이라고 칭하고, 발해를 장인의 나라로 일본은 사위의 나라로 규정하려 들었던 것도 이러한 사실을 뒷받침 한다. 고구려 계승의식은 문왕 때에 실시된 일련의 개혁정책에 따라 국력이 크게 신장됨으로써 더욱 강화되었으며, 마침내는 문왕 후기에 고려국을 표방하였던 것으로 여겨진다. 이에 맞추어 일본에서 761년과 777년에 각기 高麗大山과 高麗殿嗣와 같은 고구려계 인물을 발해에 사신으로 파견하였다.

이밖에 언어에서도 발해어가 고구려어를 계승한 것이라는 연구도 있다. 『續日本紀』에 의하면 741년 발해 사신 已珍蒙 일행이 일본 조정에서 新羅學語와 나란히 서 있었다. 이것은 발해 사신들과 신라학어간에 서로 언어소통이 가능하였기에 취해진 조치로서 발해 사신이 신라어[78] 혹은 고구려어[79]를 사용하였다는 것을 말해주는 것이라고 한다.

참고문헌

1. 박시형, 1962, 「발해사연구를 위하여」『력사과학』1962-1.

2. 李龍範, 1964, 「渤海史研究의 回顧와 國史」『韓國思想』1964-7.

3. 李佑成, 1975, 「南北國時代와 崔致遠」『創作과 批評』10-4.

4. 한규철, 2003, 「한국의 발해사 연구에 대하여」『인문과학논총』2집, 경성대학교 인문과학연구소.

5. 韓圭哲, 1994, 『渤海의 對外關係史 - 南北國의 形成과 展開』, 신서원.

6. 宋基豪, 1995, 『渤海의 政治史研究』, 一潮閣.

7. 林相先, 1999, 『발해의 지배세력 연구』, 신서원.

8. 金玫志, 2000, 「渤海 服飾 研究」, 서울대 박사학위논문.

9. 李秉建, 2001, 「渤海 24개돌 유적에 관한 建築的 研究」, 건국대 박사학위논문.

10. 全炫室, 2004, 「대외관계를 중심으로 본 발해 남자 복식 연구」, 가톨릭대 박사학위논문.

11. 李孝珩, 2004, 「渤海遺民史研究 - 고려와의 관계를 중심으로」, 부산대 박사학위논문.

12. 金恩國, 2005, 「渤海 對外關係의 展開와 性格」, 중앙대 박사학위논문.

13. 金東宇, 2006, 「渤海 地方統治體制 研究」, 고려대 박사학위논문.

14. 韓圭哲 外, 2000, 『渤海史의 綜合的 考察』, 高麗大學校 民族文化研究院.

15. 국사편찬위원회 편, 1996, 『한국사』10-발해사, 국사편찬위원회.

16. 고구려연구재단 편, 2005, 『새롭게 본 발해사』, 고구려연구재단.

17. _______________, 2004, 『중국의 발해사연구 동향분석』, 고구려연구재단.

18. 한규철 외, 2005, 『고구려와 발해의 계승관계』, 고구려연구재단.

19. 동북아역사재단 편, 2007, 『발해의 역사와 문화』, 동북아역사재단.

20. 韓圭哲, 2003, 「中國의 渤海史 研究 動向과 渤海國의 西邊 問題」『한중관계사 연구의 성과와 과제』, 국사편찬위원회.

21. 임상선, 2004, 「중국의 시기별 발해사 연구동향」『중국의 발해사 연구 동향 분석』, 고구려연구 재단.

22. ______, 2004, 「중국의 발해 건국자와 주민구성 연구동향」『중국의 발해사 연구 동향 분석』, 고구려연구재단.

23. 윤재운, 2004, 「중국의 발해 국가성격 연구 동향」『중국의 발해사 연구 동향 분석』, 고구려연구재단.

24. ______, 2004, 「중국의 발해 유적·유물 연구동향」『중국의 발해사 연구 동향 분석』, 고구려연구재단.

25. 김은국, 2004, 「중국의 발해 대외교류 연구동향」『중국의 발해사 연구 동향 분석』, 고구려연구재단.

26. ______, 2004, 「중국의 발해 멸망과 유민 연구동향」『중국의 발해사 연구 동향 분석』, 고구려연구재단.

27. 김정희, 2004, 「중국학계의 발해국, 발해사의 정체성 인식」『중국의 동북공정 논리와 그 한계』(한국사론40), 국사편찬위원회.

28. 임상선, 2005, 「중국의 발해 도성 연구와 복원」『중국의 한국고대문화연구 분석』, 고구려연구재단.

29. ______, 2005, 「중국학계의 발해·고구려 역사연구 비교」『중국의 동북공정과 중화주의』, 고구려연구재단.

30. 윤재운, 2005, 「중국의 발해 문화 인식」『중국의 한국고대문화연구 분석』, 고구려연구재단.

31. 김은국, 2005, 「발해시기 말갈에 대한 중국학계의 인식」『중국의 한국고대사 연구 분석』, 고구려연구재단.

32. 정진헌, 2005, 「강역으로 본 계승관계」『고구려와 발해의 계승관계』, 고구려연구재단.

33. 한규철, 2005, 「주민구성으로 본 계승관계」『고구려와 발해의 계승관계』, 고구려연구재단.

34. 이남석, 2005, 「유적으로 본 계승관계」『고구려와 발해의 계승관계』, 고구려연구재단.

35. 문명대, 2005, 「유물 - 미술로 본 계승관계」『고구려와 발해의 계승관계』, 고구려연구재단.

36. 김정희, 2005, 「문화상으로 본 계승관계」『고구려와 발해의 계승관계』, 고구려연구재단.

37. 김정희, 2006, 「발해사의 귀속문제와 唐代의 羈縻府州 제도」『북방사논총』10, 고구려연구재단.

38. 송기호, 2006, 「대외관계에서 본 발해 정권의 속성」『한국 고대국가와 중국왕조의 조공·책봉 관계』, 고구려연구재단.

39. 林相先, 1997, 「渤海의 王位繼承」『韓國 古代의 考古와 歷史』, 姜仁求 編, 學研文化社.

40. 朴眞淑, 2001, 「渤海의 對日本外交 研究」, 忠南大 박사학위논문.

41. 尹載云, 2002,「南北國時代 貿易研究」, 고려대 박사학위논문.

42. 구난희, 2007,「발해와 일본」,『발해의 역사와 문화』, 동북아역사재단.

43. 韓圭哲, 1983,「新羅와 渤海의 政治的 交涉過程 -南北國의 사신파견을 중심으로-」,『韓國史研究』43, 한국사연구회.

44. 酒寄雅志, 1979,「渤海王權の一考察 -東宮制を中心として-」,『朝鮮歷史論集』上卷, 旗田巍先生古稀記念會 편, 龍溪書舍 ; 林相先 편역, 1990,『渤海史의 理解』, 도서출판 신서원.

45. 김종복, 2001,「발해 폐왕·성왕대 정치세력의 동향」,『역사와 현실』41, 한국역사연구회.

46. 金鍾福, 2003,「渤海 政治勢力의 推移研究」, 성균관대 박사학위논문.

47. 酒寄雅志, 1979,「渤海國家の史的展開と國際關係」,『朝鮮史研究會論文集』6, 龍溪書舍.

48. 林相先, 1988,「渤海의 遷都에 대한 考察」,『淸溪史學』5, 청계사학회.

49. 임상선, 1998,「渤海 支配勢力의 政治的 役割」,『先史와 古代』10, 韓國古代學會.

50. _____, 1996,「사회·경제구조」,『한국사』10-발해사, 국사편찬위원회.

51. 宋基豪, 1997,「渤海 首領의 성격」,『韓國 古代·中世의 支配體制와 農民』, 지식산업사.

52. 김동우, 2006,「渤海의 地方統治體制의 운영과 그 변화」,『韓國史學報』24, 고려사학회.

53. 金香, 1989,「關于渤海國的若干民族問題」,『社會科學戰線』1989-1 ; 최태길 역, 1990,「발해국의 일부 민족문제에 대하여」,『발해사연구』1, 연변대학출판사.

54. 魏國忠·朱國忱·郝慶云, 2006,『渤海國史』, 中國社會科學出版社.

55. 김종복, 2005,「발해 國號의 성립배경과 의미」,『韓國史研究』128, 한국사연구회.

56. 임상선, 2005,「발해의 건국과 국호」,『새롭게 본 발해사』, 고구려연구재단.

57. 王承禮, 1984,『渤海簡史』, 黑龍江省人民出版社 ; 宋基豪 역, 1987,『발해의 역사』, 翰林大 아시아 文化研究所.

58. 李殿福·孫玉良, 1987,『渤海國』, 文物出版社.

59. 이성제, 2005,「중국의 고구려 '册封·朝貢' 問題 연구 검토」,『중국의 한국 고대사 연구 분석』, 고구려연구재단.

60. 宋基豪, 1993,「발해 文王代의 개혁과 사회변동」,『韓國古代史研究』6, 한국고대사학회.

61. 浜田耕策, 1978,「唐朝における渤海と新羅の爭長事件」,『古代東アジア史論集』下, 吉川弘文館 ; 林相先 편역, 1990,『渤海史의 理解』, 도서출판 신서원.

62. 古畑徹, 1986,「唐渤紛爭の展開と國際情勢」,『集刊東洋學』55 ; 林相先 편역, 1990,『渤海史의 理解』, 도서출판 신서원.

63. 宋基豪, 1989, 「東아시아 國際關係 속의 渤海와 新羅」 『韓國史市民講座』 5, 일조각.

64. 임상선, 2000, 「渤海人 李光玄과 그의 道敎書 檢討」 『韓國古代史硏究』 20, 韓國古代史學會.

65. 한규철, 1993, 「발해와 일본의 신라협공계획과 무산」 『중국문제연구』 5, 경성대학 중국문제연구소.

66. 구난희, 1999, 「8세기 중엽 발해·신라·일본의 관계 일본의 신라침공계획을 중심으로 」 『韓日關係史硏究』 10, 한일관계사학회.

67. 구난희, 1998, 「日本의 新羅侵攻計劃 추진 의도」 『靑藍史學』 2, 靑藍史學會.

68. 石井正敏, 1974, 「初期日渤交涉における一問題 -新羅征討計劃中止との關連をめぐって-」 『史學論集對外關係と政治文化』 1, 吉川弘文館.

69. 孫玉良, 1982, 「略述大欽茂及其統治下的渤海」 『社會科學戰線』 1982-4.

70. 尹載云, 2001, 「渤海의 王權과 對日貿易」 『韓國史學報』 11, 高麗史學會.

71. 酒寄雅志, 1985, 「渤海國中臺省牒の基礎的硏究」 『日本古代の政治と社會』, 林陸郎先生還曆記念會 編, 續群書類從完成會.

72. 具蘭憙, 1999, 「8世紀 後半 日本의 對外關係에 관한 고찰 -渤海와의 關係를 중심으로-」 『日本歷史硏究』 10, 日本歷史學會.

73. 盧泰敦, 1985, 「對渤海 日本國書에서 云謂한 "高麗舊記"에 대하여」 『邊太燮博士華甲記念史學論叢』, 三英社.

74. 石井正敏, 1975, 「日渤交涉における渤海高句麗繼承國意識について」 『中央大學大學院硏究年報』 4 ; 임상선 편역, 1990, 『渤海史의 理解』, 신서원.

75. 崔紹憲, 1979, 「渤海族的形成與歸向」 『遼寧師範學院學報』 1979-4.

76. 姜守鵬, 1980, 「從古代文獻看渤海國的族屬問題」 『求是學刊』 1980-3.

77. 盧泰敦, 1985, 「渤海國의 住民構成과 渤海人의 族源」 『韓國古代의 國家와 社會』, 一潮閣.

78. 구난희, 2007, 「발해와 일본」 『발해의 역사와 문화』, 동북아역사재단.

79. 고광의, 2007, 「발해의 언어·문자·문학」 『발해의 역사와 문화』, 동북아역사재단.

신라 하대 · 후삼국

조인성 _ 경희대학교 사학과

1. 하대의 개막, 진골귀족의 상쟁과 연립

『삼국사기』에 따르면 신라사는 상대(시조 - 진덕왕), 중대(무열왕 - 혜공왕), 하대(선덕왕 - 경순왕)로 나누어진다고 한다. 삼대의 시대구분은 지금도 통용되고 있는데, 중대와 하대의 차이와 관련하여 왕계의 변화가 주목되었다. 중대의 여러 왕들은 모두 무열왕의 자손들이었다. 이에 대해 선덕왕과 원성왕은 나물왕의 후손이었다고 하고, 원성왕 다음의 김씨 왕들은 모두 원성왕의 후손이었다. 이 점에서 중대는 무열왕계의 시대였고, 하대는 복고내물왕계 혹은 원성왕계의 시대였다는 것이다[1]. 그런데 하대의 첫 왕 선덕왕은 성덕왕의 외손으로 무열왕계와 혈연적으로 연결되었다. 그것은 그가 정치적으로 대두할 수 있었던 배경 중의 하나였던 것으로 여겨지고 있다. 그리고 선덕왕이 죽은 후 왕통은 원성왕과 그 후손들에게 넘어 갔다. 이러한 점 등으로 선덕왕대는 과도기적인 성격을 지니는 것으로 보는 견해가 많으며, 하대는 실질적으로 원성왕으로부터 시작되었다고 보는 것이 일반적이다.

하대 156년 동안 모두 20명의 왕이 재위하였다. 그러므로 하대의 정치사를 다시 몇 시기로 나누어 보는 것이 필요하다. 우선 진성왕 이후를 한 시기로 묶을 수 있다. 진성왕 3년(889)부터 시작된 전국적인 농민봉기와 견훤과 궁예의 대두를 고려한다면 이는 일리가 있다. 하대의 특징적인 현상으로 알려져 있는 왕위다툼은 신무왕의 즉위로 일단락되었고, 이후에는 전과 같은 양상을 찾을 수 없다. 그러므로 진성왕 이전은 다시 신무왕 전과 후로 구분할 수 있다.[7] [13] 왕계와 정치세력의 변화를 기준으로 원성왕과 인겸계기(선덕왕 - 흥덕왕),

원성왕계 내의 예영계기(희강왕 - 헌안왕), 경문왕계기(경문왕 - 효공왕), 박씨 왕계와 경순왕기(신덕왕 - 경순왕)로 나누기도 한다.[123]

선덕왕이 그 6년(785) 후사가 없이 죽자 재상이었던 김주원(무열왕계)과 김경신이 왕위를 놓고 다투었다. 그 결과 김경신이 즉위하여 원성왕이 되었다. 헌덕왕 14년(822)에는 김주원의 아들인 웅천주 도독 김헌창이 국호를 장안, 연호를 경운이라고 하고 반기를 들었고, 같은 왕 17년(825) 정월에는 김헌창의 아들 범문이 반란을 꾀하기도 하였지만 실패하였다. 이렇게 하여 무열왕계의 도전은 실패로 끝났는데, 왕위 다툼은 원성왕계 내부에서도 있었다. 우선 애장왕의 숙부였던 김언승은 왕을 시해하고 즉위하였다. 그가 헌덕왕이었다. 헌덕왕의 동생으로 형의 뒤를 이었던 흥덕왕이 그 11년(836) 후사가 없이 죽자 치열한 왕위다툼이 벌어졌다. 그리하여 희강왕(836), 민애왕(838), 신무왕(839)이 잇달아 즉위하였다. 그 와중에 유력한 왕위계승 후보자였던 상대등 균정과 희강왕, 민애왕이 희생되었다.

이상의 정치 변동과 관련하여 종래 주목받은 것은 상대등이었다. 김양상은 즉위 당시 상대등이었다. 김경신이 자신보다 상위에 있었고, 왕위 계승 서열에 있어서 앞섰던 것으로 여겨지는 김주원을 제치고 왕위에 오를 수 있었던 것도 상대등의 지위를 이용하였기 때문이었다고 본다. 이는 중대에 그 정치적 지위가 하락하였던 상대등이 다시 정치적 실권을 장악하게 되었음을 의미한다고 한다. 이후 신무왕까지 왕의 가까운 친척들이 주로 상대등에 취임하였고, 왕위계승을 둘러싼 정권의 변동과 다툼이 상대등을 중심으로 이루어지는 경우가 많았던 것도 이를 반영하는 것이라고 한다.[7] 이에 대해 상대등은 친왕적인 성격의 관직이었으며, 수상과 귀족회의의 의장으로서 국무를 총리하였던 그 지위와 기능이 중·하대에도 변함이 없었다는 견해가 있고,[72] 하대 왕위 계승의 주된 요소는 상대등 직에 있었는가의 여부보다 전왕과의 혈연관계나 무력에 의한 찬탈 등이었다는 견해도 있다.[119, 120] 단 신무왕 즉위까지 한정해서 본다면 상대등이 정치 변동의 중심이었다는 점은 인정할 수 있지 않을까 한다.

아울러 왕실을 포함한 유력 진골귀족 가문의 여러 가계들이 하나의 사회적, 정치적 단위로 기능하였음도 특징으로 지적되었다.[7] 김주원의 자손 중 김헌창-범문계는 반란을 일으켰지만, 김헌창의 형제였던 김종기계는 그와 무관하게 정치적으로 건재하였다. 흥덕왕 사후에는 원성왕의 두 아들인 인겸태자계(김명 = 민애왕)과 예영태자계(균정), 예영태자의 두 아들인 균정계(우징 = 신무왕)와 헌정계(제릉 = 희강왕)가 서로 얽혀 싸웠던 것이다.

골품제의 원리에 따르면 진골귀족의 후손은 특별한 결격 사유가 발생하지 않는 한 그 신분을 그대로 유지할 수 있었고, 따라서 진골귀족의 수는 계속 늘어났다. 이러한 상황에서 일단 진골이니 무열왕계나 원성왕계라고 하는 큰 범위의 연대의식은 약화되고, 보다 좁은 범위의 가계 구성원들이 결집하게 되었던 것으로 풀이된다.[26] 그런데 형제 혹은 사촌과 같이 아주 좁은 범위에서 가계가 분지하게 된 배경이나 이것이 골품제의 변화와 어떤 연관성을 갖는 것인지에 대해서는 좀 더 해명이 필요할 듯하다.

진골귀족들은 다수의 노비와 조상 전래의 사유지를 비롯하여 목장 등을 소유하고 있었다. 경덕왕 16년(757) 부활된 녹읍도 이들의 경제력에 보탬이 되었다. 이러한 경제적 부가 진골귀족들의 왕위다툼의 한 배경이었다는 지적이 있다. 그들은 부를 바탕으로 노비나 유민을 모집하여 무장시켜 사병으로 삼아 왕위다툼에 동원하였다.[2] 또 문객을 모으기도 하였는데, 이들은 진골귀족의 전장(농장)이나 목장의 관리 등에 종사하기도 하고, 사병 혹은 그 지휘관이 되기도 하였다.[20] 왕위다툼의 경제적 배경(측면)에 대한 연구가 기대된다.

신무왕은 즉위 후 약 반년 만인 839년 7월에 사망하였고, 태자 경응이 왕위에 오르니 그가 문성왕이었다. 이때로부터 왕위를 놓고 대립 투쟁하였던 왕실의 두 가계 즉 균정계와 헌정계가 혼인을 매개로 연합하였다. 뿐만 아니라 헌안왕을 이어 그 사위인 응렴이 즉위함에 이르러(경문왕), 왕통은 균정계에서 헌정계로 넘어갔다. 경문왕 이후 차례로 왕이 된 헌강왕, 정강왕, 진성왕은 모두 경문왕의 자식들이었고, 진성왕을 이은 효공왕은 헌강왕의 아들이었다. 그러므로 이 시기는 경문왕계의 시대라고 할 수 있다. 문성왕대와 경문왕대에 모반 사건이 몇 차례 있었지만, 흥덕왕 사후에 있었던 것과 같은 격렬한 왕위다툼은 더 이상 발생하지 않았다. 곧 이어 보게 될 바와 같이 진골귀족들의 상쟁은 지방 세력이 대두하는 기회가 되었던 것으로 여겨진다. 이에 진골귀족들은 한편으로는 서로 대립 충돌하면서도 또 다른 한편으로는 이에 공동으로 대처할 필요를 느꼈던 듯하다.

정국의 안정을 배경으로 왕실은 왕권 강화를 추구하였다. 이와 관련하여 근시기구의 확장이 주목받았다. 하대에 집사성이 귀족적인 성격을 갖게 되자 종래 왕의 단순 시종기관이었던 세택을 중사성으로 재개명하고, 비서실의 기능을 부여함으로써 국왕을 중심으로 일종의 내조를 형성하였다고 한다. 아울러 이 시기에 한림대가 서서원으로 개명되고, 학사 및 직학사제가 시행되는 등 문한기구가 승격 내지 확장되었던 점도 주목받았다. 여기에는 주로 유교적 정치이념을 소유한 6두품 출신 유학자들이 등용되어 국왕의 측근세력을 형성하였다는 것이다.[21] 이는 경문왕과 헌강왕이 6두품 출신의 유학적 소양이나 실무 능력이 있는 인재를 등용하고, 이들을 양성하기 위해 국학을 국자감으로 개편하였다는 견해[57]와 상통한다.

헌강왕대 신라는 일시 전성기를 다시 맞는 듯하였다. 그는 6년(880) 9월 9일 좌우 근신과 더불어 월상루에 올라 금성(경주)의 풍요를 즐기기도 하였다. 진골귀족들은 금입택으로 상징되는 부를 누렸다. 하지만 이는 지방 농민들의 희생에 기초한 것으로 곧 이어 전국적인 농민 봉기를 불러 왔다.[13] 뿐만 아니라 진성왕, 효공왕의 무리한 즉위는 정국의 혼란을 초래하였다. 왕실은 여왕의 즉위에 따른 종교적, 신비적 역할과 혈통의 신성성을 강조하였지만 마치 상대말의 상황을 연상하게 하는 복고적 의식의 강화로는 문제를 해결할 수 없었다. 그 결과 신덕왕, 경명왕, 경애왕의 박씨 왕실이 성립하였다.[56] 박씨는 상고기에 왕족이었고, 중고기에는 왕비족이었지만 중대 이후 그 세력이 크게 약화되었다고 여겨지고 있다. 박씨 왕실의 등장은 일종의 이변이라고 할 수 있다. 신덕왕은 국인의 추대를 받아 즉위하였다고 하는데, 그가 헌강왕의 사위이기는 하였지만 귀족회의에서 하필 박씨를 왕으로 추대하였던 배경[68]에 대해서는 좀 더 논의가 필요할 것으로 생각한다. 박씨왕을 비진골왕으로 보는 견해도 있거니와,[100] 과연 그러한 것인지, 만약 그렇다면 박씨 왕의 등장이 골품제의 종말과 관련하여 어떤 의미가 있는 것인지[17] 좀더 규명되어야 할 부분이 남아 있다고 본다.

위기의 신라를 구하려는 노력이 없었던 것은 아니었다. 이와 관련하여 6두품 지식인들의 활동이 주목받았다. 특히 진성왕 8년(894) 최치원이 올렸다는 시무 10여조에 대한 관심이 컸다. 그 내용은 전하지 않지만, 유교적 정치이념에 기반한 것으로 능력에 따른 인재 등용에 관한 것이 포함되었을 것이라고 한다.[14] 또한 호족의 대두나 농민 봉기에 대한 대처 방안도 제시되었을 것이다. 그런데 이러한 내용의 개혁안은 진골귀족들의 정치적, 경제적 이익에 반하는 것으로 실현될 수 있는 성질의 것이 아니었다고 본다.[118] 한편 최치원이 지방에 대한 통제력을 강화하려는 방안으로서 당의 지주군주사제를 모델로 한 지주제군사제의 시행을 건의하였고, 그것이 받아들여져 시행되었다고 보는 견해도 있다.[48]

이 시기 6두품세력에 대한 연구는 주로 최치원에 집중되었고, 그 성과도 상당하다. 이에 그를 정면으로 다룬 연구들 중 대표적인 것들을 소개하는데 그치기로 하겠거니와,[115, 129] 이는 그가 신라 말 최고의 지식인이었고, 상대적으로 관련 자료가 많이 남아 있음에서 비롯된 것이다. 그런데 지나치게 최치원 개인에게 초점을 두거나 경우에 따라서는 그를 미화하는 경향도 있음을 지적해둔다. 한편 왕경이 아닌 지방에서도 유교적 소양을 지닌 지식인들이 등장하였고, 그들이 후백제와 태봉 그리고 고려에서 활약하였음을 지적한 연구도 있다.[60, 64]

2. 호족의 대두와 농민봉기

신문왕 5년(685) 9주와 5소경을 골간으로 하는 통일신라의 지방조직이 정비되었다. 주와 소경은 물론 주 관할의 군현에도 지방관이 파견되었다. 외사정은 지방관을 감찰하였다. 10정은 9주의 치안과 국방을 맡았다. 지방은 행정적, 군사적으로 잘 조직되었고, 왕권이 지방에까지 두루 미칠 수 있었다. 하지만 진골귀족들의 상쟁으로 말미암아 중앙 정부의 지방에 대한 통제력은 약화되었다. 그 결과 중앙 정부에 대해 독립적인 태도를 취하는 지방세력가들이 대두하였다. 흔히 이들을 호족이라고 부른다.[79]

그런데 호족이라는 용어의 문제점을 지적하는 견해도 있다. 가령 호족은 일본사나 중국사에서 고대적인 개념으로 사용되었던 것이므로 그것을 나말 여초의 지방 세력에 적용하는 것이 적절하지 못하다는 것이다. 이에 호족을 대신하여 향호 혹은 지방세력 등의 용어를 사용하기도 한다.[47, 55] 한편 호족은 지방 세력 집단을 가리키는 용어이므로 유력자 개인을 가리키는 용어로는 성주가 적절하다는 의견도 있다. 이에 따르면 흔히 성주와 병칭되는 장군은 개념적으로도 다르고, 중앙에서 파견된 관인을 나타내기도 한다는 점에서 적절한 용어가 아니라고 한다.[114] 이와 달리 지방 유력자들은 성주 뿐만 아니라 장군 혹은 帥 등으로 불렸다고 보기도 한다.[127]

호족의 선구적인 인물은 장보고였다고 할 수 있다. 그는 청해진의 군사력과 경제력를 바탕으로 왕위다툼에도 관여하여 우징이 신무왕으로 즉위하는 데 결정적인 도움을 주었다. 이를 계기로 장보고는 정계의 실력자로 떠올랐지만, 지방인인 그의 대두는 골품제와 진골귀족들의 특권을 위협하는 일이었다. 그는 문성왕 8년(846) 봄 암살당하였고, 청해진은 문성왕 13년(851)에 폐지되었다.[130] 하지만 호족의 대두는 이제 거스를 수 없는 대세가 되었다.

호족은 여러 가지 점에서 중앙 정부에서 파견하였던 지방관과 달랐다. 지방관은 일정한 기간 동안 왕을 대리하여 해당 지역을 다스리는 존재였다. 이에 비해 호족의 지배권은 대를 이어 세습되거나 혹은 실력에 의해 바뀌기도 하였다. 뿐만 아니라 호족은 스스로의 관직제도를 갖추고 이를 통하여 영역의 백성들을 지배하였다. 이를 관반이라고 하였는데, 중앙 정부 혹은 주나 소경 등의 관제를 본 따 만든 것이었다고 한다. 지방에 따라 차이가 있지만, 대체로 당대등 - 대등 아래에 병부, 창부 등의 관부와 관직이 설치되었다. 고려 성종 2년(983) 외관의 파견에 즈음하여 이들은 호장, 부호장 등으로 명칭이 바뀌고,

지방 행정의 말단을 담당하는 장리(향리)가 되었다.[23] 그런데 호족의 구체적인 통치 방식 다시 말해 농민들을 어떻게 동원하였는지, 조세 수취는 어떠하였는지 등에 대해서는 앞으로 연구가 필요하다.

일정 영역 내에 대호족과 중소호족(토호)이 중층적으로 존재하였으며, 이러한 사정은 고려 초기의 지방제도 개편에 반영되었음은 일찍부터 지적되었다. 최근에는 이와 관련하여 성주들이 1개 군현 내에 여럿이 독자적으로 존재하면서 군현 단위의 친연성을 매개로 연합관계를 맺었다고 하는 견해[114]에 대해 성주·장군은 군현의 읍치성을 장악하여 군현 전체를 지배하였다고 하는 설도 제시되었다.[127]

호족과 국왕의 관계에 대해서는 크게 두 가지 설이 대립하여 왔다. 양자의 관계를 상호 호혜적인 것으로 보고, 국왕은 호족을 통해 지방을 간접 지배하였다고 보는 견해가 있다. 이는 이른바 호족연합정권설의 입장으로서 현재의 통설이라고 할 수 있다.[16] 하지만 이와 달리 양자가 군신적 상하관계였다고 하는 주장도 있는 것이다.[36, 40] 그런데 호족은 신라 말로부터 고려 초에 이르기끼지 상당 기간 존재하였고, 따라서 호족과 국왕의 관계는 정치적 상황에 따라 가변적이었다고 보는 것이 합리적인 듯하다. 이러한 입장에서 9세기 말에는 양자가 반란 혹은 타협의 관계였다가 후삼국 정립기에는 연합 혹은 복속의 관계로 변하였고, 후삼국 통일 후에는 호족이 중앙 귀족 혹은 지방 향족이 되었다고 파악하기도 한다.[109]

진성왕 3년(889) 국내 여러 주군에서 세금(공부)을 바치지 아니하여 왕이 사자를 보내어 독촉하니 도처에서 농민들이 봉기하였다. 이 때 원종과 애노 등은 사벌주에서 반기를 들었는데, 토벌군이 두려워 할 정도로 위세가 컸다. 이후에도 농민봉기는 전국적으로 계속되었다. 진성왕 10년(896)에는 금성의 서남 방면에서 붉은 바지로 표식으로 삼는 도적떼가 출현하였다. 적고적이라고 불렀던 이들은 금성의 서부 모량리의 인가를 노략하고 갔다. 이제 왕경조차도 더 이상 안전지대가 아니었다. 농민들이 등을 돌림으로써 신라의 경제적 토대는 무너졌다. 농민봉기는 신라의 실질적 종말을 의미하는 것이었다.

농민들은 세금 독촉에 맞서 봉기하였다고 전한다. 이는 그들에게 부과된 세금이 지나치게 무거웠음을 알려 준다. 신라 하대에 귀족들은 녹읍과 전장의 확보에 노력하였다. 사원도 농토를 기증받거나 사들였고, 때로는 겸병하였다. 이것들은 합법적으로 혹은 불법적으로 조세 부과 대상에서 제외되었을 것이다.[6, 65] 뿐만 아니라 농민들의 처지가 열악하여 흉년이라도 들면 그들은 유민이 되기도 하였다. 고리대로 인하여 혹은 자진하여 귀족이나 사원의 노비가 되는 경우도 적지 않았을 것으로 예상된다. 세금을 부담하여야 할 농민은 감소하고, 이로 말미암아 남은 농민들의 세금 부담은 커질 수밖에 없었다.

농민봉기의 원인을 녹읍제의 구조적인 문제점과 관련하여 파악하는 견해도 있다. 경덕왕 16년(757) 녹읍이 부활된 후 촌락 사회는 녹읍을 매개로 한 귀족관리들의 사적 지배와 지방관의 공적 지배 하에 놓이게 되었는데, 중앙집권력이 약화되면서 전자가 강화되어 자의적이고 과중한 수취가 가능하게 되었다고 한다. 농민층의 경제적 처지가 열악해지면서 유민이 증가하게 되고, 그에 따라 녹읍민도 감소하게 되었고, 그 결과 남아 있는 녹읍민들에게 더 많은 경제적 부담을 강요함으로써 농민층의 항쟁을 불렀다는 것이다.[85] 한편 촌공동체를 기본단위로 운용된 연수유전답제의 구조적 한계에서 농민봉기의 원인을 찾기도 한다. 이에 따르면 전조는 각 촌에서 실제 경작한 연수유전답의 면적과 관계없이 촌락장적에 파악된 면적을 기준으로 정액으로 부과되었고, 그 납부는 촌 내 농민들의 공동책임이었다고 한다. 이러한 상황에서 농민의 계급분화현상이 심화되고, 촌을 떠나는 유민이 늘어나게 되면서 촌에 남은 사람들의 전조 부담이 증가하게 되고, 다시 이들이 유민이 되는 악순환이 계속되었으며, 결국 농민들이 봉기하게 되었다는 것이다.[91]

농민봉기를 이 무렵 지방관을 대신하여 지방의 실권자로 등장하였던 호족과의 관계에서 파악해볼 여지가 있다. 기록에는 주군에서 세금을 바치지 않자 주군에 세금의 납부를 독촉하였다고 하거니와, 주군의 실체에 대해서 관심을 가질 필요가 있다. 아울러 이 시기 농민들의 불만이나 세계관도 봉기를 유도한 원인 중의 하나로 고려될 수 있을 것이다. 흥덕왕 3년(828) 한산주 표천

현(임진강 부근?)의 어떤 자가 빨리 부자가 될 수 있는 술법을 갖고 있다고 하면서 여러 사람들을 끌어들이자 왕은 그를 먼 섬에 버리도록 조처하였던 일이 있었다. 이에서 가난한 농민들의 심리적 상태를 엿볼 수 있다. 이러한 관점에서 당시 널리 퍼져 있었던 말세의식이 주목되었다. 말세란 불법이 사라진 후 오는 악독하고 어지러운 세상을 가리킨다. 일부 농민은 말세의 중생을 구제할 미륵불의 하생을 대망하는 경우도 있었을 것으로 보이는데, 이 세상에 이상세계가 실현될 것이라는 미륵신앙은 현실에 대한 그들의 불만을 고조시켰을 것이라고 보는 견해도 제시되었다.[93]

3. 후백제와 태봉

견훤은 효공왕 4년(900) 완산주(전주)를 도읍으로 삼고, 의자왕의 원한을 갚겠다고 선언하면서 백제왕을 자칭하였다. 다음 해(901)에는 송악(개성)의 궁예가 고구려를 대신하여 복수할 것을 선언하면서 고려를 세웠다. 이상에서 알 수 있듯이 견훤과 궁예는 각각 백제와 고구려의 부흥을 내세웠다. 이는 신라와 적대하기 위한 명분이기도 하였다. 또한 백제와 고구려 유민들의 호응을 얻기 위함이기도 하였다. 신라는 백제와 고구려를 무너뜨린 후 '일통삼한' 곧 삼국 통일을 이루었음을 자부하였다. 그 옛 땅에도 원 신라지역과 마찬가지로 주를 두고 군현제를 실시하여 그 백성들을 신라인으로 포섭하였다. 그럼에도 불구하고 그 곳에는 신라 말에도 자신들을 백제와 고구려의 후예라고 생각하였던 주민들이 살고 있었던 것이다. 이로써 마치 삼국시대가 재현된 것 같은 형세가 되었다. 후삼국시대가 시작되었던 것이다. 그런데 『삼국사기』 등에는 견훤, 궁예의 부정적인 측면이 강조되어 있고, 반면 왕건은 긍정적으로 묘사되어 있어 주의를 요한다.[28]

견훤은 상주 가은(문경 가은)의 호족 아자개의 아들이라고 알려져 있다. 이는 『삼국사기』의 기록을 따른 것인데, 한편 『삼국유사』에는 광주 북촌의 부자 집 딸과 지렁이 사이에서 견훤이 출생하였다는 설화가 전한다. 상주출신설의 입장에서는 이를 견훤이 무진주(광주)에 들어온 이후 무진주 토호의 딸과 혼인한 것을 전하는 것으로 풀이한다.[53, 67] 반면 견훤이 여러 차례 상주 일대를 공격하였다는 점, 태조 원년(918) 아자개가 고려에 귀부하였던 점 등을 들어 견훤과 아자개가 부자 사이라는 점에 의문을 품고 견훤이 광주 출신일 것이라는 설이 일찍이 제기된 바 있거니와,[11] 견훤이 서남해 방수에 종사하였던 점, 그의 세력 중 무진주 일대의 호족 출신이 많다는 점 등을 근거로 이를 지지하는 견해도 있다.[108]

견훤은 종군하여 왕경에 들어간 후 서남해 군진의 방수군으로 복무하여 그 지휘관으로 출세하였다. 그는 진성왕 3년(889) 전국적으로 번진 농민봉기를 틈타 반기를 들었다. 같은 왕 6년(892)에는 무주(광주)를 점령하고, 스스로 왕이라고 할 수 있을 정도의 대세력가가 되었다. 견훤은 처음 자신이 지휘하였던 군진의 휘하 병력을 토대로 서남해안의 해상세력을 규합하였던 것으로 여겨진다. 이에 더하여 경제적 부담이 컸던 농민들이 호응하였고,[98, 111] 주에 설치되었던 신라의 공병 조직이 견훤의 세력으로 흡수되었다고 보기도 한다.[110]

견훤이 세력을 크게 확장하고 건국할 수 있었던 것은 호족들과 결합함으로써였다고 한다. 예컨대 그의 사위였던 박영규와 지훤은 각각 승주(순천)의 장군과 무주의 성주였다. 견훤은 여러 명의 부인을 두었다고 하는데, 무주와 완주의 호족들의 딸들을 왕비로 맞아들였을 것으로 여겨지고 있다. 그는 혼인을 통하여 호족들을 포섭하였던 것이다. 그러므로 후백제 견훤정권은 호족연합정권으로 출발하였다고 본다.[78]

견훤은 넷째 아들인 금강을 왕으로 삼으려고 하였다. 이에 큰 아들 신검과 둘째, 셋째인 양검, 용검 등이 반발하여 경순왕 9년, 태조 18년(935) 견훤을 금산사에 가두고, 금강을 죽인 후 신검이 왕위에 올랐다. 신검 등의 외가는 후백제 전기에 정권을 장악하였던 무주의 호족이었던 반면 금강의 외가는 완주의 호족으로서 후에 등장하였던 것으로 보인다. 견훤의 혼인정책으로 지배세력이 되었던 호족들이 왕위 다툼의 배경이 되었던 것으로 풀이된다.[46]

『삼국사기』에는 궁예가 헌안왕 혹은 경문왕의 아들이었다고 전한다. 이에 따라 종래 그가 누구의 아들인가를 밝히려는 노력이 있었다. 반면 궁예가 자신의 가계를 고귀한 것으로 꾸미고, 신라에 대한 반란의 당위성을 부여하기 위하여 왕자설을 자작한 것으로 보기도 하였다.[33] 여하튼 고려시대에도 궁예의 부왕에 대한 두 가지 설이 존재하였음을 보면 궁예왕자설에는 석연치 않은 점이 있다고 하겠다.

궁예는 진성왕 8년(894) 명주(강릉)에서 자립하여 장군이 되었다. 진성왕 10년(896) 무렵에는 철원을 기반으로 개국할 수 있을 정도로 세력을 모았다. 궁예가 처음에는 승려로서의 경험을 살려 미륵이 하생하는 이상세계의 출현을 내세우면서 불만 농민들을 포섭하여 기반으로 하였지만, 후에는 호족들과의 제휴를 통하여 건국하였으리라고 보는 견해가 있다. 구체적으로 평산 박씨 가문을 비롯한 패서호족들과 송악의 왕건 집안 등이 궁예의 건국에 기여하였으며, 그 결과 궁예정권은 호족연합정권으로서 출범하였다는 것이다.[81]

궁예는 광평성을 최고 관부로 하는 중앙정치조직을 마련하였다. 광평성에 대해서는 이것이 신라의 화백, 고려의 내사문하성(중서문하성)에 해당한다는 견해와 이를 신라의 집사부에 비기는 견해가 있다. 절충적인 견해로서 행정 관부이면서도 화백과 통하는 면이 있었다고 알려진 신라 하대의 집사성과 그 성격이 통한다고 보기도 한다. 이는 광평성이 호족들의 이해를 대변하는 관부였다는 파악이다. 내봉성은 태봉대에 서열 제 2위의 관부로 중요시되었다. 내봉성은 그 이름에서 짐작할 수 있듯이 국왕의 측근에서 왕명을 받드는 관부로서 관리들의 인사뿐만 아니라 감찰도 함께 담당하였다고 한다. 이는 태봉대에 궁예가 전제주의를 추구하였을 반영하는 것으로 본다.[69] 한편 이 때 새롭게 설치된 순군부의 정체에 대해서는 그것이 군사지휘권의 통수부라는 설로부터 지방을 순행하면서 호족들의 군사력을 감독하고 동원하는 기구라는 설까지 다양한 견해가 제출되어 있다.[137]

태봉대에 궁예는 미륵불임을 자칭하였다. 그는 국왕이자 미륵불로서 권력을 오로지하려고 하였다. 이에 그가 신정적 전제주의를 추구하였다고 본다. 궁예는 미륵관심법을 터득하였다고 내세웠다고 하는데, 말 그대로 남의 마음을 알아낼 수 있다는 그것을 통해 부인의 비밀 뿐만 아니라 반역의 음모를 알아내어 처벌하였다고 한다. 이는 태봉대에 관리들을 감찰을 담당하는 내봉성이 중요시되고, 또 자신을 보호하고 군부의 동태를 감시하기 위해 내군을 새롭게 설치하였던 것과 짝하는 면이 있다.[69] 그런데 궁예가 추구하였던 전제주의가 하필 신정적이었던 이유는 분명하지 않다.

경명왕 2년(918) 정변이 일어나 궁예가 축출되고, 왕건이 즉위하여 다시 나라 이름을 고려라고 하였다. 경순왕 9년, 태조 18년(935) 신검에 의해 유폐되었던 견훤이 고려에 망명하였고, 이어 신라의 경순왕도 고려에 항복하였다. 태조 19년(936) 고려는 군대를 동원하여 후백제를 멸망시키고, 후삼국을 통일하기에 이르렀다. 골품제는 왕경인의 특권을 보장하는 것이었다. 그 정점에서 온갖 특권을 누렸던 것은 왕경의 진골귀족이었다. 고려의 귀족들도 개경에 살았지만 그들 대부분은 본래 지방 출신이었다. 뿐만 아니라 이제 지방 세력이 중앙으로 진출할 수 있는 길이 열렸다. 이 점에 고려의 후삼국 통일의 중요한 의미가 있다.[58]

참고문헌

1. 末松保和, 1949,「新羅三代考」『史學雜誌』55-5·6 ; 1954,『新羅史の諸問題』, 東洋文庫.

2. 李基白, 1957,「新羅 私兵考」『歷史學報』9 ; 1974,『新羅政治社會史研究』, 一潮閣.

3. ______, 1958,「新羅 惠恭王代의 政治的 變革」『社會科學』2 ; 1974,『新羅政治社會史研究』, 一潮閣.

4. 旗田巍, 1960,「高麗王朝成立期の府と豪族」『法制史研究』10 ; 1972,『朝鮮中世社會史の研究』, 法政大學出版局.

5. 金鍾國, 1961,「高麗王朝成立過程の研究」『立正史學』25.

6. 金哲埈, 1962,「新羅 貴族勢力의 基盤」『人文科學』7, 연세대 ; 1975,『韓國古代社會研究』, 知識産業社.

7. 李基白, 1962,「上大等考」『歷史學報』19 ; 1975,『韓國古代社會研究』, 知識産業社.

8. 井上秀雄, 1961,「新羅政治制度の變遷過程」『古代史講座』4, 學生社 ; 1974,『新羅史基礎研究』, 東出版.

9. 金哲埈, 1964,「後三國時代의 支配勢力의 性格에 對하여」『李相佰博士 回甲記念論叢』; 1975,『韓國古代社會研究』, 知識産業社.

10. 邊太燮, 1964,「廟制의 變遷을 通하여 본 新羅社會의 發展過程」『歷史敎育』8.

11. 金庠基, 1966,「甄萱의 家鄕에 對하여」『가람李秉岐博士頌壽論文集』.

12. 井上秀雄, 1968,「新羅朴氏王系の成立」『朝鮮學報』47 ; 1974,『新羅史基礎研究』, 東出版.

13. 李佑成, 1969,「三國遺事所載 處容說話의 一分析」『金載元博士回甲紀念論叢』; 1991,『韓國中世社會研究』, 一潮閣.

14. 李基白, 1970,「新羅 骨品制下의 儒敎的 政治理念」『大東文化研究』5·6 ; 1986,『新羅思想史研究』, 一潮閣.

15. ______, 1974,「新羅 下代의 執事省」『新羅政治社會史研究』.

16. 河炫綱, 1974,「高麗王朝의 成立과 豪族聯合政權」『한국사』4, 국사편찬위원회.

17. 李鍾恒, 1975,「新羅의 下代에 있어서 王種의 絶滅에 대하여」『法史學研究』2.

18. 申瀅植, 1977,「新羅史의 時代區分」『韓國史研究』18.

19. 木村誠, 1977,「新羅の宰相制度」『人文學報』118, 東京都立大.

20. 盧泰敦, 1978,「羅代의 門客」『韓國史研究』21・22.

21. 李基東, 1978,「羅末麗初 近待機構와 文翰機構의 擴張」『歷史學報』77 ; 1980,『新羅骨品制社會와 花郎徒』, 韓國研究院.

22. ______, 1978,「新羅 金入宅考」『震檀學報』45 ; 1980,『新羅骨品制社會와 花郎徒』, 韓國研究院.

23. 金光洙, 1979,「羅末麗初의 豪族과 官班」『韓國史研究』23.

24. 吳星, 1979,「新羅 元聖王系의 王位交替」『全海宗博士華甲紀念 史學論叢』, 一潮閣.

25. 李基東, 1979,「新羅 下代 賓貢及第者의 出現과 羅唐文人의 交驩」『全海宗博士華甲紀念 史學論叢』; 1980,『新羅骨品制社會와 花郎徒』, 韓國研究院.

26. ______, 1980,「新羅 下代의 王位繼承과 政治過程」『歷史學報』85 ; 1980,『新羅骨品制社會와 花郎徒』, 韓國研究院.

27. ______, 1981,「新羅衰亡史觀의 槪要」『韓㳓劤博士停年紀念 史學論叢』, 知識產業社.

28. G. Cameroon Hurst III, 1981, "The Good, The Bad and The Ugly : Personalities in the Founding of the Koryo Dynasty" *Korean Studies Forum* 7 ; 李道學 譯, 1989,「王建・弓裔・甄萱의 再評價」『우리文化』3・4월호.

29. 金東洙, 1982,「新羅 憲德・興德王代의 改革政治」『韓國史研究』39.

30. 尹炳喜, 1982,「新羅 下代 均貞系의 王位繼承과 金陽」『歷史學報』96.

31. 尹熙勉, 1982,「新羅 下代의 城主・將軍」『韓國史研究』39.

32. 申虎澈, 1982,「弓裔의 政治的 性格」『韓國學報』29.

33. 洪淳昶, 1982,「變動期의 政治와 宗敎 -後三國時代를 中心으로-」『人文研究』2, 영남대.

34. 金周成, 1983,「新羅 下代의 地方官司와 村主」『韓國史研究』41.

35. 金貞淑, 1984,「金周元世系의 成立과 그 變遷」『白山學報』28.

36. 朴菖熙, 1984,「高麗初期 '豪族聯合政權 說에 대한 檢討」『韓國史의 視角』, 永信文化社.

37. 李明植, 1984,「新羅 下代 金周元系의 政治的 立場」『大丘史學』26.

38. 李貞信, 1984,「弓裔政權의 成立과 變遷」『鄭在覺博士古稀紀念 東洋學論叢』, 고려원.

39. 金壽泰, 1985,「新羅 宣德王・元聖王의 王位繼承」『東亞研究』6, 서강대.

40. 嚴成鎔, 1985,「高麗初期王權과 地方豪族의 身分變化」『高麗史의 諸問題』, 三英社.

41. 魏恩淑, 1985,「나말여초 농업생산력 발전과 그 주도세력」『釜大史學』9.

42. 李培鎔, 1985,「新羅 下代 王位繼承과 眞聖女王」『千寬宇先生還曆紀念 韓國史學論叢』, 正音文化社.

43. 鄭淸柱, 1986,「弓裔와 豪族勢力」『全北史學』10 ; 1996,『新羅末 高麗初 豪族研究』, 一潮閣.

44. 崔圭成, 1986, 「弓裔政權의 支持勢力」『東國史學』19 · 20 ; 2005, 『高麗 太祖 王建 研究』, 주류성.

45. 南在祐, 1987, 「羅末麗初 豪族의 經濟的 基盤」『慶南史學』4.

46. 申虎澈, 1987, 「後百濟의 支配勢力에 대한 分析」『李丙燾博士九旬紀念 韓國史學論叢』, 知識産
　　　業社 ; 1993, 『後百濟甄萱政權研究』, 一潮閣.

47. 李純根, 1987, 「羅末麗初 '豪族' 용어에 대한 연구사적 검토」『성심여자대학교논문집』19.

48. 全基雄, 1987, 「羅末麗初의 地方社會와 知州諸軍事」『慶南史學』4.

49. 崔圭成, 1987, 「弓裔政權의 性格과 國號의 變更」『상명여자대학교 논문집』19 ; 2005, 『高麗 太
　　　祖 王建 研究』, 주류성.

50. 陰善赫, 1987, 「新羅下代 地方의 吏와 豪族」『全南史學』1.

51. 金昌謙, 1988, 「新羅 景文王代「修造役事」의 政治史的 考察」『閔丙河教授停年紀念 史學論叢』,
　　　成東文化社.

52. 배종도, 1989, 「新羅下代의 地方制度 개편에 대한 고찰」『學林』11.

53. 申虎澈, 1989, 「甄萱의 出身과 社會的 進出」『東亞研究』17, 서강대 ; 1993, 『後百濟甄萱政權
　　　研究』, 一潮閣.

54. ＿＿＿, 1989, 「新羅의 滅亡과 甄萱」『충북사학』2.

55. 李純根, 1989, 「羅末麗初 地方勢力의 構成形態에 관한 一研究」『韓國史研究』67.

56. 全基雄, 1989, 「新羅 下代末의 政治社會와 景文王家」『釜山史學』16.

57. 田美姬, 1989, 「新羅 景文王 · 憲康王代의「能官人」登用政策과 國學」『東亞研究』17.

58. 洪承基, 1989, 「後三國의 분열과 王建에 의한 통일」『韓國史市民講座』5 ; 2001, 『高麗政治史
　　　研究』, 一潮閣.

59. 金甲童, 1990, 『羅末麗初의 豪族과 社會變動研究』, 高麗大學校 出版部.

60. 金周成, 1990, 「신라말 · 고려초의 지방지식인」『湖南文化研究』19.

61. 浜中昇, 1990, 「신라말기 · 고려초기의 城主 將軍에 대해서」『李佑成教授定年退職紀念論叢 民
　　　族史의 展開와 그 文化』上, 創作과 批評社.

62. 李泳鎬, 1990, 「新羅 惠恭王代 政變의 새로운 解釋」『歷史教育論集』13 · 14.

63. 李鍾旭, 1990, 「新羅下代의 骨品制와 王京人의 住居」『新羅文化』7.

64. 全基雄, 1990, 「羅末麗初 地方出身 文士層과 그 역할」『釜山史學』18.

65. 金昌錫, 1991, 「통일신라기 田莊에 관한 연구」『韓國史論』25, 서울대.

66. 李基東, 1991, 「新羅 興德王代의 政治와 社會」『國史館論叢』21.

67. 申虎澈, 1991,「後百濟와 관련된 여러 異說들의 종합적 검토」『國史館論叢』29 ; 1993,『後百濟甄萱政權硏究』, 一潮閣.

68. 曺凡煥, 1991,「新羅末 朴氏王의 登場과 그 政治的 性格」『歷史學報』129.

69. 趙仁成, 1991,「泰封의 弓裔政權 硏究」, 서강대 박사학위논문.

70. 李明植, 1992,「新羅 元聖王系의 分枝化와 王權崩壞」『張忠植博士華甲紀念論叢』.

71. 李泳鎬, 1992,「新羅 貴族會議와 上大等」『韓國古代史硏究』6.

72. 李仁哲, 1992,「8·9세기 新羅의 支配體制」『韓國古代史硏究』6.

73. 李在範, 1991,「後三國時代 弓裔政權의 硏究」, 성균관대 박사학위논문.

74. 李賢淑, 1992,「新羅末 魚袋制의 成立과 運用」『史學硏究』43·44.

75. 崔圭成, 1992,「弓裔政權下의 知識人의 動向」『國史館論叢』31 ; 2005,『高麗太祖王建硏究』, 주류성.

76. 洪承基, 1992,「弓裔王의 專制的 王權의 追求」『許善道先生停年紀念 韓國史學論叢』, 一潮閣 ; 2001,『高麗政治史硏究』, 一潮閣.

77. 金昌謙, 1993,「新羅時代 太子制度의 性格」『韓國上古史學報』13.

78. 申虎澈, 1993,「甄萱政權의 成立」, 1993,『後百濟甄萱政權硏究』, 一潮閣.

79. _____, 1993,「後三國時代 豪族聯合政治」『韓國史上의 政治形態』; 2002,『後三國時代 豪族硏究』, 개신.

80. 李仁哲, 1993,「新羅 支配體制의 崩壞와 軍事組職」『新羅政治制度史硏究』, 一志社.

81. 趙仁成, 1993,「弓裔의 勢力形成과 建國」『震檀學報』75.

82. 申虎澈, 1994,「豪族勢力의 成長과 後三國의 鼎立」『韓國古代史硏究』7 ; 1993,『後百濟甄萱政權硏究』, 一潮閣.

83. 全基雄, 1994,「新羅末期 政治 社會의 動搖와 六頭品知識人」『韓國古代史硏究』7.

84. _____, 1994,「新羅下代의 花郎勢力」『新羅文化』10·11.

85. 전덕재, 1994,「신라 하대의 농민항쟁」『한국사』4, 한길사.

86. 權英五, 1995,「新羅 元聖王의 즉위 과정」『釜大史學』19.

87. 金昌謙, 1995,「新羅 元聖王의 卽位와 金周元系의 動向」『申延澈敎授停年退任紀念 史學論叢』, 일월서각.

88. 徐毅植, 1995,「9세기 말 新羅의 '得難' 과 그 成立過程」『韓國古代史硏究』8.

89. 윤선태, 1995,「신라 귀족의 족병」『역사비평』29.

90. 국사편찬위원회, 1996,『한국사』11.

91. 李喜寬, 1996, 「統一新羅 土地制度의 特質」『新羅文化』13.

92. 全基雄, 1996, 「羅末麗初 政治史의 연구와 이해방향」『지역과 역사』1.

93. 趙仁成, 1996, 「彌勒信仰과 新羅社會」『震檀學報』82.

94. 하일식, 1996, 「신라 정치체제의 운영원리」『역사와 현실』20.

95. 음선혁, 1997, 「新羅 敬順王의 즉위와 高麗 歸附의 정치적 성격」『全南史學』11.

96. 丁善溶, 1997, 「弓裔의 勢力形成 過程과 都邑 選定」『韓國史研究』97.

97. 황선영, 1998, 「新羅下代 金憲昌 亂의 성격」『釜山史學』35.

98. 金壽泰, 1999, 「後百濟 甄萱政權의 成立과 農民」『百濟研究』29.

99. 金壽泰, 1999, 「全州遷都期 甄萱政權의 變化」『韓國古代史研究』5.

100. 金昌謙, 1999, 「新羅 下代 孝恭王의 卽位와 非眞骨王의 王位繼承」『史學研究』58·59.

101. ______, 1999, 「新羅 元聖王系 王의 皇帝·皇族的 地位와 骨品 超越化」『白山學報』52.

102. 李文基, 1999, 「新羅 金氏王室의 小昊金天氏 出自觀念의 標榜과 變化」『歷史敎育論集』23·24.

103. 李泳鎬, 1999, 「統一新羅 政治史 研究의 현황과 방향」『白山學報』52.

104. 曺凡煥, 1999, 「新羅末 花郞勢力과 王位繼承」『史學研究』57.

105. 權英五, 2000, 「新羅下代 왕위계승분쟁과 閔哀王」『韓國古代史研究』19.

106. 백제연구소 편, 2000, 『후백제와 견훤』, 서경문화사.

107. 이정신, 2000, 「신라하대 농민항쟁의 특징」 *International Journal of Korean History* 1, 고려대.

108. 邊東明, 2000, 「甄萱의 出身地 再論」『震檀學報』90.

109. 申虎澈, 2000, 「後三國時代 豪族과 國王」『震檀學報』89 ; 1993, 『後百濟甄萱政權研究』, 一潮閣.

110. 李文基, 2000, 「甄萱政權의 軍事的 基盤」『후백제와 견훤』.

111. 李喜寬, 2000, 「甄萱의 後百濟 建國過程上의 몇 가지 問題」『후백제와 견훤』.

112. 강봉룡, 2001, 「견훤의 세력기반 확대와 전주정도」『후백제 견훤정권과 전주』, 주류성.

113. 金基興, 2001, 「新羅 處容說話의 역사적 진실」『역사교육』80.

114. 윤경진, 2001, 「나말여초 성주(城主)의 존재양태와 고려의 대성주정책」『역사와 현실』40.

115. 張日圭, 2001, 「崔致遠의 社會思想 研究」, 국민대 박사학위논문.

116. 전북전통문화연구소, 2001, 『후백제 견훤정권과 전주』.

117. 조법종, 2001, 「후백제 甄萱의 역사계승인식」『후백제 견훤정권과 전주』.

118. 趙仁成, 2001, 「「朗慧和尙塔碑銘」의 撰述과 崔致遠」『성주사와 낭혜』, 서경문화사.

119. 권영오, 2002, 「신라하대 왕위계승과 상대등」『지역과 역사』10.

120. 金昌謙, 2002, 「新羅 下代 王位繼承과 上大等」『白山學報』63.

121. 南東信, 2002, 「羅末麗初 전환기의 지식인 崔致遠」『강좌 한국고대사』8, 가락국사적개발연구원.

122. 후백제문화사업회, 2002, 『후백제의 대외교류와 문화』.

123. 金昌謙, 2003, 『新羅 下代 王位繼承 研究』, 景仁文化社.

124. 강문석, 2004, 「철원환도 이전의 궁예정권 연구」『역사와 현실』57.

125. 權英五, 2004, 「김위홍과 진성왕대 초기의 정국운영」『大丘史學』76.

126. 송은일, 2004, 「新羅下代 景文王系의 成立」『全南史學』22.

127. 崔鍾奭, 2004, 「羅末麗初 城主·將軍의 정치적 위상과 城」『韓國史論』50, 서울대.

128. 최홍조, 2004, 「신라 애장왕대의 정치변동과 金彦昇」『한국고대사연구』34.

129. 곽승훈, 2005, 『최치원의 중국사 탐구와 사산비명 찬술』, 韓國史學.

130. 권덕영, 2005, 「장보고 연구의 현황과 과제」『장보고연구논총』IV, 해사.

131. 金昌謙, 2005, 「신라 憲安王의 卽位와 그 治績」『新羅文化』26.

132. 宋銀日, 2005, 「신라하대 憲康王의 친정체제 구축과 魏弘」『新羅史學報』5.

133. 李基東, 2005, 「9세기 신라사 이해의 기본과제」『新羅文化』26.

134. 全基雄, 2005, 「眞聖女王代의 花郎 孝宗과 孝女知恩 說話」『韓國民族文化』25, 부산대.

135. ______, 2005, 「憲康王代 정치사회와 ‘處容郎 望海寺’ 條 설화」『新羅文化』26.

136. 權悳永, 2006, 「新羅下代 西·南海域의 海賊과 豪族」『韓國古代史研究』41.

137. 권영국, 2006, 「고려 초 徇軍部의 설치와 기능의 변화」『韓國史研究』135.

138. 金敬愛, 2006, 「新羅 元聖王의 卽位와 下代 王室의 成立」『韓國古代史研究』41.

139. 李基東, 2006, 「후삼국시대의 전개와 신라의 종언」『新羅文化』27.

140. 李道學, 2006, 「新羅末 甄萱의 勢力 形成과 交易」『新羅文化』28.

141. 李明植, 2006, 「新羅末 朴氏王代의 展開와 沒落」『大丘史學』83.

142. 張日圭, 2006, 「숭복사비명과 경문왕계 왕실」『歷史學報』192.

143. 全基雄, 2006, 「신라말 효공왕대의 정치사회 변동」『新羅文化』27.

144. 全德在, 2006, 「泰封의 地方制度에 대한 考察」『新羅文化』27.

145. 정호섭, 2006, 「신라 하대의 사회변동」『한국고대사입문』3, 신서원.

146. 趙仁成, 2006, 「弓裔의 後高句麗 건국과 관련한 두 문제」『新羅文化』27.

147. 趙法鍾, 2006, 「후백제와 태봉관련 연구동향과 전망」『新羅文化』27 ; 『한국고대사입문』3.

148. 黃善榮, 2006, 「新羅下代 景文王家의 王位繼承과 政治的 推移」『新羅文化』27.

고조선 중심지 문제

오영찬 _ 국립중앙박물관

1. 연구의 흐름

고조선 중심지에 대해서는 전통시대 이래 오랜 연구 전통을 가지고 있다. 잘 알려진 바와 같이 『三國遺事』, 『三國史記』의 지명 주석에서 시작하여, 조선 전기의 『東國通鑑』, 『東國輿地勝覽』 등에서도 다루었으며, 양란 이후 실학자들을 중심으로 활발한 논의가 진행되었다. 韓百謙, 丁若鏞 등은 浿水의 고증에서 출발하여 고조선의 강역을 한반도 내로 비정하였는데, 당시 실학자들의 입장은 한국사를 축소하려고 했던 것이 아니라 오히려 청에 대한 주체성을 견지하기 위한 민족주의의 발로에서였던 것으로 이해할 수 있다. 반면 李瀷, 李種徽 등은 만주에서 고조선을 구하였는데 이는 만주에 대한 관심이 높아져 상고사 연구에서도 이러한 인식이 반영된 것으로 해석된다.[18]

일제 강점기에는 한반도에서 청동기시대조차 설정되지 않았으므로, 국가 단계의 고조선에 대해서는 문헌고증적인 지명 비정 이상의 본격적인 연구는 이루어지기 힘든 상황이었다.

해방 이후 북한학계에서는 일제 강점기의 금석병용기시대론을 극복하고, 유물사관에 입각한 역사발전 단계를 체계화하는 과정에서 고조선에 대한 해명에 적극적인 관심을 기울였다. 이 과정에서 고조선의 중심지 문제가 대두되어, 1960년대 초까지 고조선의 중심지를 요령성 일대에 비정하는 遼寧說과, 평양 일대에 비정하는 平壤說, 그리고 요령성에서 평양으로 중심지가 옮겨졌다는 移動說 등의 입장으로 나뉘어져 논쟁을 벌였다. 대체로 문헌사료에 등장하는 지명의 고증에 치중한 문헌사가들은 요령설을, 평양에서 확인된 낙랑군 관련유적을 중시하는 고고학자들은 평양설을 견지하는 경향을 보였으며, 이동설은 소수의 연구자들에 의해 주장되었다. 1963년 리지린의 선구적인 연구서가 등장하면서 요령설로 공식적인 입장이 정리가 되었으며,[7] 이러한 기조는 '단군릉'의 등장으로 북한학계의 움직임이 급변하게 되는 1993년경까지 지속되었다. 그간 북한 학계에서 이루어진 고조선 중심지에 대한 논의는 남한 학계에도 많은 영향을 미쳤고 현재까지도 이 분야 연구의 기조를 이루는 만큼 이미 여러 편의 논고에서 연구사 정리가 이루어진 바 있다.[22, 25, 28, 48, 64, 69, 82]

남한학계에서는 1960~70년대 고조선에 대한 연구들이 간간히 진행되기는 하였으나, 중심지 문제에 대한 본격적인 논의는 제기되지 못한 상황이었다. 1980년대 한국고대사 연구의 시공간적인 지평이 확대되면서 고조선의 중심지 문제에도 적극적인 관심이 기울여지게 되었는데, 앞서 북한 학계에서 1960년대 초에 논의되었던 세 가지 입장이 제기되어 활발한 논의를 벌이고 있는 상황이다.

기존의 연구사 정리에서는 고조선 중심지에 관한 세 가지 입장을 대별하여 정리하는 방식으로 여러 번 이루진 바 있으므로,[21, 24, 41, 45, 59, 67, 72, 81] 여기서는 고조선의 역사 단계별로 주요 논점을 중심으로 살펴보고자 한다. 고조선의 성립부터 기원전 3세기 초 연나라 장수 진개의 침략 시기까지를 전기 고조선, 이후부터 기원전 2세기초 위만의 정변까지를 후기 고조선, 나머지 시기인 기원전 108년 멸망 시점까지를 위만조선으로 구분하고,[27] 단계별로 주요 논점을 중심으로 정리해 보겠다.

2. 전기 고조선(성립~기원전 3세기초)

『管子』의 기록에서 '朝鮮'이 처음으로 확인되며, 이후 『山海經』, 『戰國策』 등에서 계속 등장한다. 이를 통해 기원전 7세기경에 예맥을 대표하는 정치세력으로서 고조선이 등장한다는 견해가 제시되기도 하지만,[62] 先秦 문헌을 통해 고조선이 등장하는 시기를 구체적으로 확정하기는 어렵고 다만 대체로 기원전 4세기 이전부터 고대 중국인들 사이에 고조선의 존재가 알려졌다는 정도의 추정을 가능케 해 준다.[27]

전기 고조선의 강역에 대한 논의는 크게 두 부분으로 나누어진다. 하나는 遼水와 浿水, 그리고 王儉城에 대한 지명 고증이고, 또 하나는 고고학 자료인 비파형동검문화의 주인공에 대한 해석 문제이다. 일찍이 북한학계에서는 중국 진한대의 요수는 현재의 요하가 아니라 灤河이며, 패수는 大凌河로 비정하였으며 따라서 고조선의 강역은 오늘날 요하 이서까지 포괄하는 것으로 보았다.[6, 7] 왕검성의 위치는 대릉하와 요하 사이의 醫巫閭山 이남인 盤山으로 보는 견해[6]와 요동의 蓋平으로 보는 견해로 나누어졌다.[7] 이를 이어 받아[38] 남한 학계에서도 요하를 난하로 보고 이를 고조선과 연의 경계로 파악한 견해가 제기되었다.[36]

고조선 등장과 초기 성장과정에 대한 구체적인 문헌자료가 거의 없기 때문에, 고고학 자료를 중심으로 살펴보는 방식의 연구가 이루어졌다. 고조선과 관련하여 기원전 10세기 이래 중국 요령성 일대의 청동기 문화인 비파형동검문화가 주목된다.

요령지방의 비파형동검문화도 요하를 기준으로 이서와 이동 지역에서 서로 다른 양상을 보이는데, 이에 따라 주인공의 해석에도 차이를 보인다. 요서지방의 청동기문화는 東胡族을 주인공으로 파악하고, 요동지방은 東夷族의 청동기문화로 상정하여, 대체로 고조선과의 직 간접적인 관련성을 인정하는 편이다.[15, 17] 북한학계에서는 요령설을 입증하기 위하여 요서 요동을 포괄한 청동기문화 전체를 고조선의 영역으로 해석하고 있다.[20]

특히 요동지역에서 나타나는 석관묘와 미송리형토기문화, 그리고 비파형동검문화를 고조선의 전형적인 문화로 보는 견해가 다수를 점하지만,[27, 29, 35] 미송리형 토기의 분포권은 貊의 지역이고 그 이남에서 지석묘를 조영한 세력을 濊族으로 보는 입장도 있다.[26] 사료에 보이는 예맥과 조선을 병칭으로 파악하여 요동지역의 예맥과 서북한 지역의 조선을 구분하여 인식한 견해도 보인다.[52] 요동지방의 미송리형토기는 예맥족의 문화이고, 팽이형 토기문화는

'조선'을 형성한 집단으로 파악하여, 고조선의 중심지가 처음부터 한반도 서북한지역에 있었다는 주장이 최근 제기되어 주목을 끌었지만, 청동기문화를 간과한다는 점에서 문제점이 지적되기도 하였다.[75, 76]

3. 후기 고조선(기원전 3세기초~기원전 2세기초)

후기 고조선의 영역과 관련하여 『위략』에서는 燕 昭王(기원전 311~270)이 조선을 공격해 2,000여리의 땅을 빼앗고 滿潘汗을 경계로 삼았다고 하였고, 『사기』에서는 위만의 망명 사실을 전하면서 고조선과 중원 왕조의 경계를 시기별로 鄣塞(燕), 遼東外徼(秦), 遼東故塞 浿水(漢初) 등으로 언급하고 있다. 두 사료는 고조선의 영역에 관한 구체적인 지명과 거리를 언급하고 있다는 점에서 중요한 의미를 지닌다.

먼저 연나라에게 빼앗겼다는 2,000여리의 의미에 대해서는, 연이 요하 서쪽에서 동호로부터 천 여리를 빼앗고 계속해서 요하 동쪽의 고조선 영토에 진입하여 다시 천여리를 빼앗았다고 보는 견해[2, 27]와, 수량 자체가 구체성을 띤다기보다는 매우 넓은 땅이라는 일반적인 의미에서 사용되었을 것이라는 견해[60]가 있다. 진개의 침략 기사는 고조선 중심지의 이동설을 주장하는 논자들은 영역의 축소와 아울러 중심지가 이동하는 계기로 중시하고 있다. 만번한은 일찍이 정약용이 지적한 바와 같이 『한서』지리지의 요동군 속현인 文縣과 番汗縣과 관계가 있을 것으로 보고 천산산맥 일대로 보기도 한다.[21, 53]

『사기』에서 명기된 바와 같이 기원전 2세기초 한과 고조선의 경계는 패수였다. 패수를 어느 강으로 보느냐가 논란인데, 크게 난하, 대릉하, 혼하, 압록강, 청천강 등으로 입장이 나뉜다. 먼저 요동설을 주장하는 입장에서는 난하, 대릉하로 보고 있다. 북한학계에서는 대릉하로 보는데, 『水經』과 『산해경』에 보이는 패수의 기술을 존중하여 요령성 일대에서 동남으로 흐르다가 하류에 가서 다시 동으로 흘러 바다로 들어가는 강은 대릉하 밖에 없다는 것이다.[6, 7] 灤河로 보는 견해는[31, 36] 燕秦 長城이 베이징 근처의 萬里長城이라는 점을 근거로 하고 있다. 그러나 하가점상층문화와 하층문화를 모두 고조선의 문화로 파악한다는 점에서 무리가 있다. 한편 패수가 천산산맥 일대으로 추정되는 만번한에 인접한 요동지역의 강이라는 점에 착안하여 혼하 하류로 보는 견해도 있다.[53] 지명 고증을 통한 위치 비정은 늘 논란의 여지를 남기기 때문에 고고학 유적과 유물이 출토되는 정황을 통하여 당시의 경계를 찾는 작업도 지속되었다. 여기서는 기원전 3~2세기 서북한에서 요령지역의 고고학적 현상을 어떻게 이해하느냐가 관건이 된다. 북한학계에서는 요령설의 입장에서, 청천강 이남은 세형동검관계유적인 반면, 청천강 이북에서 요하를 거쳐 대릉하 유역까지 ‘세죽리 - 연화보유형유적’ 으로 개념 규정을 하였다.[10] 철제 농공구, 명도전, 회색승석문 토기 등의 유물을 특징으로 하는 ‘세죽리 - 연화보유형유적’ 은 앞 시기 비파형동검문화를 계승한 고조선의 문화이자 정치적 영역으로 파악되고 있다. 서변인 대릉하 유역까지가 고조선의 영역이 된다. 그러나 서북한 지역의 세형동검문화와는 이질적인 중국 전국 계통의 문화를 이전 시기 비파형동검문화와의 연속선상에서 파악하는 것은 선뜻 납득이 가지 않는다. 남한학계에서는 청천강을 경계로 그 이남은 세형동검문화가 분포하고 이북에는 명도전 등 연 계통의 문화가 분포한다는 입장이 보다 일반적이며, 이 경우 패수를 청천강으로 보는 입장이 있다.[59] 최근에는 요동지역에서 명도전과 초기 세형동검문화가 중복된다는 지적이 제기되기도 한다.[58] 그러나 위만이 처음 정착해 실력을 키웠던 진고공지를 청천강에서 대동강에 이르는 좁은 지역으로 상정하기는 어렵고, 또 한의 입장에서 관리가 어려워 서쪽으로 경계선을 후퇴한 것이 패수인 만큼 청천강보다는 압록강으로 보는 것이 타당하다는 견해가 제기되었다.[27] 청천강 이북과 압록강 이남에서 출토된 유물의 성격이 요동지역보다는 대동강 유역에서 출토되는 것과 가깝다는 주장이 일찍이 제기된 바도 있다.[4]

4. 위만조선(기원전 2세기초~기원전 108년)

고조선의 마지막 단계인 위만조선 시기의 중심지는 어디인가? 위만조선 단계가 되면 『사기』 조선열전을 통하여 정치체제 등 앞 시기에 비해 상대적으로 훨씬 많은 정보를 접할 수 있다. 그러나 문헌에서 위만조선의 실체는 명료하게 기술되어 있지만 고고학적으로는 여전히 불분명한 점이 많다. 즉 위만조선의 국가적 실체를 증명해 줄 만한 기원전 2세기대의 고고학적 증거들을 충분히 찾지 못하고 있는 형편이다.[37] 특히 위만조선의 수도인 왕검성이 어디인지 조차 오리무중인 형편이다. 기원전 1세기 대 이후 평양 일대 낙랑군 관련 유적으로 통하여 위만조선의 실체를 역으로 추정하는 것이 일반적이다. 위만조선이 멸망할 당시 수도는 왕검성임이 분명하며, 그 자리에 낙랑군 조선현이 설치되었으므로, 평양 일대에서 발굴 조사된 낙랑군 관련 유적으로 통해 볼 때, '왕검성 = 낙랑군 조선현 = 평양' 이 자연스럽게 인정된다는 것이다.[5, 27] 바로 이러한 입론이 평양설이나 이동설의 근간이 되는 것이다. 한편 요령설의 입장에서는 위만조선의 중심지도 요령지방에서 찾기 때문에,[36] 평양 일대의 낙랑군 관련 유적을 부정할 수 밖에 없게 되고, 일찍이 평양 일대의 유적을 마한의 유적[10] 또는 고조선의 후국인 낙랑국의 유적[11]이라는 주장을 펼쳤던 것이다. 최근에는 요하 이서에서 출토된 최근 한대 고고학 자료를 활용하여 조양지역에서 위만조선과 한사군을 찾는 연구도 나왔으나,[70] 요동과 서북한 지역의 고고학 자료에 대해서는 여전히 설명을 결하고 있다. 서북한 일대에서 발굴조사된 낙랑군 관련 고고학 자료에 대한 설명은 요령설의 과제로 여전히 남아 있다.

최근 위만조선의 왕검성을 후일 고구려의 중심지에서 찾는 견해가 등장하였다. 연화보-세죽리 문화권을 위만조선의 영역으로 보면서, 고구려와 고조선의 신화나 묘제에서 보이는 유사성을 들어 桓仁을 왕검성으로 비정하기도 하고,[63] 왕검성이 함락된 후 공을 세운 공신에 대한 마지막 被封 시점과 현도군의 설치가 기원전 107년으로 일치하는 반면, 기원전 108년 낙랑 진번 임둔군의 설치 시기와는 차이를 보인다는 점에 착목하여, 왕검성을 현도군에서 찾기도 하였다.[61, 71] 그러나 위만조선 왕검성을 樂浪郡 朝鮮縣으로 보는 기존의 통설에 의문을 던졌다는 점에는 나름의 의의는 있지만, 세부적인 논증의 문제는 차치하고라도 환인과 서북한 일대의 고고학적 현상을 설득력 있게 설명해

주고 있지는 못한다는 점에서 보완이 필요하다.

유적과 유물을 통하여 평양과 그 인근에 낙랑군이 설치되었다는 사실을 부정할 수 없다고 하더라도 여전히 문제는 남는다. 현재 낙랑군치로 추정되는 낙랑토성이 위만조선의 왕검성인가가 의문이다. 『사기』조선열전에 기술된 漢軍의 공격 방향을 보면, 왕검성은 대동강 이북에 위치한 것이 되지만, 낙랑토성은 평양특별시 낙랑구역 즉, 대동강 이남에 위치하고 있다. 위만조선의 왕검성에 낙랑군의 郡治가 설치되었던 것은 아님이 분명하다. 그렇다면 언제 대동강 북안에 있던 왕검성에서 남안의 낙랑토성으로 중심지가 옮겨졌는지를 밝혀야 한다. 이 문제에 대해서는 낙랑토성의 발굴 자료가 중요한 열쇠가 되는데, 일제 강점기 낙랑토성에 대한 수차의 발굴조사가 행해진 바 있지만, 당시 발굴 자료는 극히 일부 구역의 트렌치에서 층위의 고려 없이 수습된 자료이기 때문에 편년 자료로는 한계를 지닌다.

5. 새로운 진전을 위하여

고조선 중심지 문제에 대해서는 연구 논문에 비해 연구사 정리 논문이 유달리 많은 특징을 보인다. 自說을 제시하기가 그만큼 어렵다는 점과, 아울러 전공자나 일반 대중들을 막론하고 그들의 관심이 그 만큼 높다는 것을 반영해주는 것이라 하겠다. 1980년대 들면서 남한학계에서는 이전에 비해 급격히 많은 논문이 쏟아져 나왔지만, 세부 논점으로 들어가면 백인백색의 견해차를 보이고 있어 혼란이 가중되고 있는 상황이다. 요령설이 지속적으로 하나의 흐름을 이루고 있고, 평양설은 요동의 예맥은 인정하면서 국가형성 이후의 고조선만을 지칭하는 것으로 변형되었다. 이동설의 입장은 문헌과 고고학 측면에서 지속적으로 보완되면서 대세를 이루는 느낌을 받는다.

고조선의 중심지에 관한 문헌자료가 추가로 발굴되거나 새로운 해석이 가해지기는 어려운 상황에서 고고학 자료를 통한 연구는 중요한 활로가 된다. 냉전시대에 비해 사정이 나아졌지만, 중국과 북한 지역에서 조사된 고고학 자료에 접근하는데 여전히 어려움이 있다. 고고학 자료의 수집과 집성 등 체계적인 정리 작업이 선행될 필요가 있다. 고조선과 관련되는 요령성과 서북한 일대 뿐 아니라, 內蒙古와 河北省 일대를 포괄하는 주변 지역까지 폭넓게 이루어져야 제대로 된 접근이 가능할 것이다. 고조선의 중심지 문제를 해명하기 위해 고고학 자료를 정리하여 분석할 수 있는 연구방법론의 개발이 요구되는데, 특히 고고학 자료를 통해 종족이나 정치체 문제와 연결시켜 해석하는데 이론적인 전제에 대한 고민가 숙고가 필요함을 인식해야 한다. 선학들과는 다른 독자적인 학설을 제기하는데 급급하여, 문헌 자료와 고고학 자료 둘 다에 소홀하고, 또 서로 아전인수식으로 연결하는 우를 범하기 쉽다.

참고문헌

1. 津田左右吉, 1912, 「浿水考」『동양학보』2-2, 동양학술협회 ; 1913, 『조선역사지리』1.

2. 이병도, 1933, 「浿水考」『靑丘學叢』13, 靑丘學會.

3. 今西龍, 1937, 「列水考」『朝鮮古史の硏究』, 近澤書店.

4. 정찬영, 1960, 「고조선의 위치와 그 성격에 관한 몇 가지 문제」『문화유산』1960-3.

5. 도유호, 1962, 「왕검성의 위치」『문화유산』1962-5.

6. 림건상, 1963, 「고조선의 위치에 대한 고찰」『고조선에 관한 토론 론문집』, 과학원출판사.

7. 리지린, 1963, 『고조선 연구』, 과학원출판사.

8. 김용간 · 황기덕, 1967, 「기원전 천년기 전반기의 고조선문화」『고고민속』1967-2.

9. 사회과학원 고고학연구소 력사연구소, 1969, 「기원전 천년기 전반기의 고조선문화」『고고민속
     론문집』1.

10. 최택선 리란우, 1973, 『고조선문제연구』, 사회과학출판사.

11. 고고학연구소, 1977, 『고조선문제연구론문집』, 사회과학출판사.

12. 김정학, 1977, 「고조선의 청동기문화」『한국사』2, 국사편찬위원회.

13. 김철준, 1977, 「고조선사회의 정치세력의 성장」『한국사』2, 국사편찬위원회.

14. 이강승, 1979, 「요령지방의 청동기문화」『한국고고학보』6, 한국고고학회.

15. 靳楓毅, 1982, 1983, 「論中國東北地區含曲刃靑銅短劍的文化遺存」『考古學報』1982-3, 1983-1.

16. 윤내현, 1984, 「고조선의 위치와 강역」『군사』8, 국방부 전사편찬위원회.

17. 靳楓毅, 1987, 「夏家店上層文化及其族屬問題」『考古學報』1987-2.

18. 한영우, 1987, 「조선시대 사서를 통해 본 상고사의 이해」『계간경향』1987년 여름호.

19. 윤무병, 1987, 「요령지방의 청동기문화」『한국상고사의 제문제』, 한국정신문화연구원.

20. 박진욱, 1988, 『조선고고학전서』, 과학백과사전출판사.

21. 서영수, 1988, 「고조선의 위치와 강역」『한국사시민강좌』2, 일조각.

22. 이기동, 1988, 「북한에서의 고조선 연구」『한국사시민강좌』2, 일조각.

23. 이순근, 1988, 「고조선은 과연 만주에 있었는가」, 『역사비평』1988년 겨울호, 역사문제연구소.

24. 노태돈, 1988, 「고조선사 연구의 현황과 과제」, 『한국상고사』Ⅰ, 민음사.

25. 이광린, 1989, 「북한학계에서의 '고조선' 연구」, 『역사학보』124, 역사학회.

26. 정한덕, 1990, 「美松里型土器の生成」, 『東北アジアの考古學』, 六興出版.

27. 노태돈, 1990, 「고조선 중심지의 변천에 관한 연구」, 『한국사론』23, 서울대학교 국사학과 ;
　　　2000, 『단군과 고조선사』, 사계절.

28. 권오영, 1991, 「고조선사연구의 동향과 그 내용」, 『북한의 고대사연구』, 일조각.

29. 송호정, 1991, 「요동지역 청동기문화와 미송리형토기에 관한 고찰」, 『한국사론』24, 서울대학
　　　교 국사학과.

30. 윤내현, 1991, 「고조선의 서변경계 재론」, 『박성수교수 화갑기념논총』.

31. ＿＿＿, 1992, 「고조선시대의 패수」, 『전통과 현실』2.

32. 최성락, 1992, 「철기문화를 통해서 본 고조선」, 『국사관논총』33, 국사편찬위원회.

33. 한창균, 1992, 「고조선의 성립배경과 발전단계 시론 -고고학 발굴자료와 연구성과를 중심으
　　　로-」, 『국사관논총』33, 국사편찬위원회.

34. 이종욱, 1993, 『고조선 연구』, 일조각.

35. 이청규, 1993, 「청동기를 통해 본 고조선」, 『국사관논총』42, 국사편찬위원회.

36. 윤내현, 1993, 『고조선 연구』, 일지사.

37. 이남규, 1993, 「1~3세기 낙랑지역의 금속기 문화」, 『한국고대사논총』5, 가락국사적개발연구원.

38. 이형구, 1995, 「리지린과 윤내현의 '고조선사 연구' 비교」, 『역사학보』146, 역사학회.

39. 서영수, 1996, 「위만조선의 형성과정과 국가적 성격」, 『한국고대사연구』9, 한국고대사연구회.

40. 송호정, 1996, 「요동~서북한지역에서 고조선의 국가형성」, 『역사와 현실』21, 역사비평사.

41. 오강원, 1996, 「고조선 위치비정에 관한 연구사적 검토(1)」, 『백산학보』47, 백산학회.

42. 이형구, 1996, 「발해연안 대릉하류역 기자조선의 유적, 유물」, 『한국고대사연구』9, 한국고대사
　　　연구회.

43. 김정배, 1997, 「고조선의 국가형성」, 『한국사』4, 국사편찬위원회.

44. 김정배, 1997, 「고조선의 변천」, 『한국사』4, 국사편찬위원회.

45. 오강원, 1997, 「고조선 위치 비정에 관한 연구사적 검토」, 『백산학보』48, 백산학회.

46. ＿＿＿, 1997, 「기북지역 유병식 청동단검과 그 문화에 관한 연구」, 『한국 고대의 고고와 역
　　　사』, 학연문화사.

47. ______, 1997, 「창려현 위치에 관한 일고찰 -고조선 위치문제와 관련하여-」『청계사학』12, 청
        계사학회.

48. 이선복, 1997, 「최근의 '단군릉' 문제」『한국사시민강좌』21, 일조각.

49. 손병현, 1998, 「고조선에 대한 고고학적 연구」『인문과학』28, 성균관대학교 인문과학연구소.

50. 오강원, 1998, 「고조선의 浿水와 沛水」『강원사학』13·14합, 강원대학교 사학회.

51. 노태돈, 1999, 「북한 학계의 고조선사 연구동향」『한국사론』41·42합, 서울대학교 국사학과 ;
        2000, 『단군과 고조선사』, 사계절.

52. 송호정, 1999, 「고조선 국가형성 과정 연구」, 서울대학교 국사학과 박사학위논문.

53. 서영수, 1999, 「고조선의 대외관계와 강역의 변동」『동양학』29, 동양학연구소.

54. 김정배, 1999, 『한국고대사회와 고고학』, 신서원.

55. 하문식, 1999, 『고조선지역의 고인돌 연구』, 백산자료원.

56. 허종호 외, 1999, 『고조선력사개관』, 사회과학출판사.

57. 김정배, 2000, 「동북아의 비파형동검문화에 대한 종합적 연구」『국사관논총』88, 국사편찬위
        원회.

58. 박선미, 2000, 「기원전 3~2세기 요동지역의 고조선 문화의 명도전유적」『선사와 고대』14, 한
        국고대학회.

59. 송호정, 2000, 「고조선 중심지 및 사회성격 연구의 쟁점과 과제」『한국고대사논총』10, 한국고
        대사회연구소.

60. ______, 2000, 「기원전 5~4세기 초기 세형동검문화의 발생과 고조선」『선사와 고대』14, 한국
        고대학회.

61. 조법종, 2000, 「위만조선의 붕괴시점과 왕검성 낙랑군의 위치」『한국사연구』110, 한국사연구회.

62. 박준형, 2001, 「'예맥'의 형성과정과 고조선」『학림』22, 연세대.

63. 김남중, 2002, 「연, 진의 요동통치의 한계와 고조선의 요동 회복」『백산학보』62, 백산학회.

64. 송호정, 2002, 「고조선과 낙랑의 북한 문화유산」『한국고대사연구』25, 한국고대사학회.

65. 윤내현, 2002, 「고조선의 도읍 위치와 그 이동」『단군학연구』7, 단군학회.

66. 이도학, 2002, 「고조선사의 몇 가지 문제에 관한 재검토」『동국사학』37, 동국사학회.

67. 조법종, 2002, 「고조선의 영역과 그 변천」『한국사론』34, 국사편찬위원회.

68. 복기대, 2002, 『요서지역의 청동기시대 문화 연구』, 백산자료원.

69. 권오영, 2003, 「단군릉 사건과 대동강문화론의 전개」『북한의 역사 만들기』, 푸른역사.

70. 복기대, 2003, 「조양지역의 서한 유적에 관하여」『고구려연구』15, 고구려연구회.

71. 조법종, 2003, 「낙랑군의 성격 문제 -낙랑군의 낙랑국 계승 문제를 중심으로-」『한국고대사연구』32, 한국고대사학회.

72. 김정배, 2003, 「고조선 연구의 현황과 과제」『단군학연구』9, 단군학회.

73. 송호정, 2003, 「요동~서북한 지역에서 세형동검문화의 발생과 고조선의 국가형성연구」『한국상고사학보』40, 한국상고사학회.

74. 윤내현, 2003, 「고조선의 국가구조와 그 성격」『단군학연구』9, 단군학회.

75. 이청규, 2003, 「고조선에 대한 고고학적 연구 - '한국고대사 속의 고조선사' (송호정, 푸른역사, 2003)에 대한 비평」『역사와 현실』48, 한국역사연구회.

76. 송기호, 2003, 「서평 - 송호정, 한국고대사 속의 고조선사」『역사교육』87, 역사교육연구회.

77. 송호정, 2004, 『단군, 만들어진 신화』, 산처럼.

78. 조법종, 2004, 「중국학계의 동북고민족 및 고조선 연구동향과 문제점」『한국고대사연구』33, 한국고대사학회.

79. 복기대, 2004, 「기원전 7~4세기 요서지역의 정치적 변화에 대하여 - 진개의 동정을 중심으로」『문화사학』21, 한국문화사학회.

80. 이청규, 2005, 「청동기를 통해 본 고조선과 주변사회」『북방사논총』6, 고구려연구재단.

81. 박선미, 2006, 「근대사학 이후 고조선사 연구의 현황과 쟁점」『한국사학보』23, 고려사학회.

82 오영찬, 2006, 「 '고조선 고고학' 의 성립과 전개」『북녘의 문화유산』, 삼인.

83 오강원, 2006, 『비파형동검문화와 요령지역의 청동기 문화』, 청계.

84 김미경, 2006, 「미송리형 토기의 변천과 성격에 대하여」『한국고고학보』60, 한국고고학회.

고구려 나부체제의 형성과 해체

김현숙 _ 동북아역사재단

1. 고구려사에서의 부체제론

초기 고구려사 관련 사료에서는 那, 那部(奴部)라는 용어가 많이 나온다. 이 것은 고구려를 구성한 기초단위라는 점에서 국가 형성사와 관련하여 일찍부 터 관심의 초점이 되었다. 나와 나부의 성격에 대해 처음에는 씨족, 부족 등 혈연적인 면이 강한 것으로 보았다.[1, 2, 3] 그러다 뒤에 那는 語義上 강가나 계 곡의 지역집단을 칭하는 것으로서 지연적인 성격의 정치집단이었고, 나부는 원시 소국적인 성격을 띠고 있었다고 보는 견해[4]가 나왔다. 이 설은 那와 那部 의 성격을 가장 잘 파악한 것으로 인정받아 이후 관련 연구에 근저가 되었다.

나와 나부에 대한 논의는 1970년대 중반에 이르러 새로운 국면으로 접어들 었다. 1975년에 고구려의 5나부(노부)는 각기 관원을 가진 다섯 개의 단위정 치체였고, 초기의 고구려는 왕권 아래 5부가 편제되어 연맹체를 형성한 것이 라고 본 연구성과[5]가 나왔다. 이 논고에서는 초기 고대국가의 구조와 정치운 영에서 중심을 이루는 것이 諸部였고, 이런 정치구조가 상당 기간 지속되었 고, 일정한 사회적 문화적 토대를 지니고 있었으므로 部體制라 규정할 수 있 다고 했다. 그러면서 부체제는 고대국가의 초기단계에 해당하며 삼국에서 공 통적으로 확인된다고 지적했다. 한국 고대국가 초기 단계를 보는 거시적인 분석틀로서 제시된 부체제론은 국가형성 논의를 한 단계 끌어올렸고, 조기에 국왕 중심의 집권화가 이루어졌다고 보는 집권체제론과 함께 우리나라의 초 기 고대국가를 보는 양대 시각을 이루었다.

1970년대 후반 이후 부체제론을 적용하여 삼국의 중앙정치조직과 지방통치제를 규명한 논고들이 제출되기 시작했다.[6, 8, 11] 1990년대에는 초기 고대국가에 대해 집중검토가 이루어졌는데, 특히 고구려사에서 부체제론에 입각하여 중앙정치와 지방통치제 등을 규명한 일련의 연구들이 대거 발표되었다.[12, 13, 14, 15, 16, 17, 18, 19] 1990년대 중후반경에는 그 결과물들이 학위논문으로 집대성되어 나왔다.[18, 20, 21] 부체제론 立論者가 고구려 정치사를 종합정리한 저서[25]도 이때 출간되었다.

그런데 이 과정에서 부체제론에 기반하고 있는 연구자들 사이에 시각차가 드러났다. 또 고구려사 외에 신라, 백제, 고조선사 등에 부체제론을 적용하는 문제를 두고도 논란이 야기되었다. 이에 한국고대사학회 주최로 1999년 7월에 다수의 고대사, 고고학 전공자들이 참석한 가운데 부체제에 대한 집중 토론회를 갖게 되었다. 여기에서 부체제론 입론자가 자신의 설을 재정리했고,[31] 그에 대한 반론[36]과 지적[29]이 있었다. 그리고 고구려,[35] 백제,[28, 34] 신라,[37, 38] 가야,[30, 32] 고조선, 부여사[33]에 부체제 적용 가능성을 검토한 논문들이 발표되었다. 이틀간에 걸쳐 발표와 집중토의가 이루어졌지만, 명확한 결론은 나오지 않았지만, 이 과정에서 부체제론의 의미는 충분히 부각되었다. 그러나 고대 각국의 역사에 부체제론을 일괄적으로 적용할 수 있는지 여부는 더 검토할 필요가 있다는 지적이 있었다.

2000년대에 들어와서는 지금까지 나왔던 정치사 관련 논문들이 저서로 발간되었지만,[42, 43] 새로운 연구성과가 많이 나오지는 않았다. 다만 고구려와 신라의 부체제가 출발부터 성격상 차이가 있다고 지적한 논고[41]가 주목될 뿐이다. 이는 부체제론에 입각한 고구려 초기사 분석 작업이 일단 한 단계 정리되었고, 관심의 초점이 고고학이나 사상사, 미술사 분야로 넘어 갔기 때문이라고 볼 수도 있다. 그리고 2002년 이후에는 중국의 동북공정에 대한 대응이 당면과제로 대두했다는 것도 원인으로 들 수 있다. 하지만 부체제론자들 사이에도 크고 작은 시각차가 있고, 아직도 규명되지 못한 부분이 많은 만큼 차제에 관련 연구성과와 연구자들간의 시각 차이를 살펴보고 향후의 과제를 짚어볼 필요가 있을 것 같다. 이 글에서는 고구려의 부체제론에 한정하여 그간의 논의들을 정리해보려고 한다. 뚜렷한 차이점만을 중심으로 개괄하는 글이므로 중요성에도 불구하고 논급하지 못하는 연구성과도 있을 것이다. 양해를 부탁드린다.

2. 나부체제의 성립과 배경

고구려사에서 부체제는 那가 중요한 기능을 했고, 성격상 특징적인 면을 보이므로 나부체제라 지칭되고 있다. 고구려 초기사 관련 사료에 보이는 나부(노부)는 부를 칭하지 않는 조나, 주나 등과 다른 정치적 실체로서 중요한 역사적 의미를 지니고 있다.[5, 8, 13, 18] 『삼국사기』고구려본기에 보이는 비류나부, 연나부, 환나부, 관나부는 곧 『삼국지』위서 동이전 고구려조에 나오는 연(소)노부, 절노부, 환노부, 관노부와 동일한 실체로서 계루부와 함께 5부를 구성했다.[5, 11] 이 5나부는 고구려 내에서 지배자 집단으로서 특권을 향유했으며, 정치적으로 국가건설의 주체였고, 문화적인 측면에서도 타 집단과 구분되는 단일집단으로 응집력과 배타성이 유지되었다.[25, 31] 이 5나부를 중심으로 국가가 성립되었고, 그를 통해 국정이 운영되었다는 점에서 부체제론자들은 고구려 초기의 정치운영체제를 나부체제, 또는 나부통치체제라고 부른다.[13, 16, 18]

나부체제의 성립과정은 고구려의 국가발전단계와 직접적인 관련이 있다. 부체제론이 처음 제기될 때 그 성립과정에 대해서는 고구려족 사회 내에서 여러 부족들 상호간의 통합운동이 진행되어 대개 다섯 개의 큰 부족으로 정돈되고, 이 과정에서 가장 큰 부족인 계루부가 여타 제 부족을 흡수하거나, 굴복시켜 연맹체에 편입하여 강력한 부족연맹체로서 왕국을 설립한 것으로 설명되었다. 나부 = 부족, 나부체제 = 부족연맹체로 규정한 것이다.[5] 그런데 부족의 개념이 혈연적인 성격이므로 지연적인 성격을 기반으로 하는 정치집단에는 적합지 않다는 비판에 따라 뒤에는 부족이란 용어를 사용하지 않게 되었다.[8, 12] 하지만 혈연에 바탕한 공동체적 요소의 잔존을 고대국가 초기단계의 주요한 성격의 일부로 보는 관점은 유지되었다.

입론단계에서는 삼국 전체를 대상으로 부체제의 성립과정과 구조 및 기본적인 정치운영원리를 제시했으므로 개별 국가의 예를 상세하게 살피지는 않았다. 고구려의 경우에 한정해보면, 특히 나부체제 이전 상태와 나부체제 성립과정, 해체기의 상황에 대한 설명이 부족했다. 이에 대한 보완은 1980년대 중후반 이후의 연구들에 의해 이루어졌다. 『삼국사기』 고구려 초기 사료에 나오는 여러 정치집단에 대한 분석을 통해 5나부는 谷을 구성단위로 하는 那國이 다수 결속된 소연맹체 다섯 개가 모여 연맹왕국을 이룬 것이라고 한 연구[11]가 나왔다. 또 1990년대 초반에 구려종족사회에서의 정치집단의 형성과 발전과정을 검토한 연구[13]가 나왔다. 먼저 나집단이 형성되었고 이들이 몇 개 합쳐져 나국으로 성장했으며, 기원전 1세기 전반 현토군 축출과정에서 나국과 나집단이 뭉쳐 나국연맹이 구성되었다는 것이다. 그리고 이것들이 다시 지역별로 더 큰 단위정치체를 구성하게 되었고, 이 각 지역별 단위정치체들을 왕권 아래 나부라는 하부단위정치체로 편제함으로써 나부체제가 성립되었다는 것이다. 나부체제로의 발전과정을 단계별로 매우 세밀하게 분석한 것이다. 이 경우 문헌사료만이 아니라 적석총과 철기류의 분포 상황같은 고고학적인 자료도 참고하여 나부체제 성립기의 상황을 더 입체적으로 파악할 수 있었다. 이런 연구들을 통해 압록강 중류유역에 거주하던 고구려족이 정치집단을 형성한 뒤 성장과 통합을 거쳐 고대국가로 발전해가는 과정이 자세하게 밝혀지게 되었다.

그런데 그 과정에 대한 설명에서 독립소국들이 느슨하게 연맹체를 형성한 단계와 그 소국들이 계루부 왕권 아래 나부로 편제된 단계를 구분하지 않아 혼동을 초래하기도 했다. 예컨대 '나국연맹체의 형성과 나부로의 편제'라는 절 제목을 붙이거나,[13] '나국이 다수 결속된 소연맹체 다섯 개가 모여' 5나부체제가 성립했다고 표현[11]함으로써 나국연맹체와 나부체제 단계를 구분하는 듯 보였기 때문이다. 입론자도 역시 최초의 글[5]에는 이 부분을 분명히 하지 않았다. 그러나 뒤에 那(소국) 연맹체적인 部體制에서 領域國家的인 中央集權體制로 발전한 것으로 정리했다.[25, 31] 그리고 여기서 부체제는 고대국가 초기

단계의 정치체제로서 후기 고조선과 삼국 모두에서 확인되며, 삼국 중기(4~6세기)이후의 영역국가적인 중앙집권체제는 성숙한 고대국가의 체제로서 일종의 郡縣制國家의 그것이라고 규정했다.[31] 부체제를 정치체제의 하나로 보는 것이다.

이와 달리 부체제가 유지되던 시기를 고대국가의 발전단계 가운데 하나로 설정한 연구[16]도 있다. 즉 소국 - 소국연맹 - 나부체제 - 중앙집권적 고대국가로 단계를 나누어 고구려의 성립과 발전과정을 살핀 것이다. 이 경우 부체제는 소국연맹에서 고대국가로 넘어가는 과도기적인 단계로 본다. 소국연맹과 나부체제 단계를 구분하는 것은 소국연맹 단계에서는 비류국, 조나, 주나 등의 소국들이 들어 있어 왕을 칭하는 사람이 複數였는데, 나부체제 단계에서는 고구려왕만이 왕을 칭하고 그 외의 나부 장들은 왕을 칭하지 못한다는 점에 주목한 것이다. 이는 나부체제기 나부의 자율성이 소국연맹 단계의 연맹소속 소국들의 독립성과 차이가 있다는 점에 바탕하고 있다. 이것은 국왕 중심의 집권화라는 점을 기준으로 고구려의 발전단계를 정리한 것이다.

나부체제의 성립시기에 대해서는 입론자가 태조왕 22년경 확립되었다고 지적한 이후 대체로 이에 동의하고 있다. 다만 『삼국사기』고구려본기에 비류나부와 연나부 관련 기사가 처음으로 나오며, 다른 나부 내부의 일에 간여하는 기사가 나오는 대무신왕대부터 나부체제의 기초가 성립되었다고 보는 견해가 나온 바 있다.[14, 15] 이 경우 계루부, 비류나부, 연나부 등 가장 유력한 세 개의 나부가 성립되었고, 왕권이 비류나부 내부의 정치운영에 간여하기 시작한 것으로 보아 대무신왕대에 나부체제의 기초가 놓여졌고, 태조왕대에 관나부, 환나부까지 편제함으로써 5나부체제가 완성된 것으로 보았다.

나부체제의 성립배경에 대한 직접적인 검토는 거의 이루어지지 않았다. 중국 군현에 대응하기 위한 필요성 때문에 고구려족들이 비류국을 중심으로 결집했고, 뒤에 계루부를 이룬 졸본부여 중심의 정치세력으로 주도권이 넘어갔으며, 결국 다른 단위정치체를 왕권 아래 나부로 편제했다고 하여, 주로 계루부로의 권력 집중과정으로 설명했을 뿐이다.[13, 16, 21, 42] 이는 원시사회에서 국가성립 단계로 넘어갈 때 사회경제적인 면에서 질적인 전환을 했다는 것을 시대구분의 기준으로 삼는 것과 부합하지 않는다. 이런 점에서 최근 경제적 배경에 주목한 연구성과가 나온 것이 주목된다.[35] 이 연구에서는 생산도구에 대한 배타적 독점을 그 배경으로 지적했다. 이를 통해 지금까지 정치적, 군사적 측면에서만 검토되어 오던 나부체제의 성립배경에 대한 이해의 폭이 경제적인 면까지 확대되었다.

3. 나부체제의 구조와 정치운영원리

나부체제의 구조에 대해서는 나부체제론자들의 견해가 일치하고 있다. 나부체제 시기의 고구려는 5나부가 중심이 되고, 여기에 집단예민과 부족집단(뒤에는 지방후국이라 칭함)이 속해 있었는데, 각 나부의 내부에는 다시 복수의 단위정치체인 部內部가 있었고, 집단예민과 지방후국 내부에도 각각 여러 개의 단위정치체가 존재했다고 보았다.[25, 31] 즉 초기 고구려국은 반독자적인 운동성을 가진 다수의 단위정치체가 누층적으로 결집되어 이룩되었다고 파악했다.

이와 관련하여 후속 연구들에서는 나부를 구성한 정치단위에 대한 검토가 이루어졌다. 5나부는 國으로 명기된 집단과 그 아래 있는 谷으로 지칭되는 정치집단들의 결합으로 이루어졌다고 보거나,[11, 18] 소국 정도에 이른 나국, 나국의 단계까지 이르지 못한 나 집단 등이 결합된 것으로 보았다.[13] 『삼국사기』고구려본기에 나오는 인명 분석을 통해 나부가 복수의 정치집단으로 이루어졌다는 것을 입증한 연구도 나왔다.[14]

나부체제의 운영원리에 대한 연구도 이루어졌다. 왕은 고구려의 왕이면서 다른 4나부의 장과 마찬가지로 자신이 속한 나부인 계루부의 장이었다. 4나부의 장은 자신이 속한 나부의 일을 자치적으로 운영했다. 왕은 나부의 장을 통해 나부민을 간접적으로 통치했으며, 각 나부장들은 자기 나부를 자율적으로 통치하되 외교, 전쟁, 무역 같은 대외적인 면에서는 왕을 중심으로 창구단일화되어 있었다. 이때 나부의 자율성은 독자적인 관인조직, 군사력, 종교, 관습법의 보유 아래 국왕의 간여를 받지 않고 나부민을 통치했다는 것을 의미한다. 이처럼 다수의 반독자적인 단위정치체들이 결집된 상태에서 5나부의 구성원들을 하나로 묶는데 중요한 역할을 한 것이 동맹제였다고 보고 있다. 이에 대해 부체제론자들 간에 이견이 별로 없다.

국가 전체에 대한 통치에서 제가회의가 중요한 역할을 했다는 것에 대해서도 동의하고 있다.[16, 19, 21, 23, 42] 제가회의의 성격에 대해서는 국왕의 통치권을 뒷받침하는 군신회의였다고 보는 집권체제론[7]과 달리, 부체제론에서는 국왕의 전제를 견제하며 나부 대가들이 국정운영에 참여하는 창구로서의 성격이 더 강했다고 보는데 동의하고 있다.

다만 제가회의를 주재하는 최고 관인 국상의 성격을 두고 견해차이가 있다. 최고위 관등으로 사료에 나오는 相加가 곧 국상이며, 이는 제가회의의 장이자[6, 14] 국정의 총괄자[23]로서 왕권과 제가들의 역관계를 조정하는 역할을 했다고 보는 견해가 있다. 이와 달리 상가는 4부의 부장에게 준 작위의 일종이었고, 국상은 왕의 측근 관직으로서 별개라고 보는 견해도 있다.[25] 이 경우 당시 국정운영의 중심은 제가회의였고, 이는 관료조직의 취약성을 보완하여 5부 전체의 통합력을 발휘하는 기능을 했지만 기본적으로 왕권 아래 종속된 존재였다고 본다. 흔히 제가회의의 국정운영 기능을 강조하면, 왕권이 강하지 않았다는 의미로 받아들이곤 한다는 것을 의식한 듯, 부체제론을 처음 제기할 때[5]보다 왕권의 우위성을 강조했다.[25]

또한 국상 설치 이전에 있던 좌우보제에 대해 왕권을 지지하는 기구라고 본 집권체제론과 달리 부체제론에서는 왕권과 제가들의 공동 정치운영을 뒷받침하는 면이 강한 것으로 파악했다. 초기에는 좌우보제에 대해 연맹체적 정치형태였다고만 지적했으나[6] 뒤에 계루부 출신 우보와 다른 나부 출신 좌보의 공동 정치운영 형태였다고 보는 설[14, 16]과 계루부와 다른 나부가 연합한 2나부 통치체제였다고 보는 설[18, 19, 42]이 나왔다. 좌우보는 원래 국왕의 측근으로서 왕을 보좌했으나, 뒤에 나부체제 운영상 일상실무가 늘어나게 되면서 나부의 대리인을 좌·우보로 임명했다고 보는 설[23]도 제출되었다. 약간씩의 차이가 있긴 하지만 좌·우보제 자체가 나부체제의 성격과 운영방식을 보여주는 데는 의견을 같이 하고 있다.

나부의 성격과 나부체제기의 정치운영방식에 대한 논의는 나부체제기 국왕과 나부 대가들 간의 역학관계를 보는 시각과 밀접한 관련이 있다. 왕은 나부의 장들보다 상위에 있었고, 다른 나부의 장들을 신하로 두고, 왕법에 따라 국가 전체를 통치했다. 그러나 왕은 동시에 계루부의 장이기도 했다. 왕은 계루부 외에 다른 나부의 민을 직접 통치하지 못했다. 나부 안의 일은 그 나부의 장이 자치를 했고, 국가의 중대사를 결정하는 데에도 제가회의가 중요한 역할을 했다. 이러한 국왕의 권한과 귀족과의 역학관계는 나부체제 이전의 소국단계와 이후의 중앙집권체제 아래서의 그것과 비교사적인 관점에서 보아야 한다.[31]

왕이 계루부의 장이기도 하다는 것을 두고 비판이 가해지기도 했지만, 이는 나부체제의 과도기적 성격, 이중적 측면을 간과한 것이라 할 수 있다. 왕이 다른 나부의 장들보다 우위에 있다는 것은 나부체제의 편성 주체가 국왕측이었다는 것을 통해서도 알 수 있다. 이는 나부를 왕권 아래 편제된 정치집단으로 규정한 데서도 알 수 있듯이 부체제론의 기본요소라고도 할 수 있다. 그럼에도 불구하고 왕권과 나부 장의 역학관계에 대해 오해가 발생한 것은 나부체제를 성립시킨 주체에 대해 분명하게 언급하지 않았고, 국왕측의 주도로 압록강 중류유역의 여러 정치집단들을 편제해 나가는 과정으로 설명하기보다는, 정치집단들이 통합을 거쳐 나부로 편제되어가는 과정을 살피는 방식을 취했기 때문이다.[5, 11, 13]

나부체제의 성격은 관등제를 통해서도 드러난다. 초기의 관등제는 작위적인 면이 강하여 관료적 귀족들이 가졌던 관등과 성격상 차이가 났다.[25] 관등은 고구려에 속한 여러 정치집단의 대소 수장층을 서열별로 편제하기 위한 제도적 장치였고, 그것의 수여자는 국왕이었다. 계루부의 신료들과 다른 나부의 제가세력들을 모두 국왕 아래 편제해야 했기 때문에, 나부체제기의 관등은 왕 직속의 관료들에게 주어진 관위와 제가세력들에게 주어진 관위의 이원적

인 구조로 되어 있었다.[13, 19, 25]

4. 나부체제의 해체와 배경

3세기 후반 경에 이르러 다원적이고 분산적이며 중층적인 성격의 나부체제가 해체되고 일원적이고 중앙집권적인 체제로 전환되었다. 이때를 기점으로 지역명을 띤 나부관련 사료가 더 이상 나오지 않고, 수도의 행정구획을 의미하는 방위명부 관련 사료만 나온다.

나부체제가 해체되고 국왕 중심으로 중앙집권화되면서 전반적인 면에서 변화가 일어났다. 자치력을 보유하고 있던 귀족들은 왕 아래 일원적으로 편제되어 관료적인 성격의 귀족으로 전환되었다. 나부의 장과 국왕에게 이중으로 예속되어 있던 나부민들은 공민으로 되어 모두 국왕의 백성이 되었다.

각 나부별로 보유해왔던 전래 신앙도 국왕 중심으로 서열화되어 계루부의 시조인 주몽이 고구려 전체의 시조신으로 자리를 잡게 되었다. 불교와 유교의 도입으로 신앙 자체가 국왕 중심으로 서열화되었다. 각 나부를 통치하는 기준이 되었던 관습법들도 일원적으로 정리되었다. 율령의 도입으로 보편적인 성문법에 입각해 고구려 전체를 통치할 수 있게 되었다.[25, 43]

나부체제의 해체배경에 대해서는 외부로부터의 요인을 더 크게 보는 입장과 생산력의 발전이라는 내적성장의 결과로 보는 입장으로 나눠져 있다.

전자의 경우 첫째, 정복전쟁의 결과 외부로부터 재화와 사람이 유입되거나, 전쟁과정에서 나부민이 희생당함으로써 나부의 구성원이 바뀌게 되었고 그로 인해 나부민들 사이에 공동체적 유대가 약화되었다는 것, 둘째, 정복전쟁의 결과 포로와 식읍 등 경제적 부를 획득한 부류와 오랜 전쟁으로 인해 빈곤하게 된 부류가 발생, 계급적 격차가 커져 단위정치체로서의 부의 동질성이 희박해지고 그 응집력이 소멸되어 간 것, 셋째, 불교 전래에 따라 보편적인 정신세계와 예술의 보급이 부의 배타적인 문화적 특성을 침식한 것,[25] 넷째, 국왕측에서 나부 내로 권력을 침투시켜 나부장의 권한을 축소시키거나, 경쟁적인 나부들을 以夷制夷式으로 조정하여 나부의 힘과 독자성을 약화시킨 것[14]

등을 나부해체의 배경으로 보고 있다. 후자의 경우에는 철제농기구의 보급으로 생산력이 발전해 나부민들 사이에 경제적으로 격차가 벌어졌고, 그것이 나부의 분화배경이 되었다고 보았다.[13, 21]

나부 소멸기의 상황에 대해서도 검토가 이루어졌다. 부체제론 입론기에는 5부가 단위정치체로서의 성격을 완전 상실하고 수도의 행정구역으로 되었다고만 하고 상세한 논의는 하지 않았다. 이후 나부에 대한 연구가 활성화되면서 위와 같은 다양한 요인으로 반독자적인 운동성을 가지고 있던 나부가 분해 해체되고, 나부의 귀족들이 왕도로 이주하여 국왕의 관료적 귀족으로 전신하게 됨으로써 귀족의 거주지인 방위명부만 남게 되었다는 설명이 더해졌다.[16, 42, 43]

이와 같은 부체제론자들의 시각과 달리 지역명 나부와 방위명 부는 시종 공존했는데, 초기에는 나부 출신자의 정치적 활동이 많았고, 3세기 중반부터는 방위부 출신자가 국정운영에 더 활발히 참여하게 되어, 3세기말부터는 방위명부 관련 사료만 나오게 되었다고 하는 견해[10]도 있다.

5. 과제와 전망

지금까지 나부체제에 대한 기존의 연구성과를 정리해보았다. 1980년대 중반 이래 10여년이 흐르는 동안 나부체제의 성격, 구조, 운영원리, 성립과 해체과정 등 전반적인 면에 대해 검토가 이루어졌다. 이에 따라 나부체제의 성격과 내용은 대체로 밝혀진 것으로 보인다. 그러나 1999년 합동토론회에서 제기되었듯이 설명이 더 필요한 부분과 풀어야할 과제도 남아 있다. 나부체제론의 과제와 전망을 순서없이 정리하는 것으로 맺음말을 대신하고자 한다.

사료에 따르면 태조왕대 나부체제가 확립된 직후부터 왕권은 나부의 자율성을 약화시키기 위해 지속적으로 노력했다. 체제라는 것은 일정기간 동안의 지속성을 담보해야 하는데, 나부체제는 확립된 이후부터 계속 변화되었다고 볼 수 있다. 그런 측면에서 나부체제 단계를 별도로 설정할 필요없이 분권적인 상태에서 집권화되어 가는 과정이라고 보면 되는 것 아닌지에 대해 설명할 필요가 있다.

지금까지의 연구성과에서는 나부체제 성립 직전의 상황에 대한 검토가 많이 이루어지지 않았다. 예컨대 소노부가 국주였던 때와 계루부가 국주였던 시기의 차이점, 건국 이후 나부체제가 성립되기 이전과 이후의 차이점이 무엇인지 고고학적인 상황과 문헌사료를 관련지어 설명할 필요가 있다. 또 부체제론 입론자는 부 내의 하위 단위정치체로 부내부가 있었는데, 이 역시 자치체의 면모를 지닌 것으로 보았다.[5] 자치는 독자적 관인집단과 군사력의 보유를 전제로 한다. 그렇다면 부내부도 역시 상위의 나부와 마찬가지로 독자적으로 관인집단과 병력을 보유했다고 보는 것인지 의문스럽다. 부내부도 자체의 군사력을 가졌다면 나부장이 개별적으로 보유한 세력기반이 그다지 대단하지 않은 것으로 볼 수도 있다.

나부체제의 구성요소로 설정한 후국에 대한 보충설명도 필요하다. 부체제론 입론자는 지방부족 대신 후국이란 표현을 사용하면서, 북부여나 동부여, 불내예후(왕) 집단을 그 예로 들었다.[25, 31] 그러나 북부여나 동부여는 나부체제기 해체된 이후까지 존재한 정치세력이므로, 이를 예로 든 것은 시기착오적인 면이 있다. 후국과 집단예민이 세력이나 집단의 크기 차이만 있을 뿐 성격상 동일한 존재였다고 보는지 여부도 분명히 할 필요가 있다.

나부와 방위명부의 관계에 대한 검토도 더 진행되어야 한다. 위치나 성격, 구성원의 혈족 등에서 나부와 방위명 부는 전혀 관계가 없다고 보는 것이 대세이다. 하지만 이에 대해 한번쯤 재검토할 필요가 있다. 나부와 방위명부가 전혀 관계가 없었다면 사서편찬자가 굳이 나(노)에 部자를 붙일 이유도 없고, 방위명부가 단순히 거주지만을 표시한다면 굳이 인명에 관칭할 필요도 없을 것 같기 때문이다. 만약 나부 지배자들이 왕도로 집주하면서 같은 나부 소속원들끼리 같은 방위부에 편제되었다면, 지연과 혈연면에서 나부와 방위명부가 시로 직접적인 언계성을 가지고 있다고 볼 수도 있다.

나부체제의 해체과정에서 지역명 부가 사라지고 방위명부만 남게 되는 상황에 대해서도 좀 더 분명히 설명할 필요가 있다. 기존연구들에서는 나부의 귀족이 왕도로 옮겨가 방위명 부에 거주하게 되고, 그들의 활동상만이 사료에 남게 되어 나부명 사료가 나오지 않게 된 것인지, 나부 자체를 없앴기 때문에 방위명부만 남게 된 것인지가 분명치 않기 때문이다. 이와 관련하여 5나부의 위치 파악이 필요하다고 한 지적은 적절하다고 본다.[36]

나부체제를 정치체제로만 보는가, 보다 적극적으로 국가발전단계의 하나로 보는가 하는 문제도 한번 더 짚고 넘어갈 필요가 있다. 지배체제, 또는 정치체제인 부체제를 국가발전단계의 하나로 위상을 설정함으로써 혼란이 오게 되었다는 지적[29]을 받아들여, 입론자는 소국 → 소국연맹체인 부체제 → 중앙집권체제로 정치체제의 발전과정으로 정리했다. 이러한 지적과 정리는 타당성이 있다고 본다. 다만 이럴 경우 개별 소국들이 연맹했던 시기와, 계루부가 왕실로 된 상태에서 다른 소국들과 정치집단을 나부로 편제했던 시기의 정치체제를 동일한 것으로 보는지 여부를 분명히 해야 한다.

또 나부체제기를 국가발전단계로 설정하는 경우에는 소국연맹단계와 부체제 단계의 사회, 경제적 기반과 성격 등에서는 정도의 차이 외에 질적인 차이가 없는데 굳이 단계를 구분할 필요가 있는가 하는 점에 대해 설명할 필요가 있다.

끝으로 고대국가 초기 단계의 정치체제를 설명하는 개념틀로서 부체제론을 우리나라 고대 국가들에 포괄적으로 적용하는[39] 문제에 대한 소견을 밝히는 것으로 글을 맺으려 한다.

부체제론은 고구려의 초기사를 밝히는데 가장 적합한 이론이다. 고구려사에서의 부체제론의 경우 부분적인 차이만 있을 뿐 기본 원리에 대해 의견차이가 별로 없는 것도 그 때문이다. 그러나 이것을 고조선사나 신라사, 백제사, 가야사 등에 적용하고자 하면 잘 맞아들어가지 않는 부분이 있다. 사실 우리나라 고대국가들의 경우, 성립시기와 조건, 발전과정 등에 큰 차이가 있다. 이 나라들의 역사에 공통적으로 적용할 수 있는 보편적인 이론을 찾는 노력은 분명 의미가 있다. 하지만 여러 면에서 차이가 있는 역사를 하나의 이론으로 설명하고자 할 때, 문제가 발생할 수도 있다.

이와 관련하여 근자에 고구려와 신라의 부체제 논의에서 양국 역사의 공통점만 찾을 것이 아니라 차이점을 인정해야 한다고 한 지적을 돌아볼 필요가 있다. 개별적인 특성을 밝히는 것과 보편적인 원리를 추구하는 것의 상관관계나 우선 순위에 대해서는 논란이 지속될 수밖에 없다. 하지만 이 논란을 펴기 이전에 개별 국가사에 부체제론을 일괄 적용시킬 수 있는지 여부를 먼저 다각도로 검증하여 설득력을 확보해야 한다. 그리고 부체제론의 보편적 적용이 가능하다고 입증이 되면, 고대국가 초기 단계의 정치체제를 규정하는 용어로서 과연 부체제가 가장 적합한 것인지 논의를 해야 한다.

1999년에 있었던 고대사학회의 집중토론에서 부체제 대신 귀족합의체제라는 표현을 제시한 데 대해 부체제론 입론자가 "개념이라는 것은 현상을 설명하기 위한 것이고, 현상을 설명하기 위한 개념은 한두 개의 방법과 표현만 있는 것이 아니니까 그런 식으로 상정해볼 수도 있다고 생각한다."고 언급한 바 있다.[26] 이는 결국 어느 개념이 보다 보편성을 띠고 있으며, 당시의 역사현상을 가장 정확하게 설명할 수 있는지[29] 집중논의의 기회를 더 가질 필요가 있다는 것을 보여준다.

참고문헌

1. 白南雲, 1933, 「高句麗」『朝鮮社會經濟史』, 改造社.

2. 金洸鎭, 1937, 「高句麗社會の生産樣式」『普專學會論文集』3.

3. 金哲埈, 1964, 「韓國古代國家發達史」『韓國文化史大系』I (민족 국가사).

4. 三品彰英, 1954, 「高句麗の五族について」『朝鮮學報』6.

5. 盧泰敦, 1975, 「三國時代의 「部」에 關한 硏究」『韓國史論』2.

6. 盧重國, 1979, 「高句麗國相考(上·下)」『韓國學報』16·17.

7. 李鍾旭, 1979, 「高句麗 初期의 左 右輔와 國相」『全海宗博士華甲紀念史學論叢』.

8. 盧泰敦, 1981, 「三國의 成立과 發展」『한국사』2, 국사편찬위원회.

9. 李鍾旭, 1982a, 「高句麗 初期의 中央政府組織」『東方學志』33.

10. ____, 1982b, 「高句麗 初期의 地方統治制度」『歷史學報』94·95합집.

11. 林起煥, 1987, 「고구려 초기의 지방통치체제」『朴性鳳回甲紀念論叢 - 慶熙史學』14.

12. 盧泰敦, 1991, 「高句麗의 歷史와 思想」『韓國思想史大系(2)』, 韓國精神文化硏究院.

13. 余昊奎, 1992, 「高句麗 初期 那部統治體制의 成立과 運營」『韓國史論』27.

14. 金賢淑, 1993, 「高句麗 初期 那部의 分化와 貴族의 姓氏 -三國史記 高句麗本紀 내 출현 人名을
　　　　　중심으로-」『경북사학』16.

15. ____, 1994, 「高句麗의 解氏王과 高氏王」『大丘史學』47.

16. ____, 1995, 「高句麗 前期 那部統治體制의 運營과 變化」『歷史敎育論集』20.

17. 여호규, 1995, 「3세기 후반~4세기 전반 고구려의 교통로와 지방통치조직」『한국사연구』91.

18. 林起煥, 1995a, 「고구려 집권체제 성립과정의 연구」, 경희대학교 박사학위논문.

19. ____, 1995b, 「고구려 초기 관계조직의 성립과 운영」『경희사학』19.

20. 金賢淑, 1996, 「高句麗 地方統治體制 硏究」, 경북대학교 박사학위논문.

21. 余昊奎, 1997, 「1~4세기 高句麗 政治體制 硏究」, 서울대 박사학위논문.

22. 金賢淑, 1998, 「大伽耶의 政治發展과 領域支配方式」『加耶史大觀』, 가야문화연구소.

23. 여호규, 1998,「고구려 초기 제가회의와 국상」『한국고대사연구』13.

24. 이종욱, 1998,「신라 '부체제설' 에 대한 비판 -하나의 새로운 신라사체계를 위하여-」『한국사
연구』100.

25. 노태돈, 1999,『고구려사연구』, 사계절.

26. 한국고대사학회편, 2000,『한국고대사연구』17(특집 : 한국 고대사회의 부).

27. 강종훈, 2000,「삼국 초기의 정치구조와 '부체제'」『한국고대사연구』17.

28. 김영심, 2000,「百濟史에서의 部와 部體制」『한국고대사연구』17.

29. 김영하, 2000,「韓國 古代國家의 政治體制發展論 - '部體制' 論爭에 대한 소견을 대신하여-」
『한국고대사연구』17.

30. 김태식, 2000,「加耶聯盟體의 部體制 成立與否에 대한 小論」『한국고대사연구』17.

31. 노태돈, 2000,「초기고대국가의 국가구조와 정치운영 -부체제론을 중심으로-」『한국고대사연
구』17.

32. 백승충, 2000,「가야의 정치구조 - '부체제' 논의와 관련하여-」『한국고대사연구』17.

33. 송호정, 2000,「고조선, 부여의 국가구조와 정치운영 -부 및 부체제론과 관련하여-」『한국고대
사연구』17.

34. 양기석, 2000,「百濟 初期의 部」『한국고대사연구』17.

35. 여호규, 2000,「고구려 초기 정치체제의 성격과 성립기반」『한국고대사연구』17.

36. 이종욱, 2000,「한국고대의 부와 그 성격」『한국고대사연구』17.

37. 전덕재, 2000,「6세기 초반 신라 6부의 성격과 지배구조」『한국고대사연구』17.

38. 전미희, 2000,「冷水碑 鳳坪碑에 보이는 신라 6部의 성격」『한국고대사연구』17.

39. 全德在, 2001,「古代」『歷史學報』171(韓國 歷史學界의 回顧와 展望).

40. 송호정, 2002,「위만조선의 정치체제와 삼국 초기의 부체제」『국사관논총』98.

41. 朱甫暾, 2003,「三國時代 地方統治體制의 定着 과정 - 高句麗의 事例를 중심으로」『강좌 한국
고대사』2, 가락국사적개발연구원.

42. 임기환, 2004,『고구려 정치사 연구』, 한나래.

43. 김현숙, 2005,『고구려의 영역지배방식 연구』, 도서출판 모시는 사람들.

영산강유역 정치체의 성격

권오영 _ 한신대학교 국사학과

1. 근초고왕 남정을 바라보는 시각

4세기 중반 경 근초고왕 부자의 남정을 계기로 전남지역이 백제 영역화하였다는 견해는 李丙燾의 논문[2] 이후 고대사학계의 통설로 자리잡아 왔다. 하지만 영산강유역에 대한 고고학적 조사성과가 축적되면서 이러한 통설에 대한 비판이 이루어지기 시작했고, 한편으로는 기존 입장을 다듬어 통설을 유지하고자 하는 입장도 만만치 않다.

대표적인 견해는 369년 근초고왕의 남정으로 인해 영산강유역 정치체는 백제에 복속되어 독자성을 상실하였고, 이후 공납을 통한 간접지배가 이루어짐으로써 4~5세기에 걸쳐 특유의 대형 甕棺古墳이 축조될 수 있었지만 중앙세력이 5세기 후반부터 직접지배를 시도하며 지방관을 파견하였고 그 물질적 증거가 橫穴式石室墳의 등장이라는 것이다.[19]

반면 4세기대에 이 지역이 백제의 영역으로 편입되었다는 것을 부정하는 견해가 학계 일각에서 강력히 제기되었는데 이러한 견해의 공통점은 주로 고고학적 발굴성과에 기초하고 있다는 점이다.

그 중에서도 6세기 전반 무렵까지 이 지역 정치체가 완전한 독립성을 유지하였다는 견해[15, 16]가 있는 한편, 지역에 별개의 정치체가 있었음을 인정하면서도 중앙과의 관계를 인정하는 견해[14]도 있다.

한편 일본측 연구자들은 이 지역이 6세기까지도 백제의 완전한 세력권에 편입되지 않고 백제, 가야, 왜 사이에서 등거리 관계를 유지하면서 선택적으로 백제나 왜의 세력을 이용했던 것으로 보는 점에 공통성이 있는데,[9] 『日本

書紀』에 보이는 512년 繼體의 이른바 任那四縣 割讓 기사가 백제에 의한 전남 지방의 실질적 지배의 시점을 보여주는 것으로 봄으로써, 6세기 이전 영산강 유역 정치체의 독자성을 인정하고 있다.[21, 22, 26]

2. 옹관고분의 발달

기원 3세기 경 경기, 충청, 전라 등 마한지역의 묘제는 목관을 매장주체로 삼는다는 점에서는 많은 공통점이 있으면서도 지역적인 차이를 보인다. 충청 내륙지방과 경기 남부지역이 묘광을 판 후 주변에 도랑을 돌리고 묘광 내부에 목관을 안치하는 묘제(주구토광묘)를 사용하데 비하여, 충청 서남부와 전라 지역에서는 지표에 분구를 만들고 그 내부를 다시 파서 묘광을 만들고 목관을 넣는 묘제(분구묘)를 사용하고 있다. 분구묘는 한번 만들어진 이후에 계속적으로 추가장되는 특징이 있는데 그 방향은 수평적인 확장과 수직적인 확장 모두 존재한다.

영산강유역은 분구묘지역에 속하는데 함평 만가촌유적,[31] 광주 하남동유적,[34] 나주 용호동유적[29] 등은 모두 평면이 사다리꼴인 분구묘들이다. 4세기 이후에는 목관 이외에 목곽과 옹관이 매장주체로 사용되기 시작하면서 서서히 옹관의 비중이 늘어나고 분구의 형태는 방형, 원형 등 다양해진다. 5세기 가 되면 나주 반남면과 영암 시종면을 중심으로 초대형 고분이 등장하게 되는데 이 고분의 피장자들이 영산강유역 정치체의 최고 수장층이란 점에는 이론이 없다.

특히 화려한 금동관과 신발, 환두대도 등이 출토된 나주 신촌리 9호분 을관의 피장자는 영산강유역 최대 세력자로서 그 성격에 대해서는 백제 중앙에 대해 독자성을 견지하였다는 견해[15, 16]와 동맹관계 내지 느슨한 상하관계를 맺었다는 견해[14]로 나뉜다.

3. 전방후원분의 구조와 유물

전방후원분이 한반도에 존재하는 것 자체에는 이론이 없으나 한반도와 일본열도 중 어느 곳에서 먼저 출현하였는지에 대해서는 상반된 입장이 있다. 전방후원분이 일본열도에서 출현한 것이 아니라 한반도에서 기원하였으며, 영암 자라봉고분의 연대가 4세기로 소급된다는 견해[4]가 있다. 이처럼 적극적이지는 않더라도 영산강유역 전방후원분과 일본열도 전방후원분의 차이점을 부각시킴으로써 영산강유역에서 전방후원분이 독자적으로 발생하였을 가능성을 중시한 견해[11]가 있다. 반면 일본측 연구자들은 한반도의 전방후원분은 대개 5세기 말에서 6세기 전반에 걸쳐 축조된 것이며 가장 시기가 올라갈 가능성이 있는 고분인 영암 자라동고분의 경우도 기껏 올라가야 5세기 중반 무렵이라고 하였다.[21, 22, 27]

이렇듯 영산강유역 전방후원분의 연대에 대해서는 영암 자라봉고분에 대해서만 약간의 이론이 있을 뿐 대부분 한성 말~웅진기에 해당시키는 견해가 대세를 이루고 있다.

전방후원분의 墳形이나 부장품에 못지않게 중시되어야 할 부분이 매장주체의 구조와 계통이다. 영산강유역 전방후원분의 석실 구조를 백제 웅진기 석실의 한 형태로 보는 입장[7, 14]이 제기되었으나 백제계가 아닐 가능성은 이미 제기되었고,[10, 12, 16] 특히 구주계 석실과의 관계에 대해 언급되기에 이르렀다.[5, 6]

구주계 석실과 관련 짓는 초기의 연구에서 한걸음 나아가 북부 구주형계(조산, 쌍암동, 명화동, 신덕, 복암리 3호), 발전형계(장고봉, 월계동 1·2호), 肥後型系(영천리)로 나

광주 명화동 전방후원분

눈 견해까지 제기되었다.[22]

영산강유역 전방후원분을 이해하기 위해서는 분구와 석실의 형태 등 묘제만이 아니라 장제에도 관심을 가져야 한다. 이런 점에서 주목되는 것이 墳丘 위에 수백 점씩 배치하는 하니와(埴輪)형 토기의 문제이다. 일본열도의 전방후원분과 葬送儀禮까지 공유하고 있다는 점이 중요한데, 하니와형 토기가 전방후원분만이 아닌 대형 옹관고분에도 세워졌다는 사실이 밝혀지면서 문제를 한층 복잡하게 하고 있다.

하니와형 토기에 대한 초기 연구에서는 광주 월계동 1호분 출토품에서 관찰되는 倒立技法을 근거로 일본열도의 尾張形 하니와의 제작기법이 파급되어 재지 토기공인이 제작한 것이라고 주장되었지만,[13] 이후 월계동 보다 이른 시기의 신촌리 9호분 출토 하니와형 토기에서 이미 도립기법이 확인됨으로써 대폭 수정되어, 4세기 후반에 북부 구주지방의 하니와가 도입된 것으로 보고 있다. 한편 하니와형 토기의 다양성(형태, 제작기법, 조정기법)을 근거로 일본열도 하니와를 조형으로 하면서도 계보가 다른 몇 개의 정보 전달루트가 있었거나, 혹은 모델의 직접모방이나 이미지로부터 창조되었을 가능성을 언급하면서 이 지역에 전방후원분이 출현하기 이전부터 이미 재지집단이 일본 하니와의 정보를 얻어 재래의 圓筒形器臺 등을 모티브로 삼아 제작한 토기를 분구 위에 수립하는 장법이 행하여졌다는 진전된 견해가 제기되기에 이르렀다.[23]

최근에는 하니와형 토기를 "분구 주변을 장식한다" 는 의미에서 墳周土器로 일괄하고 筒A형(옹관묘에 부가. 일본 埴輪을 모방하되 재지요소를 가미하여 독자유형으로 발전), 筒B형(전방후원분에 부가. 일본 埴輪의 충실한 모방), 壺形(일본 埴輪을 모방하여 성립된 후 6세기 중엽 경 일본으로 파급)으로 삼분하는 견해도 제기되었다.[30]

4. 전방후원분의 피장자

전방후원분의 기원이 일본열도에 있다고 추정하는 일본인 연구자들도 영산강유역 전방후원분의 피장자는 이 지역의 재지수장들로서 이들이 일본열도와

高敞鳳德里・竹林里古墳群
高敞七岩里古墳
靈光鶴丁里古墳群
靈光月山里月桂古墳群
長成鈴泉里古墳
潭陽古城里古墳
咸平長年里長鼓山古墳
咸平禮德里新德古墳
光州月桂洞1, 2號墳
光州雙岩洞古墳
潭陽聲月里古墳
務安高節里古墳
咸平馬山里杓山古墳群
羅州伏岩里古墳群
光州明花洞古墳
和順千德里古墳群
羅州潘南古墳群
羅州松堤里古墳
靈岩자라봉古墳
海南星山里古墳群
海南龍頭里古墳
海南造山古墳
海南長鼓山古墳
竹幕洞祭祀遺蹟
0   20Km

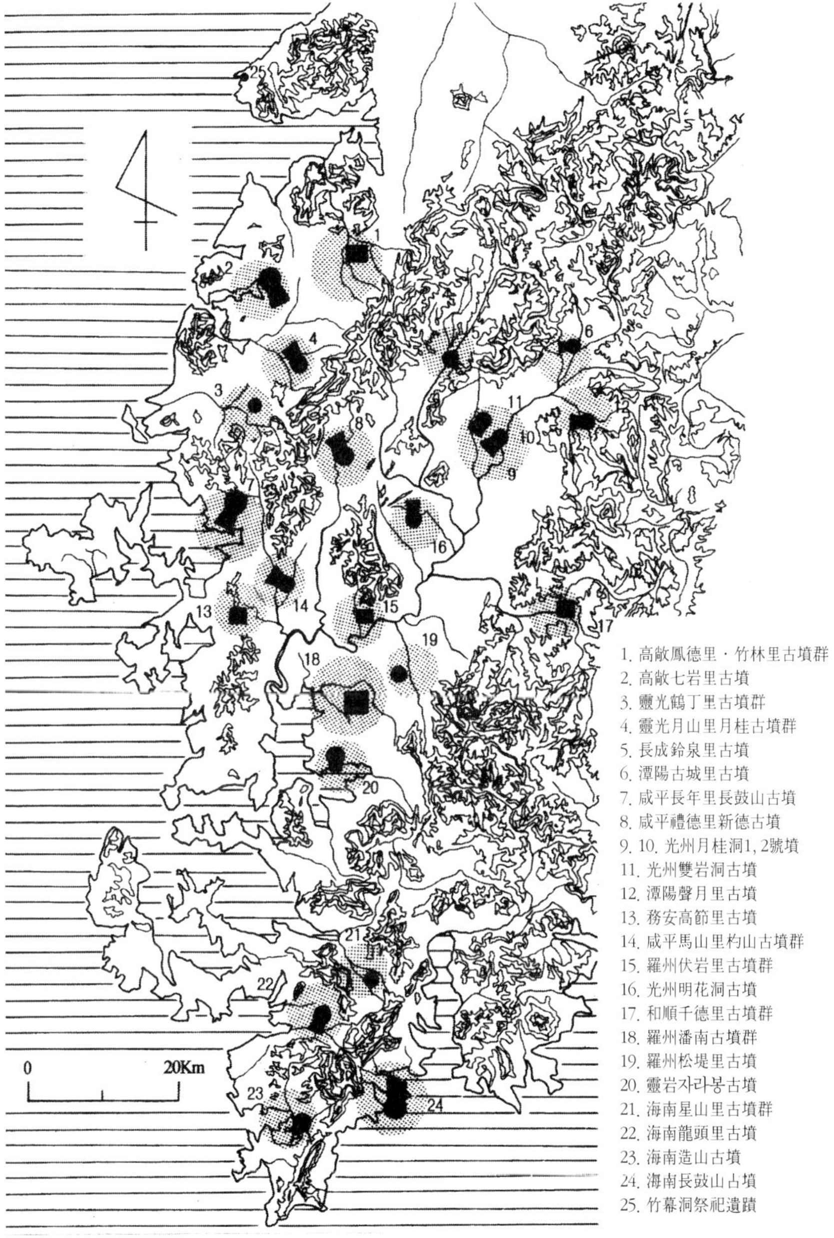

전방후원분의 분포양상

교류하면서 그들 스스로의 수장묘로 조영한 것이라 보고 있다.[9, 17] 나아가 이 지역 수장층들이 전방후원분이란 외래 무덤을 축조한 이유는 대외적·정치적 어필로 인한 것인데 그 배경에는 이 지역에 대한 백제의 영유화가 진행되는 와중에 이에 저항하던 세력이 왜의 세력과 통한다는 것을 가시적으로 표현하기 위해 전방후원형이란 墳形을 채택하였다는 견해로 발전하게 된다.[26]

이와 유사한 견해는 국내 연구자에 의해서도 나타났다. 영산강유역에서 전방후원분이 출현하는 국제적 계기는 백제 - 대가야 - 구주세력 - 왜왕권이란 多核的 대외관계가 백제 - 왜왕권의 쌍방구도로 재편되는 과도기란 점이고, 웅진기 백제가 영산강유역으로 영역적 지배를 관철해 나가고 반남면을 중심으로 한 기존 지역통합의 구심력을 와해시키는 과정에서 나타난 지역 집단의 일시적 정치적 자립성의 확대의 결과로 전방후원분이 등장하였다는 것이다.[14]

재지수장설을 주장하는 경우에도 전방후원분의 출현을 백제의 영산강유역 영유화과정에서 재지수장층 일부와 왜 세력이 결합한 산물로 봄으로써 왜의 영향력을 강조하는 견해도 있다.[22]

이러한 재지세력설의 약점은 영산강유역 최대 세력인 반남지역에는 전방후원분이 없다는 점이다. 게다가 이미 지적되었듯이 영산강유역 전방후원분은 종래의 중심 고분군과는 동떨어진 지역에서 재지적 기반 없이 1기씩 고립, 분산적으로 등장하는 경향이 강하다.[28] 이런 점들은 확실히 전방후원분 피장자를 재지 수장층으로 단정하는 것을 주저하게 만든다.

반면 무덤의 주위에 원통형토기, 혹은 하니와형 토기를 세우는 전통이 전방후원분 등장 이전부터 이 지역에 이미 존재하였던 점[20, 23]은 전방후원분 피장자를 재지수장으로 간주하는 데에 유리하게 작용하고 있다.

반면 전방후원분에 묻힌 피장자를 왜인으로 보는 견해가 있는데 이 견해는 세 가지로 세분할 수 있다. 우선 전방후원분 축조의 계기를 왜인의 주체적 활동에서 찾는 입장과 백제 중앙의 적극적 간여를 상정하는 견해로 나뉜다. 이와는 달리 영산강에서 일본열도로, 다시 영산강으로 이어지는 주민의 이주경로 및 반남세력의 의도를 강조하는 견해가 있다.

첫 번째 입장은 『宋書』倭國傳에 보이는 慕韓을 영산강유역에 실재하였던 國으로 보면서 무령왕대에 영산강유역의 영유화가 진행되었다고 본다. 이 직전에 해당되는 전방후원분 피장자는 독자적으로 철소재의 교역에 종사하면서 영산강유역에 정착한 왜인집단의 일원이라는 논리이다.[8] 이러한 견해는 그 후 수정되어 영산강유역 전방후원분은 5세기 말 북부 구주의 여러 계통의 이주집단이 재지집단과 함께 축조하였으나, 왜국정권에 의한 영역지배와는 무관한 것이라는 주장으로 나타났다.[21]

영산강유역에서 왜인의 주체적인 활동을 강조하는 이 견해는 이른바 任那四縣을 매우 광역의 개념으로 이해하는 종전의 위치비정[1]을 무비판적으로 수용한 점이 근본적 문제점이다. 임나사현의 위치는 여수, 순천, 광양 등의 전남 동부 일대로 보는 것[3, 33]이 합리적이다.

최근에는 한반도의 선진 물품, 기술, 정보를 입수하기 위하여 왜인들이 자발적으로 영산강유역에 정착하였다는 견해,[35] 繼體王權의 탄생에서 촉발된 일본열도 수장계보의 변동과 전방후원분 축조의 새로운 움직임이 영산강유역에까지 파급되었다는 견해[38]가 제기되었다. 역시 주체적 왜인론에 포함시킬 만하다.

왜인이 집단적으로 이주하여 영산강유역에 세력을 구축하고 전방후원분을 축조하였다는 이들 견해는 일본의 전방후원분과의 차이, 백제 물품의 다량 부장, 하니와형 토제품 등이 현지생산이란 점에서 성립하기 어렵다. 게다가 이른바 임나사현 할양사건은 512년인데 백제가 전남지방을 완전히 장악하였다고 주장되는 이 시점 이후에도 전방후원분의 축조가 이루어지는 것은 어떻게 설명할 수 있을까?

백제 중앙의 의도를 강조하는 두 번째 입장은[24, 25] 왜계 백제관료설[19, 28]로 발전한다. 한성의 함락으로 인한 통치기구의 일시적 와해 때문에 자력으로 남방을 통치할 역량을 결여한 백제측의 의도로 인해 북부 구주에서 有明海 연안에 걸친 복수의 유력 호족이 이 지역에 파견되었던 흔적이 전방후원분이란 주장이다.

이 견해의 최대 논거는 전방후원분의 분포양상이 고립적이며, 내부에서 백제계 위세품이 존재한다는 점이다. 함평 신덕고분이나 함평 월계고분처럼 전방후원분과 능산리형 석실분이 공존하는 경우 초기 이주민(전방후원분), 2세 왜인의 백제인화(능산리형 석실분)란 도식을 세울 수 있는 점도 강점이다.

하지만 전방후원분의 분포양상을 고립적으로 볼 것인가는 상대적이다. 예컨대 13기 정도밖에 안되는 전방후원분의 분포양상에 대해 고립성을 강조하지만 옹관묘, 대형 옹관고분의 분포지역에 전방후원분이 1-2기씩 축조되며 이 지역은 전 단계에 옹관묘, 옹관고분이 발달한 곳이라는 해석도 가능한 것이다.

"백제 왕권이 이 지역을 장악하지 못한 상태에서 광범위하게 왜인을 전개시켰다고 보는 것이 가능한가? 이렇듯 광범위한 사민이 가능하다면 백제 왕권은 이미 이 지역을 제압하였던 셈" 이라는 비판[26]에도 답해야 할 것이다.

왜계 백제관료설이 풀어야 할 또 하나의 숙제는 구주계 석실에 원형의 봉토를 씌운 월송리 조산고분이나 영천리고분의 피장자는 누구인지, 또 전방후원분이 아닌 옹관묘에 하니와와 유관한 토기류가 세워지는 배경은 무엇인지, 영남지역의 왜계고분과 영산강유역 왜계 고분의 차이점 등이 해명되어야 할 것이다. 무엇보다도 의문시되는 것은 외래계 이주민이 타향에서 이 정도의 거대한 고분을 세울 수 있을 정도로 노동력을 징발할 수 있었을까 하는 점이다.

한편 영산강유역 주민의 귀향이란 틀을 설정한 견해[16]는 영산강유역에서 長鼓墳(전방후원분)을 축조한 집단과 대형 옹관을 축조한 집단이 약간 다른 세력으로 병존하다가 대형 옹관을 쓰는 집단은 계속 성장해 나가고 장고분 집단은 3세기 중엽 경 渡日하여 본격적으로 일본에서 발전하였다고 본다. 양 집단은 계통상 연결되어 상호교류를 진행하였고 이 과정에서 일본 진출집단 중 일부가 영산강으로 귀환하거나 혼인과 같은 인적 교류를 계속함으로써 전방후원분이 재등장하게 되었다는 것이다.

이와 유사한 견해로서 영산강유역의 정치체가 김해 금관가야 중심의 정치연합에 가담하고 있었으며 김해 대성동유적에서 대형 고분의 축조가 중단된 시점부터 일본열도에 낙동강 하류역, 서부경남, 영산강유역의 토기문화가 須

惠器의 발전과정에 반영되는 것처럼 금관가야의 동요와 함께 영산강유역 주민이 대거 일본열도로 이주하였다고 본다. 일본열도에서 전방후원분이란 묘제를 경험한 이들 주민이 본거지와 활발한 교류와 왕래를 하면서 영산강유역에 전방후원분이 등장하였다는 것이다.[18]

이러한 견해는 이후 전방후원분의 피장자는 토착세력이 아닌 일본에서 들어온 정치적 망명객이며 이들을 분산, 거주시킨 주체는 반남세력인데 그 이유는 이주민들이 선조 이래의 연고 속에서 망명해온 사람들이기 때문에 수용을 하되 중심지에서 먼 곳에 분산시키고 당대에 한하여 지원하였다는 견해로 변화한다.[30]

이상의 다양한 견해는 각기 장점과 단점을 가지고 있는데 현재도 팽팽히 맞서고 있다.[32] 이 문제를 해결하는 하나의 방편으로 영산강유역에서 광범위하게 발견되는 왜계 유물에 대한 관심[37]이 필요하다.

5. 백제 영역화의 양상

전방후원분 피장자 논쟁이 소강상태에 들어간 상태에서 발견된 고흥 길두리 안동고분은 여러 가지 중요한 문제를 제기하고 있다. 한성 말기에 해당되는 시점에 왜 고흥이란 원거리에 백제양식의 금동관모와 신발을 착장하고 왜계로 보이는 갑주를 부장한 인물이 존재하는가 하는 점이다. 물론 피장자의 장신구를 중앙에서 제작된 것이 아니라 현지 제작의 가능성을 타진하는 견해도 있지만,[36] 고도의 기술이 발휘되고 숫적으로 희소한 이러한 위세품이 지방 공인에 의해 제작될 가능성은 거의 없다.

그렇다면 결국 백제 중앙의 의도가 개재된 셈인데 고흥이란 지역은 영산강유역과 전남 동부를 연결하는 길목에 해당된다. 5세기 중후반 영산강유역에는 나주 반남세력이, 전남 동부에는 대가야세력이 웅거하고 있었다는 점을 고려하면 백제 중앙은 양자의 연결을 경계하였을 것이며 파트너로서 고흥세력이 선택되었을 가능성이 있다.

이러한 한성기의 전략은 많은 한계를 안고 있었지만 무령왕대 전남 동부지

나주 복암리 3호분

역에 대한 영역화의 성공적 완수가 『일본서기』 계체기에 이른바 "임나사현 할양사건"으로 나타났을 것이다. 이후 전남 동부지역에는 백제 산성이 축조되며 백제에 의한 지배가 시작된다. 영산강유역에서 대형 옹관고분은 더 이상 축조되지 못하며 전방후원분도 소멸되기 시작한다. 그 최종적인 결과가 나주 복암리고분이나 흥덕리고분에서 보이는 은제 화형관식을 착장한 관인의 존재이다. 은제 화형관식은 능산리형 석실과 함께 사비기 지방지배의 물적인 증거인 셈이므로 이제 영산강유역이 완전히 백제 영역화하였음을 극적으로 보여주고 있다.

1. 末松保和, 1949, 『任那興亡史』, 吉川弘文館.

2. 이병도, 1970, 「근초고왕척경고」 『백제연구』 1, 충남대 백제연구소 ; 1976, 『한국고대사연구』, 박영사.

3. 전영래, 1985, 「백제남방경역의 변천」 『천관우선생환력기념한국사학논총』.

4. 강인구, 1992, 『자라봉고분』, 한국정신문화연구원.

5. 曺永鉉, 1993, 「三國時代の橫穴式石室墳」 『季刊考古學』 45.

6. 홍보식, 1993, 「백제 횡혈식석실분의 형식분류와 대외전파에 관한 연구」 『박물관연구논문집』 2, 부산시립박물관.

7. 이남석, 1995, 『백제횡혈식석실분연구』, 학연문화사.

8. 東潮, 1995, 「榮山江流域と慕韓」 『展望考古學』 (考古學研究會40周年記念論集).

9. 岡內三眞, 1996, 「前方後圓形墳の築造モデル」 『韓國の前方後圓形墳』, 雄山閣.

10. 강현숙, 1996, 「백제 횡혈식석실분의 전개과정에 대하여」 『한국고고학보』 34.

11. 성낙준, 1997, 「백제의 지방통치와 전남지방 고분의 상관성」 『백제의 중앙과 지방』, 충남대 백제연구소.

12. 吉井秀夫, 1997, 「횡혈식석실분의 수용양상으로 본 백제의 중앙과 지방」 『백제의 중앙과 지방』, 충남대 백제연구소.

13. 小栗明彦, 1997, 「光州月桂洞1號墳出土埴輪の評價」 『古代學研究』 137.

14. 박순발, 1998, 「4~6세기 영산강유역의 동향」 『백제사상의 전쟁』, 충남대 백제연구소.

15. 강봉룡, 1999, 「영산강유역 '옹관고분' 의 대두와 그 역사적 의미」 『韓國史論』 41 · 42 서울대학교.

16. 임영진, 2000, 「영산강유역 석실봉토분의 성격」 『영산강유역 고대사회의 새로운 조명』, 역사문화학회 · 목포대박물관.

17. 土生田純之, 2000, 「韓 · 日 前方後圓墳의 比較檢討」 『한국의 전방후원분』, 충남대 출판부.

18. 신경철, 2000, 「고대의 낙동강, 영산강, 그리고 왜」 『한국의 전방후원분』, 충남대 출판부.

19. 주보돈, 2000, 「백제의 영산강유역 지배방식과 전방후원분 피장자의 성격」 『한국의 전방후원

분』, 충남대 출판부.

20. 金洛中(竹谷俊夫 譯), 2002, 「五~六世紀の榮山江流域における古墳の性格」『前方後圓墳と古代日朝關係』, 朝鮮學會編, 同成社.

21. 東潮, 2002, 「倭と榮山江流域」『前方後圓墳と古代日朝關係』, 朝鮮學會編, 同成社.

22. 柳澤一男, 2002, 「全南地方の榮山江型石室の系譜と前方後圓墳」『前方後圓墳と古代日朝關係』, 朝鮮學會編, 同成社.

23. 大竹弘之, 2002, 「韓國全羅南道の圓筒形土器」『前方後圓墳と古代日朝關係』, 朝鮮學會編, 同成社.

24. 西谷正, 2002, 「韓國の前方後圓墳をめぐる諸問題」『前方後圓墳と古代日朝關係』, 朝鮮學會編, 同成社.

25. 山尾幸久, 2002, 「五,六世紀の日朝關係」『前方後圓墳と古代日朝關係』, 朝鮮學會編, 同成社.

26. 田中俊明, 2002, 「韓國の前方後圓形古墳の被葬者・造墓集團に對する私見」『前方後圓墳と古代日朝關係』, 朝鮮學會編, 同成社.

27. 東潮, 2002, 「倭と榮山江流域」『前方後圓墳と古代日朝關係』, 朝鮮學會編, 同成社.

28. 朴天秀, 2002, 「榮山江流域における前方後圓墳の被葬者の出自と性格」『考古學研究』49-2, 考古學研究會.

29. 호남문화재연구원, 2003, 『나주 용호고분군』.

30. 임영진, 2003, 「한국 분주토기의 기원과 변천」『호남고고학보』17.

31. 임영진・조진선・서현주・송공선, 2004, 『함평 예덕리 만가촌고분군』, 전남대학교박물관.

32. 권오영, 2005, 「고고학자료로 본 백제와 왜의 관계」『한일관계사연구논집』2.

33. 이동희, 2005, 「전남동부지역 복합사회 형성과정의 고고학적 연구」, 성균관대학교 박사학위논문.

34. 이영철, 2006, 「광주 하남동 분구묘」『분구묘・분구식고분의 신자료와 백제』, 한국고고학회.

35. 홍보식, 2006, 「한반도 남부지역의 왜계 요소 -기원후 3~6세기대를 중심으로-」『한국고대사연구』44, 한국고대사학회.

36. 임영진, 2007, 「고흥 길두리 안동고분 출토 금동관의 의의」『충청학과 충청문화』5권 2호, 충청남도역사문화원.

37. 서현주, 2006, 「호남지역의 왜계 문화」『교류와 갈등 -호남지역의 백제, 가야, 그리고 왜-』, 호남고고학회.

38. 福永伸哉, 2006, 「일본과 한국의 전방후원분」『교류와 갈등 -호남지역의 백제, 가야, 그리고 왜-』, 호남고고학회.

백제의 지방통치체제

양기석 _ 충북대학교 역사교육과

1. 연구 현황

한국고대사에 있어서 중앙권력과 지방세력과의 관계를 유기적으로 파악하는 데에는 지방통치체제에 대한 이해가 필수적이다. 지방통치체제는 국가의 통치의지를 일정 지역에 관철시키는 중요한 요소로서 중앙집권력의 정도를 가늠해 주는 주요 관건이 되기 때문이다. 이를 통해 중앙의 지방지배책이나 경제제도의 해명 뿐 아니라 지방의 재지세력이나 민의 존재 형태를 다각적으로 규명하여 균형 잡힌 고대 사회의 실상을 복원하는데 중요한 단서를 찾을 수 있다.

백제의 지방통치체제에 관한 연구는 1980년대 중반 이후부터 활기를 띄게 되면서 백제사의 중요한 연구 주제의 하나로 대두되었다. 이에 대한 전문적인 연구로 이어져 박사학위 연구주제 뿐 아니라 단행본이 속속 출간되었고, 학술대회의 주요한 연구 테마로도 설정될 정도의 큰 관심을 불러일으키게 되었다. 에에 따라 백제사 연구의 질과 양 모두를 제고시키는데 기여할 정도로 적지 않은 성과를 올리게 된 것이다. 그 이전의 연구가 주로 그 세부 내용보다는 전체적인 틀을 제시하는 측면에서 단편적으로 이루어진 것에 비하면 가히 괄목할만한 것이라 할 수 있다.

그 동안 진행되어온 백제의 지방통치체제 연구는 문헌 연구 입장에서 이루어진 제도사적 연구와 고고학적 측면에서의 지역연구로 대별된다. 이에 따라 최근에는 성·촌제를 단위로 한 백제 지방통치체제의 구조와 제도상의 변화, 그리고 각 지역에 토착한 재지세력의 존재 양태와 성격 규명[5, 17, 18, 32, 37, 38,]

49, 50, 91, 101 등 여러 측면에까지의 다각적인 접근이 이루어지고 있다. 이처럼 백제 지역사에 대한 관심과 연구 성과가 쌓이게 된 배경은 고고학 · 인류학 · 미술사학 등 인접학문과의 긴밀한 교류를 통해 얻어진 연구방법론상의 진전과 특히 고고학 분야의 성과에 기인한 것으로 볼 수 있다. 1990년대 이후 지역개발의 열기를 타고 각 지역에서 각종 발굴조사가 활기를 띠면서 문헌자료의 공백을 부분적으로 메워줄 수 있는 하나의 돌파구가 마련되었기 때문이다. 특히 천안 화성리유적을 비롯하여 용원리유적, 그리고 공주 하봉리와 수촌리유적, 익산 입점리유적, 원주 법천리유적 등지에서 출토된 새로운 고고학 자료들은 백제의 중앙과 지방세력과의 함수관계를 보여줄 뿐 아니라 각 지역의 재지세력들의 존재양태를 시사해 주는 중요한 자료로서 세간의 주목의 대상이 되어 왔다.

그러나 이러한 최근에 진전된 많은 성과에도 불구하고 아직 백제 지방통치의 변화 발전상의 다양한 모습을 체계적이고 동태적으로 밝혀내지 못하고 있다. 관련 사료의 절대 부족과 관련 사료를 이해하는 관점, 국가 형성이나 영역의 변화에 대한 인식, 그리고 백제 영역권에서의 다양한 재지세력의 존재 등에 대한 이해의 차이가 크기 때문에 아직 통일된 의견의 일치를 보지 못한 채 논쟁을 거듭하고 있다. 백제의 시기별 영역의 변화, 지방통치조직에 대한 구조 파악과 여러 제도의 변화, 지방관의 파견 시기와 성격, 성 - 촌제의 편성과 변화 문제를 중심으로 하여 여러 측면에서의 앞으로 해결해야 할 과제가 산적해 있다.

지금까지 백제 지방통치체제의 전개와 변화 과정을 체계적으로 추구하는 연구는 계기적 발전론의 형태로 이루어져 왔다. 이 방면의 선구적 업적을 남긴 武田幸男은 백제 지방통치체제를 4세기 말의 성-촌체제, 5세기의 왕 · 후 · 태수제, 6세기의 담로체제, 6세기 중엽 이후의 방-군-성체제로 설정하였다.[46] 이어 노중국은 근초고왕 이전의 5부체제, 그 이후부터 웅진도읍기까지는 담로체제, 사비도읍기는 방 - 군 - 성체제로 설정하여 각 단계마다의 변화 과정을 제시하였다.[3] 이러한 견해들은 종래 웅진 및 사비시대에 한정하여 단편적으로 입론된 백제의 지방통치체제를 백제사 전 시기에 걸쳐 체계적으로 파악하려 하였다는 점에서 의미있는 작업이라 할 수 있다. 이러한 선구적인 연구 성과를 토대로 하여 90년대 중반 이후부터는 이에 대한 전문적인 연구 성과와 논의들이 활발하게 나타났다. 그 중 박현숙은 백제 초기의 부제, 4세기 중반 이후의 담로제, 6세기 중반 이후의 5방체제를 설정하여 계기적인 과정을 거쳐 일원적인 통치체제로 발전해 온 것으로 파악하였고,[62] 김영심은 백제 초기의 부체제, 5세기 중반 이후 담로제, 6세기 중반 이후 5방제로 백제의 지방통치체제의 구조와 변화 양상을 구조적 실증적으로 이해하였다.[30] 그리고 이용빈은 5부제, 5부제·담로제의 병치기, 6세기초 5방제로 변화한 것으로 파악하였다.[9]

이와 같이 백제의 지방통치체제의 전체적인 틀에 대해서는 단계별 제도 설정이나 시기별 선후 관계와 공존 관계 등 그 세부적인 면에서 논자들 간에 차이는 있지만 대체로 부제, 담로제, 5방제의 순으로 계기적인 변화 발전해 온 것으로 이해하고 있음을 알 수 있다. 따라서 백제 지방통치체제의 전반적인 연구 성과를 초기 5부제, 담로제, 5방제의 각론을 중심으로 연구 현황을 검토하여 앞으로의 연구 방향을 가늠해 보기로 한다.

2. 部制에 대한 論議

백제 초기의 지방통치체제로 논의되고 있는 것이 部制이다. 『삼국사기』 백제본기에 의하면 온조왕 31년부터 비유왕 2년(428)까지 방위명을 붙인 부에 관한 기사가 모두 13개 나오는데 거의 고이왕대 이전에 집중 기록되어 있다. 이에 대해 백제 초기의 부는 고유한 명칭을 붙인 족제적인 성격의 부가 지방 행정 구획적인 방위명 부로 변화해 간 고구려나 신라의 경우와 다른 모습을 보여주고 있어서 많은 의문과 논의의 대상이 되어 왔다. 논의의 초점은 백제 초기의 4부에 관한 기록 자체의 신빙성 문제와 부제의 성격에 관한 문제일 것이다.

부에 관한 연구가 본격화되기 이전에는 한동안 백제 초기의 부에 관한 기사를 후대의 조작으로 보고 그 실체를 인정하지 않았다. 그러나 1970년대 중반 이후 백제 초기의 기록 자체를 적극적으로 인정하는 분위기가 형성되면서 삼국 초기의 국가적 성격을 새롭게 접근하려는 움직임이 일어났다. 그 대안의 하나로 모색이 된 것이 '部體制論'이었는데 1975년 노태돈에 의해 처음으로 제기되었다.[44, 45] 부체제론은 중앙집권적인 고대국가의 전 단계인 초기 고대국가의 국가구조와 정치운영의 성격을 구조론적으로 접근하여 제시된 개념이다. 『삼국사기』 초기기록에 나오는 部는 단지 지방통치체제의 측면에 국한된 것이 아니라 삼국 초기의 전반적인 정치 구조를 상징적으로 나타내 주는 핵심적인 요소로서 주목을 받게 된 것이다. 부체제론은 초기 고대국가의 지배구조나 정치운영 형태에 대한 실태 파악은 물론 여러 정치집단들의 존재형태를 구조적으로 제시했다는 점, 그리고 한국 고대국가 발전의 단계를 부체제-군현제에 입각한 중앙집권체제로 분명히 제시하였다는 점 등에서 이 방면 연구상의 진전과 함께 많은 연구자들의 동의를 받고 있다.

이어 1999년에는 한국고대사학계의 큰 쟁점 중의 하나인 부체제에 대한 그동안의 개별 연구성과를 종합 정리하고 이 방면 연구를 보다 심도있게 진전시키기 위해 한국고대사학회에 의해 '한국 고대사회의 부'라는 주제를 놓고 세미나가 개최되었다. 이를 통해 삼국의 부제를 지방행정구역으로 보거나 또는 부체제를 국가발전의 한 단계로 설정하는 데에 따른 방법론과 논리상의 문제점이 지적되기도 하였으나, 고구려와 신라에 비해 상대적으로 미흡했던 백제의 부제 연구를 활성화시키게 되는 계기가 되었음은 큰 성과라 할 수 있다.

지금까지 백제 초기의 부제에 대한 논의는 여러 측면에 걸쳐 다양한 견해가 제시되어 왔다. 부체제에 관한 용어나 개념 정의 문제라든가, 부제의 성립 시기, 부의 편제 대상 지역, 그리고 부의 성격 문제 등에서 논자들 사이에서 상이한 견해차가 드러나고 있는 실정이다.

먼저 백제 초기 부제의 구성에 대해서는 대부분의 논자들이 5부제의 실재를 인정하고 있다. 이와는 달리 일부의 논자들은 4부체제로 이해하거나,[81] 좌평제와 연결시켜 부제의 변화과정을 추구한 연구도 있다. 특히 주보돈은 백제초기의 부체제가 중앙부, 북부, 동부의 3부체제로 운영되다가 고이왕대 5좌평 설치에서 보이는 것처럼 5부체제로, 다시 근초고왕대에는 중앙부와 북부의 2부 중심체제로 변화되면서 사실상 부체제가 소멸된 것으로 이해하였다.[97] 5부체제를 5좌평과 연결시켜 그 관할구역으로 본 점은 독특한 관점이라 할 수 있으나 관련 사실 여부에 대한 검증이 필요하다.

부의 명칭에 대해서는 고구려와 신라의 경우처럼 족제적인 부에서 방위명 부로 변화된 것으로 보는 견해와 처음부터 방위명 부가 실시된 것으로 보는 견해로 대별된다. 먼저 백제 초기의 부제를 부체제의 입장에서 접근하고 왕도의 부 성격을 가진 후대의 부와 성격상의 차이가 있는 것으로 파악하는 견해가 있다.[3, 44, 45] 이 견해는 고구려와 신라의 관련 연구 성과를 원용하여 상정된 것인데 대체로 단위정치체의 성격을 가진 족제적인 부명에서 행정적인 방위명 부로 변화된 것으로 보고 있다. 다만 그 변화 시기에 대해서는 고이왕대설,[3, 34] 근초고왕대설,[1] 5세기 후반 웅진 천도 이후설[44]로 각각 다르게 보고 있다. 반면 온조왕대로 보는 긍정론 이외에 수정론의 입장에서 백제 초기부터 방위명 부가 성립된 것으로 보는 견해가 있다. 긍정론의 입장에서 백제 온조왕 대에 나타나는 4부 성립 기사를 적극적으로 인정하고 백제 초기의 부제를 지배자집단의 단위정치체라는 관점에서 그 편제 대상지역을 지배자 집단의 거주지인 왕도에 국한한 것으로 보는 견해와, 또는 전국을 단위로 한 지방통치구획으로서 부제가 성립된 것으로 보는 견해[58, 62]가 있다. 이는 『삼국사기』 초기기록을 대체적으로 취신하는 입장에서 입론된 것이지만 후대 사실이 건국 시조인 온조왕대에 일괄 부회되어 서술된 측면도 있어 이를 그대로 수용하기는 어렵다고 본다. 반면 수정론 입장에서 백제 초기의 부에 관한 기록을 수정하여 받아들이고 백제초기 영역의 변화에 따라 지방통치체제의 성격 변화가 있었던 것으로 보는 견해가 전반적인 추세라 할 수 있다.

이처럼 고구려나 신라외는 달리 백제초기부터 방위명 부제가 채용된 배경을 백제국 중심의 연맹체 단계에서 중앙의 집권력을 강화하려는 내부적 요인과, 또 낙랑과 말갈 등의 외부 침입에 대비하려는 군사적 목적에서 연유한 것으로 보고 있다.[62, 95] 그 기원은 부여의 전통적인 사방관념을 바탕으로 한군현인 낙랑에서 실시한 부제를 원용하여 성립한 것으로 보는 견해도 제기되었다.[20, 95] 그 성립 시기에 대해서는 건국기인 온조왕대로 보는 견해 이외에 수정론 입장에서 백제가 한군현 세력을 크게 위협할 정도로 국력이 성장하는 2세기 후반이나[95] 3세기 중반 고이왕대,[3, 30] 또는 백제의 영역이 크게 확대되는 4세기 중반 근초고왕대[1, 7]로 보는 견해가 각각 제기되고 있다.

한편 백제 초기 부제의 성격에 대해서도 논자들 간에 여러 견해가 제기되어 쟁점이 되고 있다. 부체제로 볼 것인가 아니면 지방통치체제로 볼 것인지가 논쟁의 핵심이다. 부체제로 볼 경우 그 성격을 초기 고대국가라는 독립된 시기로 볼 것이냐 아니면 연맹 단계에서 고대국가로 넘어가는 과도기로 볼 것이냐에 대한 견해의 차이가 크다.

단위정치체인 부체제를 인정하는 바탕위에서 백제 초기의 부제를 지방통치체제의 차원으로 이해하는 견해가 있다. 박현숙은 백제 초기의 부가 족제적 또는 부족적 성격이 약한 방위부로서 전국을 단위로 한 초보적인 지방통치 구획이었으며 부에 소속되어 있던 재지세력들을 통한 간접통치가 관철된 것으로 보았다.[58, 62] 김기섭은 4세기대에 이르러 部 - 城 - 村체제가 성립되었는데 이때의 부는 행정 편의를 위해 중앙에서 임의로 구획한 행정·군사적 단위로서 전국을 대상으로 편제한 방위명의 5부체제였다는 것이다.[20] 이도학 역시 4세기대에 행정적인 방위명 부로 개편한 것으로 보았으나 백제의 전체 영역에 대한 지방지배방식을 이원적으로 본 점이 다른 논자들과 구별되는 독특한 관점이다. 즉 금강 이북지역은 군관구적인 部-城-村체제를, 그리고 새로 획득한 금강 이남의 전라도 지역은 지방거점 통치방식인 담로체제를 구축한 것으로 보았다.[7, 81]

반면 부체제론을 인정하지 않고 『삼국사기』 초기기록을 적극적으로 긍정하는 입장에서 부제를 지방행정구역으로 보는 견해가 있다. 이종욱은 초기의 부에 대해서 전국을 인위적으로 구획한 초보 단계의 지방통치조직으로 보고 여러 부를 통할하는 존재인 국왕을 단지 한 부의 장으로 보는 부체제론을 비판하였다.[89, 90] 그리고 제가회의는 국왕의 통제하에 구성된 군신회의체이며, 삼국의 부를 지방행정구역으로 파악하였다. 김영심은 부체제 단계의 설정을 회의적으로 보고 있지만 그 변화 시기와 성격면에서는 차이가 있다. 즉 고이왕대 이전에는 백제의 부가 단위체적 성격이 강했으나, 그 이후 근초고왕대까지는 지배체제의 정비에 따라 백제의 전역을 방위에 따라 구분한 단순한 지역구분으로서의 의미를 가진 부로 변화한 것으로 보았다.[34]

이와 같이 대부분 연구들은 전반적으로 백제 초기의 부 관련기사를 고이왕대 이후의 사실로 수정하여 취신하고 있을 뿐 아니라 백제의 국가발전 단계상의 한 단계인 부체제 단계를 설정하여 그 성격과 의미를 구조적으로 접근하고 있는 것이 요즈음의 추세이다. 그러나 부체제의 개념 정의와 성립시기, 성격 등에 대해서는 여전히 해결되지 못한 채 다양한 견해가 제시되어 있고, 또 그 구조와 운영 실태 및 다른 지방행정조직과의 관련성 등 아직도 해명되지 않는 부분이 많이 남아 있다. 보다 근본적인 문제는 고이왕대 이전의 백제 초기 部 관련기사를 불신하고 있는 점이다. 『삼국사기』 백제본기의 초기 기사 중 기년이니 왕실게보 및 통치영역 기사 등에는 한국 고대국가의 발전 과정을 감안해 볼 때 다소 불합리한 점이 발견되고는 있지만, 초기기록은 백제 국가의 발전 과정이 순차적으로 응축하여 서술하고 있는 점을 감안해 볼 때 백제 초기 部의 존재 자체를 전적으로 불신할 필요는 없다고 본다. 국가 성립기 단계에서 집권력 강화와 대외 방어를 위한 군사적 목적을 위해 지방세력을 일정하게 통제할 필요에서 원초적인 형태의 제도적 장치를 갖춘 것이 부제의 채용으로 나타난 것이 아니었을까 한다. 백제 초기 부제의 존재를 인정하는 입장에서 部의 성립과정과 성격을 고찰하고, 이를 통해 백제의 국가발전 과정에서의 질적인 차이를 가늠해 보는 것이 한국 고대사회의 일면을 이해하는 데 한 척도가 될 것으로 여겨진다.

3. 檐魯制論

백제의 지방통치체제를 논하는 데 있어서 큰 쟁점이 된 주제는 담로제에 관한 이해일 것이다. 담로제는『梁書』백제전에 전하는 지방제도의 기록으로서 6세기초 무령왕대의 지방지배책의 일단을 시사해 준다는 점에서 비교적 활발한 연구가 진행되어 왔다. 지금까지 담로제에 대해서는 개념규정, 관련 사료에 대한 이해, 실시 배경과 시기, 왕·후제와의 관련성, 실시 대상지역, 통치방식과 성격 등에 대해 합의점을 찾지 못한 채 논란이 많이 제기되고 있다.

먼저 담로의 개념에 대해서는 일반적으로 '성읍', '대성'으로 파악하면서 지방의 치성으로 이해하고 있다.[72] 그리고 담로제의 실시 시기에 대해서는 백제의 건국 초기설, 근초고왕대설,[41, 42, 81] 개로왕대설,[20, 30] 무령왕대설[103] 등 다양한 견해가 제시되어 있다. 그 중 담로제를 건국초로 보는 견해는 담로가 마한 소국 - 국읍질서의 토대를 두고 정비된 것으로 보는 입장이 반영된 것인데 이를 따를 경우 백제 통치체제의 변화상을 너무 단순화시킨다는 문제점이 생긴다. 반면 다른 견해들은 지역의 중심이 되는 거점성에 지방관을 파견하여 통치하는 체제로 보는 입장을 보여주고 있다. 후자의 경우『일본서기』인덕기 41년조 기사와『양서』백제전의 22개 담로 기사를 어떻게 이해하느냐에 따라 담로제 실시 시기에 대한 이해의 차이를 보여주고 있다. 관련 기록들을 사료 비판을 거쳐 어떻게 재구성하느냐가 관건인데 현재 백제권역에서 출토되는 관련 고고학 자료를 폭넓게 활용하는 측면에서의 방법론적 접근이 필요하다.

담로의 실시 배경에 대해서는 대체로 백제의 영역 확대와 지방에 대한 중앙의 통제력 강화에 따라 간접지배 방식인 부체제의 미숙성을 극복하고자 지방관을 파견함으로써 일원적인 통치체체로 편제하려는 것으로 파악하고 있다. 담로제의 통치방식에 대해서는 백제 전역을 대상으로 한 일원적 지방통치체제로 파악하는 영역지배방식으로 보느냐,[3, 30] 아니면 제한 지역에만 실시한 이원적 지방통치체제인 거점지배방식으로 보느냐의 관점의 차이가 있다. 후자의 경우 이도학은 근초고왕대에 새로이 복속한 금강 이북지역에는 5부체제를, 그 이남 전라도 지역의 거점성에 대해서는 담로제를 실시한 것으로 보고 있다.[7, 81] 이용빈은 5부체제와 담로제가 같은 시기에 병존한 것으로 보는 데에는 견해를 같이 하고 있지만 그 실시 대상지역을 가야의 일부지역에까지 확대 적용하고 있는 점이 다르다.[83, 84] 이 견해는 근초고왕대 이후 영산강유역의 재지세력의 존재형태나 백제 중앙과의 관계 등이 해명되어야 하고, 또 당시 백제가 가야세력을 어떻게 지배했는가에 대한 다각적인 검토가 필요하다.

다음으로 담로제와 왕·후제와의 관련성 여부에 대한 연구성과를 검토할 차례이다. 왕·후제는 『송서』와 『남제서』 백제전에 나오는 국가에 일정한 공로를 세운 유력한 귀족들에게 사여한 작호이다. 논의의 초점은 이러한 왕·후제를 담로제와 같이 지방통치체제로 관련시켜 보느냐의 여부이다. 왕·후제를 지방통치체제로 인정하는 경우 담로제와의 관계를 동일한 존재로 보느냐와 별개의 것으로 보느냐에 따라 여러 견해가 제시되어 있다.

먼저 왕·후제를 담로제와 같은 지방통치체제로 보는 견해가 있다. 왕·후제는 왕족 및 고위 관료가 지방관에 임명되는 것이며, 각자의 분봉되는 지역을 가지고 있다는 점에서 『양서』 백제전의 담로제 기사에 보이는 '子弟宗族'을 같은 실체로 파악하고 있다.[30] 왕·후제와 담로제는 동일한 역사적 사실이 서술 방식의 차이에 따라 달리 기술된 것으로, 담로의 장을 왕·후호를 소지한 자로 보았다. 담로의 장은 왕족만이 아니라 고관 및 토착세력도 포함되었으며, 이들은 지방관으로서 봉건제적 요소를 가미한 군현제적 지배질서의 성격을 가진 것이라 하였다. 그러나 왕·후호 수작자들 중에는 왕족 뿐 아니라 이성귀족들이 다수 포함되어 있는 점에 대한 세밀한 검토가 필요하다.

다음으로 왕·후제를 담로제와는 별개의 계기적 관계로 보고 담로제를 왕·후제의 진전된 지방통치체제로 보는 견해가 있다. 이 견해는 논자들간에 다소 차이는 있지만 武田幸男,[46] 田中俊明,[100] 정재윤[103] 등에 의해 이어지고 있다. 그 실시 배경에 대해서는 백제가 전라도 지역을 정복을 통해 영유하는 과정에서 백제왕은 대왕적 존재로서 그 일족과 고관들을 일시적으로 왕·후로 임명하여 전라도 지역의 정복과정에서 아직 영유하지 못한 지역에서의 정당성을 주장하는 가운데서 나온 것으로 이해하였다.[100] 이 견해는 백제가 영산강유역을 영유한 시기를 근초고왕대로 보는 기존 견해와는 달리 6세기초에 이르기까지 백제와는 전혀 별개의 정치체가 존재한 것으로 보는 인식이 전제되어 있다.

다음으로 왕·후제를 지방통치체제로 볼 수 없다는 견해가 있다. 이들은 백제류의 천하관 형성이라는 차원에서 왕·후제를 작위적이고 의례적인 성격으로 파악하고 있으며,[94] 또는 국가에 큰 공로를 세운 왕족이나 귀족들에게 수여한 작호제 차원에서 파악하여 견해도 있다.[43] 백제의 왕·후제는 관련 기록은 물론 중국의 작호제 실태와의 비교를 통해 보다 면밀한 검토가 필요하며, 또 운용상에 있어서의 시기별 변화상도 규명되어야 할 것이다. 그리고 수작자들은 거의 왕족을 포함한 일급 귀족들인 점에서 과연 연고가 없는 영산강유역 일대에 파견된 지방관으로 볼 수 있겠는가에 대한 다각적 검토가 필요하다.

4. 5방제론

백제의 지방통치체제 가운데 가장 진전된 형태로 멸망기까지 존속하였던 제도는 5방제이다. 이에 관한 사료는 거의 중국사서인 『주서』, 『수서』, 『한원』 등의 기록에 근거를 두고 그 대체적인 윤곽만을 제시하고 있지만 부제나 담로제와는 달리 이견의 차이가 심하지 않다. 논의의 초점은 5방제의 성립 시기, 방-군-성 사이의 통속 관계, 군장과 도사와 같은 지방관의 성격 문제 등에서 아직 해명되지 않았거나 논란이 제기되고 있다. 이와 관련하여 왕도의 5부제 편제 문제도 함께 다루어져야 할 연구 과제로 대두되고 있다.

먼저 5방제의 실시 시기에 대해서는 담로제와 5방제의 계기적 관계로 설정해 보고 웅진시대설,[31] 사비천도 전후설,[3, 37, 103] 위덕왕대설[61] 등이 제기되고 있다. 그 중 대체적으로 사비천도를 전후로 한 시기에 형태를 갖추기 시작하여 사비시대에는 일관되게 시행된 것으로 보는 견해가 통설로 받아들여지고 있다. 그 성립 배경에 대해서는 16관등제·22부제·왕도 5부제 등의 중앙통치체제의 정비와 군사적 측면에서의 지방의 통제력 강화와 수취 기반의 확대를 도모하는 목적에서 상위의 행정구획으로 5방제를 설정한 것으로 보고 있다.

5방제의 통속관계에 대해서는 방 - 군 - 성 사이에 철저한 통속관계가 설정되어 있었다는 견해[37]와, 이를 이원화하여 군정 부문에는 비교적 철저한 통속 관계가 이루어졌으나 민정부문에는 방과 군 사이에 직접적인 통속관계가 설정되어 있지 않았을 것으로 보는 견해[3, 30]가 있다. 그리고 방-군-성의 통속관계에서 지방관으로 방령 - 군장(군령) - 성주(도사)를 설정하고 있는데 지방관의 성격에 대해서는 견해의 차이가 제기되고 있다. 논의의 초점은 관련 기사에 대한 해석을 둘러싸고 方佐의 정원, 郡長의 정원, 道使의 성격문제 등이 있다. 그 중 군장의 정원 3인의 역할에 대해서는 5방제 연구에서 큰 쟁점이 되고 있다. 이에 대한 해석으로는 군장이 모든 군에 파견된 것이 아니라 방에 소속된 6 · 7~10개의 군중 중심이 되는 3개의 군에만 군장이 1인씩 존재하였고 나머지는 도사가 있었다는 견해와 각 군마다 군장 3인이 있었다는 견해[30]가 있다. 군장 3인의 역할에 대해서는 군정 · 민정 · 사법 등 고유한 업무를 분장하고 있었던 것으로 보고 있다. 도사의 성격에 대해서는 『한원』 백제조에 '郡縣治道使 亦名城主'란 기록의 해석을 둘러싸고 논란이 제기되고 있다. 이에 대해 도사를 군이나 현 단위에 파견된 지방관으로 보는 견해[46, 79]와, 도사를 군과 현으로 분리해 파견된 것으로 보거나[37] 또는 군과 현의 성격을 함께 갖고 있는 군현에 도사가 파견되었다가 점차 현으로 축소 · 분화되어간 것으로 보는 견해[27]가 있다.

한편 왕도의 5부제 편제 문제는 전국에 대한 5방제에 대비한 왕도의 행정편제로서 중앙통치체제 뿐 아니라 백제 지방통치체제 차원에서 검토해야 할 중요 과제이다. 지금까지 5부제에 대한 연구는 성립 시기와 사비도성 내에 조방제와 같은 계획적인 공간구획 여부, 5부의 구체적인 위치비정, 부의 하부단위인 巷의 편성 문제 등이 여러 측면에서 다각적인 검토가 행해졌다. 그밖에 사비도성의 축조시기와 기법, 그 내부의 공간 구조 등의 문제도 고고학 측면에서 논의가 있었다.[2] 최근에 발견된 목간자료와 명문이 새겨진 인각와 등의 자료를 통해 사비도성에는 部 - 巷체제를 갖춘 5부제가 실시되었으며,[61] 그 성립 시기에 대해서는 웅진시대설[35]과 사비천도 이후설[61]로 나뉘어 논란이 제기되고 있다. 앞으로 왕도 5부제의 편제 문제는 사비시대 정치사의 전개와 관련하여 관련 자료의 면밀한 검토 뿐 아니라 고고학적 연구 성과와 금석문과 목간 등의 각종 명문자료를 종합적으로 검토하여 그 실체를 규명할 필요가 있다.

5. 앞으로의 과제와 전망

지난 1980년대 중반 이후 백제 지방통치체제에 대한 연구는 백제 지방통치 조직의 성립과 변화 과정, 그리고 그 구조와 운영 실태 등에 대한 개괄적인 이해가 가능하게 될 정도로 많은 성과를 축적해 가고 있다. 게다가 고고학적 발굴조사가 계속되어 새로운 자료가 증가되면서 백제권역에 다양한 지역사회의 모습을 재구성해 내는 계기를 만들어가고 있어 고무적이라 할 수 있다.

그러나 이러한 연구 성과의 진전에도 불구하고 아직도 해명해야 할 문제점들이 적지 않은 것으로 생각된다. 먼저 관련 사료 자체에 대한 세밀한 분석이 요구된다. 백제 지방통치체제의 일면을 전하고 있는 『삼국사기』와 『주서』, 『수서』 등의 중국사료, 『일본서기』의 관련기사에 대한 비교 검토를 통해 기사 생성 배경의 파악은 물론 사료 가치를 객관화하는 작업이 필요하다. 다음으로 백제의 시기별 지배영역의 변화와 관련하여 지방통치체제의 변화 양상을 파악해야 한다. 백제가 고대국가로 발전하는 과정에서 지방통치체제의 확립 과정은 그 영역의 확대와 축소에 의하여 변화할 수 있는 가능성이 있기 때문이다. 『삼국사기』 백제본기 초기기록에 나타난 백제의 영역관과는 달리 1단계 차령과 금강이북의 점령, 2단계 노령산맥 이북의 점령, 3단계 노령산맥 이남 영산강유역의 점령의 순으로 남부 영역을 확장해 온 사실이 드러나고 있는 점[76]이 참고된다. 다음으로 백제 지방통치체제의 전체적인 틀을 파악하는 것 못지않게 중요한 작업이 재지세력의 존재형태와 촌락과 같은 하부구조에 대한 실태 파악이 절실히 요망된다. 백제의 경우 지방통치의 하부구조인 자연촌의 단계별 성장 과정을 보여주는 관련 자료는 거의 부족하기 때문에 이 방면에 대한 연구는 미흡한 편이다. 한성시대 지방통치의 기본 단위인 지역단위의 성(촌)에 지방관을 파견하여 담로제의 거점지역이 되는 것은 자연촌의 성장 과정과 밀접한 관련이 있는 것으로 드러났다.[10, 28] 촌락의 실태 파악문제와 관련하여 지방 재지세력의 존재 형태에 대한 연구도 필요하다. 최근 신라의 촌락사회에 대한 연구를 원용하여 연산 표정리나 모촌리에 있는 백제의 자연촌이 지역단위의 성으로 성장한 사례연구[70, 71]가 참고된다. 재지세력의 존재에 대한 연구는 부분적이지만 공주 수촌리유적,[17, 92, 93] 천안 용원리유적,[18, 67] 청주 신봉동유적,[5] 영산강유역[4, 36, 38, 80, 91] 등을 대상으로 한 지역사 차원에서 이루어진 사례연구도 그러한 시도의 일환으로 평가된다. 이를 위해서는 관련 문헌자료 이외에 관련 유적과 유물 자체에 대한 세밀한 분석이 요구되고, 아울러 주거지를 비롯한 생활 유적 조사를 통한 자연촌의 성장과정을 실증적으로 입증해 내는 일, 그리고 각 재지세력간의 견제와 균형 속에 진행된 백제 중앙세력의 침투과정에 대한 실체적 파악, 역역동원체제와 조세제의 실상 파악, 그리고 시기마다 나타나는 사회경제적 배경의 변화를 포함한 여러 요인들을 입체적으로 해명해 내는 측면에서의 보다 심층적인 연구가 필요하다.

참고문헌

연구서

1. 김기섭, 2000, 『백제와 근초고왕』, 학연문화사.

2. 국립부여문화재연구소, 2000, 『사비도성과 백제의 성곽』, 서경문화사.

3. 노중국, 1988, 『백제정치사연구』, 일조각.

4. 문안식 · 이대석, 2004, 『한국고대의 지방사회 -영산강유역의 역사와 문화를 중심으로-』, 혜안.

5. 양기석 외, 2005, 『백제 지방세력의 존재양태 -청주 신봉동유적을 중심으로-』, 한국학중앙연구원.

6. 유원재, 1996, 『웅진백제사연구』, 주류성.

7. 이도학, 1995, 『백제 고대국가 연구』, 일지사.

8. _____, 1997, 『새로 쓰는 백제사』, 푸른역사.

9. 이용빈, 2002, 『백제 지방통치제도 연구 -담로제를 중심으로-』, 서경.

10. 주보돈, 1998, 『신라 지방통치체제의 정비과정과 촌락』, 신서원.

11. 최성락편, 1999, 『영산강유역의 고대사회』, 학연문화사.

12. 충남대 백제연구소, 1993, 『백제사의 비교 연구』.

13. _____________, 1997, 『백제의 중앙과 지방』.

14. _____________, 2000, 『한국의 전방후원분』, 충남대출판부.

15. 한국상고사학회편, 1998, 『백제의 지방통치』, 학연문화사.

연구 논문

16. 강종원, 2005, 「백제고분군 조영세력 검토」 『백제연구』42.

17. _____, 2005, 「한성말기 지방지배와 수촌리 백제고분군」 『4~5세기 금강유역의 백제 문화와 공주 수촌리 유적』.

18. 김기범, 2005, 「천안 용원리유적 축조세력 연구」 『백제연구』42.

19. 김기섭, 1997, 『백제 한성시대 통치체제연구 -근초고왕대를 중심으로-』, 한국정신문화연구원 박사학위논문 ; 2000, 『백제와 근초고왕』, 학연문화사.

20. ______, 1998, 「백제 전기의 부에 관한 시론」『백제의 지방통치』, 학연문화사.

21. ______, 2002, 「4세기무렵 백제의 지방지배」『白山學報』63.

22. ______, 2002, 「백제의 성장과 서부 경영」『선사와 고대』19.

23. ______, 2005, 「백제의 강역확장과 충청지역」『충북사학』15.

24. ______, 2005, 「청주 신봉동고분군 조영세력과 국제정세」『백제 지방세력의 존재양태 -청주 신봉동유적을 중심으로-』, 한국학중앙연구원.

25. 김낙중, 2000, 「5~6세기 영산강유역 정치체의 성격 -나주 복암리 3호분출토 위세품분석-」『백제연구』32, 충남대백제연구소.

26. 김수미, 2003, 「백제 초기의 州郡과 檐魯」『先史와 古代』18.

27. 김수태, 1997, 「百濟의 地方統治와 道使」『백제의 중앙과 지방』, 충남대학교 백제연구소.

28. ______, 2005, 「청주 신봉동지역의 재지세력」『백제 지방세력의 존재양태 -청주 신봉동유적을 중심으로-』, 한국학중앙연구원.

29. 김영심, 1990, 「5~6세기 백제의 지방통치체제」『한국사론』22.

30. ______, 1997, 「百濟 地方統治體制 연구 -5~7세기를 중심으로-」, 서울대박사학위논문.

31. ______, 1997, 「6~7세기 백제의 지방통치체제 -지방관을 중심으로-」『한국고대사연구』11.

32. ______, 1998, 「百濟의 城, 村과 地方統治」『百濟研究』28, 충남대학교 백제연구소.

33. ______, 1999, 「충남지역의 백제 성곽 연구 -지방통치와 관련하여-」『백제연구』30, 충남대학교 백제연구소.

34. ______, 2000, 「百濟史에서의 部와 部體制」『韓國古代史研究』17.

35. ______, 2000, 「사비도성의 행정구역 개편 -왕도 5부제의 시행-」『사비도성과 백제의 성곽』, 서경문화사.

36. ______, 2000, 「榮山江流域 古代社會와 百濟」『영산강유역 고대사회의 새로운 조명』, 전라남도 역사문화학회.

37. 김주성, 1992, 「백제 지방통치조직의 변화와 지방사회의 재편」『국사관논총』35.

38. ______, 1997, 「영산강유역 대형옹관묘 사회의 성장에 대한 시론」『백제연구』27.

39. 곽장근, 2002, 「금강 상류지역으로 백제의 진출과정 연구」『호남고고학회』18.

40. 권오영, 1988, 「4세기 백제의 지방통치방식 일례 -동진 청자의 유입경위를 중심으로-」『한국사론』18.

41. 노중국, 1985, 「한성시대 백제의 지방통치체제 -담로체제를 중심으로-」『변태섭박사화갑기념

사학논총』.

42. ______, 1991, 「한성시대 백제의 담로제 실시와 편제기준」 『계명사학』 2.

43. ______, 2005, 「금강유역의 백제 영역화와 문화적 변화」 『충청학과 충청문화』 4, 충청남도역사
　　　　　문화원.

44. 노태돈, 1975, 「삼국시대 '부'에 관한 연구 -성립과 구조를 중심으로-」 『한국사론』 2.

45. ______, 2000, 「초기 고대국가의 국가구조와 정치운영 -부체제론을 중심으로-」 『한국고대사연
　　　　　구』 17.

46. 武田幸男, 1980, 「六世紀における朝鮮三國の國家體制」 『東アジアにおける日本古代史講座』
　　　　　4, 學生社.

47. 문안식, 2001, 「百濟의 榮山江流域 進出과 土着勢力의 推移」 『全南史學』 16.

48. ______, 2002, 『백제의 영역확장과 지방통치』, 신서원.

49. ______, 2002, 「백제의 방군성제의 실시와 전남지역 토착사회의 변화」 『전남사학』 19.

50. ______, 2002, 「영산강유역 토착사회의 성장과 연맹체 -신미국의 연맹체 형성과 대외관계의
　　　　　변화를 중심으로-」 『사학연구』 68.

51. ______, 2003, 「백제의 마한 복속과 지방지배 방식의 변화」 『韓國史研究』 120.

52. 박순발, 1997, 「한성백제의 중앙과 지방」 『백제의 중앙과 지방』, 충남대 백제연구소.

53. ______, 1998, 「4~6세기 영산강유역의 동향」 『백제사상의 전쟁』, 충남대 백제연구소.

54. ______, 2000, 「백제의 남천과 영산강유역 정치체의 재편」 『한국의 전방후원분』, 충남대출판부.

55. ______, 2000, 「사비도성의 구조」 『백제연구』 31.

56. 朴普鉉, 1999, 「銀製 冠飾으로 본 百濟의 地方支配에 대한 몇 가지 문제」 『科技考古硏究』 5, 아
　　　　　주대학교 박물관.

57. 박찬규, 1998, 「『삼국사기』를 통해 본 백제전기 통치영역」 『백제의 지방통치』, 학연문화사.

58. 박현숙, 1990, 「백제 초기의 지방통치체제의 연구 -「부」의 성립과 변화과정을 중심으로-」 『백
　　　　　제문화』 20.

59. ______, 1992, 「백제 담로제의 실시와 그 성격」 『송갑호교수정년퇴임기념논문집』.

60. ______, 1996, 「백제 泗沘時代의 지방통치체제 연구」 『韓國史學報』 1.

61. ______, 1996, 「궁남지 출토 목간과 왕도 5부제」 『한국사연구』 92.

62. ______, 1997, 「百濟 地方統治體制 硏究」, 고려대 박사학위논문.

63. ______, 1998, 「백제 사비시대의 지방통치와 영역」 『百濟의 地方統治』, 학연문화사.

64. ______, 2005, 『백제의 중앙과 지방』, 주류성.

65. 서영일, 2005, 「漢城 百濟時代 山城과 地方統治」『文化史學』24.

66. 서정석, 2000, 「백제 5방성의 위치에 대한 시고」『호서고고학』3.

67. ______, 2005, 「청주 신봉동세력과 인접세력과의 관계」『백제 지방세력의 존재양태 -청주 신봉동유적을 중심으로-』, 한국학중앙연구원.

68. 성낙준, 1997, 「百濟의 地方統治와 全南地方 古墳의 相關性」『백제의 중앙과 지방』, 충남대학교 백제연구소.

69. 성정용, 2000, 「중서부 마한지역의 백제영역화 과정 연구」, 서울대박사학위논문.

70. ______, 1998, 「금강유역 4~5세기 분묘 및 토기의 양상과 변천」『백제연구』28, 충남대학교 백제연구소.

71. ______, 2001, 「4~5세기 百濟의 地方支配」『韓國古代史研究』24.

72. 유원재, 1997, 「『梁書』「百濟傳」의 檐魯」『백제의 중앙과 지방』, 충남대백제연구소.

73. ______, 1997, 「百濟 熊津時代의 地方統治와 貴族勢力」『百濟文化』26, 공주대학교 백제문화연구소.

74. ______, 1997, 「百濟의 馬韓 征服과 支配方法」『百濟論叢』6, 百濟文化開發研究院.

75. ______, 1997, 「백제 웅진시대의 지방통치와 귀족세력」『백제문화』26.

76. ______, 1998, 「百濟의 領域變化와 地方統治」『韓國上古史學報』28.

77. ______, 1999, 「백제의 마한정복과 지배방법」『영산강유역의 고대사회』, 학연문화사.

78. 이기동 1996, 「百濟社會의 地域共同體와 國家權力 ; 在地勢力 編制의 한 側面」『百濟研究』26.

79. 이근우, 1997, 「백제의 방군성제 관련 사료에 대한 재검토」『한국 고대의 고고와 역사』, 학연문화사.

80. 이도학, 1995, 「海南 지역 馬韓세력의 성장과 백제로의 복속과정」『韓國學論集』26.

81. ______, 1995, 「한성 후기의 백제 왕권과 지배체제의 정비」『백제논총』2 ; 1995, 『백제 고대국가 연구』, 일지사.

82. 이우태, 1993, 「백제의 부체제 -신라와의 비교를 중심으로-」『백제사의 비교연구』, 충남대 백제연구소.

83. 이용빈, 1999, 「백제 초기의 지방통치체제 연구 - '5부제' 를 중심으로-」『실학사상연구』12, 무악실학회.

84. ______, 2000, 「백제의 담로제 연구」『명지사학』11 · 12.

85. _____, 2001, 「백제 담로제 연구」, 명지대 박사학위논문 ; 2002, 『백제 지방통치제도연구-담로제를 중심으로』, 서경.

86. _____, 2001, 「백제 5방제의 성립과정 연구」 『백산학보』61.

87. _____, 2002, 「백제 5방제의 통치조직과 지방관의 성격」 『명지사론』13.

88. _____, 2004, 「백제지방통치제도 연구현황과 과제」 『명지사론』14.

89. _____, 2005, 「백제의 영산강 유역 진출과 지배 방식」 『동봉 신천식 교수 정년기념 사학논총』, 경인문화사.

90. 이종욱, 1994, 「백제의 건국과 통치체제의 편성」 『백제논총』4.

91. _____, 2000, 「한국고대의 부와 그 성격」 『한국고대사연구』17.

92. 이현혜, 2000, 「4~5세기 영산강유역 토착세력의 성격」 『역사학보』166.

93. 이훈, 2003, 「공주 수촌리 유적」 『백제문화』32.

94. _____, 2004, 「묘제를 통해본 수촌리유적의 연대와 성격」 『백제문화』33.

95. 양기석, 1984, 「5세기 백제의 「왕」·「후」·「태수」제에 대하여」 『사학연구』38.

96. _____, 2000, 「백제 초기의 부」 『한국고대사연구』17.

97. _____, 2005, 「한성백제의 청주지역지배」 『백제 지방세력의 존재양태 -청주 신봉동유적을 중심으로-』, 한국학중앙연구원.

98. 주보돈, 1993, 「백제 초기사에서의 전쟁과 귀족의 출현 -부체제를 중심으로-」 『백제사상의 전쟁』, 충남대 백제연구소.

99. _____, 2000, 「백제의 영산강유역 지배방식과 전방후원분 피장자의 성격」 『한국의 전방후원분』, 충남대출판부.

100. 田祐植, 1998, 「百濟 漢城時代 末期 檐魯制의 實施와 展開」 『北岳史論』5.

101. 田中俊明, 1997, 「웅진시대 백제의 영역재편과 왕, 후제 -영산강유역 백제영역화문제와 관련하여-」 『백제의 중앙과 지방』, 충남대학교 백제연구소.

102. _____, 2000, 「영산강유역에서의 전방후원형고분의 성격 -조묘집단의 성격을 중심으로-」 『지방사와 지방문화』3, 역사문화학회.

103. 鄭雲龍, 2004, 「古墳을 통해 본 百濟의 保寧地域 支配」 『先史와 古代』21.

104. 정재윤, 1992, 「웅진·사비시대 백제의 지방통치체제」 『한국상고사학보』10.

105. 차용걸, 2005, 「청주 신봉동유적의 고고학적 검토」 『백제 지방세력의 존재양태 -청주 신봉동유적을 중심으로-』, 한국학중앙연구원.

신라 상고기의 통치체제

주보돈 _ 경북대학교 사학과

1. 上古의 의미

흔히 오래된 옛날이라는 의미로 막연히 上古라는 용어가 즐겨 쓰인다. 그러나 신라사만을 대상으로 하면 상고란 단어는 특정한 시기를 한정적으로 지칭하는 데에만 사용되고 있다. 『三國遺事』에서 따르면 기원전 57년 박혁거세의 건국 이후 935년 멸망할 때까지 천년에 달하는 긴 기간을 上古, 中古, 下古라는 세 시기로 구분해 두고 있는 것이다. 이 가운데 상고는 기원전 57년부터 22대인 智證王이 사망한 514년에 이르기까지의 기간을 말한다. 그렇게 설정한 기준은 뚜렷하지 않으나 그 밑바탕에는 신라가 몇 차례에 걸쳐 상당한 질적 변화를 겪어 천년의 역사를 동일선상에 놓기 곤란하다는 인식이 짙게 깔려 있다.

그런데 상고는 무려 571년에 달하여 그에 이어지는 中古나 下古에 비해 기간이 상대적으로 긴 편이다. 그래서 오늘날에는 신라의 정치나 사회 변화상을 구체적 기준으로 삼아 상고를 다시 몇 단계로 나누어서 이해한다. 이를테면 당시 사용된 王號를 근거로 居西干, 次次雄, 尼師今, 麻立干, 王의 다섯 단계로 세분하는 접근을 그 하나의 사례로 손꼽을 수 있다. 왕호의 변화 속에는 곧 정치적 사회적 변동 양상이 함축되어 있다고 여겨지기 때문이다. 새로운 국호의 채택 속에서도 그런 사정을 읽어낼 수가 있다. 4세기 중반 무렵에는 기존의 斯盧에 대신하여 新羅란 국호가 새로이 사용되기 시작하였다. 그 밑바탕에는 당시 진행된 정치적·사회적인 변동이 반영되어 있는 것으로 풀이된다. 상고를 4세기 중엽을 기점으로 다시 전후로 크게 나눌 수 있는 근거의 하나는 바로 여기에서 찾아진다.

신라는 사로를 모태로 성장한 고대국가이다. 이 두 국호를 동일선상에 놓고 사용하는 경향이 강하지만 그에 내재된 의미는 결코 동일하지가 않다. 사로국은 어디까지나 경주 분지의 중심부에 위치한 國邑과 그 주변의 몇몇 읍락으로 구성된 데에 불과하다. 이를 흔히 邑落國家 혹은 城邑國家로 부른다. 이를테면 영천의 骨伐國이나, 경산의 押督國, 의성의 김文國 등과 비견되는 정치세력일 따름이다. 그와는 달리 신라는 바로 사로국을 모태로 인근의 비슷한 수준에 도달한 정치세력을 영역으로 편입시키면서 출현한 광역의 영역을 가진 이른바 고대국가에 어울리는 국호였다. 따라서 사로와 신라 사이에는 양적 및 질적인 차이가 뚜렷하게 내재되어 있다. 두 국호가 이후 계속 혼용되기도 하나 엄밀하게 구별하여 사용함이 마땅하다.[16]

3세기까지 낙동강의 東岸 일대에는 비록 대소 규모의 차이는 있으나 비슷한 내부 구조와 외형을 가진 여러 읍락국가들이 사로국을 중심으로 어떠한 정치적·경제적 목적을 공동으로 달성하기 위하여 느슨하게 결속한 연맹체를 이루고 있었다. 일반적으로 辰韓으로 부르는 정치체가 바로 그것이다. 그에 비하여 신라는 4세기에 이르러 사로국을 구심체로 하여 정치적 결속력을 한층 강화시킴으로써 여타 정치세력과 상하관계를 갖게 되었다.[3, 8] 朴, 昔, 金의 三姓이 交立한 듯이 보이는 기록은 신라가 아니라 읍락국가인 사로국 단계의 실상을 반영하여 주는 것으로 여겨진다. 연장자의 뜻을 지닌 이사금이란 왕호는 바로 그런 상태에 어울리는 칭호였다. 이사금은 기실 뒷날의 국왕과 같은 지위가 아니었다. 읍락국가의 정치적 중심부인 國邑의 수장을 세 집단이 번갈아 가면서 승계한 상태의 수장 호칭을 이사금이라 표현하였던 것이다. 사로국은 그런 측면에서 완전한 계급 분화에 기초한 성격의 국가가 아니라 공동체적 성격을 강하게 지닌 초기적 형태의 국가였다고 하겠다.

이처럼 상고기는 4세기 중엽 무렵을 경계로 크게 전기의 사로국 단계와 신라가 국호로 채용된 후기의 단계로 나눌 수 있다. 왕호를 기준으로 하면 이사금과 마립간 사이가 그 경계로 되는 셈이다. 여기서 문제로 삼는 신라 상고기의 통치체제는 결국 후자가 그 주된 대상이 되겠다.

2. 신라의 성립과 마립간 시대

사로국을 중심으로 한 진한사회는 4세기 초 고구려에 의해 樂浪郡(313년)과 帶方郡(314년)이 붕괴되면서 야기된 파동으로 말미암아 큰 변동을 겪었다. 거기에서 발생한 이주민의 남하는 자연히 진한사회의 정치적 統合運動을 촉발시키는 계기로 작용하였기 때문이다. 그 결과 진한의 내부에서 새로이 성립한 정치세력이 바로 신라였다. 신라는 이제 막 출현하자마자 새로운 지배체제에 걸맞게 마립간이란 왕호도 새롭게 채택하였다.

신라에 복속된 여러 정치세력은 이제 독자적인 국호를 포기하여 사용할 수 없게 되었다. 이는 그들이 대외 교섭 교역 등 경제 활동과 군사 활동을 마음대로 추진할 수 없게 되었음을 의미한다. 신라란 이름 아래 포섭된 다양한 정치세력들은 중앙 정부의 통제를 받게 되었기 때문이다. 오직 신라라는 단일한 국호 아래에서만 대외적 교섭이나 교류가 행해졌을 따름이다. 신라로 편입되면서 기존의 지배층은 일시에 중앙으로부터 족장을 의미하는 干이란 호칭을 부여받았다. 이것도 신라의 성립과 함께 진행된 커다란 변화로서 지배세력이 再編의 과정을 거쳤음을 뜻하는 사실이다. 이들은 신라의 중앙 정부에 대해 충성을 맹세하고 그 반대급부로 기존의 지배기반을 아울러 승인받았던 것이다. 이로써 신라 전 영역에 걸쳐 지배층의 齊一的 統制網이 성립되었다. 다만 아직 편입된 전체 지역을 체계적인 행정 단위로 편제하여 지배할 만한 기반이 마련되지는 못한 상황이었다. 그래서 당분간 기존의 재지세력을 적극 활용하는 방식을 취하였다. 말하자면 재지세력은 기존의 기반을 완전히 해체 당하지 않은 半獨立的 상태였다고 하겠다. 이처럼 신라 중앙 정부는 새로운 복속지에 대해 王命을 대행하는 지방관을 직접 파견하지 못한 채 재지세력을 적극 활용하여 간접 지배하는 방식으로 늘어난 영역을 관장하였다.[16] 지방 세력은 비록 독립되지는 못하였으나 아직 어느 정도의 자치를 구가하고 있었다. 이는 신라가 아직 그민큼 중앙집권화되지 못한 상태였음을 의미하는 사실이다. 마립간이란 왕호는 어쩌면 바로 그런 정치체에 어울리는 칭호였다고 하겠다.

마립간은 麻立과 干의 두 용어가 결합된 표현이다. 干이 首長 혹은 族長을 뜻함은 널리 잘 알려진 사실이다. 바로 고구려나 부여의 加, 백제의 率에 해당한다. 마립에 대해서는 기왕에 다양한 언어학적 해석이 시도된 바 있으나 대체로 머리(頭), 마루(宗, 廳)를 한자어로 나타낸 표현으로 봄이 통설이다. 그렇다면 마립간은 으뜸의 간(宗干), 우두머리 간(頭干)을 의미하는 셈이다. 그것이 우두머리 干으로 풀이된다면 이는 그밖에 다른 여러 干의 존재를 전제로 한 칭호가 되겠다. 간을 칭할 만한 존재로는 중앙의 유력자도 물론 당연히 포함되겠지만 그에 버금가는 지방의 유력자도 적지 않았을 터이다. 그렇다면 마립간 속에는 단순히 지난날 사로국 수장만이 아니라 지방의 수장까지도 예하에 아우른 우두머리 지배자라는 뜻이 내포되어 있다고 하겠다. 그 이전까지 사로국만의 수장호로 사용된 尼師今과는 전혀 다른 의미이다. 그렇다면 마립간이란 왕호의 사용에는 결국 사로에서 신라로 변화·발전하였음을 뜻하는 사실이 내포되어 있는 셈이 된다.

그래서 上古의 후반기는 달리 麻立干時代라고도 표현함이 일반적이다. 마립간이란 왕호가 사용되기 시작한 시점에 대해서는 『三國史記』와 『三國遺事』가 각기 다르게 기록하고 있다. 전자는 訥祗王(417~457)부터라고 한 반면 후자는 그보다 앞서는 奈勿王(356~401)대로 잡고 있다. 대체적으로 후자 쪽이 타당한 것으로 인식되고 있는 듯하다. 특히 宋代에 편찬된 『太平御覽』에 인용된 『秦書』란 逸書에서 381년 前秦에 사신 衛頭를 파견한 신라왕 樓寒이란 인명이 실은 마립간을 그렇게 표현한 것이라 간주한 해석이 유력한 근거로 작용하였다. 414년 건립된 광개토왕릉비에서 신라왕을 寐錦이라 칭하였음은 달리 그를 방증하여 주는 또 다른 실례이다. 이런 몇몇 사정을 고려하면 『삼국유사』쪽의 지적이 타당한 것으로 보인다. 다만 『삼국사기』가 굳이 눌지왕대를 왕호 마립간 사용의 첫 시기로 설정한 데에는 나름의 의미가 介在되어 있는 듯하다.

마립간시대는 여러 가지 면에서 바로 앞뒤의 시기와는 뚜렷하게 차이가 난다. 초기의 정치세력인 사로국과도 물론 다르며 그로부터 규모나 통치체제 등 여러 면에서 크게 변모하는 6세기 초반의 中央集權的 貴族國家가 성립하기까지의 과도적인 시기라 하겠다. 이 기간 동안에는 그런 양상을 반영하는 몇 가지 특징적인 현상들이 나타난다. 그와 같은 사정의 일단을 잘 보여 주는 사례로 고분의 존재 양상을 손꼽을 수 있다. 경주 분지 내의 일정 지역에는 高塚의 외형을 갖춘 積石木槨墳들이 밀집되어 있다. 이는 내부 구조는 물론이고 겉으로 드러난 외형 면에서 지방에서 조성된 고총인 竪穴式石室墳과는 현격하게 차이가 난다. 실제 출토되는 副葬品의 수준에서도 양자는 비교할 수 없을 정도로 隔絶한 차이를 보인다. 이는 이 시기 지방의 物産이 중앙으로 집중되어 가던 양상을 그대로 반영하여 준다고 하겠다. 이후 지방지배가 진전되면서 중앙과 지방의 차이는 더욱 더 벌어져 갔다. 그에 바탕하여 5세기 후반에 이르러서는 마침내 지방으로 왕명을 받들어 대행하는 지방관이 파견되어 직접 지배로 전환하는 변화가 뒤따랐다. 이로써 신라는 6세기 초에 중앙집권화가 이루어져 새로운 시대를 맞게 되는 것이다.[2, 4, 9, 12, 15] 상고기와 중고기가 구분되는 소이도 바로 이런 데에서 찾아진다.

3. 상고기의 통치체제

상고의 후기에 속하는 마립간시대에는 직전의 시기와 비교하여 여러 가지 면에서 사정이 판연히 달라진다. 사로가 신라로 전환되면서 내부 지배세력의 결속력도 크게 강화되어 갔다. 새로이 편입된 지역의 인적·물적 자원이 적지 않게 중앙으로 옮겨지면서 자연히 자체 변동을 겪게 되었던 것이다. 이런 과정 속에서 기존의 지배체제는 한층 강화되어졌고 그 결과 마침내 部라는 새로운 형태의 조직이 출현하였다.

사로국을 구성하고 있던 기존의 몇몇 유력한 읍락이 구심체가 되어 최종적으로는 6개의 部로 정리되었다. 部는 읍락국가 단계보다 한층 내부 결집력이 강화된 이른바 지배자공동체였다. 부의 출현은 곧 사로국에 대신하여 왕조국가인 신라가 성립하였음을 보여 주는 뚜렷한 증거의 하나이다. 부가 이사금시대에 출현하였다고 보는 견해도 있으나[12] 당시 정치적·사회적 사정을 고려하면 그보다는 마립간시대로 봄이[9, 15] 적절할 듯하다. 다만 출발 당초부터

6개의 部로 출발한 것인지 어떤지는 단정짓기 어려운 측면이 엿보인다.

혼히 신라의 6部는 喙(梁), 沙喙, 车喙(岑喙), 本彼(波), 習比(斯彼), 漢岐(漢只)를 지칭한다. 기왕에 이를 토대로 사로국 단계에서도 그 전신인 6개의 읍락 혹은 취락이 존재하였던 것으로 유추하는 경향이 강하였다. 그러나 사로에서 신라로 바뀌고 마립간시대가 출범하면서 기존의 사로국 내부 체제가 그대로 계승된 것으로는 보기 어려운 점이 있다. 사로를 구성한 기존 읍락들 사이에도 당연히 優劣의 차이가 뚜렷이 존재하였을 터이고 따라서 내부의 집권화가 진전되면서 이들 간의 통합, 결속도 강력하게 추진되었을 것으로 판단되기 때문이다. 그래서 명칭상으로 미루어 볼 때 사로국을 구성한 여러 읍락간의 결속이 크게 진전되면서 먼저 喙, 彼, 岐의 세 집단으로 정리되는 단계가 있었다고 보아 기존의 통설적 입장과는 전혀 다른 견해[15]가 제기되었던 것이다. 그러다가 部 사이에 점차 우열의 차이가 더욱 벌어지면서 큰 규모의 부는 다시 분열되고 그 결과 喙은 喙, 沙喙, 车喙의 3개로, 彼는 本彼와 斯彼의 두 개로, 岐는 漢岐(只)로 명칭이 바뀌면서 비로소 6부가 성립한 것으로 간주되었다. 이는 부 내부의 지배세력 家系分化와 밀접한 관련이 있을 것으로 짐작된다.

6부 가운데서 喙이 정치적 중심자의 역할을 하였다. 이 부에서 줄곧 마립간을 배출하였기 때문이다. 그에서 분화된 沙喙이나 车喙도 유력한 부에 속하였다. 각 부 사이에는 세력의 격차가 뚜렷하였는데 이는 부가 상당한 독자성을 지녔음을 뜻하는 사실이기도 하다. 각 부에는 部長이 있고 그 아래에는 극히 초보적이기는 하였으나 각기 나름의 官人組織을 갖추고 있었다. 마립간은 정치적으로 가장 유력자였지만 기본적 속성은 喙部의 部長에 지나지 않았다. 그래서 마립간도 절대권을 행사한 것이 아니라 다른 부(장)들의 견제를 받지 않을 수 없었다. 국가의 중대사는 마립간 단독으로 결정되고 집행된 것이 아니라 이들 6부간의 합의에 의해 이루어졌다. 그를 위해 각 부장을 비롯한 유력자가 참여하는 會議體가 존재한 것이 통치체제상의 큰 특징이었다.[17]

이 회의체에서는 구성원의 합의로 국가의 중요한 일을 결정하였는데 흔히

諸干會議로 불린다. 처음에는 간의 칭호를 부여받은 자만이 회의 참여 자격을 가졌던 듯한데 국왕인 마립간은 그를 主宰하는 역할을 맡았다. 각 부마다 동일한 인원이 회의에 참여한 것이 아니라 그 세력 규모에 따라 수적으로 차이가 났다. 이렇게 마립간시대는 부가 중심적인 기능을 하였기 때문에 당시 지배체제를 한 마디로 部體制라 일컫는 것이다.[5, 6, 7, 12, 15, 17] 신라가 점차 집권화의 과정을 거치면서 부 사이의 세력 격차는 더욱 벌어져 갔다. 마침내 6세기 초에 이르러서는 喙, 沙喙의 두 部 중심으로 정치가 운영되면서 사실상 부체제는 종막을 고하는 것이다.[9, 13, 15] 따라서 부체제는 마립간시대의 통치체제를 한마디로 나타낼 수 있는 표현이라 하겠다.

부를 중심으로 운영되던 마립간시대에 관료조직이 제대로 발달되었을 리가 없다. 官府는 물론이고 官職이나 官等이라 칭할 만한 것조차 아직 성립되지 못한 상태였다. 대체로 人的인 토대를 중심으로 움직이는 체제였을 것으로 보인다. 6세기 초에 건립된 迎日冷水里新羅碑에서 그런 모습의 일단이 뚜렷이 간취된다. 그에 의하면 지방에서 일어난 일을 최종적으로 마무리하기 위하여 典事人의 지임을 지닌 일곱 사람이 파견되었다. 이 전사이은 喙과 沙喙 두 부에 소속한 인물만으로 편성되었는데 이들은 다시 官等만 소지한 자, 道使란 직명만을 가진 자, 아무런 관직과 관등도 갖지 않은 자 등으로 분류된다. 사안에 따라 필요시 그를 맡을 만한 자격을 갖춘 인물을 수시로 조직하여 가동한 체제였음을 뜻한다. 이는 관료조직이 제대로 갖추어지기 이전 정치 운영 방식의 전형으로 보인다. 이 점을 통해서도 마립간시대에는 국왕을 정점으로 하는 관료조직이 아니라 회의체를 통하여 중대한 일이 결정되는 인적인 구조가 그 중심이었던 실상을 다시금 확인할 수 있다.

이상과 같이 상고기는 아직 관료조직에 바탕한 중앙집권적 지배구조가 확립되지 못하고 따라서 기존의 공동체적인 성격을 강하게 지닌 부를 중심으로 운영되고 있었다고 하겠다.

4. 部體制를 둘러싼 논의

근자에 한국고대사 분야를 전공하는 연구자들 사이에서 가장 큰 관심을 끌었던 주제로서는 삼국의 部 및 部體制와 관련한 문제를 손꼽을 수 있다. 부의 성격과 구조, 운영체계 및 그것이 지닌 역사적인 의미와 평가 등을 둘러싼 제반 논의를 흔히 部體制論이라고 일컫는다.

部란 단어의 본래적 의미는 어떤 기능을 공통적으로 행사하는 단위 집단을 가리키는 것이다. 한국고대사에서 이 용어가 그런 의미로 사용된 것은 거의 三國時代 및 統一新羅時代로 국한된다. 다만 비슷한 시기의 부라도 그에 내재된 뜻은 국가마다 약간의 편차가 있으며 또 동일한 국가 내에서라도 각 시기마다 용법상 상당한 차이를 보여 한결같지가 않다. 그렇지만 대체로 삼국의 초기에는 어떤 특정한 정치적 기능을 함께 행사하는 반(半)독립적인 단위 집단을 지칭하다가 후기에 이를수록 점차 王京의 행정구획 단위로 바뀌어졌다고 봄은 일반적으로 동의하는 이해라 하겠다. 그러나 부가 처음부터 왕경의 행정구역으로서만 기능하였다는 반론도 제기되어 있는 상태이다.

사실 일각에서는 부체제론을 놓고 마치 부를 단위정치체로 볼 것인가[6, 7, 10] 행정구획으로 보아야 할 것인가[11, 14]를 둘러싸고 전개된 논란처럼 한정적으로 판단하고 있지만 핵심은 거기에 있지 않다. 부와 같은 단위정치체적 성격의 집단을 중심으로 한 정치 운영이 과연 한국의 고대사회 형성기에 出沒하였던 여러 국가들에 공통적으로 貫流하였느냐 어떠냐 하는 점이 실상 논의의 관건이었다. 만일 한국고대사에 등장하였던 여러 정치체들에게서 공통적으로 그런 성격을 추출할 수 있다면 이는 한국 고대사회를 체계적으로 이해하는데 대단히 의미를 가질 터이다. 부체제론이 갖는 궁극적 의의는 바로 이 점에서 찾아진다.

1988년과 1989년 연이어 출현한 신라의 봉평비와 냉수리비는 부체제론을 촉발시킨 직접적인 계기로 작용하였다. 사실 그 직전까지 부체제를 둘러싼 논의는 상대적으로 모방할 만한 초기 사료가 많던 고구려를 중심으로 전개되었고[6] 그것이 거의 그대로 신라의 부에 대한 이해에까지 영향을 미치는 수준이었다. 풍부한 내용을 가진 두 비가 새로 나타나면서 이제는 거꾸로 신라의 부에 대한 논의를 토대로 얻어진 知見이 고구려의 그것을 재검토하는 계기가 되고 나아가 한국고대사 전체의 부 문제로까지 外延이 넓혀짐으로써 사실상 부체제론이 크게 부각된 것이었다. 따라서 새로운 부체제 논의의 실마리를 제공한 신라의 부에 대해서 좀 더 구체적으로 다루어 볼 필요성이 제기된다.

종래 신라 6부의 기원이나 성립 등을 둘러싼 견해를 종합적으로 정리하면[10] 크게 엇갈린 세 견해가 첨예하게 대립하던 양상이었다. 먼저 『삼국사기』 신라 본기의 초기 기록을 그대로 받아들인 입장에서 경주 분지에는 원래부터 6개의 村이 존재하였고 그를 모태로 하여 사로국이 성립되며 나아가 이것이 기록 그대로 儒理王 9년에 이르러 6부로 전환되었다는 견해이다. 6촌이 바로 6부가 되었다는 이 견해는 이른 시기부터 6부가 행정구획으로 기능하고 있었다는 결론으로[11, 14] 저절로 이어졌다. 이는 6부를 단위정치체는 물론이려니와 그를 토대로 삼아 한국고대사의 발달 과정에서 부체제를 하나의 단계로 보려는 시도와도 거리가 멀다. 유리왕대에 6촌에서 6부로 전환이 이루어졌다는데 대해서는 당시 村이란 용어가 사용된 것이 의심스러운 점, 6부를 6세기 중엽 이후 등장하는 姓과 관련지은 점,[1] 6세기 초에 성립하는 17등 京位制가 이미 이때 완성된 것으로 전제하고 있는 점 등에서 기록 자체를 그대로 받아들이기 곤란하다. 요컨대 신라가 이른 시기부터 상당히 집권화된 지배체제를 갖추어 출발하였다고 전제하고 있는 점에서 유리왕대 6부 성립설은 수용하기 어려운 견해라 하겠다.

둘째, 위의 견해와는 전혀 상반되게 『삼국사기』 신라본기의 초기 기록을 완전히 부정하고 당시까지 알려진 금석문에 대한 치밀한 분석을 토대로 나온 소위 6부의 단계적 성립설이 있다. 6부는 사로국으로부터 전환한 喙部가 모태가 되고 尙州의 沙梁伐國을 병합한 뒤 그 지배세력을 경주에 이주시켜 沙喙部로 재편하며 나아가 6세기 초 토州에 위치하던 伴跛國을 복속, 그 지배세력을 경주로 옮겨서 本彼部를 둠으로써 먼저 3부가 성립한 이후 6세기 후반에 이르기까지 나머지 3부가 다시 설치됨으로써 비로소 완성된 형태를 갖추었다고 보아 장기간에 걸쳐 단계적으로 성립하였다는 주장이다. 이는 초기 기록을 전혀 믿을 수 없다는 완전한 부정론의 입장에서 신라의 중앙집권적 귀족국가 성립 자체를 상당히 늦추어 잡아 사로국이 주변의 대등한 정치세력을 복속한 시점을 6세기로 본다는 점에 특징이 있다. 이 견해는 당시까지 알려진 신라의 금석문에 대한 치밀한 분석을 토대로 하였음에도 불구하고 524년 건립된 봉평비에서 '新羅六部'란 구절이 확인되면서 일시에 무너지고 말았다. 이는 『삼국사기』 초기 기록에 대해 그 紀年은 물론이고 내용 자체를 무조건 부정하는 立論의 결말이 어떠한가를 여실히 보여 준 대표적 사례였다.

셋째, 초기 기록에 보이는 기사 내용을 기년 그대로 받아들이지도 않으려니와 금석문만으로 좁혀서 접근하는 방식의 위험성도 의식하면서 대체로 6부의 성립을 4~5세기 무렵으로 보려는 견해이다.[15] 『삼국사기』 초기 기록에 대해서는 대체로 修正論의 입장을 견지하면서 그 기년상에 내재된 문제점은 인정하지만 王系나 내용 자체까지 전면 조작된 것은 아니라 본다. 따라서 기년만 합리적으로 조정된다면 초기 기사 내용은 부분적으로는 신빙할 만하다는 입장을 띠고 있다. 기년 조정의 방식과 그 결과는 논자에 따른 편차가 지나치게 커서 합치된 견해는 없지만 초기 기록이 실재 사정을 어느 정도 반영한다는 점에서 비슷한 입장을 보인다. 6부 성립의 하한은 아무리 늦추어 잡아도 6세기 초 이전이며 이 시점에는 신라가 중앙집권적인 귀족국가로 발돋움하였다고 간주하였다. 특히 법흥왕 7년(520) 반포된 율령 속에는 중앙집권적 귀족국가 통치체제의 골간이 되는 17등 관등제나 골품제에 대한 규정이 포함되었을 것으로 추정하였다. 이 견해에서는 부가 성립한 이후 상당한 기간 동안 단위 정치체로 기능하다가 6세기 초에 이르러 중앙집권화의 진전으로 말미암아 그 것이 왕경의 행정구역으로 전환되었다고 본 점이 특징적이다. 일부 논자는 6부가 7세기 후반까지 단위정치체적인 성격을 계속 지닌 것으로[1, 10] 보기도 한다. 그러나 그런 성격을 바탕으로 한 부체제와 국왕을 정점으로 하는 중앙집권적 지배체제의 同時竝存은 사실상 불가능하기 때문에 이후 6부의 명칭이 계속하여 사용되기는 하였지만 그것은 이전의 유제에 불과하였을 따름이다.

이상과 같이 신라 6부의 성립과 성격에 대해서 크게 다른 세 입장으로 대별되지만 냉수리비와 봉평비의 내용으로 미루어 일단 셋째 견해가 실상에 가장 근접한 것으로 판단된다. 그처럼 논자들 사이에 견해가 다르게 된 주된 요인은 『삼국사기』 신라본기의 초기 기록을 바라보는 근본적인 인식 차이가[3,8] 뚜렷하게 반영된 데에 있다.

참고문헌

1. 姜鳳龍, 1995, 「新羅 中古期 部의 性格 變化와 姓氏制-部體制 解體의 政治社會的 背景」 『典農史學』 1.

2. 강종훈, 2000, 「삼국 초기의 정치구조와 部體制」 『한국고대사연구』 17.

3. _____, 2000, 『신라상고사연구』, 서울대출판부.

4. 김영하, 2000, 「韓國 古代國家의 政治體制發展論 -部體制論爭에 대한 소견을 대신하여-」 『한국고대사연구』 17.

5. 盧重國, 1988, 『百濟政治史硏究』, 일조각.

6. 盧泰敦, 1999, 『고구려사연구』, 사계절.

7. _____, 2000, 「초기고대국가의 구조와 정치운영」 『한국고대사연구』 17.

8. 宣石悅, 2001, 『新羅國家成立過程硏究』, 혜안.

9. 申瀅錫, 1992, 「5~6세기 新羅六部의 政治社會的 性格과 그 變化」 『慶北史學』 15.

10. 李文基, 1989, 「蔚珍鳳新坪羅碑와 신라 6部」의 성격」 『한국고대사연구』 2.

11. 이종욱, 2000, 「한국고대의 부와 그 성격」 『한국고대사연구』 17.

12. 全德在, 1996, 『新羅六部體制硏究』, 일조각.

13. 전덕재, 2000, 「6세기 초반 신라 6부의 성격과 지배구조」 『한국고대사연구』 17.

14. 전미희, 2000, 「冷水碑·鳳坪碑에 보이는 신라 6부의 성격 -單位政治體說에 대한 검토를 중심으로-」 『한국고대사연구』 17.

15. 朱甫暾, 1992, 「三國時代의 貴族과 身分制 -新羅를 중심으로-」 『韓國社會發展史論』, 일조각.

16. _____, 1998, 『新羅地方統治體制의 整備過程과 村落』, 신서원.

17. _____, 2006, 「신라의 部와 部體制」 『釜大史學』 30.

신라 중고기의 지방통치조직

문창로 _ 국민대학교 국사학과

1. 이해의 방향

『삼국유사』에서 설정한 신라의 '中古' 시기는 서기 6세기 초인 법흥왕 즉위년(514)부터 7세기 중엽의 진덕여왕대(647~654)까지 약 140년간을 가리킨다. 중고기는 이른바 '三古法'에 의한 신라사의 시기구분에서 이상적인 시대로 인식되었으며, 또한 불교식 왕명이 지속되었기 때문에 일반적으로 불교의 영향을 크게 받았던 시기로 이해된다. 물론 중고기의 설정 기준은 신라왕실의 골품과 관련하여 제시되었는데, '중고 = 성골'이며 '하고 = 진골'이라고 하여 그 치이를 분명히 하였다. 이처럼 외견상 부각되는 중고기의 특징에 더하여 주목되는 사실을 꼽는다면, 이 시기에 신라가 중국 율령의 수용을 바탕으로 국가의 통치체제를 갖추었다는 점이다. 곧 신라는 중고기를 통하여 사회전반에 걸쳐 법제화·조직화를 추구하였으며, 또한 활발한 정복사업을 전개하여 영역을 확대하는 등 신라의 역사에서 비약적인 국가 발전을 이루었다.

신라는 중고기에 본격적으로 지방통치체제를 구축하였으며, 그 전개 과정은 중앙의 지배체제 정비와 표리관계에 있었다. 실제로 법흥왕대(514~540)에는 앞서 지증왕대(500~514)에 다져진 체제정비를 이어받아 병부의 설치(516), 율령 반포 및 백관의 공복제정(520), 불교 공인(528), 상대등 설치(531), 독자 연호의 사용(534) 등 전반적인 국가통치체제를 보다 튼실하게 갖추었다. 이를 바탕으로 진흥왕대(540~576)에는 한강유역을 차지하여 중국과의 직접 교섭 통로를 열었고, 대가야 병합(562)을 통해 낙동강 유역 일대를 차지하는가 하면, 동해안을 따라 함경도 일대까지 진출하였다. 그리하여 신라는 중고기를 거치면서 이른바 고대국가로서의 새로운 면모를 드러냈으며, 나아가 고구려·백제와의 치열한 경쟁과 각축 속에서 때로는 국가적 위기를 극복하고 마침내 삼국통일의 위업을 달성하는 토대를 마련했던 것으로 평가된다.

신라 중고기에는 정복 및 복속 활동을 통해 증대된 인적·물적 자원을 중앙의 통치체계에 편제하여 중앙집권체제의 기반을 다져갔다. 곧 신라는 대외적 팽창에 따라 국가의 외연을 넓히는 과정에서 지방통치체제를 구축하였으며, 이를 통하여 중앙의 정치 및 권력구조와 지방사회를 긴밀하게 연결하려고 노력하였다.[1, 6] 특히 관등·관직 및 군사제도의 정비를 비롯하여 새로 편입된 자원을 국가적 차원에서 보다 효율적으로 통제·활용하기 위해 지방통치체제를 갖추어갔다.[6~16, 33, 35, 37]

초기에는 신라의 국가적 모태가 된 사로국이 주변의 진한 소국을 복속하면서, 소국의 기존 지배질서를 인정하고, 그곳의 재지 수장층을 매개로 한 간접적인 통치방식을 전개하였다.[3, 6, 8, 10] 이러한 간접통치의 양상은 새로 복속시킨 지역을 신라국가의 영역으로 편제하면서, 이들을 중앙의 입장에서 '지방세력'으로 정착시키는 데 요구되었던 한시적인 조치에 다름 아니었다.[65] 자연히 신라의 간접적인 통치방식은 중고기 이전에 주로 시행한 것으로 파악하게 되었으며, 이는 직접통치에 걸맞은 중앙의 통치체제가 아직까지 덜 갖추어진 데서 연유한 것이다.[69]

그러다가 신라 중앙의 통치조직이 갖추어지고 피복속 지역에 대한 중앙의 지배력이 강화되면서, 기왕의 간접적인 통치방식은 점차 직접적인 방식으로 전환되어갔다. 대체로 신라는 州郡制 시행을 전후한 시기에 본격적으로 '지방관 파견' 및 '외위 수여' 등의 방법을 통하여 재지 수장층을 행정체계에 편제하는 직접 통치방식을 펼쳤던 것으로 이해된다.[1, 5, 8, 9, 12, 13, 15] 물론 지방관 파견을 통한 지방통치조직의 정비과정은 신라의 전 지역에 걸쳐 일률적으로 이루어지기보다는 지역에 따라 시간을 달리하며 전개되었다.[61]

한편 중고기의 신라 지방통치조직을 해명하는 데에는 『삼국사기』 신라본기 지증왕 6년(505)조의 지방제도 정비기사와 함께, 서기 6세기대 신라사회의 생생한 역사적 사실을 전하는 금석문 자료가 중요하게 취급되었다. 사실 신라사는 삼국 가운데 상대적으로 관련 자료가 풍부하기 때문에, 신라의 지방통치체제에 대한 연구도 비교적 이른 시기부터 진행되었다. 또한 신라사 방면에서 축적된 관련 연구성과가 자연스럽게 확장되면서 이후 백제 및 고구려의 지방통치체제에 대한 연구를 견인하였다는 점에서 그 의미가 적지 않다.

이미 중고기 신라의 지방통치조직과 관련된 연구사 검토는 선행 연구에서 주요 쟁점별로 여러 차례 정리된 바 있어 참고되며,[34, 35, 47, 53, 54~56, 63, 64, 65, 74, 79, 90] 기왕의 연구동향을 개관하는 데에 참고가 될 뿐 아니라 이 글을 작성하는 데에도 도움이 되었다.

2. 연구 동향과 쟁점

1) 연구사적 흐름

신라는 중고기를 통하여 전반적인 국가통치체제를 완성해 갔기 때문에, 신라사의 체계적인 이해를 더하는 차원에서도 이 시기의 지방통치조직과 함께 개별 촌락의 실상을 해명하는 문제는 연구자들의 관심을 끌기에 충분하였다.

초창기의 연구는 신라 통일기 9州 5小京制의 성립 기원을 밝히거나 新羅 兵制의 실체를 해명하는 과정에서 부수적으로 접근하였다. 또한 중고기 지방통치조직에 대한 고찰도 주로 제도사적인 접근을 통하여 이루어졌기 때문에, 개괄적인 이해의 수준을 크게 넘어서지 못하였다.[64] 그 뒤 본격적인 연구는 「南山新城碑」를 중심으로 한 금석문 자료를 검토하면서 신라 중고기 지방통치조직의 실체 및 운영체계의 전반적인 양상이 밝혀진 뒤부터라고 할 수 있다.[1] 곧 신라는 6세기 전반에 주 - 군 - 촌(성)을 기본으로 하는 지방통치조직을 정비하였으며, 그것의 운영을 위하여 각각 軍主, 幢主, 그리고 道使 혹은 邏頭와 같은 지방관이 파견되었던 사실을 해명하였다.[1, 2] 이에 더하여 州의 설치 및 변천과정에서 주목되는 '軍主'의 성격과 역할에 대하여 고찰하면서 자연스럽게 지방제도의 군사적 성격이 부각되었다.[2, 7] 또한 신라 군현제의 전개과정과 촌주의 위상에 접근하면서 중고기 지방통치 양상의 일면을 엿보려는 노

력도 진행되었다.[3, 4, 5, 6, 8] 이러한 다각적인 노력은 중고기 지방통치체제의
운영 전반에 대한 윤곽을 그릴 수 있었고[6, 9, 12, 13] 이후 관련 연구를 보다 구
체화하는 토대가 마련되었다.

　한편 연구자의 증가와 함께 관련연구에 활용할 수 있는 자료가 1980년대 이
후 대폭 늘어나면서 이전보다 유리한 연구조건이 마련되었다. 특히 고고학적
발굴성과의 증대와 함께 비슷한 시기의 형편을 알려주는 새로운 금석문 자료
가 속속 발견되면서 연구에 활기를 띠었다. 실제로 고고학 자료가 축적되고
그것을 신라의 지방통치연구에 적극 활용하면서 서기 4~5세기 한반도 중남부
이남에 분포한 정치체 사이의 구체적인 역학관계를 추정·복원하는가 하
면,[57, 73, 76, 82] 신라 마립간시대의 지방통치 양상을 추구하면서 5~6세기 신라
지방지배의 발전과정에 대한 이해를 심화시켰다.[73, 59] 나아가 대형고분군의
출현과 산성 등 군사시설의 축조, 행정적·문화적 중심지 설치 등은 6세기 중
엽이후 남한강 상류지역까지 진출했던 신라의 영역확장 사실을 확인할 수 있
는 주요 지표로 제시되었다.[82]

　다른 한편으로「울진봉평신라비」(1988),「명활산성작성비」(1988),「영일냉
수리신라비」(1989) 등 중요한 금석문 자료의 발견은 기존의 문헌 자료에 대한
이해방식을 새롭게 검토하고 보완하는 계기가 되었다. 예컨대 그동안 신라의
지방통치제도로서 州郡制의 성립시기는『삼국사기』신라본기 지증왕 6년
(505)조에 "왕이 친히 주·군·현을 分定하였다"는 사실에 기초하여 일반적
으로 6세기 전반 경에 상정하였다. 그렇지만「영일냉수리신라비」에 보이는
'道使'라는 官名을 통해서 지방에 대한 직접지배의 시점 및 실현배경, 나아가
지방지배의 체계화 과정에 대한 재검토가 세밀하게 이루어졌다.[24~28, 32, 43,
48, 50, 66, 79, 84, 86]

　이에 더하여 州郡制 문제에 천착하면서 중고기 중앙의 왕경인과 복속 지방
민 사이의 정치·군사적 관계를 비롯하여 조세수취 및 역역 동원체계, 그리고
기층사회조직인 촌락사회의 실상과 촌주 문제 등을 구체적으로 해명하려는
노력이 전개되었다.[30, 47, 61, 62, 69, 74, 84] 나아가 신라 주군제의 구조 및 운영체

계를 중심으로 중고기 신라 중앙권력의 지방침투과정 및 수취체계, 그밖에 외위제의 성립과 기능 뿐 아니라 촌락의 구조와 계층질서 문제 등을 고찰하였다.[32, 34, 36, 38~40, 42, 47, 52] 이처럼 연구범위가 확대되고 심화된 주제에 접근하면서 신라 중고기 지방통치와 관련된 연구 수준은 한 단계 진전되었다.

물론 지방통치 문제의 접근은 신라의 국가적 성장과 통치조직의 정비과정을 비롯하여 중고기 신라 영토의 확대 과정, 나아가 정치운영체제의 구축 문제 등 전반적인 신라 중고기 지배체제를 해명하려는 노력과 궤를 같이하였다. 그리하여 삼국의 지배세력 동향, 중앙 및 지방통치체제의 정비, 군사조직의 운용, 민에 대한 편제방식 등의 문제가 밀도 있게 검토되면서 고대사회에 대한 구조적인 인식도 가능해졌다.[54] 다만 구체적인 연구성과에 바탕한 관련 연구의 진전에도 불구하고, 중고기 지방통치체제를 구성하는 행정단위의 성격과 지방관의 조직 문제를 비롯하여 郡의 실체 및 지방관의 파견 유무, 나아가 촌락의 실상에 대한 견해의 편차가 매우 크게 노출되었다. 그리하여 신라 중고기의 시대적 성격과 결부된 연구자들 사이의 異見이 해소되지 못한 채 평행선을 긋고 있는 실정이다.

한편 그동안의 개별 연구성과를 묶어 박사학위 논문이나 단행본 등으로 출간하는 경향이 뚜렷하게 나타났다. 실제로 금석문 자료의 검토를 통해 중고기 지방세력의 존재와 그 편제과정을 정리하거나,[34] 신라 중고기의 兵制를 종합적으로 조망하기 위하여 지방통치조직과 밀접한 관련이 있는 중고기 군사조직의 성립과 운용체계 전반을 해명하였다.[35] 또한 '州郡制'에서 '州郡縣制'로의 변화에 주목하여 신라 지방통치체제를 고대에서 중세로의 이행이라는 관점에서 지방민에 대한 통치양상을 정리하였다.[47] 그런가 하면 중고기 지방통치조직의 정비과정과 촌락의 구체적 실상을 천착하면서 신라 중고기 지방통치체제와 촌락이 갖는 특성을 부각하기도 하였다.[52, 53, 65] 이와같이 신라 중고기의 지방 지배조직에 관한 구체적 실상을 추구하면서 그것을 운영하는 조직체계로써 지방통치체제에 대한 구조적 접근이 가능하게 되었고, 신라 지방통치체제의 전반적인 실상과 그 운영원리에 대한 이해를 심화시켰다. 이밖에 고고학 자료를 적극 활용하면서 신라 중고기 村制의 성립과 지방사회의 구조 문제를 해명하였으며,[74] 6세기 신라 금석문을 종합하여 체계적으로 정리 · 분석한 연구도 제출되었다.[44, 48, 60]

2) 통치방식과 주군제의 시행

경주분지에 자리한 사로국은 주변 진한소국에 대한 통합을 주도하면서 점차 '중앙' 과 '지방' 으로 구성되는 신라국가로 성장하였다. 신라의 국가적 성장과정에서 지방통치조직의 성립은 중앙의 정치조직 구축과 함께 왕실의 대민 지배를 실현하기 위한 주요 기제로 작용하였다. 때문에 중고기 지방통치체제의 실상과 그 정치 · 사회적 의미는 그만큼 중요하게 취급될 수밖에 없었다.

신라 지방통치조직의 성립은 주변 소국에 대한 복속 및 통합과정과 표리관계를 이루었다. 그 과정은 인접한 소국부터 순차적으로 통합하기보다는 교통 및 군사적 요충지에 위치한 소국을 먼저 정복하여 거점을 확보하는 모습으로 전개되었다.[38, 61] 이미 신라의 복속 소국에 대한 통제방식은 서로 다른 관점에서 설명되기도 하였다. 먼저 신라가 기존 소국의 지배질서를 해체하고 직접지배를 추구하였기 때문에, 거점이 되는 특정소국에 지방관인 성주를 파견하여 그 주변의 소국을 감찰하는 지배방식을 부각하였다.[30, 36] 그런가 하면 신라는 복속된 소국의 기존 조직체계와 지배질서를 인정해주면서 간접적인 통제방식을 취했다는 견해가 제기되기도 하였다.[12, 22, 47]

그런데 신라에 통합된 소국들은 복속의례로써 祥瑞物이나 공납을 바치는 형식을 취하였다.[29, 30] 이와 같은 신라 초기의 편제방식은 그 한계를 노정하면서 복속 소국 가운데 일부가 이탈하거나 반발하는 양상을 띠기도 하였다.[47, 52] 그러다가 신라는 옛 소국의 수장층을 온존시킨 간접적인 지배방식을 유지하면서, 다른 한편으로 일부 복속 소국에 대한 통제를 더욱 강화하는 직접지배를 지향하였다.

신라의 직접적인 지배방식은 지방관을 파견하여 새로 편입한 지역에 대한 영역지배를 실현하는 과정이며, 복속민을 신라의 민으로 파악하려는 인식의 일대전환으로 간주하였다.[52, 65] 그것은 신라가 복속민을 동원하여 변경지역에 축성활동을 벌이거나, 왕경인으로서 성주 또는 도사를 편입된 소국에 파견하는 사례 등을 통해서 확인할 수 있다.[4, 22, 30] 이와 같이 신라는 중고기에 접어들어 복속된 소국에 대한 안정적인 통제장치를 마련하기 위하여 직접지배를 추구하는 지방통치조직을 본격적으로 구축하였다.

한편 州郡制의 시행으로 상징되는 신라 지방통치조직의 성립과 전개과정은 일반적으로 3단계로 상정되었다. 곧 처음 소국을 통합하여 재지세력을 활용한 간접지배 단계를 거쳐서, 점차 복속한 소국 단위에 성주 또는 도사를 파견하던 단계, 그리고 주군제를 시행하는 단계로 상정하고 있다.[54] 물론 지방관 파견을 통한 지방통치조직의 정비과정은 신라의 전지역에 걸쳐 일률적으로 이루어지기보다는 지역에 따라 시차를 두고 축차적으로 전개되었던 것으로 이해된다.[61]

그런데 신라의 복속 소국에 대한 편제방식은 주군제의 성립배경 문제와 서로 긴밀하게 연관지어 고찰하였다.[6, 13, 16, 23, 30] 곧 신라 지방행정의 조직체계가 어느 정도 윤곽이 잡히면서 서기 4~5세기 신라의 사회경제적 변동에 주목하여 주군제의 성립배경을 탐색하는 노력으로 이어졌다. 실제로 주군제의 실시 배경으로 철제농기구와 우경의 보급·확대 현상을 부각하였고, 이를 읍락의 공동체적 질서가 급격히 해체되는 현상과 깊게 연관되었음을 살폈다.[30] 그런가 하면 이러한 사회변동 현상은 중고기 촌제의 성립과 연결되는 것으로 파악하여 읍락 내부에서 일어나는 새로운 질서의 형성을 신라국가 차원에서 인정하여 제도화한 것으로 보기도 한다.[36] 곧 신라는 소국단위의 지배질서를 해체하고 읍락을 직접 편제하려는 의도에서 촌제를 시행했다는 견해가 바로 그것이다.

사실 신라의 중고기는 법흥왕의 개혁과 함께 시작되었지만, 중고기의 정치·사회적 변화를 가능하게 했던 실마리는 대부분 지증왕대에 시행된 주군제 관련 기사에서 찾는다. 주지하듯이 주군제의 시행은 지증왕대의 '왕' 호 사용과 '신라' 국호의 확정, 순장 금지 및 우경의 실시, 소경의 설치 등 일련의 정치·사회경제적 조치와 맞물려 국가체제의 확립을 위한 노력의 산물로 이해되기 때문이다. 대체로 신라는 6세기 이전에 주변의 진한 소국에 대한 통합 및 복속 활동을 일차적으로 마감하였으며, 적어도 주군제의 시행을 계기로 하는 6세기 전반 경에 광역단위의 지방통치체계를 구축해 갔던 것으로 이해된다. 그리하여 주군제의 시행은 신라가 편입된 소국단위의 통제를 강화하면서 신라전역을 일원적으로 지배하기 위한 직접통치의 시발점으로 보기도 한다.[6, 61]

3) 운영체계와 주·군·촌의 실체

신라 중고기에 시행된 주군제의 편성은 주 - 군 - 촌(성)으로 이어지는 3단계로 이루어졌으며[1], 그것은 통일기에 주-군-현의 체제로 전환되었다고 본다[1, 3, 6, 47, 52, 53, 74] 주·군·촌 단위의 연원에 대해서는 주·군과 촌을 각각 소국의 주요 구성단위인 國邑과 邑落에서 찾기도 하였지만,[7] 대부분 소국 단위는 군으로, 소국을 구성하는 읍락 단위는 성 또는 촌으로 편제된 것이라고 이해하였다. 곧 신라 중고기의 지방행정조직은 군과 촌 단위가 각각 기왕의 소국과와 읍락 단위에서 재편된 역사적 산물로 상정되며, 그 위에 광역의 주를 설정한 셈이 된다.

지방통치조직은 신라 중앙의 지방에 대한 통제장치의 일환으로써 마련되었다. 중고기의 지방통치체제의 접근은 村制를 중심으로 보려는 견해도 있지만[36, 74] 대체로 州郡制를 중심으로 고찰하려는 입장이 일반적이다.[6, 10, 30, 34, 47, 52, 53, 62, 75] 특히 중고기의 지방통치조직은 주-군-촌에 파견된 지방관의 성격을 어떻게 파악하느냐에 따라 그 운영체계를 일원적인 체계, 또는 이원적인 체계로 구분하였다.

일원적인 체계로 보는 입장에서는 신라가 중고기에 활발한 정복전쟁과 영토확장을 전개하였기 때문에, 행정권과 군사권이 미분된 지방관을 파견하였다고 본다. 신라 중고기의 지방통치제도는 軍主의 존재로 보아 중대의 그것에 비해서 상대적으로 군사적인 성격이 강한 특징을 갖는다. 자연히 지방통치조직을 해명하기 위한 접근은 兵制와의 긴밀한 관계를 해명하려는 노력으로 이어졌다. 대체로 주군제의 편제단위에는 군사적 면모가 강한 지방관을 파견하였으며,[1, 2, 4, 7] 이러한 입장은 군주와 州의 성격변화를 통하여 더욱 심화되었다.[2, 7, 14, 23, 29, 35] 이후 여러 연구자들이 이와 동일한 범주에서 접근을 시도하였는데, 특히 지방통치조직과 관련하여 停과 法幢의 존재가 주목되었다. 정은 州制와 밀접하게 관련된 존재로 파악되는데 비해, 법당은 주로 군과 성(촌)을 단위로 조직된 것으로 이해하였다.[46]

이와 함께 停은 주치에 설치되어 군주가 통솔하였던 일종의 군관구로 파악되기도 하였지만,[2] 이후 연구가 진전되면서 정과 6정의 실체는 서로 구분하여 접근하였다.[7] 실제로 통일기에 전국적 차원의 군사조직으로 정비된 조직이 6정 군단이었다면,[14, 35] 이보다 앞서 주군제 성립 초부터 함께 운영되었던 정제는 군주 1인에 의해 통수된 군사적 전진기지로 파악되기도 한다.[47]

한편 이원적인 체계로 보는 입장에서는 중고기의 주에 파견된 지방관을 행정적 계열과 군사적 계열로 구분하여 이해하였다. 곧 이 시기 신라의 영역은 민정 및 군정영역으로 이원화되었으며, 거기에는 각각 州行使大等과 軍主가 파견된 것으로 파악하였다. 나아가 이원적인 지방관제를 주 아래의 군과 촌의 범주에까지 적용하여 사대등 계열(주 - 주행사대등, 군 - 군사대등, 촌 - 도사)과 군주계열(주 - 군주, 군 - 당주, 촌 - 외촌주)의 지방관 파견을 상정하기도 하였다.[3] 이외에 '군사적 거점으로서의 주'에 파견된 군주와 '감찰권으로서의 주' 혹은 '광의의 주'를 관장한 주행사대등으로 파악하기도 한다.[16, 23]

그런데 지방행정조직 가운데 가장 상위에 자리한 州의 실체에 대해서는 그 용례로 보아 '협의의 주'와 '광의의 주'로 구분하여 접근하였다.[7, 14, 16, 35, 41, 47] 왜냐하면 문헌 및 금석문 자료에 구체적인 지역명을 관칭한 주의 사례뿐 아니라, 다소 추상적인 명칭의 용례로써 上·下州 등과 같은 존재가 함께 확인되기 때문이다. 그래서 협의의 '주'에 대해서는 '州治'로 보거나 군사적 거점 또는 군대주둔지인 '停' 등으로 파악하여 수시로 치폐되는 특정한 '지역적 의미의 주'로 이해하였다. 이에 비하여 광의의 주는 협의의 주를 포괄하는 '정치적 의미의 주'로 파악하면서, 행정적 편제단위로써의 '주영역' 혹은 광역의 '군관구' 등과 같은 광역의 영역단위로 보았다.[14, 35, 47] 그런가 하면 중고기의 주는 앞의 두 가지 성격을 동시에 띤 것으로 파악하면서, 양자는 6세기 초 군주가 지방에 파견되면서부터 결합되었던 것이 아니라, 지방통치체제의 정비과정에서 결합함으로써 하나의 제도로서 정착되었던 것으로 본다. 최근에는 중고기 말, 중대 초기에 추상적인 명칭의 州名이 지역명을 관칭한 주명으로 변천하였으며, 그에 따라 주와 그것을 관장한 군주의 성격도 함께 변화하였음을 추정하였다.[75]

그간 郡制의 성립 및 운용에 대한 접근은 주로 「남산신성비」에 주목하여 진행되었다. 군의 존재양태에 대해서는 별다른 견해차가 거의 없지만, 그 실시시기와 성격에 대해서는 서로 입장을 달리하기도 한다. 군제의 성립은 대체로 6세기 초에 주군제의 시행과 함께 한 것으로 보았다.[13, 30] 다만 6세기 중엽에 신라의 군제가 부분적으로 실시되다가 그 이후 전지역으로 확대되었다는 견해도 있다.[16, 17] 이러한 입장은 고유 郡名을 칭한 지방관의 존재가 금석문상에 확인되지 않는다는 사실에 근거한 것으로, 실제로 군의 실체는 몇 개의 촌을 포괄하는 감찰구역으로 상정하였다.[17]

그런데 군의 실체에 대해서는 이와 입장을 달리하는 견해가 제시되었다. 곧 군사적 성격의 당주가 군 단위에 파견되면서 6세기 중엽이후 郡司와 같은 지방관사가 조직된 것으로 보기도 하며,[18] 촌 단위의 비균질성을 보완하고 수취상의 편의를 위하여 설정한 광역의 행정단위로 파악하기도 한다.[36] 또한 군제의 운영과 관련하여 촌에 파견된 지방관 가운데 邏頭가 중심이 되어 道使들이 참여하는 군 단위의 협의체가 구성되었던 것으로 이해하였다.[47] 특히 나두는 6세기 금석문에만 등장하는 지방관으로서 주목받았는데, 그 실체는 촌에 파견된 지방관[1] 또는 군에 파견된 행정관[6] 등으로 해석되기도 하였다. 최근에는 도사가 행정적 측면에서 군의 당주를 보좌하였다면, 나두는 군사적 측면에서 당주를 보좌한 존재로 보기도 한다.[86]

한편 말단 조직으로서 城과 村의 실체에 대해서는 일반적으로 서로 동질적인 존재로 파악하였다. 물론 성을 촌보다 우위에 있는 지역으로 이해하여 서로 구분하려는 견해도 있지만,[4] 「남산신성비」에서는 촌이 성보다 중심적인 모습을 보이기도 하여 이와 같은 입장은 재고할 수밖에 없다.[13] 특히 성과 촌이 동일한 대상에 대하여 함께 사용되는 용례도 확인되기 때문에, 이들은 서로 대등한 단위로 파악하고 있다.[1, 8, 13, 17, 36] 대체로 중고기의 村(城)은 소국을 구성했던 기존의 읍락을 편제단위로 하여 성립하였는데,[17, 36, 52, 74] 통일기 이후 신라 郡縣制의 확립과 自然村의 대두과정을 추적하는데 중요한 통로가 되었다. 곧 중고기의 촌은 군사적 성격이 강한 말단 행정구역으로서 통일기에 縣으로 발전하였으며, 거기에는 도사 또는 성주가 파견되었던 것으로 이해된다.

그런데 중고기 촌의 성격에 대해서는 연구자 사이에 의견이 엇갈려 자연촌, 행정촌, 지역촌, 연합촌 등 다양한 용어로 규정하였다. 크게 행정촌과 자연촌의 견해로 크게 구분할 수 있는데, 대체로 지방관인 도사가 파견되었던 중심 취락을 행정촌이라고 한다면, 그에 속하는 주변의 취락들은 자연촌으로 상정하기도 한다. 곧 자연촌은 중고기에 신라국가가 外位의 지급 등을 통해 자립성이 강한 자연촌락을 그대로 지방통치를 위해 활용했던 기초단위로 이해하였다.[12, 65, 69] 그렇지만 金石文에 보이는 촌의 용례를 고려할 때에 쉽게 행정촌과 자연촌으로 구분할 수 없다는 지적[31]과 함께, 자연촌을 촌으로 지칭한 시기는 통일기 이후에나 비로소 가능하다는 견해가 제기되기도 하였다.[22, 36, 43]

4) 외위제의 성립과 금석문 자료의 활용

주지하듯이 관등제는 신라의 국가적 성장과정에서 주변의 크고 작은 규모의 진한 소국들을 통합·편제하는 과정에서 성립하였다. 관등은 신라 중앙에서 지방의 재지세력을 그 크기에 따라 등급을 매겨 구분했던 기준이 되는 셈이다. 일찍이 외위제의 연원은 신라에 복속된 소국의 지배층을 수장인 간지를 비롯한 일벌, 일척 등의 신료를 일원적으로 정리한 데서 찾았다.[11, 45] 특히 외위제의 성립은 신라 중고기에 나타나는 특징이라 할 수 있는데, 실제로 지방민에게 지급된 외위는 모두 11등급으로 이루어졌다. 그런데 서기 7세기에 접어들어 신라가 고구려, 백제와 치열한 각축을 벌이게 되면서 지방민을 대상으로 하는 경위 수여가 확대되고, 이에따라 외위는 점차 소멸하는 현상이 나

타난다.[11, 37]

그런데 신라의 외위가 반드시 지방민에게만 지급된 것은 아니며 진골의 가신층에게도 지급하였던 특수한 관등으로 보는 견해가 제기되었다.[67] 그렇지만 일반적으로 외위제의 지급대상은 지방민에 국한된 것으로 보았기 때문에, 중고기 지방통치체제와의 밀접한 연관성이 제시되었다. 곧 외위제는 지방의 촌락사회에 중앙의 권력을 관철시키는데 필요한 제도적 장치의 일환으로 기능하였다. 비록 외위가 지방의 재지세력에게 지급되었다 하더라도, 그것은 중앙의 6부인을 대상으로 했던 京位와는 분명하게 구분되는 한계를 지녔다. 그리하여 중고기 관등제의 특징은 중앙의 왕경인을 대상으로 하는 '京位制', 그리고 지방민을 대상으로 하는 '外位制' 가 함께 시행되는 이원적 구조로 짜여진 점을 들었다.[11, 37] 이처럼 외위제의 실체가 구체적으로 해명되면서 기존의 「남산신성비」를 비롯하여 「대구무술오작비」, 「명활산성작성비」 등 금석문 자료를 재검토하게 되었다.

한편 일찍이 「진흥왕순수비」를 비롯하여 「단양적성비」, 「울진봉평신라비」, 「영일냉수리신라비」 등의 새로운 금석문 자료가 알려지면서 중고기 지방통치조직 연구는 더욱 심화되었다. 사실 지증왕대에 "주군현을 정하고 실직주를 두어 이사부를 군주로 삼아 그곳에 파견하였다"는 내용에 크게 주목하게 된 계기도 1980년대 이후 발견된 새로운 금석문 자료에 힘입은 바 크다. 실제로 1980년대 후반에 발굴된 「울진봉평신라비」는 법흥왕 7년(520)의 율령반포가 단순한 관위제의 성립이나 색복제의 도입을 넘어서 율과 령을 갖추었음을 확인시켰다.[19] 나아가 당시 국왕의 지위와 왕권의 실태 파악, 신라 17官等의 성립, 지방통치조직 및 촌락구조, 그리고 對服屬民 시책 문제 등을 재검토하는 실마리를 마련하였다.[20~22, 66]

또한 발견 당시 가장 오래된 新羅時代 碑로서 주목되었던 「영일냉수리신라비」 역시 앞선 「울진봉평신라비」와 서로 보완 관계를 이루면서 지방통치문제를 비롯한 서기 5~6세기 신라의 정치·경제·제도사를 정밀하게 보완하는데 중요한 자료로 활용되었다.[24~28] 특히 신라의 동해안 진출과 관련하여 「울진

봉평신라비」의 奴人은 마립간기에 새롭게 복속된 복속민으로서,[58, 66] 동해안 방면에서 이루어진 신라의 사민정책과도 관련지어 이해하였다.[85] 곧 노인의 존재는 전쟁포로를 전제로 한 것이며, 복속민은 처음에는 노인이었으나 점차 신라민으로 인식되었다고 하여 노인과 부곡의 유사성을 지적하였다. 최근에는 성산산성 목간의 묵서를 함께 활용하여 양자의 관계가 밀접하였음을 심화시킨 연구성과도 제출되었다.[89]

한편 중고기 신라의 지방통치에서 촌락 문제가 부각된 것도 무엇보다 금석문 자료의 축적에서 연유한다. 실제로 지방통치와 관련 깊은 나두와 도사, 군상촌주, 郡中上人, 公兄, 외客 등은 6세기 신라의 금석문에서만 확인할 수 있는 존재이다.[86] 그리하여 촌락의 실상을 해명하기 위한 노력은 외위와 관련된 촌주의 실체 및 그를 정점으로 하는 재지세력의 구성문제로 이어졌다. 또한 촌락의 구조 및 지방민에 대한 力役 동원체계 뿐 아니라 촌락의 운영체계에 대한 접근도 이루어졌다.[65]

최근 들어 급증하고 있는 목간자료 역시 중고기 신라의 지방통치에 대한 새로운 知見을 더해주는 활력소 역할을 하고 있다. 예컨대 경주 월성 해자 출토 목간을 비롯하여 하남 이성산성 및 함안 성산산성 출토의 목간자료는 중고기 신라사회를 이해하는 자료로 주목되었다.[68, 70~72, 77, 79~81, 87, 88, 91] 특히 한·중·일 학자들이 참여한 古代 史料 관련 국제학술회의에서 咸安 성산산성 출토 목간의 내용과 성격에 대한 종합적 고찰이 이루어졌다.[70~72] 그 결과 목간의 판독과 용도에 대해서는 논란이 있지만, 서기 6세기 중후반 신라사를 해명하는데 일조하는 자료로 인정되었다. 그리하여 중고기 신라의 조세수취 방식과 함께 당시의 지방제도를 구체적으로 복원할 수 있는 여지를 마련하였다.

3. 연구의 진전을 위한 제언

지난 1980년대 이후로 중고기 신라의 지방통치조직을 해명하기 위한 노력이 다각도로 전개되면서 많은 성과를 거두었다. 대체로 중고기 신라국가의 발전과 영역확대 과정에 초점을 맞추어 지방제도의 성립배경과 정비과정, 운영

체계 및 구조, 나아가 촌락의 편제문제 등에 구체적으로 접근하였다. 이에 따라 신라 지방통치체제의 운영 전반에 대한 체계적인 접근이 가능하게 되었다.

앞으로 지방통치조직의 기본 편제단위로서 개별 촌락의 실상을 비롯한 외위제의 성립배경과 전개과정, 지방민의 토지소유와 세제의 실태 등에 대한 연구가 더 심화되기를 바라며, 이를 바탕으로 신라 중고기 지방사회의 운영원리가 추구되기를 기대해 본다.

그동안 백제 및 고구려의 지방통치조직에 대한 연구성과가 축적되면서 큰 윤곽이 밝혀졌기 때문에, 앞으로 삼국 간의 비교를 통한 신라의 지방통치조직에 대한 보다 구체적인 탐색이 가능할 것으로 생각된다. 나아가 삼국의 역학관계를 비롯하여 중국과 일본을 포함하는 동아시아 세계와의 관계 속에서 신라국가의 성장 뿐 아니라 지방통치조직의 실상을 헤아려볼 수 있을 것이다.

일찍이 금석문 자료는 관련연구를 크게 촉진시켰지만, 다른 한편으로 중고기 지방통치조직의 기본적 행정단위에 대한 성격문제에서 조차 견해차를 노정시켰던 것도 사실이다. 금석문자료에 대한 정밀한 판독과 신중한 해석이 필요한 대목이다. 최근 들어 목간을 비롯한 새로운 금석문 자료의 출현이 기대되는데, 앞으로 이에 대한 면밀한 분석과 고증을 통한 기초적인 연구가 우선되어야 할 것이다.

한편 1990년대 중반 이후 중부내륙을 관통하는 도로공사 등으로 낙동강, 남한강, 금강의 상류지역에서 발굴된 주요 고분군의 유물이 축적되면서, 이 지역을 중심으로 세력 각축을 벌였던 삼국의 영역문제가 새롭게 조명을 받고 있다. 이에 따라 많은 양의 발굴 자료가 제공되고 있으며, 자연히 고고학 자료의 활용을 통한 신라 중고기 지방통치체제에 대한 앞으로 더욱 진전될 전망이다. 이에 새롭게 축적된 고고학 자료에 대한 정확한 해석과 효율적인 활용방안 등을 모색하기 위해서 역사고고학계의 도움과 함께 상호 긴밀한 협조가 요구된다.

참고문헌

1. 李鍾旭, 1974, 「南山新城碑를 통하여 본 新羅의 地方統治體制」 『歷史學報』64.

2. 申瀅植, 1975, 「新羅軍主考」 『白山學報』19.

3. 木村誠, 1976, 「新羅郡縣制の成立過程と村主制」 『朝鮮史研究會論文集』13.

4. 濱田耕策, 1977, 「新羅の村城設置と郡縣制の施行」 『朝鮮學報』84.

5. 村上四男, 1978, 「新羅の村主」 『朝鮮古代史研究』, 開明書院.

6. 朱甫暾, 1979, 「新羅中古의 地方統治組織에 대하여」 『韓國史研究』23.

7. 李成市, 1979, 「新羅六停の再檢討」 『朝鮮學報』92.

8. 李宇泰, 1981, 「新羅의 村과 村主 -三國時代를 중심으로-」 『韓國史論』7.

9. 金昌鎬, 1984, 「金石文으로 본 新羅 中古의 地方官制」 『歷史敎育論集』6.

10. 李明植, 1985, 「新羅社會의 地方統治體制」 『新羅文化』2.

11. 權悳永, 1985, 「新羅 外位制의 成立과 그 機能」 『韓國史研究』50·51合.

12. 朱甫暾, 1986, 「新羅 中古期 村落構造에 대하여(1) - 外位와 地方民 身分制」 『慶北史學』9.

13. 姜鳳龍, 1987, 「新羅 中古期 州制의 形成과 運營」 『韓國史論』16.

14. 朱甫暾, 1987, 「新羅 中古期 6停에 관한 몇가지 問題」 『新羅文化』3·4合.

15. 崔在寬, 1987, 「新羅 中古期 地方統治制度 -地方官을 중심으로-」 『慶熙史學』14.

16. 李銖勳, 1988, 「新羅 中古期 州의 構造와 性格」 『釜大史學』12.

17. _____, 1988, 「新羅 中古期 郡의 形態와 城(村)」 『古代研究』1.

18. 朱甫暾, 1988, 「新羅 中古期의 郡司와 村司」 『韓國古代史研究』1.

19. 李基白, 1988, 「울진 거벌모라비에 대한 고찰」 『아시아문화』4.

20. 李文基, 1989, 「蔚珍鳳坪新羅碑와 中古期의 六部問題」 『韓國古代史研究』2.

21. 노태돈, 1989, 「蔚珍鳳坪新羅碑와 新羅의 官等制」 『韓國古代史研究』2.

22. 李宇泰, 1989, 「蔚珍鳳坪新羅碑를 통해 본 新羅의 地方統治體制」 『韓國古代史研究』2.

23. 李仁哲, 1989, 「新羅中古期의 地方統治體制」 『韓國學報』56.

24. 朱甫暾, 1989,「迎日冷水里新羅碑에 대한 基礎的 檢討」『新羅文化』6.

25. 鄭求福, 1990,「迎日冷水里新羅碑의 金石學的 考察」『韓國古代史硏究』3.

26. 金昌鎬, 1990,「迎日冷水里新羅碑의 建立 年代」『韓國古代史硏究』3.

27. 安秉佑, 1990,「迎日冷水里新羅碑와 5~6세기 新羅의 社會經濟相」『韓國古代史硏究』3.

28. 宣石悅, 1990,「迎日冷水里新羅碑에 보이는 官等 官職問題」『韓國古代史硏究』3.

29. 李文基, 1990,「新羅 上古期 統治組織과 國家形成 問題」『한국 고대국가의 형성』, 民音社.

30. 全德在, 1990,「新羅 州郡制의 成立背景硏究」『韓國史論』22.

31. 徐毅植, 1990,「新羅 中古期 六部의 部役動員과 地方支配」『韓國史論』23.

32. 金昌鎬, 1990,「金石文 자료로 본 古新羅의 村落構造」『鄕土史硏究』2.

33. 姜鳳龍, 1990,「6~7세기 新羅의 兵制와 地方統治組織의 재편」『역사와 현실』4.

34. 李宇泰, 1991,「新羅 中古期의 地方勢力硏究」, 서울大 博士學位論文.

35. 李文基, 1991,「新羅 中古期 軍事組織硏究」, 慶北大 博士學位論文.

36. 金在弘, 1991,「新羅 中古期의 村制와 지방사회구조」『韓國史硏究』72.

37. 河日植, 1991,「6세기 新羅의 地方支配와 外位制」『學林』12 · 13合.

38. 徐毅植, 1991,「新羅 中古期 六部의 部役動員과 地方支配」『韓國史論』23.

39. 朱甫暾, 1992,「新羅의 村落構造와 그 變化」『國史館論叢』35.

40. 盧瑾錫, 1992,「新羅 中古期의 軍事組織과 指揮體系」『韓國古代史硏究』5.

41. 李文基, 1992,「新羅 中古期 ‘停’ 制의 成立과 展開」『大丘史學』44.

42. ______, 1992,「新羅 中古期 軍令體系의 檢討」『新羅文化』9.

43. 李銖勳, 1993,「新羅 村落의 性格 - 6세기 금석문을 통한 행정촌 자연촌 문제의 검토」『韓國文化硏究』6.

44. 趙東元, 1993,「新羅 中古 金石文硏究」『國史館論叢』42.

45. 徐毅植, 1993,「新羅上古期 ‘干’의 編制와 分化」『歷史敎育』53.

46. 李仁哲, 1993,『新羅政治制度史硏究』, 一志社.

47. 姜鳳龍, 1994,「新羅 地方統治體制硏究」, 서울大 博士學位論文.

48. 金昌鎬, 1994,「6세기 新羅 金石文의 釋讀과 그 分析」, 慶北大 博士學位論文.

49. 徐毅植, 1994,「新羅 上代 ‘干’ 層의 形成 分化와 重位制」, 서울大 博士學位論文.

50. 李鍾旭, 1994,「迎日冷水里碑를 통하여 본 新羅의 統治體制」『李基白先生 古稀紀念 韓國史學論叢』, 一潮閣.

51. 金在弘, 1995,「新羅 中古期의 低濕地開發과 村落構造의 改編」『韓國古代史論叢』7.

52. 朱甫暾, 1995,「新羅 中古期의 地方統治와 村落」, 啓明大 博士學位論文.

53. 李銖勳, 1995,「新羅 中古期 村落支配硏究」, 釜山大 博士學位論文.

54. 강봉룡, 1995,「지방통치조직과 군사제도」『한국역사입문』1, 풀빛.

55. 윤선태, 1995,「촌락구조와 민」『한국역사입문』1, 풀빛.

56. 하일식, 1995,「신분제와 관등제」『한국역사입문』1, 풀빛.

57. 李漢祥, 1995,「5~6世紀 新羅의 邊境支配方式」『韓國史論』33.

58. 趙法鍾, 1996,「蔚珍鳳坪碑에 나타난 ‘奴人’의 성격검토」『新羅文化』13.

59. 朱甫暾, 1996,「麻立干時代 新羅의 地方統治」『嶺南考古學』19.

60. 盧鏞弼, 1996,『新羅眞興王巡守碑硏究』, 一潮閣.

61. 朱甫暾, 1997,「6세기 新羅 地方統治體制의 整備過程」『韓國古代史硏究』11.

62. 姜鳳龍, 1997,「新羅 中古期의 州郡制와 地方官」『慶州史學』16.

63. 李仁哲, 1997,「신라의 정치 경제와 사회 - 지방, 군사제도」『한국사』7, 국사편찬위원회.

64. 朱甫暾, 1997,「新羅史硏究 50年의 成果와 展望」『慶州史學』16.

65. ＿＿＿, 1998,『新羅 地方統治體制의 整備過程과 村落』, 新書苑.

66. 盧重國 外, 1999,『韓國古代社會와 蔚珍地方』, 蔚珍郡 韓國古代史學會, 1999.

67. 徐毅植, 1999,「6~7世紀 新羅 眞骨의 家臣層과 外位制」『韓國史硏究』107.

68. 尹善泰, 1999,「咸安 城山山城 出土 新羅木簡의 用度」『震檀學報』88.

69. 朱甫暾, 2000,「新羅 中古期 村의 性格」『慶北史學』23.

70. 李成市, 2000,「韓國木簡硏究의 現況과 咸安 城山山城 出土의 木簡」『韓國古代史硏究』19.

71. 朱甫暾, 2000,「咸安 城山山城 出土 木簡의 基礎的 檢討」『韓國古代史硏究』19.

72. 朴鍾盒, 2000,「咸安 城山山城 發掘調査와 木簡」『韓國古代史硏究』19.

73. 李漢祥, 2000,「4세기 전후 신라의 지방통제방식 -분묘자료의 분석을 중심으로-」『역사와 현실』37.

74. 金在弘, 2001,「新羅 中古期 村制의 成立과 地方社會構造」, 서울大 博士學位論文.

75. 全德在, 2001,「新羅 中古期 州의 性格變化와 軍主」『역사와 현실』40.

76. 朴熙澤, 2001,「고고자료에 나타난 불교공인 이전의 신라의 지방통치」『佛敎考古學』1.

77. 李鎔賢, 2001,「韓國古代木簡硏究」, 高麗大 博士學位論文.

78. 尹善泰, 2002,「新羅 中古期의 村과 徒 -邑落의 解體와 관련하여-」『韓國古代史硏究』25.

79. 李基東, 2002, 「百濟史와 新羅史 研究의 새로운 進展 -金石文 및 木簡 資料에 의한 成果-」『東國史學』37.

80. 朴鍾益, 2002, 「咸安 城山山城 出土木簡의 性格 檢討」『韓國考古學報』48.

81. 李鎔賢, 2002, 「咸安 城山山城 出土木簡과 6세기 新羅의 지방경영」『東垣學術論文集』5.

82. 山本孝文, 2003, 「考古資料로 본 南漢江上流地域의 三國 領域變遷」『韓國上古史學報』40.

83. 李明植, 2004, 「新羅 中古期의 將帥 이사부고」『新羅文化祭學術論文集』25.

84. 曹凡煥, 2005, 「迎日冷水里碑를 통하여 본 新羅의 村과 村主」『금석문을 통한 신라사연구』, 한국학중앙연구원.

85. 金德原, 2005, 「신라의 동해안 진출과 蔚珍鳳坪碑 -徙民政策과 '奴人' 의 관계를 중심으로-」『금석문을 통한 신라사연구』, 한국학중앙연구원.

86. 姜在光, 2005, 「新羅中古期 邏頭 道使의 城 村支配와 6部人의 地方民 認識」『史學研究』79.

87. 李京燮, 2005, 「城山山城 出土 荷札木簡의 製作地와 機能」『韓國古代史研究』37.

88. 金在弘, 2005, 「咸安 城山山城 出土 木簡과 촌락사회의 변화」『國史館論叢』106.

89. 朴宗基, 2006, 「韓國 古代의 奴人과 部曲」『韓國古代史研究』43.

90. 박명호, 2006, 「新羅의 地方統治와 村」『韓國古代史入門』3, 新書苑.

91. 李鎔賢, 2006, 『韓國古代木簡基礎研究』, 新書苑.

신라의 경제제도와 소위 '촌락문서'

송완범 _ 고려대학교 일본학연구센터

필자에게 주어진 과제는 소위 '촌락문서'라 불리는 일본 東大寺 正倉院 소장의 신라문서에 대한 연구현황과 연구의 전망을 살펴보는 것에 의해 신라사의 한 단면을 부각하는 것이다. 이전에 필자는 일본 유학 중 '正倉院文書'[8] 수업에서 본 문서를 소재로 하여 발표하였고, 또 이를 바탕으로 논문을 공간한 적이 있어 이 과제를 부여받았다고 생각한다. 그런데 동 문서에 관한 연구는 한국고대사 연구 중 가장 활황을 보이고 있는 분야이다. 그런 만큼 이 분야의 연구 성과는 실로 방대하다.

종래의 연구사 정리에 대해서는 최근 충남대학의 김수태씨가 쟁점별로 요령을 얻어 정리한 것[1,2]이 있기 때문에 이를 참조하면 도움이 되리라 본다. 필자도 이전 논문에서 한일 양국 고대사학계에서의 반세기에 이르는 연구 성과를 정리한 후에, 1990년대 중반부터 새로운 연구[4,5]가 행해졌음을 확인하고 그 연구 성과를 발전적으로 계승할 필요성에 대해 언급했다.[6] 그런데 최근 일본 도립대학의 기무라 마코토(木村誠)씨가 최근의 한국학계의 연구 성과를 정리한 후에 자신의 신설을 전개하고 있어,[7] 그 동안의 연구 성과를 뒤돌아 볼 기회가 되었다.

필자는 문서의 보이지 않는 부분에 대한 과도한 복원이 반드시 연구의 발전을 담보하는 것이 아니라는 생각을 갖고 있다. 이상의 최신 연구 성과를 흡수하면서도, 우선시헤야 할 일은 문서 자체의 기초적인 정보라는 입장에서, 일본의 '정창원문서' 연구를 참조하면서 논을 전개시켜 나가고자 한다.

1. 문서의 現狀

문서는 필요에 응하여 만들어졌다가, 그 존재의 의미가 다하게 되면 폐기된다. 그러다가 운이 좋으면 재이용되게 되는데, 그 경우에 처음 목적과는 전혀 다른 용도로 쓰이기도 한다. 대부분의 문서는 이러한 복잡한 생애주기를 갖게 되는데, 이른바 '촌락문서'의 생장소멸도 예외는 아니었다.

동 문서는 1933년 10월에 정창원의 中倉 계단 밑의 가운데 선반에 보관되어 있던 13장의 두루마리 경전의 커버인 經帙 중, 파손수리를 위해 해체된 華嚴經論帙의 가운데 布心에 배접된 상태로 발견되었다. 포심의 양면에 문자가 써지지 않은 백지 쪽을 겉으로 해서 앞뒷면에 각각 부착되어 있었다. 그리고 경질의 겉면의 왼쪽 위에는 '華嚴經論第七帙'이라고 붓글씨로 써 있다. 또 전체의 문서는 종이 다섯 장으로 이루어져 있다. 우선 '화엄경론제칠질'이라고 써진 쪽의 문서는 종이 두 장을 이은 것이고, 다른 한 쪽은 종이 세 장을 이은 것이다.

문서의 크기는 세로가 약 30센티미터이고 가로는 약 60센티미터에 이른다. 완전한 종이 한 장의 길이는 b단간의 두 번째 종이가 완전하게 남아있는 것에서 알 수 있듯이 약 51센티미터이다. 양 단간은 계선, 書風, 기재양식 등이 공통하고 있는 것으로 보아 동일 문서인 것은 틀림없으나 기재 내용은 연속하고 있지 않다. 복수의 종이를 연이은 것이 명백하기 때문에 아마도 본래 두루마리본의 형태로 어느 관청에 전래되던 것이 필요 없는 종이로서 일괄적으로 불하되어, 帙의 배접으로서 사용할 때에 필요분 만이 잘려져 사용되었을 것이다.

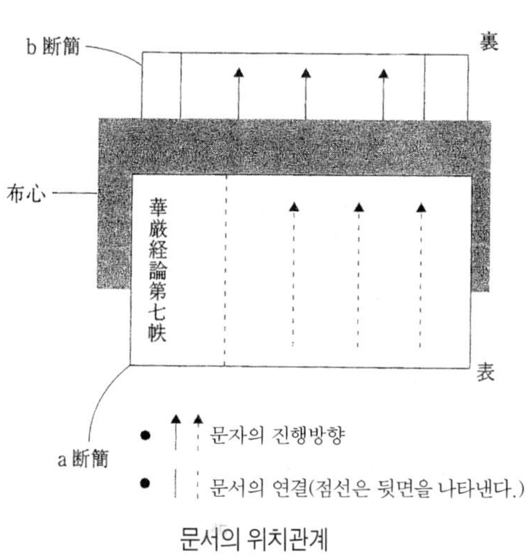

문서의 위치관계

그러나 동 문서는 수리 종료와 함께 발견된 때와 똑같은 상황으로 되돌려졌기 때문에 지금은 직접 볼 수가 없다. 현재 그 모습을 알 수 있는 것은 수리 당시에 촬영해 놓은 흑백사진[30, 31, 32, 33]이 있고, 또 영사본이 만들어져 있기 때문에 그것에 의해 기재내용을 짐작해 볼 수가 있을 따름이다.[6] 최근에는 2002년 나라국립박물관에서 열린 제54회 정창원전에서 실물이 공개되었다.[9]

2. 문서의 名稱

신라문서란 말 그대로 신라시대의 당대의 기록이다. 그런데 정작 신라의 후손이라고 자부하는 한반도에는 신라문서라고 할 만한 것이 거의 남아 있지 않다. 그에 비해 고대일본황실의 보물창고의 구실을 했던 東大寺의 正倉院에는 신라시대의 문서가 몇 종류 남아 있다. 이런 이유로 신라문서에 대한 기초적인 연구에서부터 전문적인 연구까지 최근까지도 일본학계의 연구 성과에 힘입은 바가 컸던 대표적인 분야가 바로 신라문서 연구이다.

정창원의 신라문서에는 '촌락문서' 외에 '佐波理加盤付屬文書'[10, 11]와 '正倉院寶物貼布記'[12, 13]와 '買新羅物解'[14, 15, 16, 17, 18] 등이 있는데, 이 중 가장 유명한 것이 바로 '촌락문서' 이다. 그 이유는 고대에 있어서의 신라의 국가지배구조를 엿볼 수 있는 유일하게 정리된 行政文書이기 때문이다.

문서의 내용은 행정문서임이 분명하다 해도, 각 연구자들에 의해 부르는 문서의 호칭은 다양하다. 즉, ①민정문서, ②촌락문서, ③신라국관문서, ④녹읍지급장, ⑤균전성책, ⑥촌락장적[1, 2] 등[10]의 명칭이 붙여졌다. 이 중 가장 일반적으로 많이 알려진 것이 ②와 ⑥이다. 전자는 가치중립적인 점에서는 일리가 있지만, 너무 애매하다는 점에 비판도 있다[1, 2]. 그에 비해 후자는 너무 문서의 성격을 확정해 버리는 점에 있어서의 비판[5]도 있지만, 많은 이들의 지지를 받고 있다.[1, 2, 24, 25, 26] 그 외 '화엄경론질' 의 내부에 부착된 現狀을 존중하여 '화엄경론질내첩문서' 라고 부르기도 한다.[6]

이렇게 문서의 명칭에서조차 의견이 여러 갈래로 갈린다고 하는 점에서 문서의 기초를 다지는 작업은 아직도 현재진행중이라고 말할 수 있다.

한편 문서의 판독에 있어서는 10인 10색의 현상[1, 2]이기에 여기서는 구체적으로 다루는 것을 피하고 싶다. 다만, 한 때 문서의 적극적인 해석에 힘썼던 설[23]에 대한 비판이 있는 것처럼, 이제부터는 선명한 사진의 확보 그리고 사진의 정밀한 분석을 복수의 연구자들이 담당하는 방법의 전환이 필요한 시점이 되었다.

3. 문서의 作成年代

본문서의 성립시기에 관해서는 755년부터 876년까지의 어느 시기에 만들어진 것이라는 애매모호한 설명이 있는 것처럼 아직 정설은 확립되어 있지 않다고 할 수 있다.[9] 실제로 본문서의 작성 시기에 대해서는 이하와 같은 설들이 있다.[6]

① 755년 : 旗田巍 최길성 兼若逸之 이기백 강진철 김수태
② 756년 : 川副武胤
③ 757년 : 野村忠夫
④ 758년 : 明石一紀 남풍현
⑤ 815년 : 이홍직 최남선 전봉덕 武田幸男 木村誠 濱田耕作 김기흥 이인철 이희관
⑥ 816년 : 김철준 박시형
⑦ 875년 : 이홍직 최남선 김종준
⑧ 876년 : 김철준 박시형

본문서의 작성연대의 핵심은 문서 중에 보이는 '乙未年烟見賜'의 을미년을 어디로 보는 가에 달렸다. 이 기사를 보는 한 을미년에 烟의 조사가 행해졌다는 것으로 보아 문서의 연대를 추정하는 데는 더할 나위 없이 좋은 소재인 것이다. 문서 중에 을미년은 세 군데 등장한다.[27] 통일신라시대에 을미년은 695, 755, 815, 875, 935년의 다섯 번 존재한다. 이 중 935년은 신라멸망의 해에 해당하기 때문에 제외하기로 하면 모두 네 번의 가능성이 존재하는 것이 된다. 종래의 연구사에서는 755년설[20]과 815년설[22]이 유력하였다. 전자의 근거는, 문서의 '烟受有田畓'을 『삼국사기』의 '始給百姓丁田'[28]의 丁田이라고 이해하는 것에 있고, 이에 비해 후자의 근거는, 본문서의 성격을 '祿邑'과 관계한

다고 하고 『삼국사기』의 '除內外群官月俸, 復賜祿邑'[29]에 주목한다.

그런데 1990년대 중반기에 들어서면 윤선태씨는 참신한 연구방법을 도입하여 695년설을 주장한다.[4, 5] 윤씨는 두 개의 관점으로부터 본문서의 작성연대를 추정하고 있는데, 우선 전자는 문서의 '年'과 '壹月'에 주목하는 것이고, 후자는 '화엄경론'이 신라에서 일본에 가져와지는 과정에 주목하는 방법을 취하였다. 이러한 방법론에 대해서는 한국과 일본학계의 양쪽에서 비판이 이어졌다. 먼저 한국학계에서는 이인철,[25] 이희관씨[26]와 김수태씨[1, 2]에 의한 비판이 있고, 이를 종합하여 최근에 일본으로부터 기무라 마코토(木村誠)씨에 의한 비판이 있었다.[7] 기무라씨에 의한 비판을 통해 윤씨설과 이에 대한 비판의 논점을 종합해 보기로 한다. 기무라씨는 위의 윤설의 논점을 '年月表記論'과 '入庫過程論'이라 정리하고, 후자의 '入庫過程論'은 아직 상황론에 지나지 않는다고 지적하고 있다. 그리고 전자의 '年月表記論'에 대해서는 작성년을 둘러싼 정체된 논의에 새로운 국면을 개척했다고 평가하면서도 695년 을미년에 周의 월력을 도입했다고 하는 삼국사기의 기사를 부정하지 않는 한 문서의 갑오년을 694년이라고 할 수 없다고 하면서 이전대로 815년설이 유효하다는 논리를 祥瑞記事에 주목하여 피력하고 있다.[7]

요컨대 이상의 문서작성의 연대를 둘러싼 논의는 아직도 정설을 보지 못한 감이 많다고 밖에 하지 않을 수 없으며 나아가서 이러한 혼란은 문서의 연구가 가장 기초적인 부분에 있어서 마저 남겨진 과제가 적지 않다는 것을 역설적으로 웅변해주고 있다.

4. 연구의 展望

지금까지 주목받지 않았던 두 가지 관점에서 본문서 연구의 미래의 연구전망에 대해 살펴보자. 최근 도미야마(富山)대학의 宮崎健司씨에 의하면 大谷대학·소장의 『判比量論』은 그 서풍이니 서체 그리고 종이의 질 등의 검토로부터 8세기 전반의 서사와 관련하는 신라에서 수입된 것으로 생각되어진다고 한다. 이 책 자체의 희소성으로 보아 정창원문서에 보이는 審祥의 寫經 그 자체가 아닌가 여겨진다.[34] 또 히로시마(廣島)대학의 小林芳規씨는 『判比量論』에 보이는 신라의 문자와 기호에 의한 '角筆'에 주목하고, 이 서적이 신라에서 온 것임을 명확히 했다.[35] 그런데 『判比量論』은 신라의 저명한 화엄승려인 원효(617~686년)가 671년에 찬술한 것이다. 또 심상은 736년에 양변의 요청에 의해 화엄경을 강설하고 있기 때문에 심상사경의 일본 전래는 늦어도 736년 이전이 된다.[36] 8세기 전반에 신라에서 서사된 경전이 736년이라고 하는 빠른 단계에 일본에 전래되었다고 하는 것은 본문서가 내포되어 있는 화엄경론의 전래과정과 관련지어 살펴볼 때 그 개연성을 높이는 것이고 '화엄경론 질내첩문서'의 작성연대를 재검토하는 기준이 될 수 있는 것은 아닐까.

다음으로 지금까지 별로 주목을 받지 못했던 書風의 문제에 눈을 돌리면, 본문서의 서풍과 대보2년〔702〕의 호적의 서풍은 일맥상통하는 부분이 있다고 한다.[44] 나아가 본문서의 서풍은 '6조풍'의 영향일 것이라 하고 대보2년의 성덕태자의 『법화의소』에 보이는 서풍과 유사하다.[45] 그 외에 히가시노(東野治之)씨는 본문서의 서풍과 후지와라(藤原)경 출토의 목간과의 서풍의 유사성에 주목하고 서풍으로부터 보는 한 문서의 제작연대는 8세기 이후로는 될 수 없다고 한다.[46] 그리고 옛 6조풍의 서풍은 등원경 목간에서 볼 수 있는데 이 서풍의 유래는 이 시대의 국제교류는 당과의 직접교류는 거의 없고 선진적인 문물의 수입은 신라에서 수용되었다는 사실과도 관계하는 것이라 한다.[47, 48]

이러한 여러 의문과 추측을 좀 더 확실한 사실로 만들기 위해서는 '관문서 불하 시스템'의 분석과 '사경 시스템'[37]의 해명 등의 구조적인 분석을 포함하여 고문서와 다른 동시대 자료인 금석문사료와의 비교 검토 등 남겨진 과제는 적지 않다. 이를 해명하기 위해서는 일본학계의 정창원문서 연구[8, 38, 39, 40, 41, 42, 43]가 여러 면에서 참조되어진다고 생각한다. 이를 통해 지금까지의 한국학계가 연구해왔던 연구방법을 확장시킬 수가 있고 또 심화시켜나갈 수 있을 것이다.

이상으로, '촌락문서'에 대해 몇 가지 점에서 살펴보았지만 아직도 해결해야 할 점은 많다. 우선, 문서의 판독이나 작성 시기 등의 기초적 문제부터 문

서의 성격에 이르기까지 지금까지와 같은 연구자 각자에 의한 개별적 약진만
으로는 어느 정도 한계에 다다른 것은 아닐까하고 생각한다. 이제부터라도
문서의 판독 단계에서부터 복수의 연구자가 공동으로 참여하여 새롭게 문자
를 해석하고, 그 작업 위에서 남겨진 문제를 하나하나 분석해 나가는 방법이
필요할지 모른다. 이렇게 하는 것에 의해 드디어 문서의 보다 온당한 이해가
얻어질 수 있는 것은 아닐까.

참고문헌

1. 김수태, 2001, 「신라 村落帳籍 연구의 쟁점」『한국고대사연구』21, 한국고대사학회.

2. _____, 2000, 「신라의 촌락장적」, 제2회 한국고대사 하계세미나 발표문.

3. 이문기, 2002, 「最近の韓國學界における韓國古代史研究の動向 -新羅史關係資料問題を中心に-」『東洋文化研究』4, 學習院大學東洋文化研究所.

4. 윤선태, 2003, 「新羅村落文書研究の現狀」『美濃國戶籍の總合的研究』, 新川登龜男 早川万年 編, 東京堂出版.

5. _____, 2000, 「신라 통일기 왕실의 촌락지배」, 서울대학교 박사학위논문.

6. 송완범, 2003, 「正倉院所藏「華嚴経論帙內貼文書」(いわゆる新羅村落文書)について」『東京大學日本史學研究室紀要』7.

7. 木村誠, 2004, 「新羅村落文書の作成年代について」『古代朝鮮の國家と社會』, 吉川弘文館.

8. 石上英一, 1999, 「正倉院文書目錄編纂の成果と古代文書論再檢討の視覺」『古代文書論 - 正倉院文書と木簡・漆紙文書』, 石上英一・加藤友康・山口英男 編, 東京大學出版會.

9. 奈良國立博物館, 2002, 『第五十四回　正倉院展』.

10. 鈴木靖民, 1985, 「正倉院佐波理加盤付屬文書の基礎的研究」「正倉院佐波理加盤付屬文書の解讀」『古代對外關係史の研究』, 吉川弘文館(초출은 1977・1978).

11. 윤선태, 1997, 「정창원소장 좌파리가반 부속문서의 신고찰」『국사관논총』74.

12. 東野治之, 1977, 「正倉院氈の墨書と新羅の對外交易」『正倉院文書と木簡の研究』, 塙書房.

13. 李成市, 1982, 「正倉院寶物氈貼布記を通して見た八世紀の日羅關係」『朝鮮史研究會會報』67.

14. 윤선태, 1997, 「752년 신라교역과 '매신라물해' -정창원소장 첩포기의 해석을 중심으로-」『역사와 현실』24.

15. 東野治之, 1977, 「鳥毛立女屛風下貼文書の研究 - 買新羅物解の基礎的考察」『正倉院文書と木簡の研究』(초출은 1974).

16. 杉本一樹, 2001, 「鳥毛立女屛風に用いられた文書故紙について - 屛風裏面および下貼文書の

　　　調査-」『日本古代文書の研究』, 吉川弘文館(초출은 1990).

17. 皆川完一, 1994,「買新羅物解拾遺」『正倉院文書研究』2.

18. 李成市, 1997,『東アジアの王權と交易 -正倉院の宝物が來たもう一つの道-』, 靑木書店.

19. 野村忠夫, 1953,「正倉院より發見された新羅の民政文書について」『史學雜誌』.

20. 旗田巍, 1972,「新羅の村落 -新羅にある新羅村落文書の研究-」『朝鮮中世社會史の研究』(초출은 1958, 9).

21. 川副武胤, 1980,「新羅國官文書の作成年次について」『日本古代王朝の思想と文化』, 吉川弘文館(초출은 1965).

22. 武田幸男, 1976,「新羅の村落支配 -正倉院所藏文書の追記をめぐって-」『朝鮮學報』81.

23. 兼若逸之, 1984,「新羅均田成册의 분석을 통해서 본 촌락지배의 실태」, 연세대학교 대학원박사학위논문.

24. 최남선, 1954,「新羅帳籍零簡」『삼국유사』, 민중서관.

25. 이인철, 1996,『신라촌락사회사연구』, 일지사.

26. 이희관, 1999,『통일신라토지제도연구』, 일조각.

27. a단간의 13행과 32행, 그리고 b단간의 27행의 세 군데에 존재한다.

28 『삼국사기』 성덕왕2년(722)8월조.

29. 『삼국사기』 경덕왕16년(757)3월조.

30. 이기백 편, 1993,『한국상대고문서자료집성』수정증보판, 일지사.

31. 正倉院事務所編, 1964,『正倉院の書跡』, 日本経濟新聞社.

32. ＿＿＿＿＿＿, 1995,『正倉院宝物 5 中倉Ⅱ』, 每日新聞社.

33. 노명호 외, 2000,『한국고대중세고문서연구(상, 하)』, 서울대학교출판부.

34. 宮崎健司, 1997,「大谷大學圖書館藏『判比量論』と大安寺審祥」,『奈良平安時代史の諸相』, 史聚會編, 高科書店.

35. 小林芳規, 2002,「大谷大學藏新出角筆文獻について」『書香』19, 大谷大學圖書館報.

36. 堀池春峰, 1980,「華嚴経講說よりみた良弁と審祥」『南都仏敎史の研究(上) 東大寺編』, 法藏館(초출은 1970).

37. 井上薫, 1966,『奈良朝仏敎史の研究』, 吉川弘文館.

38. 石上英一, 1997,『日本古代史料學』, 東京大學出版會.

39. 皆川完一編, 1998,『古代中世史料學研究』上・下, 吉川弘文館.

40. 山下有美, 1999, 『正倉院文書と寫経所の研究』, 吉川弘文館.

41. 榮原永遠男, 2000, 『奈良時代の寫経と內裏』, 塙書房.

42. 山本幸男, 2002, 『寫経所文書の基礎的研究』, 吉川弘文館.

43. 西洋子, 2002, 『正倉院文書整理過程の研究』, 吉川弘文館.

44. 神田喜一郎, 1964, 「正倉院の書跡の槪觀」, 正倉院事務所編 『正倉院の書跡』.

45. 川副武胤, 1980, 「新羅國官文書の作成年次について」 『日本古代王朝の思想と文化』, 吉川弘文館 (초출은 1965).

46. 東野治之, 1983, 「藤原京木簡の書風について」 『日本古代木簡の研究』, 塙書房 (초출은 1977).

47. 鬼頭淸明, 1993, 「木簡の書風」 『古代木簡の基礎的研究』 (초출은 1978).

48. ______, 1984, 「各地の木簡から」 『木簡の社會史 -天平人の日常生活-』, 河出書房新社.

신라 중대의 전제왕권론과 지배체제

김영하 _ 성균관대학교 사학과

1. 전제왕권론의 전개

신라사에 대한 전통적 시기구분은 『三國史記』가 구분한 상대, 중대, 하대의 三代論과 『三國遺事』가 구분한 상고, 중고, 하고의 三古論을 들 수 있다. 중대 는 하고와 같이 무열왕대(654~660)를 상한으로 설정했지만, 혜공왕대 (765~779)가 하한인 점에서 차이가 있었다. 중대는 金春秋가 진골 출신으로 처음 무열왕에 즉위한 뒤, 그의 후손들로 왕위가 계승되어 혜공왕에 이르는 8 왕대의 125년간을 가리킨다.

신문왕대에 이르러 확립된 중대 왕권은 성덕왕대에 전성기를 맞았다. 그 성 격에 관해서는 일반적으로 專制主義 혹은 專制王權으로 이해해왔다. 이러한 견해는 혜공왕대에 일어난 일련의 사건을 중대 전제주의에서 하대 貴族聯立 으로의 전환과정에서 파생된 것으로 파악하였다. 이로써 중고의 貴族聯合과 더불어 신라사의 정치적 발전을 단계화할 수 있었던 것이다.[12] 이후 전제왕권 론은 上大等 및 執事部 中侍에 관한 실증적 연구와 華嚴思想 및 儒敎와 같은 사상사의 검토를 통해 심화되었다. 중대의 정치와 전제왕권에 관한 다양한 견해들에 대해서는 이미 정리된 바 있으므로,[8, 31, 32] 여기서는 쟁점을 중심으 로 검토하고자 한다.

법흥왕대에 최고 관직으로 설치된 상대등은 중대에도 여전히 귀족회의의 주재자였다. 그러나 귀족회의가 영향력을 상실함에 따라 전제왕권 하의 상대 등도 정치적 실권을 집사부 중시에게 넘기지 않을 수 없었다.[13] 진덕왕대에 김춘추와 金庾信 일파의 정치적 이해관계가 반영된 집사부는 왕정의 기밀사무를 관장하는 최고의 행정관부였다. 중시는 귀족세력의 대표가 아니라 왕의 행정적 대변자인 수상으로서, 전제왕권의 방파제 내지 안전판의 역할을 담당하였던 것이다.[14]

중대의 전제왕권은 지배이념으로서 화엄종의 統和思想을 이용하는[16] 한편, 6두품 출신의 관료층은 유학을 매개로 전제왕권과 결탁한 것으로 보았다.[15] 물론 화엄사상의 본질로서 초역사적인 보편성과 비세속적인 평등사상에 근거한 비판도 있었지만,[1] 정치와 사상의 통일적 파악을 통해 논리적 정합성을 갖출 수가 있었다. 이러한 전제왕권론은 식민사학의 극복 논리로서 內在的 發展論이 한국사의 해석에 크게 영향을 미치는 상황에서 통설적 견해로 받아들여졌다. 나말에 私兵을 기반으로[11] 대두한 地方豪族과 禪宗이 전제왕권과 교종의 대안세력으로 주목을 받았기 때문이다.

이후 전제왕권론에 입각한 연구에서는 두 경향이 나타났다. 그 하나는 전제왕권의 개념을 수용하여 구체적 실증으로 보완한 경우이다. 무열왕과 문무왕은 율령의 改修를 통해 관료체제를 정비함으로써 신문왕대에 전제왕권체제를 수립하였다. 골품제가 엄존하는 조건 속에서도, 追封大王制 및 太子册立制와 함께 신문왕대부터 실시된 五廟制는 그런 결과였던 셈이다.[19] 한편 한 사람의 왕에게 권력이 집중되는 형태로서 중대의 전제왕권은 실제로 전제화를 반대한 진골 귀족과의 대립 및 갈등이라는 일정한 제약 아래에서 성장하였다.[2] 성덕왕이 진골 귀족의 추대를 받아 즉위한 사실을 밝힘으로써, 신문왕대 이후 전제왕권이 지속된 것으로 보았던 견해의 수정을 유도하였다.[18] 다만 추대의 주체를 성덕왕비 嚴貞王后의 아비 金元泰로 보는 견해[2]와 효소왕 말년의 상대등 愷元公으로 보는 견해의 차이가 있을 뿐이었다.[3] 이러한 전제왕권의 무력적 기반은 진평왕대에 처음 설치된 뒤, 여러 차례의 개편을 거쳐 신문왕대에 6인의 장군직을 6두품에게도 개방한 侍衛府였다.[21] 다만 시위부와 함께 전제왕권의 군사적 배경으로 간주해온 9誓幢만은 그렇지 않았을 것으로 추측되었다.[21]

다른 하나는 전제왕권의 용어를 사용하더라도, 사용의 범주와 개념 규정 및 적용시기에 문제를 제기한 경우이다. 관료제와 마찬가지로 전제주의 왕권의 무분별한 사용은 오해의 소지가 있기 때문에 제한적 사용의 문제가 제기되었다.[10] 그러한 한편 전제왕권은 고도의 중앙집권화된 정치체제로서 중앙집권적 관료정치의 시행과 군주 또는 왕실의 신성화를 특징으로 꼽았다. 신라 중고에 독존적 왕족의식의 고양과 진평왕대에 內省의 설치가 중대 이전에 이미 전제왕권을 성립시킨 근거로 제시되었다.[27] 또한 중대의 전제왕권이 비록 적절한 용어는 아니더라도, 왕권의 신성화에 입각한 絶對君主制였다. 유교적 왕도정치의 구현에서 현실적 권능과 불교의 종교적 권위에서 신성성을 보장받을 수 있었다. 이러한 전제왕권은 무열왕계에 의해 신문왕대에 확립되었지만, 중고 말에 출현하여 하대까지 지속된 정치형태였다.[30] 새로운 개념 규정에 입각하여 전제왕권의 적용시기가 중고로 소급하거나, 하대로 연장하는 견해로 말미암아 전제왕권 자체가 논의되기에 이르렀던 것이다.

이와 같은 전제왕권의 개념에 관한 비판에 대해서는 반비판을 통해 본래의 관점을 다시 확인하였다. 우선 종래에 사용해온 전제주의 혹은 전제왕권이란 용어는 전제정치로 바꾸었다. 왕권의 강화는 상대적인 데 반해 왕권의 전제화는 절대적인 개념으로 규정하였다. 전제정치는 한 사람의 군주에게 권력이 집중되는 정치형태로서, 일반 군주정치와는 구별되는 데 핵심적인 특징이 있었다. 신라 중대의 경우는 역시 귀족세력에 대해 절대 우위에 있는 전제왕권의 형태로 나타났던 것으로 보았다.[17, 18]

2. 권력구조상의 논의

신라 중대에 완비된 중앙의 통치기구는 상대등 및 국정 담당의 행정관부와 내성 중심의 궁정관부로 이루어졌다. 이 가운데 행정관부에서 관부의 증설과 관부의 조직에서 舍知의 신설은 주목할 만한 현상이었다. 기존의 행정관부에 더하여 문무왕대에 右理方府 및 船府와 신문왕대에 例作府를 신설함으로써, 4部와 9府의 행정관부를 비롯한 여러 署와 典이 존재하였다. 각 행정관부에는 4두품에 해당하는 12위 大舍~13위 舍知가 임명되는 사지를 신설함으로써,

그 조직은 대체로 令 - 卿 - 大舍 - 舍知 - 史의 직제로 정비되었다.

이러한 중대의 행정관부과 전제왕권의 관계에서 권력구조의 문제가 논의되었다. 상대등에서 중시로 정치적 실권의 이동 문제가 제기된 이후, 또 다른 정치권력의 실체로서 주목된 것이 兵部令이었다. 법흥왕대에 행정관부의 장관으로서 가장 먼저 설치된 병부령은 상대등과 중시를 겸할 수 있는 실질적인 宰相이었다. 다만 병부령은 중대 초에 무열왕계의 전제왕권이 확립되는 과정에서 3인의 정원이 1인으로 고정되는 변화를 겪었다.[28]

이와 같은 이해 위에서 전제왕권을 지탱하는 지주 중의 하나인 귀족세력과의 정치적 관계를 고찰하였다. 상대등과 중시는 각각 귀족세력의 대표로서 정치적 기능을 다했을 따름이었다. 전제왕권 하에서 정치적 방관자로서의 상대등과 전제왕권의 안전판으로서 중시를 이해하는 관점에 대한 비판이었다.[29] 다른 하나는 관료제도의 완비로서 직능에 따른 행정관부의 분화는 왕에게로 권력집중을 도모하는 조치였다. 각 관부는 월권의 방지를 위해 왕과 직결됨으로써 견제와 통제를 받았다. 이러한 권력구조에서 집사부는 행정을 총괄하는 최고 관부일 수 없었다. 중시가 수상으로서 기능하지 않는 대신 실질적인 집권자는 병부령이었던 셈이다.[30] 이처럼 상대등과 중시의 권력 부침을 매개로 성립된 전제왕권론에 대한 비판은 제도상 권력의 소재 문제로 전개되었다.

첫째, 귀족회의와 상대등의 기능에 대한 검토이다. 주요 행정관부의 장관으로서 大阿湌 이상의 大等들로 구성된 群臣會議의 의장은 왕이었다. 상대등은 부의장으로서 신라사의 전기간에 걸쳐 관료들을 대표했을 뿐만 아니라, 여러 행정관부를 통솔하는 수상이었다.[24] 한편 법흥왕대에 왕권 신장의 표상으로 설치된 상대등은 친왕적 성격을 지닌 귀족회의의 의장으로서 국무를 총리하였다. 수상으로서 상대등의 기능은 상대는 물론 중대와 하대에도 변함없이 유지되었다.[22] 이와 같이 중대에도 상대등의 정치적 실권이 여전했던 것으로 파악하는 견해들은, 전제왕권론에서 수상으로 간주했던 집사부 중시의 제도적 위상에 관한 재검토를 전제하고 있었다.

둘째, 집사부와 중시의 역할에 관한 검토이다. 중시는 병부령으로 승진하기 이전 단계의 낮은 관직에 지나지 않았다.[30] 이에 집사부는 왕의 측근에서 특정 업무만을 관장했을 뿐이라는 비판이 제기되었다. 집사부는 왕의 측근기구로서 기밀사무, 왕명출납, 署經 등을 통해 실질적인 권력을 행사하고 있었다. 그러나 중대에는 중시가 재상의 반열에도 들지 못했으므로, 수석 재상으로서의 수상은 아니었다.[24, 25] 또한 집사부는 실제 비서, 총무, 외교, 정책 기획 등의 업무를 분장했을 따름이었다. 중시가 위로 왕명을 받들고 아래로 여러 행정관부를 통제하는 지위에 있지 않았다.[22] 그러나 왕의 입장에서 집사부는 역시 긴요한 관부일 수밖에 없었다. 각 행정관부가 병렬적으로 존재하는 통치구조상의 특성 때문에 업무 보좌와 조정의 필요에서 기인하는 것이었다.

셋째, 행정관부의 병렬성에 대한 이해이다. 주지하는 바와 같이 신라의 13개의 행정관부는 병렬적 관계에 있었다. 그 중에서 집사부가 나머지 행정관부를 관장한 것으로 파악함으로써 전제왕권론이 성립되었다. 그러나 집사부와 같은 部가 통제한 것은 府가 아니라, 그 부속 관서인 署에 불과하였다.[25] 신라 중대의 관제 정비에서 주목되는 현상은 당제의 영향이었다. 사지의 신설로 인한 5等官制로의 개편은 尙書 6部의 尙書 - 侍郎 - 郎中 - 員外郎 - 主事의 직제에 상응하였던 것이다.[9] 그런데도 당의 6典體制에 준하는 행정관부를 증설했을 뿐,[9] 3省 6部制와 같은 제도의 개편은 시도하지 않았다. 이에 관해서는 전제왕권의 유지와 관련하여 각 관부의 상호 견제와 균형에 주목한 견해가 있었다.[30] 다른 한편 진골 귀족세력의 온존으로 인해 당의 율령체제를 변용한 데 유의한 견해도 나왔다.[6]

이처럼 권력의 제도적 혹은 실질적 소재 중심의 비판에 따라 집사부가 최고 관부라는 기왕의 견해는 전제정치 운영의 핵심적인 정치기구로 바뀌었다. 그리고 귀족회의의 구성원인 진골 출신의 대등은 수적으로 제한된 주요 행정관부의 장관일 것이라는 견해도 수용하였다.[18] 다만 전제정치와 상대등 및 집사부의 관계에 관한 쟁점은 반비판을 통해 종래의 입장을 재확인하였다. 위상이 약화된 귀족회의 의장으로서의 상대등은 형식적인 수상에 불과했더라도, 왕을 보좌한 친왕적 존재는 아니었다. 중시는 정치의 핵심적 업무를 총괄했

으며, 집사부 중심의 관료제적 재정비는 전제정치를 강화하려는 의도로 파악하였다.[18]

3. 지배체제론적 접근

한 사람의 군주에게 권력이 집중되는 정치형태라는 전제왕권의 개념에 따르면, 전근대사회에서 통시적 현상일 수 있었다.[8] 이러한 경우에 중대의 전제왕권이 과연 역사적 개념일 수 있겠는가라는 의문이 제기된다. 이에 대해 비록 전제정치가 절대적인 개념이더라도, 역사발전의 일정한 단계에만 존재하는 역사적 개념은 아니었다. 고려의 광종이나 조선의 태종과 세조도 전제군주로 볼 수 있기 때문에 상대적인 적용의 가능성도 인정하였다.[18]

그러나 한 시대의 역사상을 표출하는 방편으로서의 개념은 절대와 상대의 문제보다 역사성의 내포 여부가 더욱 중요하다. 신라 중대라는 한정된 시간과 공간 속에서 이루어진 인간의 활동을 포착하려는 개념에는 역사적 성격을 제대로 담아내지 않으면 안 된다. 이러한 이유 때문에 중대의 정치체제는 기왕에 전개된 전제왕권 자체와 권력구조상의 논의로부터 벗어나 지배체제론적 접근이 필요하였다.

먼저 지배체제의 실제적 운영 측면이다. 전제왕권과 관련한 관료제에 대한 상반된 해석은 장관의 複數制와 兼職制에서도 나타났다. 우선 복수제는 정책의 집행면보다 결정면에서 작용하였다. 이때 장관의 기능을 행정적이기보다 정치적 차원에서 파악함으로써 진골 귀족세력의 존재에 유의하였던 셈이다.[9] 그러한 반면 주요 행정관부에서 장관의 복수제는 직무의 분화와 권력의 견제 및 분산을 통한 전제왕권의 유지 수단으로 보았다.[30] 왕과 귀족의 상호 견제와 균형의 산물인 복수의 장관에 의한 합의제가 가장 율령적인 정책 결정의 방법일 수도 있었다.[26]

그러나 고위 관직의 겸직제는 역시 복수제와 더불어 소수의 진골 귀족이 중앙의 행정관부를 독점하고 合議制로 정치를 운영한 골품체제적 징표에 다름 아니었다.[9] 그러므로 겸직제는 소수의 진골 귀족이 권력의 배타적 독점을 위해 나머지 진골 귀족의 진출을 봉쇄함으로써 골품적 지배체제를 확립하는 데 기여하였던 것이다.[20] 한편 왕실과 가깝거나 소수의 왕족 일파가 겸직을 통해 권력을 독점함으로써 왕권을 전제화하는 수단으로도 이해하였다.[30]

이와 같은 해석의 차이는 정책을 결정하는 권한의 소재 문제로 귀결되었다. 이것은 관료제에 치중한 전제정치와 골품제에 근거한 귀족정치를 구별하는 기준이었다. 이 중에서 정책 결정을 독점하는 진골 귀족세력에 상대적 비중을 두는 입장은 관료제를 제약하는 골품제의 건재에 주목하였다. 율령법전의 정비, 행정관서의 확충, 감찰업무의 강화, 비진골 유학자의 진출 등과 같은 관료제로의 傾斜가 왕권을 전제화할 수는 있었다. 그러나 중대 왕권은 끝내 관료제로의 장애물인 진골 제일주의를 타파하지 못하였다. 중대의 경덕왕이 내성 소속의 近侍機構를 세력기반으로 漢化政策을 추진하거나,[9] 하대의 흥덕왕이 상대등 忠恭과 함께 정치개혁을 통해 율령체제의 강화를 추구한 이유였다.[10]

다음으로 지배체제의 사회구성적 측면이다. 특정 사회의 역사적 성격은 상부의 권력구조와 토대인 인민의 존재형태가 상호 조응할 때 온전히 드러난다. 신라 중대의 전제왕권도 예외가 아닌데, 그렇지 못한 까닭에 논의가 권력구조의 실증 범주에서 맴돌 수밖에 없었다. 전제왕권 혹은 전제정치에서 제도적 또는 실질적 권력의 소재를 규명하는 것도 물론 중요하다. 그러나 전제주의의 개념을 규정하는 또 다른 논거인 아시아적 생산양식론의 總體的 奴隷制도 아울러 고려할 때 더욱 완결적일 수 있겠다. 전제주의는 정치적 차원에서 왕권의 전제성 여부보다 총체적 노예제에 입각한 사회구성의 측면에 역사성이 있었다.

한국사의 발전과정을 상정할 때, 전제왕권과 王民의 단계에서 중앙집권과 公民으로의 발전이 정합적인 방향이었다. 전제왕권 하의 공민이나, 중앙집권 하에 예민도 존재할 수 있다. 그러나 왕권이 전제적이라면 민은 총체적 예민으로 파악하고, 민이 개별적 공민이라면 체제는 중앙집권으로의 규정이 타당할 것이다. 이러한 관점에 입각할 때, 중고의 중앙집권국가에서 중대의 전제왕권체제로의 발전은 부정합적인 단계 설정이었다. 중앙집권의 개념은 필요조건으로서 왕권의 강화뿐만 아니라, 충분조건으로서 중앙의 지방에 대한 全一的 支配를 전제하기 때문이다.[4]

대왕으로 격상된 신라 중고의 왕은 인민을 편입시기와 거주지역에 따라 이원적으로 파악하였다. 여기에는 일반 양인과 더불어 새로 복속된 지역의 集團隷民으로서 奴人도 포함되어 있었다. 이러한 이원적 對民支配에서는 국가의 중앙집권성보다 대왕의 전제적 성격에 유의할 필요가 있다. 신라의 중고는 상고의 貴族評議體制를 이어 한국사에서 또 다른 의미의 전제왕권에 합당한 大王專制體制의 시기였던 셈이다.[5] 중고 왕권이 국가적 공공사업에 대규모로 인력을 징발하는 현실에서 이원적 편제는 점차 이완되어갔다. 중대 초에 장기간의 전쟁 동원은 민의 사회적 위상을 높임으로써 일원적 대민지배에 기초한 중앙집권체제로의 이행을 촉진하였다.

중대 왕권의 중앙집권화는 두 방향에서 추진되었다. 그 하나는 良賤制에 입각한 공민화였다. 3~1두품의 왕경인을 하향 평인화하고, 5·4두품에 해당하는 촌주층 아래의 지방민을 상향 백성화하는 조치로 법제적 양인을 확보하였다. 왕경인의 지배를 위한 기존의 部里制에 더하여 지방민의 일원적 지배를 위한 郡縣制가 비로소 실시되었다. 다른 하나는 골품귀족의 관료화였다. 왕경의 관인층은 골품제와 관위제로 규정되는 진골·6두품의 귀족관료층과 5·4두품의 실무관료층으로 재편되었다. 골품귀족은 왕권 중심의 관료체제에 편입됨으로써 관료화하지 않을 수 없었다. 각 관부의 조직에 4두품 이상이 맡는 사지의 신설은 제한된 관직과 증가한 관인의 불균형을 해소하는 의미도 있었다.[6] 이러한 중대의 中央集權的 骨品貴族官僚體制는 당으로부터 수용하여 여러 계층에게 강제한 儒家倫理의 지배적 기능에 의해 강화되었다.[7] 골품체제의 한계 내에서 이루어진 중앙집권화이지만, 한국사의 전체 맥락에서는 중요한 의미를 지니는 변화였던 것이다.

이상에서 전제왕권의 개념 문제, 전제왕권과 권력구조, 중대의 지배체제 등에 관한 논점과 쟁점을 간략히 살펴보았다. 중대의 전제왕권론은 나말의 지방호족론을 전제할 때, 그 역사적 의미가 부각되는 논리로서 내재적 발전론과 무관하지 않았다. 전제왕권론의 관점에서는 중대의 관료제적 요소를 강조하였다. 이에 대해 회의적인 입장은 하대에도 강고했던 골품체제적 요소에 주목함으로써 해석의 차이를 드러냈다. 결국 중대만이 아니라 하대의 역사에 대한 이해와도 연동되어 있었다. 중앙과의 모순관계를 설정함에 있어서 지방의 호족 이외에 농민의 동향에도 유의할 경우, 중대의 정치체제는 달리 규정될 소지를 내포하고 있었던 셈이다.

이처럼 중대를 이해하는 시각은 신라사 자체와 한국사 전체의 관점에 따라 달라질 수 있었다. 더구나 중대의 지배체제가 동아시아 세계의 국제전이라는 격동을 거치면서 확립되었기 때문에 동아시아적 시각도 필요하다. 기실 당에서 계수한 율령과 아시아적 생산양식론의 총체적 노예제에 입각한 古代專制國家와 그 해체에 따른 지방호족의 등장은 일본고대사를 이해하는 주요 논리의 하나였다. 이를 통해 일본의 역사가 세계사적 발전단계에 따라 계기적으로 이행한 사실을 강조하였다. 이른바 내재적 발전론은 그에 준하여 한국사를 해석하는 논리에 다름 아니었던 것이다.

이와 같은 유럽 중심의 역사인식이 세계사적 보편성을 담보할 수 없고, 실제로 전근대사회에서 가능하지도 않았다는 사실들이 확인되기에 이르렀다. 다만 동아시아 세계에서 개별 국가들이 역사적으로 경험한 특수성과 보편성에 대한 논의는 지역공동체의 형성 전망과 관련하여 여전히 유효하다. 신라사에서 중대의 성립을 한국사에서 시대구분적 의미를 지니는 시기로 파악하면서도, 일본고대사와는 내용과 성격을 달리하는 중앙집권체제로 파악하는 소이가 여기에 있다.

참고문헌

1. 金相鉉, 1984,「新羅 中代 專制王權과 華嚴宗」『東方學志』44.

2. 金壽泰, 1996,『新羅中代政治史研究』, 一潮閣.

3. 金英美, 1988「聖德王代 專制王權에 대한 一考察」『梨大史苑』22·23.

4. 金瑛河, 1999,「新羅의 百濟統合戰爭과 體制變化」『韓國古代史研究』16 ; 2007,『新羅中代社會研究』, 一志社.

5. 김영하, 2000,「韓國 古代國家의 政治體制發展論」『韓國古代史研究』17.

6. ______, 2004,「新羅 中代王權의 기반과 지향」『韓國史學報』16 ; 2007,『新羅中代社會研究』, 一志社.

7. 金瑛河, 2005,「新羅 中代의 儒學受容과 支配倫理」『韓國古代史研究』40 ; 2007,『新羅中代社會研究』, 一志社.

8. 배종도, 1995,「전제왕권과 진골귀족」『한국역사입문』2, 풀빛.

9. 李基東, 1980,「新羅 中代의 官僚制와 骨品制」『震檀學報』50 ; 1984,『新羅骨品制社會와 花郎徒』, 一潮閣.

10. ______, 1991,「新羅 興德王代의 政治와 社會」『國史館論叢』21 ; 1997,『新羅社會史研究』, 一潮閣.

11. 李基白, 1957,「新羅 私兵考」『歷史學報』9 ; 1974,『新羅政治社會史研究』, 一潮閣.

12. ______, 1958,「新羅 惠恭王代의 政治的 變革」『社會科學』2 ; 1974,『新羅政治社會史研究』, 一潮閣.

13. ______, 1962,「上大等考」『歷史學報』19 ; 1974,『新羅政治社會史研究』, 一潮閣.

14. ______, 1964,「新羅 執事部의 成立」『震檀學報』25·26·27 ; 1974,『新羅政治社會史研究』, 一潮閣.

15. ______, 1970,「新羅統一期 및 高麗 初期의 儒敎的 政治理念」『大東文化研究』6·7 ; 1986,『新羅思想史研究』, 一潮閣.

16. ____, 1986,「新羅時代의 佛敎와 國家」『歷史學報』111 ; 1986,『新羅思想史研究』, 一潮閣.

17. ____, 1993,「新羅 專制政治의 成立」『韓國史 轉換期의 문제들』; 1996,『韓國古代政治 社會 史研究』, 一潮閣.

18. ____, 1993,「統一新羅時代의 專制政治」『韓國史上의 政治形態』; 1996,『韓國古代政治 社 會史研究』, 一潮閣.

19. 李明植, 1989,「新羅 中代 王權의 專制化過程」『大丘史學』38 ; 1992,『新羅政治史研究』, 螢雪 出版社.

20. 李文基, 1984,「新羅時代의 兼職制」『大丘史學』26.

21. ____, 1986,「新羅 侍衛府의 成立과 性格」『歷史敎育論集』9 ; 1997,『新羅兵制史研究』, 一 潮閣.

22. 李泳鎬, 1995,「新羅 中代의 政治와 權力構造」, 慶北大 博士學位論文.

23. 李仁哲, 1989,「新羅 骨品制社會의 兵制」『韓國學報』54 ; 1993,『新羅政治制度史研究』, 一志社.

24. ____, 1991,「新羅의 群臣會議와 宰相制度」『韓國學報』65 ; 1993,『新羅政治制度史研究』, 一志社.

25. ____, 1991,「新羅의 中央行政官府」『韓國獨立運動史의 認識』; 1993,『新羅政治制度史研 究』, 一志社.

26. ____, 1993,「新羅 律令官制의 運營」; 1993,『新羅政治制度史研究』, 一志社.

27. 李晶淑, 1986,「新羅 眞平王代의 政治的 性格」『韓國史研究』52.

28. 申瀅植, 1974,「新羅兵部令考」『歷史學報』61 ; 1984,『韓國古代史의 新研究』, 一潮閣.

29. ____, 1990,「新羅 中代 專制王權의 展開過程」『汕耘史學』4 ; 1990,『統一新羅史研究』, 三 知院.

30. ____, 1990,「新羅 中代 專制王權의 特質」『國史館論叢』20 ; 1990,『統一新羅史研究』, 三知院.

31. 정운용, 2006,「신라 중대의 정치」『한국고대사입문』3, 신서원.

32. 하일식, 1996「신라 정치체제의 운영원리」『역사와 현실』20 ; 2006,『신라 집권 관료제 연구』, 혜안.

가야 정치체에 대한 연맹론과 국가론

백승충 _ 부산대학교 역사교육과

1. 가야사 연구 동향

현재 가야사 연구는 가야사 체계화의 일환으로 정치구조와 정치발전단계 등에 관심을 갖고 활발한 논의가 이루어지고 있다.[38, 48, 63] 이러한 논의가 활성화된다는 것 자체는 90년대 이후 다수의 전문 연구서가 출간되는 등 이제 가야사도 통사로 꾸려질 정도로 얼개가 짜졌음을 의미한다.[30, 33~35, 49, 53, 56, 57, 68, 71~73]

가야사 연구가 본격화된 것은 1970~80년대이다. 그 계기는 무엇보다도 『일본서기』에 대한 비판적 검토와 수용 그리고 고고 유적의 발굴 등을 통해 새로운 자료가 추가되었기 때문이다. 종래의 가야사 연구가 신라의 '주변국(= 소국)' 아니면 '임나일본부' 의 관점에서 극히 부수적 · 피상적 · 제한적으로 행해졌다고 한다면,[8, 10, 11, 13~16, 18] 이 시기는 '임나일본부론' 에 대한 본격적인 비판과 함께 가야를 중심에 둔 가야사의 재구성에 초점이 맞추어졌다고 할 수 있다. 90년대 이후에는 여기서 한발 더 나아가 각국사 · 분야사로 세분화되었고, 가야 정치체의 성격 및 한국고대사 속의 가야의 위상 등 보다 큰 틀에 관심을 가지기 시작했다.

가야 정치체의 성격과 관련하여, 종래의 '부족국가론' 혹은 '성읍국가론(= 읍락국가론)' 에서는 고대국가 이전의 '연맹' 단계로 규정하였다. 그러나 90년대를 전후하여 문헌 자료에 대한 재해석이 이루어지고, 양동리고분군 · 대성동고분군 · 복천동고분군 · 지산동고분군 · 옥전고분군 · 말산리고분군 등 가야의 주요 고분군이 잇달아 발굴되면서 이에 대한 재검토도 불가피해졌다. 즉 가야에는 다수의 지역정치체가 병존하면서 높은 수준의 정치와 문화를 향유하였음이 밝혀졌는데,[38, 61, 66, 70, 76, 80] 특히 그동안 김해 가락국에 가려 크게 주목받지 못했던 고령 가라국의 발전 양상이 구체적으로 밝혀졌다.[25, 28, 48, 71, 78]

  '전기론' 과 '전사론' 의 논란이 있기는 하지만,[46] 가야 제국 가운데 삼한 때는 가락국, 삼국 때는 가라국이 각각 정치·문화적 중심국이었고, 가야 최대의 정치체는 후기를 대표하는 가라국임이 분명해졌다. 따라서 가야 정치체의 성격을 논할 때 그 중심에는 가라국을 놓을 수밖에 없는데, 근래 가야의 지역적 성격과 함께 가라국에 보이는 일부 고대국가의 요소를 주목하기 시작했다. 이에 종래 도식화되었던 '가야 = 단일연맹' 의 틀을 비판하고 그 대안으로 제기한 것이 '지역연맹론' 과 '고대국가론' 이다.

2. 연맹론과 고대국가론

1) 단일연맹론

  단일연맹론은 일종의 '대연맹론' 인데, 그 시원은 변한 → 가야로의 계승의식, 삼한 각각의 총왕 의식, 『삼국유사』「가락국기」와 '오가야조' 의 맹주 의식 등을 주목한 조선후기부터이다. 즉 삼한 각각은 총왕이 존재했는데, 변진(= 가야)의 경우 가락국이 '6가야' 의 맹주국이고 그 지배자인 수로왕이 맹주(= 총왕)라고 하였다.[1, 2] 이후 1900년대 전반 '부족국가연맹론'[6]을 바탕으로 하여 단일연맹론의 전형인 '6가야부족연맹설' 이 본격적으로 제기되었는데,[7, 12, 19] 60년대까지 거의 변함없이 정설로 자리 잡았다. '6가야부족연맹설' 에서는 가야 정치체를 가락국과 가라국이 주도한 '상·하 연맹' 혹은 '변한·가라부족연맹' 으로 규정하면서, 중앙집권적 귀족국가로 까지는 발전하지 못했다고 하였다.[7, 9, 11, 13, 14]

  70년대 들어 새로운 용어를 구사하는 등 단일연맹론에 약간의 변화가 보이기 시작한다. 이것은 후진적인 '부족연맹국가론' 대신 고대국가의 성격에 비중을 둔 '성채국가(= 성읍국가, 도시국가)론' 과 '읍락국가론' 등이 제기된 것과 무관하지 않다.[18, 20] 즉 4세기를 기준으로 가야를 크게 '조기·만기연맹' 혹은 '변한·가야연맹'으로 구분하였고, 고분 자료를 참고하여 5세기 이후 가라국이 주도한 만기연맹(혹은 가야연맹)을 주목하였던 것이다. 그러나 내용적으로는 거의 바뀌지 않았는데, 여전히 가야는 영역국가(통일국가)로 발전하지 못하고 '6가야 연맹왕국'에 머문 것으로 보았다.[20~24]

80년대 후반 이후 현재까지의 단일연맹론은 고고 자료 등을 적극 활용하여 실증적 기반을 보다 확고히 한 시기이다. '전·후기 가야연맹론'이 대표적인데, 종래의 정형화된 틀인 '6가야연맹'을 대신하여 '구야국'과 '가라국'을 맹주로 한 10여 국으로 구성된 단일연맹을 상정하였다. 즉 전기가야연맹(3~4세기)은 목곽묘 성립에서 시작되고, 후기가야연맹(5세기 후반~6세기 중반)은 석곽묘 성립 이후로 간주하였는데, 가야연맹은 중앙집권국가로까지는 발전하지 못하고 '(2차)군장사회'에 머문 것으로 보았다.[27, 34, 51, 60] 한편 토기양식과 그 분포를 기준으로 단일연맹론을 설명하기도 하는데, 5세기 후반 고령·김해·함안 '소지역권(= 소연맹권)'으로 나누어져 있었던 가야는 6세기 들어 가라국을 중심으로 결속된다고 하였다.[31, 37, 74] 최근에는 단일연맹체의 성립을 전제로 한 위에 여러 '지역세력권'을 상정하여 맹주국과의 일정한 관계가 있었던 것으로 보기도 하였다.[67]

2) 지역연맹론

지역연맹론은 1990년대 중반 단일연맹론의 대안으로 제기된 것이다. 단일연맹론의 '대연맹'에 대응하여 '지역연맹' 혹은 '소연맹'을 상정하였는데, 가야에서는 통일된 정치·문화체가 존재하지 않는다는 기본 전제에서 출발하고 있다. 즉 '연맹'의 속성은 인정하면서도 '가야'라는 지역에 여러 권역별로 발달한 정치·문화상의 국지적·분기적 특성을 주목한 것인데, 가락국·가라국·안라국 등 3~4개의 다수 정치체의 주도 아래 지역별로 독자적인 연맹 즉 '지역연맹체'를 이루고 있었던 것으로 보았다.[32, 38, 82, 87]

고대국가론자 가운데도 묘제, 토기, 순장의 차별성을 들어 그 전 단계에 여러 '지역연맹체'를 상정하기도 하였다.[45, 71] '지역연맹'의 적용 시기라든지 성격 등에 대해서는 논자마다 차이가 있는데, 그러나 가야는 각 권역별로 이질성이 뚜렷하여 결국 하나의 통일된 정치·문화체로 볼 수 없다는 점은 공통적으로 지적하고 있다.

한편 형식적으로는 지역연맹론과 비슷하지만, 접근 방법이라든지 성격 규정은 전혀 달리하는 '제국(연합)론' 이 있다. 주로 일인학자들의 견해인데, 가야를 '가라제국' 혹은 '임나제국' 등으로 지칭하면서[3~5] '임나일본부' 를 근간으로 '타율적 연합' 관계에 있었던 것으로 보았다.[10] 이러한 시각은 '임나일본부론' 의 유재와 함께 현재까지도 이어지고 있는데, 다만 일부 연구자는 '연맹' 용어를 사용하고 있다. 즉 가라국과 안라국은 '합의체' 조직이 존재하는 등 연맹 형성의 조건을 갖추었고,[17, 52] 가라국을 중심으로 하여 (대)왕이 지배하는 '대가야연맹' 이 형성된 것으로 보았다.[28]

3) 고대국가론

고대국가론은 단일연맹론에 대한 비판이 일면서 '지역연맹론' 과 함께 그 대안으로 제기된 것이다. 대체로 바로 앞 단계에 '지역연맹' 을 설정하고 있는 것이 특징인데, 그러나 복수의 '지역연맹체' 가운데 적어도 가라국만은 고대국가(= 영역국가)로 발전했던 것으로 보았다.

고고학에서는 주로 '영역국가' 혹은 '초기국가' 로 규정하고 있다. 즉 5세기 후반 이후 가라국 고유의 제 문화(고분, 토기 등)와 위신재가 차별성을 가지면서 주변 제 지역으로 확산되는 현상을 정치세력간의 지배종속관계와 정신세계의 공유를 함의하는 등 정치권역의 확대로 적극적으로 해석하였다.[39, 45, 47, 50, 71, 79]

문헌에서는 부체제·지역국가·대가야 등으로 규정하고 있다. '부체제론' 은 가라국에도 '부체제' 가 성립된 것으로 보면서 지역연맹과 중앙집권국가 단계 사이에 설정하고, 대외교섭권의 단일화·제한기회의·군사조직·지배조직·신분제도 등이 확립된 것으로 보았다.[42] '지역국가론' 은 적어도 가라국·안라국에는 왕의 존재, 지방제도, 전략적 요충지의 확보, 한정된 지역의 고수 등의 고대국가의 특징이 보인다고 하였다.[69, 73] '대가야론' 은 '6가야' 를 각각 '지역연맹' 으로 간주하고, 이 가운데 가라국은 '대가야' 라는 고대국가로 발전했다고 하였다.[54, 65, 78]

가야 정치체의 성격과 관련해서는 지금까지 살펴본 단일연맹론, 지역연맹론, 고대국가론 이외에도 여러 다른 시각이 제시된 바 있다. 즉 5세기 이후 등장한 가야는 '도시국가' 로서 대외전쟁 등 군사문제가 전혀 보이지 않기 때문에 연맹으로까지 나아가지 않았던 것으로 간주한다든지,[26] 연맹론이든 고대국가론이든 먼저 가야제국 각각의 발전과정을 규명한 뒤에 가야 전체상을 재구성해야 한다는 견해도 있었다.[41] 한편 북한학계에서는 가야를 삼국과 함께 봉건국가의 하나로 간주하면서도, 정치체의 성격은 종래의 '6가야' 개념에 입각하여 '6가야 연합체' 로 보았다.[29, 36]

3. 근거 자료와 문제점

연맹론이든 고대국가론이든 가야 정치체의 성격을 논할 때 가장 큰 특징은 대개 사회발전단계와 정치운영원리를 구분하고 있지 않으며, 연맹 혹은 영역국가의 개념이 분명하게 드러나지 않는다는 점이다. 이것은 고대국가의 발전단계에 대한 해석과 무관하지 않은데, 이들 개념에 대한 기준이라든지 용어규정이 연구자마다 각각 다른 것이 현실이다.[85] 연맹왕국·영역국가는 사회발전단계로, 연맹·연합은 정치운영원리로 구분한 견해도 있기는 하다.[46] 문제는 가야의 경우 정치체의 성격과 관련하여 아직 개별 요소에 대한 검토가 충분하게 이루어지지 않은 까닭에 양자를 정합적으로 구분해 내기가 쉽지 않다는 점이다.

'단일연맹론' 의 근거 자료를 보면, 종래의 '6가야(부족)연맹론' 에서는 『삼국유사』의 '6가야' 설화와 가락국과 가라국의 개국설화 기사를 뼈대로 하면서 『삼국지』와 『후한서』의 변진 12국과 삼한 총왕 기사 및 고분 분포 등을 참고하였다. 그러나 근래의 전·후기 가야연맹론에서는 '6가야' 관련 기사를 나말여초 인식의 산물로 간주하여 더 이상 취하지 않고, 대신 『삼국지』의 변진 12국명, 『삼국사기』의 우륵12곡명, 『일본서기』의 10여 개 가야계 국명, '임나복건회의' 참가 가야제국, 가라왕·안라왕의 존재, 가야 공통양식의 묘제와 토기 및 고령양식 토기의 확산 등을 근거 자료로 들었다.[34, 37, 60, 68]

전·후기 가야연맹론은 보다 합리적이고 새로운 자료를 제시함으로써 기존 연맹론의 미비점을 보완하고, 가야사를 통사 형태로 일목요연하게 정리했다는 점에 의의가 있다. 또한 종래 '임나일본부론' 자들이 넓게 설정했던 가야의 경역[8]을 새로운 지명 비정 및 가야식 묘제와 토기의 분포를 참고하여 낙동강 이서지역으로 한정해 본 것은, 큰 틀에서 보면 타당한 견해로서 이후 가야권역의 기준을 제시했다고 생각한다. 그러나 가야지역 전체가 과연 삼한·삼국시대를 거치면서 각각 전·후기 단일연맹을 이루어 맹주국인 가락국과 가라국의 주도 아래 정치·문화적으로 통일된 '가야'라는 하나의 틀 속에 움직였을까 하는 근본적인 의문점이 있다. 이때의 가야는 정치권이라기보다는 문화권에 가깝다는 지적[58]도 같은 맥락에서 이해된다.

'지역연맹론'의 근거 자료는 단일연맹론과 거의 동일한데, 그러나 '가야'의 개념과 자료 해석에는 큰 차이가 있다. 지역연맹론에서는 신라와 구분되는 가야의 특징적인 문화는 인정하면서도 '가야'는 전·후기를 막론하고 공동의 목표를 지향하는 단일 '국명'이 아니라 가야제국 전체를 포괄하는 '지역명'으로 간주하였다. 즉 가야지역에는 정치·문화적으로 구분되는 2~4개(고령·합천, 김해·부산, 함안, 진주·고성 등)의 핵심 정치체가 독자적으로 리드하는 '지역연맹체'가 있었고, 지역연맹 상호관계를 밝혀줄만한 어떠한 자료도 없다고 하였다.[32, 38, 82, 86, 87] 한편 '대가야연맹론'에서는 우륵 12곡의 범주와 고령양식 토기의 확산을 연맹 형성의 주요 근거로 들었고, 지역적 범주는 서부경남지역에 한정하였다.[28, 33]

단일연맹론자는 '지역연맹론'을 '수정된 6가야연맹론'이라고 비판하면서, 이것 역시 '대연맹'을 상정한 것이기 때문에 단일연맹론의 연장선에 있다고 하였다.[60] 그러나 '6가야연맹론'은 가야를 단일 정치체로 규정한 반면 '지역연맹론'은 가야를 지역명으로 간주하여 통일된 정치체가 존재하지 않았다는 것을 강조한 것이기 때문에 시각 자체가 전혀 다르다. 또한 '지역연맹론'에서도 '연맹' 의 속성은 인정하고 있기 때문에 일견 '대연맹' 을 염두에 둔 듯하지만, 근본적으로는 '가야' 지역이라는 큰 틀 속의 가야제국의 동질성과 이질성 문제를 제기한 것이기 때문에 그렇게 간단하게 규정할 것은 아니다. 한편 삼한·삼국이라는 긴 기간 동안 가야를 '지역연맹' 이라는 하나의 틀로 규정할 수 있는가 하는 의문점을 제기하기도 하였는데,[73] 중요한 것은 시간의 문제가 아니라 '지역연맹' 의 틀을 초월했는가의 여부일 것이다.

'고대국가론' 의 근거 자료도 연맹론과 중복되는 것이 많다. 다만 동일 자료라도 해석에 있어 큰 차이가 있고, 몇 가지 자료는 새롭게 제시한 것이다. 『일본서기』 신공섭정기 49년조에 기초한 '4세기 가라론', 부체제·공복제·지방제도의 실시, 불교 수용과 전파, 군사조직과 신분제의 확립, 관료집단의 형성, 교통로 개척과 전략적 요충지의 확보를 나타내는 가야식 산성 등은 새롭게 제시한 것이고,[48, 50, 62] 이외에 지산동고분군을 정점으로 한 고령양식 세장방형수혈식석곽분의 확산과 등급화, 순장,[71] 고령양식 토기의 확산,[45] 금(동)관과 환두대도 등 위신재의 사여, '대가야' 라는 국명과 '(대)왕' 의 존재, 내외교섭권의 단일화, 한기층의 분화와 제한기회의, 남제·왜와의 독자적인 통교, 신라에의 구원군 파견 등을 들고 있다.

고대국가론이 제기된 것은 가라국이 가야 최대의 정치체로 주목받기 시작하면서부터이다.[25, 48] 즉 삼국은 중앙집권국가로 발전하는데 비해 같은 시기의 가야만 유독 연맹이라는 저급한 단계에 머물렀을까 하는 의문을 가지게 된 것이다. 신라에 버금가는 왕릉급 고분군의 존재, 무장구류의 집중화 현상, 산성의 축조, 금(동)관·위신재 등 수준 높은 유물의 출토와 주변지역으로의 확대는 '가라국 = 고대국가' 의 기대감을 한층 고무시켰다. 특히 이러한 논의를 문헌적으로 뒷받침한 것이 '4세기 가라론' 이다.[42, 46, 73, 78]

고대국가론자들이 고대국가(= 영역국가)의 근거로 든 자료는 삼국의 발전과정에도 공통적으로 보이는 바 주목되는 요소임에 분명하다. 그러나 연맹론에서도 동일한 자료를 근거로 제시하고 있는 점을 주목할 필요가 있는데, 이것은 '연맹' 의 속성을 고대국가의 단서로 과도하게 해석한 측면이 있음을 의미하는 것이다. 그리고 불교 전래, 지방제도, 신분제 등 일부 내용은 근거가 희박한 것도 있다.[87] 따라서 고대국가론은 거시적 관점에서 보면 개연성을 가질 수는 있지만, 현재까지의 자료로 보는 한 논리적으로 뒷받침하기에는 부족한 것으로 판단된다.

'4세기 가라론' 도 문제이다. 이것은 '가라국 조기성립설' 로 볼 수 있는데, 4세기 중반 가라국은 이미 백제 등과 대등하게 교섭할 정도로 발전했다는 것이다. 문제는 이 견해가 거의 설화적으로 기술되는 등 내용상·기년상으로 신빙성에 의문이 제기되는 『일본서기』 신공섭정기 기사를 근거로 삼고 있다는 점이다. 이 기사는 대체로 6세기대 백제 혹은 왜의 대 가야 인식이 소급, 투영된 것으로 보고 있는데,[53, 83] 설령 여기서의 가라국을 실재한 것으로 인정한다고 하더라도 4세기 중반 가라국이 삼국과 대등하게 성장했다는 것을 입증할 만한 별도의 증거 자료는 전혀 확인할 수 없다.

4. 과제와 전망

종래 가야의 정치체를 '단일연맹' 으로 단정한 것은 전통적인 삼국사 위주의 고대사 인식에 기인한 것이다. 그러나 최근 가야사 연구가 질적·양적으로 증가하여 삼국과 비교되면서 연맹론에서 탈피하려는 경향이 두드러지는데, '부체제' 나 '영역국가' 를 전제로 한 '고대국가론' 및 '사국시대론' 의 제기가 그것이다. 물론 두 견해는 기본 시각이나 도출된 결론은 전혀 다른데, 그러나 가야 정치체의 수준을 높게 평가한 점은 공통적이다.

그동안 단일연맹의 도식에 안주하여 가야의 정치체의 성격에 대하여 의문을 제기하지 않은 점은 비판받아 마땅하다. 그러나 그렇다고 하여 불충분한 자료를 근거로 고대국가의 속성으로 과대평가한다든가, 접근방법은 다르지만 일부 재야사학계에서 거론된 바 있는 '사국시대론' 을 별다른 검증 없이 재론하는 것은 타당하지 않다고 생각한다. 고대국가의 범주를 '귀족합의체제' 와 '대왕집권체제' 로 규정한 견해[40, 59]를 받아들여 가야의 고대국가적 성격을 '제한기회의' 를 통해 살펴보기도 하지만,[81] 이 요소가 고대국가의 필요충분조건이 될 수 없음은 자명하다. '사국시대론'의 경우도 정작 가야 정치체의 성격은 '단일연맹'으로 규정하고 있기 때문에[68] 고대국가의 성립을 전제로 규정한 틀인 '삼국시대론'의 대응 논리로는 충분하지 않다고 생각한다.

가야가 연맹인가 아니면 고대국가인가 하는 논의는 단순히 형식적인 틀을 규정짓자는 것이 아니다. 무엇이 가야 정치체의 속성이며, 이를 바탕으로 어떤 수준의 정치발전단계에 있었는가를 밝혀내는 것이다. 고대국가라는 용어 자체가 인식론상의 개념이 아니라 단순히 시간대를 나타낸다는 지적도 있는데,[85] 어쨌든 발전 단계를 세분화하더라도 각 단계별로 협의의 기준 내지는 속성을 설정할 수밖에 없다. 향후 가야 정치체의 성격을 규정할 때 이러한 점을 고려하면서, 다음 몇 가지는 기본적으로 해소해야 할 것으로 생각한다.

첫째, 정치발전단계와 정치운영원리를 어떻게 분리 혹은 결합해 볼 것인가 하는 점이다. 이 문제는 삼국사 연구에서도 논란이 될 수 있는데, 신라의 경우 일부에서는 법흥왕대까지를 '신라연맹'으로 규정하기도 한다.[75] 이것은 고대국가의 정치운영원리에 보이는 '부' 등 연맹적 요소를 연맹의 속성으로 간주한 것인데, 그러나 실세 이 시기는 족단적 성격의 '부'가 해체되어 행정적 성격으로 바뀌는 등 중앙집권국가가 성립하는 고대국가 단계에 해당된다. 물론 '연맹'과 '부체제'를 고대국가 단계의 지배체제로 이해하기도 하는데,[59, 81] 어쨌든 이들 개념에 대해서는 광의 혹은 협의의 개념 규정이 뒤따라야 할 것으로 생각한다.

현재 고대국가론자들은 영역국가, 부체제, 관료체제와 군사제도, 지방제도, 불교 수용, 왕권 강화 등을 고대국가의 주요 근거로 삼고 있다. 문제는 연맹체 단계에서도 이들의 맹아적 형태는 흔히 보이며, 자료상의 한계에 기인한 것이지만 가야의 경우 대체로 가설적 수준에 머물고 있다는 점이다.[83, 86] 예를 들면, 적어도 시스템으로 작동하는 '부체제' 즉 삼국의 '5(6)부'는 고대국가단계의 집단지배체제라는 정치운영의 속성으로서 제도화한 틀인 것이다. 즉 '부체제'는 연맹왕국(읍락국가) 단계에서 중앙집권국가에 이르는 과도기 단계의 정치 운영의 핵심 요소이다.[42, 88] 그러나 가야는 상·하 2부만이 확인되는 등 아직 '부체제' 수준까지는 이르지 못했는데,[63, 86] 이러한 모습은 연맹 단계의 전형적인 속성이지 고대국가의 운영원리는 아니다. 이외의 다른 근거 자료도 마찬가지인데, 향후 고대국가론을 진전시키기 위해서는 이를 뒷받침 하는 충분한 자료를 확보하는 것이 급선무라고 하겠다.

둘째, '영역국가'의 성립 여부이다. 영역국가는 '대통일'을 전제로 한 고대 국가의 가장 중요한 속성인데, 대등한 연합·연맹 관계에서 출발하여 점차 보다 우월한 집단에 의한 직·간접지배가 행해짐으로서 그 모습을 갖춘다. 이후 지방관 파견과 행정구역재편이 이루어져 비로소 중앙집권체제 하의 중앙과 지방의 관계로 완성된다. 가라국의 경우 정치·문화적인 확대과정이 보이기 때문에 일단 영역국가의 맹아적 형태는 가진다고 하겠는데, 그러나 중앙과 지방의 관계를 상정할 수 있는 (임시)지방관 파견, 행정구역재편, 그리고 순차적인 영역 확대과정 등은 전혀 확인되지 않는다.

가라국이 '영역국가' 임을 주장하기 위해서는 북부 및 서부경남지역에 국한하여 나타나는 정치·문화 제 요소의 '국지적' 현상을 합리적으로 설명할 수 있어야 한다. 근래 이 점을 감안하여 '작은 영역국가'[60] 혹은 '지역국가'[73]로 규정하기도 하고, '국지성' 자체를 아예 문제 삼지 않기도 한다.[81] 그러나 어떤 논리로 설명 하든 한국고대사상 이 같은 예는 전혀 찾아볼 수 없을 뿐만 아니라 '지역' 혹은 '작은' 등의 수식어와 '영역국가' 라는 용어가 개념상 병립할 수 없음은 명백하다. '영역국가' 는 '지역' 적 한계의 극복을 전제로 한 것이기 때문에 가라국이 단일 정치체를 이루지 못했다고 한다면 연맹의 범주 속에서 논의하는 것이 타당하다고 생각한다. 물론 향후 가라국과 다른 지역연맹체간의 상호관계는 지속적으로 관찰해야 할 과제이다.

셋째, '단일연맹론' 의 가장 큰 맹점인 단일 정치체의 성립 여부이다. 단일연맹론자들은 전·후기 막론하고 가야가 정치·문화적으로 하나였다고 주장한다. 즉 '가야' 의 범주를 신라와 백제를 제외한 나머지 지역으로 보고 삼국은 이것을 '가야' 로 칭하였고 주장한다.[60] 그러나 이를 뒷받침하는 문헌·고고 자료는 전혀 없다. 문헌에서 흔히 근거로 들고 있는 것이 다수의 가야 제국명이 보이는 '임나부흥회의' 인데,[17] 그러나 그 전개양상을 보면 오히려 가야 제국 각각의 독자성만이 부각될 뿐 연합 혹은 연맹적 모습은 전혀 찾아볼 수 없다. 고고 자료로는 낙동강 서안의 가야 공통양식 토기와 세장방형 수혈식 석곽분을 들고 있는데, 신라와의 구분은 인정되지만 이것이 가야 제국을 단일 정치권으로 묶는 기준이 되기는 어렵다.

물론 후대 사서에서는 '임나' 혹은 '가야' 를 신라·백제와는 구별하면서 다수 정치체의 '집합체' 로 거명되고 있고, 가라국·안라국·가락국 등 중심 국에 대해서는 전체를 대표하는 의미로 사용되기도 한다. 그러나 가야 당대 인 「광개토왕릉비문」과 『송서』의 용례를 살펴보면, '임나가라' 와 '임나'· '가라'· '안라' 등 복수의 국명이 보이고 있어 통일된 정치체가 존재하지 않 았음은 분명하다. 통일기 이래 고착화된 '삼한 = 삼국' 이라는 틀의 이면에는 가야를 삼국과 구별하여 통일된 정치체로 인식하지 않았던 것이 아닌가 추론 해 볼 수 있다.

지금은 부정되고 있지만, 종래 '가야연맹' 의 주요 근거로 삼았던 '모모가 야' 형태의 '6가야' 기사도 사실 시료 자체로는 '가야' 를 단일 정치체로 보고 기술한 것은 아니다. 가야가 가라국·안라국·가락국 등 제국으로 분열되어 있었던 것은 여러 자료에서 확인되는데, 멸망 시기가 각각 다르고 또한 「양직 공도」의 '백제방소국' 과 우륵 12곡명에는 각각 가락국과 안라국이 빠져 있 다. 그리고 고고 자료상으로도 가야가 3~4개의 독자적인 정치·문화권으로 구분된다는 것은 어느 누구도 부인할 수 없다.[37, 44, 45, 61, 64, 70, 71, 76, 77, 80, 84] 즉 전기를 대표하는 가락국의 최대 범주는 '외절구연고배' 가 분포하는 김 해·부산 및 창원 이동에 국한되고,[43, 66] 후기 가라국의 정치·문화적 영향력 의 확산도 북부 및 서부경남지역에 한정된다.[55, 71]

이렇게 볼 때, '임나' 혹은 '가야' 는 국명이 아니라 가야제국을 포괄하는 지역명임이 분명하다. 그리고 후대의 인식을 반영한 '가야' 용례 및 '6가야' 기사, 그리고 '팔포상국' 과 같이 제국 간의 국지적인 결합을 보여주는 사례를 제외하고는 전체 가야 제국 상호간의 관계를 언급한 것은 없다. 따라서 가락국 혹은 가라국 중심으로 모든 가야 제국을 통합하는 '가야'라는 단일정치체는 상정할 수 없다고 하겠다. 이 문제는 단일연맹론 뿐만 아니라 영역국가에 기초한 고대국가론의 성립 여부와도 직접적인 관련이 있는데, 향후 충분한 자료의 확보는 물론 기존 자료에 대한 해석도 보다 신중할 필요가 있다고 생각한다.

이상에서 가야 정치체의 성격과 관련하여 기존의 견해를 연맹론과 고대국가론으로 나누어 살펴보았다. 정치발전단계와 정치운영원리가 불분명한 속에 가야 정치체의 성격을 명확하게 규정한다는 것이 쉬운 일은 아니다. 어쨌든 가야의 사적 전개과정이 하나하나 규명되면서 종래의 정설이었던 '단일연맹론'이 비판받고 그 대안으로 '지역연맹론'과 '고대국가론'이 제기되고 있음을 확인할 수 있었다. 향후 가라국의 발전상이 좀 더 구체적으로 밝혀지고 가야제국 상호간의 관계 등 국지적 한계를 탈피한 자료가 확보된다면, 단일연맹의 성립 여부 및 영역국가로서의 가라국의 고대국가적 성격에 대해서도 충분한 가능성을 두고 논의가 이루어질 수 있을 것으로 생각한다.

참고문헌

1. 丁若鏞, 『疆域考』권1 弁辰考 및 권2 弁辰別考.

2. 李晬光, 『芝峯類說』권3 君道部 帝王.

3. 今西龍, 1919, 「加羅疆域考」『史林』4-3·4 ; 1937, 『朝鮮古史の研究』, 近澤書店.

4. ______, 1922, 「己汶伴跛考」『史林』7-4 ; 1937, 『朝鮮古史の研究』, 近澤書店.

5. 黑板勝美, 1932, 『更訂國史の研究』各說上, 岩波書店.

6. 白南雲, 1933, 『朝鮮社會經濟史』一卷, 改造社.

7. 李丙燾, 1937, 「三韓問題의 新考察(六)」『震檀學報』7.

8. 鮎貝房之進, 1937, 「日本書紀 朝鮮地名攷」『雜攷』7 上·下卷.

9. 孫晉泰, 1949, 『國史大要』, 乙酉文化社.

10. 末松保和, 1949, 『任那興亡史』, 大八洲出版 ; 1956, 再版, 吉川弘文館.

11. 金哲埈, 1956, 「高句麗·新羅의 官階組織의 成立過程」『李丙燾博士華甲記念論叢』, 一潮閣.

12. 李丙燾, 1959, 『韓國史』(古代篇), 震檀學會.

13. 丁仲煥, 1962, 『加羅史草』, 釜山大 韓日文化研究所.

14. 金哲埈, 1964, 「韓國古代國家發達史」『韓國文化史大系』Ⅰ (民族·國家史), 高大民族文化研究所.

15. 김석형, 1966, 『초기 조일관계 연구』, 사회과학원출판사.

16. 井上秀雄, 1973, 『任那日本府と倭』, 東出版.

17. 鬼頭淸明, 1974, 「加耶諸國の史的發展について」『朝鮮史研究會論文集』11 ; 1976, 『日本古代
         國家の形成と東アジア』, 校倉書房.

18. 千寬宇編, 1975, 『韓國上古史의 爭點』, 一潮閣.

19. 李丙燾, 1976, 「加羅史上의 諸問題」『韓國古代史研究』, 博英社.

20. 金廷鶴, 1977, 『任那と日本』, 小學館.

21. 文暻鉉, 1977, 「加耶聯盟形成의 經濟的 考察」『大丘史學』12·13.

22. 千寬宇, 1977·1978, 「復元加耶史」(上)(中)(下)『文學과 知性』28·29·31.

23. 李基白・李基東, 1982, 『韓國史講座』I (古代篇), 一潮閣.

24. 金廷鶴, 1983, 「古代國家의 發達(伽耶)」『韓國考古學報』12.

25. 金泰植, 1985, 「5세기 후반 大加耶의 발전에 대한 研究」『韓國史論』12, 서울大.

26. 李永植, 1985, 「加耶諸國의 國家形成問題 - '加耶聯盟說'의 再檢討와 戰爭記事分析을 중심으로-」『白山學報』32, 1985.

27. 金泰植, 1990, 「加耶의 社會發展段階」『한국고대국가의 형성』, 民音社.

28. 田中俊明, 1990, 「于勒十二曲と大加耶連盟」『東洋史研究』48-4, 京都大 文學部.

29. 사회과학원력사연구소, 1991, 『백제・전기신라 및 가야(조선전사 개정판)』, 과학백과사전종합출판사.

30. 千寬宇, 1991, 『加耶史研究』, 一潮閣.

31. Kwon, Hak-Soo, 1992, 「Evolution of Social Complexity in Kaya, Korea」『韓國上古史學報』10.

32. 白承忠, 1992, 「'加耶'의 用例 및 時期別 분포상황 - '加耶聯盟體' 개념의 적용과 관련하여-」『釜大史學』22.

33. 田中俊明, 1992, 『大加耶連盟の興亡と「任那」』, 吉川弘文館.

34. 金泰植, 1993, 『加耶聯盟史研究』, 一潮閣.

35. 李永植, 1993, 『加耶諸國と任那日本府』, 吉川弘文館.

36. 조희승, 1994, 『가야사연구』, 사회과학출판사.

37. 權鶴洙, 1994, 「加耶諸國의 相關關係와 聯盟構造」『韓國考古學報』31.

38. 白承忠, 1995, 「加耶의 地域聯盟史 研究」, 釜山大 博士學位論文.

39. 金福順, 1995, 「大伽耶의 불교」『加耶史研究 -대가야의 政治와 文化-』慶尙北道.

40. 金瑛河, 1995, 「고대국가의 형성과 사회성격」『한국사입문①』, 풀빛.

41. 南在祐, 1995, 「加耶史에서의 '聯盟'의 의미」『昌原史學』2.

42. 盧重國, 1995, 「大伽耶의 政治・社會構造」『加耶史研究 -대가야의 政治와 文化-』, 慶尙北道.

43. 申敬澈, 1995, 「金海大成洞・東萊福泉洞古墳群 點描 -金官加耶 이해의 一端-」『釜大史學』19.

44. 李柱憲, 1995, 「咸安地域 古墳文化의 調査와 成果」『加羅文化』12, 慶南大學校 加羅文化研究所.

45. 李熙濬, 1995, 「토기로 본 大伽耶의 卷域과 그 변천」『加耶史研究 -대가야의 政治와 文化-』, 慶尙北道.

46. 朱甫暾, 1995, 「加耶史의 새로운 定立을 위하여」『加耶史研究 -대가야의 政治와 文化-』, 慶尙北道.

47. 崔光植, 1995, 「大伽耶의 信仰과 祭儀」『加耶史研究 -대가야의 政治와 文化-』, 慶尙北道.

48. 韓國古代史研究會, 1995, 『加耶史研究 -대가야의 政治와 文化-』, 慶尙北道.

49. 부산·경남역사연구소, 1996, 『시민을 위한 가야사』, 집문당.

50. 朴天秀, 1996, 「大伽耶의 古代國家 形成」『碩晤尹容鎭敎授停年退任紀念論叢』, 同刊行委員會.

51. 金泰植, 1997, 「加耶聯盟의 諸概念 比較」『加耶諸國의 王權』, 신서원.

52. 佐藤長門, 1997, 「加耶地域の權力構造」『東アジアの古代文化』90.

53. 연민수, 1998, 『고대한일관계사』, 혜안.

54. 李炯基, 1998, 「星山伽耶聯盟體의 成立과 그 推移 -加耶史에서의 地域聯盟體에 대한 一試論-」
　　　　『民族文化研究』18·19.

55. 李熙濬, 1998, 「4~5세기 新羅의 考古學的 研究」, 서울大 博士學位論文.

56. 郭長根, 1999, 『湖南 東部地域 石槨墓 研究』, 書景文化社.

57. 丁仲煥, 2000, 『加羅史研究』, 혜안.

58. 권오영, 2000, 「加耶諸國의 사회발전단계」『한국 고대사 속의 가야』, 혜안.

59. 김영하, 2000, 「韓國 古代國家의 政治體制發展論」『한국고대사연구』17.

60. 金泰植, 2000, 「加耶聯盟體의 性格 再論」『韓國古代史論叢』10.

61. 朴升圭, 2000, 「考古學을 통해 본 小加耶」『考古學을 통해 본 가야』, 한국고고학회.

62. 朴天秀, 2000, 「고고학 자료를 통해 본 대가야」『고고학을 통해 본 가야』, 한국고고학회.

63. 백승충, 2000, 「가야의 정치구조 -'부체제' 논의와 관련하여-」『한국고대사연구』17.

64. 이주헌, 2000, 「阿羅加耶에 대한 考古學的 檢討」『가야 각국사의 재구성』, 혜안.

65. 李炯基, 2000, 「大加耶의 聯盟構造에 대한 試論」『韓國古代史研究』18.

66. 洪潽植, 2000, 「考古學으로 본 金官加耶」『考古學을 통해 본 加耶』, 한국고고학회.

67. 노중국, 2001, 「가야사연구의 어제와 오늘」『한국 고대사 속의 가야』, 혜안.

68. 김태식, 2002, 『미완의 문명 7백년 가야사』1·2·3, 푸른역사.

69. 白承玉, 2002, 「加羅國과 주변 加耶諸國」『大加耶와 周邊諸國』, 高靈郡·韓國上古史學會.

70. 趙榮濟, 2002, 「考古學으로 본 大加耶聯盟論」『盟主로서의 금관가야와 대가야』, 제8회 가야사
　　　　학술회의발표요지, 김해시.

71. 김세기, 2003, 『고분 자료로 본 대가야 연구』, 학연문화사.

72. 남재우, 2003, 『安羅國史』, 혜안.

73. 白承玉, 2003, 『加耶 各國史 研究』, 혜안.

74. 權鶴洙, 2003, 「가야의 사회발전 동인과 발전단계」 『가야 고고학의 새로운 조명』, 혜안.

75. 김두철, 2003, 「부산지역 고분문화의 추이 -가야에서 신라로-」 『항도부산』19.

76. 유창환, 2003, 「고고학으로 본 소가야」 『가야의 유적과 유물』, 혜안.

77. 이성주, 2003, 「伽耶土器 生産·分配體系」 『가야 고고학의 새로운 조명』, 혜안.

78. 李炯基, 2003, 「大加耶의 形成과 發展 연구」, 영남대 박사학위논문.

79. 이희준, 2003, 「합천댐 수몰지구 고분 자료에 의한 대가야 국가론」 『가야 고고학의 새로운 조명』, 혜안.

80. 趙榮濟, 2003, 「加耶土器의 地域色과 政治體」 『가야 고고학의 새로운 조명』, 혜안.

81. 남재우, 2004, 「加耶聯盟과 大加耶」 『大加耶의 成長과 發展』, 고령군·한국고대사학회.

82. 백승충, 2005, 「加耶의 地域聯盟論」 『지역과 역사』17.

83. 白承忠, 2005, 「『일본서기』 신공기 소재 한일관계 기사의 성격」 『광개토대왕비와 한일관계』 (한일관계사연구논집1), 경인문화사.

84. 조수현, 2005, 「火焰形透窓土器에 대한 一考察」 『안라국의 상징 불꽃무늬토기』, 함안박물관.

85. 하일식, 2005, 「고대사 연구의 주요 쟁점과 과제」 『한국사 연구 50년』, 혜안.

86. 백승충, 2006, 「'下部思利利' 명문과 가야의 부」 『역사와 경계』58.

87. ＿＿＿, 2006, 「가야의 '고대국가론' 비판」 『釜大史學』30.

88. 주보돈, 2006, 「신라의 部와 部體制」 『釜大史學』30.

임나일본부

연민수 _ 동북아역사재단

1. 새롭게 검증되어야 할 임나일본부설

한일관계사 연구에서 임나일본부 문제 만큼 논란과 쟁점이 많은 연구주제도 찾기 어렵다.

잘 알려져 있는 광개토왕비문이나 『宋書』 왜국전의 왜왕이 관칭한 한반도 제국명이 포함된 작호도 임나일본부설을 증명하는 사료로 이용되고 있듯이 모든 것이 임나일본부 문제를 추적하는 자료로 집약되고 있다. 이것은 임나일본부설의 긍정론이나 부정론 모두에게 해당한다. 게다가 임나일본부는 고대사료에 등장하는 사료이지만 고대의 문제에 그치지않고 후대에 계승되어 간다. 한일관계에 있어서 임나문제는 고대를 통해서 근대를 설명하는 모델로서 이용되어 일본의 한국지배의 역사적 정당성을 주장하는 논리로 작용했고 일본인의 왜곡된 한국관의 형성에 커다란 영향을 주었다. 최근의 일본 우익 세력들이 집필한 역사교과서에서도 임나일본부가 문제점으로 불거지고 있고 기타의 교과서에서도 고대일본이 백제에게 하사했다는 '임나4현 할양' 기사가 기술되고 있다. 이 문제는 한일간에 완전히 불식되었다고는 보기 어렵고 의연 생명력을 유지하고 있는 살아있는 실체이다. 제1기 한일역사공동연구위원회에서 임나일본부설을 부정하는데 합의를 봤다[1]는 얘기도 들리나 이는 그들만의 합의일 뿐 양국 학계 차원의 공동인식은 아니라고 본다.

임나일본부에 관한 사료는 일본 최초의 정사 『일본서기』이다. 기타의 사료는 임나일본부의 존재를 인정하거나 부정하는 보조자료일 뿐 그 자체로서 임나일본부의 본질을 설명해 주지는 않는다. 『일본서기』야말로 임나일본부 문제를 파악하기 위한 유일한 사료이다. 그러나 이 동일한 사료를 두고 각양각색의 해석이 나오고 있다. 이것은 사료를 보는 관점과 사료조작에 따라 다른 형태의 임나일본부상이 그려지기 때문이다.

2. 임나문제의 역사적 연원과 그 파급

『일본서기』는 8세기 일본 천황제 율령국가의 정당성을 주장하기 위해 편찬된 사서이다. 천황통치의 정통성, 유구성을 과시하고 이를 역사적으로 증명하려는 노력의 일환으로 편찬되었다. 건국신화가 말해주듯이 일본국의 건국주체는 하늘에서 강림한 천손족으로 기원전 660년에 대화지역에서 초대천황인 신무가 즉위하고 그의 후손들이 천황권을 계승해 나가는 혈통의 신성성과 적법성을 주장하고 있다. 이러한 정치적 이데올로기에 의해 편찬된 사서에는 한반도제국에 대한 우월적 표현이 강하게 반영되어 있다. 任那라고 표현된 가야제국을 비롯하여 고구려, 백제, 신라는 고대일본의 조공국이고 속국으로 그려져 있다. 한반도관련 기사로 넘쳐나고 있는『일본서기』는 한반도제국을 너무도 강하게 의식하고 쓰여졌다. 교류의 실태는 차치하고라도 고대일본에 있어서 한반도제국은 그만큼 중요한 존재였음을 보여주는 것이다.

『일본서기』 신공기49년(369)조에 의하면 대가야, 금관국, 안라국 등 가야의 주요 7개국이 일본군에 의해 점령당한다. 그 후 가야를 어떻게 통치했는지에 대한 지배의 실태에 대해선 체계적인 기술이 없다. 그 후 200여년이 지난 흠명기23년(562)조에 "신라가 任那官家를 멸망시켰다"라고 하고, 분주에 "任那는 멸망했다. 총체적으로 말해서 任那라 하고, 개별적으로 말하면 가라국 · 안라국 · 사이기국 · 졸마국 · 고차국 · 자타국 · 산반하국 · 걸찬국 · 임예국"이라고 기록하고 있다. 즉 임나는 가야제국 전체를 총칭하기도 하고 개별적인 국을 지칭하기도 한다. 그리고 이들 제국은 임나관가의 관할하에 있었고, 임나관가는 신라에 의해 멸망했음을 기록하고 있다. 官家라고 하는 말은 원래 '미야케(屯倉)'라고 하여 일본고대의 대화정권의 지배기구의 하나로 왕실직할령적 성격을 지닌다. 둔창이 국내적 용어라면, 관가는 해외적 의미가 강하다. 즉 임나관가란 해외에 설치한 일본고대 왕실의 직할령이고 임나일본부란 바로 임나관가를 지칭하는 것이다. 이것이 『일본서기』에 그려진 임나일본부상이고 일본학계에서 말하는 전통적 임나일본부설이다. 그러나 이것은 표면상에 나타난 이미지일뿐 관련 내용을 분석해 보면 단선적으로 이해하기 어려울 정도로 다양하고 복잡하게 서술되어 있고, 대립 충돌 모순하는 부분도 적지 않다.

562년에 임나의 멸망 사실을 알리고 있지만, 이후에도 '임나의 조'라는 문제로 일본과 임나를 병합한 신라 사이의 외교문제로 재등장한다. 때로는 임나가 재생하여 외교사절을 파견하는 모습으로도 나타난다. 임나 문제에 대한 고대일본의 지배층의 의식의 소산으로 생각된다. 『일본서기』에서 임나관련 기사가 종료하는 것은 大化2년(646)조에 신라로부터 받던 '임나의 조'를 중지하고 대신에 인질을 상납하다는 것으로 되어 있다. 이후 일본고대 사서에서 임나문제는 거론되지 않는다. 815년에 편찬된 『신찬성씨록』에 임나 출신의 후예라고 하는 인물들이 보이긴 하지만 일본고대인의 뇌리 속에는 관념적으로만 남아있을 뿐 현실의 문제로서 기억을 재생시키는 소재는 되지 않았다. 이를 대체한 것이 신라이다. 신라와의 경쟁, 대립관계 속에서 나타난 대신라 우월적 의식이 외교의 현장에서, 일본지배층의 일방적·독선적 중화의식이 발현된다. 특히 신공황후라는 전설적 여인을 대한관계사상의 영웅으로 부각시켜 각 시대마다 위기적 상황 속에서 의지하고 구원을 요청하는 神으로서 탄생한다.[2]

임나문제가 일본사 속에서 다시 등장하는 것은 江戸시대 중기 1710년에 편찬된 『大日本史』에 수록된 「任那傳」이다. 이것은 임나사에 대한 개론적 서술로서 『일본서기』 관련기사를 특별한 분석이나 해석이 없이 기록된 사료를 그대로 믿는 형태였다. 德川幕府가 붕괴되고 천황권력이 정치전면에 나서게 되는 明治期에 들어서도 임나에 대한 서술의 기본방향을 그대로 답습되었다. 임나에 관한 일본고전의 내용을 당연시하고 聖典으로 간주되던 시대적 분위기를 반영해 주고 있다. 다만 특징적인 것은 19세기말 광개토왕비의 발견으로『일본서기』의 내용과 비문의 신묘년조를 관련시켜 고대일본의 한반도지배를 현실의 침략정책의 일환으로 적극화해 나간다. 이 시기는 임나일본부 문제를 독립적으로 다루기 보다는 신공황후의 신라정벌담으로 시작되는 이른바 삼한정벌담, 가야7국평정담이 통합된 형태로 고대일본의 '南鮮經營論'의 틀을 이루고 있다. 황국사관이 일본사회를 규제하던 1945년 이전에는 고대일본의 임나지배는 어느 누구도 의심하지 않았다.

이후 임나문제를 둘러싼 고대한일관계사의 학설은 末松保和의 『任那興亡史』로 정리되었다.[3] 그의 학설은 일본학계의 고대한일관계사 연구의 기본 틀을 구성하고 있다. 이 설은『일본서기』신공기 기술에 따라 백제는 367년 처음으로 일본에 遣使하여 국교를 열고, 백제의 요청에 따라 일본은 대규모의 출병을 단행하여 이를 계기로 이전부터 진행중이던 대한경영에 박차를 가하여 임나가라를 비롯한 가야제국을 직접지배하에 두고 그 외곽에 있던 백제와 신라를 부용화시켜 간접지배하에 두었다고 한다. 임나에 대한 지배는 초기의 군사적 전제지배, 중기의 민정을 주로 하는 지배, 말기에는 사절파견을 중심으로 한 지배로 이해한다. 말기지배의 근거로 흠명기의 近江毛野臣과 '在安羅諸倭臣'을 거론하고 있다.

末松說은 그후 일본학계의 정설처럼 받아들여지고 모든 역사교과서나 개설서, 전문서적에 이르기까지 수용되고 있다. 현재에도 부분적인 비판이 있기는 하지만 대세는 말송설에 근간을 두고 있다. 일본학계에서 70년대에 이르기까지 임나일본부를 專論으로 다룬 논고가 그다지 보이지 않은 것도 '任那支配'를 당연한 것으로 믿는 학문적 追隨主義에 기인한다.

3. 연구의 진전과 학설상의 대립

말송설 이후에 나온 대표적인 학설이 북한학계의 分國論으로 임나일본부의 실체를 일본열도에서 구하고 대화정권이 고대국가형성기의 국토통일과정에서 한반도계 이주민이 세운 소국들을 지배하기 위해 설치한 것이라고 한다.[4] 이에 대해 대화정권이 한반도경략 때 근거지로 했던 임나의 군현을 관리하기 위해 설치한 것으로, 日本府 관할의 군현은 倭人이라고 칭하는 임나의 재지호족이 주체가 되어 지배했다는 설이다.[5] 양설 모두 전통적 임나일본부 사관에 대한 비판이자 부정론이지만, 특히 전자는 과도한 민족주의적 입장이 강하고 양자 모두 자의적인 사료해석, 논리의 비약이 심해 국내외적으로 지지자가 거의 없는 실정이다.

이후 일본학계에서는 외교기관이나 외교사절을 표방하는 연구가 강하게 대두된다. 『삼국사기』 직관지의 '新羅倭典'이 대왜처리를 주목적으로 한 외교기관인 점에 착안하여 任那日本府도 동일선상에서 이해하여 임나의 대왜처리를 주목적으로 한 외교기관으로 본다.[6] 이와 유사 학설로서 임나일본부는 원래 任那倭府로 보고 倭府의 주체는 임나가라 혹은 안라로서 이들 국가가 대왜교섭을 위해 설치한 외교기구라고 추정했다.[7] 임나일본부를 가야제국이 주체가 되어 만든 외교기구일 것이라는 주장은 대화정권의 出先機關說을 정면으로 부정한 것으로 기구의 구성 및 운영 자체도 가야제국의 주체성을 강조한 점에 주목된다.

이와는 별도로 日本府의 古訓이 '야마토の미코토모치' 라는 점과 '미코토모치' 란 율령제하의 천황의 의지를 전달하는 人間 = 使者라는 점에 주목하여 임나일본부는 대화조정이 외교교섭을 위해 파견한 사자라는 것이고 末松이 거론한 흠명기의 '在安羅諸倭臣' 기사를 방증사료로 제시한다. 이를 기본으로 하여 몇 개의 학설이 분류된다. 대화정권이 내부 지배권을 강화하기 위해 安羅와 연합하여 설치했다는 설,[8] 왜왕권이 安羅 현지의 실정을 파악하기 위해 파견한 정치집단이라 설,[9] 가야제국이 외교 등 중요사항을 토의하는 회의에 실태를 두고, 왜왕권은 이 회의를 유리하게 운영하여 선진문물, 문화를 일원적으로 수용하기 위한 기관이라는 설 등이다.[10] 이상의 제설은 종전의 가야를 대화정권의 피동체로 간주하던 학설로부터 탈피하여 가야의 입장을 반영하면서 왜왕권의 국가적 이익을 추구해 나가는 쪽으로 정리하고 있다.

국내학계의 연구는 『일본서기』의 백제가 가야 방면으로 진출해 나가는 과정에서 현지지배를 위해 설치한 기관이라는 설[11]이 초기에는 크게 호응을 얻었지만, 모든 사료를 하나의 틀 속에서 해석하는 등 획일주의로 일관하여 자체의 모순과 문제점이 발견되고 있다. 이러한 국내외적 연구에 자극받아 몇 개의 전론이 나왔다. 日本府 관인의 출자의 분석을 통해 세부적인 내용에서는 차이가 있지만 안라국을 중심으로 해서 가야제국의 독립 보존 혹은 교역적 성격을 추론하고 가야제국의 국가적 이익을 위해 주변제국을 왕래하며 외교적인 노력을 기울였던 것이 임나일본부의 실태라고 추정하였다.[12] 이외에도 임나일본부란 安羅에 거주하며 안라가 독자성을 유지하기 위해 취했던 친신라책을 지원한 왜계안라관료로 규정하거나,[13] 『일본서기』 편찬에 참여한 백제계 망명세력들이 任那를 천황의 과거 직할영역지로 설정해 놓고 천황의 군대를 빌어 임나를 부흥시켜 이를 발판으로 잃어버린 백제왕국을 수복할 목적으로 임나일본부설을 조작해 냈다는 학설도 제기되었다.[14]

현재 末松說 이후 대화정권의 임나지배기관설을 직접적으로 주장하는 논자는 거의 없다. 대세론적으로 임나일본부 문제를 시기적으로는 6세기대로 한정하고 공간적으로는 安羅國에 국한시키면서 안라의 위기적인 국제정세하에서 나왔다고 하는 점에 공통점이 있다. 그리고 일본부의 실태에 대해서는 가야의 대외 외교기구, 왜의 가야파견 사절로 나뉘져 있는데, 후자는 倭使의 군사적 임무를 부여하고 있다. 이러한 공통의 인식에도 불구하고 왜의 입장을 중시하려는 일본측과 가야의 입장에서 논하려는 국내측의 시각에는 일정한 평행선이 존재한다.

4. 임나일본부의 사료적 성격과 연구방향

임나일본부의 연구는 『일본서기』 계체기, 흠명기로부터 출발한다. 특히 기사의 대부분을 차지하고 있는 백제측 기록인 「百濟本記」에 대한 엄정한 사료비판과 철저한 분석이다. 「백제본기」는 백제 멸망 후 망명세력에 의해 일본에 영합적 내용으로 고쳐지고 최종적으로는 『일본서기』 修史局에 제출된 시기에 편찬 이데올로기에 의해 일본천황을 정점으로 한 대외관계 기술로 개변되는 과정이 있었다. 따라서 계체 · 흠명기의 임나관련 기사는 임나에 대한 백

제의 부용관과 동시에 백제·임나에 대한 일본의 우월적 입장이 반영된 이중
구조의 특징을 보이게 된다.

임나일본부 문제를 구명하는데 가장 중요한 내용인 임나부흥회의는 일본
천황 - 백제성왕 - 임나한기(혹은 일본부)라는 3단계 구조를 갖는다. 임나부흥
회의는 일본천황의 명에 의해 백제가 임나한기들을 움직이는 형태이다. 이
회의에서 일본의 역할은 백제를 통해서일 뿐 실질적으로 임나에 영향을 미치
지 못하고 있다. 백제가 일본의 지시를 받아 임나를 부흥시키는 대행자로서
되었던 것은 「백제본기」에 2차에 걸친 개변과 윤색이 있었기 때문이다. 1차
는 백제 망명세력에 의해서이고 2차는 『일본서기』 편찬시이다. 개변된 「백제
본기」가 추구한 것은 백제와 백제왕이 일본천황에 봉사하고 임나문제를 충실
히 대행하는 국이고 인물로서 그려내는 일이었다. 그것은 바로 일본의 對백
제 부용관의 표출이다.

「백제본기」에 나타난 백제의 임나관련 기술 역시 일방적인 백제중심으로
되어 있고 가야제국 등 기타의 세력은 홀시되어 있다. 「백제본기」의 특성상
낭연한 것으로 받아들여지지만, 상당부분 과장되어 있음도 지적하지 않을 수
없다. 동시에 일본측에 영합하는 기술체계도 동 사료의 개변에서 나온 현상
이다. 백제 주도의 임나부흥책은 백제의 무력적인 태도 앞에 가야의 한기들
은 일시적으로는 백제의 의도대로 움직였지만, 결국은 이들의 반발과 거부에
의해 별다른 실효를 거두지 못했다. 임나부흥회의 속에 나오는 임나일본부의
실체를 추적하기 위해서는 이 속에서 움직이는 임나일본부의 관인은 누구이
며 무슨 행동을 하고 있었는가 하는 점을 분석할 필요가 있다. 예컨대 임나부
흥회의 속에서 전개되는 일본부 관인들의 행동양식이 백제의 의도와 일치하
고 있는가. 이들이 일본의 지배기관설에 부합하는 행동을 하고 있는지 면밀
한 분석이 필요하다. 즉 임나부흥회의와 임나일본부 문제가 혼재되어 있는
사료군을 분리해서 임나일본부 문제를 추적해 나가지 않으면 안된다.

다음은 日本府 관인의 구성과 그 출신지를 파악하는 일이 중요하다. 흠명기
의 관련사료에 의하면 日本府卿, 日本府臣, 日本府執事와 같이 일본부를 구성

하는 관인의 직명 같은 용어가 나오고, 日本府吉備臣, 的臣, 日本府印岐彌, 許世臣, 河內直, 移那斯, 麻都와 같이 일본부 다음에 인명이 나오거나 인명만 나오는 경우도 있다. 우선 일본부의 직명과 같은 일본부경, 일본부신, 일본부집사에 대해 일본부경과 일본부신은 일본에서 파견된 관인이고, 일본부집사는 재지호족으로 보아도 지장은 없다. 사료에 나타난대로 일본부경은 일본부의 책임자인 장관이고, 일본부신은 상층관료, 일본부집사는 현지 사정에 밝은 재지호족으로 실무를 담당한 것으로 이해해도 좋다.

일본학계의 다수의 지지를 받는 학설로서 일본부경은 대화조정에서 파견하였고 계체기23년조에 보이는 近江毛野臣은 대화정권에서 파견된 임나일본부의 구축을 위해 파견된 인물이고, 的臣은 근강모야신의 후임이라는 것이다.[15] 的臣에 대해서는 "일본부인 諸臣의 정치집단을 주재·통활하는 최상급의 군사외교관적 기능"을 갖는다는 설이 있고,[16] 전임자인 근강모야신의 도해를 "군사력을 매개로 한 왜왕권과 安羅의 일종의 신종관계로서 파악"할 수 있다는 설[17]도 있다. 이러한 논리는 일본부가 일본의 군사력을 배경으로 구축되었다는 것이고 일본부의 운영도 일본파견의 관인중심으로 이루어졌다는 논리이다.

근강모야신의 안라 입국 후의 행동을 보면 그가 6만의 대군을 이끌고 안라에 입국한 후 마치 군사적 執政官과 같은 지위에서 폭정을 휘둘렀다든가, 백제왕과 가야왕을 소집하려 했다든가 하는 『일본서기』의 기술은 조작 그 자체이다. 그는 계체기23년조의 '遣近江毛野臣, 使于安羅'라고 하는 '使者'로서 안라국에 입국만이 인정될 뿐이다. 근강모야신에 관한 설화는 모야신 家傳에서 채록된 것이고 그의 후손들에 의해 祖先의 행적에 武勳을 강조하는 필법 때문이다. 그가 악행을 일삼고 결국에는 귀국하지 못한채 대마도에서 죽었다는 전승은 『일본서기』의 편찬 이데올로기와 관련이 있다. 계체기23년조에 "多多羅 등 4村이 초략당한 것은 毛野臣의 잘못이다"라고 하여 금관국의 멸망을 모야신의 탓으로 돌리면서, 그 이면에는 가야지역이 일본의 지배하에 있었다는 논리가 깔려있는 것이다. 모야신은 바로 『일본서기』 편찬 이데올로기의 희생양이다.

　일본부 내의 실무관료로 나오는 河內直, 移那斯, 麻都에 대해 흠명기 5년조에 "지금 的臣, 吉備臣, 河內直 등이 모두 移那斯, 麻都가 시키는대로 한다. 이나사, 마도는 신분이 미천한 자이지만 일본부의 정사를 마음대로 하고 있다"라고 기술하고 있다. 일본부 내에서 하급관료로서 간주되고 있는 인물들이 주도권을 행사하고 있다. 이들의 출자에 대해서는 재지호족설, 왜인과 가야인의 혼혈아설, 왜계가야인설 등 다양하다. 그만큼 사료상의 혼란이 존재하기 때문이다. 흠명기2년조 소인 「백제본기」에 이들 3인의 선조로 '那干陀甲背·加臘直岐甲背'가 나오고 현종기3년조에 那干陀甲背와 동일 인물인 任那의 左魯那奇他甲背라는 인물이 나온다. 바로 하내직 등의 출신국은 가야로서 그들이 중심이 되어 일본부를 움직이고 있음을 알 수 있다.

　『일본서기』흠명기5년 3월조에는 "임나는 安羅를 兄으로 삼고, 오로지 그 뜻에 따른다. 안라인은 日本府를 天으로 삼고 오로지 그 뜻에 따른다"하고 그 분주의 「백제본기」에는 "安羅를 父로 삼고 日本府를 本으로 삼는다"라고 기술되어 있다. 이 사료에서 가야제국은 안라국을 '兄', '父'로 인정하고 있듯이 당시 가야의 중심국으로서 맹주적 입장에 있었다. 남부가야의 맹주격인 금관국 멸망과 북부가야의 연맹왕국을 형성했던 대가야의 쇠퇴에 따른 결과였다. 안라인은 일본부를 '天', '本'으로 삼았다고 하는 사실은 안라인에게 일본부의 역할이 대단히 중시되고 있었음을 시사하는 내용이다. 이것은 일본부가 안라국에 이익이 되었고 안라인이 바라는 역할을 수행했기 때문이다.

　임나일본부 문제는『일본서기』흠명기 밖에 나오지 않으며 원래 「백제본기」에는 이러한 내용이 없었다. 일본부를 일본의 지배기관과 같이 설정하고자 했던『일본서기』편자는 일본부 관련기록을 완전히 개변시키지는 못했다. 일본부 관인으로 되어있는 인물들이 실은 일본천황과 백제에 반하는 행동을 한다든지, 오히려 가야제국을 위해 일하고 있다는 부분적 기록까지 고치지는 못했다. 「백제본기」가 원래 주장하고 있었던 것은 가야제국이 백제의 부용국이었다는 것이고 금관국 등의 부흥을 명목삼아 가야에의 세력권을 확대시키고

자 한 것이다. 「백제본기」의 기술대로 백제는 가야지역으로의 군사적 진출과 본격적인 내정간섭을 시작하였다. 가야제국의 반발은 당연히 예상되었다. 특히 가야제국의 중심국이었던 안라국의 반백제적 경향은 확산되어 이에 대항하는 기구가 만들어졌다. 이것이 백제측의 인식에서는 일본부였고, 반백제적 본산인 일본부를 해산시키기 위한 일련의 노력이 전개되었다. 일본부라는 용어는 「백제본기」에서는 다른 명칭이었던 것이 倭府 혹은 倭宰로 개변되면서 『일본서기』 편찬단계에서 비로서 일본부로 정착되었다고 생각된다.[18]

「백제본기」의 사료적 성격을 명확히 하는 일이야말로 임나일본부 문제를 구명하는 전제이자 기초이다. 「백제본기」에 담겨있는 훼손되지 않은 기록을 존중하면서 임나일본부의 성격을 추정해 나간다면 이 문제에 대한 합의점에 도달할 수 있을 것으로 본다.

참고문헌

1. 한일역사공동위원회 편, 2005,『한일역사공동연구보고서』제1권, 경인문화사.

2. 延敏洙, 2006,「神功皇后의 전설과 日本人의 對韓觀」『韓日關係史硏究』24.

3. 末松保和, 1956,『任那興亡史』, 吉川弘文館(초판은 1949).

4. 金錫亨, 1966,『초기조일관계연구』, 사회과학원출판사.

5. 井上秀雄, 1966,「任那日本府の行政組織」『日本書紀硏究』1 ; 1973,『任那日本府と倭』, 寧樂社.

6. 奧田尙, 1976,「任那日本府と新羅倭典」『古代國家の形成と展開』, 吉川弘文館.

7. 鬼頭淸明, 1991,「所謂任那日本府の再檢討」『東洋大學文學部紀要』45, 史學科編.

8. 請田正幸, 1984,「六世紀前半の日朝關係 -任那日本府を中心に-」『古代朝鮮と日本』, 龍溪書舍.

9. 大山誠一, 1980,「所謂任那日本府の成立について(上・中・下)」『古代文化』9, 11, 12.
   鈴木靖民, 1984,「東アジア諸民族の國家形成と大和王權」『講座日本歷史』1(原始古代1), 東京大
      學出版會.
   鈴木英夫, 1987,「加耶・百濟と倭 -任那日本府論-」『朝鮮史硏究會論文集』24 ; 1996,『古代の
      倭國と朝鮮諸國』, 靑木書店.

10. 吉田晶, 1975,「古代國家の形成」『日本歷史』2(古代2), 岩波講座.

11. 千寬宇, 1977,「復元加耶史(中)」『文學と知性』가을 ; 1991,『加耶史硏究』, 일조각,
    金鉉球, 1985,『大和政權の對外關係硏究』, 吉川弘文館.

12. 延敏洙, 1990,「任那日本府論」『東國史學』24 ; 1998,『고대한일관계사』, 혜안.
    李永植, 1993,「六世紀における任那日本府と加耶諸國」『加耶諸國と任那日本府』, 吉川弘文館,
    金泰植, 1991,「530년대 安羅의 日本府 경영에 대하여」『蔚山史學』4 ; 1993,「安羅國의 倭臣
      館 經營」『加耶聯盟史』, 일조각.

13. 朱甫暾, 1999,「日本書紀의 編纂 背景과 任那日本府說의 成立」『韓國古代史硏究』15.

14. 白承忠, 2003,「任那日本府와 百濟倭系官僚」『강좌한국고대사』제4권.

15. 大山誠一, 1980,「所謂任那日本府の成立について(上)」『古代文化』9.

16. 鈴木靖民, 1984, 「東アジア諸民族の國家形成と大和王權」『講座日本歷史』1(原始古代1), 東京
　　大學出版會.

17. 鈴木英夫, 1987, 「加耶·百濟と倭 -任那日本府論-」『朝鮮史研究會論文集』24 ; 1996, 『古代の
　　倭國と朝鮮諸國』, 靑木書店.

18. 延敏洙, 2003, 「任那日本府再論」『古代韓日交流史』, 혜안.

발해의 주민구성과 귀속문제

한규철 _ 경성대학교 사학과

1. 주민구성에 관한 기본사료

발해의 주민구성문제는 발해가 고구려를 계승한 왕조인가 고구려와 다른 말갈의 왕조였는가 하는 문제로 요약된다. 말갈이 고구려와 다른 독자적 종족이었다면, 만주지역에서 부여와 고구려에 이은 또 다른 종족에 의한 왕조의 개창을 의미한다.

발해의 주민구성과 관련된 기본 사료는 『隋書』(629~636) 東夷列傳의 靺鞨과 『舊唐書』(940~945) 北狄列傳 渤海靺鞨 및 黑水靺鞨傳과 『新唐書』(1044~1060) 北狄列傳 渤海傳 및 黑水靺鞨傳이 대표적이다. 말갈이 사료에서 가장 최초로 등장하는 기록은 『北齊書』武成帝紀 河清 2年條 즉 기원 563년부터였다. 그러나 『三國史記』(1145)는 東明聖王 원년(B.C.37)으로부터 景明王 5年(A.D.921)까지에 걸쳐 나오고 있는 것이 특징이다. 물론 『삼국사기』의 말갈 기록 가운데는 중국측 기록과도 같은 말갈이 그대로 전제되고 있는 부분도 있지만, 『당서』 등 다른 어떤 곳에도 없는 말갈이 수처에 나오고 있는 것이 주목된다. 『삼국사기』의 말갈 기록은 말갈의 실상을 파악하는 중요한 요소이다. 한편 주민구성과 관련해서 한국과 일본을 중심으로 관심이 높은 사료는 일본의 菅原道眞이 편찬한 『類聚國史』(892)이다. '지배층은 고구려유민, 피지배층은 말갈' 설의 근거가 되고 있기 때문이다.

한편 금석문에서의 말갈기록도 주목된다. 가장 흔하게는 당나라 崔忻의 鴻臚井碑의 '靺羯'이 그것이다.[41] 말갈에 대한 글자가 좀 다르지만 이 石刻 銘文에 있는 '勅持節宣勞靺羯'을 통해 발해의 말갈설을 주장하는 근거가 되기도 한다. 나아가 위작설이 있기도 한 일본 宮城縣의 仙台 부근의 多賀城에 있는 이른바 '多賀城碑'의 "多賀城去靺鞨國界三千里"라 한 문귀도 또한 분석의 대상이다.[29] 발해가 말갈을 계승한 왕조라든지, 발해의 국호가 처음부터 말갈이었다는 주장으로 이용되고 있는 자료라고 할 수 있다.

2. 종족계통에서 본 주민구성론

한국과 일본을 중심으로 발해의 다민족국가설 즉 지배층은 고구려유민, 피지배층은 고구려계와 다른 말갈이라는 견해가 제기되어 있다.[2, 19] 이러한 발해 지배층의 고구려유민설은 시라토리 쿠라키찌가 '(발해의) 왕조 및 상류사회를 조직한 자가 고구려인' 이라는 점을 주장하고부터였다.[2] 그의 논거는 발해에서 일본에 보낸 외교문서에 "(발해는) 옛 고구려의 땅을 다시 찾아 거하고 있다"는 기록과 "고구려국왕 대흠무가 말하다"는 것, 그리고 일본에 보낸 85명의 발해 正使 중에서 26명이나 옛 고구려의 姓과 같은 高氏였다는 점, 그리고 당시 일본이 발해를 고구려[高麗]라고도 하였다는 점 등을 들고 있다.

그런데 이러한 이원적 발해주민구성론이라면 발해사는 고구려유민사가 아닌 말갈사 즉 만주사로 봄이 더 합리적일 수 있다는 지적에 동의하면서[33] 발해는 지배층이나 피지배층이나를 막론하고 다수의 고구려인으로 구성되었다고 주장하기도 한다.[36] 반면에 토리야마 코기찌는 발해건국자 대조영을 말갈족 출신으로 인식하여 발해의 말갈족설을 제시하기도 하였다. 다만, 속말말갈 및 백산말갈이 고구려에 정치적으로는 복속되어 있었다고 하고, 대조영을 '백산말갈' 출신이라 하여 『신당서』의 '속말말갈' 설을 부정하기도 하였다. 그는 시라토리 의 고구려지배층설에 관한 신설에도 관심을 갖고 있었으나 그의 종래 학설을 수정하지는 않았다.[7] 오늘날 일본학계의 일반론은 시라토리의 설이 더 우세하다고 여겨진다. 이후 발해 지배층의 고구려인설은 박시형, 미가미 쯔기오(三上次男) 등에 의해서도 수용되기도 하였다.[4, 6]

그러나 발해의 주민구성이 다원적이 아닌 대부분 고구려인이나 말갈인 어느 한쪽의 일원적이었다는 견해도 강력하다. 중국과 러시아의 말갈설과 한규철과 북한학계가 주장하는 고구려유민설이 그것이다. 물론 발해의 고구려유민설이라고 하더라도, 흑수부[흑수말갈]의 이질성은 인정한다.[27] 북한에서도 초기에는 박시형 등을 중심으로 시라토리의 영향 아래 다수의 말갈인설을 유지하였다. 그러나 90년대에 들어서면서 장국종 등 사회과학원 력사연구소 발해사연구실을 중심으로 옛 고구려인들이 살았던 이른바 '발해본토' 인들은 대부분 고구려의 후손인 고구려인들이었다고 하여 오늘날 북한의 통설이 되었다.[32, 37]

한편 발해국을 고구려유민과 말갈로 구성된 왕조로 보는 이원적 주민구성론은 아직도 한국과 일본학계의 주류를 이루고 있다.[19, 35] 이는 이른바 『類聚國史』(892)의 '土人(土人)' 기사에 근거하고 있다. 그러나 이것이 '토인' 이 아니라, 동경대소장본과 같이 '사인' 으로 보아야 하며, 이 기록은 소수였던 사인의 지배층과 다수였던 말갈로 불리는 피지배층을 언급하는 것일 뿐이라고 주장한 견해도 제기되었다.[36] 일부 중국 학자도 '사인' 임을 인정하였지만 이는 어디까지나 지배층도 말갈이었음을 주장하기 위해서였다.[14, 40]

발해사를 복원하는데 있어서 주민구성 문제의 키는 '말갈' 의 존재를 어떻게 보느냐에 달려있다. 말갈이 스스로 자칭한 종족이었는가 아니면 남이 불렀던 타칭의 종족명이었는가 따라 말갈의 실체가 달라질 수 있다. 말갈이란 종족명을 女眞 등과 같이 여러 종족의 汎稱 즉 타칭으로 보는 견해는 순쩐지(孫進己), 시라토리 키이찌, 히노 카이자부로(日野開三郎) 그리고 한규철 등이 있다.[3, 13, 27] 물론 그렇다고 이들이 발해사를 보는 시각이 같은 것은 아니다. 순쩐지는 고구려 이후의 발해를 발해족으로 인식하면서 족원의 다원성을 인정한다. 또한 그는 역사의 영토계승적 입장을 중요시 여기면서 발해사의 고구려 계승성을 일정하게 인정하기도 한다. 일본학자들은 말갈의 범칭적 성격도 일부 인정하면서도 말갈의 실체는 고구려와 다른 종족으로 인식하는 것이 대세이다.

한편 말갈의 종족계통에 대한 견해도 의견이 다양하다. 가장 전통적으로는 말갈은 秦代 이전에는 肅愼이던 것이 漢代에는 挹婁였고 後魏(元魏)代에는

勿吉이었다가 隋·唐代에 와서야 비로소 말갈이 되었다는 것이다. 일원적 종족계통설이라고 할 수 있다. 그러나 이와는 대조적으로 말갈의 종족계통을 濊貊系와 挹婁 내지 肅愼系와 같이 다원적으로 생각하는 견해가 있다.[3, 11, 23] 다원적 종족계통설은 이론적 특성상 대개 말갈의 범칭설을 주장하는 학자들로부터 나오고 있다고 할 수 있다.

중국이나 일본쪽의 경향은 주로 전통적 견해라고 할 수 있는 숙신 → 읍루 → 물길 → 말갈의 단일 계통설을 견지한다. 한국학계도 주류가 이러한 입장에 있다고 할 수 있으며 노태돈도 속말부의 고려별종설을 지지하면서도 말갈과 예맥은 공통점이 없다고 주장한다.[19, 43] 반면 고구려와 말갈의 종족 계통을 공통점이 있거나 동일계로 보려는 주장들이 있다. 이러한 가능성은 이미 丁若鏞 등에 의해 『隋書』 등 중국측 기록에 나오는 말갈을 眞靺鞨로 보고 『三國史記』 등의 말갈을 僞靺鞨로 보는 견해가 제기되면서 시작되었다.[1] 히노 카이자부로는 粟末部와 白山部는 濊貊種이라 하고 拂涅部, 安居骨部, 伯嵐部, 黑水部와 號室部 모두는 순퉁구스종에 속한다고 하며,[3] 權五重도 고구려에 부속하거나 관련된 말갈로서 속말 백산 안거골 백돌을 예계의 말갈이라 하고, 그 이외의 말갈을 읍루계로 간주하면서, 발해 시대의 흑수 말갈이 읍루계 말갈의 후신이며 이른바 발해 말갈은 곧 예계 말갈이라고 주장한다.[11] 요컨대, 말갈을 하나의 종족 계통으로만 볼 수 없고 예맥의 후손인 고구려와 같은 계통도 있다는 것이다.

중국에서서도 말갈의 숙신계설에 반대하여 예맥계설을 주장하기도 한다. 특히, 발해 건국의 주체가 되었다고 하는 속말 말갈과 백산 말갈에 대해서는 예맥계설과 숙신계설이 팽팽히 맞서 있다. 즉, 西團山 문화를 중심으로 속말 말갈을 예맥계로 보는 견해와[13, 21, 23] 숙신계로 보는 견해,[8, 9, 10, 15, 17, 18] 그리고 沃沮族이 남겼다고 하는 團結 文化를 중심으로 한 백산 말갈을 예맥 및 숙신의 융합으로 보는 견해와[25] 읍루(숙신)계로[20, 22, 24, 26, 30] 보는 견해들이 그것이다.

한편 한규철도 이와 맥을 같이하여 '말갈'이란 통칭일 뿐만 아니라, 고구려

변방주민들의 비칭이었기에 이들은 예맥과 부여의 후손이며 고구려주민이었다고 본다. 때문에 '말갈'로 불리는 대부분의 사람들은 고구려변방인이었다고 보아 발해의 고구려유민설을 주장한다.[27, 34]

또한 최근 들어 발해와 말갈의 관계와 관련하여 제기되어 있는 주제 중의 하나는 중국의 웨이궈중 등이 제기한 발해의 첫 국호가 "振國" 또는 "震國"이 아니라 "靺鞨"이었다는 것이다.[12, 46, 47] 이것은 발해의 종족계승 관계와 역사의 민족사적 귀속문제와 관련되어 제기된 견해라고 할 수 있다. 이것은 『구당서』가 발해 건국 사정을 알리면서 "스스로 (나라를) 세워 진국왕이라 하였다 (自立爲振國王)"든지, 『신당서』가 "나라를 세우고 스스로 진국왕이라 불렀다 (建國自號震國王)"는 점을 소홀히 견해이다. 이 논리의 근저에는 "이 때로부터 비로소 말갈이라는 호칭을 버리고 오로지 발해라고 칭하였다(自是始去靺鞨號 專稱渤海)"는 『신당서』를 기반으로 하고 있다. 그러나 이 사료의 주어도 당나라일 뿐이지 발해국은 아니었고 발해는 '진국'에서 어느 때부터인가 스스로 '발해'로 국명을 바꾸어 불렀다고 보아야 한다고 주장되기도 한다.[27] 아부튼 건국 초기부터 발해의 말갈 자칭설은 "스스로 진국왕이라 불렀다"는 사료를 간과하면서 말갈계승에 집착한 주장이라는 비판을 받고 있다. 종족명이 "자호(自號)"되었다는 사실은 『신당서』 북적열전에서 이미 契丹과 庫莫奚의 예에서도 찾아 볼 수 있기 때문이다.[48]

한편 최흔의 홍려정비에 나타난 '靺羯'을 통해서 웨이궈중 등은 발해가 고구려가 아닌 말갈을 계승한 왕조였음을 강변한다.[12, 46, 47] 그러나 말갈의 타칭설은 이것도 당이 발해를 일방적으로 말갈이라 낮추어 불렀던 것의 한 증거일 뿐이지, 이것이 곧 발해 스스로가 말갈이라 자칭했던 것의 증거는 될 수 없다고 한다. 말갈이라는 글자도 '靺鞨'이 아닌 '靺羯'로 비칭하고 있는 것도 이를 반증하고 있다는 것이다. 또한 일본 미야기현 센다이 부근의 다가죠비 (多賀城碑)의 '말갈국'을 근거로 발해의 말갈국설을 주장하기도 한다.[46] 그러나 말갈의 비칭설의 입장에서 이곳의 말갈은 흑수말갈이거나 발해를 비칭하였던 신라나 당의 분위기가 반영된 것으로 볼 수 있을 뿐, 발해가 '고구려별종’이라고 하였다든지 ‘고구려의 풍속과 같다’, ‘스스로 세워 진국왕이라고 하였다’든지 ‘스스로 진국왕이라 불렀다’는 근거를 번복할 만한 자료가 될 수 없다고 주장하기도 한다. 오히려 일본의 정통 사서인 『속일본기』 등에서 발해를 ‘부여유속을 가진 나라’나 ‘고려’ 등으로 표현하고 있는 것이 더 신뢰할 만 하다는 것이다.

3. 문화적 측면에서 본 주민구성론

문화적 보수성이 강한 고분 고묘는 발해의 문화적 성격을 규명하는데 많이 이용된다. 貞惠公主墓 및 貞孝公主墓, 三靈墳 등과 같이 발해의 왕릉 및 지배층의 석실분은 고구려의 전통을 계승한 것으로 알려져 있다. 그런데 중국 학계에서는 고구려의 석실분은 漢系 博室墳의 전통을 이어받았다든지,[42] 말갈의 전통을 이어 받았다고 하여 고구려의 고유성을 부정한다. 이러한 입장에서 고구려계로 일반화되어 있는 석실분의 기원도 말갈의 토광묘(토갱수혈봉토묘)에서 왔다고까지 한다.[31]

‘말갈’의 전형적인 묘제는 구당서 말갈전에 입각하여 토광묘로 보는 것이 일반적이다. 이에 따라 중국과 러시아 및 한국에서도 토광묘하면 곧 말갈문화로 생각하는 견해가 일반적이다. 다만 중국과 달리 많은 한국과 일본학자들은 석묘계통의 매장문화는 고구려계로 분류하고 있다. 심지어 중국학계는 석묘계통의 것도 漢系나 말갈계에서 연유한다고 주장한다. 그러나 토광묘는 인류보편의 매장방식으로 어느 특정 종족을 지칭한 매장문화라고 보기 어렵다는 것을 전제로, 고구려인들의 대부분도 토광묘를 사용했다는 것이고 이를 고구려와 다른 종족의 말갈인들의 묘제로만 보는 것은 잘못이라고 지적한다.[38] 이러한 주장은 말갈 묘제로 유명한 吉林 永吉 楊屯의 大海猛 古墓群과 吉林 永吉 査理巴와 楡樹 老河深 古墓群들에서도 石壙墓가 나오는가 하면, 土壙墓[土坑墓]도 六頂山 渤海 貴族 古墓群과 琿春의 北大 古墓群과 和龍 龍海 古墓群, 安圖 東清 古墓群들에서도 발굴되고 있다는 점을 들고 있다.

또한 토광묘가 고구려인들도 널리 사용하였던 묘제라는 주장은 벽돌무덤을 唐風의 전유물이라는 견해에 대해서도 비판적이다.[38] 발해가 당나라 문화의 영향을 받았겠지만 벽돌무덤이 오직 漢風 내지 唐風이라고만 볼 수 없다는 것이다. 三靈墳과 같이 발해 上京龍泉府에서의 고분은 玄武岩이 많이 사용될 수 있었고, 대단위 고분군에서는 흙이 많은 주변의 환경으로 인해 벽돌이 많이 사용될 수 있음을 고려하여야 한다는 것이다. 정효공주묘와 같이 벽돌로 축조한 발해고분이라 하더라도, 천정의 마감 방법 등을 비롯한 고분 축조양식은 여전히 고구려 양식을 모델로 하고 있었다고 보기도 한다.[28]

말갈에 대한 견해차는 발해문화의 특징으로 꼽고 있는 이른바 '靺鞨罐「말갈단지」'을 보는 시각에서도 나타난다. 즉 한규철은 타칭 범칭설의 입장에서 손으로 빚은 이 말갈단지는 변방문화나 환경이 열악한 데에서 나올 수 있는 그릇이지 이를 '말갈'이라는 특정 종족의 것으로 볼 수는 없다고 주장한다. 발해 내지 고구려와 말갈토기의 구분은 대체로 돌림판 [輪制]을 쓴 것인가 그렇지 않은 것인가, 또는 굽는 온도의 차이 등을 기준으로 하고 있다. 그렇지만 발해삼채와 이른바 '말갈관'은 귀족문화와 변방문화의 차이일 뿐이라고 한다. 지배층과 피지배층문화를 이민족으로 구별하려는 자세는 옳지 않다는 것이다.[44]

또한 문화적 보수성이 강한 주거문화의 대표적인 온돌문화에 대해서도 한중간에 첨예한 의견 대립이 있다. 『구당서』(권199상, 동이, 고려)에 "(고구려)일반인의 생활은 대부분 가난하고 겨울철에는 구덩이를 길게 파서 밑에다 숯불을 지펴 방을 따뜻하게 한다"는 내용이 나온다. 그리고 이 기록에 근거하여 한국학계에서는 온돌의 기원을 고구려로 언급하는 것이 일반적이라고 할 수 있다.[5] 그런데 이러한 온돌은 실제로 고구려와 발해유적의 여러 곳에서 확인되고 있다. 북한과 중국 그리고 연해주 여러 곳에서 온돌유지는 발견되고 있다는 것이다. 최근 集安과 五女山城 등의 고구려유적에서도 온돌이 대거 발굴되었다. 온돌은 중국의 상경용천부의 궁성 서쪽 '침전터'나 북한의 함남 신포시 오매리 발해유적 등에서도 발견되었다. 한편 송기호는 온돌(쪽구들)의 기원은 고구려가 아닌 러시아학계에서 언급하고 있는 것과 같이 團結 - 끄로

우노프가 유지와 같은 북옥저라고 주장하면서 발해의 온돌은 고구려의 것을 계승하고 있다고 인정한다.[45]

한편 중국의 張太湘은 1977년 黑龍江省 東寧縣 團結遺址의 온돌을 발견하면서 이곳을 "地火龍(땅고래)"으로 표현하고 이것이 발전하여 벽난로와 온돌이 되었다고 하는가 하면 구들 "炕"자가 중국에서 온 女眞語라고 하여 중원과 이곳의 문화교류를 보여주는 증거라고도 한다.[16] 온돌문화도 동북지역의 일반적인 주거문화의 한 형태이지 고구려만의 것이라고 할 수 없다는 것이고, 이는 고구려와 발해의 문화적 계승성을 결코 인정할 수 없다는 논리이다. 중국학계가 이곳 유지들을 중국문화의 영향으로 보는 시각은 발해 만주지역의 고고 유지들에 대한 일반적인 경향이라고 할 수 있다.

참고문헌

1. 丁若鏞, 1811, 「靺鞨考」『我邦疆域考』.

2. 白鳥庫吉, 1933, 「渤海國に就いて」『史學雜誌』44·12, 講演.

3. 日野開三郎, 1948, 「靺鞨七部の全身とその屬種」『史淵』38·39合.

4. 박시형, 1962, 「발해사 연구를 위하여」『력사과학』1962-1.

5. 정찬영, 1966, 「우리 나라 구들의 유래와 발전」『고고민속』1966-4.

6. 三上次男, 1967, 「高句麗と渤海 -その社會 文化の近親性-」『末永先生古稀記念古代學論叢』.

7. 鳥山喜一 著, 船木勝馬 編, 1968, 『渤海史上の諸問題』, 風間書房.

8. 薛虹, 1979, 「肅愼和西團山文化」『吉林師大學報』1979-1.

9. ___, 1980, 「肅愼的地理位置及其同挹婁的關係」『吉林師大學報』1980-2.

10. 王承禮, 1979, 「靺鞨的發展與渤海王國的建立」『求是學刊』1979-8.

11. 權五重, 1980, 「靺鞨의 種族系統에 관한 試論」『震壇學報』49.

12. 朱國忱·魏國忠, 1981, 「"靺鞨" 究竟應該這樣稱號」『學習與探索』1981-2.

13. 孫進己·艾生武·莊嚴, 1982, 「渤海的族源」『學習與探索』1982-5.

14. 張博泉·鄭妮娜, 1982, 「渤海的社會性格」『學習與探索』1982-5.

15. 劉振華, 1982, 「渤海史識微」『學習與探索』1982-6.

16. 張太湘, 1983, 「東寧考古拾零」『黑龍江文物集刊』1983-1.

17. 吉林市博物館 編(董學增 執筆), 1984, 「西團山探古」『吉林史迹』.

18. 楊保隆, 1984, 「新舊唐書 '渤海傳' 考辨」『學習與探索』1984-2.

19. 盧泰敦, 1985, 「渤海國의 住民構成과 渤海人의 族源」『韓國古代의 國家와 社會』, 一潮閣.

20. 林沄, 1985, 「論團結文化」『北方文物』1985-1.

21. 劉景文·張志立, 1985, 「西團山文化及其族屬」『北方文物』1985-2.

22. 林沄, 1986, 「肅愼, 挹婁和沃沮」『遼海文物學刊』1986-1.

23. 孫進己·張志立, 1986, 「穢貊文化的探索」『遼海文物學刊』1986-1.

24. 李强, 1986, 「沃沮,東沃沮考略」『北方文物』1986-1.

25. 董萬崙, 1986, 「白山靺鞨五考」『北方文物』1986-2.

26. 曲石, 1986, 「試論濊貊與華夏, 東夷族的關係」『北方文物』1986-3.

27. 韓圭哲, 1988, 「高句麗時代의 靺鞨 硏究」『釜山史學』14·15합.

28. 채희국, 1988, 「발해의 정혜공주묘와 정효공주묘에 대하여」『조선고고연구』1988-2.

29. 安倍辰夫·平川南 編, 1989, 『多賀城碑 その謎を解く』, 雄山閣出版.

30. 李英魁, 1989, 「黑龍江省夢北縣團結墓淸理簡報」『北方文物』1989-1.

31. 魏存成, 1990, 「高句麗渤海墓葬比較」『古民俗硏究』, 吉林文史出版社.

32. 장국종, 1991, 「발해본토의 주민구성」『력사과학』1991-2.

33. 宋基豪, 1992, 「남북한, 중·일·러의 자국중심 해석」『역사비평』1992 - 가을호.

34. 韓圭哲, 1994, 『발해의 대외관계사』, 신서원.

35. 宋基豪, 1995, 『渤海政治史硏究』, 一潮閣.

36. 韓圭哲, 1996, 「渤海國의 住民構成」『韓國史學報』創刊號.

37. 장국종, 1998, 『발해사 성립과 주민』1, 사회과학출판사, 평양.

38. 韓圭哲, 1999, 「古墳文化를 통해 본 渤海國」『國史館論叢』85.

39. 林相先, 1999, 『渤海의 支配勢力 硏究』, 신서원.

40. 傅朗云, 1999, 「渤海"土人"新釋」『黑龍江社會科學』1999-3.

41. 酒寄雅志, 1999, 「「唐碑亭」すなわち「鴻臚井の碑」をめぐって」『朝鮮文化硏究』6.

42. 孫仁杰, 2001, 「高句麗石室墓의 起源」『高句麗硏究』12, 高句麗硏究會.

43. 盧泰敦, 2003, 「발해국의 주민구성에 대한 연구 현황과 과제 : '高麗別種 과 '渤海族'을 둘러
    싼 논의를 중심으로」『韓國史硏究』122.

44. 韓圭哲, 2004, 「高句麗의 繼承性을 통해 본 渤海國의 正體性」『高句麗硏究』18.

44. 송기호, 2005, 『한국 고대의 온돌 - 북옥저, 고구려, 발해』, 서울대학교출판부.

45. 魏國忠·朱國忱·郝慶云, 2006, 「渤海國的建立」『渤海國史』.

46. 魏國忠, 2006~3, 「渤海國號初稱 '靺鞨' 考」『東北史地』.

제3부

연구자료의 확대와 재해석

비파형동검문화

이청규 _ 영남대학교 문화인류학과

1. 비파형동검의 형식과 그 변천

검몸의 형태가 비파처럼 생겼다고 하여 '비파형동검'이라고 부르는 것이 일반적이나, 곡선형의 날을 가졌다고 하여 '곡린동검', 요령 지방에서 주로 출토되었다고 하여 '요령식동검', 고조선과 관련되었다 하여 '고조선식동검' 등으로 불리기도 한다.

길이 30cm 전후한 단검으로서 검끝에서 아래 쪽으로 일정거리 떨어진 양쪽 날에 돌기가 있고, 그 아래 부분에 둥글게 곡선을 그리면서 팽창되었다가 오므라든 형태를 취한다. 검몸의 길이 방향으로 한가운데에 등대가 있고, 등대를 연장시켜 슴베를 만들어 별도의 'ㅗ'자 형 검자루를 결박시켰다. 이와 같이 검몸과 검자루를 따로 주조하여 결합시킨 것은 이웃한 중원과 북방지역의 단검과 구분되는 특징이다.

해방전에 비파형동검은 세형동검보다 늦은 형식으로 이해되어 왔다. 그러다가 1960년대 이후 중국 요령성 조양 십이대영자에서 한반도 세형동검과 세문경의 조형으로 보이는 비파형동검과 조문경이 출토되고, 충남 부여 송국리 등 한반도 여러 곳에서 비파형동검이 발견되면서, 세형동검에 앞서는 한반도 청동기시대의 대표적인 동검으로 인정받게 되었다.

비파형동검을 형식 분류함에 전체길이, 검몸의 폭과 돌기의 돌출과 그 아래 부분의 곡선 정도를 기준으로 삼는데, 그러한 분류기준이 절대적인 것은 아니어서, 연구자마다 형식 분류의 차이가 나고, 심지어는 그 선후관계에 대해서 정반대의 입장을 보이기까지 한다. 비파형동검의 형식분류는 북한에서 1960

년대에 요령 여대시 강상과 루상 무덤의 비파형동검을 각각 전형과 변형으로 나눈 것으로부터 출발하였지만,[1] 1980년대 후반에 와서 3분법의 형식분류가 통용된다. 북한에서는 전형에 앞서 요령 이운하자와 쌍방에서 출토한 동검을 표지로 하여 새로운 이도하자 - 쌍방식을 설정하여 초기형으로 하고, 앞서 강상식의 전형을 중기형, 루상식의 변형을 후기형으로 설정했다.[2] 남한에서도 3분법을 취하여 전기형에 이도하자, 십이대영자, 중기형에 심양 정가와자 그리고 사아보 · 양갑산 출토 동검을 후기형으로 하여 형식 분류를 하였다.[3, 4]

3분법의 분류방식이 나타나면서 어떤 것이 가장 오래된 형식인가를 따지는 문제가 가장 논란이 되었다. 문제는 요서지역의 남산근 - 십이대영자식과 요동의 이도하자 - 쌍방식 중에서 어느 것이 더 빠른 것인가에 초점이 맞추어져 있다. 검몸은 폭이 넓은 것에서 좁은 것으로, 봉부는 짧은 것에서 긴 것으로 변한다는 점에서 의견을 같이하나, 중국학자는 검 전체로 봐서는 길고 큰 것으로부터 짧고 작아진다고 보는 반면, 북한학자는 이와는 정반대로 주장한다. 또한 북한학자는 앞서 검몸과 칼끝부의 속성 상태를 통한 변천 기준을 요령지방 전체 출토 동검에 일률적으로 적용하는데, 중국학자는 요동지방 출토 동검은 지방의 특수형이라 하여 적용하지 않고 있다.

그러다가 1990년대 중반 이후 북한에서는 종전에 후기형으로 규정한 황해 선암리와 대아리 출토 동검을 오히려 쌍방과 이도하자 보다 이른 초기형이라고 주장하게 된다.[5] 그 형태가 검몸의 돌기가 생기기 이전의 형식으로 판정되며, 공반된다고 추정되는 비파형동모가 기원전 3천년기 전반의 절대연대자료를 내는 평양 표대 집자리와 상원 용곡동 고인돌에서 출토하였다는 것이다. 그럼으로서 비파형동검의 발원지가 요동이라는 설을 철회하고 대동강유역이라고 주장하게 된다.

남한에서는 길이대 너비의 비율이 각각 차이가 나는 이도하자식과 십이대영자식을 각각 다른 상위형식으로 분류하고 조합을 이루는 검자루와 검파두식을 고려하여 그 변천을 설명하였다. 이에 따르면 왕팔개자식, 십이대영자식, 포수영자 - 이도하자식, 남동구 - 정가와자식 순으로서 비파형동모가 공반되는 단계를 늦게 보아 북한과 달리 이도하자식을 후기형으로 정리한 것이다.[6] 이러한 관점에서 보면 요서지역에서 동 동검의 이른 형식이 만들기 시작되어 요동지역으로 파급되는 것으로 설명된다.

2. 청동기유물갖춤새와 그 분포

중국동북지방에서 한반도에 이르는 영역에 비파형동검과 공반하는 청동유물 갖춤새에는 무기, 공구, 장신구, 의기, 제기, 차마구 등이 있다. 이들 각종 청동기에 대하여 처음 제작보급된 원산지 혹은 계통을 따져 청동기유물갖춤새의 유형을 분류하고 그것을 지역집단의 종족을 설명하는 중요한 근거로 삼아왔다. 논의되는 계통은 크게 북방시베리아 - 오르도스, 황하유역 - 화북, 그리고 요하유역 - 서북한 등 세갈래이다. 두말할 것도 없이 세 계통이 만나 복합되는 주요 거점지역은 요하유역으로서 이 지역의 청동유물갖춤새의 계통과 유형에 대해서 집중적으로 논의되어 왔다.

특히 세 계통의 유물이 보다 풍부하게 출토하면서 복합되는 요하 서쪽의 비파형동검 선기의 청동유물 갖춤새가 관심의 대상이 되어 왔는데, 남산근유형과 십이대영자유형이 그대표적인 예이다.[7,8]

남산근 유형은 영성현 남산근 101호와 소흑석구 무덤으로 대표되는데, 가장 큰 특징은 비파형동검과 함께 북방계의 비수식 오르도스식 동검과 공병식 단검이 공반된다는 점이다. 이 동검은 비파형동검과 달리 검몸과 검자루를 함께 붙여 만들고, 검몸이 휘이거나, 검자루에 동물장식을 한 것이 특징적이다 .그리고 이 유형에는 짐승을 형상한 북방유목민계의 동물무늬 장식의 청동기가 많다. 중원계 청동기도 공반되기도 하는데 중국식 동과와 도철무늬 용기가 그 대표적인 예이다. 이 유형은 비파형동검의 분포지역 중 서북쪽으로 치우친 대릉하 서쪽 그리고 북 지역에 분포하고 있다.

십이대영자유형은 조양 십이대영자유적으로 대표되는데, 무기로 비파형동검 뿐이고, 마구로는 자갈과 함께 Y자형동기, 십자형동기가 있다. 공구로는 동끌과 도끼 등이 있으며, 다뉴동경과 함께 장식품으로 사람얼굴모양, 개모양의 장식 등이 있다. 다뉴동경은 만주와 한반도 출토 동경 중 가장 오래된 형식인 연속 Z자무늬 동경이다. 비파형동검과 기하학무늬 다뉴동경은 대릉하유역의 재지적 성격의 것으로, 동물장식은 북방계 요소로 볼 수 있다. 이 유적이 위치한 곳은 대릉하 중류 유역으로 주요 비파형동검분포권의 북쪽 경계인 요하 상류의 영금하와 남쪽 경계인 발해만의 중간에 위치한다.

요서지역에 위의 두 유형 이외에 별도로 발해만 연안의 금서 오금당유적으로 대표되는 오금당유형이 있다. 이곳에서는 무기류로 비파형동검과 방패, 투구 외에 동과가 함께 출토한다. 차마구로 수레굴대부속이 있으며, 공구로는 도끼가 있다. 기하학무늬동경은 지금까지 출토하지 않고 있다. 출토유물 중 투구가 북방계일 가능성을 전혀 배제 못하나, 동과는 중국계로 인정되고, 기하학무늬는 요동지역과 관련 있는 바, 대체로 중원계와 재지계가 복합되어 있는 유형으로서 그 지리적 위치를 잘 반영하여 주고 있다.

요동지역의 비파형동검 전기의 청동유물갖춤새로서 본계 양가촌 유적으로 대표되는 양가촌 유형이 확인된다. 기하학무늬동경과 비파형동검 등을 공반하고, 북방계나 중국계 유물이 거의 보이지 않는 유형으로서 요하 동쪽의 지리적 위치를 잘 반영하여주고 있다. 이 양가촌 유형에 속한다고 할 수 있는 것으로 한반도와 북만주 출토의 대부분의 비파형동검관계유적이 이에 속한다. 그중에는 특히 비파형동검만 단독으로 부장된 경우가 많고, 가끔 비파형 창끝과 공반되기도 한다.[9]

비파형동검의 후기에 요서지방에서는 능원 삼관전 유적으로 대표되는 삼관전 유형이 확인된다. 동 유적에서는 기하학무늬 장식의 검자루와 함께 중원계 동과와 화살촉, 북방계에 속하는 사슴, 호랑이, 개구리 등의 동물장식, 그리고 재지화된 도자, 선형동부, 끌 등의 공구가 공반출토된다. 객좌 남동구 유적으로 대표되는 남동구 유형의 경우 비파형동검과 함께 중국식 동과와 제기가 공반하므로 역시 요서지역의 청동기 갖춤새의 다양한 계통을 보여주고 있다.

이와 달리 요동지역에서는 심양시 정가와자 5612호 무덤의 예로 대표되는 정가와자 유형이 확인되는 바, 이 유적에서는 비파형동검과 함께, 번개모양 장식의 다뉴동경과 마구로서 4마리분에 해당하는 청동말자갈을 비롯하여 나팔모양 청동기 등 각종 말치레거리가 부장되었다. 십이대영자에서 출토한 사람과 동물장식의 청동기가 보이지 않는데, 이는 앞서 양가촌유형의 예에서 보듯이 요하 동쪽과 한반도 출토 청동유물갖춤새에서 보이는 보편적인 특징이다. 이러한 정가와자유형에 속하는 청동기갖춤새는 최근에 한반도에서 평양 신송리유적에서 확인된 바 있다.

결론적으로 말하면 비파형동검문화권 중에서 중원지역, 몽골에 근접한 요서지역에 이들 계통이 복합된 청동기문화유형이 분포하지만, 요동과 한반도에서는 재지적인 요소의 청동기문화유형만 분포한다. 그리고 풍부한 청동기 갖춤새 유형은 비파형동검 전기에 요서지역에 한정하다가 후기에 요동지역으로 이동하며, 한반도에 풍부한 청동기 갖춤새가 나타는 것은 다음 세형동검 단계에 와서이다.

이러한 청동유물갖춤새에 대해서 족속 혹은 종족을 보는 관점에 일정한 변화가 있어 왔다. 1960년대에 요하유역 전체의 비파형동검문화를 동호로 보는 의견이 일본인학자에 의하여 제시된 바 있으나,[10, 11] 북한에서는 비슷한 시기에 요동 - 서북한 지역의 비파형동검문화를 고조선과 관련하여 설명한 바 있다. 그러다가 1980년대에 중국학자는 요서지역의 남산근유형과 십이대영자 유형을 모두 하가점상층문화에 속하는 것을 보고 이를 오환, 선비와 관련된 동호족, 그리고 요동지역의 청동기문화를 예맥에 대응된다고 주장하였다.[12] 북한에서는 요서지역의 십이대영자유형은 발, 남산근유형을 동호로서 이들 족속은 모두 맥족에 속하고, 요동지역은 예족에 속하는 것으로 해석하였다. 남한에서는 1980년이후 남산근유형은 동호 혹은 산융으로서,[13, 14] 그리고 십이대영자유형은 고조선과 관련된다고 보는 의견이 지속적으로 제출되었지만,[9] 아직 제대로 인정받지 못하고 있는 실정이다.

3. 비파형동검과 무덤

중국 동북지방과 한반도에 걸친 비파형동검단계의 지역집단이 누구인가 하는 문제를 살필 때 다음에 볼 토기갖춤새와 함께 청동기를 내는 무덤의 형식과 분포에 대한 검토가 필요하다.

대릉하 이서 지역에서는 비파형동검을 부장한 최상급의 청동기부장묘로는 영성현 남산근, 소흑석구 무덤이 있는데, 무덤형식을 보면 돌덧널 무덤이다. 무덤유구가 정확하게 확인되지 않았지만 대릉하 이동에서 비파형동검 전기에 속하는 최상급의 무덤으로서 조양 십이대영자에 있었을 터인데, 이 지역에서 나오는 무덤의 예로 보아, 돌로 짜 만든 석곽 혹은 돌덧널무덤으로 추정된다. 다뉴경과 비파형동검을 부장한 본계 양가촌의 예 또한 지하 돌덧널무덤이다. 비파형동검 후기 단계의 비교적 다량의 청동기를 부장한 건평 포수영자, 대랍한구의 무덤도 돌덧날무덤이고, 요동지역의 최대급 청동기 부장묘인 심양 정가와자 무덤 또한 지석묘가 아닌 목곽무덤인 것이다.

비파형동검단계에 요동지역에서 청동기가 부장된 무덤으로서 지석묘로 추정되는 것은 쌍방 6호와 벽류하 무덤 등에 불과한데, 그것도 단검 1점이 부장되었을 뿐이다. 쌍방 6호 무덤은 석관 위를 큰 개석이 덮고 있는 일종의 대석개묘로서, 변형 지석묘로 이해할 수도 있지만 전형적인 지석묘로 이해되지 않는다.[15] 따라서 지금까지 확인된 조사성과를 보면 지석묘에는 청동기가 풍부하게 부장된 무덤은 없다고 볼 수 밖에 없다.

기본적으로 요동과 서북한지역에 분포한 오덕형 혹은 탁자식 지석묘의 경우 매장공간의 개폐가 가능하여 부장유물을 매납하기에는 적합하지 않다. 다량의 청동기를 부장하고 그것을 보호하려고 하면 지상개폐식의 고인돌은 불리할 수 밖에 없는 것이다. 상대적으로 오덕형지석묘는 그 기념비적 규모와 구조로써 무덤의 위용을 과시하는데, 그러한 대형지석묘를 선택하여 축조한 집단이 청동기를 제작 보급한 주역이라고 볼 가능성이 적다고 할 수 있다.

비파형동검을 표지로 한 청동기문화권에서 상위급 청동기부장묘의 지리적 분포상을 보더라도, 지석묘의 그것과 차이가 있는 바, 전자는 대릉하와 요하유역에 집중되어 있는 반면에 후자는 요중 이남과 한반도에 분포되어 있는 것이다. 물론 소수의 청동기라 할지라도 비파형동검관련 유물이 발견된 낮은 등급의 청동기부장묘는 요중 이남, 길림지방, 한반도 전역에 분포한다.

비파형동검 단계에 최대급 청동기부장묘가 위치한 요서와 요중 이북을 제외하고 그 이남과 한반도에 지리적 범위를 한정하여 살펴보면 청동기를 내는 부장묘는 지석묘가 대부분 차지하는데, 특히 남한지역의 경우 더욱 그러하다. 그러나 비파형동검단계에 요동 이남과 한반도의 경우 요하와 대릉하 유역과 달리 기본적으로 동검, 동모 이외에 다른 청동기가 부장된 무덤은 거의 없다. 그리고 그 청동기는 대부분 지석묘에서 출토하였는 바, 한반도에 한정해서 본다면 지석묘 집단이 비파형동검 혹은 청동기를 제작하는 주체가 되지만, 그것은 청동기제작 보급의 중심이 아닌 주변의 상황을 말해주는 것이다.

한반도 지석묘에서 발견되는 청동기로서 평양 장리의 교예인물상, 방울이 있지만[16] 그것만으로 같은 시기의 대릉하유역의 십이대영자 등의 정교한 청동기 제작기술을 갖추었다고 보기 어렵다. 상대적으로 높은 정교성과 다양한 기종과 형식의 청동기를 제작하는 기술은 요중 이남과 길림성 그리고 한반도 지역의 지석묘 집단에게는 전달되지 못하였음을 말해준다.

요하유역에서 최대의 청동기부장묘는 요서지역과 달리 후기 비파형동검시기에 비로소 출현하는 바, 심양 정가와자 무덤이 바로 그것이다. 이를 뒤이어 세형동검시기에 요중 이남과 길림성, 연해주지역에서 다뉴경을 포함하는 청동기부장묘가 나타난다. 현재까지 조사된 결과에 따르면, 세형동검시기 전기에 최대의 청동기부장묘는 압록강 이북에서 벗어나 이제 한반도에 자리한다. 아산만, 삽교천 지역에 있는 예산 동서리, 아산 남성리 등의 무덤유적이 그 대표적인 유적으로, 이들 무덤에서는 여러점의 세형동검과 다뉴경을 비롯하여, 각종 이형동기가 부장되고 있는 바, 인근의 금강 유역의 대전 괴정동 무덤도 또한 그러하다.

이 지역에 토착적인 지석묘의 분포지역은 기본적으로 세형동검단계의 청동기 밀집분포지역과 서로 다른 것이 확인된다. 차령산맥 남쪽 보령 지구에는 지석묘가 밀집하고 청동기부장묘가 없는 반면에, 아산만의 예산, 아산지구에는 청동기부장묘가 분포하는 대신 지석묘 숫자가 드물다. 이는 앞서 요동지역에서 동경을 표지로 한 최상급의 청동기부장묘와 지석묘 분포 지역이 각각 다른 것과 그 양상이 비슷한 바, 기본적으로 양자가 각기 다른 지리적 위치에 처할 수 밖에 없는 사회경제적 기반에 근거한 것으로 추정된다.

　앞서 보듯이 충남지역의 최대청동기 부장묘의 무덤형식은 적석목관묘로서 종전의 지석묘와는 다르다. 그러나 세형동검의 묘처럼 깊숙한 토광을 조성한 묘제는 비파형동검단계에 금강유역에 이미 성행하였음이 부여 일대의 유적 발굴을 통하여 확인된 바 있다. 요중 이남 지역에서 지석묘 이외의 무덤에 비파형동검이 부장된 예가 적지 않다. 부여 송국리에서는 석관묘에서 비파형동검이 출토된 바 있고 최근에 서천에서도 도랑을 두른 주구 석곽묘, 경북 김천의 문당동에서는 목관묘에서도 확인된 바 있다. 한편으로 지석묘 중에는 토광을 깊게 파고 목관을 안치한 다음 상석을 덮은 지석묘가 경남 창원과 전남 보성 등지에서 확인된 바 있다. 지석묘 축조 말기에 전형적인 지석묘와 다른 묘제가 지역마다 다양하게 채택되고 있으며, 늦은 단계의 비파형동검이 부장되어 있는 것이 확인된다.

　보성과 창원의 예는 지하 깊숙히 토광을 파고 무덤칸을 조성한다는 점에서 묘제형식상 세형동검시기의 청동기 부장묘와 유사하다. 그러한 전환기적 묘제는 세형동검이 들어오기 전에 조성된 것으로 기본적으로 종전의 거대상석을 표지로 한 묘제의 전통과는 다른 것이다. 따라서 요동지역에서 출발한 새로운 청동기문화의 노하우와 그를 부장하는 이데올로기는 남한지역에서도 지석묘가 거의 사라지는 세형동검시기에 전남과 영남지역으로까지 확산되는 바, 그것은 지석묘의 계통을 따르는 것이 아니다.

4. 토기갖춤새와 주민집단

　비파형동검이 제작 보급되는 기원전 1천년기 요하 유역에서 한반도에 이르는 지역에 예맥, 고조선, 부여, 한 등의 종족 혹은 지역집단이 존재함이 문헌

기록에 확인된다. 이들 집단의 공간적 위치를 설명하는 고고학적 자료로써 무엇보다도 집단마다 자체 생산소비되는 토기가 중요하다. 두말할 것도 없이 가장 관심을 끄는 것은 어떠한 형식의 토기갖춤새가 고조선에 대응되는가 하는 문제이다. 고조선은 요동과 서북한지역에 걸쳐 있으며, 동일한 영역에 비파형동검과 함께 분포하는 미송리식 토기가 그 표지유물이라고 주장된 바 있다.[17, 18]

미송리식토기는 조롱박모양처럼 생긴 것으로 동체에 돼지입술 혹은 꼭지 모양의 손잡이가 달리고, 여러개의 줄무늬가 장식된 점이 특징이다. 요동반도 남단의 쌍타자 3기에서 그 초기형이 출현하여 의주 미송리 동굴 상층출토의 전형적인 형식을 거쳐 황해도 묵방리 고인돌 출토 예의 변형으로 발전한 것이라고 주장한 바 있다. 또한 쌍방에서 초기형 미송리형단지와 이른 형식의 비파형동검이 발견되므로서 미송리형 단지는 전형, 묵방리형 단지는 변형의 비파형동검과 변화의 궤를 같이 한다고 봄으로서 더욱 고조선을 입증하는 비파형동검 공반의 토기갖춤새로 입지가 굳어졌다.

그러다가 1990년대 중반 이후 본계, 법고, 무순 등지의 발견예가 늘어나고 미송리형 토기의 초기 중심지가 요북지역임이 밝혀지면서 요동 남단과 서북한을 영역으로 하는 고조선을 설명하는 토기로서의 지위를 의심받게 되었다.[19] 그 대신에 이중구연 토기 혹은 팽이형토기가 주목되게 된다.[20]

특히 북한에서 고조선의 초기 중심지를 대동강유역으로 비정하면서 더욱 그러한 주장이 강화된다. 1993년 단군릉 발굴 이래 단군조선이 대동강유역에 위치하며, 기원전 3천년기까지 거슬러 올라가는 것으로 주장되었다.[21] 이와 궤를 같이 하면서 팽이형토기가 나오는 덕천 남양리와 평양 표대 집자리유적에서 비파형동검과 공반하는 것으로 이해되는 비파형동모가 이를 입증하는 것으로 주장한다.[22] 남한에서는 편년관을 달리하여 기원전 1천년기에 속하는 것이라고 주장하지만, 요동과 서북한에 걸쳐 분포한 지석묘와 함께 팽이형토기가 고조선과 관련하는 것으로 주장된다.[13]

그러나 팽이형토기는 비파형동검문화권에 속하되, 그 중심에 있지 않다. 그 중심에 있는 청동기문화유형으로서 토기 갖춤새가 분명하게 확인된 것은 정가와자유형과 공반하는 점토띠구연토기와 흑도장경호 갖춤새이다. 점토띠토기는 구연부에 단면 원형에 가까운 점토띠를 붙인 것으로 단순한 이중구연토기와 차이가 나며, 흑도장경호는 직립의 긴 목에 팽창된 구형 동체를 가진 것이 특징이다. 이와 같은 토기 갖춤새가 역시 정가와자의 예와 같은 후기 비파형동검과 함께 출토한 예로서 최근에 한반도에서 평양 신송리와 김천 문당동에서 출토된 바 있다. 그 뒤를 이어 한반도 남부에서 기원전 1천년기 후반의 세형동검과 조세문경과 세문경 등을 표지로 하는 청동기갖춤새와 함께 충남의 아산남성리와 대전 괴정동, 예산 동서리 등지의 남성리 유형과 영산강유역의 함평 초포리, 화순 대곡리 유적 등지의 화순 대곡리유형과 공반하는 것으로 알려져 있다. 따라서 동 토기갖춤새 유형은 비파형동검의 후기에서 세형동검시기에 이르기까지 요동과 한반도에 걸쳐 청동기문화의 중심에 있는 집단을 표상으로 한다고 할 수 있다.

그러한 점토띠토기 갖춤새가 요서 지역에 비파형동검문화의 중심지인 대릉하유역에까지 분포할 가능성이 있으며, 그렇다고 한다면 기원전 1천년기 전반부터 비파형동검을 표지로 한 청동기갖춤새를 주도한 집단은 미송리형 혹은 팽이형토기가 아니라 점토띠토기 집단인 것이다.[23] 그리고 그 토기집단이 고조선과 그를 계승한 주변집단이라고 볼 수 있는 것이다.

5. 앞으로의 과제

비파형동검에 대한 연구의 가장 큰 걸림돌은 무엇보다 그 생산의 방식과 체계에 대해서 구명할 자료와 접근방법이 제대로 갖추어지지 못하였다는 점이다. 제작과정은 크게 광물 원산지의 자연지리적 공간, 형틀의 제작, 광물의 합금과 관련한 야금기술, 그리고 장인운영의 사회경제적 시스템의 문제로 나누어 볼 수 있다. 구리광산과 관련하여 비파형동검 이전단계의 광산이 요서지역의 내몽고 대정에서 확인되었을 뿐 이에 대한 고고학적 자료는 거의 백지상태이다. 제작기술과 관련하여 비파형동검과 동모, 동부 등의 무기와 동탁 등의 석제 거푸집 몇몇 사례가 밝혀졌을 뿐 합금 주물의 직접적인 증거는 찾아지지 못했다. 더군다나 생산체계를 밝혀질 수 있는 가마와 제작 공방터의 단서는 전혀 확보되지 않았다.

그럼으로써 그 제작의 중심지가 각 단계별로 어디에 위치하며, 그 주인공이 어느 집단인지를 구명하고자 하는 기초가 마련되지 못한다. 또한 이러한 청동기의 생산과 생산지의 문제가 해결되지 않은 상태에서 비파형동검이 분포하는 중국 동북지역에서 한반도에 이르는 영역내에 집단간의 교류문제가 해명되기 어렵다. 장래 조사되고 연구되어야 할 가장 시급한 과제인 것이다.

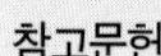

참고문헌

1. 김용간 · 황기덕, 1967, 「기원전 천년기전반기의 고조선문화」, 『고고민속』 2기.

2. 박진욱, 1987, 「비파형단검문화의 발원지와 창조자에 대하여」, 『비파형단검문화에 관한 연구』, 과학백과사전출판사.

3. 김정학, 1978, 「한국청동기문화의 편년」, 『한국고고학보』 5.

4. 김원룡, 1976, 「심양 정가와자 청동시대묘와 부장품」, 『동양학』 6.

5. 박진욱, 1995, 「고조선의 비파형단검문화에 대한 재검토」, 『조선고고연구』 95-2.

6. 오강원, 2003, 「요령-한반도 지역 비파형동검-세형동검 T자형 청동제 검병의 형식과 시공간적 양상」, 『한국상고사학보』 41.

7. 황기덕, 1987, 「료서지방의 비파형단검문화와 그 주민」, 『비파형단검문화에 관한 연구』, 과학백과사전출판사.

8. 靳楓毅, 1982, 「論中國東北地域含曲刃靑銅短劍的文化遺存(上)」, 『考古學報』 82-2.

9. 이청규, 「청동기를 통해 본 고조선과 주변사회」, 『북방사논총』 6호, 고구려연구재단, 2005.

10. 秋山進午, 1968, 「中國東北地方の初期金屬器文化の樣相(上)」, 『考古學雜誌』 53-4.

11. ______, 1995, 「遼寧省東部地域靑銅器再論」, 『東北 アジアの考古學研究』, 同朋舍.

12. 靳楓毅, 1983, 「論中國東北地域含曲刃靑銅短劍的文化遺存(下)」, 『考古學報』 82-2.

13. 송호정, 2003, 『한국고대사 속의 고조선사』, 푸른역사.

14. 오강원, 2006, 『비파형동검문화와 요령지역의 청동기문화』, 청계출판사.

15. 석광준, 1999, 「중국 동북지방 '대석개석관묘' 의 성격에 대하여」, 『조선고고연구』 99-4.

16. 최응선, 1996, 「상원군 장리고인돌무덤을 통하여 본 고조선초기의 사회문화상에 대하여」, 『조선고고연구』 1996-4.

17. 황기덕, 1990, 「비파형단검문화의 미송리류형-1, 미송리유형의 유적유물과 연대」, 『조선고고연구』 89-3.

18. 로성철, 1993, 「미송리형단지의 변천과 그 연대에 대하여」, 『조선고고연구』 93-4.

19. 김미경, 2006, 「미송리형 토기의 변천과 성격에 대하여」, 『한국고고학보』60.

20. 리순진, 1996, 「고조선의 질그릇에 대하여」, 『조선고고연구』1996-3.

21. 석광준, 1999, 「대동강류역은 청동기시대문화의 발원이며 중심지」, 『조선고고연구』1999-1.

22. 서국태, 1996, 「팽이그릇문화의 편년에 대하여」, 『조선고고연구』1996-2.

23. 박순발, 2004, 「요령 점토대토기문화의 한반도 정착과정」, 『금강고고』1, pp.37~59.

24. 복기대, 2002, 『요서지역의 청동기시대 문화연구』, 백산자료원.

25. 임병태, 1996, 『한국 청동기문화의 연구』, 학연문화사.

26. 최몽룡 외, 2004, 『동북아 청동기시대문화 연구』, 주류성.

27. 하문식, 2004, 「고조선지역 고인돌 출토 청동기 연구」, 『동북아 청동기시대문화 연구』, 주류성.

28. 이건무, 2004, 『한국의 청동기문화』, 대원사.

29. 김정학, 1987, 「고고학상으로 본 고조선」, 『한국상고사의 제문제』, 한국정신문화연구원.

30. 이강승, 1979, 「요령지방의 청동기문화」, 『한국고고학보』6.

31. 이영문, 1998, 「한국 비파형동검문화에 대한 고찰」, 『한국고고학보』25.

32. 윤무병, 1987, 『한국청동기문화연구』, 예경출판사.

33. 劉國祥, 2000, 「夏家店上層文化靑銅器硏究」, 『考古學報』2000-4.

34. 林澐, 1980, 「中國東北系銅劍初論」, 『考古學報』1980-2.

35. 翟德芳, 1988, 「中國北方地區靑銅短劍分群硏究」, 『考古學報』1988-3.

36. 석광준, 2002, 『조선의 고인돌무덤 연구』, 중심.

청동기시대의 취락

이성주 _ 강릉대학교 사학과

1. 왜 취락고고학인가?

고대사의 핵심적 주제의 하나는 국가 형성까지 사회의 진화를 서술하는 것이었다. 그래서 선사시대로부터 고대국가의 출현까지 사회발전단계에 대한 설명이 중요했다. 사회발전단계를 쓰려면 문헌 이전의 유물·유적에 의존할 수밖에 없다. 그래서 고고학의 주 임무를 문헌으로 거슬러 올라갈 수 없는 선사시대 사회발전의 서술로 이해하는 경향이 있다. 그렇지만 초기의 민족 정체성을 염두에 둔 사회발전단계론이나 구체적 자료에 기초하지 않은 사회진화론은 매우 엉성한 敍事에 머무를 수밖에 없었을 것이다.

지금의 고고학에서는 과거사회의 어떤 양상, 혹은 사회의 진화 등을 설명할 때 취락 혹은 취락유형을 분석하게 된다. 그러나 한국 고고학계에서는 1990년대 중반까지 자료의 한계로 취락유적을 제대로 분석할 수 없었다. 이후 축적된 청동기시대 취락자료를 몇몇 연구자들에 의해 사회진화의 과정을 설명하는데 적극적으로 이용되기 시작하였다. 특히 고대국가 형성의 전제라고 할 수 있는 삼한의 國이 형성되는 과정은 청동기시대 취락유형의 분석을 거치지 않고서는 설명해낼 수 없는 일이라는 것을 깨달은 것이다.[5, 6, 7, 34, 60, 72, 73]

聚落, 혹은 취락고고학이란 용어는 한국과 중국의 학계에서만 쓴다. 일본학계에서는 이를 集落이라 하며 영어권에서의 'settlement' 도 같은 의미이다. 취락은 집이 몇 채 모여 있는 마을이지만 엄밀히 말해서 영어의 settlement가 꼭 그런 의미가 아니라는 것은 사전적 정의를 통해서도 알 수 있다. 고고학 유적으로서 취락은 고분이나 토기요지와 같은 특수 기능유적이라기 보다는 일반주거유적을 지칭하는 것이고 도시유적이 아니라 좀 작은 농경촌락 정도를 의미하는 듯 보인다. 그러나 막상 고고학에서 취락유형(settlement pattern), 혹은 취락고고학이라 하면 일정 경관 안에 과거의 인류가 마을을 이루고 경작지와 공동묘지, 기타 생산시설과 제의장소를 배치시키는 방식과 그것을 연구하는 분야를 뜻하는 것으로 정의하게 된다.

고고학의 학사적인 흐름에서 보면 문화보다는 사회, 문화사적 기술보다는 과학적인 설명, 혹은 전통적인 방식보다는 진보적인 연구관점을 지향했던 연구자들에 의해 취락유형에 대한 연구의 필요성이 주장되었다. 주지하다시피 20세기 전반까지 고고학은 문화의 단위를 정의하고 문화사 편년, 문화의 계통을 서술하는데 중점을 두었다. 문화사적 고고학 전통에 강한 불만을 가졌던 연구자들은 문화단위가 아니라 사회적 실체, 즉 사회집단, 共同體 등을 고고학자료를 통해 정의하고 그들 사이의 관계를 설명해야 한다고 토로했다. 전통고고학자들이 특징적인 유물의 조합으로 문화단위를 정의하였다면 20세기 중반, 문화에서 사회로 관심을 돌려 사회집단 즉 공동체를 인식하고자 했던 고고학자들이 취락과 취락유형을 분석하고자 했던 것이다.

취락고고학은 영미고고학계가 선두로 개척한 분야임은 물론이다. 특히 신대륙에서 진화론과 생태학적 인류학의 관점을 수용한 연구자들에 의해 이른바 취락유형의 연구가 본격화되었다는 것은 다 아는 사실이다[85, 101, 103, 104]. 그러나 취락고고학이 서구 고고학자들만의 전유물은 아니다. 그들과 전혀 학문적 배경을 전혀 달리했던 일본 학계에서도 취락고고학의 연구가 독자적으로 시도되었던 것이다. 戰後 마르크스주의 고고학자들은 문화 특수주의적 민족사의 담론이었던 고고학을 사회변동에 대한 과학적 해석으로 정초하고자 했다. 그 방법으로 그들은 농경집락을 분석하여 고대 공동체와 단위집단을 정의하려 했다.[87, 88] 한국고고학계에서도 '시대구분론', '원삼국시대', '백제의 고고학', '영남의 고고학' 등을 대회주제로 내걸던 고고학전국대회가 좀 더 진보적이고 참신한 테마로 선택한 것이 1994년도 "마을의 고고학"이었다.[85] 준비 없이 개최된 이 대회를 계기로 청동기시대 취락고고학에 대한 연

구도 본격화되었는데 이 무렵을 전후로 고고학의 연구 경향이 많이 달라진 것
도 사실이다.

2. 취락고고학의 성립과 전개

세계고고학의 흐름에서 보면 최근에 취락이니 취락유형이니 하는 용어가
책의 제목이 된다든가, 개설서의 한 장을 차지하지는 못하는 경향이다. 그렇
다고 취락(유형)에 대한 연구의 중요성이 줄어들었다고 할 수는 없다. 다만
고고학 연구의 궁극적인 목적이 사회와 그 진화과정 등의 설명이지 취락, 혹
은 취락유형의 분석은 그것을 위한 하나의 방법이나 절차일 뿐이란 점을 고고
학자들이 깨달았기 때문인 듯하다. 말하자면 크고 작은 공동체나 그 관계,[96]
정치체의 규모나 조직을 정의하고[98, 99] 일정 지역에서 이루어지는 사회진화
의 과정[105]을 설명하는 것이 고고학의 목표이며 취락이나 취락유형에 대한 분
석과 해석은 하나의 수단이라는 것이다. 그러하다면 취락고고학은 사회집단
과 사회변동에 대한 이론적인 경향에 따라 좌우된다고 보아도 좋을 것이다.

1950년대에 본격화 되있으니 이제 약 60년 정도 되어가는 서구 취락고고학
의 연구사를 보면 두 차례의 전환기가 있었다고 생각된다. 먼저 1960년대 후
반 신고고학의 등장과 함께 커다란 진전이 있었고 1990년대 사회고고학의 이
론적 전환에 따라 중요한 변화가 있었다. 이 과정에 대해서는 이미 세계고고
학의 흐름 속에서 연구의 경향을 짚어 본 논문이 발표된 바 있다.[85] 여기서 다
시 반복하는 것은 의미가 없을 터이고, 다만 이 글에서는 당초 취락고고학이
라는 것이 어떠한 관점에서 출발하였는지, 최근의 경향은 어떤지, 그리고 우
리 학계에서는 이를 어떻게 수용하고 발전시켰는지에 대해서만 간략히 검토
하고자 한다.

취락고고학(settlement archaeology)은 당초 신대륙 고고학자들이 개척해
놓은 연구 분야이다. 취락 연구의 이론적, 방법론적인 기초를 마련한 고든 윌
리[85, 103]는 취락고고학이 "하나의 경관 안에 사람들이 퍼져 사는 방식에 대한
연구"라고 정의했다. 그런데 윌리는 그 방식을 결정하는 변수가 세 가지쯤 있

다고 생각한 것 같다. 첫째는 사람을 둘러싼 자연환경이고, 둘째는 사람들이 개발한 기술의 수준이며, 셋째가 문화적으로 유지되는 사회적 상호작용과 통제의 방식이다. 이후 신대륙의 고고학자들은 취락유형 연구의 대형프로젝트들을 수행해 왔는데 광역에 걸친 고고학적 기획은 지표조사나 발굴을 통해 유적의 성격과 분포를 밝히는데 그치지 않았다. 취락유형을 결정하는 첫 번째 변수들을 생각하여 지후, 지형, 토양, 기타 가용 자원을 조사하고, 유적발굴을 통해 나온 유물은 그들의 기술ㆍ경제적 수준을 가늠하기 위해 분석되었다. 그리고 각 취락에서 확인된 인간집단들 사이의 교류의 증거는 사회적 상호작용을 추론하는데 이용되었다. 이와 같은 취락유형의 연구는 일정 지역의 사회진화에 대한 이론적인 설명에도 큰 기여를 했지만 고고학의 조사방법과 자료 분석기법에 커다란 진전을 가져왔다. 과연 우리가 조사한 구간이나 유적, 혹은 수집한 유물이 전체를 대변하느냐는 문제의식에 따라 조사지역에 대한 표본추출 기법을 개발하였다. 그와 함께 자료 해석에서는 통계적 절차가 반드시 따랐고 유적이나 유물의 분석 관점과 방법들이 다양하게 적용되었다.

1980년대 탈과정주의의 등장이 고고학의 이론적 전개에 있어서는 하나의 전환점이었다. 탈과정주의 이후 한 측면에서는 고고학적인 지식이 상호주관적인 해석일 뿐이라는 극단적인 주장으로 흐르기도 했다. 그러나 다른 측면에서 보면 탈과정주의는 고고학이 현대 사회이론을 폭넓게 수용하고 소화해 내는 계기로서 긍정적인 역할을 했다. 1990년대 이후 취락고고학에도 그러한 변화를 읽을 수 있다. 일부 연구자들은 주어진 경관 안에서 과거와 현재에 살고 있는 사람들의 현상학적 주체 의식을 이해하자는 제안을 했다.[26, 27] 이에 비해 많은 연구자들이 현대 이론, 특히 기든스나 부르디외의 사회이론에 바탕을 두고 수행자(agency)의 개념을 도입하여 예컨대 우리가 유적에서 정의한 공동체가 객관적이고 자연적 실체인가 하는 의문처럼, 그동안 취락고고학 연구에서 당연시해 온 관념들을 비판적으로 수정한다.[93, 94]

전후 일본 고고학계에서도 영미고고학과는 관련 없이 독자적으로 취락고고학의 기초가 마련하였다. 신대륙의 고고학자들이 광범한 지역권을 대상으

로 유적과 유물의 분포와 함께 생태학적 자료를 분석하였다면 일본의 취락고
고학은 전면 발굴된 취락 안에서 주거지의 결집을 관찰하여 사회적 단위를 정
의하는 작업에서 출발했다. 이와 같이 하나의 취락에서 몇몇 주거치가 결집
된 사회단위를 인식하려 한 것은 마르크스주의 고고학자들이었다. 그들이 취
락고고학의 출발점을 그렇게 설정한 것은 그들 나름대로의 이유가 있다. 마
르크스주의 이론에 따르면 첫째로 생산력, 생산수단, 생산관계 등의 변수로
사회변동이 해명되어야 하고, 둘째로 집단간의 사회적 서열이 심화되고 정치
권력이 넓게 확대 적용되는 과정으로 사회진화를 설명해야 했다.

그래서 생산수단을 공유하고 함께 노동하여 생산물을 공유하는 최소의 사
회집단 즉 단위집단이란 것을 생각했던 것이다. 취락을 발굴해 보면 2~5인이
함께 살만한 수혈주거지가 있고 이들이 몇 동씩 모여 주거군을 이루고 있는
것이 드러난다. 이 주거군을 단위집단, 혹은 세대공동체 등으로 불렀으며 이
공동체들이 모여 농경생활을 운영하고 제사도 함께 지내는 (촌락)공동체 된
다고 생각한 것이다.[87, 88] 일본 마르크스주의 고고학자들은 원시사회의 진화
를 정치권력의 범위가 확대되는 과정에서 찾는 듯하다. 최소 단위집단 안에
서의 의사결정 권한은 그 범위가 확장되면 여러 공동체를 통합하고 조정하는
정치권력으로 발전하게 된다. 이러한 정치권력은 지역집단과 그 이상의 범위
로 확대되는 과정을 거친다고 생각했으며 이것을 사회의 진화라고 간주했다.
사실 이와 같은 고전적인 취락고고학의 개념적 기초와 사회진화의 모델은 이
론적으로든 경험적 자료를 통해서든 일본고고학 자체 내에서 많은 수정이 있
었다.[89]

3. 한국에서 취락고고학 연구의 진전

한국에서 취락고고학은 1990년대 들어와서야 본격적으로 논의되기 시작했
다. 취락고고학의 연구가 이루어지기 어려웠던 것은 일차적으로 자료의 부족
때문이라 생각된다. 한국에서는 1990년대 들어와서야 대규모 구제발굴을 할
수 있는 장치가 제도적으로든 관행적으로든 마련되었고 이로 인해 취락에 대

한 전면발굴도 가능해졌다. 만일 신대륙의 고고학자들처럼 광역으로 설정된 일정 景觀을 대상으로 발굴 이외의 방법으로 자료를 수집해서 취락유형을 연구한다면, 그리고 연구재단이 지원하는 조사프로젝트로 연구된다면 취락고고학 연구는 다른 방식이었을 것이다. 그러나 우리의 경우는 그러한 방식의 취락고고학은 아니었으며, 일본 고고학계와 마찬가지로 정밀하게 전면 발굴된 취락자료가 있어야만 본격적인 연구가 시작될 수 있었다.

1990년대 이전에는 취락고고학이 아니라 住居址고고학이었다. 처음으로 수혈주거지를 노출시킨 예는 1949년도 弓山里유적의 발굴이었으니 북한 학계가 남한보다 20여년이나 앞선 셈이다. 한국전쟁 직후, 1954년 55년에 공귀리유적, 오동유적에서 청동기·철기시대의 주거지가 발굴되었고 그 이후에도 선사시대 주거지의 발굴은 이어졌다. 그러나 아직까지도 북한학계에서는 취락고고학의 연구를 볼 수 없으며 가옥의 구조와 시대적인 변천을 서술하는 주거지 고고학만 있을 뿐이다.[20] 청동기시대 사회상에 대한 유물론적 논의도 [19] 취락자료에 근거한 해석은 아니었다. 아직도 북한에서는 취락을 전면 발굴한 자료를 찾을 수 없으며 이러한 자료의 한계가 취락고고학의 연구를 불가능하게 만든 듯싶다.

남한학계에서 주거지연구는 1970년대 초에 처음 이루어졌으며[24] 1980년대 중반, 한국 선사시대 집자리의 지역적 특징과 변천이 종합되었다.[75] 최근에도 집자리의 형태적 속성을 분석하고 형식 분류하여 시기—지역에 따른 변천을 서술하는 작업은 지속적으로 이루어지고 있다. 이러한 분류와 기술의 작업을 통해 이른바 類型 간의 문화적인 접촉이나 전파관계를 설명하려는 시도도 볼 수 있다.[9, 10, 28, 61, 62, 66, 69]

송국리유적은 일찍부터 연차 발굴 되었지만 80년대 말 90년대 초 주암댐 수몰지역의 대곡리와 낙수리유적, 서울 미사리유적, 울산 검단리유적 등에서 처음으로 전면 발굴된 취락자료가 나왔다. 그리고 진주 대평리, 천안 백석동, 보령 관창리 등 대형 취락유적들이 거의 전면적으로 발굴되었으며 취락유적의 절대 다수는 청동기시대에 속하였다. 이후 청동기시대를 중심으로 취락고고학 연구가 본격적으로 이루어졌으며[5, 6, 8, 42, 43, 47, 48, 49, 50, 70, 71, 91] 영미고고학의 이론·방법론을 받아들인 새로운 시도도 있었다.[13, 14, 15] 학계만이 아니라 일본학계에서 자료집성과 개설적인 검토[106, 107]가 있었고 서구 고고학계에서도 최근 꼼꼼한 자료 분석을 통한 취락연구 논문이 나왔다.[92]

90년대 중반 이전에도 취락고고학의 연구가 있었다. 여기서 일일이 거론할 수는 없지만 고대사 연구자들은 일찍부터 일정지역 안에 정치권력이 어떻게 발생했을까? 에 대해 취락고고학적인 관점에서 답하려 한 적이 있다. 취락자료는 아니지만 분묘부장품을 통해 접근해 보려 했던 사례가 있다.[67] 70년대에는 취락과 관련된 일차적인 분포 자료조차 찾아보기 힘들었다고 할 수 있는데 직접 지표조사한 자료를 토대로 대구지역 사회집단의 통합과 위계에 대해 논의했던 독보적인 연구가 있다.[52] 물론 취락보다는 선사시대 지석묘와 삼국시대 고분군 분포가 주된 관찰대상이긴 하였는데 이후에도 대구지역의 자료를 통해 지역집단, 혹은 지역 정치체의 형성과정에 대한 통찰력 있는 연구들이 나온 것[21, 73]은 흥미로운 일이다.

전면발굴은 아니시만 청동기시대 취락의 형태를 어느 정도 가늠할 수 있는 자료들, 예를 들면, 송국리유적이나 흔암리유적과 같은 예는 일찍부터 소개되어 있었다. 그러나 주거지와 출토 유물을 문화사적 편년의 재료로만 간주했지 취락의 연구로 연결시키지 못하였다. 취락고고학적인 접근을 하려면 자료를 어떠한 방법으로 분석하여 어떤 정보를 얻어내느냐 하는 문제의식에서 출발해야 하는데 사실 그에 대한 초보적인 연구도 사실은 드물었다.[79, 80] 그러던 가운데 청동기시대 유적은 아니지만 승주 낙수리 취락을 보고하면서 창고 하나를 중심으로 수혈주거 2-3동의 결집이 나타남을 확인하고 이른바 세대공동체로 정의한 연구가 있었다.[81] 또 청동기시대 취락의 공간 구조에서 집회소로 보이는 광장의 존재를 제안했던 논문이 있었는데[82] 이들은 한국 취락 연구의 선구적인 작업이라고 할만하다.

한국에서 취락고고학의 연구가 본격화 된 것은 1990년대 중반 이후부터 이다. 이것을 가능케 한 것은 전면 발굴된 청동기시대 취락자료의 축적 때문이다. 취락고고학을 위한 조사를 통해 고고학적인 정보를 축적해가는 측면도 있지만 자료의 축적을 통해 취락고고학이 가능해졌다는 것은 자료와 연구 사이의 관계에 대한 우리 학계의 입장을 엿볼 수 있게 한다. 말하자면 한국의 취락고고학은 신대륙의 취락유형 연구와 다른 방식으로 시작되었으며 일본학계의 集落고고학과 유사하게 출발했다. 일본 집락고고학의 모델을 대부분의 연구자들이 수용해서인지 한국의 취락고고학은 단위집단들을 인식하고 취락의 구조 및 유형을 정의하는 연구들이 많다. 경관과 관련된 취락 분포의 분석도 철저히 귀납적이며 지형적인 입지를 중심으로 분석되는 경향이다. 하지만 정밀한 문화유적 분포지도가 전국적으로 작성되고 있는 지금의 고고학적인 환경에서 보면 우리도 다양한 생태, 경관자료와 함께 좀더 확대되고 진전된 시각에서 취락유형의 연구를 해야 할 것이 아닌가? 기대된다.

4. 청동기시대 취락의 기본 성격

농경이 자체적으로 발생하지 않은 대부분의 지역처럼, 한반도 역시 취락의 발생은 농경의 시작보다 선행하는 것으로 알려져 있다. 하지만 초기의 취락은 반정착적인 성격을 갖고 있다고 하며 정주취락은 신석기시대 중기에나 발생하는 것으로 추정되고 있다.[45] 신석기시대 중기부터는 소규모 농경이 보급되는데 이로 인해 취락의 정주성이 증가된다고 한다.[74] 이때의 취락은 크고 작은 수혈주거 5-6기로 구성된 소규모 compound형에 불과하고, 영역의 점유도 병참적인 방식이 여전하다고 한다.[23] 그런데 청동기시대 조기로 접어들면 취락의 구조나 규모가 달라질 뿐만 아니라 빠르게 확산되어 점유의 밀도가 높아진다. 그 결과 다른 어느 시대에 비해서도 청동기시대의 취락이 수적으로 우세하다. 하안 대지와 낮은 구릉, 꽤나 높은 산지의 정상부와 사면에 걸쳐 인간집단이 점유할만한 장소에서는 어디서나 청동기시대 취락을 볼 수 있을 정도이다. 이와 같은 농경취락의 발전에 대해서는 다양한 이유를 생각해 볼 수 있다. 즉 인구가 늘었던 까닭이거나, 또는 농업경영방식의 다양화로 경관의 다양한 부분을 개발할 수 있는 기회를 얻었던 때문으로 볼 수 있다. 아니면 유적으로 남겨지기에 유리한 수혈주거지이기 때문이란 것도 하나의 이유가 된다. 그러나 농경취락의 변화와 확산의 핵심적인 이유는 집약적인 농경의 시작과 함께 그 여파로 나타나는 사회변동의 결과라고 보는 것이 적절하지 않나 생각된다.

주지하다시피 정착성이 약한 소규모 취락의 신석기시대 사회가 청동기시대를 지나 원삼국시대에 이르면 방어시설로 둘러싸인 유사도시에 정치엘리트와 전문장인이 기거하게 된다. 이 1천년 정도 기간의 청동기시대에 일어난 이 변화를 우리는 어떻게 정의해야 할까? 한마디로 정의하긴 어렵지만 집약적 농경생활방식이 확산되었던 시대였다고 보면 어떨까 한다. 그에 따라 인구가 증가하면서 사람이 이용할 만한 경관 거의 대부분이 점유되었고 대규로 구조화된 취락이 형성되기도 하였다. 또한 거대한 기념물의 축조가 가속화되었으며 의례적인 의미의 장소가 구축되고 정치권력을 위해서도 공간이 배려되었다.[53, 54, 56] 더욱 주목해 두어야 할 것은 이 시기에 이루어진 사회변동이다. 원삼국시대가 되면 더욱 뚜렷해지지만 청동기시대에 이미 초보적인 계급이 발생하고 전문생산자가 나타났을 것이라는 견해가 지배적이다. 그리고 농경취락이 통합되어 지역정치체가 형성되었다고 보기도 하며 지역집단들 사이의 상호작용의 네트워크가 형성되고 확장되어 중국 동북지역과의 교류도 가능해졌다. 집약적인 농경으로 촉발된 이 연쇄적 상호작용의 결과를 "농경문화체계의 형성"이라고 부르기도 하는데[44] 청동기시대 취락경관 및 유형은 그와 같은 사회문화 변동을 염두에 두고 이해하지 않으면 안 될 것이다.

청동기시대에는 농경이 생업경제에서 차지하는 비중이 절대적이었던 만큼 생업경제와 관련시키는 연구가 많다. 특히 취락의 입지, 즉 지형적인 점유방식을 생업경제와 연결시켜 해석하는 경향이다. 지형에 따라 취락을 분류하고 각 입지의 유형들을 출토유물과 관련시키면서 생업경제의 특성을 추론하는 연구들이 제출되어 있다.[12, 31, 47, 84, 86] 송국리유형의 취락을 분석하면서 농경형태에 따라 田作農耕型과 水田農耕型을 구분한 뒤 각자 어떠한 입지유형을 보이며 취락의 규모는 어떤 양상을 보이는지를 검토한 연구도 있다.[70] 입지에 따라 청동기시대 취락을 平地型, 山地型, 丘陵型으로 구분하고 각 입지 유형들은 石斧의 기능적인 조성이 다르고 시기에 따라 입지도 변해간다고 지적하면서 이것이 火田, 田作, 水田 등과 같은 농경방식의 차이를 반영한다고 설명하기도 한다.[47] 취락의 입지는 지형적 여건뿐 아니라 시기에 따라 농업경영이나 사회적 환경이 변하면서 달라질 수 있다. 그래서 지역차도 크다고 본다. 예컨대 영동지방에서는 청동기시대 취락이 오직 구릉 정상부에서만 발견되는[37, 38] 강한 지역성을 보인다. 결국 청동기시대 농경취락은 농경의 도입, 그리고 각 지역의 환경적인 여건에 따른 정착의 과정에 따라 다르게 전개될 것이다. 취락의 규모나 구조적 특징 그리고 그 존속시기 및 취락들간의 관계는 농업경영방식과 그에 따른 생산력, 인구 및 사회조직과 맞물리면서 변해갈 것이다.

5. 청동기시대 취락과 공동체

사실 취락유형 연구에서 분석의 범위를 어떻게 설정하는가의 문제는 서구의 학계가 일찍부터 중요하게 생각해 왔다. 취락유형이란 일정 경관 안에 사람들이 퍼져 사는 방식이다. 고고학 자료로 보면 크고 작은 주거지가 모여 취락을 이루고, 취락들이 경관 곳곳에 자리 잡은 양상으로 나타난다. 이러한 자료를 분석할 때 공간적 범위를 정한다는 것은 사회집단과 그 관계 혹은 사회조직의 범주와 관련되는 문제이다. 일찍이 부르스 트리거는 취락연구의 세 가지 범주를 제안한 바 있다. 그것은 첫째, 개별 주거의 구조 분석, 둘째, 취락 공동체들의 구성과 분포, 그리고 셋째로 그가 지역적인 패턴(zonal pattern)이라고 불렀던 지역 수준의 취락유형이 그것이다. 이후 이 범주를 세분하여 인간행위의 공간적인 관계와 조직을 인식하려했던 작업을 통해 분석의 공간적 범위를 가구(household), 가구군(household cluster), 공동체(community), 마을(village), 지역(regional), 지역간(inter-regional)의 수준으로 구분해 볼 수 있다는 제안이 있었다.[96] 우리 청동기시대 취락연구에서는 취락 내 주거지와 그 결집의 범위에 따라 주거, 주거군, 취락으로 구분되며 보통 가족, 세대공동체,

촌락공동체에 대입된다.[5, 6, 8, 34, 42, 43, 48, 50, 72] 그리고 취락의 규모와 의사결정의 서열에 따라 자연촌락, 촌락, 읍으로 구분하거나[34] 문헌에 나오는 용어를 대입하여 聚落, 邑落, 國 등에 대입시키기도 한다.[5, 6, 72, 73]

취락고고학에서는 먼저 자료상에 나타나는 개별주거의 분포나 결집을 직관적인 관찰이나 계량적인 방법을 통해 범주를 정하는 절차가 있다. 그 다음 사회조직의 범위와 서열을 지칭하는 용어와 대입시키게 된다. 취락유형 분석에서 범위란 단순히 공간적인 규모를 정의하는 문제가 아니다. 사회생활의 범주를 정하는 문제, 공동체의 범위를 정의하는 문제이다. 그러나 자료 분석의 수준에서는 어떤 결집들이 관찰된다 하더라도 그것을 사회집단을 표시하는 용어와 바로 연결시키기는 어려운 문제라고 생각된다. 왜냐하면 사회관계의 문제는 현재 남아있는 유적으로부터 발견해내는 것이 아니라 과거에 존재했던 사회에 대한 것이기 때문이다. 우리 청동기시대 취락연구에서는 공간적 결집을 서로 다른 범위의 가족이나 세대공동체에 바로 대입시키는 경우를 보는데 사실 이러한 추론은 문제가 있을 수밖에 없다.[71]

취락분석의 최소단위를 住居 혹은 家ㄷ라고 한다. 말하자면 집 한 채를 지칭하는 말인데 사회조직의 차원에서 보통 가족을 상정한다. 일찍이 주거의 면적을 거주하는 구성원 수와 관련시켜 본 연구들이 있었다. 주거지의 면적이 작으면 핵가족이 살았고, 크면 대가족이 함께 거주했다는 논리가 일반적으로 받아들여져 왔지만 구분의 명확한 기준은 사실 제시하기 어렵다. 민족지적 자료 등을 통해 1인당 $5m^2$이니 $10m^2$이니 하는 제안이 있었으나 일반화시킬 문제는 아니었다.

주거지가 크면 대가족이 살았을 수도 있고[5, 42] 공공의 집회소나 엘리트의 거처일 수도 있다. 그래서 취락의 면적도 고려하지만 주거지의 구조 특히 평면형과 노지의 개수에 주목하여 대가족인지 아니면 집회소인지 판단하기도 했다.[46] 그러나 爐址만이 아니라 저장혈이나 작업시설의 위치 등을 분석해 보면 하나의 주거 내에 대가족이 함께 살았는지 아니면 커다란 주거지가 저장, 작업, 소비 등으로 기능적인 공간분할이 이루어졌는지를 검토할 수 있다.[4, 18,

[46, 78] 수혈주거지의 면적은 거주인 수에 따라 달라질 수도 있지만 주거의 위계, 즉 상위 계급의 주거인가, 하위 주민의 주거인가에 따라 차별화될 수 있는 것이다.[14, 46] 이러한 문제를 좀더 적극적으로 분석해 본다면 주거의 면적은 주거 안에 남아 있는 유물의 성격(일상용품인가 혹은 위세품인가)이나 그 수량(예컨대 생산도구의 집중과 같은)과 어떤 함수관계에 있는가를 검토해 볼 수 있다. 송국리문화기의 경우 대형취락에 주거지가 밀집된 지역에서 주거의 위계화는 분명히 드러난다는 결론을 제시한 연구가 있어서 흥미롭다.[14]

지금까지 하나의 주거에 대한 해석을 검토했는데 다음으로 주거지의 결집에 대해 논의할 차례이다. 즉 최소단위의 주거군으로, 청동기시대 중기부터 취락에서 보편적으로 관찰되는 3-5채 주거지의 결집현상을 말한다. 이 주거군을 단위주거군이라고 부르기도 하지만,[71] 사회단위의 의미를 내포한 세대복합체,[42] 세대공동체[5, 46]라는 용어를 붙이는 것이 보통이다. 주지하다시피 청동기시대 조기에는 거의 대형주거지만으로 취락이 구성된다. 전기를 거치면서 대형과 중형이 분화되다 소형이 조금씩 섞이게 된다. 중기부터는 소형이 늘어나고 중형과 소형주거지가 3-5동씩 결집을 이루는 단위주거군이 뚜렷하게 확인된다. 좀더 시기가 지나 중기에 이르면 소형 평준화되고 결집의 양상은 오히려 불분명해지는 과정을 보인다. 일찍이 조기 및 전기에 속하는 대형주거지의 대가족체가 해체되면서 등장한 세대공동체라는 견해가 제시된 적이 있다.[46] 주거지의 변천을 토대로 청동기시대의 가족공동체를 대가족체에서 세대공동체, 그리고 핵가족제로 이행한다는 주장이 있었다. 그리고 가족체의 변화에 따라 의사결정의 권한도 대가족장이나 세대공동체의 장으로부터 촌락의 장으로 옮겨간다고 한다.[46] 이 제안은 주거지 면적의 차별화와 대, 중, 소형주거지의 결집과 분산을 각 시기에 따라 적절히 서술한 점은 인정된다. 그러나 과연 이러한 변천이 가족제의 변화에 기인한 것일까 하는 의문이 제기된다. 즉 가족체 자체의 변화가 아니라 가족공동체의 거주방식이 차이가 난다고 보는 것이 더 타당하지 않을까 한다.[17] 단위주거지를 세대공동체라고 부르든 어떻든 간에 이 결집은 청동기시대 농경취락의 형성에서 매우 의

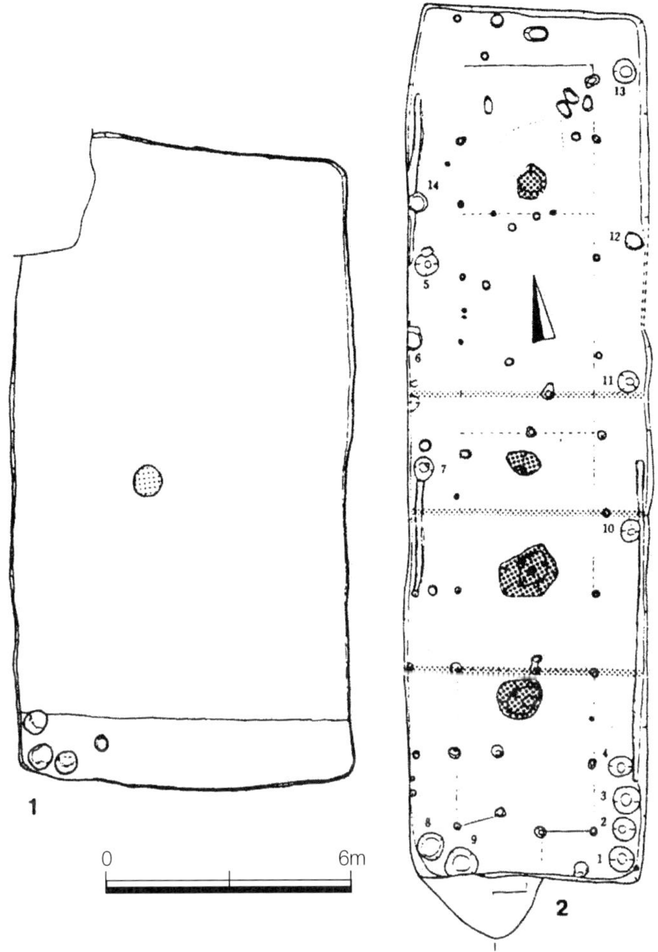

〈그림1〉 사천(泗川) 본촌리(本村里) 3호주거지[1]와 보령(保寧) 관산리(館山里) 4호주거지,[2] 청동기시대 전기에 속하는 이 두 주거지는 면적으로 보면 대형에 속한다. 관산리 4호는 4개 노지의 배치에 따라 4 핵가족이 함께 기거하는 주거지이고 본촌리 3호는 1개 노지를 지닌 공공건물일 것이라고 추정한 견해가 있다.[46]

미 있는 공동체라고 여겨진다.[5]
취락이 성장하거나 대규모로 형성
될 때도 무작위적으로 주거지들이
추가되는 것이 아니라 이 주거군
을 단위로 확대되는 것은 분명하
다.[5, 43] 사회사적으로 중요한 이
단위는 한반도 초기 농경사회의
특질 중에 하나일 것이며 단위들
사이의 서열이나 기능적인 관계가
주목될 수밖에 없다. 이미 寬倉里
유적과 같은 대규모 중기 취락에
서 단위주거군 사이의 계층화에
대한 해석이 있었다.[23, 49, 70] 앞으
로도 이 문제에 대한 해명은 중요
할 것 같으며 직관적인 추론을 넘
어서 단위의 성격과 취락 내 단위
들 사이의 관계에 대한 정교한 설
명이 필요할 것이다.

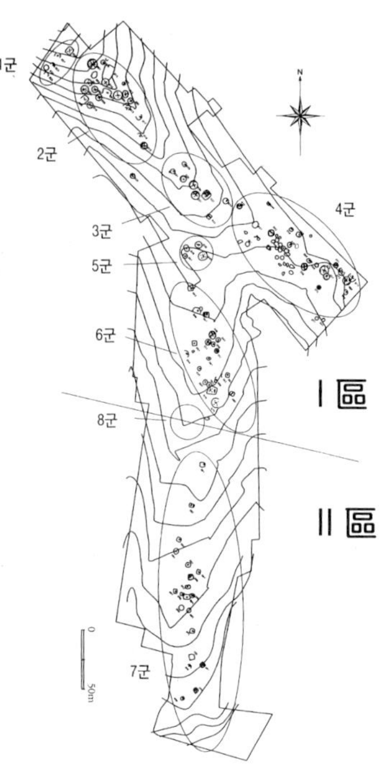

〈그림2〉 보령 관창리유적 B구역의 단위 주거군[71]

6. 청동기시대 취락의 변화와 사회진화

사회가 얼마나 복잡한가? 사회가 어느 정도 진화했는가? 이런 문제에 답하
려 할 때 취락유형을 분석하게 된다. 주지하다시피 어느 지역이 거대한 도시
와 중소형의 읍, 그리고 크고 작은 농경취락으로 위계화 되어 있다면 그것은
국가단계의 사회로 진단한다. 그러나 취락들 사이에 규모, 기능, 의사결정의
위계 등에서 차이가 별로 없다면 그것은 평등사회에 가까울 것이다. 자급자
족하는 소규모 취락만이 존재했던 신석기 사회에서 國이 형성되는 원삼국시
대에 이르는 변동의 시기가 청동기시대이다. 그래서 청동기시대는 취락들 사

이에 규모의 차이나 기능의 분화 등이 서서히 나타나고 하나의 정치경제적, 의례적인 중심취락을 축으로 통합되는 양상도 보일 것이라 예측해 볼 수 있는 것이다. 최근, 연구의 축적에 힘입어 청동기시대, 특히 중기에는 취락의 위계와 통합이 발생했었다는 점이 분명해지고 있으며 이에 대해 부정하는 연구자는 찾기 어렵다. 다만 좀더 신중한 태도로 평가하는 입장이 있는 한편,[13, 14, 35, 36] 좀더 적극적으로 위계화의 심화나 지배엘리트의 등장을 증명하려는 견해[16, 17, 33, 42, 43]가 있는 편이다.

취락의 위계와 통합의 여부를 분석해 보려면 먼저 취락들의 성격을 정의하고 다음으로 일정지역에 분포하는 취락들 사이의 관계를 해명해야 할 것 같다. 물론 이것이 절차상으로 따라야 될 방법은 아니지만 우리 청동기시대 고고학에서는 특이하게도 이 두 단계의 분석을 염두에 두고 취락를 연구하고 있는 듯하다. 최근까지의 연구 현황을 보면 각 취락의 성격 규명에 대해서는 여러 성과가 나와 있지만 취락간의 관계, 위계와 통합에 대해서는 몇몇 지역연구[13, 15, 16, 92]를 제외하면 하나의 모식을 제시하는 정도에 그치고 있다.

최근 취락의 규모, 형태, 및 구조적인 특성에 따라 유형을 분류한 연구사례가 수 편 발표되었다. 청동기시대 조기의 취락에서는 아직까지 현저한 취락의 유형분화가 관찰되지 않는 것으로 알려져 있다. 전기에 접어들면서 취락의 규모나 구조의 차이가 나타나는 것 같다. 취락의 규모면에서 전기의 취락은 대체로 중기의 취락보다 소규모라고 생각되지만 백석동유적처럼 많은 대형주거지가 여러 채 군집된 취락도 존재한다. 이미 세대공동체로 보이는 주거군의 결집이 뚜렷해지며 11자형, ㄱ자형 주 배치처럼 다양한 주거군 배치패턴이 존재한다.[91] 특히 전기에는 분묘와 같은 특수기능시설물을 갖춘 취락과 그렇지 않은 취락이 구분된다.[91] 전기 취락 간의 기능적인 분화에 대한 가벼운 언급은 있었으나[4, 91] 지역적인 위계나 통합에 대한 지적은 아직 없다.

취락의 구조적, 기능적 분화 양상은 중기에 극대화 되는 것으로 알려져 있다. 취락의 규모, 형태, 기능이 다양화 된다는 것뿐만이 아니라 일정 지역 내의 취락들이 위계화 되고 정치경제적, 혹은 의례적 중심취락을 축으로 통합되는 양상을 보여준다는 점을 여러 연구자들은 지적하고 있다.[8, 16, 29, 40, 42, 43, 49, 50, 57, 58, 59, 63]

우선 취락이 규모면에서 분화된다는 것은 취락인구가 차별화 된다는 의미이다. 취락의 규모는 단순히 주거지의 숫자로 비교할 수 없다는 지적이 있는데[42] 예를 들어 대형주거지가 넓은 면적에 드문드문 분포하는 경우와 소형주거지가 좁은 면적에 다수 밀집하는 경우가 있다면 인구는 전자가 후자보다 많을 수가 있는 것이다. 분류기준에 따라 다르겠지만 중기가 되면 취락의 규모가 대형, 중형, 소형으로 분화된다.[42, 43] 그런데 규모가 작은 취락의 경우 특정한 기능, 즉 토기와 석기생산을 담당한 취락이 따로 존재하고[48, 49, 71] 관창리 유적 같은 대형 취락에는 그러한 생산시설이 구역을 달리하여 복합되어 있다고 한다. 토기나 석기와 같은 일상용품이 특정 취락에서 생산된다면 과연 얼마만큼 범위로 분배되는가? 그래서 그 지역 내의 취락들이 경제적으로 상호 의존관계를 맺고 있었는가? 이러한 문제를 평가해보는 일은 중요할 것이지만 이에 대한 적절한 설명은 아직 없다. 일상용품이 아니라 사회적 위계에 따라 소유가 제한되었던 玉의 가공은 그것을 담당한 특정 취락이 존재하였으나 그 분배의 범위는 넓지 않다는 주장이 있어 흥미롭다.[76, 77]

청동기시대 중기에 들어서면 생산의 기능 외에 정치적, 이념적인 의미를 지닌 시설이 배치된 취락이 전면적으로 등장한다. 바로 이점에서 취락의 위계와 통합을 이야기할 수 있을 것 같다. 현저한 기념물, 거대한 묘역이나 매장시설을 가진 분묘군, 대규모 방어시설과 같은 토목·건축물, 도시는 아니더라도 생산, 저장, 의례 등의 기능을 함께 수행하는 중심취락이 등장하고 그로부터 사방 얼마간에는 일반 농경취락만 분포하는 경관이 만들어지는 시기가 청동기시대 중기이다. 분묘군을 구비한 취락은 전기에 출현한다. 하지만 중기에는 거대한 기념물의 성격을 가진 지석묘군을 가진 취락도 나타난다. 의례는 정치권력의 등장과 함께 지배권력을 합리화하기 위한 장치가 된다. 그러한 의미의 의례를 거행하기 위한 장소와 구조물이 마련되는데 그것을 동반한 취락도 중기에 등장하게 된다.[53, 54, 56] 규모와 형태, 그리고 입지에 있어 매우 다

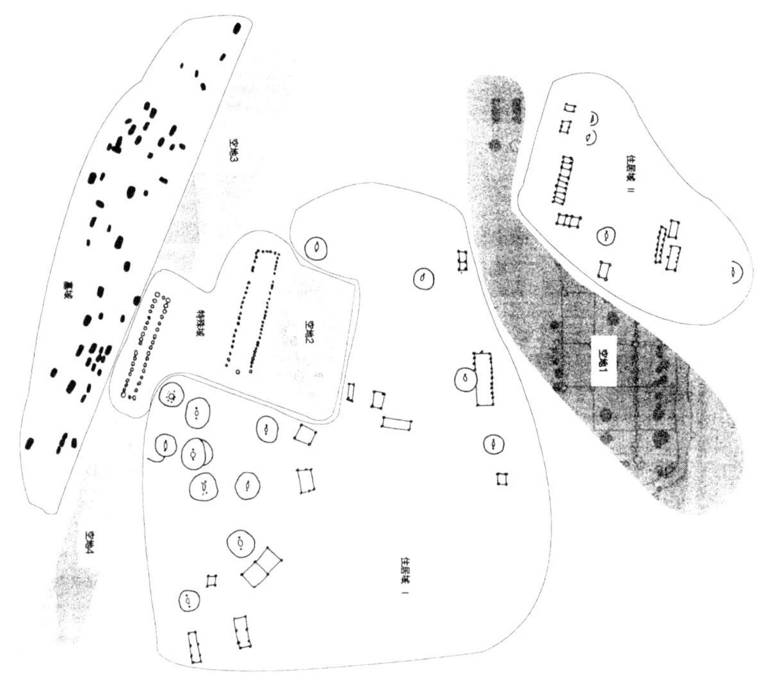

〈그림3〉 사천 이금동취락의 영역 모식도

양하기 때문에 환호가 방어시설인지, 아니면 상징적 의미를 가지는 구획시설인지에 대한 논란도 있다. 하지만 일부의 환호는 규모와 입지로 보나, 축조의 미로 보나 그것이 하나의 농경취락이 독자적으로 구축하고 이용했다고 보기 어려운 경우가 있다.[1, 8, 26, 39, 42, 58, 59, 83] 그래서 어떤 환호는 주변의 여러 농경취락이 함께 노동하여 축조했다고 추측되는 것이다.

단순히 주거지와 약간의 생산시설이 포함된 취락, 규모만 큰 취락이 아니라 무언가 특별한 의미를 지닌 취락이 중기에 등장하는데 이를 거점취락, 혹은 중심취락이라 부른다. 주거지의 수와 전체면적에서 압도적인 우위를 자랑하며, 다양한 일상용품과 위신재성 물품의 생산이 집중되고 목책과 이중환호로 둘러쳐져 있는 大坪里취락의 존재를 통해 성급하지만 '청동기시대 도시'를 거론하기도 한다.[55] 신전이라고도 하는 길이 30가 넘는 두 채의 거대한 목조 건축물, 그리고 묘역이 200m나 연접되어 형성된 기념물적 분묘군과 함께 넓은 공간에 기획된 梨琴洞 취락의 존재는 그 자체로서 지역적인 위계와 통합을 논할 수 있는 근거가 된다.

일정지역의 통합에 중심축 역할을 하는 대규모의 중심취락은 청동기시대 중기에 형성된다. 족장 혹은 유력개인이라고 부르는 존재도 이때 등장하는 것으로 알려져 있다.[17, 33] 중기가 지나고 후기에 접어들면 대규모 취락은 발견되지 않는다. 지금까지 한반도의 선사시대 사회변동에서 잘 설명이 되지 않는 점이 바로 이 부분이다. 즉 중심취락이 지속적으로 성장하지 못하고 소멸하는 현상이다. 관창리유적과 같은 대규모 취락도 중기 말이 되면 주거지 수가 급감하며[42, 43, 68, 71] 대평리취락 역시 송국리단계가 지나면서 해체된다.[40, 55] 사회가 더욱 통합되어 중심지가 극히 일부지역에 한정되었다면 이해가 될 수 있겠지만 현재로서는 그럴 가능성은 적어 보인다. 하지만 대부분의 연구자들은 정치권력은 지속적으로 성장한다고 전제한다. 왜냐하면 세형동검유물복합체가 보여주듯 위세품 성격의 유물이 다량으로 부장된 엘리트의 분묘가 계속 축조되기 때문이다. 그러므로 중기 송국리단계나 후기 점토대토기단계, 양자가 족장사회에 버금간다고 전제해 놓는다. 그리고 콜린 렌프류와 개리 파인만 등의 의견을 따라 전자는 이른바 대규모 의례와 협동노동에 기초한 집단적인 성향의 사회로 후자는 위세품의 교역과 배타적인 소유에 기초한 개인성향의 사회로 규정짓는 의견이 제출되어 있다.[17, 60]

7. 몇 가지 남은 문제

취락, 혹은 취락유형을 연구하는 목적은 무엇인가? 한마디로 말하면 사회집단의 규모와 조직을 복원하고 사회변동을 설명하기 위해서이다. 일찍이 "취락(settlement)이란 고고학 용어와 같은 의미를 사회인류학에서 찾는다면 아마 공동체(community)일 것이다"라는 지적이 있었다.[102] 그러하다면 취락의 양상이나 분포를 분석함으로써 공동체의 사회조직이나 공동체들의 관계를 해명할 수 있다는 말이 된다. 그러므로 취락고고학에서는 하나의 주거지나 유적을 주목하기 보다는 유적 안에 주거지들과 일정지역 내의 유적 분포를 분석하는 것이 중요하다.

이러한 관심의 전이에 따라 유적·유물을 관찰하고 분석하는 방식에도 변화를 가져오게 된다. 그간 관심이 많았던 ‘松菊里類型’이나 ‘欣岩里類型’의 연구에서는 문화요소들을 비교분석하는데 집중해 왔다. 그러나 취락 고고학에서는 유물이나 유적이 지닌 개별 특성보다는 하나의 마을이나 일정 경관 안에서 이루어지는 인간(집단)의 행위요소에 초점을 맞추어야 한다. 따라서 주거지나 취락자료는 물론이거니와 유물을 분석할 때에도 행위의 복원을 염두에 두고 관찰해야 한다. 취락고고학은 개별 주거나 유적을 넘어 일정 경관을 대상으로 하기 때문에 집중적인 발굴만으로는 필요한 자료를 얻어내기 어렵다. 따라서 조사방법이나 조사전략을 달리 해야만 한다. 결국 취락고고학은 관찰대상과 자료수집, 자료 분석의 방법에 이르기까지 새로운 모색을 필요로 하다.

그런데 우리는 주거와 주거군, 그리고 취락의 형식분류를 통해 유형들을 설정하고 그것을 비교하여 사회를 설명하려 했다. 생산과 분배, 경관과의 상호작용, 과거사회의 행위요소와 관념에 대한 접근이 아닌 유형인식 방법만으로는 연구의 한계가 있을 수밖에 없다. 유형 인식을 통해 취락이 2단계의 위계화 인지, 아니면 3단계인지를 판단하는 정도의 해석은 사회변동에 대한 만족스런 설명이라 하기는 어려울 것 같다. 좀더 정교한 이론적인 모델과 자료분석의 틀을 가지고 접근하는 것이 바람직하다. 흔히 유형을 설정해 놓고 나머지 사회적인 역동성에 대해서는 사변적인 추론으로 마무리하는 것은 적절한 해석이 아니다. 가령 수전농경과 정치권력이 얼마만큼 함수관계에 있는지를 제대로 평가하지 않고 농업경영을 위한 노동력 투입이 정치권력의 성장을 촉진했다고 결론을 내린다. 과연 사회적인 리더들이 자신의 권력을 확대유지하고 제도화하기 위해 수전농경을 전략적으로 이용했는지에 대한 가설을 어떻게 타당화할 것인가를 고민해야 하는 것이다.[1, 14, 15, 92]

현대고고학에서 취락유형의 연구는 고고학적 조사방법과 자료 분석기법의 발전에 크게 공헌하였다. 취락유형을 연구하기 위해 광역의 지표조사와 선별적 시굴조사 등 고고학적 자료수집 방법에 커다란 발전이 이루어졌다. 서구 고고학계에서 추진했던 대규모 지역연구 프로젝트들과 그 실행 과정에서 개발된 표본추출 방법, 원격탐사기법, 그리고 디지털지도를 이용한 표시방법과 분석방법 등은 취락유형의 연구를 위해 개발되고 응용되어 왔다고 해도 과언이 아니다. 조사방법과 자료수집의 발전은 취락유형 연구의 전제조건이기도 하지만 그 성과이기도 하다. 자료의 한계 때문에 취락유형의 연구를 제대로 할 수 없다는 이야기는 전혀 옳지 않다. 취락연구의 조사전략과 조사기법, 그리고 자료 분석방법을 통해 취락연구를 발전시키고 새로운 정보를 축적할 수 있다. 서구 고고학계와는 환경이 다른 한국학계에서는 그들의 연구관점과 조사전략을 그대로 적용할 수는 없다. 한국에서는 마을의 전모를 드러내는 전면 구제발굴의 방식이 도입되었기 때문에 취락의 구조분석도 가능해진 것을 우리는 잘 알고 있다. 그래서 주거, 주거군, 취락의 유형설정과 성격규명부터 차곡차곡 쌓아가는 방식이 정당화되고 있다. 그러나 결국 이러한 방식의 반복은 연구의 한계를 노출시킬 것이며 발굴 및 지표조사 기법 및 그 표시에 있어서도 의미 있는 결과를 끌어내기 힘들게 될 것이다.

　마지막으로 언급해 둘 것은 용어 사용의 문제이다. 크게 보면 연구관점의 차이와 의사소통의 문제이겠지만 제한시켜 보면 용어의 문제이다. 고고학에서 다른 연구도 그렇지만 취락연구도 자체적으로 개척되어 온 분야가 아니다. 한편으로는 영미고고학에서 이론과 방법론이 도입되었고 다른 한편으로는 일본학계의 성과를 참고했다. 그런 연유로 용어의 사용에서부터 연구관점에 이르기까지 양분되어 있는 정황을 보게 된다. 예컨대, 族長과 有力個人이 혼용되고, 世帶와 家口가 함께 쓰인다. 용어는 등식으로 놓고 상호 인정할 수도 있다고 하겠지만 관점의 차이는 의사소통을 불편하게 만든다. 결국 우리가 학사적인 정리를 통해 한국고고학 내부에서 자체의 관점과 방법을 체계화하고 자체적인 연구 분야로 정착시키려는 노력이 부족했기 때문에 떠안게 된 문제라고 본다.

참고문헌

1. 孔敏奎, 2005, 「中部地域 無文土器文化 前期 環濠聚落의 檢討」『研究論文集』1, 中央文化財研究院.

2. 高旻廷, 2003, 「南江流域 無文土器文化의 變遷」, 慶北大學校大學院碩士學位論文.

3. 郭鍾喆, 2002, 「우리나라의 선사~고대 논밭 유구」『韓國 農耕文化의 形成』, 韓國考古學會 編, 學研文化社.

4. 宮里修, 2005, 「無文土器時代의 취락 구성」『韓國考古學報』56.

5. 權五榮, 1996, 「三韓의 '國'에 대한 研究」, 서울大學校大學院文學博士學位論文.

6. ______, 1997, 「韓國 古代의 聚落과 住居」『韓國古代史研究』12.

7. ______, 2002, 「방어취락의 발전과 토성의 출현」『강좌한국고대사』7권, 가락국사적개발연구원.

8. 金權九, 2005 『청동기시대 영남지역의 농경사회』, 학연문화사.

9. 김권중, 2005, 「嶺西地域 靑銅器時代 住居址의 編年 및 性格」『江原地域의 靑銅器文化』, 2005년 강원고고학회 추계학술대회.

10. 김규정, 2006, 「湖西·湖南地域의 松菊里型 住居址」『금강 : 송국리형문화의 형성과 발전』, 호남·호서고고학회 합동 학술대회.

11. 金吉植, 1994, 「扶餘 松菊里遺蹟의 發掘調査 槪要와 成果」『마을의 考古學』, 第18回 韓國考古學全國大會.

12. 金度憲·李在熙, 2004, 「蔚山地域 靑銅器時代 聚落의 立地에 대한 檢討」『嶺南考古學』35.

13. 金範哲, 2005, 「錦江 중·하류역 청동기시대 중기 聚落分布類型 研究」『韓國考古學報』57.

14. ______, 2006a, 「錦江 중·하류역 松菊里類型 聚落에 대한 家口考古學的 접근」『韓國上古史學報』51.

15. 金範哲, 2006b, 「중서부지역 靑銅器時代 手稻生産의 政治經濟」『韓國考古學報』58.

16. 金承玉, 2004, 「龍潭댐 無文土器時代 文化의 社會組織과 變遷過程」『湖南考古學報』19.

17. ______, 2006, 「분묘자료를 통해 본 청동기시대 사회조직과 변천」『계층사회와 지배자의 출현』, 한국고고학회.

18. ______, 2006, 「청동기시대 주거지의 편년과 사회변천」 『韓國考古學報』 60.

19. 김용간·황기덕, 1967, 「우리나라의 청동기시대」 『고고민속』 1967-4.

20. 김용남·김용간·황기덕, 1975, 『우리나라 원시 집자리에 관한 연구』, 사회과학출판사.

21. 金龍星, 1989, 「慶山·大邱地域 三國時代 古墳의 階層化와 地域集團」 『嶺南考古學』 6.

22. 金壯錫, 2002, 「남한지역 신석기-청동기시대 전환 : 자료의 재검토를 통한 가설의 제시」 『韓國考古學報』 48.

23. 金載昊, 2006, 「寬倉里遺蹟 階層性에 관한 연구」 『湖西考古學』 15.

24. 金正基, 1973·1974, 「韓國竪穴住居址考(一)(二)」 『考古學』 1·3.

25. 金鍾一, 1993, 「韓國 中西部地域 靑銅器遺蹟·遺物의 分布와 祭儀圈」, 서울大學校 大學院碩士學位論文.

26. ______, 2004, 「한국 중기 무문토기문화의 사회구조와 상징체계」 『國史館論叢』 104.

27. ______, 2005, 「경관 고고학(Landscape Archaeology)의 이론적 특징과 적용가능성」 『景觀의 考古學』, 高麗大學校 考古環境研究所 第1回 國際學術會議.

28. 김한식, 2002, 「남부지역 송국리형주거지 연구」 『湖西考古學』 6·7.

29. 金賢, 2005, 「嶺南地域 無文土器時代 - 三韓時代 聚落研究의 현황과 課題」 『韓日 聚落研究의 現況과 課題』, 韓日聚落研究會.

30. 金賢植, 2005, 「無文土器時代 住居址 內部의 積石現象과 意味」 『嶺南考古學』 37.

31. 金賢峻, 2002, 「靑銅器時代 聚落의 立地條件을 통해서 본 生業 研究」, 漢陽大學校大學院碩士學位論文.

32. 朴性姬, 2006, 「靑銅器時代 聚落類型에 대한 考察」 『韓國上古史學報』 54.

33. 裵眞晟, 1999, 「無文土器社會의 威勢品副葬과 階層化」 『계층사회와 지배자의 출현』, 한국고고학회.

34. 朴淳發, 2002, 「聚落의 形成과 發展」 『강좌한국고대사』 7권, 가락국사적개발연구원, 서울.

35. 朴洋震, 2000, 「西紀 1-3世紀의 聚落과 社會的 階層化의 初步的 論議」 『한국 청동기시대 연구의 새로운 성과와 과제』, 충남대학교박물관 학술회의.

36. 朴洋震, 2001, 「韓國 靑銅器時代 社會的 性格 再檢討」 『東아시아 1-3世紀의 考古學』, 문화재연구 국제학술대 발표논문 제9집.

37. 朴榮九, 2004, 「嶺東地域 靑銅器時代 住居址 研究」 『江原考古學報』 3.

38. ______, 2005, 「嶺東地域 靑銅器時代 聚落構造」 『江原地域의 靑銅器文化』, 2005 추계 학술대회.

39. 裴德煥, 2000,「嶺南地方 靑銅器時代 環濠聚落研究」, 東亞大學校大學院碩士學位論文.

40. _____, 2005,「청동기시대 영남지역의 주거와 마을」『영남의 청동기시대 문화』, 第14回 嶺南
考古學會 學術發表會.

41. 釜山大學校博物館, 1995,『蔚山檢丹里마을遺蹟』, 釜山大學校博物館.

42. 宋滿榮, 2002,「南韓地方 農耕文化形成期 聚落의 構造와 變化」, 韓國考古學會 編『韓國 農耕
文化의 形成』, 學硏文化社.

43. _____, 2006,「남한지방 청동기시대 취락구조와 변화와 계층화」『계층사회와 지배자의 출
현』, 한국고고학회.

44. 申叔靜, 2001,「우리나라 청동기시대의 생업경제」『한국상고사학보』35.

45. 安承摸, 2006,「동아시아 정주취락과 농경 출현의 상관관계」『韓國新石器研究』11.

46. 安在晧, 1996,「無文土器時代 聚落의 變遷」『碩晤尹容鎭教授停年退任紀念論叢』, 碩晤尹容鎭
教授停年退任紀念論叢刊行會.

47. _____, 2000,「韓國 農耕社會의 成立」『韓國考古學報』43.

48. _____, 2001,「中期 無文土器時代의 聚落 構造의 轉移」『嶺南考古學』29.

49. _____, 2004,「中西部地域 無文土器時代 中期聚落의 一樣相」『韓國上古史學報』43.

50. _____, 2006,『靑銅器時代 聚落研究』, 釜山校學校大學院博士學位論文.

51. 오규진 · 허의행 · 김백범, 2005「천안 및 아산지역의 청동기시대 취락의 입지분석(1)」『발굴사
례 · 연구논문집』2.

52. 尹容鎭, 1974,「大邱의 初期國家形成過程」『東洋文化研究』1(歷史學會 編, 1976,『韓國史論文
選集』「II古代篇」一潮閣).

53. 李相吉, 1998,「無文土器時代 生活儀禮」『환호취락과 농경사회의 형성』, 嶺南 · 九州考古學會
第3回合同考古學大會發表會 資料集.

54. _____, 2000,「靑銅器時代 儀禮에 관한 考古學的 研究」, 大邱曉星가톨릭大學校博士學位論文.

55. 李相吉, 2002,「우리는 왜 남강유역의 유적에 주목하는가?」『청동기시대의 大坪 · 大坪人』, 국
립진주박물관.

56. _____, 2006,「祭祀와 權力의 發生」『계층사회와 지배자의 출현』, 한국고고학회.

57. 이상엽, 2006,「中部地域 環濠遺蹟에 대한 一 檢討」『서울 · 경기지역 청동기문화의 유형과 변
천』, 제4회 서울경기고고학회 학술대회.

58. 李盛周, 1998,「韓國의 環濠聚落」『환호취락과 농경사회의 형성』, 영남 · 구주고고학회 제3회

합동고고학대회.

59. ______, 1999, 「世界史的 見地에서 본 蔚山의 環濠」『蔚山研究』2, 울산대학교 박물관.

60. 李在賢, 2003, 「弁・辰韓社會의 考古學的 研究」, 釜山大學校大學院 博士學位論文.

61. 李宗哲, 2002a, 「호남지역 송국리형 주거문화」『韓國上古史學報』36.

62. ______, 2002b, 「松菊里型 住居址의 청동기시대에 대한 試論」『湖南考古學報』16.

63. 李眞旼, 2005, 「中部地域 無文土器時代前・中期文化에 대한 一考察」, 고려대학교 고고환경연
구소 편『송국리문화를 통해 본 농경사회의 문화체계』, 서경.

64. 李淸圭, 1988, 「南韓地方 無文土器文化의 展開와 孔列土器文化의 位置」『韓國上古史學報』1.

65. 이현석・권태용・문백성・유병록・김병섭, 2004, 「수혈건물의 폐기양식(pattern)」『발굴사
례・연구논문집』1.

66. 李賢淑, 2000, 「中西部地方 前・中期 無文土器文化의 地域性 檢討」『先史와 古代』14.

67. 李賢惠, 1976, 「三韓 國邑과 그 成長에 대하여」『歷史學報』5.

68. 李亨源, 2005, 「松菊里類型과 水石里類型의 接觸樣相」『湖西考古學』12.

69. 李弘鍾, 1996, 「Ⅴ.주거문화의 변천과 전개」『청동기사회의 토기와 주거』, 서경.

70. ______, 2003, 「松菊里型 聚落의 景觀的 檢討」『湖西考古學』9.

71. ______, 2005, 「寬倉里聚落의 景觀」, 고려대학교 고고환경연구소 편『송국리문화를 통해 본
농경사회의 문화체계』, 서경.

72. 李熙濬, 2000, 「삼한 소국 형성 과정에 대한 고고학적 접근의 틀」『韓國考古學報』43.

73. ______, 2000, 「대구 지역 古代 政治體의 형성과 변천」『嶺南考古學報』26.

74. 임상택, 2006, 「빗살무늬토기문화 취락 구조 변동 연구」『湖南考古學報』23.

75. 林永珍, 1985, 「움집의 分類와 變遷」『韓國考古學報』17・18.

76. 庄田愼矢, 2005, 「玉 關聯 遺物을 통해 본 晋州 大坪聚落의 分業體制」『嶺南考古學』36.

77. 庄田愼矢, 2005, 「管玉의 製作과 規格에 대한 小考」『湖西考古學』14.

78. 趙吉煥, 2005, 「靑銅器時代 方形竪穴住居址의 定型」『研究論文集』1, 中央文化財研究院.

79. 崔夢龍, 1983, 「住居生活」『韓國史論』13(韓國의 考古學Ⅱ), 國史編纂委員會.

80. ______, 1983, 「驪州 欣岩里 先史聚落址의 性格」『三佛金元龍教授停年退任紀念論叢』-考古學-
, 一志社.

81. 崔夢龍 外, 1988, 「昇州 洛水里 住居址 發掘略報」『孫寶基博士停年紀念考古人類學論叢』, 知識
產業社.

82. 崔鍾圭, 1990, 「廣場에 대한 認識」『歷史敎育論集』13 · 14.

83. ______, 1996, 「韓國 原始의 防禦集落의 出現과 展望」『韓國古代史論叢』8.

84. 崔憲燮, 1998, 「韓半島 中 · 南部 地域 先史聚落의 立地類型」, 慶南大學校大學院碩士學位論文.

85. 秋淵植, 1994, 「聚落考古學의 世界的 硏究傾向」『마을의 考古學』, 第18回 한국고고학전국대회.

86. 後藤直, 2002, 「無文土器時代의 農耕과 聚落」『韓國 農耕文化의 形成』, 韓國考古學會 編, 學硏
　　　文化社.

87. 近藤義郎, 1959, 「共同體と單位集團」『考古學硏究』6-1.

88. ______, 1967, 「彌生文化の發達と社會關係の變化」『日本の考古學』, 河出書房.

89. 都出比呂志, 1989, 『日本農耕社會の成立過程』, 岩波書店.

90. 徐光輝, 2000, 「中國東北地方の環濠集落について」『東夷世界の考古學』, 靑木書店.

91. 李亨源, 2003, 「韓半島における靑銅器時代前期の集落について」『考古學論攷』, 橿原考古學硏
　　　究所紀要.

92. Bale, M. T., 2004, Mumun period settlements and social inequality in the Taehwa River basin,
　　　Korea, -Paper presented at the 69th annual meeting of the Society for American
　　　Archaeology-.

93. Brück, J. and Goodman, M(eds)., 1999, *Making Places in the Prehistoric World : Themes in
　　　Settlement Archaeology*, London : UCL Press.

94. Canuto, M. A. and Yeager, J.(eds), 2000, *The Archaeology of Communities : A New World
　　　Perspective*, London : Rutledge.

95. Choi, M. L., 1984, *A Study of the Yongsan River Valley Culutre : the rise of chiefdom society
　　　and state in ancient Korea*, Seoul : 東星社.

96. Flannery, K. V.(ed), 1976, *The Early Mesoamerican Village*, New York : Academic Press.

97. Ingold, T., 2000, *The Perception of the Environment : Essays in Livelihood, dwelling and Skill*,
　　　London : Loutledge.

98. Renfrew, C., 1978, Space, time and polity, In Friedman J. and Rowlands, M. J. (eds) *The
　　　Evolution of Political Systems*, Pittsburgh : University of Pittsburgh Press.

99. Renfrew, C. and Level, E. V., 1979, Exploring Dominance : Predicting polities from centres, In
　　　Renfrew, C. and Cooke, K. L. (ed) *Transformation, Mathematical Approaches to
　　　Culture Change*, New York: Academic Press.

100. Trigger, B. G., 1968, The determinants of Settlement Patterns, In Chang, K. C.(ed) *Settlement Archaeology*, Palo Alto : National Press.

101. Trigger, B. G., 1989, *A History of Archaeological Thought*, Cambridge: Cambridge University Press.

102. Tringham, R., 1972, Territorial demarcation of prehistoric settlements, In Ucko, P. J., R. Tringham, and G. W. Dimbleby (eds) *Man, Settlement, and Urbanism* London: Duckworth.

103. Willey, G. R., 1953, *Prehistoric Settlement Patterns in the Viru Valley, Peru*, Bureau of American Ethnology, Bulletin 155, Washington D.C.: Smithsonian Institution.

104. Willey, G. R.(ed), 1956, *Prehistoric Settlement Patterns in the New World*, Viking Fund of Publications in Anthropology No., 23.

105. Wright, H. T. and Johnson, G. A., 1975, Population, exchange, and early state formation is Southwestern Iran, *American Anthropologist* 77.

106. 大貫靜夫, 2001, 『韓國の竪穴住居とその集落』, 日本文化班資料集3, 文部科學省科學研究費補助金特定領域研究.

107. 武末純一, 2005, 『韓國無文土器・原三國時代の集落構造研究』, 文部科學省科學研究費補助金〈基盤研究(C)(2)〉研究成果報告書.

고구려 고고자료

강현숙 _ 동국대학교 고고미술사학과

1. 고구려 고고학 개관

700여 년 간의 간 역사 속에서 고구려는 중국 동북지방과 한반도 북부 및 중부 지방에 많은 유적과 유물을 남겼으나, 고고학 조사는 왕도였던 환인과 집안 및 평양 일대의 고분과 성을 중심으로 조사가 이루어졌다.[1, 2, 3] 따라서 고구려 고고학 연구는 고분과 성 및 이곳에서 출토된 유물을 대상으로 이루어졌으며, 근래 남한의 구의동, 아차산 일대의 보루와 청원 남성골 토성, 대전 월평산성 등이 조사됨에 따라 한반도 남부 지역에서의 고구려 유적과 출토 유물을 중심으로 한 연구도 진행되고 있다.[4]

고구려 고분연구는 고분의 기원과 구조를 기준으로 한 형식 분류 및 변천과정에 대한 연구와 기와연구에서 시작하여 집안 일대 초대형 적석총의 주인공에 대한 관심과 왕릉 비정, 벽화를 통한 중국 및 서역 등과의 대외교류로도 연구 관심이 확대되었다. 성 연구는 주로 산성을 중심으로 구조와 분포 특징을 통해 도성 체계와 영역화 과정을 살피는 한편 지방 지배 방식에 대한 연구도 진행되고 있다. 유물에 대한 연구는 고분이나 성에 비해 활발하지 못하여 개개 유물 자체에 대한 연구라기보다는 마구나 갑옷, 장신구 등을 중심으로 중국 북방과 신라, 가야, 왜와의 비교 연구가 이루어지며, 남한 지역 출토 토기와 기와에 대한 연구도 진행 중이다.

고구려 고고학의 시기 구분은 고고자료가 주로 4, 5세기대에 집중되어 있으므로 4, 5세기대를 중심으로 전, 중, 후 세 시기로 나눈다. 즉 첫 시기는 수혈식 장법의 적석총이 중심이 되는 시기이며, 둘째 시기는 3세기말부터 4, 5세기대는 석실적석총과 봉토석실분, 벽화분이 병존하는 시기이고, 셋째 시기는 6세기 이후로, 사신도가 그려진 벽화분과 봉토석실분 중심이 된다. 이러한 시기 구분은 고구려 발전과정과도 관련을 갖고 있는데, 첫 시기는 국가성립과 발전기, 둘째 시기는 중앙집권적 국가체제의 정비 및 대외 팽창시기, 셋째 시기는 6세기 중엽 이후의 쇠퇴기와 대응된다.[5, 6]

최근 중국에서는 고구려를 중국 변방에 있는 소수민족 정권으로 해석함으로써 고구려를 중국의 역사에 편입시키려고 있는 반면, 북한에서는 고구려는 역사상 가장 넓은 영토를 가진 강건한 국가로는 해석을 하고 있기 때문에 어느 때보다 고구려 유적, 유물에 대한 객관적인 고찰과 해석이 절실하다.

2. 고분 자료의 증가와 새로운 해석

고분 : 고구려 고고자료의 가장 많은 비중을 점하는 것은 고분으로, 고분은 고구려 고고학 연구를 대표하였다.[7, 8, 9] 1980년대 이전의 고분 연구는 적석총과 벽화분으로 나누어 그 기원과 변천과정에 초점이 모아졌다. 그러나 집안의 절천정총, 우산하 41호분 등의 적석총에서 벽화편이 수습되어 적석총에서도 벽화로 묘실 내부를 장식하였음이 밝혀졌고, 경신리 1호분, 호남리사신총, 토포리대총 처럼 기단을 만든 후 흙을 쌓아 올린 기단봉토석실분, 두칸구조의 봉토석실벽화분과 유사구조이나 벽화가 그려지지 않은 모두루총이나 지경동 1,2호분의 예도 있어 여러 형식의 고구려 고분이 시간적으로 병존하고 있음이 밝혀졌다.[7]

먼저, 적석총의 기원에 대해서는 적석총을 거석문화의 하나로 보아 청동기시대의 소위 묵방리형 고인돌이나 요동반도 남단의 강상, 루상의 적석묘에서 그 기원을 찾았지만,[10, 11, 12] 천산산맥 이동에서 집안에 이르는 지역의 관전, 봉성, 환인, 통화, 장백 등지에서 청동기가 부장된 적석묘가 조사되었고, 특히 집안 오도령구문에서 퇴화형 세형동검이 부장된 적석묘가 조사됨에 따라 적석총의 기원을 청동기가 부장된 기원전 4~3세기경의 적석묘에서 구하고 있다.[13] 적석총의 형식은 외형을 기준으로 무기단적석총, 기단적석총, 계단적석총으로 분류하거나, 매장방식을 기준으로 석곽적석총, 석실적석총으로 분류하기도 하며, 외형과 매장부를 결합하여 무기단 석광적석총, 기단석광적석총, 계단석실적석총, 봉석묘 등으로 분류하기도 한다.[7] 석실계단적석총은 4세기경이 되면 유행하기 시작하며, 대형의 계단적석총 중에는 적석부에서 기와나 와당이 출토되기도 한다.

최근 중국 측에서 발간된 집안 고구려왕릉 보고서에 의하면 왕릉은 초기의 전방후원형 계장식 적석총과 방형의 계단광실, 석실적석총이 있으며, 제단와 배묘 등의 부대시설을 갖추었다고 보았다. 따라서 이러한 조건을 갖춘 집안 지역의 초대형적석총 13기를 왕릉으로 보고 주인공을 비정하였다.[14] 집안 고구려 왕릉 보고서의 발간이 계기가 되어 집안 지역의 고구려 왕릉과 주인공에 대한 관심이 새롭게 부각되었다. 이에 보고서에 대한 비판적 검토를 통하여 천추총, 태왕릉, 장군총 순으로 시간에 따른 상대서열이 정해졌으나, 무덤 주인공에 대해서는 여전히 합일된 견해를 마련하지 못하고 있는 실정이었다.[15-21]

봉노석실분은 직석총에 이은 고구려 후기 묘제로, 4·5세기경에는 적석총과 함께 병존하였다. 봉토석실분 중에는 분구 기저에 돌로 기단을 만든 기단봉토석실분이 있다. 기단봉토석실분의 기단 축조방식이 계단적석총과 같아 적석총에서 봉토석실분으로 변화하는 과도기 묘제로 본다. 봉토석실분은 중국 횡혈식 장법의 영향으로 만들어졌다고 보고 있으며, 봉토석실분을 대표하는 것은 묘실 내부에 그림을 그린 벽화분이다. 따라서 봉토석실분 연구는 벽화분을 중심으로 이루어졌다.[22, 23, 24]

벽화분의 석실 내부의 벽과 천장에 그림을 그려 장식한 것으로 분구로는 봉토분구 외에도 기단봉토분구와 적석분구가 있다. 매장부는 단칸구조와 전, 현실의 두칸구조, 세 칸이 통로로 연결된 것, 네칸의 관실이 나란히 배치되기도 하며, 현실이나 전실에 측감이나 측실이 달린 것 등 여러 평면형태가 있다. 한편 궁륭상, 절천정, 고임식으로 천장을 올려 내부 공간의 확대를 의도하기도 하였다. 묘실 내부는 복잡한 구조에서 단순, 간단한 구조로 변화하여 6세기가 되면 방형 현실의 중앙연도, 평행고임식 천장의 단칸 구조 무덤이 중심이 된다. 벽화는 묘실 벽면과 천장에 백회를 바른 후 벽모서리에 두공을 얹은 기둥을 그리고 천장과 벽면의 경계지점에 서까래를 표현하여 묘실 내부를 목조가옥처럼 형상하였다. 벽화내용은 생활풍속도와 초상화가 주가 되며, 王字 도안이나 둥근무늬, 연꽃무늬, 거북등무늬 등으로 묘실 내부를 장식하기도 한다. 그러나 6세기가 되면 생활풍속내용은 사라지고 벽면을 잘 다듬은 후 직접 사신도를 그린 사신도 벽화분이 중심이 되며, 적석분구나 기단봉토분의 벽화분에서 사신도는 보이지 않는다. 벽화분의 축조는 중국 한대 묘실벽화의 영향을 받은 것으로 보고 있다.[25, 26, 27] 고구려 벽화분에 영향을 준 것으로 중국 요양지역의 후한 말, 위, 진대 벽화분이 거론되고 있다. 그러나 요양지역 벽화분과 유사 구조 벽화분은 요동성총 한 기 뿐이며, 회랑을 가진 안악 3호분과 유사한 구조는 한대 전축벽화분인 요동반도 남단 대련의 영성자 벽화분 뿐 아니라 산동 지역의 화상석묘에서도 보인다. 한편, 안악 3호분이나 덕흥리 고분의 주인공 초상화는 요녕성 조양 원대자 벽화분에 보이는 것과 같고 덕흥리 고분 천장 그림은 감숙성 주천 정가갑 5호분과 유사한 구도이므로, 중국의 특정 지역에서 벽화분의 영향을 받았다고 보기 어렵다. 오히려 중국 각지 벽화분과 상사, 상이점은 중국 각지의 벽화분이 한대 묘실벽화의 영향을 받았듯이 고구려에서도 중국의 영향을 받아 벽화분이 축조되었으나, 중국과는 달리 차츰 고구려화되어 갔을 것이다.[28] 최근에는 평양과 집안 지역 벽화분의 지역차를 부각시킴으로써 벽화분이 고구려화되어가는 과정을 복원하거나,[29] 벽화분에 보이는 여러 요소를 통하여 중국 북방 및 서역, 신라와의 교류를 설명하기도 한다.[30-32] 한편 안악 3호분과 같은 구조의 태성리 3호분이 조사됨으로써 안악 3호분을 고국원왕릉으로, 태성리 3호분을 미천왕의 무덤으로 보고 있다.[33, 34]

고구려 고분은 적석총에서 봉토석실분, 봉토석실벽화분으로 변화한다고 보았으나, 세 무덤 형식이 4, 5세기대에 병존하고 있으므로, 최상위 무덤 형식을 기준으로 고분의 전개과정을 세 단계로 나누어 설명한다.[7] 첫 단계는 4세기 이전으로 석곽적석총이 중심이 되며, 4, 5세기대는 초대형 계단석실적석총을 정점으로 봉토석실벽화분과 병존하며, 6세기 이후의 최상위 무덤은 사신도가 그려진 봉토석실벽화분으로 대형 적석총이 더 이상 축조되지 않는 시기이다. 특히 6세기 이후의 봉토석실분은 방형 현실과 중앙연도, 평행삼각고임 천장의 순수단칸구조이며, 이와 동형의 무덤이 확대된 고구려 영역에서도 축조된다. 따라서 고구려 고분 전개의 각 단계는 단절적이거나 단선적이라기보다는 고구려 고유의 적석총이 새로이 받아들인 봉토와 석실을 수용, 통합하여, 석실봉토분이 고구려의 새로운 묘제로 재창조되는 통합과 재창조의 과정이라 할 수 있다.

3. 성과 도성체계

고구려에서는 도읍지였던 환인, 집안, 평양뿐 아니라 지방 각지에도 성을 축조하여 성을 단위로 통치하였다. 고구려 성의 연구는 성의 구조와 축성법 및 문헌 기록에 따른 위치 비정 연구가 이루어지는 한편, 도성과 산성의 분포 상황을 통한 도성과 방위체계 및 지방 지배 방식으로 관심이 확대되었다.[35, 36, 37, 38]

먼저, 고구려 성은 쐐기돌로 축조한 석성과 판축 후 바깥쪽에 돌을 덮는 석성, 흙과 돌을 섞어서 축조한 토석혼축성, 판축토로 쌓은 토성이 있다. 평지성 중에는 석성 외에도 토성이나 토석혼축성이 있으며, 지방 각지에서 확인되는 성은 주로 석성이다. 성의 시설로는 성문과 성벽, 그리고 성벽에는 마면과 여장, 성벽이 꺾이는 곳에 세운 각루 등이 있어 방어적 기능이 강하다. 성 내부에는 높은 곳에 설치된 장대나 망대, 저수지나 우물, 샘 등이 있고, 건물터와 병영터 등이 있다. 성의 둘레에는 해자를 돌리거나 참호를 파기도 한다.

고구려는 건국 초부터 평지성과 산성으로 구성된 도성체계를 갖추었다. 초기 도성지는 환인 일대로 비정되며, 산성으로는 오녀산성이[39] 흘승골성으로 비정된다. 평지성이었던 졸본성으로는 나합성과 하고성자토성이 비정되고 있는데, 나합성은 쐐기형 돌로 축조하였다고 하나 보고 내용만으로는 초기의 성으로 보기 어려워 졸본성으로 볼 근거는 명확하지 않다. 하고성자토성은 오녀산의 동쪽이 아닌 서남쪽에 있다는 점에서 광개토왕릉비의 기록과 부합되지 않는 점이 있다.[37]

국내성이 위치한 집안 지역은 통구분지에 위치한 천혜의 요새로서, 427년 평양으로 천도하기 까지 고구려의 왕도로, 평상시의 도성으로 국내성은 석성으로 성의 둘레 2.7km에 달하며, 성 내에서 궁전터로 추정되는 대규모 건물지 등이 조사되었다.[40] 국내성은 한대 토성 위에 축조되었다고 보았으나, 2005년도 보고서에 의하면 고구려 퇴적층 아래서 이른 시기의 문화층이 확인되지 않았기 때문에 국내성은 고구려 사람에 의해 처음 축조되었다고 해석하였다. 국내성 시기의 산성으로는 산성자산성이 있다. 산성자산성은 국내성의 서북 방향으로 2.5km 거리에 위치한 산비탈과 절벽을 이용하여 돌로 쌓은 석성으로 방어용 기능이 강하나, 성 내에서 왕궁으로 비정되는 한 변 90여m에 달하는 대형 건물지가 확인되어 방어 뿐 아니라 왕성으로 사용되기도 하였으며, 중국에서는 환도산성으로 비정하기도 한다.[41] 그러나 성 내에서 이른 시기의 증거가 확인되지 않아 기원 3년에 축조하였다는 환도산성과 일치하는지는 확실하지 않다.

평양성 시기의 도성으로는 대성산성과 평양성이 있다. 대성산성은 6개의 봉우리를 돌로 연결하여 쌓은 포곡식 산성으로 성의 둘레는 7km 정도에 달한다.[42] 평양 천도 직후의 평지의 왕성으로는 안학궁이 비정되기도 하나, 북한의 조사 결과에 의하면 안학궁성 내에서 건물지와 회랑, 초석과 문지가 조사되어 안학궁을 평양 천도 후 왕성으로 보고 있다.[43] 그러나 안학궁에서 출토된 와당은 고구려 후기로 비정되고 있어 평양 천도 직후의 왕성이었는지에 대해 의문이 제기되고 있다.[44] 반면 토성리 일대에서 평양 천도 이전으로 비정되는 와당이 출토되어 평양 천도 직후 평지성을 청암리 토성으로 보기도 한다.[45] 양원왕 8년(552)에 평양성을 축조하고 평원왕 28년(586)에 왕성을 평양성으로 옮기는데, 평양성은 북쪽은 금수산 최고봉인 모란봉과 청류벽을 끼고 있고, 동, 서, 남 세 방향으로는 대동강과 보통강으로 둘러 싸여 있다. 평양성은 북성과 내, 외, 중성으로 이루어진 복합식 석성이며, 평양 시내는 리방으로 구획된 것으로 보고있다.[46, 47]

고구려의 산성은 4세기를 기준으로 전기성과 후기성으로 나눈다.[48] 전기의 성은 환인, 집안, 신빈, 통화지역에 집중 분포하며, 절벽과 가파른 산등성이 등 자연 지형을 이용하여 일부만 쐐기형 돌을 이용하여 충마다 안으로 들여쌓은 산성이다. 때문에 전기의 성은 교통로 차단을 목적으로 한 차단성과 군사적 초소의 성격을 띠며, 도성을 방위할 목적으로 축조된 것으로 본다.[36, 47] 후기의 성은 확대된 고구려 전 영역에 분포한다. 자연 지형조건 이용하여 성문은 평지나 완만한 경사지에 위치하여, 평상시 거주성과 방어의 기능 겸용하였다. 대형 산성은 내, 외성으로 이루어지거나 보조성을 갖는 등 복합식 성이 많으며, 행정소재지로서 전쟁 시 주민 입거성 확보함으로써 지방 지배 중심지로서 기능하였다.[49, 50, 51]

고구려 절터로는 1930년대 조사된 청암리 사지, 상오리사지, 원오리 사지와 북한에서 조사한 정릉사지 등이 조사되어, 고구려의 절터는 남문으로부터 일직선상으로 중문, 탑, 금당이 있고, 탑의 좌우에 동서금당이 배치된 일탑삼금당 배치임이 밝혀졌다.[51] 1974~75년에 조사된 정릉사지에서는 벽돌과 다량의 기와가 출토되었는데, 기와의 명문 중에 「寺」, 「定陵」 등이 있어 전 동명왕릉과 관련된 陵寺로 해석되고 있다.[42] 북한에서는 동명왕릉과 릉사로 정비 복원하였다. 생활유적으로는 東台子 유적에서 ㄱ자 구들이 있으며 회랑으로 연결된 4개의 장방형 건물지가 확인되었다.[52] 梨樹園子 南 유적은 발굴되지 않았지만 백옥 이배, 명문와당, 금동제품이 출토해 왕궁지로 비정되고 있다.

4. 유물

고구려 유물의 다수가 4, 5세기대 고분에서 출토되었기 때문에 고분 유물을 중심으로 연구가 이루어지나, 유물 연구는 활발하지 못한 편이다.

고구려 토기는 고운 점토질의 회색과 흑색, 황색을 띤다. 평저의 사이장경호, 장경옹, 장경호, 심발, 장동호, 이부호, 구형호, 직구호, 광구호, 동이, 시루,

솥, 완, 이배, 반, 접시 외에도 원통형 삼족기, 호자, 화덕 등이 있다.[53] 고구려 토기의 형성과 관련하여 북한에서는 노남리형 토기를 고구려 토기 형성시점의 토기로 보고 있지만, 노남리형 토기에는 여러 기술의 토기가 혼재되어 있어 전통의 토기 제작 전통 위에 중국의 회도 영향을 받은 것으로 해석된다.[54] 고구려 토기의 변천은 사이장경호를 통해 볼 때 시간에 따라 몸체가 둥근 형태에서 어깨가 발달하여 전체적으로 가늘고 길어지는 경향을 보인다.[55] 한편, 화덕은 고분에서 사이장경호나 솥, 반 등과 공반되는데, 장방체의 장변 한쪽에 치우쳐 방형의 화구가 있고, 상면에는 솥을 걸 수 있도록 둥근 구멍이 있으며 솥 거는 쪽 반대편 한쪽에 연통을 만들었다. 이러한 화덕은 중국이나 낙랑과 구별되는 고구려 화덕의 특징이다.

시유기는 토기 태토에 유약을 바른 것으로, 유색은 진하고 탁한 녹갈색이나 황갈색을 띈다.[56] 장경호, 장경호, 이배, 시루, 솥, 화덕 등 일부 기종에서 관찰되며, 주로 고분에서 출토되어 부장용기로 제작되었을 가능성이 크다. 청자는 우산하3319호분에서 4점이 출토되었는데, 반구호의 기형과 유색이 동진대의 中國 南京 中門外 郭家山 4호분 출토품과 같으며, 공반된 丁巳銘 권운문와당과 결부되어 357년으로 연대비정의 근거가 된다.[57] 이외에도 우산하2208호분에서는 백자 호가 출토되었다.[58]

청동 용기의 경우 중국 동진제 것과 유사한 청동 정이나 초두가 고분에서 출토되며, 솥과 시루, 합은 고분과 생활유적에서도 출토한다.[59] 십자형 손잡이가 달린 합은 신라 황남대총 남분, 은령총, 천마총, 호우총에서도 출토되어 마구, 장신구와 함께 고구려와 신라의 비교 연구 자료로 이용된다.[60] 청동 용기중 동복은 북방계 취사도구의 하나로, 집안과 임강 등지에서 출토된 바 있다.

갑주와 마구, 장신구는 주로 중국 북방의 삼연문화와의 관련 속에서 해석되고 있다.[61] 갑주는 벽화분에서는 챙 달린 모자를 쓰고, 경갑, 신갑, 바지와 팔, 다리, 정강이 등을 가린 모습이 확인되나, 실물자료로는 금동소찰과 철제 소찰을 가죽끈으로 연결한 찰갑이 고분에서 출토되었다.[62, 63] 마주는 우산하992호분에서 출토된 예가 유일하지만, 벽화에는 반원형과 삼엽형 챙이 표현되어 있다.[62] 마구로는 재갈, 등자, 안교와 행엽, 운주 등이 출토했으며, 마선구 1호분에서는 호록 금구도 알려졌다. 3세기말로 비정되는 마선구242-2호분에 재갈이 부장되기 시작하여, 4세기 중엽부터 마구가 본격적으로 고분에 부장된다. 5세기 이후에는 마구가 패왕조산성과 아차산 보루 등 생활유적에서도 출토하고, 6세기 이후에는 고분 부장 예가 거의 없다. 마구는 주로 중국 삼연 무덤 출토와 신라, 가야 및 왜의 마구와 비교 연구가 이루어지고 있다.[64, 65, 66, 21]

고구려의 장신구로는 고분에서 출토된 것으로 금속제 관과 관식, 귀걸이, 대금구, 팔찌, 신발 등이 있다.[67] 태왕릉에서 출토된 금동관과 새 날개모양의 금동제 관식에 사용된 우모 기법과 형태, 삼엽문 모티브는 신라 관식에 영향을 주었다.[67, 68] 귀걸이는 태환이식과 세환이식이 함께 하며 小環連接球體와 심엽형 또는 추형 수하식과 때질 기법이 고구려 귀걸이의 특징이다. 집안 마선구 1호분의 태환이식은 경주 황남대총 북분 출토 귀걸이와 매우 흡사하며, 서울 능동, 진천과 청원에서도 유사한 형태의 귀걸이가 출토되어 고구려 이식과 이식의 제작기법이 신라 초기 이식에 영향을 미쳤던 것으로 해석된다.[69] 팔찌는 표면에 장식이 없는 것과 둘레에 돌기가 표현된 것 두 종류가 있으며, 팔찌 둘레의 단면은 원형, 타원형에서 방형, 장방형으로 변화한다.[69] 대금구로는 晉式 대금구와 역심엽형 과판 두 종류가 있으며,[69, 70] 진식 대금구는 집안을 중심으로 주로 4세기대 적석총에서 출토하며, 우산하 3296호분에서 발견된 요패가 드리워진 형식은 중국 진이나 삼연의 진식 대금구에서는 확인되지 않는다. 역심엽형 과판은 생활유적에서도 출토하는데 진식대금구보다 늦게 사용되었으며, 백제와 신라에서는 6세기 중엽 이후 7세기 전반까지 유행하였다.[69] 이외에도 北史와 舊唐書는 고구려에서 노란 가죽신을 신었다고 전하지만, 고구려의 신발로는 방형 못이 달린 금동신발 바닥이 고분에서 출토되었고,[67] 장송의례용으로서의 신발은 삼국이 공통된다.

이외에도 적석총에서는 괭이, 낫, 도끼 등이, 석실분에서는 보습, 철서, 낫 등의 대형 공구가 출토되어 농업 생산력과 관련하여 연구가 진행 중인데, 특히 4세기경이 되면 삼각형 보습이나 쇠스랑, 철서 등은 중국과 다른 고구려의 특징을 갖춘 생산도구가 출토된다.[71] 무기 중에서 가장 많은 수를 점하는 자료는 다양한 형태의 화살촉으로 고구려에 특징적인 도끼날 철촉은 이른 시기부터 지속적으로 사용되었다. 화살촉은 창과 함께 발견되며, 창으로는 연미형 협봉 철모와 반부가 있는 철모 등이 있다. 환두대도와 대도는 2세기 이후 부장된다. 철제 대도와 소환두대도, 철모 등은 주로 4세기 이후 고분에서 마구, 갑주, 마갑과 함께 출토한다.[72, 73]

5. 기와와 와당

기와에 대한 연구는 한반도 남부 지역에서 성과 보루 조사의 증가에 따라 남한 학자를 중심으로 이루어지고 있다.[74, 75] 고구려 기와는 회색이나 붉은색으로서, 안쪽에 포흔이 남아있고, 등에는 승문과 격자문이 있다.[76] 이른 시기의 무기단 적석총 분구에서 기와가 수습되어 기와는 일찍부터 사용했다고 보인다. 막새기와는 4세기부터 쓰이기 시작하여, 수막새로는 원형과 반원형 두 종류가 있고, 권운문, 연화문, 인동문, 귀면문 등의 문양이 있다.[77, 78] 권운문 수막새는 국내성유적과 초대형계단석실적석총에서 수습되었는데, 명문이 있어 4세기초부터 후반까지 사용되었음이 밝혀져[79] 무덤 연대판단의 기준이 되고 있다.[80, 81] 연화문 와당은 천추총, 태왕릉, 장군총, 경신리1호분, 장천2호분등 고분과 국내성, 환도산성, 평양 일원에서 출토되었다. 연화문 와당의 유행은 불교와 관련을 갖고 있을 것으로 보고있는데, 고구려 연화문 와당은 두 줄이나 혹은 세 줄로 구획한 6판 또는 8판의 연판을 배치하고, 연판 중앙에 돌선이 있거나 Y형 선을 표현하였다.[44, 45, 21] 이외에도 평양의 금강사지와 정릉사지에서는 벽돌이 다량 출토했으며, 동대자 건물지에서도 기와와 함께 벽돌이 출토했다. 벽돌은 방형, 장방형, 삼각형, 부채꼴 등 여러 형태가 있으며, 승문, 마름모, 연꽃무늬 등을 부조하기도 하였다.

6. 고구려 고고학 연구 과제

고구려의 유적, 유물이 중국 동북지방과 한반도 중부 이북 지방에 걸쳐 분포하고 있으므로, 중국과 북한을 중심으로 조사가 이루어지고 있다. 중국은 고구려를 소수민족의 지방 정권으로, 북한에서는 역사상 가장 넓은 영토를 지닌 강성한 국가로 이해함으로써 고구려사에 대한 인식의 차이는 유적, 유물의 보고에 그대로 투영되어 있다. 유적과 유물에 대한 접근이 불가능한 남한에서도 최근 고구려에 대한 관심을 갖고 연구가 진행 중이나,[82, 83] 남한에서의 고구려 고고학 연구는 중국과 북한에서 출간된 발굴 보고서에 대한 비판적 검토에서 출발하여야 한다.

기존의 고구려 고고학 연구는 자료 자체가 갖는 한계로 인하여 비교적 접근이 가능하였던 고분이나 성 등 유적 중심으로 이루어졌고, 그 결과 고분과 성에 대한 개괄적인 이해가 가능하게 되었다. 그러나 고분이나 성이 시간에 따른 변화가 민감한 자료가 아니기 때문에 고구려사의 역동적인 복원에는 한계가 있었다. 이를 극복하기 위해서는 유물 연구가 활발하게 이루어져야 할 것이며, 특히 시간의 변화에 민감한 유물을 대상으로 한 안정적인 편년안 마련이 시급한 실정이다. 안정적인 편년안이 마련된다면 중국과 고구려, 고구려와 백제, 신라, 가야와의 관계 및 왜와의 교류에 대한 보다 다양한 해석이 가능하게 될 것이다.

고구려에 대한 객관적이 복원이 이루어진다면, 최근 진행되고 있는 중국의 역사 왜곡도 바로 잡을 수 있을 것이다.

1. 東潮・田中俊明, 1995, 『高句麗の歴史と遺跡』, 中央公論社, 東京.

2. 魏存成, 1994, 『高句麗考古』, 吉林大學出版社, 長春.

3. 魏存成, 2002, 『高句麗 遺蹟』, 문물출판사, 북경.

4. 최종택, 2004, 「남한지역의 고구려 유적과 유물」 『고구려의 역사와 문화유산』, 서경문화사, 서울.

5. 노태돈, 1999, 『고구려사 연구』, 사계절, 서울.

6. 임기환, 2004, 『고구려 정치사연구』, 한나래, 서울.

7. 강현숙, 2000, 「고구려 고분 연구」, 서울대학교 박사학위논문.

8. 전호태, 2000, 『고구려 고분벽화 연구』, 사계절, 서울.

9. 손수호, 2001, 『고구려고분연구』, 사회과학출판사, 평양.

10. 정찬영, 1973, 「기원4세기까지의 고구려 묘제에 관한연구」, 『고고민속논문집』5, 사회과학원고
    고학연구소, 평양.

11. 조선고고학연구소, 1977, 『조선고고학개요』.

12. 사회과학원역사연구소, 1979, 『조선전사2(고대편)』.

13. 강현숙, 1999, 「고구려 적석총의 등장에 대하여」 『경기사학』3, 경기사학회, 수원.

14. 吉林省文物考古研究所・集安市博物館, 2005, 『集安高句麗王陵』, 文物出版社, 北京.

15. 강현숙, 2006, 「중국 길림성 집안 지역 고구려 왕릉의 구조에 대하여」 『한국고대사연구』41, 한
    국고대사학회, 서울.

16. 백승옥, 2006, 「광개토왕릉비의 성격과 장군총의 주인공」 『한국고대사연구』41, 한국고대사학
    회, 서울.

17. 여호규, 2006, 「집안 지역 고구려 초대형적석묘의 전개과정과 피장자문제」 『한국고대사연구』
    41, 한국고대사학회.

18. 이희준, 2006, 「태왕릉의 묘주는 누구인가?」 『한국고고학보』59, 한국고고학회, 서울.

19. 손수호, 1999, 「집안일대 왕릉급돌각담무덤들의 주인공 문제에 대하여」 『조선고고연구』

1999-2.

20. 東潮, 平成18年,「高句麗王陵と巨大積石塚-國內城時代の陵園制」『朝鮮學報』199,200合併號.

21. 桃崎祐輔, 2005,「高句麗太王陵出土瓦.馬具からみた太王陵設の平價」『海と考古學』, 東京.

22. 朱英憲, 1991,『高句麗の壁畵古墳』, 學生社, 東京.

23. 조선유적유물도감편찬위원회, 1990,『조선유적유물도감』5(고구려편3).

24. ＿＿＿＿＿＿＿＿＿＿＿＿, 1990,『조선유적유물도감』6(고구려편4).

25. 김원룡, 1960,「고구려 벽화분의 기원에 대한 연구」『진단학보』21, 진단학회, 서울.

26. 강현숙, 1999,「고구려 석실봉토벽화분의 연원에 대하여」『한국고고학보』40, 한국고고학회, 서울.

27. 전호태, 2002,「고구려 고분벽화의 기원」『강좌 한국고대사』9.

28. 강현숙, 2005,『고구려와 비교해 본 중국 한, 위, 진의 벽화분』, 지식산업사, 서울.

29. 오영찬, 2005,「고구려 벽화고분의 등장과 낙랑, 대방군」『고분벽화로 본 고구려 문화』, 고구려연구재단, 서울.

30. 전호태, 1993,「고구려 장천 1호분 벽화의 서역계 인물」『울산사학』6, 울산.

31. 박아림, 2003,「고구려 벽화와 감숙성 위진시기(돈황포함) 벽화 비교연구」『고구려연구』16, 고구려연구회.

32. 강현숙, 2003,「고구려 벽화분과 신라 영주지역 벽화분 비교고찰」『백산학보』67, 백산학회, 서울.

33. 김인철, 2002,「새로 발굴된 태성리3호 고구려 벽화무덤」『조선고고연구』2002-1.

34. 김인철, 2002,「태성리3호 벽화무덤의 축조연대와 주인공문제에 대하여」『조선고고연구』2002-1.

35. 王綿厚, 2002,『高句麗古城硏究』, 文物出版社, 北京.

36. 魏存成, 1999,「길림성내 고구려 산성의 현황과 특성」『고구려연구』8, 고구려연구회, 서울.

37. 余昊奎, 1999,『高句麗 城 I 鴨綠江 中上流篇』, 國防軍史硏究所, 서울

38. ＿＿＿＿, 1999,『高句麗 城 II 遼河流域篇』, 國防軍史硏究所, 서울.

39. 遼寧城文物考古硏究所, 集安市博物館, 2005,『五女山城』, 文物出版社, 北京.

40. 吉林省文物考古硏究所, 集安市博物館, 2005,『國內城』, 文物出版社, 北京.

41. ＿＿＿＿＿＿＿＿＿＿, 2005,『丸都山城』, 文物出版社, 北京.

42. 金日成綜合大學編,『五世紀の高句麗文化』, 雄山閣, 東京.

43. 한인호 · 리호, 1991,「안학궁터부근의 고구려 리방에 대하여」『조선고고연구』1991-4, 사회과

학원고고학연구소, 평양.

44. 谷豊信, 1989, 「四五5世紀の高句麗瓦に關する若干の考察-古墳出土を中心とし」『東洋文化研究所紀要』108, 東京大學東洋文化研究所.

45. ______, 1990, 「平壤土城里發見の古式の高句麗瓦當について」『東洋文化研究所紀要112』, 東京大學東洋文化研究所.

46. 한인호 · 리호, 1994, 「평양성외성안의 고구려도시리방과 관련한 몇가지 문제」『조선고고연구』1993-1, 사회과학원고고학연구소, 평양.

47. 김창석, 2006, 「장안성축성의 배경과 공간구성」『고고자료에서 찾은 고구려인의 삶과 문화』, 고구려연구재단, 서울.

48. 임기환, 1998, 「고구려 전기 산성연구-고구려 산성의 기초적 검토(1)」『국사관논총』82, 국사편찬위원회, 과천.

49. 박창수, 1990, 「고구려의 성분포와 서북방어체계」『력사과학론문집』15, 과학백과사전출판사, 평양.

50. 안병찬, 1992, 「장수산일대의 고구려 유적과 유물」『조선고대 및 중세초기사연구』, 교육도서출판사.

51. 한인호, 1995, 『고구려중세건축유적연구』, 사회과학원출판사, 평양.

52. 방기동, 1995, 「집안 동대자 고구려 건축유지의 성격과 연대」『중국경내 고구려 유적연구』, 예하, 서울.

53. 최종택, 1999, 「고구려토기연구」, 서울대학교박사학위논문.

54. 박순발, 1999, 「고구려토기의 형성에 대하여」『백제연구』29, 충남대학교 백제연구소, 대전.

55. 耿鐵華 · 任至德, 1984, 『集安高句麗陶器的初步研究』『文物』1984-1, 北京.

56. ______, 2001, 「高句麗彩釉陶器的類型與分期」『考古與文物』2001-3, 北京.

57. 吉林省文物考古研究所 集安市博物館, 2005, 「洞溝古墓群禹山墓區JYM3319號墓發掘報告」『東北史地』2005-6.

58. 耿鐵華 · 孫仁杰 編, 1993, 『高句麗研究文集』, 延辺大學出版社, 延辺.

59. 이한상, 2006, 「고구려 금속용기문화의 특색-칠성산.우산하 동기 분석을 중심으로」『고고자료에서 찾은 고구려인의 삶과 문화』, 고구려연구재단, 서울.

60. 이주헌 · 이용현 · 유혜선, 2006, 「호우총.은령총 출토유물-토기와 청동용기를 중심으로」, 호우총 은령총 발굴 60주년 기념 심포지움, 국립중앙박물관, 서울.

61. 강현숙, 2006, 「고구려고분에서 보이는 중국 삼연요소의 전개과정에 대하여」 『한국상고사학보』51, 한국상고사학회.

62. 송계현, 2005, 「桓仁과 集安의 高句麗甲冑」 『北方史論叢』3, 고구려연구재단, 서울.

63. 성정용, 2006, 「고구려의 갑주문화」 『고고자료에서 찾은 고구려인의 삶과 문화』, 고구려연구재단, 서울.

64. 董高, 1995, 「公元3至6世紀慕容鮮卑, 高句麗, 朝鮮, 日本馬具之比較硏究」, 『文物』1995-10, 北京.

65. 위존성, 2001, 「고구려 마구의 발전 주변 민족 및 지역과의 관계」 『고구려연구』12, 고구려연구회, 서울.

66. 東潮, 平成9年, 『高句麗考古學硏究』, 吉川弘文館, 東京.

67. 이한상, 2005, 「고구려 장신구」 『한국고대의 Global Pride 고구려』, 고구려대학교박물관, 서울특별시.

68. 권오영, 2006, 「중국 유물과 벽화를 통해 본 고구려의 관」 『고고자료에서 찾은 고구려인의 삶과 문화』, 고구려연구재단, 서울.

69. 이한상, 1999, 「三國時代 耳飾과 帶金具의 分類와 編年」 『三國時代 裝身具와 社會相』, 부산광역시립박물관 복천분관, 부산.

70. 권오영, 2004, 「晉式帶具의 南과 北」 『가야, 그리고 왜와 북방』, 제10회 가야사국제학술회의, 김해시.

71. 김재홍, 2005, 「고구려농업생산력의 발전-철제농기구의 분석을 중심으로」 『북방사논총』8호, 고구려연구재단.

72. 耿鐵華, 1993, 「高句麗兵器初論」 『遼海文物學刊』1993-2, 瀋陽.

73. 김길식, 2005, 「고구려의 무기 체계의 변화」 『한국고대의 Global Pride 고구려』, 고구려대학교박물관, 서울.

74. 심광주, 2005, 「남한지역 출토 고구려 기와에 대한 연구」 『한국 기와연구의 회고와 전망』, 한국기와학회.

75. 백종오, 2005, 「고구려기와연구」, 단국대학교박사학위논문.

76. 최맹식, 2005, 「고구려 기와의 특징」 『한국고대의 Global Pride 고구려』, 고구려대학교박물관, 서울.

77. 김성구, 2005, 「고구려의 기와와 전돌」 『한국고대의 Global Pride 고구려』, 고구려대학교박물

관, 서울.

78. 尹國有·耿鐵華, 2001, 『高句麗瓦當硏究』, 吉林人民出版社, 長春.

79. 경철화, 2005, 「집안 출토 권운문와당 연구」 『고구려문화의 역사적 의미』, 고구려연구재단.

80. 張福有, 2004, 「集安禹山3319號墓卷云紋瓦當銘文識讀」 『東北史地』 2004-1.

81. 林至德·耿鐵華, 1985, 「集安出土高句麗瓦當及其年代」 『考古』 1985-7, 北京.

82. 한국고고학회, 2003, 『고구려고고학의 제문제』, 제27회 한국고고학전국대회발표요지.

83. 고구려대학교박물관, 2005, 『한국고대의 Global Pride 고구려』, 서울.

한강유역의 고고자료

최종택 _ 고려대학교 고고미술사학과

한강유역은 지리적으로 한반도의 중심에 위치하고 있으며, 서해상으로의 진출이 용이한 전략적 요충지인 동시에 비옥한 충적평야로 인해 선사시대 이래로 생산과 교역 및 정치·문화의 중심지로 발달하여 왔다. 특히 삼국시대에 들어와서는 이 지역을 차지하는 것이 국가의 흥망을 좌우할 정도로 중요한 의미를 가지고 있었으며, 따라서 삼국은 이 지역을 서로 차지하려고 각축을 벌였음은 주지의 사실이다.

최근 20여 년간 한강유역에 대한 고고학적 연구는 괄목할만한 성과를 거두 있는데, 이는 고대사 연구의 진전에 크게 기여하였으며, 특히 백제사 연구에 있어서는 더욱 그러하였다. 80년대까지는 주로 몽촌토성과 석촌동고분군을 중심으로 하는 한강하류의 백제유적에 대한 조사와 연구가 집중되었고, 원삼국시대 유적에 대한 조사도 함께 진행되었다. 80년대 말 이후에는 아차산 일원의 조사가 이루어지면서 고구려고고학이 새로운 연구 주제로 부각되었다. 90년대 중반 이후 풍납토성이 발굴되면서 漢城期 백제 고고학이 새롭게 조명되었으며, 남한강유역의 산성들의 조사와 관련하여 한성기 백제 산성의 존부에 대한 논쟁이 있었다. 최근 2000년 이후에는 경기도 일원에서 낙랑관련 유적이 새로이 발굴되면서 원삼국시대 및 초기백제의 성장에 있어서 낙랑의 역할이 새롭게 조명되고 있다. 이러한 연구 성과는 고고학은 물론이거니와 문헌사료가 부족한 고대사 연구의 활력소가 되고 있으며, 이글에서는 최근 20여 년간에 걸친 한강유역의 고고학적 연구 성과와 주요 논점을 시대별로 정리하기로 한다.

1. 원삼국시대 및 낙랑

1970년대 초 故김원용에 의해 原三國時代가 주창된 이래 최근까지도 한국 고고학계에서 가장 뜨거운 논쟁의 대상이 되어왔다. 논쟁의 핵심은 명칭 및 시대정의 등과 관련된 용어 자체에 대한 것과 원삼국시대 문화의 내용에 대한 것으로 대별된다. 이에 대해서 상세히 정리한 글이 이미 발표된 바 있으며,[28] 본고의 집필의도와도 거리가 있으므로 상술하지 않는다.

한강유역에 있어서도 원삼국시대는 연구가 가장 활발한 분야의 하나이다. 원삼국시대 문화의 내용도 내용이거니와 이 시기가 초기철기시대에 이어 백제국가 형성기와 직접 연결된다는 면에서 관심이 집중되어왔다. 원삼국시대의 연구는 토기를 바탕으로 한 편년의 문제로부터 시작되었다. 이 시기 한강유역의 토기는 경질무문토기와 타날문토기 및 회(흑)색무문양토기로 대별되며, 이들의 상대적 빈도상의 변천에 따라 원삼국시대는 전기와 후기로 편년된다.[13] 전기(A.D. 0~200)는 종래 무문토기 제작전통의 경질무문토기가 주를 이루는 시기이며, 후기(A.D. 200~300)는 경질무문토기가 소멸되고 새로운 토기제작기술의 도입으로 등장한 타날문토기와 회(흑)색무문양토기만이 사용되는 시기이다. 이러한 편년관은 이후 경질무문토기 단순기(Ⅰ기: B.C. 100~0)와 경질무문토기와 타날문토기 병존기(Ⅱ기: 0~200), 경질무문토기가 소멸하고 타날문토기와 무문양토기가 성행하며 심발형토기와 장란형토기가 새로이 등장하는 시기(Ⅲ기: 200~250)로 세분되었으며, 원삼국 Ⅱ기는 승문타날 단경호의 Ⅱ-1기와 격자타날 호류의 Ⅱ-2기로 세분되고, 원삼국 Ⅲ기는 다시 세 개의 분기로 세분되는 등 정교한 편년이 이루어졌다.[14, 15] 경질무문토기와 타날문토기 및 무문양토기의 상대빈도에 의한 편년의 골격은 이후 다른 연구자들에게도 유지되고 있으나 경질무문토기의 소멸시점을 언제로 볼 것인가에 대해서는 견해의 차이가 있다. 그 외에 토기자료만으로 원삼국시대를 편년하는데 대한 문제를 제기하고, 주거유형에 대한 분석을 통하여 원삼국시대를 편년한 연구가 있다.[21] 이 연구에서는 원삼국시대 주거지의 평면 형태를 한성백제기와의 연속성을 고려하여 (장)방형과 육각형으로 대별하고, 주거지의 여러 속성을 조합하여 9개 유형으로 세분한 뒤 이를 바탕으로 원삼국시대를 세 시기로 편년하고 있으나, 편년의 기준으로 삼은 주거유형에 대한 형식분류의 적절성 여부는 논외로 하더라도 원삼국시대 문화의 내용에 대한 이해는 기존의 견해와 대동소이하다.

원삼국시대의 편년과 더불어 이 시기 토기의 계통에 대한 설명도 필연적으로 뒤따르게 되었는데, 경질무문토기는 청동기시대 이래의 무문토기의 제작전통을 유지하고 있다는 데에는 의견이 일치한다. 이 시기 새로이 등장하는 타날문토기와 회(흑)색무문양토기의 계통에 대해서는 종래에는 중국의 戰國 또는 漢代 灰陶의 영향으로 보는 것이 일반적이었으며, 회(흑)색무문양토기는 낙랑토기의 제작전통의 영향에서 나타난 것으로 보아왔다. 특히, 최근 화성 기안리유적과 가평 달전리유적, 가평 대성리유적 등 곳곳에서 낙랑계토기와 관련유물이 조사되면서 낙랑과의 관계를 직접적으로 상정하는 견해가 늘어나고 있다. 이는 낙랑토성의 토기에 대한 상세한 연구 성과에 힘입은 바 큰데, 원삼국시대 토기 중 일부 기종의 기형을 비롯하여 絲切技法, 마연, 돌려 깎기, 강한 회전조정 등 제작기법상의 유사함을 들어 낙랑계토기의 영향이 구체적으로 제시되기도 하였다. 더불어 화성 기안리유적의 제철유적에 대한 검토를 통하여 기원후 3세기 전중반경 낙랑의 제철기술 및 製陶技術을 가진 주민의 이주가 있었을 것으로 추정되기도 한다.[7]

낙랑에 대한 고고학적인 관심은 이미 일제 강점기에 시작되었음은 주지의 사실이지만 1980년대 중반 이후에야 개설서에 반영될 정도로 관심의 대상이 되지 못하였으며, 이와 관련된 여러 가지 사정은 굳이 재론할 필요가 없을 것이다. 어쨌든 비슷한 시기 일본에서는 낙랑토성출토 토기류에 대한 일련의 보고문이 발간되었고,[2] 한강유역을 포함한 각지에서 낙랑계 유물이 빈출하면서 관심의 대상이 되고 있다. 특히 낙랑 토기의 제작기법에 대한 자세한 연구는 원삼국시대 및 초기백제 토기의 연구에 상당한 자극이 되고 있으며, 그간 이에 대한 정확한 인식 없이 다소 막연하게 낙랑의 영향으로만 주장되던 견해들에 대한 비판도 가해지고 있다. 낙랑토기의 제작기법을 분석한 결과 낙랑의 화분형토기와 유사한 것으로 설명되던 명사리식토기나 요동지역의 무문토기, 중도식토기, 중부지방의 적갈색 외반구연호는 물론 영남지방의 와질토기도 낙랑의 화분형토기와는 직접 관계가 없음이 지적되고 있다. 또한 낙랑토기양식은 漢郡縣의 설치 이전에 이미 성립하였으며, 이후 일부 漢式 토기가 새로이 추가된 것이라는 주장이 제기되고 있다.[33]

2. 백제

　1970년대 서울 잠실지역의 개발로 인해 가락동, 방이동, 석촌동의 고분군에 대한 발굴조사가 이루어지기는 하였으나, 한성백제 유적에 대한 본격적인 발굴조사는 1980년대 중반에 들어서야 이루어졌다. 서울올림픽 경기장 시설과 관련하여 석촌동고분군과 몽촌토성에서 대규모의 발굴조사가 시작되었다. 1983년 석촌동 3호, 4호분을 시작으로 86년에는 3호분 동쪽의 고분군, 87년에는 1호분과 2호분이 발굴되었으며, 83년부터 89년까지 몽촌토성이 발굴되었다. 그 결과 한성백제의 실체와 하남위례성에 대한 논의를 다시금 촉발시키는 계기가 되었다. 88년부터 92년까지는 미사리유적이 조사되고 대규모 마을유적과 밭이 함께 발굴되었으며, 이어 용인 수지지역 등 서울 외곽지역의 개발에 따른 발굴조사에서 한성백제 관련유적이 하나둘 확인되면서 한성백제사회의 성격에 대하여 관심의 초점이 옮겨갔다. 1997년부터 풍납토성 내부의 재건축부지에 대한 발굴조사가 시작되면서 논의의 초점은 다시 하남위례성으로 집중되었다. 이어 99년에는 성벽에 대한 조사가 이루어지면서 풍납토성의 축조시점과 관련한 논란이 있었으며, 계속되는 성내부에 대한 조사를 통해 한성백제의 사회성격에 대한 논의가 활발하게 이어지고 있다.

　1970년대 이후 남한강과 북한강유역의 백제유적에 대한 조사도 꾸준히 지속되었는데, 양평 문호리, 춘천 중도, 제원 양평리, 제원 도화리 등에서 조사된 무기단식적석총을 통해 초기백제의 영역을 이해하려는 시도가 있었다[35]. 이러한 무기단식적석총은 처음 춘천 중도유적에서 확인되어 중도식적석총이라고도 불렸는데, 강가의 낮은 구릉에 위치한 강자갈로 쌓은 무기단식 적석총이라는 외형상 유사성을 들어 고구려계 고분으로 보는 견해[1]가 있으나, 이는 고구려 적석총과는 다르므로 즙석식적석총으로 불러야하며 한성백제의 기층문화로서의 濊系文化 요소라는 견해[16]가 제시되었다. 출토유물을 볼 때 이를 한성백제의 기층문화로서의 중도유형문화의 고분으로 보는 것이 설득력이 있게 받아들여지고 있으나 이를 예계문화의 요소로 볼 때 예계문화의 내용이 어떠한가에 대해서는 추가의 설명이 요구된다.

1990년대에 들어와서는 경기도 화성과 원주 법천리 등 한성백제의 외곽지역에서 석곽묘유적들이 조사되었으며, 이는 충청도 지역의 고분 자료와 함께 한성백제의 중앙과 지방의 문제에 대한 논의를 가능하게 하였다. 또한 양주 대모산성, 이천 설봉산성과 설성산성 등 경기지역의 산성발굴에서 한성백제의 유물이 다량으로 출토되면서 백제 석축산성의 축조문제와 관련된 논의가 이루어졌다.

한성백제의 국가형성의 문제와 하남위례성의 위치 문제는 전통적인 연구 주제이지만 빈약한 문헌사료 탓에 여러 가설들만 제시된 상태였으나, 1985년 몽촌토성에 대한 본격적인 발굴조사결과 하남위례성의 주요 居城의 하나임이 분명해지면서 논의의 초점은 몽촌토성으로 집중되었다. 물론 이듬해 이성산성이 조사되면서 하남시 일대가 하남위례성 후보지로서 부각되기도 하였으나, 이어 이성산성은 6세기 이후 신라에 의해 축조되었음이 밝혀졌다.[23] 물론 최근까지 계속되는 발굴조사를 통해 이성산성과 하남시 춘궁동일대에 하남위례성이 위치했었을 가능성이 여전히 제기되고 있지만 이를 입증할만한 고고학적 자료는 확인되지 않는다. 성내부에 들어선 많은 건물들 때문에 기대하지 않았던 풍납토성의 발굴은 의외의 결과를 가져왔다. 현 지표 하 3미터 지점에서 양호한 상태로 보존된 원삼국시대 이래의 다양한 유구들이 조사되면서 한성백제의 왕성일 가능성이 높아졌으며, 풍납토성을 『삼국사기』 백제본기 개로왕조에 등장하는 북성에, 몽촌토성을 남성에 비정하기도 한다.

석촌동고분군과 몽촌토성의 발굴에 따른 고고자료의 증가는 한성백제의 편년문제와 국가 형성의 문제로 귀결되었다. 1988년 몽촌토성에서 출토된 많은 양의 토기류에 대한 분석적인 연구를 통해 한성백제의 토기는 회색연질토기, 적갈색연질토기, 흑색마연연질토기, 회청색경질토기 등의 기술적유형과 그에 따르는 여러 하위 기종들로 구성되며, 흑색마연연질토기와 회색연질토기가 유행하는 몽촌 I 기(250~350)와 회청색경질토기가 등장하는 몽촌 II 기(350~475)로 편년되었다.[13] 이후 이는 각각 한성백제 I 기와 II 기라는 용어로 대체되었다.[14] 한성백제 토기에 대한 이러한 편년 안은 계속되는 연구를 통해 정교해지지만, 어쨌든 기본적인 편년 안 조차 갖추지 못하던 한성백제 고고학 연구의 진척에 결정적인 역할을 하였다. 이후 석촌동고분군 출토 자료에 대한 분석을 통해 삼국시대와 한성백제의 분기를 275년경으로 보는 견해[10]가 제시되었고, 풍납토성 출토 자료를 바탕으로 한 세부분기의 설정[45] 등과 같은 수정 작업이 이루어지지만 기본적인 골격은 유지되고 있다.

토기의 편년은 한성백제 토기의 형성문제로 이어졌다. 백제 토기의 형성문제는 원삼국시대 토기와의 연속선상에서 검토되었는데, 한성백제기 토기의 기술적 유형 중 흑색마연연질토기 유형은 원삼국시대에 없던 것으로 따라서 흑색마연토기의 등장이 곧 백제토기의 형성시점과 일치할 것이라는 것이다. 한성백제의 흑색마연토기는 무개고배류, 직구광견호류, 직구단경호류, 뚜껑류, 대부합류 등 소수의 기종으로만 제작되는데, 이들 기종에는 사격자문, 음각선문, 연주문, 파상문 등이 시문되는 것이 특징이다. 이러한 특징적인 문양은 중국의 三國末~西晋代의 越窯에서 생산된 古越磁의 각 기종에서 보이는 특징이며, 이들과의 비교를 통해 한성백제 흑색마연토기의 등장 시점을 3세기 후반 후엽경에서 3세기 말경에 등장하는 것으로 비정하고, 이를 한성백제 토기의 등장 시점으로 보았다.[14] 이에 대해서 이 시점을 백제토기의 발생기가 아닌 완성기로 보아야하며, 경질무문토기의 소멸과 한성백제토기 I 기 사이에 한 단계를 추가할 필요가 있다는 지적[6]도 있지만, 백제 토기의 형성과정에 대한 이와 같은 이해는 대체로 받아들여지고 있다. 최근에는 새로 발굴되는 낙랑계 토기와 관련된 분석을 통해 한성백제기의 취사용 자비용기인 장란형토기와 심발형토기는 낙랑계토기의 영향으로 등장하였으며, 이러한 새로운

기종의 처음 등장은 낙랑지역 주민의 직접적인 이동과 관련된 것으로 보기도 한다.[19]

토기 외에 백제 초기의 와당과 기와 자료도 증가하여 새로운 해석이 가능해 졌는데, 한성백제의 와당은 사구획원문와당이 주를 이루며, 와당과 평기와 제작기법에 낙랑 제와기술의 영향이 관찰되고, 기원후 3세기 대에 이미 기와제작이 시작되었을 가능성이 제시되었다.[4]

백제 국가형성 시점은 이상과 같은 백제 토기의 형성시점에 대한 연구 성과와 몽촌토성에서 출토된 서진대 灰釉錢文陶器와 金銅銙帶金具 등의 존재와 풍납토성과 몽촌토성 등의 대규모 성곽의 존재, 석촌동고분군과 같은 고총고분의 존재 등을 근거로 3세기 중후반~말엽으로 비정되었다.[17] 1999년 풍납토성의 발굴을 계기로 한성백제의 국가형성 시점과 관련하여 새로운 견해가 등장하였다. 풍납토성의 성벽은 중심 토루와 내벽 및 외벽으로 구축되었는데, 중심 토루에서 내벽의 III 토루까지는 기원 후 2세기대 이전에 축조되었으며, 나머지 내벽 토루와 외벽 토루까지 모두 200년을 전후한 시점에 축조가 완료되었다는 것이다.[22] 이는 토루의 축조에 사용된 판축용 목재 및 목탄시료에 대한 방사성탄소연대 측정결과와 토루 내부에서 출토된 토기에 근거한 것이다. 이러한 견해는 한성백제의 국가형성 시점을 기존의 견해보다 적어도 50년 이상을 소급시킬 수 있는 것이나, 방사성탄소연대 자체가 가지는 문제는 주지하는 바와 같으며, 토기에 대한 별도의 편년관이 제시되지 않는 한 받아들이기 어려운 것으로 보인다.[18]

석촌동고분군에 대한 발굴은 한성백제기 고분에 대한 이해를 한 단계 끌어 올렸다. 석촌동 발굴을 통하여 한성백제기의 고분에 대한 분류와 편년 안이 자세하게 제시되었다. 석촌동의 한성백제기 고분은 적석총, 즙석봉토분, 토광묘, 토광적석묘, 위석봉토묘, 옹관묘 등 다양한 형태로 존재하지만 크게 토광묘계통과 적석총계통, 이들의 혼합형으로 구분되며, 토광묘 계통은 토착세력의 묘제이고, 적석총계통은 고구려에서 남하한 세력의 묘제로 이해된다.[29, 30] 그러나 석촌동고분군의 적석총 중 일부는 내부가 점토로 채워져 있는 등 고구려 적석총과 차이가 있으며(이른 바 백제식적석총), 이를 단순히 백제 건국세력이 고구려에서 남하한 세력임을 입증하는 자료로 보기에는 어려움이 있다. 이에 대해서는 4세기 중후엽 고구려를 능가하는 근초고왕대의 백제왕실이 고구려와의 경쟁의식 속에서 축조한 대등정치체간교호작용의 하나로 보는 견해가 설득력이 있다.[16]

한편 몽촌토성 발굴 이후 하남 미사리유적과 용인 수지유적, 풍납토성 등에서 대규모의 마을유적이 발굴되고 이를 토대로 한성백제 사회에 대한 분석도 이루어지고 있다. 미사리유적은 남한에서 조사된 최초의 밭 유적이라는 점에서도 주목을 받았는데, 미사리 마을은 몇 개의 주거군으로 구성되어 있으며, 단위 주거군은 10여기의 주거지와 저장 공간, 생산 공간(1,700여 평 이상의 밭)으로 구성되어 있었다. 단위 주거군의 최상위 위계주거지가 존재하는 점과 대규모 농경지의 존재 등으로 보아 미사리유적은 풍납토성이나 몽촌토성으로 농산물을 공급하기 위한 마을로 추정된다.[39] 또한 같은 맥락에서 미사리 마을을 한성백제기 國邑에 종속되어 왕성에 식량을 공급하는 邑落으로 해석하기도 한다.[3]

1990년대에 들어와 이천의 설봉산성과 설성산성, 포천의 반월산성 등이 잇달아 발굴되면서 한성백제기 석축산성의 존재가 주장되었다. 발굴 담당자들은 성내부에서 백제유적과 유물이 다수 출토되는 점과 성벽 내부의 기저부 시설에서 백제 토기가 출토되는 점 등을 근거로 4~5세기에 석축산성이 축조되었다고 주장한다.[11, 20] 이러한 한성백제기 석축산성의 존재를 지지하는 견해도 있기는 하지만,[26] 석축성벽 기저부에서 출토되는 토기는 석축성벽 축조 시점의 상한을 가리킬 뿐이라는 점을 비롯한 자세한 반론이 제기된 바 있고,[25] 고구려 및 신라 산성과의 비교를 통해서 한성백제기 석축산성의 존재 가능성에 대한 부정적인 견해가 제시되기도 하였다.[34] 물론 석촌동적석총에서 보이는 석재 가공기술 등으로 보아 한성백제기 석축산성의 존재가 불가능하다고 할 수는 없으나 설봉산성과 설성산성 등에서 보이는 고고학적 증거들만으로 석축산성의 존재를 주장하기는 어렵다. 자료상으로만 보면 성내부의 백제유적과 석축성벽 기저부의 토루나 목책공 등을 석축산성 축조 이전 시기의 것으로 해석하는 것이 훨씬 합리적으로 보인다.

3. 고구려

한강유역의 고구려 고고학 연구는 1988년 몽촌토성의 발굴에서부터 시작되었다. 발굴유물의 정리과정에서 대표적인 고구려 토기의 하나인 廣口長頸四耳甕이 확인되었고, 이와 동일한 제작전통을 가진 토기유형을 구별해 낼 수 있었으며, 다음해 발굴에서는 이러한 토기유형이 475년 한성 공함 이후의 고구려 토기임을 확인하였다.[8, 9] 더불어 1977년 발굴되어 백제고분으로 보고되었던 구의동유적이 고구려 군사시설(보루)로 재인식되었다.[36] 이어 1994년에는 아차산일원에서 20여개 소에 달하는 고구려 보루가 확인되었고, 1997년부터 2000년에 걸쳐 아차산 4보루와 시루봉보루가 발굴되었다. 이후 최근까지 홍련봉 1, 2보루와 아차산 3보루, 용마산 2보루에 대한 발굴이 진행되고 있다. 더불어 90년대 후반에는 임진강유역과 양주분지 일원에서 아차산 고구려 보루와 유사한 성격의 보루가 다수 확인되었고, 진천의 대모산성과 청원의 남성골산성, 대전의 월평동유적 등 충청도 일원에서도 고구려 유적이 하나둘 조사되고 있으며, 최근 강원도에서도 고구려유적이 확인되고 있다.[43]

아차산 보루로 대표되는 한강유역 고구려 고고자료에 대한 논점은 보루의 분포와 구조 및 성격, 출토유물, 편년 등 자료 자체에 대한 것과 고구려의 한강유역 지배방식 및 관방체계, 웅진기 한성의 상황 등 자료의 해석에 대한 것으로 나누어 볼 수 있으며, 이하 각 주제별 논점을 정리하기로 한다.[38, 41]

현재까지 확인된 아차산 일원의 보루는 23개이며, 수락산보루와 봉화산보루, 망우산보루(3개), 홍련봉보루(2개), 시루봉보루, 구의동보루, 자양동보루를 제외하면 아차산(6개)과 용마산(7개)에 집중되어 있다. 이들 보루의 분포는 구의동보루와 자양동보루처럼 한강변의 구릉상에 위치한 것과 아차산과 용마산보루처럼 산 능선에 위치한 것으로 대별되며, 한강을 남으로 면하고 동으로는 왕숙천변 일대와 서로는 중랑천변 일대의 평지를 둘러싼 형태를 취하

고 있다. 아차산과 용마산의 보루들은 남-북방향의 산 능선을 따라 대략 4~5
백 미터의 간격을 두고 배치되어 있으며, 각각의 보루들은 육성이나 수신호로
연락을 취할 수 있는 위치에 있다. 또한 인접한 보루들은 목책이나 석축 등의
시설로 연결되어 있었을 가능성이 크다. 이러한 분포 상황으로 보아 이들 보
루는 한강을 경계로 아차산 줄기 좌우의 평지를 방어하는 기능을 하였던 것으
로 추정된다.

　보루의 구조는 외곽의 석축성벽과 건물지, 저수시설 등 내부의 시설물로 구
성되어 있으며, 각 보루의 지형적 입지에 따라 배치상의 차이는 있으나 기본
적으로는 동일한 구조이다. 각 보루의 평면 형태는 원형 또는 타원형이며, 모
두 둘레 300미터 이하의 소규모 방어시설로 한강변에 위치한 구의동보루는
둘레 46미터로 가장 작다. 성벽은 보루에 따라서 차이가 있으나 대체로 치석
한 화강암 석재로 쌓았으며, 구의동보루의 경우는 성벽 상부는 강돌로 쌓았
다. 그밖에 발굴 조사된 보루 모두는 성벽에 고구려 특유의 방어시설인 雉가
설치되어 있는 점도 구조상의 특징이다. 홍련봉 1보루와 2보루 및 아차산 3보
루에서는 석축성벽 안쪽에 목책시설이 확인되기도 하였는데, 석축성벽을 쌓
기 전에 안쪽에 목책을 두르고 내부를 평탄화한 후 배수시설을 설치하고, 외
부의 석축성벽과 내부 시설물들을 구축한 것으로 확인된다.

　성벽 내부의 평탄지에는 여러 기의 건물과 저수시설 및 배수시설 등이 설치
되었는데, 구의동보루의 경우는 수혈식 건물이 1기 축조되었으며, 그 내부에
방형 저수시설과 온돌 및 배수시설이 설치되어 있었다. 그밖에 아차산 4보루
에는 간이대장간도 설치되어 있었으며, 아차산 3보루와 6보루에는 방앗간이
확인되었고, 용마산 2보루에서는 목제 계단식 출입시설이 확인되기도 하였
다.

　아차산 3, 4보루와 시루봉보루, 홍련봉 1, 2보루, 용마산 2보루에는 여러 기
의 지상건물이 설치되어 있었는데, 구조가 비교적 잘 남아있는 아차산 제4보
루의 경우는 모두 7기의 건물이 설치되었으며, 건물 내부에는 모두 12기의 온
돌이 설치되었다. 7기의 건물은 모두 장방형의 평면을 하고 있으며, 일부를

제외하고는 돌과 점토를 섞어 쌓은 담장식 벽채이고, 그 위에 맛배식 지붕을 덮었다. 이 중 가장 규모가 큰 건물은 폭이 10미터, 길이가 45미터 되는 대형 건물지이다. 건물지의 네 벽은 모두 할석과 점토를 섞어서 쌓았으며, 동벽 가운데에 문비석이 놓여 있어서 이곳에 주 출입문이 있었던 것으로 추정된다. 건물지 내부에는 중앙의 장축방향으로 기둥구멍과 초석이 배치되어 있어서 남북 방향의 보를 받치던 기둥이 세워져 있었던 것을 알 수 있다. 건물지 내부는 다시 여러 개의 공간으로 나뉘는데, 온돌 시설이 있는 방 3칸과 2기의 저수시설 그리고 남쪽의 빈 공간으로 구성되어 있다. 건물지의 동벽과 서벽 가운데에는 각각 1개씩의 배수구가 설치되어 있어서 사용한 물을 성벽 밖으로 배출하도록 설계되어 있다.

건물지 내부에 설치된 온돌은 [ㄱ]자형과 직선형의 두 종류가 있다. 온돌은 오늘날의 온돌과는 구조가 달리 벽난로와 같은 형태인데, 모두 외고래 형식으로 판석을 세워서 벽채를 만들고, 그 위에는 역시 납작하고 긴 판석으로 뚜껑을 덮은 뒤 짚을 섞은 흙으로 미장한 형태이다. 온돌의 아궁이는 온돌고래와 직교하는 방향으로 설치되어 있으며, 이궁이 좌우에 좁은 판석을 세우고 그 위에 기다란 이맛돌을 올려서 아궁이를 만들었다. 온돌아궁이 가운데에는 지각을 세워 아궁이에 걸린 솥의 밑바닥을 받치도록 고안하였다.

한강유역에서 출토된 고구려 유물은 대부분 토기류와 철기류이며, 최근 홍련봉 1보루에서 기와와 와당이 출토되어 주목받기도 하였다. 아차산일원의 보루에서 출토된 토기류는 모두 전형적인 고구려 토기의 특징을 갖추고 있는데, 보강재가 없는 泥質 태토를 테쌓기로 성형한 후 물레로 정면하여 마무리하였다. 자비용기로 사용된 심발형토기와 釜形土器는 예외적으로 사립이나 석면을 보강재로 사용하였다.[37, 42, 27] 출토된 토기는 대부분 실생활에 사용된 생활용기이나 몽촌토성에서 출토된 광구장경사이옹이나 원통형삼족기 등 일부 기종은 의례용기로 분석된다. 이들 토기의 편년적 위치는 역사적인 정황을 근거로 할 때 475년에서 551년 사이에 위치하는 것이 분명하며, 제작기법과 기형상의 특징 등에 대한 분석결과 몽촌토성 출토 토기류는 475~500년, 아

차산 일원의 토기는 500~551년으로 편년된다.[43]

철기류는 무기류가 가장 많은 양을 차지하며, 마구류와 농공구류, 및 용기류 등이 있는데, 이에 대해서는 형태적인 분석과 더불어 제작기법에 대한 분석이 이루어진 바 있다. 특히, 철기의 금속학적 분석결과 이들 철기 중 일부는 抄鋼을 소재로 제작되었으며, 浸炭技法과 合鍛技法 등 다양한 기술체계 하에서 생산되었음이 밝혀졌다. 즉, 각각의 철기들은 含炭量에 따른 성질의 차이를 이용해 기능을 고려하여 기종별·부위별로 각 기법의 적용이 선택적으로 이루어졌으며, 이러한 제작기법은 당시 사회의 철소재 제작체계 및 공급과도 밀접히 관련되어 있었을 것으로 분석되었다.[44]

출토유물 중 홍련봉 1보루에서 출토된 와당의 존재가 특히 부각되는데, 단판연화문과 변형화판을 교대로 네 판씩 배치하고, 연판 사이에는 8개의 삼각형 珠文을 새긴 연화문와당으로 연대가 확실한 고구려 와당의 하나로서 고구려 고고학 편년 자료로서 중요하다. 또한 고구려에서는 기와의 사용이 궁궐이나 관공서, 사찰 등에 제한되었다는 기록과 관련해 볼 때 아차산 일원의 보루 중 홍련봉 1보루의 위계가 가장 높았을 가능성을 추론하기도 한다.

아차산 일원 보루의 연대문제는 비교적 명확하다. 역사적인 정황을 고려할 때 한강유역의 고구려 유적의 연대는 고구려의 한성공함(475년)과 백제의 한성수복(551년) 사이에 위치하는 것이 분명하기 때문이다. 문제는 각각의 유적의 축조시점과 폐기시점이 어떻게 될 것인가에 있는데, 이에 대한 그간의 논의는 이미 몇 차례 정리된 바 있다. 가장 확실한 자료는 홍련봉 2보루에서 출토된 『庚子』명 토기로 520년에 해당된다. 또, 몽촌토성과 아차산 일원을 포함한 남한지역 출토 고구려 토기에 대한 자세한 분석이 이루어진 바 있으며, 분석결과에 따르면 몽촌토성 내 고구려유적은 475~500년, 아차산일원의 고구려 보루는 500~551년경에 해당된다.

이상의 분석결과를 바탕으로 한강유역 고구려유적의 기능을 살펴보면 몽촌토성은 초기 백제의 수도인 漢城의 방어성으로 기능을 하였으나, 475년 고구려에게 한성이 공함당한 후 고구려의 남하를 위한 거점성으로 사용되었다.[42] 한강 북안의 고구려 보루들은 한강을 방어하기위한 고구려 최전방 방어 시설로 대략 500년을 전후한 시점에 축조되어 551년까지 사용되었으며, 각각의 보루에는 규모에 따라 10명, 50명, 100명 단위의 부대들이 주둔하였다. 또한 아차산의 각 보루는 입지와 규모 및 출토유물에 따라 서로 다른 위계와 기능을 가지고 있었던 것으로 추론되기도 하는데, 보루의 입지와 기와건물의 존재 등으로 보아 중심부대는 홍련봉 1보루에 주둔하고 있었을 가능성이 크며, 홍련봉 2보루는 그에 부속된 병참기지의 역할을 하였을 가능성도 제기되고 있다.

한강유역의 고구려유적은 고구려 남진정책의 증거이며, 이를 통해 고구려의 한강유역 지배방식에 대해서도 이해가 가능하다. 475년 이후 20여 년간 점유된 것으로 보이는 몽촌토성 내 고구려 유적을 제외하면 평지에 위치한 거점성의 성격을 갖는 유적이 없으며, 소규모이라는 점이 주목된다. 또한 많은 수의 보루에 비해 고분유적이 전혀 확인되지 않는 다는 점도 주목된다. 이러한 자료상으로만 판단하자면 적어도 6세기 전반 경 한강유역에는 평지에 설치된 대규보의 시역지배의 증거가 없는 셈이며, 이는 양주분지와 임진강유역에 있어서도 마찬가지이다. 이러한 고고자료상으로만 보면 6세기 전반 한강유역에 대한 고구려의 지배방식은 광역적인 面의 지배라기보다는 소규모 방어시설을 선으로 연결한 선형지배 방식이었을 가능성이 크다는 것이다. 물론 이러한 판단은 아차산 일원의 보루들이 관할했던 것으로 보이는 중랑천변과 왕숙천변의 고고학적 조사가 전혀 이루어지지 못했다는 사실을 염두에 두어야할 문제이기는 하다.

더불어 몽촌토성 내 고구려 유적과 아차산일원 고구려 보루의 연대차이는 대략 500을 경계로 한강 이남지역의 고구려 군은 존재하지 않았던 것을 의미한다. 진천 대모산성이나 청원 남성골산성, 대전 월평동유적의 고구려 토기의 연대가 몽촌토성 고구려 토기와 유사한 대체로 5세기 후반 경의 연대를 갖는 것도 이를 뒷받침하는 것이며, 『삼국사기』에 보이는 웅진기 백제의 한성관련 기사도 이러한 상황과 관련된 것일 가능성도 검토해 볼 수 있을 것이다.

4. 신라 · 통일신라

『삼국사기』에 따르면 신라가 한강하류역을 차지한 것은 서기 553년 이후의 일이며, 이후 통일신라시기를 거쳐 오랜 시간 한강유역을 점유하였음에도 불구하고, 한강유역에서의 신라 · 통일신라고고학 연구는 그다지 활성화되지 못하고 있다. 1977년 사당동토기요지의 발굴 이후 적지 않은 성곽유적이 발굴되었지만 연구가 부진한 이유는 신라의 중심인 경주에서 멀리 떨어진 지역이라는 점도 있겠지만 워낙 백제고고학 연구에 관심이 집중된 탓이 큰 것으로 보인다. 즉, 한강유역은 초기백제의 중심지라는 선입견 때문에 신라유적의 해명에 소홀했던 점도 있을 터이고, 심지어는 신라 또는 통일신라기의 고고자료를 백제로 잘못 해석하는 경우도 많았으며, 최근까지도 같은 일이 반복되기도 한다. 70년대 중반 발굴된 가락동과 방이동고분군을 백제고분으로 인식한 경우는 아직 백제와 신라의 고고자료에 대한 이해가 부족한 상황에서 비롯된 것이라면 최근까지 10년 가까이 발굴이 지속되고 있는 이성산성을 백제초기 산성으로 이해하고자 하는 견해가 여전히 지속되는 것은 학문적 선입견이 반영된 것으로 짐작되는 것이다.

아무튼 이성산성의 발굴은 한강유역에 있어서 신라의 고고자료에 대한 관심과 이해의 폭을 넓혀주었는데, 이성산성은 553년 이후 신라가 한강유역에 설치한 新州의 주치소로 추정되고 있다.[23] 역시 백제 산성으로 추정되던 아차산성도 성내부 일부 지점에 대한 시굴조사 결과 현재의 석축성벽은 7세기 대에 축조된 것으로 밝혀지고 있으며, 기와의 명문으로 보아 신라의 '북한산성'으로 추정되기도 한다.[31, 32] 최근까지 오랫동안 발굴이 이루어진 이성산성의 축성기법도 자세히 고찰된 바 있으며, 이성산성과 아차산성 등에서 보이는 성벽 기저부의 보축성벽이 통일신라기 산성의 특징으로 거론되기도 한다.[24] 그밖에 호암산성과 행주산성 등 서울지역의 통일신라 산성을 비롯한 경기도 일대에서 많은 수의 산성이 조사되어 이를 바탕으로 통일신라기 한강유역 통치방식 등 다양한 주제의 연구가 가능할 것으로 보인다. 그러나 한강유역의 신라 토기에 대한 정밀한 편년작업이 진행되지 못하고 있으며, 모든 유적에서 다량으로 출토되는 기와에 대한 연구도 이제 시작단계에 있어서 아직은 고고자료 자체의 분석이 선행되어야할 것으로 보인다.

이상에서 최근 20여 년간 한강유역에서 이루어진 고고학적 연구 성과를 간략히 정리하여 보았다. 새로운 고고자료의 발굴과 자료에 대한 고고학적 분석을 통해 원삼국시대에서 삼국시대에 걸친 한강유역의 상황에 대한 이해가 깊어졌으며, 고대사 해명에 새로운 자극제가 된 점은 분명하다. 이러한 점은 특히 백제연구에 있어서 두드러진 성과를 내었는데, 원삼국토기와 백제토기의 계통문제와 상세한 변천양상에 제시되는 등 고고학적 편년체계가 마련되고, 한성백제 도읍지의 추정, 정치영역의 복원, 건국세력과 토착 주민의 관계, 중앙과 지방의 관계, 통치제도의 성격 등 한성백제의 정치·사회적 성격과 관련된 다양한 논의가 진행되고 있다.[5] 또한 최근 아차산 보루군으로 대표되는 고구려유적의 발굴성과와 낙랑유적의 새로운 발굴성과 등이 추가되어 한강유역을 둘러싼 제 세력에 대한 이해의 폭이 점점 깊어지고 있다. 그러나 부분적으로는 고고자료 자체의 분석에 논의가 집중되는 부분도 없지 않고, 비교적 많은 사료가 축적되었음에도 불구하고 웅진백제기와 통일신라기의 한강유역의 상황 등에 대한 논의가 부족한 점 등은 향후 개선되어야할 과제로 생각된다.

참고문헌

1. 姜賢淑, 2002, 「高句麗 古墳 研究」, 서울大學校博士學位論文.

2. 谷豊信, 1984, 「樂浪土城址出土の土器(上)-樂浪土城研究その2」, 『東京大學文學部考古學研究紀要』3, 東京.

3. 權五榮, 1996, 「渼沙里聚落과 夢村土城의 비교를 통해 본 漢城期 百濟社會의 斷面」, 『韓國古代史論叢』8, 가락국사적개발연구원.

4. ______, 2003, 「漢城期 百濟 기와의 製作傳統과 發展의 劃期」, 『百濟研究』38, 忠南大學校百濟研究所.

5. 權鶴洙, 1994, 「漢城百濟時代의 한강유역」, 『고고학상으로 본 한강』, 제11회 한국상고사학회 학술발표대회 발표요지, 한국상고사학회.

6. 金武重, 2002, 「百濟形成과 發展期에 있어서의 漢江流域狀況」, 『삼국의 성립과 발전기의 남부지방』, 제27회 한국상고사학회 학술발표대회 발표요지, 한국상고사학회.

7. ______, 2004, 「華城 旗安里製鐵遺蹟 出土 樂浪系土器에 대하여」, 『百濟研究』40, 忠南大學校百濟研究所.

8. 金元龍·任孝宰·朴淳發, 1988, 『夢村土城 - 東南地區發掘調査報告』, 서울大學校博物館.

9. 金元龍·任孝宰·朴淳發·崔鍾澤, 1989, 『夢村土城 - 西南地區發掘調査報告』, 서울大學校博物館.

10. 김성남, 2004, 「백제 한성양식토기의 형성과 변천에 대하여」, 『고고학』3권 제1호, 서울경기고고학회.

11. 朴慶植, 2002, 「이천 설봉산성 발굴조사의 성과와 의의」, 『제45회 전국역사학대회 고고학부 발표자료집』, 한국고고학회.

12. 朴淳發, 1989a, 「漢江流域 百濟土器의 變遷과 夢村土城의 性格에 對한 一考察 -夢村土城 出土品을 中心으로-」, 서울大學校碩士學位論文.

13. ______, 1989b, 「漢江流域 原三國時代의 土器樣相과 變遷」, 『韓國考古學報』23, 韓國考古學會.

14. ______, 1992, 「百濟土器의 形成過程-漢江流域을 中心으로-」, 『百濟研究』23, 忠南大學校百濟

研究所.

15. ______, 1994, 「漢江流域의 靑銅器 初期鐵器 및 原三國時代에 대한 編年的 考察」『고고학상으로 본 한강』, 제11회 한국상고사학회 학술발표대회 발표요지, 한국상고사학회.

16. ______, 1996, 「漢城百濟 基層文化의 性格;中島類型文化의 歷史的 性格을 中心으로」『百濟研究』26, 忠南大學校百濟研究所.

17. ______, 2001, 『漢城百濟의 誕生』, 서경문화사.

18. ______, 2003, 「漢城期 百濟 都城의 問題-風納土城과 夢村土城의 築造 時期 比定을 中心으로-」『先史와 古代』19, 韓國古代學會.

19. ______, 2004, 「百濟土器 形成期에 보이는 樂浪土器의 影響-深鉢形土器 및 長卵形土器 形成過程을 中心으로-」『百濟研究』40, 忠南大學校百濟研究所.

20. 徐榮一, 2005, 「漢城 百濟時代 山城과 地方統治」『文化史學』24, 韓國文化史學會.

21. 宋滿榮, 1999, 「中部地方 原三國 文化의 編年的 基礎 -住居址의 相對編年을 中心으로-」『韓國考古學報』41, 韓國考古學會.

22. 申熙權, 2002, 「風納土城 築造年代 試論」『韓國上古史學報』37, 韓國上古史學會.

23. 沈光注, 1988, 「二聖山城에 대한 研究」, 漢陽大碩士學位論文.

24. ______, 2001, 「二聖山城의 築城技法과 機能」『博物館誌』, 漢陽大學校博物館.

25. ______, 2004, 「한성시기의 백제산성」『고고학』3권 제1호, 서울경기고고학회.

26. ______, 2001, 「百濟 石築山城의 築造技法과 性格에 대하여」『韓國上古史學報』35, 韓國上古史學會.

27. 梁時恩, 2003, 「漢江流域 高句麗土器의 製作技法에 대하여」, 서울大學校 大學院 碩士學位論文.

28. 李熙濬, 2004, 「초기철기시대·원삼국시대 再論」『韓國考古學報』52, 韓國考古學會.

29. 林永珍, 1994, 「서울 百濟初期古墳에 보이는 墓制의 複合性」『百濟研究』24, 忠南大學校百濟研究所.

30. ______, 1995, 「百濟漢城時代 古墳研究」, 서울大學校博士學位論文.

31. 임효재·윤상덕, 2002, 「아차산성의 축조연대에 대하여」『青溪史學』16·17, 韓國精神文化研究院.

32. 임효재·최종택·윤상덕·장은정, 2000, 『아차산성 -시굴조사 보고서-』, 서울大學校博物館.

33. 鄭仁盛, 2004, 「樂浪土城의「滑石混入系」土器와 그 年代」『百濟研究』40, 忠南大學校百濟研究所.

34. 차용걸, 2004, 「漢城時期 百濟山城의 諸問題」『湖西考古學』10, 湖西考古學會.

35. 崔夢龍·權五榮, 1985, 「考古學資料를 통해 본 百濟初忌의 領域考察」『千寬宇先生 還曆紀念

韓國史學論叢』, 正音文化社.

36. 崔鍾澤, 1993, 『九宜洞-土器類에 대한 考察』『서울大學校博物館學術叢書』2, 서울大學校博物館.

37. ______, 1995, 「漢江流域 高句麗土器 硏究」『韓國考古學報』33, 韓國考古學會.

38. ______, 1999, 「京畿北部地域의 高句麗 關防體系」『高句麗硏究』8, 고구려연구회.

39. ______, 2002a, 「渼沙里 百濟聚落의 構造와 性格」『湖西考古學報』6 · 7합집, 湖西考古學會.

40. ______, 2002b, 「夢村土城 內 高句麗遺蹟 再考」『韓國史學報』12, 高麗史學會.

41. ______, 2004a, 「아차산 고구려 보루의 역사적 성격」『향토서울』64, 서울시사편찬위원회.

42. ______, 2004b, 「남한지역출토 고구려 토기 연구의 몇 가지 문제」『白山學報』69, 白山學會.

43. ______, 2006, 「南韓地域 高句麗 土器의 編年硏究」『先史와 古代』24, 韓國古代學會.

44. 崔鍾澤 · 張恩晶 · 朴長植, 2001, 『三國時代 鐵器 硏究 -微細組織分析을 통해 본 鐵器 製作技術 體系-』, 서울大學校博物館學術叢書 10, 서울大學校博物館.

45. 韓志仙, 2003, 「土器를 통해서 본 百濟 古代國家 形成過程 硏究」, 중앙대학교석사학위논문.

『삼국사기』 초기기록과 『삼국지』 동이전

노중국 _ 계명대학교 사학과

1. 初期記錄과 東夷傳을 보는 시각

『삼국사기』는 고려 인종의 명에 따라 김부식(1075~1151)이 총책임을 맡아 1145년에 편찬한 삼국의 역사서이다. 紀傳體로 이루어진 『삼국사기』는 신라의 건국을 제일 앞에 두고 있으며 삼국에서 일어난 사건들을 연대기적으로 서술하고 있다. 또 유교적 사관에 입각하여 사건에 대해 포폄을 행하고 있다. 그러나 『삼국사기』는 그 명칭에서 보듯이 삼국의 역사만 다룸으로써 부여, 가야, 발해에 대한 본기는 설정되지 않았다. 또 백제국과 신라국이 처음부터 마한연맹체나 신한연맹체에서 주도적인 역할을 하여 이들을 병합한 것으로 기술함으로써 삼한시기에 다양한 정치체들이 존재한 모습을 捨象시켜 버렸다. 이는 사서로서의 『삼국사기』가 지니는 한계성이라 하겠다.

한편 『삼국지』는 서진의 陳壽(233~297)에 의해 편찬된 사서로서 총 65권이다. 이 가운데 삼국의 초기 역사와 깊은 관련을 갖는 것이 위서 권30 오환선비동이전이다. 여기에는 고구려, 부여, 옥저, 동예, 읍루, 마한, 진한, 변한, 왜 등이 망라되어 있고 또 각 나라의 정치발전 수준도 다른 것으로 서술되어 있다. 그러나 동이전에는 각 정치체의 건국 과정이나 성장에 따른 연대기적 기록이 없을 뿐만 아니라 그 내부 모습에 대한 서술도 매우 간략하다. 또 중국 군현과 관계가 있는 사건들만 기록하였기 때문에 전체적인 모습을 파악하기 어렵다. 이점은 동이전이 갖는 한계성이라 할 수 있다.

『삼국사기』 초기기록이란 고구려본기의 경우 6대 태조왕 이전, 백제본기의 경우 8대 고이왕 이전, 신라본기의 경우 17대 나물왕 이전까지의 기사를 말한다. 태조왕, 고이왕, 나물왕은 고구려, 백제, 신라에서 각각 중앙집권적 국가체제의 토대를 놓은 왕이었다. 따라서 초기기록은 삼국이 중앙집권적 국가체제의 토대를 만들기 이전 시기의 기록이라는 의미로 사용되고 있다.

초기기록을 보는 시각은 크게 불신론, 신빙론, 절충론으로 정리할 수 있다. 초기기록 불신론은 주로 일제 식민사학자들에 의해 주장된 것으로서 중국과의 교섭 기사가 나오는 시기부터 믿을 수 있다는 입장에서 나온 것이었다.[1] 신빙론은 불신론을 극복하려는 과정에서 나온 것으로 낙랑군의 지배범위가 매우 한정되었다는 고고학적 견해를 토대로 하여 제기된 것으로서 상고기의 우리역사는 초기기록으로 정리하여야 한다는 관점이 강하게 작용하였다.[2, 3] 절충론은 3세기 중엽 경까지의 만주와 한반도의 상황은 동이전에서 살펴보고 초기기록에 나오는 사건들의 기년은 재조정해 보아야 한다는 입장이다.[4]

이 3가지 시각 가운데 불신론은 거의 폐기된 상태이다. 따라서 현재 논란이 되고 있는 것은 신빙론과 절충론이다. 두 견해의 차이는 3세기까지의 한반도 중남부 지역의 정치적 상황을 초기기록을 토대로 하여 이해할 것인가 아니면 동이전의 내용을 근거로 하여 파악할 것인가에 있다. 전자의 견해를 따르면 三韓은 기원 직후에 이미 망해버린 것으로 되어 삼국시대만 있게 되고, 후자의 견해를 따르면 3세기 중반까지를 삼한시기로 설정할 수 있게 된다. 따라서 두 사서에 대한 이해는 한국고대사의 초기 시기의 모습을 파악하는데 핵심적인 기준이 된다고 할 수 있다. 필자는 동이전에 수록된 정치체들의 정치발전 수준을 서열화하면 만주와 한반도에서 초기국가가 성립하여 성장해 가는 모습을 파악할 수 있다는 段階論과 초기기록에 압축되어 있는 정복이나 사건은 紀年을 재조정해야 한다는 分解論의 입장에서 초기기록과 동이전 모두에 관련되는 몇 가지 사건들을 정리해 두기로 한다.

2. 『한국고대사연구』에 수록된 본 주제와 관련한 연구 성과

1) 部體制에 대한 논쟁

한국고대사학회가 발간하는 『한국고대사연구』에는 초기기록과 동이전의 내용을 검토한 연구 성과들이 여러 편 수록되어 있다. 그러나 지면 관계상 공동 연구의 형태로 이루어진 두 가지 주제만을 소개하기로 한다.

하나는 部의 성격에 관한 것이다. 부는 고구려·백제·신라본기의 초기기록과 동이전에 모두 나온다. 발제자인 노태돈은 '초기고대국가는 정치적 위상을 달리하는 각급 自治體의 연합체이며 이 자치체가 바로 部이다. 이 부는 혈연집단이 아니라 지연에 바탕을 둔 집단으로서 각 부는 왕권에 의해 무역·외교·군사권 등에 일정한 통제를 받았으나 내부적으로는 상당한 自治力을 보유하고 있었다. 따라서 이 시기의 정치운영은 部體制라 규정할 수 있다'고 하였다. 이에 대해 토론자인 이종욱은 '신라의 6부는 왕경의 지역구분이며 지방행정조직으로서 그 안의 지배세력은 6촌장의 후손들로 이어졌다. 고구려의 모체가 된 계루는 동·서·남·북·중의 5부도 이루어졌는데 계루는 왕경이고 중부는 왕경의 왕도가 되었으며 나머지 4부는 왕기가 되었다고 하면서 부체제설은 성립될 수 없다'고 주장하였다.

이 주제는 연구자들 사이에 뜨거운 논쟁을 불러일으켜 다양한 의견들이 제시되었고 그 성과는 「한국 고대사회의 부」라는 부제로서 특집 형태로 출간되었다.[5] 본 특집호에는 발제 논문과 토론 논문 외에 고구려, 백제, 신라, 가야의 부에 대한 10편의 논문이 수록되었다. 이러한 논고들을 종합해 보면 部體制 자체를 완전히 부정하는 견해는 드물다. 그러나 부체제를 인정한다고 하더라도 그 내용이나 성격에 대해서는 시각 차이가 많이 드러나고 있다. 즉 부체제를 정치발전단계의 하나로 볼 것이냐 통치체제의 일환으로 볼 것이냐에 따라 성립시기와 기능 및 그 성격에 대한 이해가 달랐던 것이다. 반면에 부체제를 대신할 수 있는 대안으로 貴族회의체를 제시한 견해도 있었다.

2) 樂浪의 실체와 역할

서기전 108년에 한나라 무제는 위만조선을 멸망시키고 이른바 한사군을 설치하였다. 이 가운데 3개 군은 설치된 후 30여년 만에 소멸되거나 다른 군에 병합되었다. 그렇지만 낙랑군만은 400년 이상 장기간 존속하면서 고대동아시아의 경제적 문화적 교류 관계상에서 중요한 역할을 하였을 뿐만 아니라 정치적으로는 한반도 내의 여러 政治體에도 많은 영향을 주었다. 발제자인 이성시는 낙랑군 시대의 역사는 한국고대사에서 결코 공백의 역사가 아닌데도 불구하고 한국사에서의 자리매김은 현저하게 곤란한 상태이기에 적극적인 논의는 많지 않다고 하면서 낙랑군으로 설정된 지역은 문화교류의 結節点으로서 문화의 流入과 融合을 거듭해 왔던 것으로 보았다.

이 주제에 대해서도 연구자들 사이에 열띤 토론이 벌어졌으며 그 결과물은 「동아시아에서의 낙랑」이라는 부제로서 특집으로 출간되었다.[6] 본 특집호에는 발제문 이외에 낙랑군 자체를 검토한 논문, 고고학적인 측면에서 검토한 논문, 개별 국들과 낙랑과의 관계에 대한 논문 등 8편이 수록되었다. 이 논문들의 논점은 크게 두 가지로 정리할 수 있다. 하나는 낙랑군이 중국 군현체제에서 어떠한 위치에 있었느냐는 점과 낙랑군이 주변 정치체들에 어느 정도의 영향을 미쳤느냐 하는 점이다. 다른 하나는 『삼국사기』 초기기록에 보이는 낙랑의 실체 문제이다. 초기기록의 낙랑에 대해 낙랑군을 가리키는 경우도 있지만 고구려본기의 崔理의 낙랑국으로서 영동의 沃沮 지역에서 토착세력이 세운 정치체로 보는 견해가 유력하게 제기되었다. 반면 백제본기 초기기록에 나오는 낙랑은 본래는 백제의 동쪽에 자리를 잡고 있던 진한인데 『삼국사기』 편찬자가 낙랑으로 개칭한 것으로 본 견해도 나왔다.

근래에 와서 낙랑에 대한 관심을 크게 불러일으킨 것은 국립중앙박물관이 낙랑 관련 특별전을 열면서 출간한 『낙랑』[7]이라는 도록이었다. 이 도록은 연구자들에게 좋은 자료를 제공해 주었을 뿐만 아니라 낙랑유물의 공개의 중요성을 잘 보여주고 있다. 따라서 낙랑의 실체와 정치적 경제적 문화적 역할에 대한 올바른 이해를 위해서는 무엇보다도 국립중앙박물관이 소장하고 있는 낙랑관련 유물들을 정리하여 자료로 제공하는 것이 시급하다.

3. 주요 쟁점과 연구해야 할 과제

1) 삼한과 관련한 사항

(1) 마한조의 '優號' 기사 문제

『삼국지』 동이전에는 馬韓諸國 수장의 칭호로 신지와 읍차가, 진변한의 경우에는 신지, 험측, 번예, 살해, 읍차가 나온다. 이는 각국의 수장이 자칭한 칭호이다. 삼한 각국의 수장의 칭호와 관련하여 또 검토하여야 할 것은 "辰王治目支國 臣智或加優號 臣雲遣支報安邪踧支濆臣離兒不例拘邪秦支廉之號"라한 이른바 '優號' 기사이다. 難讀의 기사로 알려진 이 문장에 대해 종래에는臣雲遣支報·安邪踧支·濆臣離兒不例·拘邪秦支廉으로 끊어 읽은 후 臣雲遣支報의 臣雲은 국명, 遣支는 관명, 報는 인명으로, 安邪踧支의 安邪는 국명,踧支는 관명으로, 濆臣離兒不例의 濆臣離兒는 국명, 不例는 관명으로, 拘邪秦支廉의 拘邪는 국명, 秦支는 관명, 廉은 인명으로 파악해 왔다.[8] 그러나 이 문장을 이렇게 읽으면 국명, 관명, 인명 표기에 일관성이 없을 뿐만 아니라 安邪國과 濆臣離兒國의 경우 우호를 받은 수장의 이름조차 파악할 수 없게 된다.더구나 濆臣離兒의 경우 臣濆活國으로 등치시키기 위해서는 濆臣을 臣濆의도치로 보아야 한다. 따라서 이러한 讀法은 재검토의 여지가 있다. 필자는 이문장을 "臣雲遣支報·安邪踧支濆·臣離兒不例·拘邪秦支廉"으로 끊어 읽는것이[9] 타당하다고 본다. 이렇게 읽으면 臣雲遣支報의 臣雲은 국명, 遣支는 관명, 報는 인명이 되고, 安邪踧支濆의 安邪는 국명, 踧支는 관명, 濆은 인명이되고, 臣離兒不例의 臣離는 국명, 兒不은 관명, 例는 인명이 되고, 拘邪秦支廉의 拘耶는 국명, 秦支는 관명, 廉은 인명이 되어 일관성을 가지게 된다.

이 가운데 관명만 보면 語尾에 '支'가 붙은 것은 遣支·踧支·秦支이고 붙지 않은 것은 兒不이다. 견지·축지·진지는 '支' 계열 관명이라 할 수 있다.'支' 계열 관명 가운데 臣智와 음운이 상통하는 것은 秦支뿐이다. 그리고 兒

不의 경우 다른 자료에는 보이지 않으므로 동이전에 채록되지 않은 관명의 하나라 할 것이다. 이처럼 삼한 각국의 수장 칭호가 다양하게 나오는 것은 "各有長帥 大者自名爲臣智 其次爲邑借"에서 보듯이 국의 수장이 칭호를 自名하였기 때문이었다. 그렇다고 하면『삼국사기』신라본기에 나오는 거서간이나 차차웅 등은 사로국의 수장이 自名한 칭호이고,『주서』에 보이는 於羅瑕나 鞬吉支는 백제국의 수장이 자명한 칭호일 가능성도 검토해 볼 필요가 있을 것이다.

(2) 辰王의 실체 문제

『삼국지』동이전에 의하면 마한연맹체의 맹주인 辰王은 目支國에 치소를 둔 것으로 나온다. 반면에『삼국사기』신라본기 초기기록에는 馬韓王 또는 西韓王으로 표기되고 있다. 마한왕이나 서한왕은 모두 마한연맹체의 맹주를 지칭하는 것으로서 진왕과 동일체라 할 수 있다. 다만 서한왕의 경우 마한이 신라의 서쪽에 위치하였기 때문에 신라 중심으로 붙여진 편의적인 이름이다.

한편『삼국지』동이전 辰弁韓傳에는 진변한 24국 가운데 12국이 辰王에 속한 것으로 나온다. 진변한전의 진왕에 대해 마한전의 진왕과 동일한 실체로서 마한의 맹주를 지칭하는 것으로 보는 견해도 있고[1] 마한전의 진왕은 백제왕을, 진변한전의 진왕은 신라왕을 가리키는 것으로 보는 견해도[2] 있다. 그런데 진왕은 연맹체의 맹주를 가리키는 칭호이므로 동일한 칭호가 마한의 맹주에도 사용되고 진한의 맹주에도 사용된 것으로 볼 수는 없다. 즉 그 실체는 하나로 보아야 한다. 그렇다고 하면 진변한전에 나오는 진왕은 마한연맹체의 맹주를 가리키는 것으로 보아야 한다. 그리고 이 진왕에 속한 12국은 진한 12국 보다는 변진 12국으로 파악하는 것이 타당할 것이다.

이 진왕의 정치적 성격은『삼국지』진변한전에 "辰王常用馬韓人作之 世世相繼 辰王不得自立爲王"이라 한 기사에서 추정해 볼 수 있다. 이에 의하면 진왕은 기본적으로 馬韓人이 맡아 세습하였지만 스스로 자립하여 왕이 될 만큼의 집권력을 확보하지 못하였다. 때문에 진왕은 연맹체를 구성한 소국 수장들에 의해 共立되었다. 이는 연맹체의 장으로서의 진왕의 정치적 한계성을 보여주는 것이라 할 수 있다.

2) 고구려와 관련된 사항

(1) 태조왕-차대왕-신대왕의 왕위계승과 계보 문제

『삼국사기』 고구려본기 초기기록에는 태조왕 宮, 차대왕 遂成, 신대왕 伯固가 형제로 나온다. 이와 관련하여 종래의 연구에서는 두 가지 점이 많이 논의되었다. 하나는 이 세 왕이 형제로 나오는 것을 중시하여 이 시기에 왕위가 형제상속으로 이루어진 것으로 보는 것이다. 구체적으로 태조왕과 차대왕은 형제로, 신대왕은 가까운 친족관계로 보는 것이 그것이다.[10] 그러나 차대왕은 태조왕을 강제로 몰아낸 뒤 선양을 받아 왕이 되었고, 신대왕은 차대왕을 죽이고 왕이 되었다. 또 수성=차대왕은 지지자들이 "兄老弟及"을 말하자 "承襲必嫡 天下之常道也"라 하여 적자 상속이 常道임을 분명히 하고 있다. 이는 이 시기에 부자상속이 정상적인 왕위계승 원칙이라는 것을 의미하는 것이다.

다른 하나는 세 왕의 계보 관계이다. 『삼국지』 동이전 고구려전에는 궁의 아들로 백고가 나오지만 『후한서』 고구려전에는 궁의 아들이 수성이고 수성의 아들이 백고로 나온다. 즉 『삼국지』에는 빠져있는 수성이 『후한서』에 나오는 것이다. 그런데 초기기록에 태조왕 宮, 차대왕 遂成, 신대왕 伯固가 보이므로 궁, 수성, 백고는 실재한 인물로 보는 것이 타당하다. 그렇다고 하면 이 경우에 한해서는 『삼국지』보다 『후한서』의 기사가 정확하다고 할 수 있다.

이들의 계보 관계에 대해 초기기록에는 형제로 나온다. 그러나 태조왕은 즉위할 당시 7세였고, 94년 재위(나이 101세) 후 수성에게 왕위를 물려주고 別宮에 머물다가 119세에 죽었고, 차대왕은 즉위 때의 나이가 76세여서 태조왕과는 25세의 차이가 나며, 신대왕은 즉위 때의 나이가 77세로서 태조왕과는 44년의 나이 차이가 난다. 따라서 이들을 친형제로 보기 어렵다. 그렇다고 하면 『후한서』에 宮, 遂成, 伯固가 父-子-孫으로 나오는 것을 적극 검토할 필요가 있다고 본다.

(2) 消奴部에서 桂婁部로의 왕위 교체시기

『삼국지』동이전 고구려전에는 "本消奴部爲王 稍微弱 今桂婁部代之"라 하여 고구려 왕실이 어느 시기에 소노부에서 계루부로 바뀐 것을 전해주고 있다. 그 교체시기에 대해 沸流國 송양왕의 '松讓'이 消奴와 音韻이 상통한다는 것과 주몽이 송양을 항복시켰다는 것에 근거하여 주몽대로 보는 견해,[8] 유리왕대로 본 견해도[29] 있고[8] 『삼국유사』 王曆에 2대 유리왕에서 5대 모본왕까지 王姓은 解氏로, 6대 태조왕 이후부터는 高氏로 나오는 것에 근거하여 교체시기를 태조왕대로 보는 견해도 있다.[11, 27, 28]

이 문제를 해명하는데 단서가 되는 것이 두 가지이다. 하나는 今桂婁部代之의 '今'이다. 이 '今'은 동이전이 편찬되던 시기와 그다지 멀지 않음을 의미한다. 그런데 계루부가 왕위를 계승하게 된 것을 주몽대로 보면 '今'과는 약 200년 이상의 시간 차이가 난다. 이는 '今'이 시사해 주는 시기와 맞지 않는다. 다른 하나는 『삼국지』동이전 고구려전에 나오는 '消奴部…適統大人 得稱古雛加 亦得立宗廟 祠靈星社稷'이라 한 기사이다. 이 기사는 소노부가 왕위를 계루부에 물려준 이후에도 종묘를 세우고 영성과 사직에 제사를 드린 것을 보여준다. 소노부에서 계루부로의 교체가 주몽 대라고 하면 소노부가 종묘와 사직을 설치한 것은 주몽의 개국 이전부터가 되며 또 계루부에게 왕권을 물려주고서도 200여년 이상 종묘와 사직을 유지해온 것으로 된다. 이는 그대로 받아들이기 어렵다. 반면에 소노부에서 계루부의 교체가 태조왕대라고 하면 '今'과는 거의 동시대가 된다. 또 태조왕 이전의 어느 시기에 소노부는 연맹체의 맹주로서 종묘와 사직을 세웠고 왕위를 계루부에 넘겨준 이후에도 당분간 자체의 종묘와 사직을 영위하고 있었던 것으로 정리할 수 있다. 이러한 관점에서 소노부에서 개루부로의 교체시기를 태조왕대와 연관시켜 검토하는 것도 필요하다고 본다.

한편 『삼국사기』와 『삼국유사』를 종합해 보면 고구려 왕성으로는 解氏와 高氏가 나온다. 이 양자의 관계에 대해 계루부의 왕위 계승이 확립된 이후 왕실 내에서 직계에서 방계로의 교체로 보는 견해도 있다.[12, 26] 그런데 이규보의 『東明王篇』에 의하면 소노부와 연결되는 송양은 仙人의 후예로 나오고 또 『삼국지』 동이전에 의하면 소노부는 독자적으로 종묘와 사직을 세웠다. 이는 소노부와 계루부가 동일 혈족이 아님을 의미한다. 그렇다고 하면 해씨에서 고씨로의 王姓 변화는 고구려 왕실 집단 내에서 직계에서 방계로의 세력 교체가 아니라 소노부에서 계루부로 王統이 바뀐 것을 의미하는 것으로 보아야 할 것이다.

(3) 句麗侯 = 駒의 실체

『삼국지』 동이전 고구려전에는 "王莽初 發高句麗兵以伐胡 不欲行 彊迫遣之 皆亡出塞爲寇盜 遼西大尹田譚追擊之爲所殺 州郡縣歸咎於句麗侯騶 嚴尤奏言 貊人犯法 罪不起於騶 且宜安慰 今猥被之大罪 恐其遂反 莽不聽 詔尤擊之 尤誘其句麗侯騶至而斬之 傳送其首詣長安 莽大悅 布告天下 更名高句麗爲下句麗 當此時爲侯國"이라 하여 왕망이 句麗侯 騶를 유인하여 죽인 것으로 나온다. 騶는 『한서』 王莽傳에는 騊로, 『후한서』 동이전 고구려전에는 鄒로 나온다.

한편 『삼국사기』 고구려본기 유리왕 31년(서기 12)조에는 "王莽不聽 詔尤擊之 尤誘我將延丕斬之 傳首京師(兩漢書及南北史皆云 誘句麗侯鄒斬之) 莽悅之"라 하여 동일한 내용이 나온다. 그러나 죽임을 당한 고구려 장수가 延丕로 나오는 것이 『삼국지』의 내용과 다르다.

구려후 駒=騊의 실체를 朱蒙=鄒牟로 보는 견해가 있다.[8] 그러나 이 견해는 유리왕대와 시기적으로 맞지 않을 뿐만 아니라 『삼국사기』의 延丕와도 상충된다.[24] 따라서 이 문제는 이 시기 고구려의 정치적 성격과 관련하여 살펴보아야 한다. 이때 고려되어야 할 것이 다음의 두 가지 사실이다. 하나는 이 사건이 일어난 이후 왕망은 고구려왕을 下句麗侯로 격하시켰다는 사실이다. 이는 이 사건이 일어나기 이전의 고구려의 최고지배자는 高句麗王이었음을 보여주는 것이다. 그렇다고 하면 句麗侯는 왕망이 칭호를 격하하기 이전의 사실이므로 고구려왕을 가리키는 것이 아니라 왕 아래의 諸侯的 존재를 가리키는 것이라 할 수 있다. 다른 하나는 왕망을 돕기 위해 파견된 고구려군의 총사령관이 누구이냐 하는 점이다. 동이전에는 고구려군 최고사령관의 이름에 대해서는 언급이 없지만 내용에서 미루어 볼 때 고구려왕이 직접 군사를 이끌고 간 것이 아니라 대리인을 보낸 것이 분명하다. 이 사령관을 동이전에서는 騶라 하였고 초기기록에서는 延丕라 하였던 것이다. 따라서 둘은 동일 인물로 보아야 할 것이다. 이렇게 볼 때 동이전의 句麗侯는 연맹체 단계에서 연맹체를 구성한 소국의 수장을 가리키는 칭호로, 초기기록의 我將은 군지휘관이므로 延丕는 후일의 장군에 해당하는 존재라는 관점에서 검토해 보는 것도 필요하다고 본다.

3. 백제와 관련된 사항

1) 마한의 멸망 시기

『삼국사기』 백제본기 온조왕 26년(서기 8)조의 "冬十月 王出師 陽言田獵 潛襲馬韓 遂幷其國邑…"이라 한 기사와 27년(서기 9)조의 "夏四月 二城降 移其民於漢山之北 馬韓遂滅"이라 한 기사에는 마한이 서기 9년에 멸망한 것으로 나온다. 이때의 마한은 맹주국인 목지국을 의미함은 물론이다. 그러나 『삼국지』 동이전 한전에는 "桓靈之末 韓濊强盛"이라든가, "景初中 明帝密遣帶方太守劉昕 樂浪太守鮮于嗣 越海定二郡 諸韓國臣智加賜邑君印綬 其次與邑長"이라 하여 마한은 3세기 중엽 경까지 존재한 것으로 나오며 『진서』 마한전에도 마한은 290년에 서진에 사신을 보낸 것으로 나온다. 이는 서기 9년에 마한이 멸망하였다는 백제본기 초기기록과 290여년 이상의 시간 차이가 생긴다.

이에 대해 『삼국사기』 찬자는 고구려본기 태조왕 70년(122)조의 "王與馬韓穢貊侵遼東 扶餘王遣兵救破之"이라는 기사에 細注를 붙여 "馬韓以百濟溫祚王二十七年滅 今與麗王行兵者 盖滅而復興者歟"라 하면서 한번 멸망한 마한이 다시 부흥한 것으로 보고 있다. 그러나 망한 마한이 다시 興起하였음을 보여주는 자료는 어디에도 없으므로 이는 찬자의 해석에 불과하다. 따라서 『삼국사기』 찬자가 붙인 세주는 122년에서 290년에 이르기까지 마한이 여전히 존재하고 있었음을 보여주는 것이기도 하다. 그렇다면 백제가 목지국 중심의 마한을 멸망시킨 시기는 3세기 후반 이후로 보는 것이 타당할 것이다.

2) 正始 7년 중국 군현과의 싸움을 주도한 세력

『삼국지』 동이전 한전에는 "部從事吳林以樂浪本統韓國　分割辰韓八國　以與樂浪　吏譯轉有異同　臣智激韓忿　攻帶方郡崎離營　時太守弓遵　樂浪太守劉茂　興兵伐之　遵戰死　二郡遂滅韓"이라 하여 韓과 중국 군현과의 전쟁 기사가 나온다. 한편 『삼국사기』 백제본기 고이왕 13년(246)조에는 "秋八月　幽州刺史毌丘儉與樂浪太守劉茂　朔方太守王俊　伐高句麗　王乘虛　遣左將眞忠　襲取樂浪邊民　茂聞之怒　王恐見侵討　還其民口"라 하여 백제가 낙랑 변민을 습취한 것으로 나온다. 두 사서에 나오는 사건의 시기는 정시 7년(246)으로 동일하다. 이때 대방군을 공격한 韓의 중심세력에 대해 목지국으로 보는 견해와[4, 22] 백제국으로 보는 견해가[2, 13, 23] 있어 왔다. 근래에는 동이전의 판본을 면밀히 검토한 후 '臣智激韓忿'은 '臣濆沽韓忿'으로 읽어야 한다는 입장에서 臣濆沽國으로 파악하는 견해도[14, 15, 21] 나왔다.

백제국을 주도세력으로 본 견해는 초기기록에 보이는 백제의 강성함을 중시하여 나온 것이다. 그러나 이 전쟁의 핵심은 韓이 대방군의 기리영을 공격하여 대방태수 궁준을 전사시킨 것이라 할 수 있다. 그럼에도 불구하고 초기기록에서의 백제의 역할은 낙랑군의 邊民을 습취하는 정도로만 되어있다. 이는 대방태수를 전사시킨 것과는 어울리지 않는 역할이다. 그렇다고 하면 백제국은 이 전투에 참여하였지만 낙랑 변민을 습취하는 정도의 활동을 한 것으로 보아야 할 것이다. 한편 이 전쟁은 韓세력과 중국 군현이 벌인 최대의 전쟁이므로 마한에서도 많은 병력을 동원하여야 하였다. 대규모의 병력을 동원하기 위해서는 맹주국이 중심적인 역할을 할 수밖에 없다. 이 시기 마한의 맹주국은 목지국이었지 신분고국은 아니었다. 따라서 신분고국은 이 전쟁이 일어나게 된 계기는 제공해주었을 수는 있어도 중국 군현과의 전투에서 핵심적인 역할을 한 것으로 보기는 어렵다. 이러한 관점에서 기리영 전투의 주도세력을 맹주국인 목지국으로 검토해 보는 것도 의미가 있을 것이다.

3) '國家東有樂浪 北有靺鞨'의 문제

『삼국사기』백제본기와 신라본기의 초기기록에는 말갈이 자주 나온다. 지금까지의 연구 경향은 이 말갈은 僞靺鞨이며 그 실체는 함경도에서 강원도 북부에 이르는 동해안 일대에 분포한 濊로 보아왔다.[16] 그런데 『삼국사기』백제본기 온조왕 13년조에는 '國家東有樂浪 北有靺鞨'이라 하여 말갈이 백제의 북쪽에 위치한 것으로 나온다. 종래의 연구에서는 이 기사의 말갈은 동해안의 濊族이고 낙랑은 북쪽의 낙랑군이라는 입장에서 '東有樂浪 北有靺鞨'은 '北有樂浪 東有靺鞨'로 고쳐보아야 한다는 견해가[8] 일반적이었다.

그러나 『삼국사기』백제본기 온조왕 2년, 3년, 10년조와 다루왕 28년조 등에는 말갈의 백제 공격을 "靺鞨侵北境"으로 표현하고 있다. 이는 말갈이 백제의 북쪽에 있었음을 보여준다. 한편 『삼국지』동이전에는 "桓靈之末 韓濊彊盛 郡縣不能制 民多流入韓國 建安中 公孫康分屯有縣以南荒地爲帶方郡 遣公孫模張敞等收集遺民 興兵伐韓濊 舊民稍出"이라 하여 공손강이 둔유현 이남의 荒地에 대방군을 설치하여 郡縣民들이 韓과 濊로 들어가는 것을 막은 것으로 기록하고 있다. 이는 한뿐만 아니라 예도 낙랑·대방군의 남쪽에 위치한 것을 의미한다. 이처럼 중부내륙 지역에도 말갈=예가 존재하므로 이를 嶺東濊와 구별하여 嶺西濊로 파악할 수도 있다.[17] 그렇다고 하면 '北有靺鞨'은 틀린 표현은 아니라고 하겠다.

'北有靺鞨'이 틀린 표현이 아니라고 하면 '東有樂浪'에 나오는 낙랑의 실체는 무엇일까. 이에 대해서는 춘천 맥국으로 보는 견해도[18] 있고, 영서예를 낙랑으로 보는 견해도[15] 있다. 이와 관련하여 주목된 것이 고구려본기 대무신왕 15년(서기 32)조에 "夏四月 王子好童 遊於沃沮 樂浪王崔理出行"이라 한 기사이다. 이 낙랑국의 위치는 '遊於沃沮'에서 미루어 볼 때 함흥을 중심으로 한 동해안 일대로 추정해 볼 수 있다. 이곳에는 이른바 '領東七縣'으로 불리는 불내국, 화려국 등이 연맹체를 구성하고 있었다. 따라서 최리의 낙랑국도 옥저 지역에 성립하여 옥저연맹체의 일원으로 존재하면서 백제에 일정한 압박을 가하였을 가능성도 있다. 그렇다고 하면 최리의 낙랑국을 '東有樂浪'의 낙랑과 대응시켜 볼 수도 있지 않을까 한다.

4) 신라와 관련된 사항

(1) 신라 건국 당시의 先住세력 문제

『삼국사기』 신라본기 혁거세 즉위년조에는 "朝鮮遺民 分居山谷之間爲六村 一曰閼川陽山村…六曰明活山高耶村 是爲辰韓六部"라 하여 朝鮮遺民이 사로국의 6촌을 형성한 것으로 나온다. 반면에 『삼국지』 동이전 辰弁韓傳에는 "其耆老傳世自言 古之亡人避秦役 來適韓國 馬韓割其東界地與之…始有六國 稍分爲十二國"이라 하여 秦役을 피해온 亡人들이 진한을 세운 것으로 나온다. 종래의 연구에서는 조선유민에 주목하고 秦亡人에 대해서는 상대적으로 소홀히 취급하여 왔다. 그러나 이 두 기사는 연결시켜 이해하는 것이 필요하다고 본다.

초기기록에 나오는 조선유민의 파동을 일으킨 배경으로는 두 개의 큰 사건을 들 수 있다. 하나는 준왕이 위만에게 나라를 빼앗겨 남으로 이동해간 사건이고, 다른 하나는 위만조선이 한나라에 의해 멸망한 사건이다. 종래의 연구에서는 초기기록의 조선유민을 위만조선의 멸망으로 생겨난 遺民으로 보아온 것이[19] 일반적이었다. 그러나 위만조선의 멸망 시기(서기전 108)는 亡人들이 秦役을 피해 온 시기보다 약 100여년 늦다. 반면에 준왕의 南奔 시기는 서기전 194년이어서 秦亡人의 발생 시기와는 10여년 정도의 차이가 난다.

준왕은 서기전 194년에 연나라에서 망명해 온 위만에게 나라를 빼앗기자 좌우 궁인을 거느리고 바다를 통해 남으로 갔다. 이에 앞서 『삼국지』 예전에 "陳勝等起 天下叛秦 燕齊趙民避地朝鮮數萬口"라 한 기사에서 보듯이 秦나라 말기에 燕·齊·趙지역에서 수많은 사람들이 조선으로 피난해 왔다. 이들 중의 일부는 위만조선에 흡수되기도 하였지만 일부는 준왕이 위만에게 쫓겨나는 상황이 벌어지자 한강 이남지역으로 내려와 경상도 지역에 정착하였을 가능성도 배제할 수 없다. 따라서 초기기록의 조선유민은 기자조선 말기에 생겨난 유이민으로 보는 것도 고려할 가치가 있지 않을까 한다.

山谷에 분거한 조선유민이 서기전 190년경에도 있었다고 하면 신라의 건국 시기를 해명하는데 단서가 되는 것이 『삼국유사』 혁거세왕조에 "前漢地節元年壬子(或本云建虎元年 又云建元三年等 皆誤) 三月朔…剖其卵得童男…二聖年至十三歲 以五鳳元年甲子 男立爲王 仍以女爲后 國號徐羅伐 又徐伐"이라 한 기사이다. 이 기사는 혁거세 출생 시기에 대해 建虎=建武 원년(서기 25)설과 建元 3년(서기전 138)설을 전해주고 있다. 이 가운데 주목되는 것이 건원 3년 설이다. 건원 3년은 秦役을 피해 亡人들이 내려온 秦末과는 1~2세대 밖에 차이가 나지 않는다. 따라서 혁거세 집단은 이들 보다 1~2세대 늦게 경주지역으로 이동해 와서 정착한 후 이들과 결합하여 나라를 세웠을 가능성도 검토해 보는 것이 필요하다.

(2) "倭女王卑彌呼 遣使來聘" 문제

『삼국사기』 신라본기 阿達羅王 20년(173)조에는 "夏五月 倭女王卑彌呼 遣使來聘"이라는 기사가 나온다. 『삼국사기』 초기기록에 나오는 왜인으로는 본 기사의 비미호와 昔于老傳의 왜국 사신 葛那古 및 장군 于道朱君이 있다. 이 비미호는 『삼국지』 동이전 왜전에 "南至邪馬臺國 女王之所都…其國本亦以男子爲王 住七八十年 倭國亂 相攻伐歷年 乃共立一女子爲王 名曰卑彌呼 事鬼道能惑衆 年已長大 無夫壻 有男弟佐治國 自爲王以來 少有見者 以卑千人自侍 唯有男子一人 給飮食 傳辭出入 居處宮室樓觀城柵嚴設 常有人持兵守衛"라는 기사에서 보듯이 왜국 내에서 일련의 내적 갈등을 거친 후 共立된 여왕이었다.

『삼국지』 왜전에서 비미호와 魏와의 교섭은 ①238년(景初 2) 6월 왜의 難升米 파견 ②238년 12월 魏로부터 親魏倭王의 작호를 받음 ③240년(正始 원년) 대방태수 弓遵이 보낸 建中校尉 梯儁의 訪倭 ④240년 왜 여왕의 견사 ⑤243년(정시 4) 왜 여왕의 견사 ⑥245년(정시 6) 魏가 왜의 難升米에게 黃幢 수여 ⑦ 247년(정시 8) 왜 여왕이 사신을 파견하여 狗奴國王과 不和하게 된 배경

설명 등으로 정리할 수 있다.

　비미호와 대방군과의 교섭은 247년을 마지막으로 더 이상 나오지 않고 뒤이어 비미호의 사망과 作塚 사실이 나온다. 이러한 사실과 『양서』 왜전에 "正始中 卑彌呼死"라는 기사에서 미루어 볼 때 비미호의 사망 시기는 247년을 크게 벗어나지 않을 것 같다. 따라서 그녀가 아달라왕 20년(173)에 신라에 사신을 보낸 것이 사실이라고 하면 이때부터 죽을 때까지는 73년이라는 세월이 흐른 셈이 된다. 그런데 비미호는 왕으로 옹립된 후 "年已長大"하였다고 하므로 그녀는 어린 나이에 왕으로 擁立되었을 가능성이 크다. 즉위할 당시 그녀의 나이를 분명히 하기 어렵지만 壹與가 13세로 여왕이 된 사실을 원용할 수 있다면 그녀의 수명은 90세 가까이 된다. 이는 가능한 연령이긴 하지만 쉽게 받아들이기는 어렵다. 따라서 아달라 20년에 왜여왕 비미호가 신라에 사신을 보냈다는 초기기록의 기사는 그대로 취신하기 보다는 173년에 신라와 왜 사이에 어떤 정치적 교섭이 있었음을 시사해 주는 정도로 의미부여를 해야 하지 않을까 한다.

　한편 『일본서기』 권9 신공기 39년조에는 "是年也 太歲己未(魏志云 明帝景初三年六月 倭女王遣大夫難斗米等 詣郡求詣天子朝獻 太守鄧夏遣吏將送詣京都也)"라 한 기사가, 40년조에는 "魏志云 正始元年 遣建忠校尉梯携等 奉詔書印綬 詣倭國也)"라 한 기사가, 43년조에는 "(魏志云 正始四年 倭王復遣使大夫伊聲者掖耶約等八人上表)"라는 기사가 나온다. 이 기사는 『삼국지』 위서 왜전의 내용을 옮긴 것이지만 전부 다 옮긴 것이 아니라 ①의 기사 ③의 기사 ⑤의 기사만 옮겼고 또 옮기더라도 축약하여 옮긴 것이다. 『일본서기』 편찬자가 비미호와 관련된 사실을 『삼국지』 위서 왜전에서 뽑아 신공기 39년, 40년, 43년조에 기록한 것은 비미호를 神功에 比擬하고 비미호의 생존 연대를 신공의 在世 연대로 하여 『일본서기』의 紀年을 정하려는 목적에서 한 것으로 보는 견해가[20] 타당하지 않을까 한다.

1. 津田左右吉, 1921, 『滿鮮地理歷史硏究報告』8.

2. 천관우, 1976, 「삼한의 국가형성」하 『한국학보』3.

3. 이종욱, 1977, 「백제왕국의 성장」 『대구사학』12·13합.

4. 노중국, 1988, 『백제정치사연구』, 일조각.

5. 한국고대사학회, 1995, 『한국고대사연구』17(특집 : 한국고대사의 부).

6. 한국고대사학회, 2002, 『한국고대사연구』34(특집 : 동아시아에서의 낙랑).

7. 국립중앙박물관, 2001, 『낙랑』.

8. 이병도, 1976, 『한국고대사연구』, 박영사.

9. 전영래, 1985, 「백제 남방경역의 변천」『천관우선생환력기념한국사학논총』, 정음문화사.

10. 노태돈, 1999, 『고구려사연구』, 사계절.

11. 김용선, 1980, 「고구려유리왕고」『역사학보』 87, 역사학회.

12. 김현숙, 1994, 「고구려의 해씨왕과 고씨왕」『대구사학』47.

13. 이현혜, 1997, 「3세기 마한과 백제국」『백제의 중앙과 지방』.

14. 윤용구, 1999, 「삼한의 대중교섭과 그 성격」『국사관논총』85.

15. 윤선태, 2001「마한의 진왕과 신분고국」『백제연구』34.

16. 유원재, 1979, 「삼국사기 위말갈고」『사학연구』20, 한국사학회.

17. 박순발, 2001, 『한성백제의 탄생』, 서경문화사.

18. 문안식, 2003, 『한국고대사와 말갈』, 혜안.

19. 이현혜, 1984, 『삼한사회형성과정연구』, 일조각.

20. 암파서점, 암파강좌 『일본서기』 617~618쪽의 보주 33 神功紀と魏志倭人傳ほか 참조.

21. 권오영, 2001, 「백제국(伯濟國)에서 백제국(百濟國)으로의 전환」『역사와 현실』40.

22. 유원재, 1994, 「진서의 마한과 백제」『한국상고사학보』17.

23. 김수태, 2004, 「한성백제의 성장과 낙랑·대방군」『백제연구』39.

24. 이병도, 1977, 『국역 삼국사기』, 을유문화사.

25. 임기환, 2004, 『고구려정치사연구』, 한나래.

26. 여호규, 1996, 「고구려의 성립과 발전」 『한국사』5 삼국의 정치와 사회 1-고구려, 국사편찬위
　　　원회.

27. 전미희, 1992, 「고구려의 왕실교체와 오부」 『박영석교수화갑기념사학논총』상, 탐구당.

28. 이종태, 1990, 「고구려 태조왕계의 등장과 주몽국조의식의 성립」 『북악사론』2.

29. 김기흥, 1990, 「고구려의 국가형성」 『한국고대국가의 형성』, 한국고대사연구회.

『일본서기』 활용의 성과와 문제점

이영식 _ 인제대학교 역사고고학과

1. 활용의 시작

조선의 신숙주는 『일본서기』의 왕대기를 옮기면서도 신라정토는 인정하지 않았으나,[1] 한말 장지연의 『대한강역고』(1903)와 김택영의 『역사집략』(1905)은 신라정벌과 임나일본부를 그대로 인정하였다. 이에 신채호는 "『일본서기』에서 그대로 따다가 적고 그 박식함을 자랑하였다"고 맹렬히 비난하였다.[2] 1950~1970년대의 산발적 활용을 거쳐,[3, 4] 1976년 "『일본서기』는 僞書라기보다는 흥미로운 책이다"라는 언급[5] 이후, 한국고대사연구의 기본사료로 적극 활용되기 시작하였고, 이후 30년 간 고대한일관계사의 재조명과 한국고대사의 복원에서 적지 않은 성과도 거두게 되었다.

그러나 이러한 활용들의 대부분이 『일본서기』에 대한 우리 학계의 독자적인 사서적 검토나 사료비판론의 전개를 전제로 한 것은 아니었다. 일본학계의 다양한 연구에 대한 정리나 검토도 없이, 각 전공자의 구미에 맞는 단편적 기사만이 복원의 자료로 이용되어 왔을 뿐이다. 『일본서기』를 이용하는 위험성과 어려움에 대해서는 '고기는 맛있지만, 독이 있는 복어' 라든지, '말기 암환자의 수술' 과 같은 표현으로 경고되어 왔지만,[6] 정작 '복어' 나 '암환자' 에 대한 기초적 연구가 선행된 적은 별로 없었다. 결국 『일본서기』의 활용을 위해 선행시켰다는 사료비판의 기준이란 광복 이후 일본에서 전개되었던 『일본서기』 비판론의 일부를 수용하거나, 역사나 사건 전개의 주체를 왜에서 백제, 가야, 신라 등으로 바꾸어 보는 것 같이, 한국인이란 정체성에 호소했던 것이 전부였다. 따라서 『일본서기』의 활용에는 복원의 성과와 함께 적지 않은 문제

점도 포함되고 있다.

『일본서기』의 활용을 정리해보는 이 글에서 지면적 제한으로 말미암아 구체적인 연구 성과와 문제점의 전부를 나열할 수는 없다. 먼저 활용의 기초가 되는 번역서 및 지침서의 출간과 사서적 검토를 정리해 보고, 백제사, 가야사, 신라사, 고구려사의 연구로 나누어 한국고대사 복원의 성과와 문제점을 살펴보고자 한다. 『일본서기』의 활용 경향을 왕대기에 따라 정리할 수도 있겠고, 고대한일관계사 재조명의 항목도 설정해 볼 수는 있겠으나, 서술의 중복을 피하기 위해, 삼국과 가야의 국가별로 나누어 특징적인 몇 가지만을 간단하게 정리해 보고자 한다.

2. 기초적 연구의 부족

『일본서기』의 연구와 활용의 진전을 위해서는 번역서와 주석서, 인명·건명·지명 등의 각종 색인, 『일본서기』의 해설사전과 인명사전 등의 간행이 선행되어야 하나, 주석서·색인·사전은 물론, 올바른 번역서조차 없었다. 1970년에 처음으로 다른 저술에 포함되어 초략 번역된 적이 있었고,[7] 1987년에 단행본의 번역서가 간행되었으나, 30권 중 1/3에 그쳤으며「계체기·흠명기·민달기·제명기」등과 같이 삼국과 가야의 사료가 집중되어있는 10권은 생략되었다.[8] 생략의 이유로 번역의 저본으로 했던 현대일본어의 번역서[9]에 빠져있었기 때문이라 하는 것을 보아, 한문사료의 원문번역이 아닌 현대일본어의 한글번역에 불과한 것이었다. 1989년에 처음으로 완역이 간행되었는데, 역사학이나 한국고대사 전공자가 아닌 심리학자에 의한 것으로 任那를 대마도로 보는 해석을 기사고증과 지명비정으로 소개하고, 권말에는 대마도의「임나10국비정도」를 첨부하였다.[10] 특정 견해에 기울어 잘못된 선입관의 제공이 염려되는 부분도 있다. 그러나 이상과 같은 번역서의 문제에 대해 저자들의 책임을 물을 수는 없다. 기본적 주석서는 물론 번역서조차 내지 못하고 있는 우리 고대사학계가 자성해야할 일일뿐이다.

이러한 상황에서 삼국과 가야 관련기사의 모두를 가려내 번역문과 용어설명을 제시하고, 최근까지 논의되었던 쟁점들을 정리하면서, 나름대로의 연구결과를 담은 책자가 비로소 간행되었다.[11] '연구'라는 서명처럼 주석서는 아니지만, 『일본서기』의 활용에 필요한 기본적 책갈피로서의 의미는 높게 평가하지 않으면 안 될 것이다. 그러나 「신대기」를 비롯한 신화적 기술은 제외되었고, 특별한 고증을 거치지 않은 상태에서 七支刀 = 七枝刀(신공기)를 인정하는 것과 같은 부분도 있고, 모든 관련기사를 백제 주체 일변도로 보려는 해석의 문제가 있다. 반면에 자료의 부족과 특정의 기사에 바로 대입하기 어려운 고고학 자료의 특성 때문에 이렇다 할 성과를 보이지는 못했지만, 고고학 자료와의 대비를 통해 문헌고증을 시도하겠다는 시도는 참신했다. 다만 시종일관 견지되고 있는 백제 일변도의 해석은 어떤 의미에서 우리 학계 『일본서기』 활용수준의 현주소를 보여주기도 한다. 한국사나 특정국 또는 연구자의 자설에 유리하면 역사적 사실로 간주하고, 그렇지 않으면 『일본서기』의 창작과 윤색으로 간주하는 것 같은 이중적 태도가 그대로 드러나 있다.

『일본서기』의 활용에 앞서 선행되어야 할 것이 우리 학계의 독자적인 사서적 검토이나. 그러나 독자적인 검토는 말할 것도 없고, 그동안 일본학계에서 編纂論, 區分論, 出典論, 紀年論 등과 같이 다양하게 전개되어 왔던 검토에 대한 정리와 이해를 기초로 한 사료 비판이나 활용은 거의 보이지 않으며,[12] 편찬론의 일부로 거론되는 「백제삼서」에 관련된 연구가 눈에 띌 뿐이다. 「백제삼서」에 대해서는 백제인 편찬설,[4] 『일본서기』 편찬국 편찬설,[13, 14] 백제유민 편찬설[15, 16] 등이 제시되었고, 백제편찬설과 백제계유민편찬설을 절충하는 거의 유일무이한 사서적 검토가 발표되었다.[17] 「백제기」는 한성함락 이후 얼마 되지 않은 시점에 편찬 장래되었던 것이 일본열도에 이주한 木羅씨란 후예 씨족의 입장에서 정리된 것이며, 「백제신찬」은 성왕~위덕왕 때 장래되어 昆支계 백제유민에 의해 가필된 결과이며, 「백제본기」는 508~562년 사이의 기문과 대사, 성왕의 외교, 고구려전에 대한 왜병 지원요청 등의 외교자료를 기초로 大化改新(645년) 이후에 정리 편찬되었던 것이 『일본서기』에 인용된 것으로 추정하였다. 일본학계의 편찬론·구분론·출전론·기년론 등에 관한

본격적 논의와 함께 우리학계의 독자적인 사료적 검토의 길이 열릴 수 있기를
기대한다.

3. 한국 관련 기사

『일본서기』의 한국 관련 기사는 가야교섭을 시작으로, 백제교류에서 중심
을 이루었고, 신라외교를 마지막으로 하였으며, 고구려 관계가 간헐적으로 서술
되었다. 고대한일관계사의 전개와 큰 맥락에서 일치하는 양상을 보이고 있다.

4. 백제사 연구의 활용

백제 관련 기술은 「신공기」의 통교기원전승에서 시작되어, 「흠명기·민달
기·추고기」의 불교 및 선진문물의 전파와 지식인의 파견을 거쳐, 「제명기·
천지기」의 백강전 파견에서 정점을 이루었다가, 「지통기」의 백제계 씨족에
대한 관위제수까지, '백제서기'라 해도 좋을 만큼 거의 모든 卷에 걸쳐 가장
많은 내용을 보이고 있다. 『일본서기』의 활용이 백제사에서 시작되었고, 관련
기사에 대한 백제 중심의 해석이 전개되었던 것도 무리는 아니었다.

신공 49년에 가라7국을 평정한 후 南蠻의 忱彌多禮와 比利·辟中·布彌
支·半古의 4읍을 공략했다는 기사는 근초고왕이 전남 강진 등의 남해안까지
영역을 확대했던 사실로 해석되었고,[4, 5] 신공 52년의 七枝刀는 백제가 왜에
수여한 이소노카미신궁(石上神宮)의 七支刀와 같은 것으로 인정되었으며,[4]
응신 15년의 阿直岐와 16년의 王仁, 「계체기·흠명기·추고기·천지기」의
불교전파, 박사파견, 역법전수 등과 같은 백제문물의 전파가 복원되었다. 이
상은 우리 사서에는 보이지 않는 내용으로 백제사의 새로운 사실로 복원되었
고, 관련성과의 많은 부분이 지금까지 계승되고 있다.[11]

「신공기」의 기년을 2주갑 인하하여 근초고왕대의 사실로 비정하였지만, 3
주갑 인하론을 평가하는 견해도 있고,[17] 가라7국평정전승과 「계체기·흠명
기」의 가야 관련기술의 공통성에 주목하여 5세기 말~6세기 초의 사실이 소급
된 것으로 보는 주장도 있다.[18] 木羅斤資가 신라정토 때 낳았다는 木滿致의

연령문제가 관건이다. 한성함락 이후 문주왕과 함께 남천하여, 백제 중흥의 역할을 다 했던 목만치를 475년 전후에 청병을 위해 왜로 건너간 것으로 파악하거나,[19] 403년의 출생으로 보아 475년에 72세가 되는 추산도 하였지만,[11] 원래 기사대로 신라정토의 369년 출생이라면 475년에는 106세나 되는 모순도 있다. 아울러 가야사의 연구가 진척되고 영산강유역의 고분문화가 밝혀져 짐에 따라, 근초고왕 대의 가라7국평정과 전남지역의 확보를 인정하지 않는 견해도 제시되었다.[17, 20]

응신 3년의 阿花王의 즉위를 비롯해 모두 4차례의 왕위계승에 대한 왜의 관여가 기술되고 있는데, 「直支(응신16), 東城(웅략23), 豐璋(제명7)」 등과 함께 파견되는 호위군사는 대 고구려전선[18]과 대 신라전선[21]에 필요한 원병으로 파악되었고, 앞서 파견된 質子의 성격에 대해서는 외교사절,[22, 23] 청병사,[11] 왕위계승자의 신변보호[18] 등과 같이 백제가 주도했던 적극 외교의 한 형태로 파악되었다. 백제 왕실의 2인자인 왕자를 외교, 청병, 보호의 목적으로 파견하였고, 왜는 외교형식 상의 만족과 함께, 선진문물과 통치기술 전수라는 이익을 선택한 것으로 해석되고 있다. 아울러 이들 사료는 백제왕실계보의 규명에도 활용되어 『삼국사기』보다 「백제신찬」을 인용한 『일본서기』의 신빙성을 인정하여 昆支의 개로왕 동생설[24, 17]과 武寧과 東城의 형제설에 비중이 두어지게 되었다.

인덕 41(353)년 3월에 키노츠노스쿠네(紀角宿禰)를 백제에 보내 '國郡疆場을 始分하고, 鄕土所出을 具錄하였음'을 근거로 근초고왕 8(353)년에 백제사람 키노츠노스쿠네가 담로제를 시행했던 것,[25] 또는 간지 2운을 더 인하하여, 개로왕 19(473)년에 지방통치체제와 수취제의 시행되었던 것으로 해석되기도 하였다.[26] 그러나 키노츠노스쿠네는 백제인이 아닌 야마토정권이 창작한 허구의 인물이며,[27] 「인덕기」에는 백제관계기사가 전혀 없어 기년조정이 어렵기 때문에, 『삼국사기』와의 대응이 불가능하다는 회의적인 의견도 있다.[28] 왜가 키노츠노스쿠네를 보내 백제의 지방행정구역을 나누고 수취체제를 확립하였다든지, 키노츠노스쿠네가 백제왕을 나무랐다든 지와 같은 기술은 『일본서기』의 소중화의식과 번국관을 만족시키는 전형적인 장치이다. 이러한 기술에 대한 안이한 기년론의 적용과 확대 해석은 사료비판의 기준을 의심치 않을 수 없다.

「백제신찬」 인용의 무열 4년 조에 보이는 무녕왕의 이름 斯麻와 웅략 5년 조에 보이는 출생 시기는 무녕왕릉 출토의 지석에서 확인되었고,[29] 『수서』 등과 같은 중국사서가 외자로 전하는 백제 지배층의 성씨가 木羅(신공기), 四宅(황극기) 등과 같은 복자가 원형이었음이 밝혀졌으며,[30, 31] 목라씨는 한성에서 남천한 세력이 아니라, 웅진의 토착세력으로서, 475년의 천도 이후부터 전남지역 경영에 적극성을 띄는 주역이 되었다고 해석되었다.[32]

계체 6년~흠명 17년 사이 백제의 선진문물 공여에 대한 왜의 병력 및 군수물자의 지원은 傭兵과 같은 성격으로 규정되었고, 외교 담당의 주역을 왜계백제관료로 정의했던 연구[27]는 이들을 영산강유역 전방후원분의 피장자로 추정하는 연구의 단초를 열었다.[33, 34] 그러나 전방후원분은 5세기 말~6세기 초에 한정되는 분묘임에 반해, 왜계백제관료는 6세기 전반의 외교무대에서 활동하고 있다. 「계체기」에 타리국수(多唎國守)로 표기된 호즈미노오미오시야마(穗積臣押山)와 같이, 백제의 남쪽 변경에 거주하던 1세대 왜 계통의 인물을 피장자로 상정하고, 2세대 이후부터 왜계백제관료가 되어 백제조정에 출사하게 되면서, 이들의 거주지와 묘역이 사비지역으로 옮겨 갔다는 해석이 좋을 것이다.[35] 「흠명기」에서 성왕이 '北敵·强敵'의 고구려를 막기 위해 가야지역에 관여해야한다' 는 기사에서 백제 가야개입의 궁극적 목표가 가야경영과 같은 것이 아니라, 외교적으로 신라와의 완충지대를 구성하고, 고구려전선에 백제의 군사력을 집중하기 위함이었음이 밝혀졌다.[16]

「흠명기·민달기·추고기」에 보이는 백제문화의 일본전파는 조선후기 실학자들부터 가장 많이 활용되었던 소재였다. 기존의 연구가 현대 한국인의 문화적 우월감을 확인하는 경향이 강하였다면, 근년에는 백제와 왜의 이해관계에 따른 수수관계의 의미를 강조하는 연구로 진전되고 있다.[11, 36, 38] 「제명기·천지기」의 백강전투에 대군을 파견했던 왜왕권의 목적에 대해서는 왜국

위기설,[39] 모국지원설,[40] 왜국가권력집중설[21, 41] 등이 제시되고 있는데, 모든 요소가 아울러 고려될 필요가 있다.

5. 가야사 연구의 활용

『일본서기』의 소중화주의적 편찬사관의 전형을 보여주는 것이 任那 관련기사이며, 그 대부분이 가야 관련의 기술들이다. 과거 일본학계는 왜의 가야지배를, 우리 학계는 백제의 가야경영을 논했지만, 근년의 비판적 활용은 가야사 복원의 중요한 성과로 활용되었다. 『일본서기』의 倭 중심적 기술과 『백제삼서』의 百濟 중심적 윤색을 어떻게 걸러낼 수 있을까에 사료비판과 가야사 복원의 길이 열릴 것이다.[16, 20]

숭신 65년과 수인 2년 대가라국 왕자 소나알질치(蘇那曷叱知)의 도일에 대해 백제 관련 기술이 아니므로, 최초의 한일관계기사가 될 리 없다는 이상한 논리로 사실성을 부정하기도 하였으나,[11] 소나알질치에 대해 冠을 쓴 弁辰(가야)의 귀인으로 보면서 최초의 한일관계기사로 파악하였음은 이미 오래 되었다.[4] 일본열도 출토의 고고학 자료가 가야계통에서 시작하여, 백제계통으로 전개되는 것에서도, 가야는 왜가 의식했던 최초의 외국이며, 교섭상대자였던 사실이 확인될 뿐이다.[16, 42] 신공 46년 백제가 卓淳에 대왜교섭의 중개를 부탁한 것도 이러한 맥락이었다. 탁순은 바다 건너 일본열도로 통하는 길목으로서, 흠명 2년에 南加羅(김해), 㖨己呑(진영)과 함께, 동래까지 남하해 있던 신라에게 공략되는 것으로 보아, 대구와 같은 내륙보다는[5, 45] 창원과 같은 남해안에 비정함이 옳을 것이다.[43, 44]

「계체기」의 伴跛가 「흠명기」의 加羅임을 지적하고, 섬진강을 경계로 백제와 대립하던 대가야사를 복원한 연구[44]는 대가야식 토기의 확산과정을 대입하여 5~6세기 대가야의 성장과 발전을 논하는 계기를 제공하였고,[46, 47] 고대국가 형성의 가능성을 타진하게 하였다.[48] 「계체기」의 己汶·帶沙의 기사를 백제의 영향권에 대가야가 진출했던 것으로 보기도 하였지만,[44] 남원군 아영면 월산리고분군, 두락리고분군, 건지리고분군의 유물상이 6세기 초를 경계로 대가야계에서 백제계로의 변하는 것으로 보아, 현종 3년(487)~계체 23년(529)의 관련기술은 섬진강 중상류의 대가야권역에 대한 백제의 진출과 그에 따른 군사적 충돌로 해석되는 것이 정당하고,[20] 이러한 기술들을 가라7국평정 전승의 원형으로 보아 「신공기」의 역사성이 부정되기도 하였다.[18]

「흠명기」의 임나일본부관련기술은 백제에 의한 가야경영설의 근거로 이해되기도 하였으나,[19, 11, 36] 임나일본부의 실체를 가야에 파견된 왜의 사신으로 보면서, 실체의 규명을 넘어 동서 양면의 신라와 백제의 진출에 대항해 독립유지를 도모했던 가야제국의 치열한 외교적 노력의 복원에 주력하였다.[20] 아울러 관련기사를 바탕으로 새롭게 복원되는 安羅國의 역사와 위상은 김해의 가락국과 고령의 가라국만이 주목되던 가야사의 도식을 새롭게 하였고, 가야사 전개의 또 다른 중심국의 하나로 조명되기에 이르렀다.[49, 42, 50] 따라서 전기의 김해와 후기의 고령을 맹주로 하는 단일연맹론의 수정은 불가피하게 되었고, 지역연맹체론과 같은 수정론도 대두하였다.[51] 泗沘(부여)와 安羅(함안)의 국제회의 참가국명과 흠명 23년 조의 가야멸망기사에 보이는 加耶諸國 명을 『삼국지』 변진12개국 기사의 연장으로 보아, 『삼국유사』의 6가야설을 극복하는 12개국 가야사의 범주가 확인되었고, 가야각국사로 다루어야 한다는 생각도 제기되었다.[45, 52] 국제회의 참가자의 관위에 관한 기술은 가야제국 지배계층의 중층적 구조의 복원으로 활용되었다.[16, 53]

신공 62년 조의 가라국왕의 누이동생의 존재와 계체 23년 조의 신라왕실과의 혼인기사를 통해 대가야 왕실의 혼인과 모계의 역할에 대한 논의가 전개되었고, 가야문화사라는 새로운 연구공간의 개척으로 이어졌다.[54] 흠명 4년과 5년 조에 확인되는 정월의 제의와 가야금12곡을 바탕으로, 전기가야의 고유력(춘추력, 1년2배력)에 대비되는 후기가야의 중국력 사용에서 보이는 사회발전단계적 의미와 연중행사의 복원문제도 논의되었다.[55] 가야인의 일본진출문제는 열도에서 가야의 흔적을 찾는 재일동포사학자에 의해 시작되었으나,[56] 「응신·웅략기」 등의 관련기사에 대한 『국조본기·풍토기·신찬성씨록』등과 일본열도에서 확인되는 고고학 자료와의 대비를 통해 진전되고 있다.[57, 58]

6. 신라사 연구의 활용

신라 관련기사는 이미 神代부터 출현하나 적대감과 종속성을 강조하기 위한 征討, 朝貢, 歸化 등의 장치로 배치된 이른 시기의 막연한 서술과 신라의 가야진출과 통일전쟁을 전후로 하는 역사적 서술로 확실하게 구분된다. 우리 사서의 신라사 서술과는 천양지차의 적은 분량과 비중에 그치고 있어, 신라사 연구에서의 활용빈도는 그리 높지 않았다.

수인 3년의 아메노히보코(天日槍)는 『삼국유사』의 연오랑·세오녀와 같은 유형의 전승으로, 일찍부터 신라인들의 일본열도 이주의 반영으로 해석되어 왔고,[59] 중애 9(320)년의 우루조부리치칸(宇流助富利智干)과 『삼국사기』첨해 니사금 7(253)년의 于老, 신공 5(325)년의 미질허지벌칸(微叱許智伐旱)과 모마리질치(毛麻利叱智)는 『삼국사기』실성니사금 1(402)년의 未斯欣과 毛末(박제상)에 각각 대응하는 기사로 주목되어, 우로는 국가성장과정에서 요구되는 영웅전설의 전형으로 해석되었고,[60] 상고 기년과 세계에 관련된 논의가 전개되었다.[61] 우로의 출신지 于柚村을 『삼국지』의 優由國(優中國, 울진)으로 비정하고, 于柚는 于抽(優中, 우츠)의 글자와 발음이 근사하여, 성덕태자의 후원자가 되는 고대일본의 유명한 척산 씨족 하타(秦)씨의 시조 우츠마사(禹豆麻佐·太秦)와 통한다. 하타는 『신찬성씨록』 등에 波陀로 표기되어, 울진의 고구려 계통 지명 波且, 「울진봉평신라비」의 波旦과 같은 것으로 읽혀져, 5세기 중엽 신라가 북진하면서 고구려를 축출할 때 일본열도로 이주했었다는 해석이 제기되었다.[62]

가야멸망 후 신라가 왜에 보냈다는 '任那의 調'를 민달 4년 조에 보이는 쇠나라(須奈羅·金官, 김해) 등의 '四邑之調'를 시작으로 대화 2(646)년의 파기까지로 보는 일본학계의 주장에 대해, 허구의 기술로 보는 견해,[38] 민달 4년(575)과 추고 19(611)년의 2회만을 인정하고 간지 1운을 소급하여 금관국의 파견으로 추정한 견해,[21] 왜왕권이 신라의 외교에 동반된 문물을 '四邑之調'와 같은 임나의 조로 간주하였거나 『일본서기』의 각색으로 보는 견해[63] 등이 제시되었으나, 가야멸망 후 신라가 왜에 대한 백제의 외교공세를 견제할 목적으로 보냈던 물품에서 그 기원을 찾고, 대화 1(645)년에는 백제도 같은 명목의 물품을 보내면서 경쟁했던 것으로 보았다. 왜의 형식적 요구를 만족시켜 주면서 군사행동의 결과를 추인시키고, 왜 왕권을 포섭해 두려 했던 신라의 적극적 외교가 부각되는 기사로 검토되어야 할 것이다. 계체 10(516)년 백제가 고구려사를 데리고 간다든지, 천무 2(673)년 이후 신라사와 함께 이미 멸망한 고구려의 사신이 함께 파견되는 것과 같은 관계이다.

가야병합을 전후로 흠명 21(560)년의 신라사 파견과 흠명 32(571)년 왜의 답사파견에서부터, 민달조에 빈번해지는 외교기사를 토대로, 신라와 왜의 국교성립과정이 논의되었고,[64] 대화 3(647)년의 金春秋의 도일을 인질이 아닌 적극외교로 평가하면서, 『삼국사기』에 없는 기술을 바탕으로 나·당·일 삼국연합의 형성이 추정 복원되었다.[27, 38]

천무 13(684)년 제정의 야츠쿠사노카바네(八色姓)와 골품제의 유사성을 지적하고, 八色姓의 제정과 토네리(舍人) 같은 율령관인제의 일부에 대한 신라의 영향을 추정하였다. 족제적 성격이 강한 씨성제가 八色姓의 제정을 통해 골품제와 근사한 형태로 변환된 것처럼, 족제적이었던 신라사회가 율령을 수용하면서 골품제라는 사회적 장치가 마련되었음을 강조하고, 대화 전대의 씨성제가 골품제 성립이전의 신라사회 조직의 일부를 추정해 볼 수 있는 자료가 될 수 있을 것으로 보았다.[65] 한일관계나 한국 관련기술의 활용이 아닌 비교연구로서의 색다른 활용의 예이다.

신라가 일본에 영향을 미쳤던 계기에 대해서는 610년 이후 신라와 일본의 우호적 외교와 학문승의 귀국 등과 연결시켰다. 신라는 민달 8년과 추고 24·31년에 불상을 보냈는데, 추고 31(623)년에 하타사(秦寺)에 안치된 불상은 당시 신라에서 성행하던 미륵사상과의 관련에서 현재 일본 국보 제1호인 코류지(廣隆寺)의 미륵반가사유상으로 생각되기도 하며,[38] 신라에 일본유학생이 있었다는 지통 6(692)년 조의 기술에서 7세기 일본의 학예와 문화의 형성에서 신라적 성격이 기능했던 저변으로 짐작되었다.[39] 나아가 전통적으로 11등의 나마(奈末)가 파견되던 신라의 외교사절이 천지 7년의 김동암(9등), 천무 2년의 김승원(5등), 천무 4년의 김충원(왕자) 등과 같이 신분상승을 보이는 것은 고구려나 당과의 결전을 앞둔 파견이라는 점도 있지만,[39] 통일신라와 일본의 우호관계 증진의 반영으로 주목해야 할 대목이다.

7. 고구려사 연구의 활용

고구려 관련기술은 최초로 공식적 사신이 파견되는 흠명 26년~민달 2년을 경계로 구분된다. 이전에는 강력한 적대국의 인식에 기초했던 막연한 내용의 기술들이 배치되었고, 이후에는 대왜외교와 고구려사의 역사적 사실들이 기록되었다. 이른 시기의 서술적 특징은 응신 28년, 인덕 12년, 흠명 2년 등에 잘 나타나고 있다. 인덕 12년에 고구려가 보낸 철 방패(鐵盾)와 철 과녁(鐵的)을 왜의 신하가 뚫었다는 전승은 고구려를 강적으로 보고 그것을 이겨 왜국의 위상을 강조하려는 『일본서기』의 작문이다.[66] 흠명 2·5·14년의 3차례에 걸쳐 고구려를 '强敵'으로 표현하였고, 응신 28년 조에는 '高麗王이 日本國에 敎를 내린다'는 것과 같이, 고구려를 번국으로 설정하고 있었던 『일본서기』의 편찬사관으로는 도저히 이해하기 어려운 기술도 남기고 있다. 역사적 사실의 반영으로 보는 견해도 있지만,[11] 이때의 통교를 인정하지 않는 것이 통설이다. 일관성 있는 심층적 연구가 요구된다.

흠명 6·7년 조에는 「백제본기」가 전하는 細群과 麤群의 대립, 鵠香岡上王의 죽음은 『삼국사기』에는 보이지 않는 기록으로, 고구려의 내란과 왕위쟁탈전을 복원하는 자료로 활용되었다.[3, 67, 36] 흠명 14(553)년에 백제의 성왕이 왜에 청병을 위해 알렸던 신라와 고구려의 통모 사실에 대해서는 552년이나 553년 초에 성립된 고구려와 신라의 밀약으로 추정한 견해,[68] 흠명 13(552)년 5월에 백제사신이 고구려와 신라가 화통하여 백제와 가야를 멸하려 한다고 호소하고 있는 것을 보아, 552년 5월 이전에 내통했다고 보는 견해,[69] 551년에 고구려의 혜량법사와 거칠부의 관계에서 혜량법사의 신라투항을 밀약의 계기로 보는 견해 등이 제시되었다.[70]

흠명 23(562)년 8월조는 본문에 '大將軍大伴連狹手彦에게 수만의 병력을 주어 高麗를 치게 했는데 狹手彦가 백제의 계략을 사용하여 高麗를 공파하였다'고 기록하면서도, 세주에는 23년이 아닌 11(550)년의 일로서 '狹手彦이 백제와 함께 高麗王陽香을 比津留都에서 구축하였다'는 이전을 부치고 있다. 본문의 기술대로 562년(흠명 23)의 사건을 반영하고 있는 것으로 보는 생각이 일반적이지만, 550년(흠명 11)으로 전하는 세주와 같은 기록이 월등히 많음을 근거로, 550년의 한강유역전에 왜병이 참전하였을 가능성이 제기되었다.[65]

흠명 31(570)년~민달 1(572)년 고구려사의 파견을 고구려와 왜의 직접교섭의 시작과 전개로 복원하였고,[3] 신라가 북조와 외교관계를 수립하기 시작하면서, 이전까지 고구려왕이 받고 있던 東夷校尉 등의 칭호를 받음으로써, 고구려의 국제적 지위가 상대적으로 약화되었고, 그 극복방안의 하나로 신라와 적대관계에 있던 왜와 직접외교를 전개하기 시작했다는 해석으로 진전되었다.[67] 한강유역 전쟁에서 밀렸던 고구려가 신라의 견제를 위해 왜에 접근하였고, 흠명 대까지 고구려에 적대적이었던 왜는 백제의 영향으로 민달 대부터 친 고구려외교로 전환했다는 분석이 추가되었다.[66] 민달조 이후 고구려가 왜에 접근했던 방법도 백제나 신라와 같이 선진문물의 공여와 승려의 파견에 기초하였다. 추고 3(595)년에 파견된 惠慈가 왜왕권에 미친 영향은 실로 지대하였다. 수양제에게 보냈던 상표문의 '日出處와 日沒處'의 서법은 일본과 중국 사이의 만주와 한반도가 아니면 생각할 수 없고,[71] 598년 수와의 전쟁에서 승리를 거둔 고구려의 자존의식이 스승 혜자를 통해 추고조의 외교 추진자인 성덕태자에게 가르쳐졌다는 견해가 유력하다.[21, 41, 66]

8. 활용의 문제점과 대안

『일본서기』의 개별적 기술에 대한 비판과 활용은 어느 정도 진전되었고 나름대로의 성과도 거두었다. 그러나 『일본서기』 자체에 대한 관심은 눈에 띄는 것이 별로 없다. 사서적 검토의 전형인 편찬론, 구분론, 출전론, 기년론 등에 대한 연구의 축적을 정리 소화하면서, 우리 학계 나름의 체계적인 검토가 선행되어야 한다.

예를 들어 서기구분론에서는 권14 「웅략기」를 전후로 서로 다른 필진에 의한 서술이 이루어졌음이 밝혀졌다. 그러나 권14 「웅략기」 이후에서만 任那日本府의 용례가 사용되었음에 주목했던 연구는 없다. 『일본서기』는 동일한 '미코토모치'에 대해 '府'와 함께 '使·司·宰' 등의 표기도 사용하였다. 따라서 '任那日本府'의 표기는 권14 이후를 담당했던 필진의 독특한 표기방법임이 분명하다. 그럼에도 불구하고 권14 이후에 존재하는 '任那日本府'의 기원을 권9의 「신공기」에서 구하려는 시각은 여전하다. 구분론 자체에도 여러 문제가 있는 것은 사실이지만, 권14를 경계로 필진이 다르고, 권14의 「웅략기」와 권19의 「흠명기」에만 '미코토모치'에 대한 '府'의 표기가 보이는 특징은 인정해야 한다. 특별한 기년조정 없이 한국사서와의 대비가 비로소 가능해지는 것이 권14부터임도 고려해야 한다.

결국 이러한 문제의식의 결여는 우리 학계의 독자적인 주석서의 간행으로 해결되어야 하며, 『일본서기』에 대한 사전과 각종 색인 등의 간행이 전제로 될 때, 우리 학계 나름의 비판적 활용의 길이 보장될 것이다. 이러한 기초적 연구가 전제로 되지 않고서는 연구자의 관심과 입장에 따른 자의적인 해석만 쌓여 갈 뿐이다.

『일본서기』의 입장에서 『일본서기』 기술의 패턴을 인지할 필요가 있다. 지금까지도 대표적 기술 패턴의 하나로 설치된 기원전승을 역사적 사실로 해석하는 우를 범하고 있다. 『일본서기』는 반드시라고 해도 좋을 만큼 기원전승의 서술에 대한 집착을 보였다. 특정 역사적 사실의 기록과 함께 그러한 사실이 기원했던 발생에 대한 서술을 연대적으로 소급하여 배치하고 있다. 「응신기」와 「웅략기」에 공통적으로 보이는 韓 계통 도래인의 이주와 문물의 전파가 그러하고, 「신공기」와 「계체·흠명기」의 임나관련의 기술이 대표적인 예이다. 「흠명기」에 보이는 백제, 가야, 왜의 관계기술 중에는 다시 「신공기」에 기원전승에 형태로 배치된 것이 적지 않다. 이러한 「신공기」의 기원전승을 그대로 왜와 가야, 또는 백제와 가야의 역사적 관계로 복원하는 것은 의미가 없다.

또한 「신공기」의 목라근자가 백제장군이어도 『일본서기』의 논리와 『일본서기』의 편찬진에게는 이상할 게 하나도 없다. 한강 이남의 백제, 신라, 가야는 이미 천황의 미야케(官家, 屯倉)이기 때문에 백제장군 목라근자의 군사활동은 오히려 천황의 광채를 드러내는 일이 된다. 이러한 장치를 위해 도입된 내용에서 주체를 백제로 대체한다고 역사적 사실이 복원되는 것은 아니다. 천황의 위덕을 드러내기 위한 수단을 역사로 파악하려 함은 우리가 비판하고자 하는 대상과 동일한 논리에 함몰되는 것이다. 이를 극복할 수 있는 방법은 어느 한 편이 아니라, 삼국과 가야, 그리고 왜 등의 각국사의 입장을 아울러 고려하고, 각각의 이해관계를 합리적으로 설명할 수 있는 객관적 인식의 구축 노력이 절실하다. 같은 기사에 대한 해석에서 백제사와 가야사의 입장으로 갈리는 것은 바로 이러한 이해와 인식이 부족했기 때문이다.

고고학 자료와의 대비를 통한 사료비판의 길도 지속해야겠고, 관련 자료의 성격 상 한일관계사에 집중될 수밖에 없긴 하겠지만, 고대의 한국과 일본은 정치·경제·사회·문화의 거의 모든 분야에서 농도 짙은 영향을 주고받았던 만큼, 우리의 뒤를 비추어 볼 수 있는 또 한 장의 거울로서, 고대 일본의 다양한 서술 및 연구와의 비교연구도 필요하다.

1. 申叔舟, 1471, 『海東諸國記』.

2. 申采浩, 1926, 『朝鮮上古史』.

3. 李弘稙, 1954·1957, 「日本書紀所載 高句麗關係記事考」『東方學志』1·3 ; 1971, 『韓國古代史研究』, 新丘文化社.

4. 李丙燾, 1976, 『韓國古代史研究』, 博英社.

5. 千寬宇, 1977·1978, 「復元加耶史」上·中·下 『文學과 知性』28·29·30.

6. 李基東·延敏洙, 1998, 『加耶史論集』, 金海市.

7. 文定昌, 1970, 『日本古代史』, 栢文堂.

8. 成殷九, 1987, 『譯註 日本書紀』, 正音社.

9. 井上光貞, 1983, 『日本書紀』, 中央公論社.

10. 田溶新, 1989, 『完譯 日本書紀』, 一志社.

11. 김현구·박현숙·우재병·이재석, 2002, 『일본서기 한국관계기사 연구Ⅰ』, 일지사.

12. 李永植, 2002, 「日本書紀의 硏究史와 硏究方法論」『韓國古代史硏究』27.

13. 김석형, 1966, 『초기조일관계사』, 사회과학출판사.

14 高寬敏, 1993, 「日本書紀所引百濟本記に關する硏究」『高句麗·渤海と古代日本』, 雄山閣.

15. 丁仲煥, 1979, 「日本書紀에 引用된 百濟三書에 대하여」『亞細亞學報』10.

16. 李永植, 1993, 『加耶諸國と任那日本府』, 吉川弘文館.

17. 李根雨, 1994, 「日本書紀에 引用된 百濟三書에 관한 硏究」, 한국정신문화연구원박사학위논문.

18. 연민수, 1996, 「일본서기 신공기 사료비판」『일본학』15 ; 1998, 『고대한일관계사』, 혜안.

19. 金鉉球, 1993, 『任那日本府研究』, 一潮閣.

20. 李永植, 1995, 「百濟의 加耶進出 過程」『韓國古代史論叢』7.

21 鄭孝雲, 1995, 『古代韓日政治交涉史研究』, 學研文化社.

22. 梁起錫, 1981, 「三國時代 人質의 性格에 대해서」『史學志』15.

23. 羅幸柱, 1993, 「古代韓日關係史의 '質' 의 意味」『建大史學』8.

24. 李道學, 1984, 「漢城末 熊津時代 百濟王系의 檢討」『韓國史研究』45.

25. 盧重國, 1991, 「漢城時代 百濟의 檐魯制 實施와 編制基準」『啓明史學』2.

26. 김영심, 1998, 「忠南地域 百濟城郭硏究-지방통제와 관련하여」『百濟硏究』30.

27. 金鉉球, 1985, 『大和政權の對外關係硏究』, 吉川弘文館.

28. 朴賢淑, 1996, 「百濟地方統治體制硏究」, 고려대박사학위논문.

29. 文化財管理局, 1973, 『武寧王陵』.

30. 李弘稙, 1954, 「百濟人名考」『서울대학교논문집』1 ; 1971, 『韓國古代史研究』, 新丘文化社.

31. 이도학, 2003, 『살아있는 백제사』, 휴머니스트.

32. 盧重國, 1988, 『百濟政治史研究』, 一潮閣.

33. 朱甫敦, 2000, 「百濟의 榮山江流域의 支配方式과 前方後圓墳 被葬者의 性格」『韓國의 前方後
圓墳』, 충남대출판부.

34. 朴天秀, 2001, 「考古資料를 통해 본 古代 韓半島와 日本列島의 相互作用」『한국고대사연구』27.

35. 이영식, 2007, 「4~6세기 백제와 왜의 교류사」『백제문화사대계』9, 충남역사문화원.

36. 김현구 · 박현숙 · 우재병 · 이재석, 2003, 『일본서기 한국관계기사 연구Ⅱ』, 일지사.

37. 정병삼, 2002, 「고대 한국과 일본의 불교교류」『韓國古代史研究』27.

38. 김현구 · 박현숙 · 우재병 · 이재석, 2004, 『일본서기 한국관계기사 연구Ⅲ』, 일지사.

39. 盧重國, 1994, 「7世紀 百濟와 倭와의 관계」『國史館論叢』52.

40. 邊麟錫, 1994, 『白江口戰爭과 百濟 · 倭 關係』, 한울아카데미.

41. 연민수, 2003, 『古代韓日交流史』, 혜안.

42. 李永植, 1995, 「六世紀 安羅國史 硏究」『國史館論叢』62.

43. 金廷鶴, 1983, 「加耶史의 硏究」『史學硏究』37.

44. 金泰植, 1993, 『加耶聯盟史』, 一潮閣.

45. 白承玉, 2003, 『加耶各國史硏究』, 혜안.

46. 金世基, 1995, 「大伽耶 墓制의 變遷」『加耶史硏究』, 경상북도.

47. 李熙濬, 1995, 「토기로 본 大伽耶의 圈域과 변천」『加耶史硏究』, 경상북도.

48. 朴天秀, 1996, 「大伽耶의 古代國家形成」『碩晤尹容鎭敎授停年退任紀念論叢』.

49. 權珠賢, 1993, 「阿羅加耶의 成立과 發展」『啓明史學』4.

50. 南在祐, 2003, 『安羅國史』, 혜안.

51. 白承忠, 1995, 「加耶의 地域聯盟史 硏究」, 부산대박사학위논문.

52. 교육부·부산대, 2000, 『가야각국사의 재구성』, 혜안.

53. 白承玉, 2006, 「4~6세기 安羅國의 領域과 國內大人」『釜大史學』30.

54. 權珠賢, 1998, 「가야문화사연구」, 계명대박사학위논문.

55. 이영식, 2006, 「가야인의 시간의식과 가야금12곡」『釜大史學』30.

56. 金達壽, 1970~1976, 『日本の中の朝鮮文化』1~6.

57. 李永植, 1996, 「일본열도에 진출한 가야인들」『시민을 위한 가야사』, 집문당.

58. ______, 2004, 「安羅國과 倭國의 交流史 硏究」『史學硏究』74.

59. 李丙燾·金載元, 1959, 『韓國史』古代篇, 乙酉文化社.

60. 李基東, 1985, 「于老傳說의 世界」『韓國古代의 國家와 社會』, 一潮閣.

61. 강종훈, 2000, 『신라상고사연구』, 서울대출판부.

62. 연민수, 1998, 「古代韓日關係史와 울진지방」『韓國古代史와 울진지방』, 韓國古代史學會 ;
        2003, 『古代韓日交流史』, 혜안 .

63. ______, 1992, 「日本書紀の任那の調關係記事檢討」; 1998, 『고대한일관계사』, 혜안.

64. 金恩淑, 1994, 「6世紀 후반 新羅와 倭國의 국교성립과정」『新羅文化祭學術發表會論文集』15.

65. 李基東, 1982, 「新羅의 骨品制度와 日本의 氏姓制度」『歷史學報』94·95합집.

66. 이영식, 2006, 「5~6세기 고구려와 왜의 관계」『북방사논총』11.

67. 노태돈, 1976, 「高句麗의 漢水流域 喪失의 原因에 대하여」『韓國史硏究』13 ; 1999, 『고구려사
        연구』, 사계절.

68. ______, 1984, 「5~6세기 東아시아의 國際情勢와 고구려의 대외관계」『東方學志』44 ; 1999
        『고구려사 연구』, 사계절.

69. 김주성, 1998, 「성왕의 한강유역 점령과 상실」『백제사상의 전쟁』, 충남대백제연구소.

70. 주보돈, 2006, 「5~6세기의 고구려와 신라의 관계」『북방사논총』11.

71. 李成市, 1990, 「高句麗と日隋外交-いわゆる國書問題に關する一試論」『思想』795 ; 1998, 『古
        代東アジアの民族と國家』, 岩波書店.

광개토왕능비

노태돈 _ 서울대학교 국사학과

1. 판독을 둘러싼 문제

지난 백여년 동안 행해진 광개토왕능비에 대한 연구 성과는 논문과 저서가 500여 편에 달하며, 연구사를 정리한 저술 또한 몇 권이 발간되었다. 가히 고대사 연구의 꽃이라고 할 정도로 많은 논급이 행해져왔다. 그런 가운데서도 여전히 몇몇 부분에선 논난이 계속되고 있다.

능비에 대한 그간의 연구를 몇 분야로 나누어 살펴보면, 먼저 가장 기본적인 것이 비문 판독 문제이다. 이는 구체적으로는 탁본에 관한 문제라고 하겠나. 1880년 무렵 능비가 재발견될 당시는 이미 능비가 세워진지 천수백년이 흐른 뒤로서, 세월이 남긴 자연적인 훼손이 있었고, 그보다 더 심각한 것은 재발견 당시 주변의 가시덤불과 능비에 덮힌 두터운 이끼를 제거하는 과정에서 가해진 손상이었다. 그 결과로 능비의 표면에 균열과 심한 요철이 생기게 되었다. 그런 상태에서 탁본이 행해졌지만, 초기에는 탁본재료와 기술의 부족으로 原石 탁본이 이루어지지 못하였다. 행해진 것은 비면에 종이를 대고 가볍게 두드려 글자의 윤곽을 뜬 뒤 글자가 없는 자리에 먹을 칠하는 이른바 雙鉤加墨本이거나, 또는 글자의 윤곽을 모사한 뒤에 빈 자리에 묵을 칠하는 墨水廓塡本이었다. 이런 것은 의도적이든 아니든 간에 글자에 대한 오독이나 조작이 가능한 것이었다. 그 뒤 북경의 금석문 애호가들에게 능비의 존재가 알려져, 1880년대 후반 탁본 전문가를 파견해 원석 탁본을 뜨게 하였다. 그 뒤 언젠가부터 능비에 석회가 발라졌고, 그런 상태에서 탁본이 행해졌다. 석회탁본이 그것이다. 표면의 석회가 떨어져 나간 뒤인 20세기 후반에 들어 다시 원석 탁본이 행해졌다. 초기의 능비 판독은 쌍구가묵본이나 묵수곽전본 또는 석회탁본에 의거해 이루어졌다. 이런 기존의 판독에 대해 본격적으로 의문을 제기한 것이 李進熙의 비문 조작설이었다.[1] 이를 계기로 금석문 연구에서 판독의 중요성이 새삼 강조되었다. 비문 조작 여부의 파악과 보다 정확한 판독을 위해 능비에 대한 실사와 정밀 촬영 등의 여러 가지 방법이 동원되었으며, 무엇보다 석회 바르기 이전의 원석 탁본을 찾아 검토하는 작업이 열기를 띠었다. 한·중·일·대만에 있는 여러 개의 원석 탁본이 확인되었고 그에 대한 검토가 행해졌다.[2] 그 결과 석회탁본이 담고 있던 몇몇 오류가 확인되었으며, 보다 정확한 판독이 행해지게 되었다. 가령 능비 제1면 3째줄 하단과 4째줄 상단에 기술된 추모왕의 승천에 대한 서술에서 기존에 '黃龍負昇天' 이라고 판독된 부분은 '履龍頁昇天' 으로 고쳐 판독되었다. 원석 탁본과 그리고 이 부분에 발려져 있던 석회가 떨어져 나간 뒤의 비의 상태를 살펴보면 후자가 맞으며, 전후의 한문 문맥상으로 보아도 후자가 옳다. 이 이외에도 10년 경자년조에서 '倭滿倭潰' 로 판독되어왔던 부분도 '倭寇大潰' 로 파악되는 등 몇 군데 더 수정 판독되었다. 그러나 여전히 판독이 엇갈리고 불분명한 부분도 있다. 가령 신묘년조에 대한 기존의 판독문인 '來渡海破百殘□□□羅以爲臣民' 에서 '海' 자는 원석 탁본에선 불명확하여 판독키 어려운데, 여러 가지 판독이 제시되고 있다.

 한편 원석 탁본을 찾아 검토하는 과정에서, 능비의 재발견 경위와 탁본이 처음 행해진 시기 및 석회 탁본을 만든 사람과 목적 등이 보다 구체적으로 파악되었다. 능비에 석회를 바른 이는 탁본을 팔아 생활하였던 현지의 중국인이었으며, 석회를 바른 것은 의도적으로 비문을 조작하기 위해서가 아니라 탁본을 원활히 하기 위한 편법으로 행하였음이 규명되어졌다. 그에 따라 비문 조작설은 부정되어졌다. 하지만 이 설이 제기한 문제에 대한 논의를 통해, 일본에서 능비가 처음 연구되어진 과정과 배경에 대한 이해가 깊어졌고, 제국주의적인 국가권력과 결부된 일본 근대 사학의 한 면모를 재인식케 되었다.

2. 비문 해석상의 문제

비문의 판독이 이루어지면 그 다음 과제는 비문 해석이다. 능비문의 해석에서 가장 논난이 많았던 부분은 신묘년 조이다. 해석상의 다양한 설은 판독상의 의견과 결합되어 여러 형태로 개진되었다. 그런데 신묘년조의 판독은 그간의 원석 탁본에 대한 검토 결과, 아직도 여전히 일각에선 이론이 제기되고 있지만, 전체적인 면에서 볼 때 '百殘新羅舊是屬民由來朝貢而倭以辛卯年來渡□破百殘□□□羅以爲臣民' 으로 판독하는 데에 의견의 접근을 보이고 있다. 이에 대한 해석에선, [A] '백제와 신라는 옛부터 고구려의 신민으로 조공해 왔다. 그런데 왜가 신묘년에(또는 신묘년 이래로) 바다를 건너와 백제와 □□와 신라를 쳐서 신민으로 삼았다' 로 풀이하는 것이 '통설' 이었다. 이에 대해 능비에서 주어인 고구려가 생략된 경우가 많음을 들어, '來' 자 다음에 끊어 읽어, '渡□破' 의 주어는 고구려이고 목적어는 왜로 보는 견해가 제기되었다. 즉 [B] '왜가 신묘년에 침입해오자 (고구려가) 바다를 건너 (왜를) 격파하였다' 로 풀이하였다. 그리고 이은 결락된 부분의 세 글자를 '聯侵新' 또는 '招倭侵' 으로 보충하여 '백제가 (왜와 연결하여) 신라를 침공해 신민으로 삼았다' 고 해석하였다.[3] 한편 '來' 에서 끊어 읽고 '渡海破' 의 주어를 고구려로 보지만, 목적어는 백제로 보는 견해가 있다. 즉 [C] '왜가 신묘년에 (백제를 지원키 위해) 왔다. (고구려가) 바다를 건너 백제를 격파하고 신라를 …하여(또는 '백제·□□·신라를 격파하여) 신민으로 삼았다' 로 해석하였다.[4, 5, 6, 7] 혹은 이 기사를 [D] '왜를 (고구려가) 신묘년 이래로 바다를 건너가 파하였다. (그런데) 백제가 (왜를 불러들여) 신라를 침공하여 신민으로 삼았다' 로 해석하는 견해도 제기되었다.[8]

이런 해석들에서 먼저 [B]의 주장을 살펴보면, 이 설이 제기한 구체적인 실마리는 '來渡(海)' 라는 표현에 있다. '왔다(來)' 에 이어 '(바다를) 건넜다(渡)' 가 이어지는데, 이를 한 단어로 여기는 풀이는 모순이다는 것이다. 즉 왜를 '渡' 의 주어로 보면, 이 부분은 왜가 왔다가 다시 건넜다는 것이니 되돌아갔다는 뜻이 되어 모순이고, 또 그럴 경우 왜가 '破' 의 주어가 될 수 없으며,

왜는 어디까지나 '來'의 주어일 뿐이다 는 주장이다. 그런데 이 설을 따르면 주어가 짧은 한 문장 내에서 왜-고구려-백제로 세 번 바뀌는데, 이는 납득키 어려운 바이다.

[C]의 설에도 의문이 따른다. 신묘년조를 고구려 남정 기사로 본다면, 이어 병신년조에 도 다시 고구려가 백제를 공격하여 굴복시킨 사실이 길게 서술되어있다. 그런데 능비의 문장 구성에서 신묘년조의 기사는 이은 병신년조의 광개토왕의 남정에 관한 서술을 이끌어내는 이른바 前置文과 같은 성격을 지녔다.[9] 그런 면에서 보면 신묘년조를 [C]와 같이 풀이하는 것은 이은 병신년조와의 연결에서 문맥상 어색한 면을 나타낸다.

문제는 '來渡海'라는 언뜻 모순되는 듯한 서술을 어떻게 이해할 것인가이다. 이에 대해 '來'를 앞으로 붙여 '신묘년 以來'로 읽어야 한다는 주장도 있고,[10] '來渡海'를 하나의 단어로 보아야 한다는 견해도 제기된 바 있다.[11]

현재까지의 논의를 통해서 볼 때, 신묘년조 기사의 해석 자체는 '통설'과 같이 하는 게 순리라고 여겨진다. 단 신묘년조에서 전하는 기사의 내용은 그대로 다 사실성이 있는 것이라고 보기는 어렵다. 이에는 능비 작성 당시 고구려 지배층의 천하관을 반영한 과장된 면이 담겨져 있다. 즉 백제 신라 등은 예로부터 마땅히 고구려 대왕의 지배 하에 종속되어야 할 대상이었는데, 이들 나라들을 포괄하는 고구려의 천하에 이질적인 존재인 왜가 침공해와 교란하였기에 대왕이 이를 격파하였다는 것이다.[12] 신묘년조 등에서 왜군의 존재와 그 역할을 크게 부각시킨 서술을 하였던 것은 그러한 왜를 격파한 광개토왕의 훈적을 두드러지게 들어내어 강조키 위해서였다.

이외에도 비문의 해석을 둘러싸고 논난이 되고 있는 점이 적지 않다. 가령 영락 17년(407) 정미년에 5만 군사를 보내어 적을 대파하였는데, 이 전투의 성격에 대해 이를 대 후연전으로 보는 견해와[13] 가야제국과 이를 후원하는 왜 병토벌작전,[14] 대 백제전으로 보는 견해가 엇갈렸다. 전자는 능비에 마땅히 있어야 할 후연과의 전쟁에 관한 언급이 정미년조의 기사이다는 풀이이다. 그런데 이 전투에서 공파한 성으로 기술된 沙溝城과 삼국사기 백제본기 전지왕 13년조에서 전하는 沙口城이 비록 '溝' 와 '口' 의 차이가 있지만 같은 음을 새긴 동일한 성으로 여겨지므로, 이 전투는 대 백제전으로 보는 것이 옳은 것 같다.[15]

이밖에도 영락 10년(400) 경자년에 5만을 동원한 대신라 구원전에 관한 서술에서 보이는 '安羅人戍兵' 에 대해, '안라' 를 고유명사로 보아 '안라국(아라가야 ; 함안)의 병사로 구성된 수비병' 으로 여기는 설이 제기되었는데, 그 구체적인 성격에 대해선 이를 '일본군의 별동대' 로 보는 견해,[16] '백제 및 왜와 공동전선을 이룬 군대' 로 보는 견해,[17] '백제의 동맹군' 으로 보는 견해,[18] '고구려에 동조한 군대' 로 보는 견해[19]로 나뉜다. 그에 비해 '安' 을 동사로 본 견해로선, 이를 '(신)라인 수비병을 배치하여 지키게 하였다'[20]로 풀이하는 의견과 '(고구려가) 邏人을 두어 지키게 하였다'[21]로 보는 설이 제기되었다. '안라인수병' 은 경자년조에서 세 군데나 기술되어있으나, 그 부분의 전후 구절이 훼손되어 불분명하고 또 이 시기 가야 제국의 국내외 정세에 대한 이해가 미흡하기 때문에 그 해석은 여전히 논란의 대상이 되고 있다.

그리고 판독이 분명하게 되는 부분이라고도 그 의미에 대한 해석을 둘러싸고 논난이 분분한 부분 또한 적지 않다. 가령 능비 앞 부분에서 광개토왕을 '十七世孫' 이라고 하였다. 이에 대한 해석에서, '十七' 이 어느 왕을 기준으로 해서 계산한 것이며, '世孫' 이라는 것이 王代數를 가르키는 것인지 세대수를 의미하는 것인지를 둘러싸고 논의가 엇갈렸다. 이를 구체적으로 보면, 대주류왕(대무신왕)을 제1세손으로 치고, 그 다음 왕들을 세대와 관계없이 왕대수로 헤아려 광개토왕을 추모왕의 17세손이라 했다고 보는 설,[22] 추모왕부터 왕대수로 계산하여 17번째 왕이 광개토왕이라고 보는 견해,[23] 대주류왕을 기준 왕으로 한 왕대수로 보는 설,[24] 추모왕을 기준 왕으로 한 세대수로 보는 설,[25] 세대수로 보되 추모왕 다음의 유리왕을 제1대왕으로 한 세대수를 기술한 것이다고 여기는 설[26] 등이 제기되었다. 이러한 여러 설들은 각각의 주장에 따라 현전하는 삼국사기 고구려본기의 왕계의 성립 시기와 고구려국의 성립 시기에 관해 현저한 이해의 차이를 나타내고 있다.

능비에 기술된 수묘인의 신분적 성격을 둘러싼 논난도 쉽게 결론이 나지 않고 있다. 그것은 크게 양인 농민설과[27] 천민설로 나누어볼 수 있다. 후자에선 다시 노예설[28]과 국가에 귀속되어 역을 지는 비자유민 또는 부곡이나 所와 같은 성격의 천민으로 간주하는 설로 구분되어진다.[29]

그리고 능비에 기술된 광개토왕대의 정복한 성의 위치에 대한 이해에서도 견해의 차이가 크다. 가령 영락 6년(396) 병신년에 고구려군이 획득한 58성 700촌의 위치에 대해서, 이를 주로 임진강과 한강 유역으로 비정하는 견해가[30] 많으나, 이를 남한강 상류도 포괄하는 지역공간으로 상정하는 견해도 있다.[31] 이 역시 앞으로 보다 정밀하게 검토되어야 할 사안이다.

3. 능비의 제작자의 의도

일반적으로 금석문이 높은 사료적 가치를 지닌다고 여겨지는 것은 그것이 후대에 편찬된 문헌 사료와는 달리 당대의 기록이라는 점 때문이다. 그러나 금석문이 사서의 기록보다 항시 정확성과 가치에서 높은 평가를 받을 수 있는 것은 아니다. 능비의 경우도 예외는 아니다. 능비가 대왕이 죽은 직후 일종의 기념비로 설립되었기 때문에 그 사실성이 높을 수도 있지만, 반면에 능비 제작자의 의도가 직접 작용할 수 있고, 또 碑面의 제한에 따라 압축적으로 취사선택하여 서술하여야 하였기 때문에, 사서의 연대기에 비해 부정확한 면을 지닐 수도 있다. 실제 능비의 기사에는 삼국사기 고구려본기의 기사보다 부정확하거나 생략된 부분이 있다. 그 두드러진 예가 후연과의 전쟁에 관한 부분이다. 광개토왕 재위 당시 후연과 수차례 전쟁을 벌였고, 그 결과 요동 평원을 완전 차지하게 되었는데, 그런 사실을 삼국사기 고구려본기에선 전하고 있다. 그런데 능비에선 후연과의 전쟁에 대해 침묵하고 있다. 이는 그간 비문을 잘못 판독하였거나, 그 내용을 잘못 이해한 탓일까. 아니면 능비 제작자의 의도가 작용한 것일까.

능비도 하나의 기록물인 만큼 그 내용에 작성자의 의도가 개입되기 마련이다. 자연 능비의 기사를 객관화하여 이해하는 데에는 능비 제작자의 의도와

의식을 이해하는 것이 주요한 의미를 지님을 뜻한다. 그런데 능비 제작자의 의도를 이해키 위해서는 당시 역사상에 대한 파악이 전제되어야 한다. 이는 곧 능비를 통해 당시 시대상을 이해하고, 또 당시 역사상의 이해를 통해 능비의 내용을 파악하는 양 방향의 접근을 하여야 능비에 대한 한 단계 더 진전된 이해를 할 수 있음을 말해주는 바이다.

참고문헌

1. 李進熙 저·이기동 역, 1982, 『廣開土王碑의 探求』, 일조각, 서울.

2. 원석 탁본의 사진을 제시하고 이것을 바탕으로 비문 판독을 행한 저서들은 아래와 같다.

   水谷悌一郎, 1977, 『好太王碑考-付水谷拓本』, 開明書院, 東京(原載, 『書品』100號, 1959).

   王健群, 1984, 『好太王碑研究』; 이동석 역, 1985, 『廣開土王碑研究』, 역민사, 서울.

   李亨求·朴魯姬, 1985, 『廣開土大王陵碑 新研究』, 동화출판사, 서울.

   武田幸南, 1987, 『廣開土王碑原石拓本集成』, 東京大出版會, 東京.

   林基中, 1995, 『廣開土王碑原石初期拓本集成』, 東國大出版部, 서울.

   孫寶文, 1999, 『好太王碑』(中國著名碑帖選集 27), 吉林文史出版社, 長春.

   朴眞奭, 2001, 『好太王碑拓本研究』, 黑龍江朝鮮民族出版社, 牧丹江市.

   任世權 李宇泰, 2002, 『韓國金石文集成(1)-廣開土王碑-』, 한국국학진흥원, 안동.

   이 이외에 능비문의 판독을 담은 논저로 아래의 것이 있다.

   조선유적유물도감편찬위원회, 『조선유적유물도감』4, 평양.

   노태돈, 「광개토왕비」 『譯註 韓國古代金石文』제1권, 가락국사적개발원, 서울.

3. 鄭寅普, 1992, 「廣開土境平安好太王陵碑文釋略」 『薝園國學散考』, 1955, 文敎社.

   박시형, 1966, 『광개토왕능비연구』, 평양, pp.166~170.

4. 金錫亨 著·朝鮮史研究會 譯, 1969, 『古代朝日關係史研究』, 勁草書房, 東京, pp.366~372.

5. 사회과학원, 2001, 『광개토왕릉비 연구』, 중심, 서울, pp.51~56.

6. 김영하, 1984, 「廣開土大王碑와 倭:辛卯年 기사의 缺字 補入을 중심으로」 『弘益史學』1.

7. 朴眞奭, 1999, 「辛卯年 記事 再論」 『高句麗研究』2호(廣開土王碑研究 100년), 서울.

8. 鄭杜熙, 1979, 「廣開土王陵碑文 辛卯年記事의 再檢討」 『歷史學報』82, 서울.

9. 濱田耕策, 1974, 「高句麗 廣開土王陵碑文の 研究」 『朝鮮史研究會論文集』11, 동경.

10. 鄭杜熙, 1979, 「廣開土王陵碑文 辛卯年記事의 再檢討」 『歷史學報』82, 서울.

    王健群 著·이동석 역, 1985, 『廣開土王碑研究』, 역민사, 서울, p.242

　　西島定生,「廣開土王碑文辛卯年條の讀み方について」『三上次男博士喜壽紀念論文集(歷史篇)』.

11. 王仲殊, 1990,「關于好太王碑文辛卯年條的釋讀」『考古』1990-11.

12. 노태돈, 1989,「5세기 금석문에 보이는 고구려인의 천하관」; 1999,『고구려사연구』, 사계절, 서울.

13. 千寬宇, 1988,「廣開土王의 征服活動」『한국사 시민강좌』3, 일조각, 서울.

14. 李丙燾,「廣開土王의 雄略」; 1976,『韓國古代史硏究』, 을유문화사, 서울.

15. 손영종, 1986,「광개토왕능비를 통해서 본 고구려의 영역」『력사과학』118.

　　延敏洙, 1987,「廣開土王陵碑文에 보이는 倭關係 記事 檢討」『東國史學』21.

16. 末松保和, 1949,『任那興亡史』, 吉川弘文館, 東京, pp.71~78.

17. 武田幸男, 1985,「四~五世紀の朝鮮諸國」『シンポジウム好太王碑-四.五世紀の東アジアと日本』.

　　鈴木靖民, 1988,「好太王碑の倭の記事と倭の實體」『好太王碑と集安の壁畵古墳』, 讀賣テレビ放送編, 木耳社, 東京.

　　田中俊明, 1992,『大加耶連盟の興亡と‘任那 』, 吉川弘文館, 東京.

18. 千寬宇, 1977·1978,「복원가야사」상·중·하『문학과 지성』28·29·31, 서울.

　　이연식, 1985,「가야제국의 국가형성문제 - ‘가야연맹설’의 재검토와 전쟁 기사 분석을 중심으로-」『백산학보』32.

　　연민수, 1987,「廣開土王陵碑文에 보이는 倭關係 記事 檢討」『東國史學』21.

　　노중국, 1995,「대가야의 정치 사회구조」『가야사연구』, 경상북도.

19. 山尾幸久, 1989,『古代の日朝關係』, 塙書房, p.202.

20. 王健群 著·이동석 역, 1985,『廣開土王碑硏究』, 역민사, 서울, pp.265~268.

　　鈴木英夫, 1987,「加耶·百濟と倭 - ‘任那日本府’論-」『朝鮮史硏究會論文集』24.

　　이현혜, 1988,「4세기 가야사회의 교역체계의 변천」『한국고대사연구』1.

21. 高寬民, 1990,「永樂十年,高句麗廣開土王の新羅救援戰について」『朝鮮史硏究會論文集』27.

　　김태식, 2000,「광개토왕릉비문의 임나가라와 ‘안라인수병’」『한국고대사논총』6, 가락국사적개발연구원.

　　백승옥, 2005,「광개토왕릉비문의 왜관계기사에 대한 연구사」『광개토대왕비와 한일관계』, 한일관계사연구논집 편찬위원회 편, 경인문화사, 서울.

22. 박시형, 1966,『광개토왕능비연구』, 평양, pp.135~136.

23, 武田幸男, 1989, 『高句麗史と東アジア』, 岩波書店, 東京, pp.309~310.

24. 今西 龍, 1936, 「廣開土王陵碑に就て」 『朝鮮古史の研究』.

　　王健群 著 · 이동석 역, 1985, 『廣開土王碑研究』, 역민사, 서울, p.289.

　　노태돈, 1999, 『고구려사연구』, pp.63~94.

25. 이도학, 1992, 「고구려 초기왕계의 복원을 위한 검토」 『韓國學論叢』20 ; 2006, 『고구려 광개
　　　　토왕릉비문 연구』, 서경, 서울.

26. 손영종, 1990, 「고구려 건국기년에 대한 재검토」 『력사과학』1990년 1기.

27. 김석형, 1957, 「삼국시대의 양인농민」 『조선봉건시대 농민의 계급구성』.

28. 王健群 著 · 이동석 역, 1985, 『廣開土王碑研究』, 역민사, 서울, pp.280~287.

29. 박시형, 1966, 『광개토왕능비연구』, 평양, pp.225~226.

　　武田幸男, 1989, 『高句麗史と東アジア』, 岩波書店, 東京, pp.41~43.

　　조인성, 1988, 「廣開土王陵碑를 통해 본 고구려의 守墓制」 『한국사 시민강좌』3.

　　김현숙, 1989, 「廣開土王陵碑를 통해 본 고구려 守墓人의 社會的 性格」 『한국사연구』65.

30. 박시형, 1966, 『광개토왕능비연구』, 평양, pp.173~179.

　　李丙燾, 「廣開土王의 雄略」 ; 1976, 『韓國古代史研究』, 을유문화사, 서울, pp.381~383.

　　李亨求 · 朴魯姬, 1985, 『廣開土大王陵碑 新研究』, 동화출판사, 서울, pp.77~80.

31. 이도학, 1988, 「永樂六年 廣開土王의 南征과 國原城」 ; 2006, 『고구려 광개토왕릉비문 연구』.

영일냉수리비와 울진봉평비

이문기 _ 경북대학교 역사교육과

1. 영일냉수리비와 울진봉평비의 발견과 그 의의

한국고대사 연구에서 가장 큰 걸림돌이 사료의 부족임은 누구나 아는 사실이다. 후대에 찬술된 영세한 문헌사료만으로는 고대사에 대한 올바른 이해체계의 수립이 거의 불가능하기 때문이다. 그러나 가뭄의 단비와 같이 가끔씩 새로운 일차사료가 발견됨으로써 한국고대사 연구는 새 지평을 개척해 왔다. 1978 · 79년에 발견된 단양적성비와 중원고구려비를 대표적인 사례로 들 수 있다.

그로부터 10년 후에 또 다른 획기적인 금석문자료가 발견되었다. 1988년에 발견된 蔚珍鳳坪新羅碑(이하 봉평비로 줄임)와 1989년에 발견된 迎日冷水里新羅碑(이하 냉수리비로 줄임)가 그것이다. 마침 1987년에 전문적인 한국고대사 연구단체로서 韓國古代史學會가 창립되어 있었기에, 이 두 碑는 발견 직후에 학회가 중심이 되어 공동연구를 추진하여 다수의 연구자에 의한 다양한 접근이 이루어졌고, 그 성과물이 학회지인 『韓國古代史研究』 특집호로 간행되었으며,[1,2] 여기에 개별적 차원의 기초 연구[3,4,5,6]가 보태져서 두 비에 대한 기본적인 이해가 가능하게 되었다. 두 비는 마치 한국고대사학회의 출범을 기다렸던 것처럼 절묘한 시점에 발견되었던 것이다.

냉수리비는 화강암 자연석을 조금 다듬어 앞면 · 뒷면 · 윗면에 글자를 새긴 3면비로서 대략 폭 70cm, 높이 60cm, 두께 30cm 정도의 작은 비석인데, 앞면에 12행 152자, 뒷면에 7행 59자, 윗면에 5행 20자씩 글자를 새겼다. 비문은 앞면, 뒷면, 윗면의 순서로 연결되며, 珍尒麻村에서 발생한 財(財物)를 둘러싼 분쟁을 갈문왕을 비롯한 신라 육부의 유력자가 敎를 통해 해결해 준 내용을 담고 있다.[2] 한편 봉평비는 약 204cm에 달하는 변성화강암의 앞면을 다듬어 여기에 10행에 걸쳐 397자 혹은 398자의 글자를 새겨두었다. 그 대체적인 내용은 갑진년(524 ; 법홍왕 11) 정월 15일에 牟卽智寐錦王(법홍왕)과 徙夫智葛文王(입종갈문왕) 등 육부의 유력자 13명이 공론하여 奴人이 거주하는 居伐牟羅와 男彌只라는 大奴村이 저질은 모종의 잘못을 처벌하라는 敎를 내렸으며, 이에 따라 왕경의 육부 관리들과 지방관이 杖刑을 가하는 등 판결을 집행한 사실을 기록한 것이다.[1]

그리고 냉수리비에는 癸未年, 봉평비에는 甲辰年이라는 간지가 기록되어 있어 두 비의 건립시기를 알려주고 있다. 계미년을 443년으로 비정하는 소수의 의견도 있지만,[9, 10, 11] 대부분의 연구자들은 503년(지증왕 4)으로 보고 있고, 갑진년을 524년(법홍왕 11)으로 비정하는 데는 의견의 일치를 보고 있다. 요컨대 냉수리비는 503년, 봉평비는 524년에 건립되었던 것이다. 그렇다면 냉수리비와 봉평비는 6세기 전반을 전후한 시기의 신라사를 해명할 수 있는 절호의 자료가 되는 셈이다.

이와 같이 냉수리비와 봉평비는 모두 6세기 전반에 신라인에 의해 건립된 것인데, 여기에는 종래의 신라사에 대한 인식과는 상당히 다른 새로운 정보를 담고 있는 점에서 더욱 큰 주목을 받았다. 예컨대 국왕과 갈문왕이 部에 소속되어 있었으며, 干支라는 위호를 가진 부의 지배자를 비롯한 육부의 유력자가 참여하여 공론을 통해 국정을 운영했던 사실, 지방에 존재하는 奴人과 大奴村의 확인 등은 두 비가 발견되기 전에는 거의 알려져 있지 않았던 사실이다. 따라서 두 비의 발견은 이후 신라사 연구의 신국면을 개척하는 좋은 계기가 되었다. 그러나 그런 만큼 연구자간에 판독에서 부터 이견이 속출하였으며,[7, 8] 이를 바탕으로 한 句讀 및 해석과 그를 통해 구축된 5~6세기 新羅史像도 현격한 차이를 보여주고 있다.

냉수리비와 봉평비가 발견된 후 현재까지 20년간 진행되어 온 연구성과를 개관하면, 두 비를 각각 개별적으로 검토한 연구와 약 20년 정도의 시차를 두고 작성된 두 비문을 종합하여 6세기 전후의 역사상을 묘사하려 했던 연구로 대별된다. 이에 아래에서는 후자의 입장에서 진행된 연구 성과와 쟁점을 먼저 추출하여 정리하고, 이어서 두 비의 개별적 이해와 관련된 쟁점들을 살펴보고자 한다.

2. 주요 연구 성과와 쟁점

1) 신라 육부의 성격과 정치운영 문제

냉수리비와 봉평비의 발견 이후 연구의 진전이 크게 이루어졌던 문제로는 신라 육부의 성격과 이를 토대로 한 5~6세기 신라의 정치운영과 관련된 논의를 들 수 있다. 두 비에는 육부의 성격과 관련하여 몇 가지의 주목할 만한 사실이 기록되어 있다. 국왕과 갈문왕이 각각 喙部와 沙喙部에 소속되어 있었던 점, 냉수리비에서 갈문왕 등 공론에 참여한 7명의 육부 유력자들을 '此七王等'으로 통칭하고 있는 점, 本波部·岑喙部·斯彼部의 유력자가 간지라는 위호를 가진 점 등이 그것이다. 더구나 봉평비에는 '신라육부'가 명기되어 있어 종래 일인학자의 '4~7세기 六部逐次成立說'이나 '6세기 중엽 성립설'이 잘못임을 알려주고 있다.[12]

냉수리비와 봉평비에서 발견되는 육부 관련 내용은 당시까지 신라 국왕은 탁부의 지배자이기도 했고, 또 갈문왕은 사탁부의 지배자였으며, 나머지 본피부 모량부 한기부 습비부의 지배자는 간지라는 위호를 가졌음을 알려주고 있을 뿐더러, 이들 육부의 지배자가 중심이 된 유력자들이 공론을 통해 정치를 운영하였음을 짐작할 수 있게 하였다. 이러한 현상은 곧 육부 하나하나가 단위정치체로 기능한 데서 나온 것으로 이해되었고,[13, 14, 15] 냉수리비에서 공론에 참여한 7명의 육부 유력자들을 '此七王等'으로 통칭하고 있는 것이 명백한 증거로 받아드려졌다. 이는 종래의 육부의 단위정치체설[16, 17, 18]을 입증하는 자료로 인정되어 이른바 '부체체설'로 정립되기에 이르렀다[13, 19] 물론 이 시기 육부의 성격을 단위정치체로 보는 견해에 대한 반론이 제기되기도 했다. 즉 육부는 왕경의 지역구분이자 행정구역에 불과했다는 소위 '육부 행정구역설'이 그것이다.[20, 21, 22] 냉수리비의 '此七王等'을 '일곱 왕들'로 풀이하는 대신 '일곱의 갈문왕과 等' 혹은 '일곱의 갈문왕 등'과 같이 해석했던 것[23, 24]도 궁극적으로는 부체제설에 대한 비판을 염두에 둔 것으로 생각된다.

이와 같은 부의 성격에 대한 견해 차이는 곧 초기 고대국가의 국가적 성격과 정치운영방식에 대한 논의로 확산되어 논란이 지속되고 있다. 5~6세기 신라가 단위정치체적 성격을 가진 부의 지배자이기도 한 국왕과 갈문왕, 그리고 간지의 위호를 가진 부의 지배자들이 협의를 통해 정치를 운영하는 부체제 국가인가 아니면 국왕이 관료를 통해 지배를 관철하는 중앙집권체제 국가인가라는 논의인데, 이에 대한 대안으로 귀족합의체제 - 대왕집권체제 - 중앙집권체제라는 발전단계의 틀을 제시한 견해도 나왔다.[25] 또 국가적 성격이나 정치운영방식의 변화와 관련하여, 육부의 단위정치체로서의 성격이 약화 소멸되고 왕경의 행정구역으로 변질되는 시점에 대한 논의도 이루어졌는데, 대체로 530년을 전후한 법흥왕대로 보는 견해[13, 26, 27, 28]와 중고기 말 중대 초로 보는 견해[12, 29, 30, 31]로 나뉘어져 있다.

이와 같이 냉수리비와 봉평비의 발견은 신라의 육부 문제를 심층적으로 검토하는 계기가 되었고, 이를 토대로 문헌사료만으로는 상상하기조차 어려운 5~6세기의 신라 역사상은 물론 이후의 전개과정을 그려내는 데까지 이르고 있다.

2) 지방통치와 촌 그리고 촌주의 문제

냉수리비와 봉평비에는 6세기 전반 신라의 지방통치와 관련된 내용이 포함되어 있다. 냉수리비에는 典事人 중에 道使라는 지방관명이 보이며, 또 珎尓麻村이라는 촌락 명칭과 村主라는 직명이 보이고 있고, 봉평비에는 悉支軍主와 居伐车羅道使·悉支道使라는 지방관과 판독상 이견이 있는 몇몇 촌의 명칭 및 杖刑을 받고 있는 재지세력인 使人 등이 기록되어 있는 것이다. 따라서 두 비는 6세기 신라의 지방통치와 관련된 문제를 해명할 수 있는 귀중한 자료로 인정되어, 이를 해명하기 위한 다양한 연구가 이루어졌다.

먼저 524년 봉평비 단계의 지방통치체제는 정치군사적으로 중요한 지배 거점에 군주가 파견되었고, 그 예하의 성촌에는 도사가 파견되어 재지세력인 사인의 도움을 받았던 것으로 이해되었다.[32] 이는 『三國史記』의 지증왕 6년(505)에 "국내의 주군현을 정하였고, 실직주를 설치하고 異斯夫를 군주로 삼았다"는 기사와도 대응되고 있기 때문이었다.

그러나 이보다 20년 전인 503년의 냉수리비 단계의 도사와 촌주 그리고 진이마촌의 성격을 어떻게 이해할 것인지에 대해서는 적지 않은 견해 차이가 노출되었다. 냉수리비의 도사는 至道盧葛文王을 포함한 7명의 육부 유력자가 敎事한 것을 집행했던 것으로 여겨지는 전사인 가운데 한 사람의 직명으로 나오고 있는데, 전사인 집단의 인명을 나누는 방식에 따라 耽須라는 지역에 파견된 도사로 보기도 하고,[33] 지명이 아닌 耽須 혹은 心訾公이라는 인물의 직명으로서의 도사로 해석하기도 한다.[34, 35]

이러한 도사에 대한 이해의 차이는 냉수리비에서 재(재물)을 둘러싼 분쟁의 무대였던 진이마촌이라는 촌락의 성격을 여하히 규정하는가 라는 문제와 직결되어 있다. 만약 탐수라는 지역에 파견된 도사라면 진이마촌의 문제에 도사가 간여하고 있으므로, 진이미촌은 지방관이 파견된 중심촌(＝행정촌)인 탐수 아래에 딸린 자연촌으로 볼 수 있고,[33] 후자와 같이 특정 인물이 가진 직명으로 지명이 없는 도사라면 이와는 달리 해석되지 않으면 안 된다. 즉 이 단계의 도사를 특정 지방에 상주하는 지방관이 아니라 수시로 파견되는 임시적인 지방관으로 보거나,[34] 경주 부근 지역에 파견되었던 도사가 임시로 진이마촌의 분쟁 해결에 관여한 것으로 보면서,[35] 진이마촌의 성격을 행정촌으로 볼 수 있게 된다.[34, 35, 36] 또 촌주의 경우도 냉수리비 윗면에 기록된 인물을 어떻게 나누는가에 따라 그 숫자를 2명이나 1명으로 보는 견해 차이가 발생하였고, 촌주가 가진 관등에 대한 이해에서도 차이가 생겨났으며, 이 단계의 지방지배를 간접지배로 보거나 직접지배로 보는 데까지 견해차가 발생하였다.[33, 34, 35, 36]

이상과 같이 냉수리비와 봉평비의 발견은 5~6세기 신라의 지방통치체제에 대한 연구를 활성화시켰고, 좀더 심화된 이해체계 수립에도 크게 기여하였다.

3) 신라 관등제도의 성립과 정비 문제

『三國史記』에는 유리이사금 9년에 17관등이 모두 설치되었다고 하고 있지만, 그것을 그대로 신뢰하기 어렵다는 사실은 일찍부터 지적되어 왔다. 그래서 관등 명칭이 가진 語義를 분석하여 그것의 점진적인 분화과정을 추적한 정교한 가설이 제출되기도 했다. 그러나 1978년에 단양적성비가 발견되면서 종래의 가설은 허무하게 무너지고, 대략 법흥왕 7년(520) 율령이 반포되면서 17관등이 성립되었을 것으로 이해하게 되었다.[37]

그런데 냉수리비와 봉평비에는 왕경 육부인들의 관등인 경위와 지방민들의 관등인 외위가 다수 기록되어 있어, 신라 관등제도의 성립과 정비 과정을 재구성할 수 있는 기본 사료가 되었다. 먼저 봉평비에는 경위로서 大阿干支·阿干支·一吉干支·居伐干支·大奈麻 奈馬·小舍帝智·吉之智·邪足智(＝선저지) 등이, 외위로서는 下干支·一伐·一尺·波旦(＝彼日)·阿尺 등이 보이고 있어, 이 단계에 이미 경위 17등급과 외위 11등급이 정연하게 정비되어 있었음을 알려주고 있으며, 520년에 반포된 율령에서 관등제와 관련한 令이 포함되었음을 재확인하게 되었다.[26, 38]

이에 비해 봉평비보다 20년 전의 사정을 반영하고 있는 냉수리비에는 경위로서 阿干支·居伐干支·一吉支·奈麻가 보이고 있을 뿐이고, 기록방식도 모든 왕경인이 관등을 보유했는지 여부를 둘러싸고 논란이 있을 정도로 정형화되어 있지 못하였다.[39, 40, 41] 그리고 외위의 경우 지방민임이 분명한 촌주가 부의 지배자와 마찬가지로 간지를 칭하고 있고, 인명 뒤에 붙은 '壹수智'가 관등인지 여부에 대해서도 논란이 있을 만큼,[35, 39, 40, 42] 미분화·비체계적인 상태에 있었음을 알려주고 있다. 그렇다면 신라의 관등제는 냉수리비 단계에서 봉평비 단계에 이르는 과정에서 급속하게 정비되었음을 짐작할 수 있다. 이와 같이 냉수리비와 봉평비는 신라 관등제의 성립 및 정비과정의 연구에서도 핵심적인 사료로 기능하였다.

이상이 냉수리비와 봉평비의 내용을 종합하여 5~6세기 신라의 역사상을 구축하려 했던 연구성과와 쟁점을 정리하였다. 아래에서는 냉수리비와 봉평비를 이해하는 데 있어 가장 큰 쟁점이 되었던 문제를 골라 간략하게 소개하기로 한다.

4) 냉수리비의 財(財物)의 실체 문제

냉수리비의 대략적인 내용은 珍尒麻村에서 발생한 財(財物)를 둘러싼 在地人 사이의 분쟁을 갈문왕을 비롯한 신라 육부의 유력자가 敎를 통해 節居利라는 인물에게 소유를 인정하는 방식으로 해결해 주었음을 기록한 것이다. 왕경 부근의 한 지방 촌락에서 발생한 분쟁에 중앙정부가 개입하고 있다는 사실만으로도 진이마촌의 재(재물)가 가진 중요성을 넉넉히 짐작할 수 있다. 그러나 비문에는 4회에 걸쳐 재 혹은 재물이라 표현되어 있을 뿐이어서 그 실체를 파악하기가 쉽지 않다. 이에 많은 연구자들이 재(재물)의 실체에 대한 다양한 의견을 내놓았다.

절거리가 소유권을 인정받은 재(재물)가 진이마촌의 조세수취를 관장하는 권리, 혹은 그로부터 취득할 수 있는 금은·곡식·포백 등의 보화로 보는 견해,[43, 44] 이를 수용하면서 외연을 보다 확대하여 토지 노비 각종 보화 등 동산 부동산 등 일체의 재산을 포함하는 것으로 보는 견해,[45] 6세기 초 사회에서 철과 금 등 광물의 개발은 국가적 관심사가 될 수 있다는 점을 들어 철광 혹은 금광에 대한 권리로 파악하는 견해,[46] 토지로 한정하여 보는 견해,[47] 기존 학설을 비판하면서 냉수리비가 세워진 진이마촌이 형산강을 통해 바다와 연결된다는 점에 착안하여 해산물을 정부에 공급하는 독점권으로 본 견해[35] 등이 그것이다. 가히 백가쟁명의 형국이라고 부를만 하다. 그러나 이러한 견해들은 모두 뚜렷한 증거에 입각한 것이 아니라 정황 증거에 의존한 추론으로서, 또 다른 견해가 얼마든지 제출될 여지를 남기고 있다. 주변 국가의 재(재물)의 용례를 면밀히 검토하는 등의 새로운 방법론에 의한 치밀한 연구가 필요한 시점이라고 할 수 있다.

5) 봉평비의 건립 목적과 奴人의 성격 문제

냉수리비의 건립 목적이 비문의 내용을 통해 어느 정도 파악될 수 있는데 비해, 봉평비의 경우는 건립 목적을 밝히고 있는 '別敎令' 부분에 대한 판독상의 이견이 많아 건립 목적 내지 비의 성격에 대해서 다양한 견해가 제출되었다. 그것을 정리하면 대략 4가지로 구분된다.

첫째는 순행비로 보는 견해이다. 이는 비문 제5행의 일부를 "一行巡之"로 판독한 데에 근거한다.[48] 둘째는 소금 축제비(鹽祭碑)라는 주장이다. 이 역시 제5행의 일부를 "人備土鹽"으로 판독하고 "사람들(居伐牟羅 男彌只의 奴人)이 土鹽을 備하였다"는 해석에 근거한다.[49] 셋째는 율령비로 보는 견해이다. 별교령 부분의 "前時王大敎法" "奴人法" 등의 구절과 杖刑이 집행된 사실에 근거하고 있는데,[50] 많은 동의를 얻고 있는 주장이다.[40] 한편 기본적으로는 율령비에 동의하지만 구체적으로 거벌모라 지역 奴人의 숫자와 奴人法에 규정된 의무의 준수를 강제하기 위해 건립한 포고문 성격의 비석으로 보는 견해도 있다.[12] 넷째는 敎事碑로 보는 견해이다. 이는 봉평비는 물론 냉수리비도 前時 國王의 敎事에 근거하여 현재의 국왕이 교사를 내렸다는 점에 착안한 것이다.[51, 52]

이와 같이 봉평비의 건립 목적 내지 비의 성격에 대한 견해는 매우 다양하다. 그것은 판독 자체가 서로 다른 때문이기도 하지만, 6세기 신라사의 발전 정도를 바라보는 기본적인 인식 차이에서 기인된 점도 없지 않다.[53]

봉평비의 별교령 부분에는 거벌모라와 남미지의 民人을 "奴人"으로 지칭하였고, 또 그들이 거주했던 촌락을 "大奴村"이라 표현하였으며, 이들을 규제하는 법률이 분명한 "奴人法"이 등장하고 있다. 이 봉평비에 등장하는 노인의 성격에 대해서는 서로 다른 많은 견해가 나와 있다. 중앙과 지방을 망라하는 전 영역에 편제된 臣民 일반으로 보는 견해,[3] 봉평비의 내용에 근거하여 왕경인을 제외한 일반 지방민으로 보는 견해,[36] 원래 비신라계였다가 새로이 신라에 복속된 변방지역의 복속민으로 보는 견해,[50] 신라가 차별 편제한 특수 지역민으로 보는 견해,[43] 신라에 복속되어 사민된 세력으로 보는 견해,[54] 노인과 노인촌을 부곡민과 부곡의 선행형태로 보는 견해[53] 등이 그것이다. 노인과 대노촌은 표현 자체에서 일반 민인과는 다른 지위가 낮은 예속민이라는 느낌을 강하게 주고 있다. 그러나 자료가 봉평비에 한정되어 있는 한, 그 분명한 실체를 파악하기란 쉽지가 않다. 그런데 다행스럽게도 최근 함안 성산산성 목간에도 노인이란 표기가 발견되고 있어, 양자를 두루 종합하여 새로운 시각에서 접근한다면, 머지 않아 그 실체가 좀더 선명해 질 것으로 기대된다.

냉수리비와 봉평비는 이상과 같은 5~6세기 신라의 역사상을 해명하는 데 긴요한 자료일 뿐만 아니라 한국 금석학사 정립에도 좋은 자료가 되었고,[55, 56, 57] 서예사 연구의 자료로도 활용되었다.[58] 또 지명이나 문장구조를 통해 신라어의 복원에 기여했으며,[59, 60, 61] 두 비문에 보이는 犧牲禮를 통하여 당대의 신앙적 측면을 주목한 연구도 이루어졌다.[62] 이런 의미에서 냉수리비와 봉평비의 발견은 우리 학계에 내려진 하나의 축복이었다고 할 수 있겠다.

3. 앞으로의 과제

지금까지 1988 89년에 잇달아 발견된 냉수리비와 봉평비를 활용한 연구성과를 개관하고, 몇 가지 쟁점에 대해 정리해 보았다. 이제 두 비에 대한 장차의 약간의 과제를 제시하면서 글을 맺고자 한다.

금석문에 대한 연구의 출발점이 정확한 판독에 있음은 재언할 필요가 있다. 냉수리비와 봉평비는 글자가 새겨진지 1,500년에 가까운 세월이 흘렀으므로, 글자가 마멸된 부분도 있고, 또 현재와는 다른 異體字가 사용되기도 해서 정확한 판독이 매우 어려운 것이 사실이다. 가령 봉평비의 別教令 부분은 연구자들마다 판독이 달라서, 서로 다른 판독에 기초하여 구축된 역사상까지 천차만별인 실정이다. 그러므로 과학적 조사방법을 활용하여 다시 공동판독회를 개최할 필요가 있다고 본다. 이것이 앞으로의 첫 번째 과제이다.

앞에서 보았듯이 현재 냉수리비와 봉평비의 해석에 있어서도 이견이 백출하는 백가쟁명의 형국을 나타내고 있다. 그러므로 이제는 기존의 견해를 수렴 정리하여 어느 정도 학계로부터 동의를 얻을 수 있는 통일된 견해를 수립해야 할 시점에 이르렀다고 본다. 그러므로 난마처럼 헝클어진 다양한 이견을 종합하여 통설을 구축해야 하는 작업이 또 하나의 과제가 될 것이다.

새로운 자료의 출현에 목말라하는 한국고대사 연구자들이 믿고 싶어 하는 것으로 소위 "10년 주기설"이 있다. 1978·79년의 단양적성비와 중원고구려비의 발견, 1988·89년의 봉평비와 냉수리비의 발견에 근거한 희망사항으로 10년을 주기로 획기적인 신자료가 출현한다는 믿음이다. 그러나 1998·99년에는 새로운 금석문이 발견되지 않았다. 대신 여러 지역에서 다수의 목간이 발굴되어 아쉬움을 달랠 수 있었다. "10년 주기설"이 들어맞아 2008·09년에는 반드시 획기적인 금석문자료가 발견되기를 기대한다.

참고문헌

1. 韓國古代史硏究會, 1989, 『韓國古代史硏究』2 (蔚珍鳳坪新羅碑 特輯號), 지식산업사.

   여기에 수록된 논문은 다음과 같다.

   趙由田, 「蔚珍鳳坪新羅碑의 位置確認 發掘調査」; 李明植, 「蔚珍地方의 歷史 地理的 環境과 鳳坪新羅碑」; 南豊鉉, 「蔚珍鳳坪新羅碑에 대한 語學的 考察」; 任世權, 「蔚珍鳳坪新羅碑의 金石學的 考察」; 崔光植, 「蔚珍鳳坪新羅碑의 釋文과 內容」; 朱甫暾, 「蔚珍鳳坪新羅碑와 法興王代 律令」; 李文基, 「蔚珍鳳坪新羅碑와 中古期의 六部問題」; 盧泰敦, 「蔚珍鳳坪新羅碑와 新羅의 官等制」; 李宇泰, 「蔚珍鳳坪新羅碑를 통해 본 地方統治體制」

2. 韓國古代史硏究會, 1990, 『韓國古代史硏究』3 (迎日冷水里新羅碑 特輯號), 지식산업사.

   여기에 수록된 논문은 다음과 같다.

   李炯佑, 「迎日地方의 歷史 地理的 考察」; 鄭求福, 「迎日冷水里新羅碑의 金石學的 考察」; 金永萬, 「迎日冷水里新羅碑의 語文學的 考察」; 金昌鎬, 「迎日冷水里新羅碑의 建立年代」; 安秉佑, 「迎日冷水里新羅碑와 5~6세기 新羅의 社會經濟相」; 文暻鉉, 「迎日冷水里新羅碑에 보이는 部의 性格과 政治運營問題」; 宣石悅, 「迎日冷水里新羅碑에 보이는 官等 官職問題」

3. 李基白, 1988, 「蔚珍 居伐牟羅碑에 대한 考察」 『아시아문화』4, 한림대 아시아문화연구소 ; 1996, 『韓國古代政治社會史硏究』, 一潮閣.

4. 任昌淳, 1988, 「蔚珍鳳坪新羅古碑 調査硏究」 『蔚珍鳳坪新羅碑調査報告書』, 文化財管理局.

5. 李成市, 1989, 「蔚珍鳳坪新羅碑の基礎的檢討」 『史學雜誌』98-6.

6. 朱甫暾, 1989, 「迎日冷水里新羅碑의 基礎的 檢討」 『新羅文化』6, 동국대 신라문화연구소.

7. 韓國古代社會硏究所 編, 1992, 『譯註 韓國古代金石文』제2권, 駕洛國史蹟開發硏究院.

8. 國史編纂委員會 編, 1995, 『韓國古代金石文資料集』 II.

9. 文暻鉉, 1990, 「迎日冷水里新羅碑에 보이는 部의 性格과 政治運營問題」 『韓國古代史硏究』3.

10. 金永萬, 1990, 「迎日 冷水里 新羅碑의 '癸未年'에 대하여」 『新羅文化祭學術發表會論文集』 11(三國遺事의 現場的 硏究), 신라문화선양회, 경주시.

11. 金昌鎬, 1994, 「迎日冷水里碑의 建立 年代 問題」『九谷黃鍾東教授停年記念史學論叢』.

12. 李文基, 1989, 「蔚珍鳳坪新羅碑와 中古期의 六部問題」『韓國古代史研究』2.

13. 全德在, 1996, 『新羅六部體制研究』, 一潮閣.

14. 전덕재, 2000, 「6세기 초반 신라 6부의 성격과 지배구조」『韓國古代史研究』17.

15. ____, 2004, 「신라사의 새로운 열쇠, 냉수리비와 봉평비」『고대로부터의 통신』, 푸른역사.

16. 盧泰敦, 1975, 「三國時代의 部에 關한 研究 -成立과 構造를 中心으로-」『韓國史論』2, 서울대
    국사학과.

17. 노태돈, 2000, 「초기 고대국가의 국가구조와 정치운영」『韓國古代史研究』17.

18. 李文基, 1980, 「新羅 中古의 六部에 관한 一考察 -骨品制와 관련하여-」『歷史教育論集』1, 慶
    北大 역사교육과.

19. 강종훈, 2000, 「삼국 초기의 정치구조와 '部體制'」『韓國古代史研究』17.

20. 李鍾旭, 1994, 「迎日冷水里碑를 통하여 본 新羅의 統治體制」『李基白先生古稀紀念韓國史學論
    叢』, 一潮閣.

21. ____, 1998, 「新羅 '部體制說'에 대한 批判 - 하나의 새로운 新羅史體系를 위하여」『韓國史
    研究』101.

22. 전미희, 2000, 「冷水碑 鳳坪碑에 보이는 신라 6部의 성격 -單位政治體說에 대한 검토를 중심
    으로-」『韓國古代史研究』17.

23. 李喜寬, 1990, 「迎日冷水里碑에 보이는 至都盧葛文王에 대한 몇 가지 問題」『韓國學報』60, 일
    지사.

24. 金台植, 2004, 「냉수리비로 구축한 신라 'Seven Kings論' -此七王等, 그 괴이한 해석을 驅逐하
    며-」『新羅史學報』1.

25. 김영하, 2000, 「韓國 古代國家의 政治體制發展論」『韓國古代史研究』17.

26. 朱甫暾, 1990, 「6세기 초 新羅王權의 位相과 官等制의 成立」『歷史教育論集』13·14합.

27. 申瀅錫, 1992, 「5~6세기 新羅六部의 政治社會的 性格과 그 變化」『慶北史學』15.

28. 姜鍾薰, 1997, 「新羅 6部體制의 成立과 展開」『震檀學報』83.

29. 武田幸男, 1990, 「新羅六部와 그 展開」『民族史의 展開와 그 文化』上(碧史李佑成教授定年退任
    紀念論叢), 창작과 비평사.

30. 徐毅植, 1990, 「新羅 中古期 六部의 部役動員과 地方支配」『韓國史論』23, 서울대 국사학과.

31. 姜鳳龍, 1995, 「新羅 中古期 部의 性格 變化와 姓氏制 - 部體制 解體의 政治社會的 背景」『全

農史論』창간호.

32. 李宇泰, 1989,「蔚珍鳳坪新羅碑를 통해 본 地方統治體制」『韓國古代史硏究』2.

33. 朱甫暾, 1998,『新羅 地方統治體制의 整備過程과 村落』, 신서원.

34. 李銖勳, 1995,「新羅 中古期 村落支配 硏究」, 부산대 대학원 문학박사학위논문.

35. 趙凡煥, 2005,「迎日冷水里碑를 통하여 본 신라 村과 村主」『금석문을 통한 신라사 연구』, 한
    국학중앙연구원.

36. 金在弘, 2001,「新羅 中古期 村制의 成立과 地方社會構造」, 서울대 대학원 문학박사학위논문.

37. 李基東, 1984,「新羅 官等制度의 成立年代 問題와 赤城碑의 發見」『新羅骨品制社會와 花郎
    徒』, 一潮閣.

38. 盧泰敦, 1989,「蔚珍鳳坪新羅碑와 新羅의 官等制」『韓國古代史硏究』2.

39. 宣石悅, 1990,「迎日冷水里新羅碑에 보이는 官等 官職問題」『韓國古代史硏究』3.

40. 金羲滿, 1991,「蔚珍 鳳坪碑와 新羅의 官等制」『慶州史學』10.

41. 姜鳳龍, 1994,「新羅 地方統治體制 硏究」, 서울대 대학원 문학박사학위논문.

42. 李宇泰, 1991,「新羅 中古期의 地方勢力 硏究」, 서울대 대학원 문학박사학위논문.

43. 安秉佑, 1990,「迎日冷水里新羅碑와 5~6세기 新羅의 社會經濟相」『韓國古代史硏究』3.

44. 李鍾旭, 1994,「迎日冷水里碑를 통하여 본 新羅의 統治體制」『李基白先生古稀紀念韓國史學論
    叢』, 一潮閣.

45. 朴香美, 1995,「迎日冷水里碑를 통해 본 5~6世紀 新羅의 財産相續」『慶北史學』17·18合.

46. 李宇泰, 1992,「迎日冷水里碑의 再檢討 ; 財의 性格을 中心으로」『新羅文化』9, 동국대 신라문
    화연구소.

47. 李仁在, 1995,「新羅統一期 土地制度 硏究」, 연세대 대학원 문학박사학위논문.

48. 崔光植, 1989,「蔚珍鳳坪新羅碑의 釋文과 內容」『韓國古代史硏究』2.

49. 金昌鎬, 1988,「蔚珍鳳坪鹽祭碑의 검토」『鄕土文化』4.

50. 朱甫暾, 1989,「蔚珍鳳坪新羅碑와 法興王代 律令」『韓國古代史硏究』2 ; 2002,『금석문과 신라
    사』, 지식산업사.

51. 武田幸男, 2003,「新羅 蔚珍鳳坪碑の '敎事' 主體と奴人法」『朝鮮學報』187.

52. _______, 2004,「新羅 蔚珍鳳坪碑の '敎事' 執行階層と受刑者」『朝鮮學報』191.

53. 朴宗基, 2006,「韓國 古代의 奴人과 部曲」『韓國古代史硏究』43.

54. 金德源, 2005,「신라의 동해안 진출과 蔚珍鳳坪碑 -徙民政策과 '奴人' 의 관계를 중심으로-」

『금석문을 통한 신라사 연구』, 한국학중앙연구원.

55. 任世權, 1989,「蔚珍鳳坪新羅碑의 金石學的 考察」『韓國古代史研究』2.

56. 鄭求福, 1990,「迎日冷水里新羅碑의 金石學的 考察」『韓國古代史研究』3.

57. 任世權, 1999,「韓國 古代 金石文과 蔚珍鳳坪新羅碑」『韓國古代社會와 蔚珍地方』, 蔚珍郡·韓國古代史學會.

58. 손환일, 2002,「신라 봉평비의 서체」『泰東古典研究』18, 한림대 泰東古典研究所.

59. 南豊鉉, 1989,「蔚珍鳳坪新羅碑에 대한 語學的 考察」『韓國古代史研究』2.

60. 金永萬, 1990,「迎日冷水里新羅碑의 語文學的 考察」『韓國古代史研究』3.

61. 白斗鉉, 1999,「蔚珍鳳坪新羅碑의 地名에 대한 語學的 考察」『韓國古代社會와 蔚珍地方』, 蔚珍郡 韓國古代史學會.

62. 辛鍾遠, 1990,「6세기 初 新羅의 犧牲禮 ; 迎日 冷水里碑와 蔚珍 鳳坪碑의 碑文을 중심으로」『진단학보』70 ; 1992,『新羅初期佛敎史研究』, 民族史.

목간연구의 현황과 전망

윤선태 _ 동국대학교 역사교육과

1. 목간의 자료적 특성

목간은 문자를 기록하기 위해 목재를 다듬어 세로로 길게 만든 목제품을 말하며, 고대 동아시아사회에서는 종이가 보편화되기 이전에 가장 널리 사용된 書寫材料였다. 나무를 서사재료로 사용하는 방식은 고대 중국에서 최초로 起源하였는데,[66] 이것이 한반도를 경유해 7세기에는 일본열도에까지 전파되었다.[96]

목간은 주변에서 누구라도 쉽게 구할 수 있는 '나무' 라는 재질을 사용하였다는 점에서, 목간의 딘생은 '神에서 人間으로' 讀者의 전환을 알리는 상징적 의미를 갖는다.[59] 이러한 서사문화의 혁명을 기초로 문자향유층이 더욱 증가하였고, 보다 광범위한 지역으로 국가의 의지가 전달될 수 있었다.[49] 이로 인해 목간에는 개인의 간단한 글자 연습에서부터 국가의 복잡한 행정문서에 이르기까지 고대사회의 각종 기록물이 모두 확인된다. 목간의 자료적 가치가 남다른 점도 바로 여기에 있다.

지금까지의 목간연구는 주로 목간의 '墨書' 에만 관심을 두었다. 이로 인해 주로 목간에 대한 역사학적, 국어학적,[28, 29] 서예사적[27, 48, 76] 연구가 활발히 이루어졌다. 하지만 목간은 문자자료임과 동시에 발굴조사에 의해 출토되는 고고유물이라는 점을 명심해야 한다.[59]

묵서와 함께 목간의 출토지점,[43, 75, 80] 형태와 크기,[30, 44, 51, 52, 63, 69, 78, 79, 83, 108] 樹種,[39] 마름질방법, 廢棄行程[30, 51, 62, 78, 108] 등 여러 다양한 관점에서 목간 개개의 물질적 특징을 추출할 필요가 있다. 이를 통해 목간의 제작과 폐기에 이르는 '목간의 일생(life cycle)' 과 고대인들의 문자생활 전반에 관한 다양한 정보들을 얻을 수 있다. 또 목간 묵서의 정확한 판독을 위해 적외선사진이나,[21, 24] 디지털편집 기술을 향상시키는 일, 그리고 묵서를 선명하게 보존하는 방법 등 과학분야의 연구도 병행되어야만 한다.[50]

이처럼 목간연구는 자료의 성격상 역사학뿐만 아니라, 고고학, 국어국문학, 서예사, 보존과학 등 여러 학문 분야의 전공자들이 함께 참여하는 學際間 연구가 절실히 필요하다. 또 한국고대목간을 제대로 이해하기 위해서는 이웃한 중국과 일본의 목간연구에도 귀 기울일 필요가 있다. 최근 한국고대목간의 출토점수가 증가하면서, 중국과 일본에서도 많은 연구자들이 고대 동아시아 세계에서 한국고대목간이 차지하는 역사적 위상에 주목하기 시작하였다.[92, 93, 96, 97, 98, 99, 100, 101, 108, 109]

이 글에서는 한국고대목간에 대한 기존의 연구현황을 정리하고 앞으로의 방향을 전망해보려고 한다. 이미 기존에도 여러 차례 목간 연구 성과들이 정리된 바 있다. 이 글도 이러한 선행연구에 큰 도움을 받았다.[56, 68, 72, 84, 87, 90, 101, 102]

2. 목간의 출토현황

한국고대목간은 신라의 수도였던 경주 안압지에서 1975년에 처음으로 발굴되었다.[10, 71] 이후 전국 각지의 유적에서 출토사례가 증가해, 현재 묵서가 있는 목간만도 300점 가까이 된다. 이제 목간은 수량 면에서도 고대사자료에서 무시할 수 없는 존재가 되었다.

목간은 90년대 이후부터는 거의 매년 출토되고 있다. 이는 발굴건수가 증가한 때문이기도 하지만, 목재유물이 잘 보존된 '低濕地' 에 대해 고고학자들이 큰 관심을 갖기 시작하였기 때문이다. 아래 표는 고대목간이 출토된 유적과 각각의 목간출토점수를 정리해본 것이다.

<표1> 한국고대목간의 출토현황 (2006년 12월 현재)

목간출토유적 (발굴연도)	목간연대	목간수	(묵서)	비고
창원 다호리 (1988)	기원전 1세기	△		筆, 削刀(書刀)
부여 능산리사지(1992-2002)	백제 6세기 중반	24	(20)	削屑, 觚1
부여 관북리 (1983-2003)	백제 7세기	12	(10)	廢棄行程, 南朝尺
부여 쌍북리 (1998)	백제 7세기	2	(2)	量器, 唐尺
부여 궁남지 (1995-2001)	백제 7세기	11	(3)	觚1
함안 성산산성 (1991-2003)	신라 6세기 중반	156	(116)	題籤軸(?)
하남 이성산성 (1990-2000)	신라 6~7세기	29	(13)	觚4
경주 월성해자 (1984-1985)	신라 6~7세기	34	(29)	觚11
경주 황복사지석탑 (1942)	신라 706년	△		編綴竹簡(佛經)
경주 안압지 (1975)	신라 8세기	107	(69)	觚4
경주 박물관부지 (1998)	신라 8세기	4	(2)	
경주 황남동 376 (1994)	신라 8세기	3	(3)	
김해 봉황동 (2000)	신라	1	(1)	觚1(論語)
인천 계양산성 (2005)	신라	1	(1)	觚1(論語)
익산 미륵사지 (1980)	신라	2	(2)	觚2
창녕 화왕산성 (2005)	신라	3	(3)	觚(?)
합계 16개 유적		389	(274)	觚 25점 이상

* 집계된 목간의 수량은 발굴보고서와 다소 차이가 있을 수 있음.

1991년에 발굴이 시작된 경상남도 함안 성산산성에서는 하나의 유적에서 무려 156점에 달하는 많은 목간이 출토되었다.[1,2,3] 현재 발굴이 진행 중이기 때문에, 앞으로 목간이 더 출토될 가능성도 남아있다. 성산산성목간의 발굴을 통해 한국고대에도 목간이 매우 광범위하게 사용되었음을 분명히 알 수 있게 되었다. 또 우리의 본격적인 목간연구도 실상 이때부터 시작되었다고 해도 과언이 아니다.

성산산성목간은 묵서내용을 통해 목간의 제작연대가 561년 무렵이라는데 중지가 모아지고 있고,[87] 또 목간의 형태나 기능 면에서도 고대일본의 7세기 목간으로 이어지는 요소를 지니고 있기 때문에,[108] 고대 동아시아세계의 목간 전파과정과 관련해서도, 매우 중요한 역사적 의의를 갖는다. 성산산성목간의 발굴은 한국의 '목간학' 탄생을 알리는 기념비적 사건으로 영원히 기억되리라 생각된다.

3. 목간문화의 추이

　漢四郡의 진출로 인해 한국고대사회는 매우 일찍부터 중국 漢代의 목간서 사방식에 접하게 된다. 이를 확인시켜주는 유물이 〈표1〉의 첫머리를 장식한 경상남도 창원의 다호리 유적에서 출토된 붓과 削刀다.[67] 한편『三國志』로 알 수 있듯이, 3세기에는 삼한에만도 낙랑·대방군과 교역하였던 자가 1,000여 명에 이르렀다. 이 시기 한자문화 수용은 더욱 확대되고 심화되었을 것이 분명하다. 그리고 한자사용목적도 중국 군현과의 교섭에만 그치는 것이 아니라, 정치체 내부의 성장과 국가체제의 확립을 지향하였다는 점에서 이전과 큰 차이가 난다. 이를 잘 보여주는 것이 고구려와 백제의 고대국가 성장과정이다.[59]

　고구려는 낙랑·대방군과 대치하고 있었고, 강력한 중국세력에 효과적으로 저항하기 위해 중국을 모델로 하는, 중국문화의 전반적인 수용을 통한 국가체제 확립을 지향하였다. 적어도 4세기에는 고구려사회에 중국의 典籍이 유통되고, 문서행정시스템을 적극적으로 도입하려는 시도가 있었다고 추정된다. 이는 고분벽화에 그려져 있는 編綴簡 그림을 통해 유추가 가능하다.[26, 49] 또 국립대학인 '太學(372년)'을 통해 문서행정에 필요한 識字層이 상당수 배출되었을 것으로 생각된다.

　한편 백제는 450년에 宋에 점을 치는 책인『易林』과 '式占'을 요구한 사실이『宋書』에 기록되어 있다. 또한『周書』에는 백제인이 陰陽五行, 醫藥, 그리고 占卜에 능하다고 기록되어 있다. 이로 볼 때, 5세기에 이미 백제 식자층들은 단순한 한자학습이나 유·불의 경전이해를 뛰어넘어, 도교, 의약, 점술 등 중국의 보다 다양한 문화를 섭렵하고 있었던 것으로 생각된다.[59] 또 평양의 석암리 201호분과 205호분(王旴墓)에서 출토된 '式占'을 치는 도구인 낙랑군 시대의 '式盤'에 주목할 때, 4~5세기 백제의 중국문화 이해과정에도 고구려처럼 낙랑 대방군과의 교류나 백제로 남하한 낙랑 대방계의 식자층들이 상당히 중요한 역할을 수행하였을 것으로 짐작된다.

　기원전 1세기 무렵 다호리의 붓과 삭도, 고구려고분벽화가 보여주는 4세기경의 편철간, 5세기경 백제의 式占, 그리고 신라 황복사지 석탑에서 발견된 편철간[107] 등을 종합적으로 고려해 볼 때, 한국고대의 초기서사문화는 漢代의 목간문화에 직접적인 영향을 받아 성립하였다고 생각된다.[56, 64] 이를 제대로 이해하기 위해서는 漢代 邊郡의 簡牘文化를 비롯해,[37, 65, 85] 이후 낙랑 대방군 지역에 계승된 4~5세기 서사문화까지도 統攝하는 폭넓은 시각이 필요하다고 생각된다. 그러나 현재 창원 다호리유적 이후 5세기까지, 이 시기의 목간문화를 이해할 수 있는 유물은 너무나도 부족하다. 이 공백기를 메울 새로운 목간자료의 출현을 기대해본다.

현재 발굴된 한국고대목간은 모두 6세기 이후에 제작된 것들이다. 그런데 월성해자와 안압지에서 출토된 목간은 각각 '6~7세기'와 '8세기 이후'로 목간제작연대가 명확히 구분되기 때문에, 신라목간문화의 시기별 변화과정을 추론할 수 있는 중요한 지표유물이다.[58] 이와 관련하여 안압지목간에 비해 월성해자목간에는 단면이 4각형 내지 3각형인 '多面'목간과 별다른 가공 없이 나무의 껍질만 벗긴 채 사용한 '圓柱形' 목간의 비중이 매우 높다는 점이 주목된다. 월성해자에서 출도된 29점의 전체 묵서목간 중 원주형과 다면목간은 11점이나 된다. 특히 원주형목간 중에는 6행에 걸쳐 묵서된 것도 확인되었다. 이에 비해 안압지목간에는 다면목간이 전체 69점의 묵서목간 중 단 4점에 불과하다.

다면목간은 중국에서 기원한 것으로 漢代에는 '觚'라고 불리어졌다.[66] 이 목간은 어떤 면의 글자를 읽거나 외울 때 다른 면의 글자가 보이지 않기 때문에 초학자들의 암기학습에 널리 사용되었다.[64, 104] 김해 봉황동유적과 인천 계양산성유적에서 출토된 신라의 『論語』 목간들도 4각형과 5각형의 막대형태로 만들어졌다는 점에서,[8, 9] 동일한 용도의 목간이라고 생각된다.[104, 106]

신라의 논어목간은 파손되었지만, 원형을 복원하면 길이가 1m 이상이나 된다. 따라서 이 목간은 단순히 논어를 발췌, 습서한 것이 아니라, 논어 전편을 모두 기록한 전적목간 셋트 중의 일부였다고 생각된다.[93, 97, 106] 漢代에도 '經典'을 기록한 목간은 일반목간보다 더 길게 제작되었고,[93] 또 군사용 문서인

橇이 1m 이상의 다면목간에 기록된 것이 발견된 바 있다.[64, 106]

한편 한국고대사회에서는 이 다면목간을 학습용뿐만 아니라 문서용, 습서용으로도 널리 사용하였다.[62] 현재 보고된 한국고대의 묵서목간은 300점이 되지 않는데도 전국의 유적에서 고르게 다면목간이 25점 이상 출토되었다.[64] 이는 그만큼 이러한 다면목간이 한국고대사회에서 널리 사용되었음을 의미한다. 또한 월성해자와 안압지목간의 비교를 통해 분명히 알 수 있지만, 다면목간은 6~7세기에 월등히 많이 사용되었고, 8세기 이후에는 현격히 축소, 소멸되어 갔다고 생각된다.[58]

그런데 한반도에서 목간문화가 건너간 일본에는 목간출토 점수가 30만점을 상회함에도 불구하고, 다면목간의 출토례가 매우 희귀하다. 원주형목간은 아예 한 점도 보고된 사례가 없다. 또한 일본에는 편철간은 고사하고 단독의 竹簡조차 발견된 사례가 없다. 한반도와 일본 사이에는 이처럼 목간서사문화의 낙차가 존재한다. 한국고대사회가 중국 한대의 편철간시대부터 종이시대까지를 모두 경험했다면, 고대일본에는 한반도에서 紙木이 병용되던 7세기 이후의 목간사용법이 전파되어 갔다.[56] 지목이 병용되었던 시대에는 많은 양의 정보는 종이에 서사되었고, 목간은 주로 부찰용으로 제작되었다. 문서목간도 대체로 납작한 형태로 손쉽게 만들어 간단한 메모나 발췌용, 아니면 正書하기 전의 연습용으로 사용하였다. 8세기 이후의 안압지목간이 이에 해당된다.

일본의 正倉院에 소장되어 있는 신라의 종이장부들인, 「녹봉문서」나 「공물문서」는 작성연대가 안압지목간과 겹치는 8세기 중반으로 추정되는데,[53] 그 기재형식상 6~7세기대의 다면목간을 대체해간 흔적을 발견할 수 있다. 한국고대사회에서 다면목간은 편철간의 변형된 형태로 잔존하다가 종이의 일반화 추세 속에서 사라져갔다고 생각된다.

4. 목간의 형태와 용도

목간의 형태와 용도를 이해하는 것은 목간이 한국고대사회에서 어떻게 활용되었고, 또 어떤 기능을 수행하였는가를 추적하는 작업이다. 아직 한국학계에는 목간분류에 관한 구체적인 기준이 마련되어 있지 않다. 이로 인해 연구자들 간에 동일한 사항에 대해서도 서로 다른 용어를 사용하는 등, 의사소통에 많은 어려움이 있다.

목간은 애초 그 용도와 목적에 맞게 제작되기 때문에, 목간의 '형태'를 통해서도 목간의 용도와 기능을 추론할 수 있다.[63] 예를 들어 〈부찰목간〉은 '구멍'이나 좌우에 '缺入部'가 있는 특수한 형태의 목간인데, 이러한 장치는 어딘가에 매달거나, 휴대하거나, 편철하기 위한 목적과 관련이 있다. 또 〈다면목간〉, 〈원주형목간〉, 〈방형목간〉은 서사할 공간을 늘리기 위해 書寫面을 특별히 확대하거나, 많이 만든 것들이다. 결국 목간의 형태는 목간의 용도와 기능과 밀접히 연결되어 있다. 한국고대목간을 형태별로 분류하면 다음과 같다.

〈한국고대목간의 형태별 분류〉
1. 編綴簡
2. 單獨簡
 2-1. 細長形(基本形)木簡
 2-2. 多面木簡
 2-3. 圓柱形木簡
 2-4. 方形木簡
 2-5. 附札木簡
 2-6. 其他形式木簡
 3. 목간부스러기(削屑)

〈편철간〉은 여러 개의 목간을 연결해놓은 冊形木簡을 말한다. 목간문화의 추이로 볼 때, 한국고대사회에도 목간의 종류 속에 편철간의 범주화가 필요하다.[63] 〈세장형목간〉은 목간의 폭이 좁고 긴 가장 일반적인 기본형목간을 말한다. 〈방형목간〉은 서사할 양이 많아 목간의 가로를 길게 늘인 것을 말하는데, 기본형목간을 횡으로 돌려놓은 모습을 상상하면 된다. 월성해자에서 이러한

<방형목간>이 출토된 바 있다.

목간은 이미 쓴 묵서를 削刀로 깎아내, 정정하거나 재사용할 수 있는 장점이 있다. 기존에 써놓은 묵서를 삭도로 깎아내면, 문자가 있는 <목간부스러기>가 발생된다. 중국학계에서는 이를 '柹'라고 하며, 일본에서는 '削屑'이라고 한다. 이 <목간부스러기>도 문자자료로서의 귀중한 가치를 지니고 있다. 현재 부여 능산리사지에서 유일하게 백제의 <목간부스러기>가 여러 점 출토된 바 있다.[56]

한국고대사회에서 목간은 크게 다음의 다섯 가지 종류. 즉 ①典籍木簡, ②文書木簡, ③携帯用木簡, ④꼬리표목간, ⑤기타용도로 사용되었다고 생각된다. <전적목간>은 신라 논어목간과 같이 典籍을 기록한 목간을 말한다. <문서목간>은 文書受發者가 명확한 '수발문서목간'을 비롯해, '장부목간', 傳票나 각종 행정처리를 위한 메모, 발췌용으로 사용된 '기록간' 등으로 분류할 수 있다.[63]

<휴대용목간>은 사람이 휴대하면서, 출입과 신분증명, 여행허가용으로 사용한 목간을 말한다. 관북리 286번목간은 형식상 조선시대의 號牌나 符信처럼 烙印을 이용해 궁궐출입시 신분증명용으로 사용한 부찰목간으로 추정된다.[62, 63] 고대사회의 人的 統制를 염두에 둔다면, 앞으로 이러한 용도의 목간이 출토될 가능성은 매우 높다고 생각된다.

한편 물품에 부속된 <꼬리표목간>은 전적이나 문서의 '標識用', 세금상납 때 납부자를 기록한 '稅金貢進用', 창고물품의 정리와 보관을 위해 부착했던 '倉庫整理用', 그리고 끝으로 기타 '一般物品用' 등으로 나누어 볼 수 있다. 앞서 언급한 휴대용목간과 꼬리표목간은 목간이 사람이나 물건과 함께 이동할 수도 있다는 점을 알려주기 때문에, 목간 출토지를 곧바로 목간 제작지로 판단해서는 안 된다는 사실을 분명하게 깨닫게 해준다.[52]

'표지용' 꼬리표목간으로는 백제 중앙의 「兵与記」라는 장부에 매달려있었던 관북리 285번목간이 주목된다.[62] 또 '세금공진용' 꼬리표목간은 성산산성 출토 신라목간이 대표적이며, 안압지에서도 확인된다. 특히 성산산성목간은

6세기 중반 신라의 국가유통망과 수취구조를 알려준다.[52, 69, 77, 81, 86, 87, 102, 103, 108] 성산산성의 꼬리표목간에는 [지명+이름+물품명(+액수)] 등이 기록되어 있는데, 이러한 납세자 "개인(또는 호주)"의 탄생은 문서행정상 호적류 문서의 존재를 전제하지 않고는 설명이 불가능하다.[56] '창고정리용' 꼬리표목간은 능산리사지에서 출토된 바 있어, 백제에서는 이미 6세기 중반에 물품의 창고보관과 정리를 위해 꼬리표목간을 사용했음을 알 수 있다.[63] 또 '일반물품용' 꼬리표목간으로는 열쇠고리(keyholder)로 추정되는 안압지 213번목간을 예로 들 수 있다.[61, 105]

〈기타용도목간〉으로는 우선 '習書用木簡'이 있다. 안압지의 습서용목간은 일반목간보다 월등히 커서 애초 크게 제작했다고 생각된다.[64] 백제에는 폐기목간을 활용한 습서가 많이 확인되며, 사면목간도 습서용으로 사용하였다. 다음으로 '주술의례용목간'으로는 능산리 남근형목간이 대표적이다. 백제 사비도성의 '道祭'에 사용된 것이라고 생각된다.[57, 109]

기타용도로는 '卷軸用木簡'도 매우 중요하다. 묵서가 없어 확실하지는 않지만, 함안 성산산성에서 출토된 '제첨축형 목제품'이 주목된다.[70] 관청에서는 방대한 양의 문서를 생산하기 때문에, 이들을 분류 정리하여 쉽게 찾을 수 있도록 할 필요가 있었다. 卷軸을 이용해 말아놓는 두루마리 종이문서의 경우, 그 문서의 제목을 꼬리표목간에 써 권축에 매달거나, 권축 자체에 기록하여 문서의 標識로 삼았다. 이 중 전자는 앞서 표지용 꼬리표목간에서 설명하였고, 후자는 다시 題簽軸과 木簽軸 등 두 가지 방법으로 나누어진다.[56]

우선 〈題簽軸〉은 마치 네모난 숟가락 모양처럼 권축의 頭部를 넓적하게 만들고, 이 부분이 종이 두루마리 위로 삐죽이 나오도록 권축의 길이를 좀 더 길게 만든 특수한 권축을 말한다.[78] 이 권축의 넓적한 두부에 해당 문서의 제목을 적어 표지로 삼았다. 종이문서를 권축에 말아도, 권축 두부에 쓴 문서 제목은 그대로 드러나 표지 역할을 충분히 할 수 있다. 한편 〈木簽軸〉은 굵은 권축을 사용하여 그 권축의 마구리 부분에 직접 문서의 제목을 적었던 권축을 말한다.

이들 권축의 모양과 표지 위치로 보아 〈제첨축〉은 권축 두부가 위로 오도록 항아리나 상자 등에 수직으로 꽂아놓는 방식으로, 〈목첨축〉은 권축 마구리가 보여야 함으로, 선반에 수평으로 올려놓는 방식으로 정리 보관되었던 것으로 추측된다. 따라서 〈제첨축〉은 관료가 항상 가까이 두고 수시로 빼서 보는 각 관청의 일상용 문서에 주로 사용되었고, 〈목첨축〉은 지방에서 중앙도성으로 보고한 상신문서나 장기보관용 문서에 사용되었다.[56]

그런데 고대일본의 경우 이러한 〈제첨축〉을 통한 문서분류법과 호적의 작성이 7세기 말에 가서야 비로소 등장한다. 함안 성산산성의 〈제첨축형 목제품〉이 실제로 〈제첨축〉이 맞다면,[70] 신라 서사문화의 수준을 새롭게 바라봐야만 하는 놀라운 발견이라고 할 수 있다. 또 고대일본의 〈제첨축〉 사용법도 한반도에서 기원하였다고 말할 수 있다.[56, 81, 103]

5. 백제 및 신라목간의 연구현황

백제목간은 능산리사지(이하 능산리로 약칭)를 비롯해,[12, 13, 14] 관북리,[15, 16] 쌍북리,[17] 궁남지[18, 19] 등 백제의 마지막 도성이었던 충남 부여에서 50여점 이상 출토되었다. 그 중에서도 능산리목간은 출토점수가 가장 많고, 묵서내용도 풍부해 가장 활발히 연구되고 있다.[28, 29, 44, 45, 46, 57, 62, 94, 95, 109]

능산리목간은 처음에는 陵寺와 관련된 목간으로 이해되었다.[45, 46] 그러나 제8차 발굴조사를 통해 목간이 출토된 배수로가 능사가 조성되기 이전의 것임이 새롭게 확인되었다.[38] 이후 이를 토대로 사비나성의 축조공사를 책임졌던 거점시설에서 능산리목간을 작성하였다는 견해가 제기되었다.[94, 95] 최근에는 다시 목간출토유구와 시기를 능사 건립과 관련지어 검토하여, 목간 일체를 능사와 관련된 것으로 이해한 새로운 견해가 발표되었다.[75] 그러나 능산리목간 중 남근형목간은 사비도성의 사방도로에서 疫神을 막기 위해 거행한 道祭와 관련된 목간으로 추정된다.[57, 109] 따라서 능산리목간의 작성주체는 일차적으로 목간출토지점 인근에 있었던 사비도성의 입구인 '羅城大門'을 중요하게 고려할 필요가 있다.[62] 능산리목간이 陵寺와 관련된 것이라 하더라도,

그 자체 도성의 입구, 경계라는 관점에서 바라볼 필요가 있다.[57]

다음으로 궁남지목간은 '西部後巷'이 묵서되어, 애초에는 사비도성의 五部五巷制와 관련하여 연구가 진행되었다.[47, 91] 그러나 보고서 발간을 통해 묵서에 대한 정확한 판독이 이루어지면서, 部夷=歸人(귀화인) 등의 특수 신분제에 대한 주목할 만한 연구성과가 발표되었다.[78] 또 이 목간에 기록된 丁, 中, 小의 연령등급제는 사비시대 백제율령의 연원을 알려주는 매우 중요한 정보를 담고 있다. 정, 중, 소 연령등급체계는 西魏에서 시작된 '丁中制'에 해당되며, 이는 백제율령이 西魏 北周 隋唐으로 이어지는 계보에 연결되어 있었음을 의미한다.[56, 62]

이처럼 목간의 묵서는 매우 단편적인 기술이라고 하더라도, 當代의 살아있는 정보와 어휘를 담고 있다. 앞서 언급한 능산리 남근형목간이나 궁남지목간은 道祭나 道神과 관련된 신앙이나 국가의례, 그리고 律令條文 등 고대 동아시아 각국의 문화교류를 그 무엇보다도 생생히 알려준다. 한반도의 고대목간은 고대동아시아세계의 형성과정을 풀어나가는 열쇠로서 앞으로 중국과 일본의 학계에서도 주목하리라 생각된다.[109]

끝으로 관북리목간은 보고서가 아직 발간되지 않아 국립부여문화재연구소가 발간하는 『연보』[16]와 적외선사진[24]을 통해 연구가 진행되고 있다. 관북리 285번목간에는 '兵与記'라는 帳簿名稱이 묵서되어 있어서, 형태나 묵서내용 등 모든 면에서 중국 漢代의 標識用木簡인 楬에 부합된다.[62] 고대일본의 경우 종이장부는 일반적으로 두루마리의 卷軸을 직접적으로 활용하여 題簽軸 또는 木簽軸의 방식으로 標識를 나타내지만, 285번 목간과 같은 표지용 부찰목간이 종이문서류의 권축에 덧붙여진 사례도 확인된다.

이처럼 목간의 精製化가 확연하게 돋보이는 백제의 장부표지는 백제의 문서행정시스템과 그 성숙도를 유감없이 보여준다. 문서행정의 전반이 일정한 수준에 이르지 않았다면, 이러한 미시적 부분에까지 정제화가 진행될 수 없다고 생각된다. 『隋書』 百濟傳에 백제 관인들이 "能吏事(문서행정에 능숙하다)"라고 특기되었던 것도 다 이유가 있었던 것이며, 이 꼬리표목간 하나가

그것을 훌륭히 증명해주고 있다.[62]

한편 현재 발굴된 한국고대목간의 거의 대부분은 신라목간이다. 경주의 안압지,[10] 월성해자,[5, 6, 58] 황남동 376번지유적[7, 33, 79]와 같은 신라의 도성유적을 비롯해, 하남 이성산성,[4, 35, 88, 101] 함안 성산산성 등 지방의 관아유적에서도 목간이 발굴되었다. 신라목간은 백제목간에 비해 출토점수도 많고, 목간 출토 유적이 시대별로, 또 지역별로 골고루 분포하고 있다. 이로 인해 신라목간문화의 변천과정이나, 목간제작이나 서사방식에 나타나는 지역별 차이까지도 연구가 진행되고 있다.[52, 69, 77, 81, 86, 87, 102, 103, 108]

특히 561년 무렵에 작성된 성산산성목간은 출토점수도 많고, 같은 시기의 금석문 자료들도 풍부해, 앞으로 신라 중고기 연구를 이끌어갈 중요한 핵심자료라고 생각된다. 성산산성목간은 애초 보고서나 기타 연구에서 호패와 같은 기능을 수행한 名籍木簡으로 소개되었지만,[1, 36, 89] 필자는 목간의 부찰형태에 주목하고, 또 '稗石'이 '稗一石'을 의미한다는 묵서해석을 통해, 성산산성목간 중에는 축성이나 군역에 동원된 노동력을 관리하기 위한 명적으로 기능한 것도 있지만, 신라의 세금에 매달려있던 부찰도 존재한다는 점을 지적하였다.[52] 또 부찰에 기록된 地名들이 낙동강을 따라 포진되어있다는 점에 착안하여, 낙동강 수로를 이용해 노동력과 물자를 함안에 집결하는 방식으로 신라의 가야경영이 이루어졌다는 점을 제기하였다.[52, 81, 103]

그러나 성산산성목간은 거의 대부분이 부찰의 형태적 특징을 갖고 있기 때문에, 지명과 인명만 있는 것도 '稗一石'이 생략된 부찰로 추론할 수 있고, 이러한 견지에서 목간 일체를 '일괄적'으로 세금공진용 꼬리표목간으로 규정하는 견해들이 수적으로 현재 주류를 이루어가고 있다.[69, 81, 102, 108] 이 시각은 목간의 형태를 통해 그 용도와 기능에 접근하는 방법론을 택하고 있다. 하지만 성산산성목간의 성격을 일괄적인 것으로 몰아가기에는 여전히 몇 가지 의문이 남는다.

첫째로 부찰의 형태가 아닌 목간을 비롯해, 부찰이라도 복수의 지명이 나열된 것 등을 제대로 해명하지 않고, 성산산성목간 전체를 일괄적으로 세금공진용으로 볼 수 있는가 하는 점이다.[86, 87] 둘째로 보고서(Ⅱ)를 통해 드러나고 있지만,[2] 성산산성 자체가 일부 목간의 작성 주체로 등장할 여지가 있다는 점이다.[40, 41, 42] 셋째로 11차발굴조사 현장설명회로 드러났지만,[3, 43] 목간이 지반의 기초다짐용으로 사용되어 다양한 목제품들과 함께 폐기되었다는 점이다. 이는 목간이 일정한 시점에 '일괄적'으로 폐기된 것은 맞지만, 다양한 용도의 목간들이 함께 폐기되었을 가능성도 암시한다. 넷째로 負나 奴人을 기록한 목간이 일차 때보다 '확고한' 서식으로 모습을 드러내었다는 점이다.[77, 86, 87] 이제는 함안목간을 단순히 '稗一石'의 생략형으로 통일하기보다 다양한 서식의 차이점을 먼저 언급해야 될 상황이 되었다. 또한 負와 奴人은 봉평비에 기록된 奴人, 大奴村, 奴人法, 負値(五)와도 연결되는 대목으로,[40, 77, 87] 신라 중고기의 수취제를 보다 심도있게 이해할 수 있는 자료로 주목된다.[77, 86, 87]

월성해자에서는 6~7세기에 제작된 신라의 醫藥, 王京六部, 文書行政에 관한 획기적인 내용을 담은 매우 중요한 목간들이 출토되었다.[58] 특히 문서행정에 관한 목간은 국어학계에서도 신라이두의 발전과정과 관련하여 심도있게 연구가 진행되고 있다.[29] 또 경주 황남동 376번지유적에서는 이곳 신라의 공방지에서 下椋, 仲椋 등의 창고에 보관되어 있었던 食米의 양을 정리한 목간이 출토되었다. 이 목간은 신라의 장부작성과정이나,[56] 창고관리방식에 대한 이해를 심화시켜주었다.[33, 79]

한편 안압지목간에 대해서는 기존에 '洗宅'이라는 묵서에 주목하여 신라왕실의 근시기구를 검토한 연구,[71] 안압지 출토 문자자료들을 총괄적으로 정리한 연구,[25] 고대일본의 문호목간과 안압지의 문호목간을 비교한 연구[101] 등이 제출되었다. 필자도 일본고대목간연구를 기초로 하여, 안압지목간에서 꼬리표목간을 추출하고,[51] '辛審'이 신라왕실로의 貢進物 중 하나라는 점을 지적한 바 있다.[53]

안압지목간 중에는 고대일본의 문호목간과 서식이 유사한 것이 있다.[101] 그런데 이 목간들은 단순히 서식만이 아니라, 두 목간에 기록된 '合點(check mark)'과 '在'의 追記를 상호 비교하여 볼 때, 목간의 일생 자체가 거의 동일했던 것이 아닌가 추론된다. 아마도 고대일본이 신라의 궁궐경호시스템 전반을 수용했던 것이 아닌가 생각된다.[61]

최근 안압지의 창고정리용 꼬리표목간에 대해서도 심도있는 분석이 제기되고 있다. 고대일본의 꼬리표목간은 대다수가 수산물, 수산가공물에 부찰된 목간들이다. 안압지 꼬리표목간 역시 동일한 패턴과 묵서내용을 보여주고 있다. 즉 '醢'와 같은 수산가공물이 부찰 속에 많이 확인된다.[60, 82, 105] 조선시대까지도 서해안지역은 소금이 풍부해 염장식품인 젓갈류가 만들어졌고, 동해안은 소금이 부족해 醢, 즉 식해류가 많이 만들어진 차이가 있다고 한다. 안압지목간의 醢도 이러한 점과 상통한다. 안압지목간을 통해 신라왕실에서는 이러한 수산가공물을 瓮과 缶에 담아 창고에 보관하였음을 알 수 있게 되었다.[60, 82, 105]

6. 앞으로의 전망

앞에서도 언급하였지만, 목간은 문자자료임과 동시에 발굴조사에 의해 출토하는 고고유물이라는 점을 명심해야 한다. 목간은 그 폐기된 상황, 혹은 그 출토상황을 정확히 파악하는 것을 필두로, 공반 목간, 그 외의 공반 유물과 유구와의 상관관계 속에서 고찰할 필요가 있다. 이는 목간의 묵서내용에 대한 이해를 극대화하는데 큰 도움을 준다. 끝으로 목간 발굴시에 주의해서 관찰해야 될 점을 기술하면서 이 글을 마치려고 한다.

우선 첫째로 목간의 형태와 관련하여 목간의 廢棄行程에 주목할 필요가 있다. 관북리와 궁남지의 백제목간에 대해서는 폐기행정을 조사한 연구가 있지만,[30, 78, 108] 여전히 목간의 인위적인 폐기방식에 대해서는 거의 보고가 이루어지지 않고 있다. 목간의 폐기행정은 목간의 용도나 당시의 문자생활에 관한 중요한 정보를 제공해준다는 점에서 소홀히 다루어서는 안 된다.

둘째, 목간의 측면도 상세히 조사되어야 한다.[56] 고대일본의 경우 출입이나 신분증명을 위해 목간의 측면에 목간 소유자의 食指 눈금을 칼로 새긴 '畵指

木簡'이 발견되고 있다. 조선시대 고문서에 '手決(signature)'를 할 수 없는 백성이나 천민이 '手寸'을 그렸던 점을 상기할 때, 한국고대사회에서도 고대 일본의 畵指木簡과 같은 방식으로 본인임을 증명하는 목간을 제작하였을 가능성이 충분히 있다고 생각된다.

셋째, 목간이 출토되면, 발굴자는 즉시 남아있는 묵흔을 사진 촬영하고, 목간의 출토지점이나, 공반유물 등 기본적인 출토상황에 대해 정리해두어야만 한다. 이후 보존처리가 끝난 목간에 대해 역사학자, 서예학자 등과 함께 적외선촬영을 시도하면서 묵서 내용을 정확하게 판독하고, 목간의 성격, 출토유적의 역사적 성격 등을 논의하는 장을 만들어야 한다. 한편 적외선촬영조건에 따라, 또 컴퓨터 그래픽의 편집방식에 따라, 묵서의 선명도에 큰 차이가 나기 때문에, 목간의 묵서판독을 위해서는 최신의 과학적 기법을 활용할 필요가 있다.

이러한 준비 작업이 제대로 진행되어 목간에 대한 학문적 기초가 축적된다면, 이는 다시 발굴자들이 애초 출토과정에서부터 더 많은 정보를 관찰하는 방향으로 연구의 질이 상승하는 효과를 낳게 된다. 이는 이후의 목간연구에 그만큼의 더 많은 정보를 제공하게 된다.

지난 2007년 1월 9일 한국에도 출토목간의 신속한 보고와 체계적인 연구를 목적으로 하는 학술단체인 '한국목간학회'가 창립되었다. 필자도 이 학회에 참여하고 있으며, 목간연구의 발전을 위해 역사학, 고고학, 보존과학, 국어국문학, 서예학 등 관련분야의 연구자들이 함께 모여, 학제간 연구의 모범을 만들어가고 있다.

중국과 일본의 목간연구와 성과에 비한다면, 한국의 목간연구는 이제 걸음마 단계라고 할 수 있다. 그러나 관심 있는 많은 연구자들이 적극적으로 참여하고 있어, 목간연구의 미래는 매우 밝다고 생각된다.

참고문헌

* 신라목간 발굴보고서 (유적연대순)

1. 국립창원문화재연구소, 1999, 『함안성산산성』.

2. ________________, 2004, 『함안성산산성 II』.

3. ________________, 2006, 『함안성산산성-11차 발굴조사 현장설명회 자료)』.

4. 한양대박물관 · 하남시, 1991~2001, 『이성산성』 제3차, 제4차, 제7차, 제8차.

5. 조유전 · 남시진, 1990, 『월성해자 I』, 문화재연구소 경주고적발굴조사단.

6. 국립경주문화재연구소, 2006, 『월성해자 II』.

7. 동국대경주캠퍼스박물관, 2002, 『경주황남동376(통일신라시대)유적』.

8. 부산대박물관, 2001, 「김해봉황동408-2,10,11번지유적발굴조사 현장설명회 자료」.

9. 선문대 고고학연구소, 2005, 「인천 계양산성 동문지유적 보고회자료」.

10. 문화재관리국, 1978, 『안압지』.

11. 국립부여문화재연구소, 1996, 『미륵사-유적발굴조사보고서 II-』.

* 백제목간 발굴보고서 (유적연대순)

12. 국립부여박물관 · 부여군, 2000, 「부여 능산리사지 6차 발굴조사 지도위원 자료」.

13. ________________, 2001, 「부여 능산리사지 7차 발굴조사 현장설명회 자료」.

14. ________________, 2002, 「부여 능산리사지 8차 발굴조사 현장설명회 자료」.

15. 충남대박물관 · 충남도청, 1985, 『부여관북리백제유적발굴보고(1)』.

16. 국립부여문화재연구소, 2000~2001, 『年報』(관북리유적 부문).

17. 충남대박물관 · 대한주택공사 · 충남지사, 1998, 『부여쌍북리백제유적발굴보고(2)』.

18. 국립부여문화재연구소, 1999, 『궁남지』.

19. ________________, 2001, 『궁남지 II』.

* 목간도록 (목간사진 및 적외선사진)

20. 이기백, 1987, 『한국상대고문서자료집성』, 일지사.

21. 國立歷史民俗博物館編, 2002, 『古代日本-文字のある風景』, 朝日新聞社.

22. 국립경주박물관, 2002, 『문자로 본 신라』(특별전 도록).

23. 국립부여박물관, 2003, 『백제의 문자』(특별전 도록).

24. 국립창원문화재연구소, 2004, 『한국의 고대목간』.

* 연구논문 (한 · 중 · 일 연구자 가나다순)

25. 고경희, 1993, 「신라 月池 출토 在銘遺物에 대한 銘文研究」, 동아대 석사학위논문.

26. 고광의, 2004, 「고구려 고분벽화에 나타난 書寫 관련 내용 검토」 『한국고대사연구』 34.

27. ______, 2007, 「6~7세기 신라목간 書體의 서예사적 의의」 『한국고대목간과 고대 동아시아세
　　　　계의 문화교류』, 한국목간학회 제1회 국제학술대회 발표논문집.

28. 김영욱, 2003, 「백제이두에 대하여」 『구결연구』 11.

29. ______, 2007, 「고대 한국목간에 보이는 釋讀表記에 대하여」 『한국고대목간과 고대 동아시아
　　　　세계의 문화교류』, 한국목간학회 제1회 국제학술대회 발표논문집.

30. 김재홍, 2001, 「부여 궁남지유적 출토 목간과 그 의의」 『궁남지 II』, 국립부여문화재연구소.

31. ______, 2001, 「신라 중고기 촌세의 싱립과 지방사회 구조」, 서울대 박사학위논문.

32. ______, 2005, 「함안 성산산성 출토 목간과 촌락사회의 변화」 『국사관논총』 106.

33. 김창석, 2001, 「황남동376유적 출토 목간의 내용과 용도」 『신라문화』 19.

34. 김창호, 1995, 「신라왕경연구」 『신라문화제학술발표회논문집』 16.

35. ______, 1992, 「이성산성출토 목간의 연대 문제」 『한국상고사학보』 10.

36. ______, 1998, 「함안 성산산성 출토 목간에 대하여」 『함안성산산성』, 국립창원문화재연구소.

37. 류병흥, 1992, 「고고학 분야에서 이룩한 성과」 『조선고고연구』 83.

38. 박경도, 2003, 「능산리사지 8차 발굴조사」 『동원학술논문집』 5.

39. 박상진, 2000, 「출토목간의 재질분석-함안성산산성 출토목간을 중심으로-」 『한국고대사연구』
　　　　19.

40. 박종기, 2006, 「한국 고대의 奴人과 부곡」 『한국고대사연구』 43.

41. 박종익, 2000, 「함안 성산산성 발굴조사와 목간」 『한국고대사연구』 19.

42. ______, 2002, 「함안 성산산성 출토 목간의 성격 검토」 『한국고고학보』 48.

43. ______, 2007, 「咸安城山山城の發掘調査と出土木簡の性格」 『韓國出土木簡の世界』, 雄山閣.

44. 박중환, 2002, 「한국 고대목간의 형태적 특성」『국립공주박물관기요』2.

45. ______, 2002, 「부여능산리사지발굴목간 예보」『한국고대사연구』28.

46. ______, 2002, 「부여능산리사지발굴조사개요 -2000년에서 2001년의 조사내용-」『동원학술논문집』4.

47. 박현숙, 1996, 「궁남지 출토의 백제목간과 王都五部制」『한국사연구』92.

48. 손환일, 2004, 「함안성산산성 출토 목간의 서체에 대한 고찰」『한국의 고대목간』.

49. 송기호, 2002, 「고대의 문자생활 비교와 시기구분」『강좌한국고대사』5, 가락국사적개발연구원.

50. 양석진, 2004, 「함안성산산성출토 목제유물의 보존처리」『함안성산산성 II』.

51. 윤선태, 1997, 「正倉院 소장 佐波理加盤附屬文書의 신고찰」『국사관논총』74.

52. ______, 1999, 「함안 성산산성 출토 신라목간의 용도」『진단학보』88.

53. ______, 2000, 「신라 통일기 왕실의 촌락지배-신라 고문서와 목간의 분석을 중심으로」, 서울대 박사학위논문.

54. ______, 2002, 「신라 중고기의 村과 徒」『한국고대사연구』25.

55. ______, 2002, 「신라의 문서행정과 목간-牒式文書를 중심으로」『강좌한국고대사』5, 가락국사적개발연구원.

56. ______, 2004, 「한국고대목간의 출토현황과 전망」『한국의 고대목간』, 국립창원문화재연구소.

57. ______, 2004, 「부여 능산리 출토 백제 목간의 재검토」『동국사학』40.

58. ______, 2005, 「월성해자 출토 신라 문서목간」『역사와 현실』56.

59. ______, 2005, 「고대의 문자세계」『한국사 시민강좌』37.

60. ______, 2006, 「안압지 목간과 신라 궁정생활」한국사연구회 월례발표회(2006. 11. 17).

61. ______, 2006, 「안압지 출토 門號木簡과 신라 동궁의 경비」『한국고대사연구』44.

62. ______, 2006, 「백제 사비도성과 嵎夷-목간으로 본 사비도성의 안과 밖-」『동아고고논단』2.

63. ______, 2007, 「한국고대목간의 형태와 분류」『한국고대목간과 고대 동아시아세계의 문화교류』, 한국목간학회 제1회 국제학술대회 발표논문집.

64. ______, 2007, 「목간으로 본 신라 왕경인의 문자생활」『신라문화제학술논문집』28, 신라문화선양회.

65. 윤용구, 2007, 「새로 발견된 樂浪木簡 -樂浪郡 初元四年 縣別戶口簿-」『한국고대사연구』46.

66. 윤재석, 2004, 「중국의 竹·木簡」『한국의 고대목간』, 국립창원문화재연구소.

67. 이건무, 1992, 「다호리유적 출토 붓(筆)에 대하여」『고고학지』4.

68. 이경섭, 2004, 「함안 성산산성 목간의 연구현황과 과제」 『신라문화』23.

69. _____, 2005, 「성산산성 출토 하찰목간의 제작지와 기능」 『한국고대사연구』37.

70. _____, 2006, 「함안 성산산성 출토 題籤軸에 대하여」 『목간과 한국고대의 문자생활』, 한국역 사연구회 기획발표회 발표논문집.

71. 이기동, 1979, 「안압지에서 출토된 신라목간에 대하여」 『경북사학』1.

72. _____, 2007, 「韓國古代木簡の發見による新羅·百濟史研究の新たな進展」 『韓國出土木 簡 の世界』, 雄山閣.

73. 이도학, 1993, 「이성산성출토 목간의 검토」 『한국상고사학보』12.

74. 이문기, 2005, 「안압지 출토 목간으로 본 신라의 궁정업무」 『한국고대사연구』39.

75. 이병호, 2007, 「부여 능산리 출토 목간의 성격」 『한국고대목간과 고대 동아시아세계 의 문화 교류』, 한국목간학회 제1회 국제학술대회 발표논문집.

76. 이성배, 2004, 「백제서예와 목간의 書風」 『백제연구』40.

77. 이수훈, 2004, 「함안 성산산성 출토 목간의 稗石과 負」 『지역과 역사』15.

78. 이용현, 1999, 「궁남지 출토 목간의 내용과 성격」 『궁남지』, 국립부여문화재연구소.

79. _____, 2001, 「경주황남동376유적출토 목간의 형식과 복원」 『신라문화』19.

80. _____, 2003, 「경주 안압지 출토목간의 기초적 검토」 『국사관논총』101.

81. _____, 2004, 「함안 성산산성 출토 목간」, 『한국의 고대목간』, 국립창원문화재연구소.

82. _____, 2006, 「안압지 출토목간과 신라 동궁 주변-경주 안압지목간의 종합적 검토」 『목간과 한국고대의 문자생활』, 한국역사연구회 기획발표회 발표논문집.

83. _____, 2007, 「新羅木簡の形狀と規格」 『韓國出土木簡の世界』, 雄山閣.

84. _____, 2007, 「韓國における木簡研究の現狀」 『韓國出土木簡の世界』, 雄山閣.

85. 임기환, 1992, 「彩篋塚出土木札」 「封泥銘」 『역주한국고대금석문』1.

86. 전덕재, 2006, 「함안 성산산성 출토 목간을 통해서 본 신라지방통치체제」 『목간과 한국고대의 문자생활』, 한국역사연구회 기획발표회 발표논문집.

87. _____, 2007, 「함안 성산산성 목간의 연구현황과 쟁점」 『한국고대목간과 고대 동아시아세계 의 문화교류』, 한국목간학회 제1회 국제학술대회 발표논문집.

88. 주보돈, 1991, 「이성산성 출토 목간과 道使」 『경북사학』14.

89. _____, 2000, 「함안 성산산성 출토 목간의 기초적 검토」 『한국고대사연구』19.

90. _____, 2007, 「한국의 목간 연구의 현황과 전망」 『한국고대목간과 고대 동아시아세계의 문화

교류』, 한국목간학회 제1회 국제학술대회 발표논문집.

91. 최맹식 · 김용민, 1995, 「부여 궁남지 내부 발굴조사 개보」 『한국상고사학보』21.

92. 謝桂華, 2000, 「중국에서 출토된 魏晋代 이후의 漢文簡紙文書와 성산산성 출토 목간」 『한국고대사연구』19.

93. 李均明, 2007, 「中韓簡牘比較研究-從中國簡牘的類別談起」 『한국고대목간과 고대 동아 시아 세계의 문화교류』, 한국목간학회 제1회 국제학술대회 발표논문집.

94. 近藤浩一, 2004, 「扶餘 陵山里 羅城築造 木簡의 研究」 『百濟研究』39.

95. ______, 2005, 「扶餘陵山里出土木簡と百濟都城關連施設」 『東アジアの古代文化』125.

96. 館野和己, 2004, 「日本古代の木簡」 『한국의 고대목간』, 국립창원문화재연구소.

97. 東野治之, 2003, 「近年出土の飛鳥京と韓國の木簡」 『古事記年報』45.

98. 三上喜孝, 2007, 「韓國出土木簡と日本古代木簡-比較研究の可能性をめぐつて」 『韓國出土木簡の世界』雄山閣.

99. ______, 2007, 「慶州 · 雁鴨池出土の藥物名木簡について」 『韓國出土木簡の世界』, 雄山閣.

100. 犬飼隆, 2006, 「日本語を文字で書く」 『列島の古代史-言語と文字-』, 岩波書店.

101. 李成市, 1997, 「韓國出土の木簡について」 『木簡研究』19.

102. ______, 2000, 「한국목간연구의 현황과 함안성산산성출토의 목간」, 『한국고대사연구』19.

103. ______, 2006, 「東アジア邊境軍事施設の經營と統治體制-新羅城山山城木簡を中心に」 『古代文字史料の中心性と周邊性』, 春風社.

104. 橋本繁, 2004, 「金海出土論語木簡と新羅社會」 『朝鮮學報』153.

105. ______, 2007, 「慶州雁鴨池木簡と新羅內廷」 『韓國出土木簡の世界』, 雄山閣.

106. ______, 2007, 「古代朝鮮における『論語』受容再論」 『韓國出土木簡の世界』, 雄山閣.

107. 梅原末治, 1950, 「韓國慶州皇福寺塔發見の舍利容器」 『美術研究』156.

108. 平川南, 2000, 「日本古代木簡 研究의 現狀과 新視點」 『한국고대사연구』19.

109. ______, 2005, 「古代における道の祭祀 道祖神信仰の源流を求めて」 『やまなしの道 祖神祭り』, 山梨縣博物館.

고분벽화

전호태 _ 울산대학교 역사문화학과

고분벽화는 당대역사의 산물이라는 점에서 시공간적 생명력을 그대로 유지하고 있는 자료이다. 고분벽화 역시 목간이나 금석문 등의 장점으로 여겨지는 현장성을 지니고 있다고 해야 할 것이다. 현재까지 벽화가 확인된 112기의 삼국시대 고분 가운데 107기가 고구려의 것임을 감안하면[114] 역사문화자료로서의 고분벽화에 대한 논의는 고구려를 중심으로 이루어질 수밖에 없는 상황이다. 연구동향, 과제와 전망에 초점을 맞춘 이하의 논의는 고구려 고분벽화를 중심으로 진행될 예정이다.

1. 연구동향

1) 시기

고구려 고분벽화가 역사문화자료로 주목받기 시작하는 것은 1980년 한국의 벽화고분 전반에 관한 종합적 개설서가 출간되면서부터라고 할 수 있다.[1] 이후 학문분야별 연구가 조금씩 활발해지는 가운데 1990년을 전후하여 동서냉전체제가 와해되자 사회주의 국가인 중국과 북한의 벽화고분 조사 및 연구성과가 한국과 일본에 공식적으로 소개될 수 있게 되었다. 이를 계기로 학계의 고분벽화 관련연구는 탄력을 받게 되었다. 생활사, 사상사 위주의 연구에 사회사, 문화사적 연구 경향이 더해지면서 고분벽화를 자료로 하거나, 고분벽화 자체를 연구한 다양한 성과물들이 쌓이기 시작하였다.[28, 46]

고분벽화 전문연구준비기라고 할 수 있는 1981년 이후의 흐름은 2000년 내세관의 반영이라는 시각을 바탕으로 고구려 고분벽화의 구성과 제재 전반을 종합적으로 분석, 정리한 연구서가 출간되면서[65] 새로운 물결에 자리를 내주었다.[100] 전문연구 제2기에 해당하는 2001년부터는 분야별 연구가 활성화 되는 한편 고분벽화에 대한 인식을 대중적으로 제고하려는 움직임도 활발해지고 있다.[61, 101] 특히 한국에서는 여러 학문분야에서 경계를 개의치 않고 고분벽화의 개별제재나,[20, 35, 66] 1~2기의 벽화고분 자체를 연구대상으로 삼아[34, 77] 일정한 연구 성과를 도출하려는 움직임이 적극화 되어 주목된다. 이는 고분벽화라는 역사문화자료의 성격에 대한 인식 및 접근방법 개선과 관련하여 눈여겨보아야 할 현상이다.[45]

고구려 고분벽화는 1990년대 중반을 고비로 사회적 관심의 대상으로도 떠올라 일반대중을 대상으로 한 기획전시의 주제로도 선호된다. 특히 중국으로의 여행이 자유로워지고 남북교류도 활성화 된 상태에서 고구려유적의 세계문화유산 등재신청, 중국의 동북공정이 사회적 이슈로 떠오르자 고구려 고분벽화는 대규모 국제심포지엄의 주제로 잇따라 채택되기도 한다. 미국, 독일 등지에서 고구려 문화, 또는 고구려고분벽화를 주제로 한 국제심포지엄이 개최되고,[109, 111] 일본, 독일, 헝가리 등지에서 고구려 고분벽화 순회전시나 고구려미술전이 열리고 기념도록이 발간되는 것도[105, 110] 2000년 이후 고구려사 이해를 둘러싼 사회적 관심의 고조에 힘입은 바 크다.

전문연구준비기가 끝나가는 시점을 전후하여 나타나는 또 하나의 현상은 유럽, 미국 등 동아시아 바깥세계의 연구자들 사이에서도 고구려 고분벽화가 관심과 연구의 대상으로 떠오른다는 사실이다.[100] 전문적인 연구 성과의 산출로까지 이어지고 있는[62, 69, 79, 88] 이 새로운 흐름이 위에서 언급한 미국과 유럽에서의 고구려 관련 국제심포지엄 및 전시회의 개최를 가능하게 했다고 할 수 있다. 이제 이상과 같은 흐름이 학문분야별로는 어떻게 드러나는지 이하에서 보다 구체적으로 살펴보기로 하자.

2) 분야

(1)고고학

고구려 벽화고분은 북한과 중국에 소재하고 있어 동서냉전기에는 관련 자료에의 접근이 거의 불가능한 상태였다. 때문에 새로운 벽화고분이 발견되고 조사되었는지, 이에 대한 연구 성과가 나왔는지는 일본이나 홍콩을 통해 간접적으로만 확인 가능하였다. 1990년대에 들어서면서 이와 같은 정치적 장애가 해소되었고, 2000년대에 이르러 북한에서는 고구려 벽화고분 발굴·조사에 외국학자의 참여가 허용되기 시작하였다. 이런 점에서 북한·일본 공동조사의 형식으로 이루어진 송죽리고분 발굴은 해방 후 고분벽화 연구사에서 새로운 이정표를 마련하였다고 해도 과언이 아니다.[85] 2005년에 이루어진 평양일대 고구려유적 남북공동조사는 송죽리고분 공동조사 경험을 징검다리로 삼았다고 할 수 있다. 남북학자들이 함께 평양, 안악일대 주요벽화고분을 중심으로 유적조사를 시행하고 곧바로 이를 보고서로 간행한 것은[104] 남북학술교류가 학문적 성과 산출로까지 이어졌다는 점에서도 주요한 의미를 지닌다. 송죽리고분 외에 태성리3호분,[74, 83] 금옥리벽화분,[87] 용악산벽화분[102] 등이 추가로 발견되면서 현재까지 북한에서 확인된 고구려 벽화고분의 숫자는 모두 76기에 이른다.[99] 고고학 분야 북한의 최근 연구동향에서 주목되는 것은 벽화고분의 자생설을 제시하고 입증하려는 연구가 집중적으로 이루어지고 있다는 사실이다.[39, 78, 82] 이는 고구려를 자주적인 천년 왕국으로 규정하고 내세우려는 북한학계의 문헌학적 연구 경향과[19] 궤를 같이 하는 것으로 아직 충분한 학술적 설득력을 지니고 있는 상태는 아니다. 고구려 벽화고분의 출현과 전개과정을 보다 넓은 시야에서 조망하려는 한국학계[1, 56, 96] 및 일본학계의 입장과는[57, 90, 91] 뚜렷이 대비되는 흐름이라고 하겠다.

1990년대 후반 이후 중국학계는 고구려 문화를 중원문화의 곁가지로 보는 전통적인 시각을 바탕으로[4] 고구려유적의 조사와 연구를 진행하려는 의도를 보다 뚜렷이 내보이고 있다.[44, 52, 53, 63, 76] 1997년 이루어져 2002년 알려진 집안 고구려고분에 대한 실측조사는[81] 이를 위한 기초정지작업으로서의 성격을 지니고 있다. 고구려고분 실측조사과정을 통해 벽화의 흔적을 지닌 고분들이 추가로 보고되면서 환인·집안일대 고구려벽화고분은 총31기가 되었다.[108] 최근 무순에서 발견된 시가1호분은 고구려의 수도였던 환인·집안 이외의 지역에서 처음으로 발견된 벽화고분이라는 점에서[106] 고구려 고분벽화의 출현과 확산과정, 수요층의 범위와 관련하여 눈여겨볼 유적이다.

(2) 미술사

근래까지도 회화사, 공예사, 건축사 등 전문분야별 접근은 남북한 모두에서 이루어지고 있다. 흥미로운 것은 한국의 연구 성과가 회화사에 집중되는 경향을 보이는 반면,[30, 51, 54, 60, 86] 북한의 그것은 공예사나 건축사에서 더 두각을 나타낸다는 사실이다.[12, 36, 48, 49, 70, 75] 이런 현상은 북한학계가 고분벽화의 기능적 측면에 관심을 보이는 것과 달리 한국학계에서는 고분벽화가 회화사 자료로 인식되고 연구된 데에서 비롯되었다고 하겠다.

고분벽화의 개별제재에 대한 연구는 남북한과 중국학계 모두에서 이루어지고 있지만, 접근시각은 국가별로 뚜렷이 대비되기도 한다. 자생설을 입증하려는 북한학계,[10] 영향설에만 초점을 맞춘 중국학계의 연구 성과들에서는[40, 43] 각각 실증적이기보다는 전제에서 출발된 주장으로서의 성격이 보다 강하게 드러난다.[99, 100] 이는 고구려인의 문화적 개방성, 창조성에 주목하면서 고분벽화의 개별제재가 지니는 문화·예술적 위치와 의미에 보다 주목하려는 한국학계의 연구 동향과는[51, 54, 60] 구별된다.

개별 벽화고분에 대한 관심은 1990년대 후반부터의 뚜렷한 흐름 가운데 하나이다. 안악3호분, 덕흥리벽화분 등등 국제적 논쟁의 대상이 되는 고분에 대한 연구도 계속되고 있지만,[17, 29] 장천1호분, 삼실총, 각저총, 감신총 등등 한 시대의 문화적 동향을 잘 드러내는 고분들도 연구대상으로 떠오르는 등[34, 77] 관심과 연구의 폭이 확대되고 있다.

중국에서도 개별 고분이나 고분벽화의 개별 제재를 중심으로 연구가 활성화 되어[76, 84] 전문연구서의 출간으로까지 이어지고 있는 점은[93] 특히 주목될 필요가 있다. 중국 동북지역 고대 및 중세사를 배타적으로 중국사에 귀속시키려는 동북공정과 관련된 현상의 일부로 보이는 까닭이다.[107] 전문연구제2기가 시작되는 2001년 이전까지 중국에서 고구려 연구, 특히 고분벽화 연구는 주요관심의 대상이 아니어서 남북한이나 일본과 달리 개별연구서의 출간이 전혀 이루어지지 않았기 때문이다. 일본에서도 고분벽화의 개별 제재에 대한 연구가 계속되고 있지만[3, 13, 71] 비교문화적 관점, 특히 일본 고분벽화와의 관련성을 확인하는 차원에서 고구려 고분벽화에 접근하려는 자세도[32, 91] 여전히 유지되고 있다.

(3) 역사학

한국에서는 종교·사상사 방면의 연구가 주류를 이루지만[20, 27, 35, 67] 정치·사회사[6, 12] 및 문화·예술사 분야에서도 연구 성과가 쌓여 가고 있다.[60, 89, 95, 97] 이와 대조적으로 북한에서는 최근까지도 정치·사회사적 접근이 주류를 이루고[11, 22, 41] 문화·예술사적 연구가 이를 뒤따르는 양상을 보인다.[5, 6, 38] 반면 종교·사상사 방면에서의 검토는 거의 이루어지지 않는다. 이는 남북한 사회의 바탕을 이루는 정치체제의 차이로 말미암아 나타나는 대조적 현상이라고 할 수 있다.

고분벽화가 장의예술의 한 장르로 무덤에 묻힌 이가 살던 시대의 내세관, 우주관과 깊은 관련을 맺고 있음을 감안하면[16, 47] 종교·사상사에 입각한 고분벽화 정리와 분석은 이 분야 연구의 출발점이라고 해도 과언이 아니다. 북한학계에서는 이러한 시각에서 접근을 시도하기보다는 고분벽화를 사회제도와 일상생활이 반영된 결과물로 인식하면서 분석하려 한다. 이런 까닭에 생활사, 문화사적 측면의 연구 성과는 내고 있지만 고구려인의 종교·신앙세계에 대한 깊이 있는 연구결과물은 내지 못하고 있다고 하겠다. 중국 및 일본학계에서도 고분벽화에 대한 종교·사상사,[42, 71, 76] 정치·사회사,[15, 21, 58, 68] 문화·예술사[43] 분야에 대한 연구 성과는 나오고 있지만, 남북한학계가 내는 정도에는 이르지 못하고 있다.

　생활일반, 천문과학, 민속복식, 음악무용, 보존과학 등으로 세분될 수 있는 문화 · 예술사 방면의 연구는 남북한학계 양쪽에서 최근까지 활발히 이루어지고 있다. 초기와 중기 고분벽화 자료를 바탕으로 이루어진 고구려인의 일상생활 이해와 복원은 1990년대까지는 북한에서,[9, 18] 이후에는 한국에서 적극적으로 진행되고 있다.[61] 천문과학 분야에서도 남북한은 유사한 흐름을 보여준다. 1990년대에 들어서면서 한국학계가 내놓고 있는 연구 성과들은 대부분 종교사상과 천문과학을 상호 연계시킨 것들이다.[31, 89] 이는 천문과학적 측면만을 고려한 북한학계의 연구물과 대비된다.[6, 14, 38]

　민속복식 방면의 연구는 남북한 양측에서 지속적으로 이루어지고 있으나 접근시각과 연구방법에서는 서로 뚜렷한 차이를 드러낸다. 복식분야에서 한국의 연구자들은 고구려 고유의 요소, 중국문화 요소, 내륙아시아 및 서아시아 문화에서 비롯된 요소를 아울러 살펴보면서 고구려 복식의 흐름을 짚어내려 한다.[24, 64, 97] 반면, 북한의 연구자들은 고구려 고유의 복식이 이후의 역사에 어떤 영향을 미치는지에 대해서만 관심을 기울이며 그 과정을 밝혀내려고 한다.[2, 10] 자주성, 독자성을 읽어내는 데에 초점을 맞춘 북한학계의 접근방식이 민속복식 연구에도 적용되고 있음을 알 수 있다. 민속의 여러 분야 가운데 주목되는 것은 곡예인데, 최근 한국학계에서는 곡예와 같은 세부적인 분야를 주제로 심포지엄을 열 정도로 고분벽화 연구가 확산되고 깊어지고 있다.[103]

　음악무용 방면의 연구 역시 남북한학계에서 위와 유사한 방식으로 진행되고 있다. 한국학계는 고구려 음악과 무용의 내용과 계통을 읽어내는 과정에서 중앙아시아 및 중국과의 문화교류로 말미암은 영향에 대해서도 살펴보려 한다.[8, 95] 이와 대조적으로 북한에서는 음악, 무용 연구를 통해 고조선-고구려의 문화적 계승관계를 밝혀내려 한다.[5, 6] 그러나 고조선 문화의 구체적인 측면들이 거의 알려지지 않은 현 상태에서 이는 무리한 시도라고 할 수 있다. 최근 한국에서는 음악에서도 해당분야 연구자들이 직접 고분벽화를 자료로 한 음악사학적 접근이 이루어지고 있다.[112]

보존과학 방면의 연구는 현지조사와 샘플분석 등이 함께 이루어질 필요가 있는 까닭에 한국에서는 1990년대 중반에야 비로소 이루어진다. 물론 이도 일제강점기에 조선총독부박물관에 남겨졌던 벽화조각의 보존처리과정에서 간신히 이루어졌다.[55, 92] 북한에서는 장비 부족, 전문인력의 부재 등의 문제로 말미암아 이루어지지 못하다가 유네스코 조사단에 유적접근을 허용하면서 벽화보존에 도움이 될 수 있는 분석결과를 얻어내고 있다.[25, 73] 이런 사정을 감안할 때 북한 소재 고구려 고분벽화의 현지조사를 바탕으로 보존과 관련한 제안이 이루어지고,[94, 102] 뒤이어 벽화보존 처리방안을 찾기 위한 남북공동조사가 이루어져 그 결과가 성과물로까지 나온 것은[113] 보존과학 차원의 남북공동작업까지 추진할 수 있게 했다는 점에서 주요한 의미를 지닌다. 중국에 소재한 벽화고분의 보존처리는 중국의 연구인력이 몇 차례 시도하였으나[23, 26, 33] 현재는 그로 말미암은 후유증이 적지 않다.[59] 국제적 관심과 협력, 중국측의 개방적인 자세가 요구되는 사안이다.

2. 과세와 진망

1) 자료가치의 재인식, 재평가

고구려 고분벽화 연구분기상 전문연구준비기(전문연구1기) 말부터 전문연구2기 초에 해당하는 최근 10년 동안 고분벽화 연구는 양적인 측면에서 뿐 아니라 질적인 면에서도 괄목할만한 진전을 보였다고 할 수 있다.[99] 그러나 주로 분야별로 이루어진 개별적 연구 성과 가운데에는 더 나은 결과를 도출하기 전 단계에 머무른 것처럼 보이는 것도 적지 않다. 이는 연구자의 역량에서 비롯되었다기보다는 관습화된 방법론이나 자료로서의 벽화에 대한 제한된 인식으로 말미암은 측면이 더 크다고 할 수 있다. 이런 점을 염두에 두면서 고분벽화 연구에서 주의하고 넘어서야 할 점에 대해 살펴보기로 하자.

우선적으로 검토할 것은 고분벽화라는 역사문화자료의 가치가 제대로 인식되고 평가되고 있는가의 문제이다. 이와 관련하여 고분벽화가 지닌 '시공간적 현장성'이 어느 정도 인식되고 있는지를 먼저 자문자답해 볼 필요가 있다. 고구려 고분벽화는 3세기 중엽부터 7세기 전반에 걸쳐 고구려인이 살던 땅에서 고구려인이 만든 무덤 안에 고구려인에 의해 구상되고 그려졌다. 자료로서의 시공간적 위치가 뚜렷한 것이다.

자료의 시공간적 위치에 담길 수 있는 세부적 문화요소에 대해서도 주의 깊은 인식과 평가가 뒤따라야 한다. 문화현상으로서 지역성과 보편성, 중심부와 주변부의 관계가 고분벽화라는 자료에 반영될 수 있으며, 시대성과 통시대성, 전통성과 국제성이 서로 구별되면서도 중첩되면서 벽화의 제재로 자리 잡을 수 있다는 사실, 제재별 비중이나 밀도의 변화과정을 통해 이러한 요소들의 상호관계가 변화하는 과정을 추적할 수 있다는 점 등등도 충분히 염두에 두어져야 할 것이다.[45]

다음으로 검토할 것은 당대인이 남긴 금석문이나 문헌기록 등등과 비교할 때 고분벽화라는 유적자료가 지닌 가치와 의미가 어떠한가이다. 고분벽화는 문자로 묘사하기 어려운 생활상이나 상징성, 관념세계까지 한 화면에 담아낼 수 있다. 의식주의 세부적인 요소나 상상 속 존재들의 구체적인 모습과 함께 회화기법이나 안료배합 및 보존기술, 기후 및 환경 계산능력까지도 한꺼번에 알 수 있게 한다. 고분벽화 제작 당시 고구려 화공이나 석공, 건축가, 토목기술자들이 고려했던 제반 인문·자연환경까지 이해할 수 있게 해주는 것이다.

마지막으로 스스로에게 물어볼 것은 고분벽화에 담겨 있는 역사문화정보를 어디까지 읽어내고 설명해낼 수 있는지이다. 자료해석의 깊이와 너비의 문제라고 하겠다. 고분벽화 분석을 통해 알아낼 수 있는 고구려 문화의 성격, 고구려 사회의 구성과 운영방식, 고구려인의 일상생활, 종교와 신앙, 과학기술은 어디까지인지, 이를 위해 함께 정리하고 분석할 자료는 어떤 것이 있으며, 적용할 연구방법론은 무엇인지를 고민해 볼 필요가 있다. 기록자료 이상의 정보가 담겨 있다고 할지라도 고분벽화가 보존에 취약성을 안고 있는 유적이라면 가능한 빠른 시간 안에 고분벽화에 대한 입체적인 접근이 시도될 필요가 있다. 이를 위해 필요한 것이 효과적인 연구방법론의 개발과 적용이라고 할 수 있다.

2) 효과적 연구방법론의 적용

전문분야별로 고분벽화의 특정한 제재를 정리, 분석하거나 고분벽화 자체를 연구대상으로 삼아 이루어진 연구결과물에서 종종 드러나는 문제점은 인접분야에서 이미 이루어진 관련성과가 참조되거나 활용되지 못하는 경우가 적지 않다는 사실이다. 문헌자료 검토를 바탕으로 확인된 역사적 사실임에도 불구하고 고고학, 미술사학, 종교학적 접근과정에서 제한된 자료의 해석을 시도하다가 이를 밝히는 데에 실패한 것으로 결론을 내리는 식이다. 해당 유적, 유물을 특정 사실을 재확인시키는 증거자료로 삼거나, 사실에 대한 이해나 인식을 수정, 보완하게 하는 자료로 해석할 수 있음에도 문헌연구의 성과를 전혀 알지 못한 채 전후 맥락 없이 자료정리를 시도할 때 나타날 수 있는 현상이다.

학문분야별 연구 성과가 활발히 교류되거나 적극적으로 공유되지 못할 때에도 같은 결과에 이를 수 있다. 고분벽화가 여러 분과학문에서 접근 가능한 자료인 까닭에 고분규모와 구조, 축조재료, 출토유물에 대한 이해를 바탕으로 편년이 가능하다고 보는 고고학분야의 상식을 전혀 모른 채 음악사적 접근만으로 편년적 의미가 없는 결론을 도출할 수도 있는 것이다. 이 경우, 고분벽화의 시간적 위치를 보다 구체적으로 잡아줄 수 있는 고고학분야 편년론의 도움을 받는다면 고분벽화에 등장하는 음악자료의 문화사적 위치와 의미는 보다 정확해질 수 있을 것이다. 때문에 특정 벽화고분이나 고분벽화 제재를 대상으로 삼은 학제적 접근, 분과학문의 벽을 넘어선 通학문적 연구는 연구방법론상의 편협성이나 한계를 극복하고, 고분벽화의 자료정보를 입체적으로 읽어낼 수 있게 하는 효율적인 접근방법으로 권장할 만하다.

고분벽화에 대한 효율적인 연구방법론의 개발을 시도하는 과정에서 한 가지 주의할 점은 고분벽화가 반드시 당대의 현실을 그대로 복사해내고 있지는 않다는 사실이다. 고분벽화란 말 그대로 죽은자를 위한 공간 내부를 장식한 그림인 까닭이다. 당대에 널리 알려지고 받아들여졌던 특정한 내세관을 바탕으로 벽화가 제작되었을 것이므로 실재의 변형과 재구성 가능성을 염두에 두고 벽화 해석을 시도할 필요가 있는 것이다. 고분벽화 연구자에게 실재에 덧

씌워진 관념도 함께 읽어내려는 태도가 요구된다고 하겠다.

3) 유적 현황에 대한 정확한 이해

자료가치의 인식과 평가나 효율적인 연구방법론의 적용은 유적 현황에 대한 충분한 이해를 바탕으로 이루어질 필요가 있다. 벽화가 그려진 고분의 현황을 제대로 알지 못한 상황에서 진행되는 연구는 때로 아주 중요한 유적정보를 결여한 상태로 가정에 가까운 결론에 이를 수도 있기 때문이다. 유적 현장에 접근할 수 있고, 정밀한 관찰과 조사까지 진행할 수 있다면 고분벽화 연구는 자료가 지닌 미세한 역사문화정보까지 아우르며 이루어나갈 수 있을 것이다.

유적발굴조사과정과 결과를 다룬 고고학적 조사보고서 검토도 사전에 충분히 이루어져야 한다. 발굴 전후의 유적상태, 주변 환경까지 포괄적으로 다루게 마련인 조사보고서를 보지 않은 채 고분벽화만 검토하려 하다가 해당 고분에 특정한 벽화의 제재가 등장하게 된 시공간적인 맥락을 놓칠 수도 있다. 고분의 규모나 구조, 출토유물 뿐 아니라 고분이 자리 잡은 공간이 지닌 의미도 유의해서 살펴볼 필요가 있는 까닭이다. 해당 벽화고분이 일정한 규모의 고분군 안에 있다면 그 자리가 어디인가도 주요한 의미를 지닐 수 있기 때문이다.

고분과 벽화의 보존상태가 어떠한지, 제작 이후 어떠한 변화를 거쳤으며, 발견 이래 어떻게 바뀌어가고 있는가도 주의 깊게 관찰되고 정리될 필요가 있다. 비교적 짧은 시기 안에 벽화의 주제가 바뀌거나 개별 제재가 수정된 경우도 있고, 보존상태의 악화나 인위적인 훼손으로 말미암아 벽화 전부나 특정 부분이 사라진 사례도 있는 까닭이다.[99] 벽화의 훼손 부위가 어떤지에 따라 벽화구성의 맥락을 잡을 수 없을 수도 있고, 벽화의 이해 방향에 혼란을 초래할 수도 있으므로 발견 당시와 관련된 정보를 최대한 수집하려는 노력도 뒤따라야 한다. 벽화상태에 대한 주변의 전언이나 고분과 관련한 전설, 민담도 수집, 기록하고, 벽화 모사작업과정과 결과물, 벽화촬영과정과 내용 등도 파악하려고 노력할 필요가 있다.[72] 벽화 보존상태 및 주변 환경 변화과정 관찰은 고분벽화의 보존관리 방안을 개선하고 보존과학적 조치를 강구하는 데에도 반드시 필요한 작업이다.

3. 맺음말

　고구려유적 세계문화유산 등재 및 중국의 동북공정 전개과정에서 나타난 한·중 역사 갈등과 북한, 일본의 미묘한 태도, 이로 말미암은 여러 가지 파장에서 확인되었듯이 고분벽화 연구는 현실정치 및 역사인식의 영향으로부터 결코 자유롭지 않다.[107] 가능한 한 현실세계를 지배하는 정치적 역학관계나 국가·민족주의적 인식으로부터 자유로워져야겠으나 그러기 어려운 것이 또한 현실이다. 그럼에도 불구하고 고구려 고분벽화는 그 자체로 연구대상이 되고, 연구자료로서의 가치와 의미를 인정받아야 할 유적이다.

　고구려 고분벽화는 입체적 역사문화정보를 담은 자료임에도 불구하고 아직은 연구 미개척지대로 남아 있다고 해도 과언이 아니다. 연구자층이 제대로 형성되어 있지도 않고, 학제적 연구기반이 조성되어 있지도 않다. 근래 국제학계의 관심대상으로 떠올라 조만간 국제적 연구 네트워크 결성도 가능할 것처럼 보이지만 국내에는 이 분야를 위한 전문연구소도 설립되어 있지 않은 상태이다. 고분벽화가 전문연구자들에 의해 지속적으로, 종합적으로 연구되고 그 성과가 대중화될 수 있는 기반 조성이 먼저 이루어질 필요가 있는 것이다. 그러한 날이 조속히 오기를 기대한다.

참고문헌

1. 金元龍, 1980, 『韓國壁畫古墳』, 一志社.

2. 천석근, 1981, 「고구려옷이 우리나라 중세 민속옷 발전에 미친 영향」 『력사과학』 1981년 1호.

3. 大西修也, 1982, 「高句麗古墳壁畫にみる雲文の系譜(上)」 『佛敎藝術』 143.

4. 劉永智, 1982, 「高句麗壁畫與中國文化的關係」 『學術硏究叢刊』 1982年 4期(韓譯, 1993, 『白山學報』 41).

5. 주재걸, 1982, 「고구려에서의 군악대활동에 관한 연구」 『력사과학』 1982 - 2.

6. _____, 1983, 「고구려사람들의 예술활동에 대한 연구-음악 · 무용을 중심으로」 『고고민속론문집』 8, 과학백과사전출판사.

7. 리준걸, 1984, 「고구려벽화무덤의 별그림에 대한 연구」 『고고민속론문집』 9.

8. 宋芳松, 1984, 「長川1號墳의 音樂史學的 點檢」 『韓國學報』 35 ; 1985, 『韓國音樂史硏究』.

9. 박진욱, 1986, 「고구려의 마구에 대하여」 『조선고고연구』 1986 - 3.

10. 천석근, 1986, 「안악제3호무덤벽화의 복식에 대하여」 『조선고고연구』 1986 - 3.

11. 손영종, 1987, 「덕흥리벽화무덤의 주인공의 국적문제에 대하여」 『력사과학』 1987 - 1.

12. 김영숙, 1988, 「고구려무덤벽화의 련꽃무늬에 대하여」 『조선고고연구』 1988 - 3.

13. 齊藤忠, 1988, 「高句麗古墳壁畫の龍文」 『日本歷史』 476.

14. 리준걸, 1989, 「고구려에서의 천문학의 발전」 『조선고고연구』 1989 - 3.

15. 武田幸男, 1989, 「德興里壁畫古墳の被葬者の出自と經歷」 『朝鮮學報』 130.

16. 全虎兌, 1989, 「5세기 高句麗古墳壁畫에 나타난 佛敎的 來世觀」 『韓國史論』 21.

17. 孔錫龜, 1990, 「德興里壁畫古墳의 主人公과 그 性格」 『百濟硏究』 21.

18. 궁성희, 1990, 「고구려무덤들에 보이는 부뚜막에 대하여」 『조선고고연구』 1990년 1호.

19. 손영종, 1990~1999, 『고구려사』 1~3, 과학백과사전종합출판사.

20. 全虎兌, 1990, 「고구려고분벽화에 나타난 하늘연꽃」 『美術資料』 46.

21. 塚全康信 · 和田圭壯, 1990, 「高句麗壁畫古墳の墓誌について」 『廣島文敎女子大學紀要』 25(人文・社會科學編).

22. 손영종, 1991, 「덕흥리벽화무덤의 피장자망명인설에 대한 비판(1), (2)」『력사과학』1991 - 1・2.

23. 李正平, 1991, 「集安高句麗墓室壁畵霉菌淸除技術報告」『博物館硏究』1991年1期.

24. 任榮子, 1991, 「飛天服飾에 關한 考察; 敦煌飛天과 高句麗 古墳壁畵 飛天을 中心으로-」『建國
    大中國硏究』10.

25. Rodolfo Lujan, 1991, Conservationof Mural Paintings and Historical Sites, Serial No.
    FMR/CLT/CH/91/102, Paris.

26. 耿鐵華, 1993, 「集安高句麗古墓壁畵及其保護」『高句麗硏究文集』, 集安博物館, 延邊大學出版
    社 ; 鄭永振 譯, 1995, 「輯安 高句麗 무덤벽화 및 그 보호」『中國境內高句麗遺蹟硏究』,
    예하.

27. 全虎兌, 1993, 「고구려의 五行信仰과 四神圖」『國史館論叢』48.

28. ______, 1994, 「고구려고분벽화 연구문헌 분류와 검토」『역사와 현실』12.

29. 孔錫龜, 1996, 「德興里 壁畵古墳 被葬者의 國籍問題」『韓國上古史學報』22.

30. 權寧弼, 1996, 「高句麗繪畵에 나타난 對外交涉」『高句麗美術의 對外交涉』, 藝耕.

31. 金一權, 1996, 「고구려고분벽화의 天文관념체계 연구」『震檀學報』82.

32. 上原和, 1996, 「高句麗繪畵가 일본에 끼친 영향」『高句麗美術의 對外交涉』, 藝耕.

33. 李正平, 1996, 「吉林省古墓壁畵保護措施的檢討」『博物館硏究』1996年 1期.

34. 全虎兌, 1996, 「고구려 角抵塚 壁畵硏究」『美術資料』57.

35. 鄭在書, 1996, 「高句麗古墳壁畵에 보이는 神話・道敎的 題材에 대한 새로운 인식-중국과 주변
    문화와의 관계성을 중심으로」『白山學報』45.

36. 천석근, 1996, 「고국원왕릉벽화의 전각도에 대하여」『조선고고연구』1996년 1호.

37. 東朝, 1997, 『高句麗考古學硏究』, 吉川弘文館.

38. 리준걸, 1997, 「고구려 고분벽화를 통해 본 고구려의 천문학 발전에 관한 연구 -덕화리 2호무
    덤과 진파리 4호무덤의 별자리 그림을 위주로-」『高句麗硏究』4.

39. 박진욱, 1997, 「고구려 벽화무덤의 류형변천과 편년에 관한 연구」『高句麗硏究』4.

40. 徐曄, 1997, 「淺談古代高句麗民族服飾」『長春文物』1997年 2期.

41. 손영종, 1997, 「고구려 벽화무덤의 묵서명과 피장자」『高句麗硏究』4.

42. 深津行德, 1997, 「高句麗古墳壁畵を通して見た宗敎と思想の硏究」『高句麗硏究』4.

43. 楊育, 1997, 「談高句麗壁畵中的舞蹈」『高句麗歷史與文化硏究』, 楊春吉・耿鐵華 編, 吉林文史

出版社.

44. 劉萱堂, 1997, 「中國集安高句麗壁畵墓與遼東遼西漢魏晉壁畵墓比較研究」『高句麗研究』4.

45. 全虎兌, 1997, 「고구려 고분벽화 연구론」『古文化』50, 한국대학박물관협회.

46. ______, 1997, 「高句麗 古墳壁畵 研究史」『高句麗研究』4.

47. ______, 1997, 「高句麗 後期 四神系 古墳壁畵에 보이는 仙·佛 混合的 來世觀」『蔚山史學』7.

48. 한인호, 1997, 「고구려 고분벽화를 통해 본 고구려의 건축에 관한 연구」『高句麗研究』4.

49. 한천섭, 1997, 「고구려벽화무덤의 건축조형적 특성에 대하여」『조선고고연구』1997년 4호.

50. 文明大, 1998, 「佛像의 受容問題와 長川1號墓 佛像禮拜圖壁畵」『講座 美術史』10.

51. 安輝濬, 1998, 「고구려 고분벽화의 흐름」『講座 美術史』10.

52. 劉萱堂, 1998, 「集安高句麗壁畵墓研究槪述」『北方文物』1998年 1期.

53. 魏存成, 1998, 「高句麗考古」『東北古代民族·考古與疆域』, 張博泉·魏存成 主編, 吉林大學出版社.

54. 全虎兌, 1998, 「고구려 고분벽화-강서대묘의 현무도를 중심으로-」『한국사시민강좌』23, 일조각.

55. 李相洙·安秉燦, 1998, 「고구려벽화 제작기법 試考」『高句麗研究』5.

56. 姜賢淑, 1999, 「高句麗 石室封土壁畵墳의 淵源에 대하여」『韓國考古學報』40.

57. 東潮, 1999, 「北朝·隋唐と高句麗壁畵」『國立歷史民俗博物館研究報告』80.

58. 馬彥, 1999, 「德興里壁畵墓研究述評」『全國首届高句麗學術硏討會論文集』1999.6, 吉林省社會科學院高句麗研究中心·通化師範學院高句麗研究所.

59. 楊春吉, 1999, 「集安高句麗壁畵的現狀與保護研究」『全國首届高句麗學術硏討會論文集』1999.6, 吉林省社會科學院高句麗研究中心·通化師範學院高句麗研究所.

60. 全虎兌, 1999, 「고구려 고분벽화의 문화사적 위치」『한국미술의 자생성』, 한길사.

61. 전호태, 1999, 『고분벽화로 본 고구려이야기』, 풀빛.

62. Miwha Lee Stevenson, 1999, Webs of Signification : Representation as Social Transformation in the Muraled Tombs of Koguryo, Submitted for the degree of Doctor of Philosophy in the Graduate School of Arts and Sciences, Columbia University.

63. 耿鐵華, 2000, 「高句麗壁畵四神圖及其文化淵源」『黑土之的古代文明』, 遠方出版社.

64. 윤지원, 2000, 「漢代와 高句麗 長袖衣 무용복 비교」『服飾』50-2.

65. 전호태, 2000, 『고구려고분벽화연구』, 사계절.

66. ______, 2000, 「고구려 고분벽화의 직녀도」『역사와현실』38, 한국역사연구회.

67. _____, 2000, 「高句麗 古墳壁畫와 神仙信仰」 『道敎と東アジア文化』, 國際日本文化硏究センタ.

68. 鴻　鵠, 2000, 「安岳3號墓硏究述評」 『黑土之的古代文明』, 遠方出版社.

69. Ildiko Nagy, 2000, Copies of Murals from Anak Tomb No.3 in the Korean collection of the Ferenc Hopp Museum of Eastern Asiatic Arts, Ars Decorativa 19.

70. 리영애, 2001, 「고구려무덤벽화무늬의 류형과 그 형식」 『조선고고연구』 2001 - 2.

71. 門田誠一, 2001, 「銘文の檢討による高句麗初期佛敎の實相-德興里古墳墨書中の佛敎語彙お中心に-」 『朝鮮學報』 180.

72. 早乙女雅博, 2001, 「일본에 있는 고구려 고분벽화 모사(模寫)- 초기 연구의 재평가-」 『요령지역의 고대문화』 2001.10.9, 서울대학교박물관 주최 국제학술심포지엄.

73. Ariane Perrin, 2000, UNESCO Expert Mission to the DPR of Korea for the review of the Nomination File and elaboration of a conservation and management plan of the Koguryo tombs, 5-12 August 2000, Report.

74. 발굴소식, 2001, 「태성리에서 새로 발굴된 고구려벽화무덤」 『조선고고연구』 2001 - 4.

75. 손수호 · 리영애, 2001, 「고구려무덤벽화무늬의 변천과 그 특징」 『조선고고연구』 2001년 3호.

76. 溫玉成, 2001, 「集安長川1號高句麗墓佛敎壁畫硏究」 『北方文物』 2001年 2期.

77. 金虎兌, 2001, 「고구려 삼실총 벽화연구」 『역사와현실』 44, 한국역사연구회.

78. 한인호, 2001, 『고구려고분연구』, 사회과학출판사.

79. Nancy Shatzman Steinhardt, 2001, From Koguryo to Gansu: Funerary and Worship Space in North Asia, 4th-7th centuries, Between Han and Tang, Beijing, Cultural Relics Publishing House.

80. 姜友邦, 2002, 「高句麗 古墳壁畫와 佛像光背의 氣表現」 『美術史論壇』 15, 韓國美術硏究所.

81. 吉林省文物考古硏究所 · 集安市博物館 編著, 2002, 『洞沟古墓群-1997年調査測繪報告』, 科學出版社.

82. 김인철, 2002, 「태성리3호 벽화무덤의 축조년대와 주인공 문제에 대하여」 『조선고고연구』 2002 - 1.

83. 발굴보고, 2002, 「새로 발굴된 태성리3호 고구려벽화무덤」 『조선고고연구』 2002년1호.

84. 方起東 · 劉萱堂, 2002, 「集安下解放第31號高句麗壁畫墓」 『北方文物』 2002年 3期.

85. 永島暉臣愼, 2002, 「북한 고고학의 최신성과」 (2002.10.8 부산대학교).

86. 韓正熙, 2002, 「高句麗壁畫와 中國 六朝時代 壁畫의 비교연구-6 · 7세기의 예를 중심으로-」

『美術資料』68.

87. 최응선, 2002,「금옥리 벽화무덤」『조선고고연구』2002 - 2.

88. Nancy Shatzman Steinhardt, 2002, Changchuan Tomb No. 1 and Its North Asian Context, Journal of East Asian Archaeology.

89. 金一權, 2003,「高句麗 壁畵와 古代 동아시아의 壁畵 天文傳統 考察—日本 기토라 天文圖의 새로운 同定을 덧붙여—」『高句麗研究』16.

90. 東 潮, 2003,「魏晋・北朝・隋唐と高句麗壁畵」『高句麗研究』16.

91. 門田誠一, 2003,「高句麗 古墳壁畵と日本飛鳥時代古墳壁畵の比較研究」『高句麗研究』16.

92. 安秉燦, 2003,「高句麗 古墳壁畵의 製作技法 研究—바탕벽 제작기법을 중심으로—」『高句麗研究』16.

93. 尹國有, 2003,『高句麗壁畵研究』, 吉林大學出版社.

94. 李鐘祥, 2003,「韓國美術史에서 차지한 高句麗 壁畵의 位置—材料技法을 中心으로—」『高句麗研究』16.

95. 李晋源, 2003,「壁畵를 통해서 본 高句麗 音樂과 樂器」『高句麗研究』16.

96. 全虎兒, 2003,「고구려 고분벽화의 起源」『강좌 한국고대사』9.

97. 정완진, 2003,「고구려 고분벽화 복식의 지역적 특성과 변천」, 서울대학교박사학위논문.

98. Ariane Perrin, 2003 The World Heritage Nomination Process for "The Complex of the Koguryo Tombs located in the Democratic People's Republic of Korea", 『高句麗研究』16.

99. 전호태, 2004,『고구려고분벽화의 세계』, 서울대출판부.

100. ______, 2004,「외국학계의 고구려 고분벽화 연구동향(1997~2003)」『역사와현실』52.

101. ______, 2004,『벽화여 고구려를 말하라』, 사계절.

102. ______, 2004,「북한 소재 고구려 고분벽화의 보존과 관리방안 연구」『한국고대사연구』35.

103. 한국공연문화학회 2004년 추계학술심포지엄, 고분벽화로 본 고구려의 공연문화(2004.11.6, 숙명여자대학교, 서울).

104. 고구려연구재단편, 2005,『남북공동유적조사보고서 평양일대고구려유적』.

105. 共同通信社, 2005,『高句麗古墳壁畵』.

106. 李新全, 2005,「近年遼寧高句麗考古發現與研究」『Havard Conference on Koguryo History & Archaeology』(2005.4.5~4.7, Havard University, Boston, U.S.A.)

107. 전호태, 2005, 「밖으로부터 시작된 위기와 기회, 2004년의 한국고대사연구」『역사학보』187.

108. ____, 2005, 「4~5세기 고구려 고분벽화와 동아시아문화」『고구려연구』21.

109. Havard Conference on Koguryo History & Archaeology(2005.4.5~4.7, Havard University, Boston, U.S.A.).

110. Kunst aus dem Alten Korea Goguryeo(2005.9.23~11.20, Museum f r Ostasiatusche Kunst, Staatliche Mussen zu Berlin, Germany).

111. International Symposium: Mural Paintings from the Goguryeo Kingdom (2005.10.21~23, 베를린자유대학, Berlin, Germany).

112. 고구려 음악사의 재인식(2006.9.8, 서울대학교 개교 60주년 기념 동양음악연구소 학술회의, 서울대학교 박물관 강당, 서울).

113. 남북학술교류협의회 · 국립문화재연구소편, 2006, 『고구려 벽화고분 보존실태 조사보고서』.

114. 전호태, 2006, 「고구려 고분벽화」『인류의 문화유산 고구려고분벽화』연합뉴스.

농경의 발전과 고대사회

김재홍 _ 국립중앙박물관

1. 문제제기

역사의 발전은 일반적으로 생산력의 증진과 생산관계의 변화로 설명할 정도로 한 시대가 이룩한 생산력의 발전 수준을 정확히 이해하는 것은 중요하다. 생산력의 발전이 사회변동의 전제로서 중요한 위치를 점하고 있다면 이에 대한 정확한 이해는 고대사회의 성격을 이해하는 중요한 요소가 될 것이다. 이에 대한 연구성과는 주로 철제 농기구와 우경에 의하여 고대사회가 발전하였거나 중앙집권국가로 발전하였다고 이해하여 농업생산력 발전의 구체적인 지표나 보급도에 대한 정확한 해명보다는 사회변동의 한 요인으로 주목하였다. 그러나 90년대 이후에 전국 각지에서 대규모 발굴이 이루어지면서 무덤 위주의 발굴에서 탈피하여 마을, 製鐵遺構, 가마터 등 생활유적이 발굴되었다. 생활유적은 하천 가의 선상지나 저지대에 위치하고 있으며, 대표적인 유적으로는 진주 대평리, 대구 시지동·동천동, 창원 반계동·가음정동, 부여 서라성, 하남 미사리 등이 있다. 여기에서는 地上式家屋, 도로, 유물 뿐만 아니라 논과 밭 등의 경작지가 발굴되었다. 이러한 고고학적인 자료가 축적되면서 경작도구, 耕作地, 수리시설 등 구체적인 분야에서 연구가 시작되고 있다. 다른 분야에 비해 늦게 연구가 이루어졌으나 생활유적의 일부로서 많은 발굴조사가 이루어지면서 고고학과 역사학 분야에서 논의가 활발하게 이루어지고 있다.

2. 밭농사의 시작

기원전 1,000년대 전반에 청동기가 출현하면서 원시공동체사회에 변화가 나타나기 시작하였다. 청동 공구의 발달로 다양한 목제 농기구가 제작되어 기존의 돌로 만든 농기구와 함께 농업 생산을 향상시키고 본격적인 농경이 시작되었다.[52, 61, 71] 우리나라에서 농경은 신석기시대 중기인 기원전 3500년경에 시작되었으나[52] 본격적인 농경은 청동기시대로부터 시작되었다. 청동기시대 밭농사는 突帶文土器가 사용된 조기부터이며 이 단계의 농경은 도작이 포함된 田作 위주로, 요동반도로부터 한반도 서북부지역을 거쳐 중남부지역으로 전파되었다는 견해가 일반적이다.[59, 61, 64] 조기 단계의 농경에는 쌀이 포함되었으나 동해안지역에서는 도작농경의 흔적이 확인되지 않아 전국적으로는 전작 중심이었다.[42] 당시 상황을 보여주는 유물인 농경문청동기에는 밭농사를 짓는 과정이 잘 묘사되어 있다. 여기에서는 따비로 밭을 갈고 괭이로 땅을 고르는 상황이 새겨진 것으로 보아 당시에 이미 밭에 이랑을 만들어 곡식을 파종하는 이랑재배가 행해진 것을 알 수 있다. 더 나아가 여기에 묘사된 노동방식은 한 사람이 앞에서 갈고 다른 사람이 씨를 뿌리는 형태라는 견해도 있다.[79]

당시 밭농사에 대한 구체적인 자료는 발굴 조사된 밭을 통해 알 수 있는데, 진주 대평리, 대구 동천동·서변동, 칠곡 등지에서 발견되었다. 밭은 대부분 하천의 범람원에 위치하고 있으며,[66, 83] 그 형태는 구획시설과 고랑·두둑의 유무, 평면과단면형태 등을고려하여 다양하게존재하였다.[47, 66, 69, 75, 77, 83, 91] 기능상으로 당시의 밭에는 대규모의 밭과 채소 등을 기르는 텃밭이 있었는데, 대규모의 밭은 마을과 조금 떨어져 넓게 형성되어 있고 텃밭은 마을내의 집 주위에 있는 작은 밭이다. 텃밭은 규모가 작고 주로 채소 등을 길러 집집마다 자급자족하던 밭이다. 그리고 밭의 형태에 따라 곡식을 두둑과 고랑 모두에 심을 수 있고 列과 點으로 심는 방법이 있다고 한다.[62] 밭에서 재배된 작물은 식물규산체와 토양분석 등을 통해 보리와 밀, 조, 기장, 들깨, 콩 등이 확인되었으며,[53] 밭의 식물규산체분석에서 벼가 다량으로 출토된 예가 확인되어 밭에서 밭벼(陸稻)를 재배하였을 가능성도 제기되었다.[83] 그러나 청동기시대 대평리 밭에서는 밭벼가 재배되지 않았고 원삼국시대 광주 신창동 밭에서 벼의 plant-opal이 검출되어 밭벼 재배를 확인할 수 있다는 견해도 있다.[86]

청동기시대의 밭은 농구흔으로 보아 나무로 만든 괭이 등의 목제 농기구를 주로 사용하였을 것으로 보이는데,[50, 65] 실제로 진주 대평 옥방지구의 밭에서는 나무괭이로 밭을 간 흔적이 확인되었다. 원삼국시대 광주 신창동과 무안 양장리유적에서는 괭이·쇠스랑·고무래 등 다양한 종류의 목제 농기구 출토되었다. 이와 함께 벌채용 돌도끼의 증가, 홈자귀·돌끌·대패날 등 농경도구 제작을 위한 공구의 보편화 등은 농경이 생산 경제의 기반으로 이미 보편화되었음을 알려주는 자료라 하겠다.[15]

3. 논농사의 발전

밭농사보다 늦게 시작되었으나 중요한 생산수단으로 발전하는 벼농사는 청동기시대부터 시작되었다. 水稻作이 발생한 시점은 중기인 송국리문화단계로 파악하였으나,[42, 60, 61, 63] 발굴된 논의 연대를 근거로 수도작의 도입을 그 이전으로 파악하려는 견해가 제시되었다.[74, 81] 즉 울산 야음동유적에서는 청동기시대 논이 폐기된 이후에 송국리문화단계의 주거지가 조영되었고 밀양 금천리유적에서도 조기의 주거지와 함께 논이 조영되었기 때문이다. 수도작의 도입이 앞당겨져도 쌀과 관련된 자료가 중기에 집중하기 때문에 수도작의 확산은 송국리문화와 밀접한 관계가 있을 것이다.[42, 60] 평양 남경, 여주 흔암리, 부여 송국리 유적에서는 불탄 볍씨가 출토되었고 토기의 바닥이나 몸통에 볍씨자국이 찍혀 나오기도 하였다. 물론 벼 자료는 신석기시대 중기이후부터 한강하류역을 중심으로 발견되고 있으나[36, 54, 92] 그것이 곧 도작의 존재를 설명하기는 곤란하다고 한다.[44]

벼농사의 직접적인 증거인 청동기시대의 논은 울산 무거동 옥현유적, 논산 마전리 유적, 부여 노화리유적, 울산 야음동유적, 밀양 금천리유적 등에서 조사되기 시작하였다. 논은 크고 작은 구릉 사이에 발달한 골짜기와 중소규모

하천의 범람원에 위치하고 있으며,[27, 33, 57, 66, 72, 74, 86] 크게 2가지 형태가 발견되었다.[66, 88, 95]

무거동 옥현 유적에서는 청동기시대부터 조선시대에 이르는 논의 전개양상을 잘 보여주고 있다. 논은 낮은 구릉의 경사를 따라 어느 정도 단을 이루면서 형성되었는데, 모양은 네모꼴, 긴네모꼴, 불규칙꼴 등으로 다양하다. 이 중에서 청동기시대의 논은 주로 장방형의 소구획된 논의 둑안에 경작면의 凹凸면이 매우 불규칙한 상태로 확인되었다. 이들은 1~3평 내외의 작은 규모로 현재의 길게 단을 이룬 논과는 구별되는 소구획의 논이다. 이와 비슷한 형태의 논으로는 청동기시대에 해당하는 논산 마전리와 삼국시대의 부여 궁남지의 논 유적이 있다. 소구획 논은 청동기시대에 출현하여 삼국시대에도 계속하여 조성되고 있었다. 한편, 야음동유적에서는 길게 단을 이룬 논이 발견되었는데, 소규획 논에 비해 둑이 명확하지 않은 특색이 있다. 옥현의 삼국시대에 해당하는 논도 중·대 규모의 계단식 논으로 요즈음의 논과 같이 길다란 모양을 하고 있으며, 삼국시대의 대구 서변동·창원 반계동의 논유적도 비슷한 형태이다.

이와 같이 논의 2가지 형태는 자연지형, 경작방식 등의 다양한 요인에 의해 설명할 수도 있으며, 소구획 논에서 대규모 계단식 논으로 시기적으로 발전하였을 가능성이 제기되었다.[66] 계단식 논은 철제 농기구의 발전과 관련이 있을 것으로 보이며 특히 쟁기를 끄는 우경의 보급과 일정한 관련을 맺고 있다고 추정된다. 그것은 반계동과 서변동의 논유구에서 쟁기날의 흔적이 확인되는 것으로 증명할 수 있다. 그리고 소구획 논에서는 水路 등의 관개시설이 함께 있는 반면, 계단식 논에서는 관개시설이 확인되지 않아 천수답으로 파악하고 있다.[78, 82] 이러한 계단식 논은 우리나라에서만 확인되므로 우리 고유의 독자적인 논의 형태로서[66] 『농사직설』에 나오는 乾畓直播法으로 경작되었을 것으로 추정하기도 한다.[78]

이 시기에는 간단한 형태이지만 논에 물을 대는 수로, 물을 가두는 洑, 저수지 등의 수리시설이 조영되었다. 밀양 금천리유적에서는 보, 울산 옥현유적

에서는 수로, 논산 마전리유적에서는 수로와 우물(井堰), 안동 저전리유적에
서는 저수지와 수로가 확인되어 청동기시대부터 논에 물을 끌어들이고 저수
하는 시설이 있었음을 알려 주고 있다.[82, 98]

4. 곡물 생산

신석기시대 유적에서는 쌀과 조, 기장 등이 확인되었는데,[13] 이를 근거로 이
시대에 이미 밭농사와 논농사가 어느 정도 정착되었을 가능성이 제기되었으
나[80] 아직 문제제기의 수준이다. 이후 청동기시대가 되면 쌀, 조, 피, 기장, 수
수, 콩[87] 등 기본적인 곡물이 모두 확인되면서 출토 사례도 앞 시대에 비해 월
등히 많아지고 있으며,[52] 논에서 생산되는 쌀의 양을 산출하기도 한다.[49] 삼한
과 삼국시대의 유적에서도 곡물의 종류는 비슷하였다고 추정된다. 이와 같이
당시에는 쌀과 함께 잡곡, 豆類가 일반적으로 출토되어 도작과 더불어 잡곡
농사가 상당한 비중을 차지하였음을 짐작할 수 있다.[80] 이를 근거로 청동기시
대 전기에는 잡곡 중심의 농경이었으나 중기이후부터 논농사와 밭농사가 병
행되었다고 한다. 삼국시대 이후에는 벼농사의 흔적과 보리의 출토사례가 증
가하는 것으로 보아 벼와 보리 농사가 확대된 것으로 추정하고 있다.[48]

문헌기록에는 삼국시대에 논과 쌀(米)에 대한 기사보다는 주로 보리(麥),
콩(菽), 조(粟) 등 잡곡에 대한 기사가 많이 나오며, 신라 통일기에 주로 쌀에
대한 기록이 많아지고 있다. 신라 통일기에는 논에 대한 관심이 증대하고 벼
농사가 일정한 수준으로 보급되고 있던 상황을 반영하고 있다. 그러나 쌀은
일반 백성들이 먹기 위해 널리 재배되었다기 보다는 귀족들이 먹는 곡물이었
을 것으로 추정된다.

다음으로 기록에 많이 보이는 것이 조세로 거두어 들인 곡물의 종류이다.
삼국시대 고구려에서는 租로 조(粟)를 받았고 백제에서는 쌀을 거두었다. 신
라에서는 조세에 대한 별다른 기록이 없으나 『三國史記』에서 보리와 콩에 대
한 언급이 많은 것으로 보아 보리와 콩도 조세의 주요 품목이었을 것이다. 이
와 같이 삼국시대에 조세의 품목으로는 조와 쌀 뿐만 아니라 보리와 콩도 조

세의 품목으로 기능하였다. 신라 통일기에는 租의 수취 품목으로 조와 쌀, 그리고 大豆가 중심이 되었다.[24] 고려시대에도 논에서는 米穀이 그리고 밭에서는 대체로 黃豆가 조세의 기본적인 품목이었다.[14]

5. 철제 농기구의 종류와 변화

철제 농기구의 형식분류와 기능에 대한 기초적인 연구는 1920~30년대에 시작되어[1, 3, 4] 60~80년대에 일반적인 정리가 이루어졌고[5, 8, 10, 16] 전반적인 농업생산력에 대해서는 농학사적 입장에서 개괄적인 이해가[20] 가능하게 되었다. 80년도 이후부터는 다양한 경향의 연구성과가 나오고 있다. 주제에 따라 ① 형식분류와 기능의 재검토를 통하여 농기구의 변천을 밝히는 연구,[21, 37, 46, 67, 68] ② 철제 농기구의 소유 관계를 밝히는 연구,[28] ③ 개별적인 농기구에 대한 연구,[32, 43, 45] ④ 지역별 연구성과,[34, 73, 89, 90, 93, 96] ⑤ 농기구의 부장양상을 통하여 그 의미를 추정하는 연구[19, 41, 70, 85, 96] 등이 있다.

삼국시대의 철제 농기구는 보습·一자형쇠날·U자형쇠날·괭이 등의 갈이농구(起耕具), 쇠스랑과 같은 삶는 농구(摩田具), 살포와 같은 물꼬를 트는 농기구, 鐵鋤와 같은 김매는 농구(除草具), 그리고 낫과 같은 걷는 농구(收穫具)로 구성되어 있다. 이로 보아 삼국시대에는 갈이(起耕)-삶기(摩田)-김매기(除草)-걷기(收穫)작업이 일관되게 이루어졌음을 알 수 있다. 갈이농사에 쟁기가 이용되고, 碎土와 摩田에 쇠스랑을 이용하는 농작업은 이후 우리나라 농사의 기본적인 요소가 되었다.

이러한 연구성과를 바탕으로 농업생산력의 발전을 철제 농기구와 牛耕 등으로 설명하고 이를 통한 사회변동의 구체적인 내용을 검토하면서 고대의 사회구성을 해명하는 전기를 마련하였다. 그러나 세부적인 차이도 존재하였다. 농업생산력의 발전을 우경에서 찾는 견해는 牛耕을 통하여 匠尺層이 토지를 확대하면서 읍락공동체가 해체되고 소농민층을 국가의 공민으로 직접 지배하였다는 것이다.[23] 우경보다는 철제 농기구를 중시하는 견해는 읍락 내부의 변화는 철제 농기구의 소유를 통하여 경제력을 집중하는 호민층의 성장에서 찾고, 국가단위 생산력의 발전은 수리시설의 확대를 통한 저습지 개발에서 찾고 있다.[25, 39] 이에 대해 철제 농기구의 보급을 새로운 계층의 성장보다는 국가권력의 관리 · 통제와 연결시키기도 한다.[26]

철제 농기구를 사용 시기에 따라 나누는 초기의 연구는 변화와 획기를 고고학 시기구분의 통설에 맞추어 원삼국시대와 삼국시대의 2단계로 나누었다. 그것을 나누는 가장 중요한 변화는 우경을 할 수 있는 쟁기날의 출현으로 보았다.[22, 26] 이에 비해 고분에서 출토된 철제 농기구를 종합적으로 연구한 견해에서는 변화의 시기를 기원전 1세기, 기원후 4세기말, 5세기말의 3시기로 나누고 있다. 기원전 1세기에 주조괭이 · U자형따비 · 따비 · 쇠스랑, 기원후 4세기말에 살포, 5세기말에 쟁기날이 등장하였다고 한다.[37] 여기에서는 기원전 1세기에서 기원후 4세기까지 철제 농기구의 변화를 한 시기로 묶어 이해하고 있다. 특히 4세기이후에 살포가 출현하고 따비가 소멸하는 시기를 하나의 획기로 보고 새로운 단계로 주목하고 있다. 더 나아가 철제 농기구의 출현에서 신라 통일기까지 철제 농기구의 변전을 종합적으로 설명하는 견해가 나타났다.[58, 67, 84]

농기구가 철기로 변화하는 단계인 기원전 2세기에 네모꼴주조괭이가 농기구로 사용되었으며, 철제 농기구보다는 목제 농기구가 많이 사용되었을 것으로 추정하였다. 기원전 1세기경에 외날따비 · 판상철부 · 사다리꼴주조괭이 · 단조철부(갈이농구), 낫(걷이농구)이 출현하였다. 주조괭이는 횡단면의 형태가 네모꼴에서 사다리꼴로 바뀌면서 수량이 증가하였다. 판상철부는 1세기까지 실용적인 도구로 사용되었으나 2세기 이후에 비실용적인 철기로 변화되어 갔다. 주로 경지를 갈고 개간하는 기경구가 발달하였다. 2세기 후반경에 U자형따비(갈이농구)와 쇠스랑(삶이농구)이 출현하였는데, 이것은 주로 대형분에 부장되었다. 4세기 후반에 논에 물꼬를 트는 살포와 초기 형태의 제초구인 鐵鋤라는 새로운 농기구가 등장하고 판상철부와 외날따비가 소멸되었다. 6세기에 쟁기날이 사용되면서 소가 끄는 우경이 전국적으로 보급되었으며 쟁기날로 간 논이 발견되었다. 이 시기에는 하천변이나 저습지를 본격적으로 개발하여 새로운 가경지를 확보하였다. 신라 통일기에는 다시 쟁기날에 볏이 붙은 쟁기가 사용되고 낫자루도 철로 만들었다. 특히 본격적인 제초구인 호미가 지금의 형태와 비슷한 모양을 하고 있다. 이 견해에서는 2세기 후반 목곽묘에서 출토된 U자형쇠날·쇠스랑, 4세기 후반 살포와 철서, 6세기 쟁기날, 신라 통일기의 쟁기 볏과 호미 등의 출현을 가장 주목하고 있다.

6. 우경

철제 농기구의 보급과 더불어 농업생산에서 또 다른 변화는 소가 끄는 쟁기의 사용이다. 소를 이용함으로써 노동력이 절감되고 깊이갈이를 할 수 있어 농업생산을 증대시켰다. 牛耕의 보급을 알려주는 문헌 사료에는 서로 다른 내용을 담고 있는데, 신라에서 우경의 보급을 알려주는 직접적인 기록으로는 "지증왕 3년(502)에 처음으로 우경을 이용했다"라는 『삼국사기』 기사가 있다. 이는 당시에 우경이 시작되었다는 의미라기보다 이전부터 이용되어오고 있던 우경을 국가적 차원에서 장려한 조치라고 할 수 있다. 『삼국유사』에는 이미 신라 弩禮王(24~57년) 때 쇠보습을 제작했다는 기사가 있어, 쟁기 사용이 더 빨랐을 가능성을 보여주고 있다. 그러나 이것은 쇠보습으로 해석하기보다는 사람이 끄는 쟁기인 극쟁이를 지칭한다는 견해도 있다.[67]

본격적인 쇠보습의 사용은 삼국시대 이후이다. 고구려에서는 3세기 무렵까지 중국의 V자형 冠이나 삼각형 全鐵製 보습을 붙인 有床犁를 사용하다가, 4세기 후반 무렵에는 고구려의 독자적인 삼각형 모양의 보습을 자체 생산했다고 한다. 신라·가야지역에서는 이보다 늦은 6세기이후에 변경지대에 해당하는 안변 용성리고분과 진주 옥봉고분에서 둥근 U자형의 보습이 출토되었다. 따라서 삼각형 보습은 주로 중부 이북의 밭농사 중심지에 분포하고 논농사가 병행하는 신라·가야지역에서는 둥근 U자형이 선호되었다고 한다.[32, 76] 이와 같이 우경은 삼국이 집권적 국가체제를 정비하면서 보급되었고, 그 보급은 중앙정부[32]나 지방의 장척층[23]에 의해 이루어졌다고 한다. 그러나 현재 발굴된 자료에 의하면 쟁기의 사용은 제한적이었다고 할 수 있다. 신라의 수도 경주에서는 한 점의 보습도 나오지 않았고 고구려의 보습도[89] 확실한 출토위치를 알 수 있는 경우는 소수이기 때문에 주의할 필요가 있다.

이 경우에 주목되는 것이 논의 형태와 논에 보이는 쟁기날의 흔적이다. 울산 옥현유적의 삼국시대 논은 중·대 규모의 계단식 논으로 요즈음의 논과 같이 길다란 모양을 하고 있다. 이 계단식 논은 철제 농기구의 발전과 관련이 있을 것으로 보이며 특히 쟁기를 끄는 우경의 보급과 일정한 관련을 맺고 있다고 추정된다. 그것은 창원 반계동과 대구 서변동의 논유구에서 쟁기날의 흔적이 확인되는 것으로 증명할 수 있고 반계동에서는 주변에 소발자국도 확인되어 가능성을 더하고 있다.

이상과 같이 쟁기날, 계단식 논, 쟁기날의 흔적, 논면의 牛足 흔적 등을 통하여 우경의 구체적인 증거를 제시하였으나 남부지역에서는 현재까지 6세기 이후에 구체적인 자료를 확인할 수 있었다.

7. 미사리 밭과 경지 이용 방식

삼국시대 경지이용 방식에 대해서는 常耕連作 단계로 파악하기도 하고,[12, 31] 休閑농법 단계로 파악하기도 한다.[17, 29] 전자는 주로 당시 생산력의 수준을 높게 평가하는 것으로 소유권의 발달도 빨랐다고 보는 시각이며, 상경농법이 실시된 삼국시대 후기부터 중세사회로 보고 있다. 후자에서는 당시 토지소유를 휴경농법이나 휴한농업에 기초하여 사적 소유권이 미약하였다고 판단하였다. 이러한 논의는 추정의 수준을 벗어나지 못했으나 하남 미사리에서 삼국시대의 밭유적이 발견되면서 자료에 근거한 논쟁으로 발전하고 있다.

하남 미사리유적에서는 삼국시대의 경작유구가 2개층에서 발견되었는데, 상층에서 발견된 것은 대략 6세기경에, 하층의 경우 4~5세기나 그 이전에 사용된 경작지로 추정하고 있다.[35] 하층밭은 고랑과 이랑의 폭이 일정하고 직선을 이루며 고랑과 이랑을 합한 폭이 150㎝ 가량 되고 고랑에는 지름 20㎝ 정도의 작물재배 구멍이 지그재그로 남아있다. 상층밭은 고랑과 이랑을 합한 폭이 100㎝ 정도이고, 이랑에 비해 고랑이 좁다.

이러한 상태의 밭유구에 대하여 고대 휴한농법과 그것을 극복해가는 과정, 그리고 상경화의 초보단계를 보여준다는 견해[38, 56]가 있다. 하층밭은 U자형 따비나 쇠스랑 같은 농기구로 밭을 갈고 고랑에 작물을 재배했다고 하며, 휴한농업이나 그것이 극복되어 가는 농법단계로 보고 있다. 반면 상층밭은 축력을 이용하여 밭을 갈고 이랑이 넓고 고랑이 깊어 상경농업 단계에 도달한 것으로 보고 있다. 이러한 견해는 우경의 보급을 통해 휴한농법에서 상경농법으로 전환한다는 기존의 견해를 계승하면서 이를 발전시킨 것이다. 이 시기에 상경농업 단계로 도달했다는 견해는 고대에서 중세로의 변화와 연결시키기도 하고,[12, 38] 읍락공동체가 해체되고 우경 실시를 통해 개별 소농민경영이 확립하는 계기[23]가 되었다고 보기도 한다.

그러나 상 하층 밭의 형태와 파종법이 서로 다른 점은 농법의 차이가 아니라 같은 시기에 경지형태, 작물의 종류, 토양 등에 의해 작부법 등이 자유로이 선택되었음을 알리는 것으로 해석되기도 한다. 이러한 해석을 근거로 하여 당시의 변화는 상경화의 진전이라기보다 휴경에서 휴한농법으로의 전환을 보여준다고 한다. 특히 우경의 실시는 새로운 휴한농법을 확대 정착시키는 촉매제 구실을 했다는 것이다.[55]

8. 수륙겸종

신라에서는 "농경지가 비옥하여 水陸兼種한다"는 『隋書』에 기록을 통해 당시 신라뿐만 아니라 삼국의 농법에 대한 다양한 논의가 이루어졌다. 처음 한치윤이 『해동역사』에서 보리와 벼의 이모작으로 파악한 이래, 백남운도 벼와 보리의 이모작에 의한 신라의 농업을 輪作, 施肥術 등의 발전과 연관시키기도 했다.[2] 이것을 발전시켜 최근에는 조선초기 『농사직설』의 水稻파종법과 관련하여 水播와 乾播로 보다가, 이를 더욱 보강하여 논농사와 밭농사를 매년 교대로 실시하는 回換農法으로 체계화했다.[12] 또한 『조선전사』에서도 한 뙈기 땅에서 벼농사도 하며 밭농사도 한다고 하여 당시의 농법을 높이 평가하고 있다.[11] 이는 당시 6세기경의 신라사회가 조선전기와 비슷한 수준의 농법을 구사하고 있다는 전제 아래 6세기 신라 이후 조선시대까지를 동일한 중세사회로 보는 것이다.

그러나 '每年回換耕作' 하는 회환농법은 해마다 경작을 바꾸는 휴한농법을 가리키는 것으로서 이를 '수륙겸종' 과 연결시키기는 곤란하다는 견해도 있다. 수륙겸종은 논과 밭에서 모두 농사를 짓는다는 정도로 해석하는데, 이는 당시 밭농사가 크게 우세한 중에서도 논농사가 점차 확대 보급되고 있는 추세를 반영하고 있다는 것이다.[40] 또한 수륙겸종은 마른 땅에다 벼를 재배하다가 비가 내리면 水稻처럼 경작하는 방법, 즉 乾耕直播法으로 벼농사를 짓는 모습을 표현한 것이라고 한다.[99]

9. 수리시설과 조영주체

벼농사는 청동기시대부터 시작되었는데, 초기의 벼농사는 소택지나 저습지를 이용했다. 그러다가 백제에서는 4세기 초에 碧骨池를,[97] 신라에서는 5세기 초엽에 矢堤를 축조한 데서 보듯이 국가 주도로 대규모 수리시설이 만들어졌다. 이후 백세와 신라에서는 무령왕과 법흥왕이 각기 510년과 531년에 전국의 堤防 수리를 명령할 정도로 수리시설에 대해 국가의 관심이 높았다. 당시의 수리시설과 축조기술에 관해서는 영천「菁堤碑」의 丙辰銘(536년)과 대구「戊戌塢作碑」(578년)를 통해 알 수 있다.

이 두 비문을 수리시설과 관련된 것으로 보는 데는 이론이 없으나, 서로의 차이에 대해서는 견해가 다양하다. 즉 비문에 나오는 수치를 근거로 하여 오작비의 塢가 청제에 비해 기술이 뒤떨어지는데, 그 이유는 지방민이나 都唯那가 소속된 사찰에서 이를 주관했기 때문이라고 하여 두 수리시설의 차별성을 강조하기도 한다.[30] 이에 대해 이러한 수치상의 차이는 수리시설의 수준 차이가 아니라 자연환경에 더 적합한 다양한 수리시설을 선택했을 뿐이라는 견해도 있다. 병진명에 나오는 수리시설이 계곡을 막아 물을 저장하는 형태라면, 오작비의 수리시설은 하천 주변에 둑을 쌓아 물을 농경지에 관개하는 형태라는 것이다.[39]

그러나 두 기록에는 아직 水門에 대한 언급이 없어서 둑의 일부를 허물어 물을 공급하였다고 한다.[30] 이러한 수리사업으로 밭농사에서 논농사로의 대전환이 이루어졌고 더나아가 고대에서 중세로의 사회변동을 가져왔다는 견해도 제기되었다.[24]

신라의 수리사업사에서 주목을 끄는 또 하나의 시기는 8~9세기이다 이 시기에 제방의 증축과 보수에 대한 기록이 연이어 나오고 있고 전국적인 규모로 행해지고 있었다. 수리사업이 활발해지는 것은 농업생산력의 발달과 관련이 있고 이는 녹읍의 부활, 장원의 발달 등 귀족경제력의 발전과 관계를 가지고 있었다.[6, 7] 당시의 기록으로는 「청제비」의 貞元銘(536년)이 있다. 이 때에는 俳掘里라고 불리는 굴통이 설치되어 이전에 비해 물을 농지에 대고 나서 다시 제방을 수리하는 수고가 감소되었다.[30]

6세기경에 수리시설을 만들고 운영한 주체에 대하여서도 엇갈린 견해가 있는데, 이는 당시의 사회발전 단계에 대한 이해 차이를 반영하고 있다.

먼저 6세기 신라에서는 아직 力役法에 기초하여 지방행정관이 징발하는 지방의 역역이 성립되지 않았고, 촌락 수장층이 자신의 필요에 따라 임시로 역역을 징발한 것으로 보았다. 이는 당시 신라의 국가적 성격이 아직 수취구조가 체계적으로 성립되지 않은 국가성립 이전 단계라는 이해와 맞물려 있다.[9] 그러나 수리시설의 축조는 선진적인 기술이 필요하므로 지방관을 통하여서가 아니라 중앙에서 직접 관장하는 사안이었다고 보는 견해가 있으며, 신라 중고기에는 국가에서 직접 관장할 정도로 중앙집권화가 더 진전된 모습을 보여준다는 것이다.[39] 또한 수리시설이 있는 지역을 왕실 직할지와 연결하는 견해도 있다. 청제비에 나오는 청제 지역은 지방의 군현과 관련된 지역이 아니라 왕실에서 직접 관할하던 직할촌이므로 청제의 관리는 왕실에서 파견한 관리에 의해 이루어졌다는 것이다.[51, 94, 100] 한편 무술오작비에 근거하여 이를 香徒 조직과 관련시켜 파악하기도 한다. 승려와 주민들이 결연하여 공동으로 수리시설을 마련한 것을 통해 향도가 경작과 관련되는 공사에서 공동노동을 하는 기능을 수행했던 것으로 추측하는 것이다. 더 나아가 승직인 도유나가

나오는 것으로 보아 수리시설이 위치한 곳과 관련이 있는 사찰에서 주관하여 관리했다고 본다.[18, 30]

이와 같이 수리시설의 조영주체는 국가, 왕실, 촌락 수장, 사찰 등으로 다양한 견해가 있으며, 이것은 고대 국가의 성격에 대한 이해도의 차이를 반영하고 있다.

10. 방법론의 진전

고대 생산력의 발전을 해명하는 연구는 지난 20년간 고대사학계가 이룩한 성과이자 새로운 문제제기였다. 다른 분야의 연구성과에 비해 양적인 측면에서 부족하였으나 새로운 방법론과 학제간의 협력을 통하여 일정한 성과를 성취하였다. 아직 구체적인 생산력의 실체에 접근하지 못하였으나 이를 통해 농업경영, 농법, 계층구조 등으로 시야를 확대하려고 하고 있다.

종래 농업 생산력의 물질적인 기준은 발굴조사에서 출토된 철제 농기구의 발전이었으며, 다양한 종류의 농기구와 사용시기에 대한 이해는 상당히 진전되었다. 최근에는 논과 밭 등의 경자유구, 洑나 수로 등의 수리시설, 목제 농기구 등 다양한 자료가 검출되어 다양한 생산력의 구성요소를 해명할 수 있는 길이 열리게 되었다. 그리고 고대 생산력을 해명하기 위해서는 당대 사료와 고고학 자료를 이용할 뿐만 아니라 중국과 조선시대의 농서를 분석한 연구성과를 수용하여 종합적으로 이해할 필요성도 제기되고 있다.

현재의 연구성과에서 생산력의 구체적이 징표인 철제 농기구, 우경, 수리시설, 경작지의 이용 등에 대한 기초적인 연구는 고대 사회의 변동과 국가의 성격을 설명하기에는 부족한 감이 있다. 그러나 최근에 증가하는 자료에 기초하여 고고학적인 분석을 진행함과 동시에 사회변동에 대한 연구도 병행해야 할 단계로 나아가야 할 것이다.

참고문헌

1. 朝鮮總督府, 1925, 『朝鮮の在來農具』; 한국무속박물관, 1995, 『조선의 재래농구』, 복각본.

2. 白南雲, 1933, 『朝鮮社會經濟史』, 改造社 ; 하일식 역, 1994, 이론과 실천.

3. 有光敎一, 1933, 「慶州積石塚出土の農具に就いて」 『朝鮮』 215.

4. 鑄方貞亮, 1939, 「古代における南朝鮮の農具に就いて」 『社會經濟史學』 8-10.

5. 有光敎一, 1967, 「朝鮮-三國時代の農具と工具」 『日本の考古學』 6(歷史時代 上), 河出書房.

6. 李基白, 1969, 「永川 菁堤碑 貞元修治記의 考察」 『考古美術』 102 ; 1974, 『新羅政治社會史研究』, 一潮閣.

7. _____, 1970, 「永川 菁堤碑의 丙辰築堤記」 『考古美術』 106 · 107 ; 1974, 『新羅政治社會史研究』, 一潮閣.

8. 李殷昌, 1972, 「農工具」 『韓國の考古學』, 河出書房新社.

9. 石上英一, 1974, 「古代における日本の稅制と新羅の稅制」 『古代朝鮮と日本』.

10. 東潮, 1979, 「朝鮮三國時代の農耕」 『橿原考古學研究所 考古學論集』 4 ; 1999, 「朝鮮三國 · 加耶時代の鐵製農具」 『古代東アジアの鐵と倭』.

11. 사회과학원 력사연구소, 1979, 『조선전사』 3 · 4, 과학백과사전출판사.

12. 金容燮, 1983, 「前近代의 土地制度」 『韓國學入門』 ; 2000, 『韓國中世農業史研究』, 지식산업사.

13. 安承模, 1983, 「한반도 선사시대 출토 곡류와 농구」 『韓國의 農耕文化』 1, 경기대박물관 ; 1993, 『東아시아 先史時代의 農耕과 生業』, 학연문화사.

14. 李惠玉, 1984, 「高麗時代租稅研究」, 이화여대 박사학위논문.

15. 길경택, 1985, 「한국선사시대의 농경과 농구의 발달에 관한 연구」 『古文化』 27.

16. 金光彦, 1987, 「신라시대의 농기구」 『新羅社會의 新研究』(新羅文化祭學術發表會論文集8), 신라문화선양회.

17. 李泰鎭, 1987, 「한국의 농업기술 발달과 문화변천」 『과학과 기술』 29-9.

18. 盧重國, 1988, 『百濟政治史研究』, 一潮閣.

19. 村上恭通, 1988, 「東アジアの二種の鑄造鐵斧めぐって」『たたら研究』29.

20. 李春寧, 1989, 『한국農學史』, 民音社.

21. 이상율, 1990, 「農·工具」『古文化』37.

22. 李賢惠, 1990, 「三韓時代의 농업생산과 철제 농기구」『歷史學報』126 ; 1998, 『韓國 古代의 생산과 교역』, 一潮閣.

23. 全德在, 1990, 「4~6세기 농업생산력의 발달과 사회변동」『역사와 현실』4.

24. 金基興, 1991, 『삼국 및 통일신라 세제의 연구-사회변동과 관련하여』, 역사비평사.

25. 金在弘, 1991, 「新羅 中古期의 村制와 지방사회 구조」『韓國史研究』72.

26. 李賢惠, 1991, 「三國時代의 農業技術과 社會發展」『韓國上古史學報』8 ; 1998, 『韓國 古代의 생산과 교역』, 一潮閣.

27. 郭鍾喆, 1992, 「韓國과 日本의 古代農業技術」『韓國古代史論叢』4.

28. 朴普鉉, 1992, 「積石木槨墳의 農具類 副葬樣相」『博物館年報』2, 대구교육대박물관.

29. 安秉佑, 1992, 「6·7세기의 토지제도」『韓國古代史論叢』4.

30. 李宇泰, 1992, 「新羅의 水利技術」『新羅文化祭學術發表會論文集』13.

31. 李仁在, 1992, 「新羅 統一期 烟戶의 土地所有」『東方學志』77·78·79合.

32. 李賢惠, 1992, 「韓國 古代의 犁耕에 대하여」『國史館論叢』37 ; 1998, 『韓國 古代의 생산과 교역』, 一潮閣.

33. 郭鍾喆, 1993, 「先史·古代 稻 資料 出土遺蹟의 土地條件과 稻作·生業」『古文化』42·43.

34. 李南珪, 1993, 「1-3세기 樂浪地域의 金屬器文化」『韓國古代史論叢』5.

35. 崔鍾澤, 1993, 「漢沙里出土 밭의 構造와 年代에 대하여」『서울大學校 博物館 年報』5.

36. 이융조·박태신·하문식, 1994, 「한국 선사시대 벼농사에 관한 연구」『省谷論叢』25.

37. 千末仙, 1994, 「鐵製農具에 대한 考察」『嶺南考古學』15.

38. 金基興, 1995, 「미사리 삼국시기 밭 유구의 농업」『歷史學報』126.

39. 金在弘, 1995, 「신라 中古期의 저습지 개발과 촌락구조의 재편」『韓國古代史論叢』7.

40. 金基興, 1996, 「신라의 '水陸兼種' 농업에 대한 고찰」『韓國史研究』94.

41. 安順天, 1996, 「小形鐵製模型農工具 副葬의 意義」『嶺南考古學』18.

42. 安承模, 1996, 「韓國 先史農耕研究의 成果와 課題」『先史와 古代』7.

43. 金在弘, 1997, 「살포와 鐵鋤을 通해 본 4-6世紀 農業技術의 變化」『科技考古研究』2.

44. 安承模, 1997, 「호남지방 도작농경연구의 현단계에 대한 토론요지」『호남고고학의 제문제』,

제21회 한국고고학전국대회.

45. 安在晧, 1997, 「鐵鎌의 變化와 劃期」 『伽耶考古學論叢』2.

46. 李南珪, 1997, 「前期加耶의 鐵製 農工具」 『國史館論叢』74.

47. 李相吉, 1997, 「진주 대평리 田作址의 구조와 의의 -어은 1지구를 중심으로」 『호남고고학의 제문제』, 제21회 한국고고학전국대회.

48. 李賢惠, 1997, 「韓國 古代의 밭농사」 『震檀學報』84 ; 1998, 『韓國 古代의 생산과 교역』, 一潮閣.

49. 李弘鍾, 1997, 「韓國 古代의 生業과 食生活」 『韓國古代史研究』12

50. 趙現鐘, 1997, 「木器研究集成(Ⅰ.」 『務安 良將里 遺蹟 綜合研究』, 목포대박물관

51. 河日植, 1997, 「新羅 統一期의 王室直轄地와 郡縣制-菁堤碑 貞元銘의 力役動員 事例分析」 『東方學志』97.

52. 安承模, 1998, 『東아시아 先史時代의 農耕과 生業』, 학연문화사.

53. 이상길·이경아, 1998, 「대평 어은 1지구 유적과 출토 식물유체」 『南江댐 水沒地區의 發掘成果』, 제7회 영남고고학회발표회.

54. 李隆助·金貞熙, 1998, 「韓國 先史時代 벼농사의 새로운 해석 -식물 규소체 분석자료를 중심으로」 『先史와 古代』11, 한국고대학회.

55. 李賢惠, 1998, 『韓國 古代의 생산과 교역』, 一潮閣.

56. 全德在, 1999, 「백제 농업기술 연구」 『韓國古代史研究』15 ; 2006, 『한국고대사회경제사』, 태학사.

57. 郭鍾喆, 2000, 「發掘調査를 통해 본 우리나라 古代의 水田稻作」 『韓國 古代의 稻作文化』, 국립중앙박물관.

58. 金在弘, 2000, 「農業生産力의 발전단계와 戰爭의 양상」 『百濟史上의 戰爭』, 충남대 백제연구소.

59. 安承模, 2000a, 「한반도 벼농사 기원에 관한 제논의」 『韓國古代史論叢』9.

60. ____, 2000b, 「稻作의 出現과 擴散」 『韓國 古代의 稻作文化』, 국립중앙박물관.

61. 安在晧, 2000, 「한국 농경사회의 성립」 『韓國考古學報』43.

62. 李相吉, 2000, 「南江流域의 農耕 -大坪地域 밭「田」을 中心으로」 『진주남강유적과 고대일본 -고대 한일문화교류의 제양상』, 인제대학교 가야문화연구소.

63. 李弘鍾, 2000, 「우리 나라의 초기 수전농경」 『한국농공학회지』42-3.

64. 趙現鐘, 2000a, 「稻作農耕의 起源과 展開」 『한국 고대문화의 변천과 교섭』, 서경문화사

65. ____, 2000b, 「農工具의 變遷과 生産力의 增大」 『韓國 古代의 稻作文化』, 국립중앙박물관.

66. 郭鍾喆, 2001,「우리나라의 선사-고대 논밭유구」『韓國 農耕文化의 形成』, 제25회 한국고고학 전국대회.

67. 金度憲, 2001,「古代의 鐵製農具에 대한 硏究-金海·釜山地域을 中心으로」, 부산대 석사학위 논문.

68. 金在弘, 2001,「新羅 中古期 村制의 成立과 地方社會構造」, 서울대 박사학위논문.

69. 宋永鎭, 2001,「Ⅳ. 考察」『晋州 大坪里 玉房 3地區 先史遺蹟』, 경상대박물관.

70. 洪潽植, 2001,「농기구와 부장유형-영남지역 2세기후반~4세기대 분묘부장품을 대상으로」 『韓國考古學報』44.

71. 신숙정, 2002,,「청동기시대 전기의 농사짓기에 대한 이해」『東方學志』115, 연세대학교 국학 연구원.

72. 兪炳琭, 2002,「大邱地域의 初期農耕」『韓日 初期農耕 比較研究』, 韓日合同심포지움 및 現地 檢討會 발표요지, 大阪市學藝員等共同研究 韓半島綜合學術調査團.

73. 李南珪, 2002,「漢城百濟期 鐵器文化의 特性」『百濟研究』36.

74. 李相吉, 2002a,「南部地方 初期農耕의 現段階 -遺構를 中心으로」『韓日 初期農耕 比較研究』, 韓日合同심포지움 및 現地檢討會 발표요지, 大阪市學藝員等共同研究 韓半島綜合學術 調査團.

75. ______, 2002b,「韓國の水稻と畠作」『東アジアと日本の考古學Ⅳ(生業)』, 同成社.

76. 李賢惠, 2002a,「한국 古代의 농업」『강좌 한국고대사』6.

77. ______, 2002b,「한반도 청동기시대의 밭농사 -진주 대평리 밭유적을 중심으로」『震檀學報』 94.

78. 田崎博之, 2002,「朝鮮半島の初期水田稻作 -初期水田遺構と農具の檢討」『韓半島考古學論 叢』, すずさわ書店.

79. 崔德卿, 2002,「古代韓國의 旱田 耕作法과 農作制에 對한 一考察」『韓國上古史學報』37.

80. 後藤直, 2002,「無文土器時代의 農耕과 聚落」『韓國 農耕文化의 形成』, 한국고고학회.

81. 곽종철·이진주, 2003,「우리나라의 논유구 집성」『韓國의 農耕文化』6, 경기대박물관.

82. 金度憲, 2003,「선사·고대 논의 灌漑施設에 대한 검토」『湖南考古學報』18.

83. 金炳燮, 2003,「韓國의 古代 밭遺構에 대한 검토」『古文化』62.

84. 金在弘, 2003,「新羅 統一期 專制王權의 강화와 村落支配」『新羅文化』22, 동국대 신라문화연 구소.

85. 金在弘, 2004, 「大加耶地域의 鐵製農器具-小形鐵製農器具와 살포를 중심으로」『대가야의 성장과 발전』(대가야학술총서2), 한국고대사학회.

86. 趙現鐘, 2004a, 「우리나라 稻作農耕의 起源과 稻作類型」『한국농업사학회』3-2

87. ______, 2004b, 「韓國 先史·古代遺蹟出土 豆類小考」『콩』, 고려대학교출판부

88. 金度憲, 2005, 「청동기시대 영남지역의 환경과 생업」『영남의 청동기시대 문화』, 제14회 영남고고학회 학술발표회.

89. 金在弘, 2005a, 「고구려의 철제 농기구와 농업기술의 발전」『北方史論叢』8, 고구려연구재단.

90. ______, 2005b, 「樂浪地域의 鳳山 養洞里 5호 塼室墓 출토 U자형쇠날」『考古學誌』14, 韓國考古美術硏究所.

91. 大庭重信, 2005, 「無文土器時代の畠作農耕」『待兼山考古學論集』, 都出比呂志先生退任記念論叢.

92. 安承模, 2005, 「韓國 南部地方 新石器時代 農耕 硏究의 現狀과 課題」『韓國新石器硏究』10.

93. 李南珪, 2005, 「한반도 서부지역 원삼국시대 철기문화」『원삼국시대 문화의 지역성과 변동』, 제29회 한국고고학전국대회.

94. 河日植, 2005, 「新羅 왕실 직할지의 초기 형태에 대하여-菁堤碑 丙辰銘의 정밀판독과 분석」『東方學志』132.

95. 金度憲, 2006, 「선사·고대의 경작유구에 대한 검토-영남지역을 중심으로」『석헌정징원정념퇴임기념논총』.

96. 金在弘, 2006, 「금강유역 출토 百濟 儀仗用 살포」『考古學探求』1.

97. 成正龍, 2006, 「金堤 碧骨堤의 性格과 築造時期 再論」『한·중·일의 고대 수리시설 비교연구』.

98. 李漢祥, 2006, 「靑銅器時代의 灌漑施設과 安東 苧田里遺蹟」『한·중·일의 고대 수리시설 비교연구』.

99. 全德在, 2006, 「통일신라의 水利施設과 永川 菁堤」『한·중·일의 고대 수리시설 비교연구』.

100. 河日植, 2006, 「永川 菁堤碑의 丙辰銘·貞元銘-지금까지의 연구와 앞으로의 과제」『한·중·일의 고대 수리시설 비교연구』

수공업생산

이한상 _ 동양대학교 문화재학과

수공업은 농업과 더불어 우리 고대사회를 떠받들던 중요한 기반이었다. 국가에서 필요한 각종물품의 제작을 위해 운영하던 관영공방과 백성들의 생활필수품을 제작하던 사영공방이 있었을 것이다. 이러한 수공업생산의 제양상을 제대로 파악할 수 있다면 우리 고대의 사회성격 또는 고대인들의 삶을 이해하는데 첩경이 될 것임은 재언의 여지가 없다.

그러나 다른 주제와 마찬가지로 고대 수공업의 실상을 알려주는 기록이 너무나 소략하기 때문에 수공업사 연구는 큰 한계를 노정하고 있다. 다만 1990년대 중후반 국사편찬위원회에서 발간한 『한국사』에서 삼국시대 수공업에 대한 개관이 이루어진 바 있고[1, 2, 4] 신라 수공업사를 전론한 저서[3]가 1996년에 출간된 정도이다.

문헌사료가 이처럼 부족한데 비하여 고고학 자료는 그 축적도가 매우 현저하며 근래 새로운 발견이 이어지고 있다. 그렇지만 대부분의 연구는 유적이나 유물 자체에 대한 분석에 머물고 있으며 수공업의 실상을 해명하려는 목적의식을 가지고 연구를 진행하는 경우는 적은 편이다. 이하 지난 20여년간 삼국시대의 수공업생산문제를 다룬 연구성과를 몇 가지 논점별로 묶어 정리해보고자 한다.

1. 鐵生産과 鐵器의 製作

1) 鐵器文化

전통적인 수공업하면 대장간의 이미지를 떠올리듯 고대사회의 수공업에서 철기가 차지하는 비중은 매우 컸다. 청동기시대 후기에 도입된 철은 마치 만능의 금속처럼 다가왔다. 처음에는 도끼나 끌 등 공구로 쓰였고, 곧 단검과 화살촉 등의 무기로 사용되었을 뿐만 아니라 괭이나 낫 등 농기구의 재료가 되었다. 이러한 철기문화는 농업생산력을 크게 향상시켜 각지에서 소국이 형성되는 기본 토대가 되었던 것으로 이해된다.

고대사회 초기에는 누구나 철을 생산하고 철기를 만들 수는 없었다. 沙鐵이든 철광석이든 돌덩이를 녹여 철을 제련해내는 기술을 보유하기가 쉽지 않았기 때문이다. 당시만 하여도 제철기술은 국가의 명운을 좌우할 수 있는 중요 기술이자 자원이었을 것이므로 국가에서 독점적으로 보유하였을 가능성이 높다. 삼국시대 각국이 고대국가로 성장, 발전해나가는 과정에서 철자원의 확보와 새로운 기술의 개발이 필수적이었을 것이다.

2) 新羅의 製鐵遺蹟의 發掘

삼국시대의 제철유적이 본격적으로 발굴조사된 것은 1990년대에 접어들면서부터이다. 경주시 황성동에서는 철광석을 녹여 주조철기를 만드는 溶解爐와 주조철기를 재차 두드려 철제품을 만들던 鍛冶爐가 발굴되었을 뿐만 아니라 전업적으로 제철에 종사하던 집단의 취락과 묘역이 함께 그 모습을 드러냈다.[5, 14] 이 유적에서 출토된 鐵滓의 성분을 분석한 연구에서 주목할만한 의견이 개진되었다. 즉 황성동 제철유적의 철재에는 비소(As)의 함유량이 높은데, 이는 울산의 달천광산 철광석과 유사한 특징임이 지적되었다.[12] 이 견해를 수용하면 황성동에 존재하던 제철공방에서는 울산 달천광산에서 채광한 자철광을 원료로 제련하여 철소재를 만들고 다시 다양한 철기를 만들었음을 알 수 있다.

철기를 대량으로 생산하기 위해서는 철광석뿐만 아니라 양질의 숯이 다량으로 필요하다. 제철용 숯을 굽던 가마도 1990년대부터 조사되기 시작하였다. 울산 검단리유적에서 2기가 조사된 이래 전국각지에서 이미 100여기 이상의 가마가 발굴되었고 그 가운데 절반가량이 경주 손곡동과 물천리, 월산리 등 경주일원에 집중되어 있다.[21, 25, 27]

황성동유적의 상한은 기원전후까지 올라가지만 제철유적의 중심연대는 서기 3세기대이다. 정작 신라의 성장이 본궤도에 오르는 4세기대 이후의 제철유적이 어느 곳에 위치했는지 아직 분명하지 않다. 통일기유적으로 밀양의 사촌리나 양산 물금(범어리)유적이 알려져 있으며 철광석 산지인 울산의 달천광산에서 직접 제련을 했을 가능성도 추정되고 있다.[7] 사촌리와 물금유적의 경우 왕경에서는 비교적 멀리 떨어져 있지만 인접한 밀양 동진광산과 양산 물금광산을 중심으로 형성된 것으로 보이며 국가의 통제와 관리 하에 철을 산출하였던 것으로 추정된다.

3) 鐵器의 生産과 流通

『三國志』魏書 東夷傳 弁辰條에 기록된 '國出鐵 韓濊倭皆從取之'의 기록처럼 신라는 양질의 鐵産을 보유하였을 가능성이 있고 그것을 토대로 만들어낸 철소재를 주변국에 수출하였을 것이다. 철 혹은 철기는 국제적으로도 유효한 상품이었겠지만 국내에서도 그 효용성이 높았던 것으로 추정된다. 최근의 발굴조사 성과로 보면 경주 황성동 제철집단의 무덤에서 출토된 철기는 경주의 조양동, 덕천리 뿐만 아니라 울산의 하대, 포항의 옥성리, 경산 임당 등 신라 각지의 주요 무덤군 출토품과 형태나 크기가 매우 유사하다는 점이 알려지게 되었다. 이 점을 조금 확대해석하면, 신라의 중앙에서 철산과 철기의 제작을 독점하고 지방의 지배층에게 이를 간헐적으로 나누어주며 지배-복속관계를 확인하거나, 공납물에 대한 반대급부로 지급하였을 가능성도 고려해볼 수 있다. 지방세력의 경우 이러한 관계에 편입되어 새로운 문명의 이기를 구하려고 노력하였을 것이다.

4) 冶匠의 地位變化

철기의 제작에 종사한 수공업자의 사회적 지위는 어떠했을까? 신라의 탈해왕은 자기 자신을 본래 단야장인 출신이라고 밝히고 있다. 왕이 대장장이라면 의아하게 여길 수도 있겠지만 신라초기의 상황에서 세력을 잡고 왕위를 차지하기 위해서는 제철집단을 소유하는 것이 필수적이었을 것이다. 탈해왕이 직접 제철에 종사한 장인 출신이었는지 아니면 장인집단을 총괄하는 책임자였는지 단정하기는 어렵다. 하지만 삼국시대 초기에 단야장인의 지위가 낮지 않았음은 분명하다. 이외에 4~5세기대 신라와 가야의 대형 무덤 속에서 단야장인의 심볼인 집게, 망치, 숫돌, 받침모루 등의 鍛冶具가 출토된다. 대형고분에 왜 단야구를 부장했을까? 그것은 아마도 단야구가 갖는 상징적 의미 때문이었을 것이다.[23] 그런데 6~7세기로 접어들면서 변화가 보인다. 즉 단야구는 각 지방의 소형 무덤군에서만 출토된다. 이러한 현상은 아마도 야장의 사회적 지위가 변하였거나 기본적인 생산도구나 간단한 무기 정도는 지방에서 생산할 수 있었던 사정을 반영하는 것 같다.

5) 百濟의 製鐵

신라에 비하면 백제의 철기제작에 관한 자료는 적은 편이다. 그렇지만 1994년 이후 4차에 걸쳐 발굴조사된 진천 석장리유적에서는 제련로와 함께 단야로가 검출됨으로써 제련에서 단야까지 일련의 공정을 확인할 수 있었고 규모와 형태에 있어서도 장방형의 대형 箱形爐를 비롯하여 원형로, 방형로, 장방형로 등이 다양하게 검출되었다. 그 가운데 장방형 상형로는 일본 고대 제철로인 상형로의 조형으로 생각된다. 철의 원료는 철광석과 사철이 모두 사용된 것으로 보이는데, 석장리주변에 광산이 보이지 않고 고문헌에도 나와 있지 않아 충주-괴산-보은 등지에서 옮겨왔을 가능성이 제시되어 있고 특히 제철유적이 여러 곳에 분포된 충주를 주목하고 있다.[24] 아울러 2002년 화성 기안리에서 조사된 제철유적은 진천 석장리에 선행하는 것으로 편년된다. 철광석과 送風管, 爐壁片, 鐵滓와 함께 단야로·鍛造薄片도 확인되어 제련작업을 하는 공방과 단조작업을 수행한 공방이 모두 존재했음을 알게 되었다.[20]

최근 풍납토성과 기안리유적 자료를 분석한 연구[28]에 의하면 한성시기 백제는 이미 炒鋼기술을 지니고 있었고 이를 기반으로 강철제 무기를 개발할 수 있었다고 한다.

2. 金銀細工品의 製作

1) 貴金屬으로 만든 裝飾品

서기 4세기 후반경이 되면 제철공방 외에 귀금속으로 세공품을 만드는 공방도 등장한다. 삼국시대 각국의 왕경에 초대형의 왕릉이 만들어지는 시점과 궤를 같이 하여 화려한 금은제 장신구 또한 제작되기 때문이다. 당시의 왕족과 귀족은 화려한 금은제 장식품으로 온 몸을 치장하였고 사후에도 화려한 모습으로 무덤에 묻혔다. 여기에 필요한 세공품 가운데는 금관이 가장 대표적이고 금으로 만든 허리띠와 귀걸이, 반지, 팔찌가 있고 장례용품일 가능성이 높은 금동신발 또한 매우 화려하다.[38]

이러한 물품을 만들기 위해서는 금은 등의 금속재료를 우선적으로 확보해야 한다. 그렇지만 아직 이 같은 귀금속의 산지가 제대로 밝혀져 있지 않다. 그것은 철제유물과는 달리 귀금속유물은 그 출토예가 희소하므로 파괴분석에 의한 産地 추정작업이 제대로 진행되지 못했기 때문이다. 다만 조선시대와 일제시대의 광산·광맥조사 결과를 토대로 신라의 황금산지가 소백산맥 일대였을 것으로 추정한 견해 정도가 있을 뿐이다.[38]

2) 金銀細工品의 製作과 所有

출토 예가 가장 많고 물품의 형태가 정형화되어 있는 것이 신라의 세공품이다. 신라의 왕경인 경주뿐만 아니라 낙동강 以東지역, 동해안 일대, 경북내륙지방의 중요거점지역 수장묘에서 출토되는 물품은 형태나 제작기법이라는 측면에서 유사도가 매우 높다. 그 때문에 이 물품의 제작지는 왕경인 경주이고, 지방세력을 회유 또는 통제하기 위하여 제작하여 사여한 것으로 보는 견해가 제시되어 있다.[29, 36, 38] 이와는 달리 세부적인 제작기법상의 차이를 강조하여 지방에서 모방 제작하였거나 지방의 工人集團을 중앙에서 장악하여 제작하였다고 보는 견해도 있다.[30, 31]

여하튼 금은세공품의 제작시 중앙의 귀금속공방이 중심이었음은 분명하여 그곳에서 도안·제작된 물품은 신라의 지배층이 공유하였던 것이다. 신라 왕

실은 지방의 유력층을 통제하기 위한 위세품으로 금은세공품을 활용하였음이 밝혀졌다.[36, 38]

3) 製作技術의 交流

삼국시대 각국의 지배층이 선호하였던 금은세공품은 일정한 유행을 탔으며 기본적으로 각국만의 고유한 디자인이 확인된다. 그것은 각국 지배층의 미적인 감각의 차이나 장인집단의 기술력 차이 때문일 것이다. 근래 삼국시대 금은세공품에 대한 제작기법연구[32, 33, 35, 37]가 활발하여 각국 공예품의 특징에 대한 이해가 가능해졌다. 그런데 각국에서 제작된 완제품이 다른 나라로 전해지는 경우도 있고 일부 기법이나 디자인만 전해지는 경우도 있다.

고구려의 금속장신구는 신라로 전해져 가장 화려한 금속공예문화를 탄생시켰고 백제의 장신구는 대가야에 큰 영향을 끼쳐 서기 5세기 중엽 이후 대가야적인 공예문화를 꽃피우게 된다. 다시 대가야의 금속공예기술은 바다 건너 왜의 세공문화를 발전시키는 견인차 역할을 수행한다.[39]

4) 貴金屬工房遺蹟

아직 귀금속 물품을 제작하던 공방유적이 제대로 조사되어 있지 않다. 경주에서는 구리나 유리공방의 존재는 알려져 있지만 금은세공품을 만들던 공방의 존재는 알려져 있지 않다.[5, 9, 10] 백제의 경우 풍납토성에서는 유리거푸집과 유리, 鐵針, 찌꺼기 등이 출토되어 유리는 자체적으로 제작하였음을 알 수 있었고, 사비시기의 절터나 건물지에서 금속공예품을 제작했던 공방터가 확인되고 있다.[11] 특히 부여 관북리유적, 능산리사지, 익산 왕궁리유적과 미륵사지가 대표적이다. 최근 주목받은 유적으로 익산 왕궁리유적이 있다. 이 유적에서는 금 소재와 도가니, 금제품과 유리제품 등이 다량 출토된 바 있어 이곳에 관영 귀금속공방이 존재했음을 알게 되었다.[11]

3. 土器와 瓦의 生産

1) 토기가마터의 발굴

철기나 금은세공품을 만들던 공방과는 비교도 되지 않을 정도로 많았던 것이 토기공방이다. 토기는 당시 일상생활품이면서 무덤에 껴묻는 양도 적지 않았기 때문이다. 또한 부피가 크고 깨지기 쉬워서 멀리 운반하기가 힘들었던 까닭에 전국 각지에 공방이 산재해 있었다. 한국 고고학에서 삼국시대 토기가마가 본격적으로 발굴된 것은 1990년대 이후의 일이다. 가마 출토품과 무덤 혹은 생활유적 출토품을 비교하여 토기의 생산과 수급관계를 파악하려는 연구가 있다.[49, 53]

2) 地域色과 統一樣式

신라나 가야의 경우 서기 1~4세기대에는 지역색이 거의 없는 공통양식의 토기문화를 가졌다. 그러나 5세기무렵이 되면서 현재의 군 단위 규모에서 지역색을 발현한다. 즉 의성, 창녕, 성주, 김해, 고령, 함안, 고성양식토기가 그것이다. 이러한 지역색은 6세기 전반대까지 그대로 이어지는데 신라가 가야를 통합하는 6세기 중엽경이 되면 지역색은 사라지고 신라전역의 토기가 양식적으로 통일화되는 모습이 살펴진다. 이는 신라 중앙정부의 통제력이 강화되면서 각지에 분산되어 있던 자율적이고 소규모인 장인집단을 하나로 통합하거나 제작선을 일원적으로 재편하는 조치를 취하였기 때문일 것이다. 이후 각지의 장인들을 물품의 주문자인 국가 혹은 지방관아의 의지에 따라 기술을 발휘하는 경우가 대부분이었다. 관영공방의 장인들이 집단화되면서 작업의 전업화도 진행되었을 것이다. 이처럼 집단화와 전업화가 이루어짐에 따라 토기나 기와 등은 대량생산이 가능해졌다고 보인다.

이와 관련하여 서울 사당동 요지에서 출토된 서기 7세기대 신라토기에 '器村'이라는 글자를 새긴 것이 있어 주목된다. 기촌이란 마을 주민 전체가 토기를 전업적으로 만들던 촌을 뜻할 것이다.[43] 이는 이곳 저곳에 흩어져 있던 장인집단을 물품제작 공급에 유리한 지역으로 이주시켜 장인촌으로 재편하였던 신라정부의 정책적 산물이다. 이로써 장인들은 물품 종류별로 세분된 취락에 거주하면서 국가의 철저한 통제 아래 각종 물건을 생산하게 되었다. 『三國史記』職官志의 瓦器典은 토기와 기와의 생산을 관장하던 부서로 파악된다.

한편, 백제토기에 대한 최근의 연구도 활발하다. 경기도 일대의 유적에서 출토된 한성시기 토기를 자연과학적으로 분석한 결과 토기의 제작이 소지역 단위로 이루어졌음이 밝혀진 바 있다.[54] 서기 3~4세기대를 대표하는 진천 삼룡리와 산수리 토기가마에서 출토된 토기를 중부지역 유적 출토품과 대비하여 단계별 공급양상을 파악한 연구[49]가 있고, 영산강유역의 5~6세기 토기에 지역색이 있음을 밝힌 연구성과도 나와 있다.[51]

3) 百濟와 新羅의 기와

삼국시대 기와는 나라별로 그 특색이 현저하다. 색조뿐만 아니라 제작기법이나 문양에서도 큰 차이가 있다. 그간 가마터의 조사예가 많은 것이 백제와 신라이다. 백제의 경우 근래 한성시기 기와의 출토예가 늘고 있고 그에 대한 연구결과 토기의 제작기술이 기와의 제작에도 그대로 활용되고 있어 토기와 기와장인이 분리되지 않았음이 밝혀지고 있다.[50] 웅진도읍기에는 중국 남조로부터 연화문와당 등의 새로운 기와문화가 수입되면서 이후 백제적인 기와가 탄생하는 것으로 보고 있다.[52]

523년에 사망한 백제 무령왕릉 무덤 축조에 사용된 전돌이 부여 정동리가마터에서 제작되었을 것으로 보는 견해[52]가 있고, 부여 정암리 가마터에서 제작된 기와가 사비시기 사찰에 공급되었음이 밝혀진 바 있다.

신라는 백제에 비하여 기와제작의 시작이 늦었지만 삼국통일후 빼어난 기와문화를 꽃피웠다. 궁궐뿐만 아니라 사찰, 귀족의 저택에도 화려한 연꽃, 당초, 가릉빈가, 사자, 귀면 등 다양한 문양을 베푼 기와가 장식되었다. 안압지나 황룡사, 분황사에서 출토되는 기와는 단순히 건물의 지붕을 보호하는 건축부재의 차원을 넘어 당대인의 미감을 잘 표현한 예술품의 경지로 승화되어 있었음이 밝혀지고 있다.

경주 다경와요지에서 구운 기와는 월성, 안압지, 황룡사, 영묘사, 사천왕사

에 공급되었음이 밝혀졌고 금장와요지에서 구운 사자문 원와당, 비천문원와
당, 在城銘기와는 안압지, 전랑지, 흥륜사지에 공급되었으며 망성리와요지의
기와는 월성과 안압지에 공급되었음이 밝혀진 바 있다.[10, 40, 41, 42, 44]

4) 技術傳播의 主役, 기와 匠人

기와 제작기술은 건축기술과 맞물려 발전하였다. 그 때문에 기와장인은 선
진기술의 소유자로 인식되었고 백제에서는 이를 瓦博士로 불렀다. 백제의 와
박사는 국가의 명을 받아 신라의 사찰건축공사에 참여하기도 하였고 멀리 바
다 건너 왜로 건너가 飛鳥寺의 창건에 관여하기도 하였다.

백제 장인이 만들기 어려웠던 벽돌무덤의 축조에는 정치적으로 밀접한 관
계에 있었던 중국 남조의 기술자가 관여하기도 하였다. 공주 송산리6호분에
서 출토된 ‘梁官瓦爲師矣’명 전돌에는 그러한 내용이 새겨져 있다.

이상에서 살펴본 것처럼 삼국시대 수공업연구는 매우 미진한 편이다. 다행
히도 근래 각지에서 가마터나 공방터 등의 생산시설이 조사되고 있고 생산과
유통에 관련한 개략적인 연구가 시작되고 있나. 이제 이 시대 수공업연구는
그 출발점에 서 있다고 해도 과언은 아닌 것 같다. 앞으로 보다 많은 고고학,
고대사 연구자들이 이러한 연구에 참여함으로써 수공업생산에 대한 연구가
본궤도에 오를 수 있기를 기대해본다.

참고문헌

1. 양기석, 1995, 「경제구조(백제)」 『한국사』6, 국사편찬위원회.

2. 김기흥, 1996, 「경제구조(고구려)」 『한국사』5, 국사편찬위원회.

3. 박남수, 1996, 『신라수공업사』, 신서원.

4. 전덕재, 1997, 「경제(신라)」 『한국사』7, 국사편찬위원회.

5. 차순철, 1999, 「경주지역 신라공방고」 『신라학연구』3, 위덕대 신라학연구소.

6. 이상준, 2000, 「생산고고학의 연구성과와 과제」 『고고학의 새로운 지향』, 복천박물관.

7. _____, 2004, 「통일신라시대의 생산유적 - 토기, 기와, 철, 철기, 유리」 『통일신라시대 고고학』 제28회 한국고고학전국대회발표요지.

8. 김창석, 2006, 「백제 왕실수공업의 성립과 생산체제」 『백제의 생산과 유통의 정치사회적 함의』 한신대 학술원.

9. 김세기, 2006, 「신라왕경의 생산유적과 생산체계의 변화」 『신라왕경의 구조와 체계 신라문화제 학술논문집』27, 경주시 외.

10. 박방룡, 2006, 「신라왕경과 유통」 『신라왕경의 구조와 체계 신라문화제학술논문집』27, 경주 시 외.

11. 전용호, 2007, 「백제 사비기 공방의 운영 및 역할」 『백제연구』46, 충남대학교백제연구소.

12. 大澤正己, 1993, 「韓國の鐵生産 -慶州市所在隍城洞遺蹟槪報に寄せて-」 『古代學評論』3.

13. 村上英之助, 1993, 「韓國福泉洞古墳出土鐵鋌の微量成分分析と若干の考察」 『古代學評論』3.

14. 손명조, 1997, 「경주 황성동유적의 성격에 대하여」 『신라문화』14, 동국대 신라문화연구소.

15. 윤종균, 1998, 「고대 철생산에 대한 일고찰」, 전남대 석사학위논문.

16. 노태천, 2000, 『한국고대 야철기술사 연구』, 학연문화사.

17. 이영훈 · 손명조, 2000, 「고대 철 철기생산과 그 전개에 관한 고찰」 『한국고대사논총』9, 한국 고대사회연구소.

18. 손명조, 2001, 「낙동강 하류 유역의 고대 철생산」 『동원학술논문집』4, 한국고고미술연구소.

19. 정광용, 2001, 「삼국시대의 철기제작기술 연구」, 홍익대 박사학위논문.

20. 기전문화재연구원, 2002, 「화성 기안리제철유적 발굴조사 지도위원회의자료」.

21. 장정남, 2002, 「고대 탄요 연구」『호서고고학』6 · 7합, 호서고고학회.

22. 김권일, 2003, 「남한지역 고대 제철로에 대한 일연구」, 한신대 석사학위논문.

23. 차순철, 2003, 「단야구 소유자에 대한 연구」『문화재』36, 국립문화재연구소.

24. 이영훈외, 2004, 『진천 석장리 철생산유적』, 국립청주박물관외.

25. 이혜경, 2004, 「삼국시대 백탄가마연구」, 영남대 석사학위논문.

26. 차순철, 2005, 「경주지역의 청동생산 공방운영에 대한 일고찰」『문화재』38, 국립문화재연구소.

27. 김호상 · 황보은숙, 2006, 「신라왕경지역 출토 고대목탄요와 관련기록 검토」『선사와 고대』
    24, 한국고대학회.

28. 이남규, 2006, 「백제 철생산과 정치사회적 함의」『백제의 생산과 유통의 정치사회적 함의』, 한
    신대 학술원.

29. 최종규, 1983, 「중기고분의 성격에 대한 약간의 고찰」『부대사학』7, 부산대사학회.

30. 박보현, 1987, 「수지형입화식관의 계통」『영남고고학』4, 영남고고학회.

31. 전덕재, 1990, 「신라 주군제의 성립배경 연구」『한국사론』22, 서울대 국사학과.

32. 三木ますみ, 1996, 「朝鮮半島出土の垂飾付耳飾」『筑波大學先史學 考古學研究』7.

33. 이영희, 1998, 「고신라 금속공예의 누금세공기법 연구」, 이화여대 박사학위논문.

34. 이난영, 2000, 『한국 고대의 금속공예』, 서울대학교출판부.

35. 권향아, 2000, 「삼국시대 금속유물의 선조기법양상」『문물연구』4, 동아시아문물연구학술재단.

36. 이희준, 2002, 「4~5세기 신라 고분 피장자의 복식품 착장 정형」『한국고고학보』47, 한국고고
    학회

37. 이송란, 2004, 『신라금속공예연구』, 일지사.

38. 이한상, 2004, 『황금의 나라 신라』, 김영사.

39. ＿＿＿, 2006, 「이식으로 본 대가야와 왜의 교류」『석헌 정징원교수정년기념논총』, 논총간행회.

40. 김성구, 1983, 「다경와요지 출토 신라와전소고」『미술자료』29, 국립중앙박물관.

41. 박홍국, 1986, 「신라말-통일초기 신라와전에 대한 일고찰」, 동국대 석사학위논문.

42. ＿＿＿, 1988, 「월성군 내남면 망성리 와요지와 출토와요에 대한 고찰」『영남고고학』5, 영남
    고고학회.

43. 송기호, 1997, 「사당동 요지 출토 명문자료와 통일신라 지방사회」『한국사연구』99 · 100합,

　　　한국사연구회.

44. 김유식, 2000, 「7~8세기 신라기와의 수급」『고대 동아시아 삼국의 대외교섭』, 국립경주박물관.

45. 홍진근, 2001, 「離床材·離器材 시론」『동원학술논문집』4, 한국고고미술연구소.

46. 최종규, 2001, 「도질토기의 표면관찰」『창녕 계성 신라고총군』, 경남고고학연구소.

47. 복천박물관, 2003, 『삼한 삼국시대의 토기생산기술』, 제7회 복천박물관 국제학술대회.

48. 이상준, 2003, 「경주 손곡동 물천리요적을 통해 본 신라토기 소성기술」『문화재』36, 국립문화
　　　재연구소.

49. 류기정, 2003, 「진천 삼룡리 산수리요 토기의 유통에 관한 연구(상·하)」『숭실사학』15와 16
　　　집, 숭실대사학회.

50. 권오영, 2003, 「한성기 백제기와의 전통과 발전의 획기」『백제연구』38, 충남대 백제연구소.

51. 酒井淸治, 2004, 「5~6세기의 토기에서 본 나주세력」『백제연구』39, 충남대 백제연구소.

52. 김성구, 2004, 『백제의 와전예술』, 주류성.

53. 김종만, 2004, 『백제토기연구』, 서경문화사.

54. Peter M. Day 외, 2004, 「한성기 백제토기에 대한 물리화학적 분석」『한성기 백제의 물류시스
　　　템과 대외교류』, 학연문화사.

삼한 · 삼국의 교역

윤용구 _ 인천시립박물관

1

한국고대사에 있어서 '交易'의 문제가 본격적으로 논의 된 것은 1980년대 중엽이었다. 고대국가로의 형성 과정에서 교역의 운용권을 장악한 지역과 그 담당자가 富를 축적하고 정치권력을 성장시켰다고 이해되었다. 이 시기에 서구 경제인류학의 長距離交易(Long distance trade) · 中心地交易(Cenral place trade) · 威勢品交易(Prestege goods trade) 등 교역론이 원용되었고, 실제 衛滿朝鮮에서 中國郡縣과 三韓사이의 교역 문제를 이해하는데 크게 기여 하였다.[1, 2, 5, 10, 12, 13] 고구려와 백제에서노 교역권의 통제, 물품의 재분배를 통하여 왕권 강화와 지방지배가 이루어 졌다고 이해되었다.[3, 4, 8, 9] 그러나 서구의 여러 교역론과 일본학계의 위세품 재분배론 등이 원용되면서 교역 문제의 중요성을 이해하였지만, 한국고대사에서 차지하는 교역의 체계적 이해는 시도되지 못하였다.

1996년 이래 최근 10년 동안 이루어진 교역에 대한 논의는 한국고대사 연구 가운데 가장 활발한 분야의 하나가 되었다. 전국적으로 고고학적 조사가 늘어나 이를 중국, 일본지역의 유적 · 유물들과 비교가 가능해지면서, 자연스럽게 대외교섭과 교류에 대한 연구가 하나의 붐을 형성하였다. 여기에 최근 중국의 동북공정에 대응하는 과정에서 중국과의 대외교섭 문제에 대한 관심이 크게 늘어난 것도 한 원인으로 생각된다. 낙랑 · 대방군과 삼한 사이의 교역, 백제와 중국 강남의 남조와의 교역문제, 고구려 벽화와 고분 출토품에 대한 연구의 증가는 이를 잘 보여주고 있다. 한편으로는 삼국시대 고분에서 출토되는 中國陶瓷와 外來 金屬工藝品에 관한 미술사 분야의 전문 연구자 증가도 두드러진 현상의 하나이다. 이에 따라 교역의 문제를 생산과 유통 그리고 이를 관장하는 시장과 교역체계 전반을 한국고대사회의 성장 단계별로 이해하는 것이 새로운 과제로 대두되고 있다.[17, 49, 67, 68, 69, 97]

2

古朝鮮의 중심지 서북지방은 중국동북과 한반도, 그리고 일본열도를 포함하여 가장 선진적인 문화기반을 지닌 지역이다. 교역의 문제는 고조선의 국가적 성장과 문화성격에 대한 이해 뿐 아니라, 이후의 중국 군현과 삼한·삼국과의 교류까지 가능케 하는 이해 기준이 된다는 점에서 중요한 부분이다. 고조선이 지닌 중심지 기능과 주변부와의 상호작용을 서구 교역론을 원용하여 이해한 연구[1, 14]이래, 출토 유물을 통해서 중국과의 교류상을 중심으로 연구가 진행되고 있다. 산동반도를 매개로 고조선과 전국시대 齊와의 교류상이 구체적으로 논의되는가 하면[71, 98], 중국동북지방과 압록강 중류역에서 발견되는 전국 燕의 화폐에 대한 심도 있는 분석이 진행되기도 하였다.[94] 나아가 한반도 서남부지역에서 기원전 2세기이후 청동기생산이 쇠퇴된 것은 위만조선에 의하여 원료공급이 중단된 때문이라는 견해가 제기되었다.[87] 한편 문헌자료가 절대 부족한 고조선 연구에서는 1980년대 이래 급증한 고고학적 조사자료에 대한 정리와 이해가 긴요하다고 하겠다. 이와 관련하여 청동기에서 초기철기시대에 이르는 시기 고조선을 중심으로 중국지역과의 교류 실태를 종합 정리한 연구가 크게 참고 된다.[53] 그러나 여전히 고조선의 문화상과 주변 지역과의 교류문제는 많은 과제를 지니고 있다. 무엇보다도 분석의 기준이 되는 고조선의 지리적 위치와 경역에 대하여 연구자간의 견해 차이가 심하고, 특히 기원전 2세기 衛滿朝鮮의 墓制를 비롯한 표식적인 유물상이 분명치 않기 때문이다. 낙랑고분의 초기형태인 이른바 나무곽무덤의 편년에 대한 보다 구체적인 연구가 필요한 부분이다.

위만조선이 소멸되고 그 자리에 들어섰다는 점에서 낙랑군을 비롯한 中國

郡縣은 고조선과 삼한·삼국을 연결하는 위치에 있다. 낙랑고분에 대한 조사가 본격화된 1920년대 이래로 중국 군현이 선진문물의 공급처라는 이해가 보편화되었고, 漆器와 玳瑁 등 일부 유물의 원산지가 중국 내지와 일부 동남아 지역이라는 연구가 없지 않았으나, 이에 대한 구체적인 연구는 근래의 일이다. 낙랑군이 위만조선의 중심지 기능을 계승하여 중국 내지와 삼한과 왜를 잇는 유통의 중계지 역할을 수행하였다는 점[26], 외래계 물품이 부장된 무덤의 구조가 중국 長江유역에서 유사한 사례가 확인되고 있으며[38], 이 지역을 경유지로 하여 남방산 장신구가 확인된다는 실증적인 연구도 제시되었다.[90] 한편 낙랑은 중국산 물품의 반입만이 아니라 청동제품을 자체 생산한 사실이 밝혀지기도 하였는데[30], 이러한 물품의 주요 소비처는 삼한과 왜 등 토착사회였을 것으로 이해된다. 낙랑군 외의 현도군과 주변 요동군과의 교역 및 지역간 유통망의 문제 등은 거의 다루어지지 못하고 있다. 낙랑·현도군의 육상 교통로, 대방군의 연안 교통로에 대해서는 시론적인 연구가 진행되고 있을 뿐이다.[39, 88]

三韓은 그 성장과정에서 낙랑·대방군의 분열과 간섭을 받아 왔다는 전제 아래 그 교류와 교섭은 매우 부정적인 것으로 여겨져 왔다. 그러나 1980년대 이래 삼한지역에서 고고학적 조사가 늘어나고 이를 낙랑과 중국 본토 및 倭地의 유적·유물과 비교가 가능해 지면서 속에서 다양한 견해가 제기되었다. 삼한과 중국군현 사이의 교섭이란 朝貢의 형식을 빌은 교역활동이며, 이를 통해 교역담당자는 富를 축적하고 정치권력을 성장시켰다고 한다.[2, 12, 13, 15, 40, 42, 43, 44, 45, 59, 99] 반면 변·진한 지역에서는 외래계 물품의 문화계통을 낙랑으로만 보기 어렵고, 지역 내 유통망과 교역권의 문제 등 자체의 발전과정을 중시하는 연구도 늘어나고 있다.[23, 33, 34, 46, 85, 99] 한편 그동안 상대적으로 부진하던 경기도 지역에 대한 조사가 늘어나면서 새로운 문제도 제기되었다. 곧 영남 남부지역은 기원 2세기 이전 중국 군현과의 교섭관련 유물이 집중되어 있고, 3세기이후 유물은 경기도 화성의 기안리 제철유적, 시흥의 오이도 패총 등 서부 연안 일대에서만 보이는 현상이다. 이와 관련하여 전남 서남부해안과 제주도에서 출토된 漢代 貨幣 등의 유물이 해로를 통하여 중국군현과 직접 교섭한 것인지 아니면 김해를 중심으로 한 영남지역에서 확산된 것인지의 여부도 당시의 교역체계의 이해에 있어서 중요한 문제라 하겠다. 삼한과 중국군현과의 교역 문제를 종합적으로 검토한 연구가 없지 않으나,[13, 72, 85, 99] 관련 자료의 증가에 따라 새로운 접근이 요구된다고 하겠다.

高句麗의 성장은 현도군의 직접지배를 벗어나고 이어 군현의 분리조종을 막아내면서 여러 那集團을 결속하는 과정이기도 하였다.[3] 현도군과의 교역을 고구려 왕권을 통해 일원화한 조치를 幘溝漊의 설치로 운영되엇으며, 집권화된 국가체제하에서는 官市를 통한 유통망이 형성되어 갔다.[49, 67~69] 그런데 책구루의 설치 시기에는 이를 기원이후 태조왕대로 보는 견해가 주류인데[69] 반해, 기원전 전한말로 보는 견해도 있다.[95] 여전히 고구려 성립기 현도군과의 교섭 문제가 명료하게 연구되지 못하고 있기 때문이다. 한편으로 4세기이후 중국 군현이 소멸하면서 낙랑계 주민이 대량으로 고구려 사회에 유입되었고,[73] 새로이 요동지역에서 중국 내의 혼란을 따라 새로운 주민의 유입과[60] 특히 모용연과의 긴장과 갈등이 증대하면서 鐙子의 확산과 같은 새로운 양상이 나타났다.[107] 남북조시대에 들어서서 고구려는 지리적으로 인접한 북조는 물론 그를 통해 북방 초원의 여러 유목민족과 교섭하였고, 남조를 통해 바다를 통한 남방의 여러 문화와도 접촉하게 된다. 감숙성의 벽화분과 고구려 벽화묘에 보이는 구조와 圖像의 유사성,[93] 소그드계 승려와 商人과 그리고 技藝의 교섭,[11] 금속공예품에 보이는 남조와 바닷길을 통한 남방계 圖像의 유물이 지적되고 있다.[104, 109] 그러나 5세기 이후 독자적인 세력권을 구축하던 고구려의 정치적, 군사적 영향력을 언급하면서 교역 문제와 같은 경제적 측면에 대한 연구는 거의 없는 실정이다. 국가의 형성과 집권체제로의 전환과정에 대한 관심을 넘어 영역국가 단계에서의 교역과 교류 문제도 보다 적극적인 검토가 요구된다고 하겠다.

百濟의 교역에 대하여는 지난 10년간 괄목할 진전이 있다고 하겠다. 1990년대 후반 풍납토성 내부에 대한 발굴이 본격화되면서 施釉陶器 등 외래계 유물이 다수 출토되었고, 충남 지역에서는 공주 水村里고분군의 중국도자 등 출처와 연대가 분명한 조사 자료가 증가한데 따른 것이다. 백제지역내의 中國陶瓷, 晉式帶鉤 등의 金具는 4세기후반 중국 동진과의 교섭을 통해 유입되면서 이를 중앙의 왕권세력이 독점하고 지방 통치의 수단으로 분배한 威勢品 으로 보는 것이 통설화 되어 있다.[4, 56, 70, 80, 82, 89] 백제 출토 중국도자에 대하여는 일찍부터 미술사 연구자의 관심을 끌어 왔는데,[19, 20, 21] 근래 부장 연대가 3세기 이전 서진대로 편년되는 것은 없으며 대부분 東晉靑瓷라는 사실과,[41] 威勢品이라는 점은 분명하지만 지방세력에게 분여된 것이 아니라 백제의 중앙 세력이 확산되면서 나타난 것이라는 견해도 있다.[84] 일반적으로 위세품은 집권국가의 지방통제 수단이 아니라, 그 이전 연맹체단계에서 지배층 사이의 사회관계를 유지하는 도구라는 점에서 4~5세기 백제사회에서의 위세품 논의는 보다 세밀한 검토가 요구된다고 하겠다. 출토 유물의 증가에 힘입어 대외 교역만이 아니라 백제의 집권체제로의 성장에 따른 생산과 유통에 대한 구체적인 분석이 시도되고 있는데,[62, 65, 83] 앞으로의 성과가 기대되는 부분이라 하겠다. 한편 서남부 영산강 일대의 이른바 전방후원분의 존재와 倭系文物의 실체에 대해서는 많은 논란이 있었지만 대체로 倭人이 남긴 유적 유물로 이해되고 있는데,[106] 백제와 왜와의 교섭과 교역에 대하여는 유용한 연구가 있지만,[51, 105] 異論이 많은 만큼 보다 구체적인 검토가 요구된다. 최근 무령왕릉 출토의 중국도자와 금속공예품에 대한 정밀한 연구가 진행되고 있는데,[102, 103] 미술사 연구자의 보다 폭넓은 연구가 기대되는 분야라고 하겠다.

弁韓에 기반한 加耶는 기원전 1세기후반부터 김해와 창원일대를 중심으로 樂浪郡과 倭地를 연결하는 교역거점지로서 발전하였다.[5, 76, 97] 낙랑의 선진 기술을 차용하여 토기와 철생산의 생산 및 유통체계를 구축하였다.[57, 58] 이를 통해 낙랑 문화에 대한 일방적인 의존을 부정하고 자체적인 발전을 강조하면서 보다 다양한 문화의 유입을 주장하는 견해도 있다.[23, 34, 36, 37] 그러나 후한 말에서 魏晉代로 이어지는 동북아시아 전체의 정치적 파동 속에서 가야의 교역체계는 안정성이 크게 흔들리게 된다. 3세기 들어서는 한강유역의 馬韓勢

力이 교역의 중간 거점 역할을 수행하면서 가야지역의 교역환경은 쇠퇴하였으며, 4세기 초 낙랑, 대방군의 소멸은 남부지방 전체의 재편성을 가져온 것으로 이해되고 있다.[5] 중국 군현이 약화될 때 마다 고구려와 백제는 그에 대항하는 권력의 주체로 성장하였지만, 가야는 신라와 영역을 다투며 내부적 결속을 시도하였지만, 백제 등 교섭의 상대세력의 영향 하에 휩쓸리곤 하였다.[76, 97] 5세기 중엽 고구려의 압박에 따라 백제의 세력이 크게 약화되자 고령의 반파국을 중심으로 섬진강유역까지 독자적인 교역망을 구축하고 왜로의 진출을 도모했다고 한다.[97] 2세기 후반 목곽묘 채용이후 묘제와 출토유물에 보이는 다양한 문화적 요소들이 어떠한 교류의 산물인지, 나아가 백제와 신라 그리고 멀리는 고구려와 왜와의 교섭을 交易의 측면에서 재검토하는 연구가 요구된다고 하겠다.

삼국시대 신라의 교역에 대한 연구는 삼한, 백제 그리고 고구려의 활발한 연구에 비하여 상대적으로 저조한 편이다. 그 나마 신라초기 적석목곽분 출토의 외래계 금속공예품에 대한 연구가 대부분을 차지하고 있다. 특정 주제에 한한 것이지만, 연구 내용은 괄목할 만 하다. 고분 출토 금속공예품에 대한 고고학적, 미술사적 전문 연구자의 지속적인 관심과 노력의 산물이라 하겠다. 그리하여 신라 금관 연구에서 언급되던 막연한 북방 초원문화에 연원을 두었다는 설명을 넘어 고구려에 연원을 두었으나 그 기술적, 도상적 계보는 북방과 남방 모두 확인되고 있고, 특히 남조를 통한 바닷길로의 문화전파가 언급되고 있다.[35, 61, 79, 92, 108] 나아가 같은 유물이라도 고구려와 신라에서의 용도와 기능이 달랐다는 연구도 주목을 끄는 것이다.[78] 특히 서역계의 유리제품과 금제감장보검과 같은 물품의 연원을 막연히 중앙아시아 혹은 서역계로 통칭하던 데서 한 걸음 나아가서 5~6세기 에프탈리테로, 이의 전달자는 고구려 고분에도 나타나는 소그드(sogd)인으로 지목하기도 한다.[61, 109] 신라 고분에 보이는 서역계 유물은 분명 그 계통이 지중해를 끝단으로 하여 초원과 오아시스 그리고 바다를 통하여 신라까지 이어진 것은 분명하다고 하겠다. 그러나 5~6세기 신라의 대외 교섭의 폭으로 보아 이들 지역과의 직접적인 교섭

보다는 보다 구체적인 계기와 유통경로에 대한 보다 실증적인 연구가 요구된
다고 하겠다.

3

지금까지 최근 20년 동안 한국고대사 연구의 교역에 대한 연구는 많은 성과
를 거두었다. 앞으로 보다 진전된 연구를 위하여 다음과 같은 사항을 나열해
보기로 한다.

첫째, 교역의 방식에 대한 논점 정리가 절실한데, 이 경우 동아시아 교역사
의 전체 맥락에서 그 의미가 파악되어야 할 것이다. 1980년 후반 長距離交易
(Long distance trade)·中心地交易(Cenral place trade)·威勢品交易(Prestege
goods trade) 등의 인류학계의 交易論이 원용되고 이후 몇 가지 개념에 대한
검토가 없지 않았지만, 최근 이론적인 연구가 부족하다. 이와 함께 유의할 것
이 漢魏代에 중국을 중심으로 주변 민족들이 전개한 교역의 구조와 그 추이라
할 것이다. 나아가 국가형성 단계만이 아니라 5~6세기 영역국가 단계에서의
교역 문제에 대한 적극적인 검토기 요구된다.

둘째, 교역의 의미를 해석함에 있어 정치권력의 성장이라는 측면이 너무 강
조되고 있다는 점이다. 때문에 한식문물의 출토빈도가 교역의 消長으로 해석
되고 이것이 곧바로 세력집단의 盛衰로 이해되어선 곤란하다. 중국과의 조공
은 대개 이민족의 首長이 한 것으로 기록되어 있지만 실제로는 경제적 得利를
목적한 하층민이 많았을 것이다. 때문에 교역의 의미는 다양하게, 그리고 정
치권력과 복합사회로의 형성문제도 신중히 검토되어야 할 것이다.

셋째, 한식문물이 어떻게 이를 소유한 사람의 초월적 권위를 상징하는 威
信材(pristege good)로 기능하였는지가 검토되어야 할 것이다. 삼한과 왜지에
서 출토되는 漢印, 漢鏡, 漢의 貨幣, 車馬具 등이 그러한 威信材로 이해되고
있다. 교역은 富의 추구에 있지 않고, 권위의 획득을 위해 시행되었다는 견해
도 있다. 그러나 漢物의 어떤 점이 수장의 권위를 상징하는 지에 대하여는 명
확한 근거를 제시하지 못하고 있다. 한식문물이 위신재로의 의미를 이해하

고, 조공과 대외교역이 이를 수행한 교역담당자의 정치적 성장에 기여한 요인
을 파악하기 위해서는 대외교섭의 행위와 장소, 외래물품이 지니는 종교적 측
면이 고려되어야 한다고 여겨진다. 또한 이른바 위세품 시스템은 집권국가
이전의 연맹체단계의 유용한 사회통합 도구라는 점에서 5~6세기 백제와 같은
사회단계에서는 적용에 신중을 기해야 할 것으로 생각된다.

참고문헌

1. 崔夢龍, 1985,「古代國家成長과 貿易-衛滿朝鮮의 例」『韓國古代의 國家와 社會』, 歷史學會 編,
　　일조각.

2. 李鍾旭, 1986,「韓·倭의 政治勢力과 樂浪郡·帶方郡의 關係」『韓日古代文化의 諸問題』, 韓日
　　文化交流基金 ; 1994,『韓日古代文化의 連繫』, 서울프레스.

3. 金基興, 1987,「高句麗의 成長과 對外交易」『韓國史論』16, 서울대학교 국사학과.

4. 權五榮, 1988,「4세기 百濟의 地方統制方式의 一例」『韓國史論』18, 서울대학교 국사학과.

5. 李賢惠, 1988,「4세기 加耶지역의 交易體系의 변천」『韓國古代史研究』1, 한국고대사연구회 ;
　　1998,『韓國古代의 생산과 교역』, 일조각.

6. 金秉模, 1988,「古代 韓國人과 西域과의 관계」『韓國學論集』14, 한양대학교 한국학연구소.

7. 池健古, 1990,「南海岸地方 漢代貨幣」『昌山 金正基博士華甲紀念論叢』, 同 論叢刊行委員會.

8. 李道學, 1991,「百濟의 交易網과 그 體系의 變遷」『韓國學報』63, 일지사.

9. 李道學, 1992,「伯濟國의 성장과 소금 交易網의 확보」『百濟研究』23, 충남대학교 백제연구소.

10. 高久健二, 1992,「韓國出土 鐵鉾의 傳播過程에 대한 研究 - 樂浪地域에서 南部地域으로」『考
　　古歷史學志』8, 동아대학교 박물관.

11. 全虎兌, 1993,「高句麗 長川1號壁畵의 西域系人物」『蔚山史學』6, 울산대학교 사학과.

12. 李賢惠, 1994,「1~3世紀 韓半島의 對外交易體系」『古代 東亞細亞의 再發見』, 삼성미술문화재
　　단 호암미술관.

13. 李賢惠, 1994,「三韓의 對外交易體系」『李基白先生古稀紀念 韓國史學論叢』上, 一潮閣 ; 1998,
　　『韓國古代의 생산과 교역』, 一潮閣.

14. 李盛周, 1996,「青銅器時代 東아시아 世界體系와 韓半島의 文化變動」『韓國上古史學報』23,
　　한국상고사학회.

15. 高久健二, 1997,「樂浪郡과 三韓과의 交涉形態에 대하여」『文物研究』창간호, 동아시아 문물연
　　구학술재단.

16. 李盛周, 1997,「木棺墓에서 木槨墓로」『新羅文化』14, 동국대학교 신라문화연구소.

17. 金昌錫, 1997,「한국 고대 市의 原形과 그 성격 변화」『韓國史研究』99 · 100합, 한국사연구회.

18. 권영필, 1997,『실크로드미술 - 중앙아시아에서 한국까지』, 열화당.

19. 李鍾玟, 1997,「百濟時代 輸入陶瓷의 影響과 陶瓷史的 意義」『百濟研究』27, 충남대학교백제
    연구소.

20. 李蘭英, 1998,「백제 지역 출토 中國陶瓷 연구 - 古代의 交易陶瓷를 중심으로」『百濟研究』28,
    충남대학교 백제연구소.

21. 金英媛, 1998,「百濟時代 中國陶瓷의 輸入과 倣製」『百濟文化』28, 공주대학교 백제문화연구소.

22. 강봉원, 1998,「원거리 무역의 이론과 방법론」『韓國考古學報』39, 한국고고학회.[1]

23. 孫明助, 1998『弁辰韓 鐵器의 初現과 展開』,『伽倻文化』11, (財) 伽倻文化研究院.

24. 함순섭, 1998,「天安 淸堂洞遺蹟을 통해 본 馬韓의 對外交涉」『馬韓史 研究』, 충남대학교출판부.

25. 權五重, 1999,「樂浪王光墓의 銅鏡」『釜大史學』23, 부산대학교 사학회.

26. 尹龍九, 1999,「三韓의 朝貢貿易에 대한 一考察」『歷史學報』162, 역사학회.

27. 尹龍九, 1999,「三韓의 對中交涉과 그 性格」『國史館論叢』85, 국사편찬위원회.

28. 민병훈, 1999,「실크로드를 통한 역사적 문화교류」『실크로드와 한국문화』, 소나무.

29. 이인숙, 2000,「실크로드와 한국의 로만글래스」『실크로드와 한국문화 - 동방의 빛을 따라서』
    경주세계문화엑스포 2000 조직위원회.

30. 鄭仁盛, 2000,「樂浪土城 內에서의 청동기 제작과 工房의 위치」『慶北大學校 考古人類學科20
    周年 紀念論叢』, 경북대학교 인문대학 고고인류학과.

31. 이영훈 · 손명조, 2000,「고대의 철 · 철기생산과 그 전개에 대한 고찰」『韓國古代史論叢』9, 駕
    洛國史蹟開發研究院.

32. 權五重, 2000,「方格規矩四神鏡의 流傳」『東아시아 歷史의 還流』, 지식산업사.

---

1) 遠距離交易論과 이른바 威勢品시스템(Pretige good system)에 관한 歐美學界의 최근 연구동향은 다음
   논고의 정리가 매우 유용하다.
   宇野隆夫, 1996,「西洋流通史の考古學的研究」『古代文化』48-10, (財)古代學協會, pp.583~602.
   西村正雄, 1996,「長距離交易モデル」『國家の形成-人類學 · 考古學からのアプローチ』東京, 三一書
       房, pp.169~231.
   石村智, 2004,「威信財システムからの脱却」『文化の多樣性と比較考古學 - 考古學研究會50周年記念
       論文集』岡山, 考古學研究會, pp.279~288
   辻田淳一郎, 2006,「威信財システムの成立 · 變容とアイデンテイテイ」『東アジアの古代國家論』, 東
       京, すいれん舍, pp.31~64.

33. 辛勇旻, 2000, 「弁‧辰韓地域의 外來系 遺物」『고고학으로 본 변‧진한과 왜』, 영남고고학회‧구주고고학회 제4회 합동고고학대회 발표논문집.

34. 李在賢, 2000, 「加耶地域出土 銅鏡과 交易體系」『韓國古代史論叢』9, 駕洛國史蹟開發研究院.

35. 李松蘭, 2000, 「古新羅 古墳出土 土偶裝飾土器에 보이는 南方的 要素」『考古歷史學志』16, 동아대학교 박물관.

36. 辛勇旻, 2000, 「弁‧辰韓地域의 外來系 遺物」『고고학으로 본 변‧진한과 왜』, 영남고고학회‧구주고고학회 제4회 합동고고학대회 발표논문집.

37. 辛勇旻, 2000, 「金海地域 北方民族征服論 檢討」『嶺南考古學』26, 영남고고학회.

38. 辛勇旻, 2000, 「樂浪郡지역 왜래계 유물 출토 목곽묘 연구」『考古歷史學志』16, 동아대학교 박물관.

39. 尹善泰, 2001, 「滄海郡과 玄 郡 - 漢四郡의 交通路와 관련하여」 제41회 백제연구 공개강좌 발표요지, 충남대학교 백제연구소.

40. 金壽泰, 2001, 「百濟의 對外交涉權 掌握과 馬韓」『百濟研究』33, 충남대학교 백제연구소.

41. 李廷仁, 2001, 「中國東晉靑瓷硏究 - 4세기 百濟地域 出土品과 관련하여」, 이화여대석사학위논문.

42. 李富五, 2001, 「1세기 초 廉斯國의 대외교섭」『韓國古代史研究』22, 한국고대사학회.

43. 권오영, 2001, 「백제국(伯濟國)에서 백제(百濟)로의 전환」『역사와 현실』40, 한국역사연구회.

44. 박순발, 2001, 「馬韓 對外交涉의 變遷과 百濟의 登場」『百濟研究』33, 충남대학교 백제연구소.

45. 尹善泰, 2001, 「馬韓의 辰王과 臣 沽國」『百濟研究』34, 충남대학교 백제연구소.

46. 이청규, 2001, 「기원 전후 慶州와 周邊과의 交流 - 토기와 청동기를 중심으로」『國家形成期 慶州와 周邊地域』, 학술문화사.

47. 김길식, 2001, 「삼한지역 출토 낙랑계 문물」『樂浪』, 국립중앙박물관.

48. 이현혜, 2001, 「加耶의 交易과 經濟」『한국고대사 속의 가야』, 도서출판 혜안.

49. 金昌錫, 2002, 「三國 및 統一新羅의 官商과 官市」『강좌 한국고대사』6, 가락국사적개발연구원.

50. 권오영, 2002, 「고고자료를 중심으로 본 백제와 중국의 문물교섭 - 강남지방과의 관계를 중심으로」『고대 동아세아와 삼한삼국의 교섭』, 부산시립 복천박물관.

51. 禹在柄, 2002, 「4~5세기 倭에서 伽倻‧百濟로의 交易루트와 古代航路」『湖西考古學』6‧7합, 호서고고학회.

52. 李松蘭, 2003, 「皇南大塚 新羅冠의 技術的 系譜」『韓國古代史研究』31, 한국고대사학회.

53. 李淸圭, 2003, 「韓中交流에 대한 考古學的 接近」『韓國古代史研究』32, 한국고대사학회.

54. 권오영, 2003, 「백제의 對中交涉의 진전과 문화변용」『강좌 한국고대사』4, 가락국사적개발연구원.

55. 권오영, 2003, 「고고자료를 중심으로 본 백제와 중국의 문물교류」『강좌 한국고대사』4, 가락국사적개발연구원.

56. 성정용, 2003, 「百濟와 中國의 貿易陶瓷」『百濟研究』38, 충남대학교 백제연구소.

57. 손명조, 2003, 「가야의 철생산과 유통」『가야고고학의 새로운 조명』, 도서출판 혜안.

58. 이성주, 2003, 「가야토기 생산·분배체계」『가야고고학의 새로운 조명』, 도서출판 혜안.

59. 정인성, 2003, 「변진·가야의 대외교섭 - 낙랑군과의 교섭관계를 중심으로」『가야고고학의 새로운 조명』, 도서출판 혜안.

60. 공석구, 2003, 「고구려와 모용연의 갈등 그리고 교류」『강좌 한국고대사』4, 가락국사적개발연구원.

61. 이한상, 2003, 「분묘출토품으로 본 신라와 서역의 교류」『문명의 교류와 갈등』, 대구사학회 2003년 학술대회논문집.

62. 李南珪, 2004, 「漢城期 百濟 물류시스템과 對外交涉 研究의 諸問題」『漢城期 百濟의 物流시스템과 對外交涉』, 학연문화사.

63. 金壯錫, 2004, 「물류시스템과 對外交流의 정치경제학에 대한 考古學的 接近」『漢城期百濟의 物流시스템과 對外交涉』, 학연문화사.

64. 林起煥, 2004, 「漢城期 百濟의 對外交涉 : 3 5세기를 중심으로」『漢城期 百濟의 物流시스템과 對外交涉』, 학연문화사.

65. 吉井秀夫, 2004, 「土器資料를 통해서 본 3~5세기 百濟와 倭의 交涉關係」『漢城期 百濟의 物流시스템과 對外交涉』, 학연문화사.

66. 權五榮, 2004, 「物資 技術 思想의 흐름을 통해 본 百濟와 樂浪의 교섭」『漢城期 百濟의 物流시스템과 對外交涉』, 학연문화사.

67. 金昌錫, 2004, 「韓國 古代 流通體系의 성립과 변천」『震檀學報』97, 진단학회.

68. 김창석, 2004, 『삼국과 통일신라의 유통체계 연구』, 일조각.

69. 金昌錫, 2004, 「高句麗 초·중기의 對中교섭과 교역」『新羅文化』24, 동국대학교 신라문화연구소.

70. 權五榮, 2004, 「晋式帶鉤의 南과 北」『제10회 가야사국제학술회의 발표논문집』, 김해시.

71. 박준형, 2004, 「古朝鮮의 대외교역과 의미 -春秋 齊와의 교역을 중심으로-」『北方史論叢』2, 고구려연구재단.

72. 尹龍九, 2004, 「三韓과 樂浪의 교섭」『韓國古代史研究』34, 한국고대사학회.

73. 임기환, 2004, 「고구려와 낙랑군의 관계」『韓國古代史研究』34, 한국고대사학회.

74. 강종훈, 2004, 「백제의 성장과 對中國郡縣 관계의 추이」『韓國古代史研究』34, 한국고대사학회.

75. 文昌魯, 2004, 「新羅와 樂浪의 關係」『韓國古代史研究』34, 한국고대사학회.

76. 金泰植, 2004, 「加耶와 樂浪」『韓國古代史研究』34, 한국고대사학회.

77. 이송란, 2004, 「신라 금속장식품의 기술적 계보」『신라 금속공예 연구』, 일지사.

78. 李松蘭, 2005, 「신라 고분 공예품에 보이는 불교적 요소의 계보와 그 의미-황남대총과 식리총을 중심으로」『東岳美術史學』5, 동악미술사학회.

79. 이송란, 2004, 「東晋의 南京 仙鶴觀M6號墓 琉璃碗 연구 - 바닷길을 통한 서방 유리그릇의 수용과 확산 일례」『美術資料』70 · 71합, 국립중앙박물관.

80. 成正鏞, 2004, 「漢城百濟期 對中交涉의 一樣相-4세기대의 양상을 중심으로」『고대의 문물 교류와 경기도』제32회 한국상고사학회 학술발표대회.

81. 金武重, 2004, 「考古資料를 통해 본 百濟와 樂浪의 交涉」『湖西考古學』9, 호서고고학회.

82. 박순발, 2004, 「漢城期 百濟 對中交涉의 一例-夢村土城 出土 金銅 帶金具 追考」『湖西考古學』9, 호서고고학회.

83. 권오영, 2005, 「백제의 생산기술과 유통체계 이해를 위하여」『백제의 생산기술과 유통체계』, 한신대학교 박물관.

84. 李暉達, 2005, 「中國과 百濟 出土 六朝靑瓷의 比較檢討」, 전남대학교 석사학위논문.

85. 이재현, 2005, 「남하출토 낙랑관련 유물의 현황과 성격」『낙랑의 고고학』제33회 한국상고사학회 학술발표대회논문집.

86. 權五榮, 2005, 「百濟文化의 이해를 위한 中國 六朝文化의 탐색」『韓國古代史研究』37, 한국고대사학회

87. 이현혜, 2005, 「한반도 서남부지방 청동기 생산활동의 쇠퇴 배경」『韓國古代史研究』40, 한국고대사학회.

88. 윤용구, 2005, 「三國志 韓傳에 보이는 馬韓國目」『漢城百濟 史料 研究』, 경기문화재단.

89. 朴淳發, 2005, 「公州 水村里 古墳群 出土 中國瓷器와 交叉年代 問題」『충청학과 충청문화』4, 충청남도역사문화원.

90. 李松蘭, 2005, 「樂浪 貞白洞 3호분과 37호분의 남방계 獅子形 垂飾과 商人의 활동」『美術史學研究』245, 한국미술사학회.

91. 이한상, 2005, 「威勢品으로 본 漢城百濟의 中央과 地方」『고고학』4-1, 서울경기고고학회.

92. 李松蘭, 2005, 「황남대총 북분 장식구슬의 계보와 바닷길 무역」『科技考古研究』9, 아주대학교 박물관.

93. 강현숙, 2005, 「중국 감숙성 벽화분과 고구려 벽화분의 비교」『고구려와 비교해 본 중국한,위
· 진의 벽화분』, 지식산업사.

94. 박선미, 2005, 「戰國~秦 · 漢 初 화폐사용집단과 고조선의 관련성」『北方史論叢』7, 고구려연
구재단

95. 尹龍九, 2006, 「소그드 벽화, 호레즘 성곽, 돈황문서 중의 고구려 자료」, 제85회 한국고대사학
회 정기발표회 요지.

96. 尹龍九, 2006, 「高句麗의 흥기와 幘溝漊」『고구려의 역사와 대외관계』, 서경문화사.

97. 金泰植, 2006, 「韓國 古代諸國의 對外交易 - 加耶를 중심으로」『震檀學報』101, 진단학회.

98. 朴峻亨, 2006, 「古朝鮮의 海上交易路와 萊夷」『北方史論叢』10, 고구려연구재단.

99. 김길식, 2006, 「진 · 변한지역 낙랑 문물의 유입양상과 그 배경」『낙랑 문화 연구』(동북아역사
재단 연구총서 20).

100. 鄭相基, 2006, 「4~6세기 百濟 地域 出土 中國陶瓷」『한성에서 웅진으로』(4~5세기 백제 유물
특별전 도록), 국립공주박물관 · 충남역사문화원.

101. 정상기, 2006, 「武寧王陵 출토 中國陶瓷에 대한 검토」『武寧王陵-출토유물분석 보고서(II)』,
국립공주박물관.

102. 이송란, 2006, 「백제 무령왕과 왕비관의 復元試論과 圖像」『武寧王陵-출토유물분석 보고서
(II)』, 국립공주박물관.

103. 장남원, 2006, 「백제 무령왕릉 埋納 중국도자의 성격과 제작지」『武寧王陵-출토유물분석 보
고서(II)』, 국립공주박물관.

104. 이한상, 2006, 「高句麗 金屬容器文化의 特色」『고고자료에서 찾은 고구려인의 삶과 문화』,
(고구려연구재단 연구총서 14).

105. 이도학, 2006, 「백제 對倭交易의 전개양상」『民族發展研究』14, 중앙대학교 민족발전연구원.

106. 홍보식, 2006, 「한반도 남부지역의 왜계 요소-기원후 3~6세기대를 중심으로」『韓國古代史研
究』44, 한국고대사학회.

107. 강인욱, 2006, 「고구려 鐙子의 發生과 유라시아 초원지대로의 전파에 대하여」『北方史論叢』
12, 고구려연구재단.

108. 李漢祥, 2007, 「新羅墳墓 속 西域系文物의 現況과 解析」『韓國古代史研究』45, 한국고대사학회.

109. 李松蘭, 2007, 「고구려 고분벽화의 서역인들과 신라 계림로 14호분 '금제감장보검'의 수용
경로」, 제50회 전국역사학대회 미술사부 발표요지.

남북국시기의 교역

김창석 _ 강원대학교 역사교육과

남북국시기의 교역 즉 상업(국내교역)과 대외교역에 대해서는 1930년대에 연구[1, 2]가 나온 이래 꾸준히 성과가 축적되었다. 그런데 1980년대 전반까지 의 연구[3~10]는 대외교역 분야에 치중되었다. 국내외 교역 관련 자료는 다른 분 야에 비해 현격하게 적지만, 그나마 대외교역에 관해서는 중국과 일본의 문헌 및 고문서류를 활용할 수 있었기 때문이다.

이러한 연구 경향은 지금까지 크게 달라지지 않았지만, 근래 상업사에 대한 조명[11, 12]이 이뤄져 그간의 공백을 메울 수 있었다. 대외교역 분야도 새로운 자료를 발굴하고 연구 시야를 확대함으로써 기성의 성과를 비판적으로 고찰 할 수 있게 되었다. 아래서는 1980년대 후반~현재의 성과를 중심으로 하여 남 북국시기 교역의 특징과 의미에 대해 살펴보겠다.

1. 주체와 기구

교역 활동의 주체는 상인이 중심이지만, 官人이 직무로서 교역에 관여하는 경우가 있었다. 그리고 상인도 전업 상인과 비전업 상인의 구분이 있다. 전자 는 다시 市에 점포를 갖고 영업하는 市人과 행상(원격지 상인 포함)으로, 후자 는 다시 귀족·官人의 대리인과 농민·수공업자로 나눌 수 있다. 종래에는 행상과 잉여 산물을 부업으로 내다 파는 생산자층의 상업 활동 즉 민간 영역 을 주목했지만, 고대 상업에서는 국가의 통제를 받는 '官'의 영역이 보다 큰 비중을 차지했다.

官市와 官商이 그것이다.[13] 삼국통일 후 왕경의 관시는 증설되어 東·西·

南市의 3시 체제를 갖추었다. 확대된 관료기구에 물자를 조달하고 증가된 왕경인의 소비생활을 충족시키기 위해서 불가결한 조치였다. 진골귀족들은 신문왕대 祿邑이 폐지되고 대신 받은 '逐年賜租'를 이용하여 관시에서 물품을 구입했다. 신라에서 관시가 財政 운영과 유기적으로 결합되고 왕경인의 도시생활에 뿌리내리게 된 것은 이때부터였다.

　문제는 3시 체제의 특수성이다. 당시 唐의 長安城과 일본 平城京은 모두 동·서시의 2시 체제였다. 후한대 3시제와 유사한 면이 지적되기도[12] 했지만 그 직접적인 영향을 받았다고 볼 수는 없으므로, 남시의 증설은 신라 사회의 독자적인 산물일[14] 가능성이 크다. 단 효소왕대에 서시와 남시를 증설하면서 기존의 市肆를 東市로 개칭했다는 견해[14]는 재고의 여지가 있다. 『삼국사기』에서 신라의 동시 설치 시점으로 전하는 6세기 초에 동·서시 체제는 동아시아에 존재하지 않았다는 점을 전제하고 있으나, 이미 漢 장안성에 동·서시가 마련되어 있었고 六朝 建康城에도 동시가 존재했다는 기록이 있다. 신라의 동시 성립은 중국 도성제의 영향뿐 아니라 시장의 기원과도 관련되는 문제이므로 지속적인 검토가 필요하다. 더불어 3시의 위치도 앞으로 왕경 발굴에서 반드시 유념해서 밝혀야 할 부분이다.

　하대의 韓歧市는 민간상업의 발달과 함께 한기부 지역에 설정된 새로운 시장이다.[15] 이를 왕경 구역을 확장하면서 기존의 동시를 옮겼다고[16] 보기도 하지만 고대국가에서 東市가 차지하는 비중과 전통성을 고려할 필요가 있다. 역시 하대의 사회경제적인 변동 상황을 수용하여 증설된 시장으로 생각된다.

　대외교역과 관련된 기구로서 관부명을 알 수 있는 것은 倭典이다. 하지만 이 역시 기본 임무는 對日 외교였고 교역은 부수 업무의 하나였다. 진평왕대에 對唐 외교를 중시하여 왜전을 領客典으로 개편한[17] 뒤에 다시 왜전을 '別置' 했기 때문이다. 별치 시기에 대해서는 성덕왕대[18] 혹은 진덕왕대[19]로 보아 왔다. 이에 대해 진덕왕대인 651년에는 일본에 대한 외교적 수요가 없었다고 하여 문무왕대에 설치했다는 견해도 있다.[20] 왜전의 임무를 교역이나 수공업 생산으로만 한정할 수 없으므로 그 치폐 과정을 검토할 때 대일 외교관계의 변화를 고려하지 않을 수 없다. 그 전환점 가운데 하나인 성덕왕대가 왜전의 별치 시기로 유력하지 않을까 한다.

국내상업과 대외교역의 관계는 그 주체와 기구 및 국가 정책의 측면에서 검토가 필요하지만 이를 포착할 수 있는 자료가 절대 부족하다. 단『신당서』신라전에 "남자는 머리털을 잘라 판다"고 했는데, 8세기 신라가 당에 보낸 증여품 가운데 頭髮이 들어 있어 하나의 시사가 될 수 있다. 관시를 통해 대외교섭이나 국가교역에 필요한 물품을 조달하는 방식을 상정할 수 있다. 역방향의 활용 가능성도 염두에 두어야 하리라 본다.

대외교역 분야에서는 청해진을 거점으로 한 장보고의 활동에 조명이 집중되었다. 이에 대한 종합적 고찰[21]은 장보고의 생애, 청해진 설치 경위, 교역 활동 등을 당시의 정치·사회적 배경 속에서 재구성했다. 특히 이정기 일가가 이끄는 平盧淄靑 藩鎭의 교역 활동을 계승한 측면을 선행 연구성과[22, 5]를 활용하여 명확히 하고, 청해진 폐지의 배경을 골품제의 한계와 당시 권력 구도 및 서남 해안지역의 해상세력과의 역관계 속에서 해명했다. 이에 따르면 金陽을 중심으로 한 진골귀속들은 시방세력이 왕실과의 통혼을 통해 중앙으로 진출하는 것을 용납하지 않았으며, 장보고의 몰락에는 청해진 설치로 인해 억압받았던 해상세력들의 반발이 작용했다. 왕건 등 군소 해상세력은 이러한 조건을 이용하여 교역을 기반으로 성장할 수 있었다. 이로써 평로치청 - 청해진 - 예성강 세력으로 이어지는 교역 주도세력의 교체 과정을 구상할 수 있게 되었다.

한편 청해진 설치의 배경을 唐 중심의 책봉관계의 틀로써 파악하여, '당 황제 - 寧海軍使(신라 국왕) - 청해진 대사'의 수직 구조로 이해하기도 했다.[23] 해적의 창궐과 그 소탕 정책을 동아시아 차원에서 조망했다는 점에서는 의미가 있지만, 이를 통해 신라 왕권과 청해진의 대립을 설명하기는 무리이다. 이와 관련하여 청해진의 지휘 체계와 권한을 분석하여 藩鎭의 성격을 갖고 있었다는 지적[24, 25]도 주목된다. 여하튼 장보고와 청해진의 성격 및 의의를 명확히 하기 위해서는 당시 신라의 교역 정책 및 왕권과의 관련 속에서 재검토가 필요하다. 그리고 장보고 외에 崔暈, 李昌珍, 李信惠은 물론 일본측 파트너인 文室宮田麻呂, 小野末嗣 등에 주목한 연구[26]도 청해진의 교역 활동을 풍부하게 이해하는데 도움을 주었다.

발해의 상인으로는 李光玄이 주목되었다. 그는 해외무역에 종사하다 道士로 변신하여 도교 관련 저술도 남겼다고 한다.[27] 그리고 이를 활용하여 9세기 말~10세기 초 발해 상인의 해상 활동 범위를 추정하기도 했다.[28] 근거 자료가 된 『金液還丹百問訣』의 진위와 사료적 가치에 대한 검증이 우선되어야 하지만, 중국의 경우 후대에 상인들이 도교 신앙을 배경으로 활동하는 예를 고려하면 흥미로운 자료임에 분명하다. 그리고 道藏 자료의 성격을 감안하면 구체적인 인명으로 등장하는 개인보다는 '鄕人의 船商'에 주의해야 한다. 이들이 이광현의 광역에 걸친 활동과 도교를 연결하는 매개자로 등장하기 때문이다.

2. 상품과 화폐

국내상업에서 거래되던 상품으로는 신발, 魚物, 종이를 확인할 수 있다. 이를 취급하던 상인의 성격을 구분해내긴 어렵지만 문방구 등의 사무용품과 해산물처럼 산지가 제한된 고가품은 민간상인보다는 官商이 거래했을 것이다. 물론 행상 가운데 왕경의 귀족가를 방문하여 지방의 특산물을 판매하는 경우도 상정할 수 있다.

「신라촌락문서」를 보면 팔려나간 말 3필과 貫甲 하나가 적혀있다. 설화 형태이지만 온달전에 말 거래에 관한 기록이 보인다. 통일신라에서도 말이 거래되고 있었던 것인데, 말은 전략 물자인 만큼 일반 상품처럼 자유롭게 매매가 이뤄졌을지는 의문이다. 이는 관갑도 마찬가지이다. 관갑을 사슴을 가리키는 용어로 보기도[29] 했는데, 그 가죽이 미늘을 꿰붙이는데 사용되었다면 역시 군수품으로 분류되기 때문이다. 따라서 지방 촌락의 가축 매매 문제는 이 촌락의 성격을 고려하여 풀어야 하리라고 본다.

국내에서 어떤 상품이 유통되었는지를 살피는데 앞으로는 목간 자료를 주목해야 한다. 종이 매매 사실도 경주 월성 해자에서 출토된 4면목간을 통해 알게 된 것이다. 그리고 월성 해자 목간 중 "閒干板卅五"(판독에 이견이 있음)의 '간판'이 방패용 자재라면 앞에서 언급한 관갑과도 관련하여 검토할 수 있을 것이다. 월성 해자 및 안압지 출토 목간 중에 약재와 관련된 것,[30] 각종 식품류를 적은 것들[31]은 그 물품의 보급 시스템을 검토할 때 구입 여부도 고려에 넣어야 한다.

국내에서 유통된 약재 가운데는 대외 교역품으로 활용된 것도 있다. 일본 나라시대의 고위 귀족들이 신라 물품을 구입하기 위해 조정에 제출한 「買新羅物解」라는 문서를 보면 각종 생활용품, 안료 등과 함께 향료와 약재류가 적혀 있다.[32~34] 이들은 '香藥'이라고 불렸으며 동남아시아와 인도, 서역을 포함한 광역의 유통망을 통해 신라로 도입된 것도 있었다.[35] 신라 사회에서 소비된 것 이외에 일본으로 공급되기도 했던 것이다. 신라 말에는 종이가 중국으로 유입되어[36] 질이 좋다고 일컬어지기도 했다.

대중·일 조공 및 교역품을 정리한 연구[37]에 따르면, 이밖에 각종 고급 편·직물과 금·은제품을 공급하고 직물류와 공예품 등을 들여왔다. 발해는 모피와 약재를 주로 공급하고 역시 직물류와 공예품을 들여왔다. 이 가운데 흥미로운 것이 毛氈이다. 일본 정창원에 소장되어 있는 모전은 양모 제품으로 그 貼布記에 의하면 신라에서 생산하여 8세기 중엽에 일본으로 전한 것이다.[19] 그렇다면 흥덕왕 9년 교서에 나오는 毬氀와 氍毹도 신라 제품일 가능성이 높다. 문제는 그 원료인 羊毛의 산지와 공급 루트이다. 『신당서』 신라전은 신라의 가축으로 양은 없다고 했다. 하지만 모전은 물론 羊膏, 毛典, 羂衿幢 같은 자료는 이미 삼국시기 말에 양모가 신라에서 활용되었음을 보여준다. 신라 자체의 양모 생산 여부와 더불어 고구려, 발해를 통한 양모의 공급 가능성을 다각도로 검토할 필요가 있다.

현재까지 확인된 문헌이나 발굴 자료에 의하는 한 통일신라와 발해는 국정 금속화폐를 발행하지 않았다. 발해의 경우 고유한 금속화폐가 존재했다고 주장하기도[38, 39] 했으나, 鑄造의 조건만 지적하고 있을 뿐이다. 양국은 일부에서 외국 금속화폐를 쓰기도 했지만 일반적으로는 직물, 곡물, 모피, 금·은편을 현물화폐로 사용했다.[40] 이는 남북국시기 유통경제와 재정구조의 특성에서 말미암은 것이다. 삼한시기의 鐵鋌 유통 이래 사용가치를 가진 현물화폐가 광범하게 유통되고 있었고, 국가에서도 이를 수취하여 '逐年賜租' 지급 등 國用으로 쓰는 것이 효율성 높은 재정 운영책이었다.

현물화폐라고 하더라도 그 사이에 교환가치의 서열이 생기고 규격화가 이루어졌다. 특히 금·은의 경우 고액 화폐인 만큼 정교한 稱量이 이뤄졌다. 문무왕대 唐에 보낸 銀 33,500分과 경문왕대 도당 유학생에게 내린 서책 구입용의 銀 300兩은 이를 보여준다. 이는 현물화폐에서 국정 금속화폐로 발전하는 중간 단계를 보여주지만, 고액의 교환가치 때문에 유통 범위가 지배층과 대외 결재용으로 한정된다는 한계가 있었다.

3. 여러 나라와의 교역

대외교역은 그간 공무역과 사무역으로 구분하여 파악해왔다. 무역 행위의 주체에 따라 공적인 使節이 수행하는 것이 공무역 혹은 조공무역이고 민간상인이 주체가 된 것이 사무역이라고 이해했다. 하지만 외교 교섭의 일환으로 이뤄지는 朝貢 - 回賜 행위가 결과적으로 무역의 효과를 갖는다고 하더라도 이를 공무역이라고 규정짓는다면 그 본질을 흐리게 된다. 조공 - 회사를 굳이 경제적 측면에서 해석하면 自國을 상징하는 물자의 상호 증여이다. 이것이 중국 중심의 국제질서를 보증하는 물질적 징표 구실을 한 것이다. 따라서 儀禮的인 물품 교환은 외교 교섭의 차원에서 이해해야 한다.

문제는 외교 사절이 이와는 별도로 교역 활동도 벌인다는 점이다. 이를 조공외교에 附帶하는 무역 행위로 파악하기도 했다.[2] 그러나 그 성격을 분명히 하려면 국가 차원의 교역 활동과 개인적인 교역으로 다시 세분하고, 전자는 국가교역 그리고 후자는 외교사절이라 하더라도 개인 입장에서 수행한 것이므로 민간교역으로 보아야겠다. '무역'도 전근대시기에는 거래, 매매와 동의어로 쓰였고, 통상적으로는 근대 이후 경제적 이익을 목적으로 전개된 국제교역을 가리키므로 남북국시기에 적절한 용어는 아니다.[12]

對唐 국가교역을 전해주는 직접적인 자료가 없어 연구는 부진하다. 단편적인 사료와 주변국의 사례를 통해 사절이 市를 방문하거나 互市를 활용하여 교역하는 방식[41, 42]이 거론된 바 있다. 자료는 부족하지만 당의 平盧淄靑이 발해의 말을 도입한 예가 있고, 신라도 성덕왕대에 대당 관계가 정상화되므로 당과의 국가교역이 활발해졌을 것임은 분명하다. 이를 통해 광역의 다양한 산품이 신라와 발해로 유입될 수 있었다.

이에 비해 對日 국가교역에 관한 자료는 풍부한 편이다. 「買新羅物解」, 「毛氈貼布記」 등 정창원 소장 유물, 발해 목간 등을 활용한 연구가 제출되었다.[43~45] 이를 통해 남북국과 奈良 조정 사이에 오고 간 물품과 절차, 교역의 공간 등에 대해 구체적으로 알게 되었다. 특히 기존에 당의 선진 문물이 일본으로 유입되는 과정에서 신라와 발해가 수행한 중계역할만을 부각시킨 데 대해, 당시의 국제정세와 유물을 들어 반박하고 양국의 의도와 주동적 역할을 강조한 성과[46]는 향후 이 분야 연구에서 유의해야 할 문제의식을 제시했다는 점에서도 중요하다.

신라의 경우 8세기 후반부터 대외교역에 민간상인이 진출하기 시작하여 9세기 이후는 그 활동이 두드러진다. 이들의 활동기반이 된 것은 唐 내지의 신라 僑民들이었다. 이에 대해서는 이미 선구적인 성과[47]가 있었으며, 新羅坊을 당대 이민족의 자치 구역인 蕃坊의 하나[48]라고 하여 그 기본 성격을 명확히 한 바 있다.

그리고 최근 이에 대한 종합적인 연구가[49] 이뤄져 한단계 진전된 이해가 가능해졌다. 이에 따르면 7세기 중반 당으로 遷徙당한 고구려·백제 유민 집단이 신라 교민사회 형성의 기반이 되었고, 그 지역적 범위는 산동반도로부터 淮河·양자강 유역을 거쳐 남쪽으로 절강성의 태주만 부근까지 미쳤다. 그리고 이들은 거주 지역에 따라 생활기반과 당의 통제방식 등이 달랐다는, 말하자면 신라인 사회의 이중구조론을 제기했다. 이는 그간 신라방, 적산 법화원 중심으로 막연히 그려오던 재당 신라인사회를 보다 세분하여 구체화했다는 점에서 의의가 있고, 현지 답사를 통해 관련 유적을 새로 확인한 점도 높이 살만하다. 다만 '해외 한인사회' '자치권' '이중국적' 등 근대적 개념을 남북국 시기에 적용했을 때 실상이 왜곡될 가능성도 염두에 둬야 하겠다.

대외교역의 대상국 중에 이슬람 세력을 간과할 수 없다. 이에 대해서는 일찍이 처용설화와 이슬람산품을 중심으로 연구[50, 51]가 이뤄졌다. 신라 하대왕실과 귀족들이 사용한 외래품 가운데 이슬람 산물이 들어 있으며, 당을 통한 간접 전래뿐 아니라 이슬람 상인과의 직접 교역이 활발했고 처용처럼 신라에 정착하는 경우도 많았다고 보았다. 이는 고대 이슬람세계와의 교류 사실을 본격적으로 제기했다는 점에서 큰 의의가 있지만 설화를 곧바로 역사적 사실로 환원하는 데는 무리가 따를 수밖에 없다.

이러한 문제의식에서 최근 제기된 연구[52]는 동아시아 지역에 왕래한 이슬람세력을 페르시아인, 소그드인, 아라비아인으로 세분하고, 신라를 찾은 이들은 주로 상인과 藝人으로서 당나라의 정세 변화에 따라 8세기 후반과 9세기 후반에 단속적으로 내왕했을 뿐 정착하는 경우는 적었을 것이라고 했다. 처용은 설화적 캐릭터로서 자연인으로 환원할 수 없지만 그 인물과 활약상에는 이슬람인의 모습이 투영되어 있다고 이해했다.

이와 관련해서는 일본에서 이슬람제 유리기가 발견된 바 있으므로 유리제품에 대한 성분 분석과 산지 추정, 아랍어 문헌에 대한 조사와 자료 비판이 필요하다. 국내 자료 중에도 동해시의 三和寺 철불 명문에 西域의 Kashkar를 가리키는 '踈(疎)勒'이 등장한다.[53, 54] 금석문과 후대 사료 속에서도 관련 자료를 추적하는 작업이 계속되어야 하겠다.

발해에서 소그드인의 교역 활동도 주목받았다. 소그드인은 이슬람교로 개종하기 전 景敎徒들이 많았으며 경교가 東傳하는데 크게 기여했다. 소그드인은 전통적으로 원격지 교역에 종사했으며 각지의 교역 거점에 자치 취락을 형성하여 생활했기 때문이다. 그리고 길림성 훈춘현의 八連城과 연해주 아브리꼬스 절터에서 경교 관련 유물이 나옴으로써 경교가 발해에도 유입되었고 불교와 밀접한 관련을 맺었음을[55] 알 수 있게 되었다.

또한 러시아 학계의 조사에 의하면 시베리아와 연해주 지역에서 소그드인의 취락과 중앙아시아계 銀貨, 공예품 등이 발견되었다. 이러한 고고학 자료를 통해 소그드인이 500년 무렵부터 시베리아를 경유하는 '담비의 길(sable road)'을 왕래했으며 이는 발해시기에도 유지되었다는 견해[56]가 제기된 바 있다. 동북 만주와 연해주 지역의 貂皮는 挹婁 이래의 특산품으로 성가가 높았으며 고구려도 이를 南朝에 공급한 바 있다.[57] 발해도 일본과의 교섭에서 모피를 활용했다. 따라서 담비 가죽을 포함한 모피 교역의 주체와 交易路, 시기별 변화 양상을 역동적으로 고찰하려면 시·공간에 걸쳐 좀 더 확대된 시야가 필요하다.

4. 교역의 성격 변화

교역의 장에서는 당사자가 서로 等價라고 인정하는 가치를 교환한다. 그런데 고대사회에서는 교환가치의 평가 기준이 어떤 물품의 사용가치만으로 국한되지 않았다. 그에 부수하여 얻을 수 있는 威信, 상대방과의 유대, 정서적 만족감 등도 중요하게 작용했던 듯하다. 특정한 국면에서는 교역자의 의도에 따라 교역의 성격과 목적이 달라질 수 있는 것이다. 이는 교역의 자체 발전의 결과이기도 하고 국내외 정세 변화가 영향을 미치기도 했다.

남북국시기의 교역도 시기에 따른 변화 양상이 보이는데, 상업과 대외교역에서 공통적으로 획기가 되는 시기는 8세기 중엽이다.[58] 신라 하대에 직접 생산자층의 몰락은 官商 활동의 위축을 초래하고, 몰락 민이 상업에 투신함으로써 민간상업 부문은 확대된다. 그리고 이를 배경으로 하여 王京의 官市는 자율성이 증대되어 국가의 통제로부터 이탈하는 모습도 보여준다.

이러한 양상은 마치 조선후기 들어 私商의 활동 영역이 확대되는 현상을 방불케 한다. 신라 하대 상업과 시장의 변모는 어떤 역사성을 띠고 있었는가? 이에 대한 시론적 견해[59]에 의하면, 이는 국가적 유통체계가 붕괴하면서 나타난 현상이고 이를 대체하여 지방세력이 자신의 거점에 독자적 유통망을 운영했다. 그런데 고려의 王權은 집권체제를 수립하는 과정에서 호족들의 경제기반인 지방시장을 재편해야 했고, 그 결과 고려 전기에 墟市가 성립한다. 지방도시에 설치된 허시는 고대 官市의 성격과 함께 민간시장의 성격도 동시에 갖고 있었으며, 14세기 이후 농촌시장인 場市가 전국적으로 출현하는 역사적 배경을 이루었다고 보았다. 따라서 국내상업에서 민간 부문의 비중이 높아진 것은 신라 하대 집권력의 이완에 따른 현상이라는 면도 있지만, 後三國·高麗로까지 이어지는 발전적 요소의 先端을 이룬다는 점도 유의해야 할 것이다.

대외교역에서도 8세기 중엽은 중요한 시기이다. 대당 교역에서는 755년 安史의 난으로 당이 혼란에 빠지면서 교역도 침체되지만, 760년대 중엽 난이 진정되고 동아시아 세계에 긴장이 완화되면 신라의 기존 교역체제는 복원된다. 그리고 민간상인이 대당 교역에서 활동 범위를 확대해간 것은 앞에서 지적한 대로이다.

대일 교역에서는 752년 교역의 성격을 놓고 논란이 이어졌다. 일본 학계에서는 전통적으로 신라·일본 사이에 8세기부터 상업적 교역이 시작되었고, 신라는 교역상의 이익을 얻기 위해 朝貢國의 처지를 받아들이면서 일본과의 교섭을 계속했다고 보아왔다.[10, 60, 61] 「모전첩포기」를 일종의 상품 광고로 이해하거나[62] 752년 신라 金泰廉 일행의 來日과 관련된 사료를 정밀하게 재검토하여 이 사절단은 신라가 무역을 목적으로 하여 자발적으로 파견한 것이라는 기존의 견해를 다시 확인하기도 했다.[63]

이에 대해서 일본과 발해의 협격을 우려한 신라가 일본 중심의 세계관에 영합한 것이라고 하여 使行의 정치적 목적을 강조하는 견해[64]가 제기되었고, 752년 교역이 通商을 목적으로 한 것이 아니고 당시 양국의 정치적 필요에 의해 이뤄졌다는 주장[19]도 있었다. 이러한 반론은 소위 동아시아 세계의 틀 속에서 각국사를 바라보는 입장에서 제기된 것으로 의미가 깊다. 그러나 신라·발해의 관계를 적대적인 것으로 인식하고, 이들과 당, 일본 사이에 형성된 국제관계도 정치·군사 논리 일변도로 해석하는 경향이 엿보인다.

양자의 입장은 공히 교역 행위 자체가 갖고 있는 고유하고 복합적 성격을 간과하고, 정치 혹은 부의 획득 수단으로만 대외교역을 파악함으로써 나타난 양 편향이라고 생각한다. 교역품, 교환 절차, 증여와 답례 행위 자체에 대한 천착과 분석이 우선되어야 한다. 신라의 대일 증여품은 광범한 교역권과 문화 기반을 상징한다는 이해,[65] 752년 교섭의 목적을 東大寺 대불개안회 참석이라는 종교적 목적에서 찾는 견해[66]는 이러한 면에서 주목된다. 또 삼국시기 이래 신라의 대일 증여품 내역과 증여 형식의 변화 과정을 검토하여, 8세기 전반에 대일 국가교역이 시작되었고 752년의 교역은 그 주도권이 민간으로 넘어가는 과도기를 보여준다고 동태적으로 파악하기도 했다.[67] 요컨대 교역의 성립과 형식, 변화 과정 등을 교역 자체의 논리에 따라 추구하는데 눈을 돌려야 한다.

발해의 대외교역도 9세기의 대일 사절단에 대해 '商旅의 무리'라고 일본측에서 비난했듯이 그 성격이 달라진다. 이를 근거로 하여 일찍이 8세기 후반 이후 발해사의 渡日 목적이 통상무역에 있었다고 보아왔다.[4] 이러한 면을 부정할 수 없을 것이다. 하지만 발해는 주민 구성의 특성상 말갈족을 통합해야만 국가체제를 유지할 수 있었고, 그 부족 수장인 首領들[68]을 포섭하기 위해 대일 교역에 동참시킨 결과라는 반론[69]이 제기되었다. 두 견해의 대립 구조 역시 신라·일본간 교역의 성격에 대한 이해 차이와 비슷하며 따라서 동일한 한계를 안고 있다고 해야 할 것이다.

5. 연구의 진전을 위해

남북국시기 교역사 연구가 한걸음 더 전진하기 위해서 필요한 것들을 생각해보자. 우선 상업과 대외교역의 연결 고리를 찾아 통일적으로 이해해야 한다. 국가 財政, 수공업 분야도 이와 관련되므로 유통체계라는 틀 속에서 각 부문의 유기적 관계를 찾아보는 것이 대안이 될 수 있으며, 그 포괄 범위를 동아시아 세계로까지 넓혀야 한다.

교역의 이념이랄까 사상적 배경에 대한 추구가 필요하다. 상업이나 대외교역에 무슨 이념이 따로이 있었을까 싶기도 하지만 적어도 營利 행위를 정당화하는 논리나 윤리는 필요했을 것이다. 그간 大乘菩薩戒에 주목하기도 했는데, 중국의 경우 상인들이 여행의 안전을 도모하기 위해 道敎의 신격을 믿는 예가 있으므로 우리도 이를 검토해 볼 만하다.

　무엇보다 중요한 것은 새로운 자료의 발굴이다. 문헌사료로서는 이슬람 諸國을 포함한 외국 자료에 대한 조사가 필요하다. 고고학 자료로서는 王京 유적에서 시장의 위치가 확인되기를 기대한다. 중국과 일본의 발굴 사례를 참조하여 정밀한 조사가 이뤄진다면 상업 시설과 관련된 유구를 찾아낼 수 있을 것이다. 木簡도 교역에 관한 생생한 정보를 전해주는 일급 자료로서 앞으로 국내외에서 추가 발굴 가능성이 높다. 경제인류학의 교역 이론에 대한 성과도 새로운 시각을 제공할 뿐 아니라 자료가 부족한 상황에서 교역 활동을 복원하는데 기여할 것이다.

참고문헌

1. 安廓, 1931, 「朝鮮商業史小考」『朝鮮』167 · 8 ;『自山安廓國學論著集』四.

2. 金庠基, 1934 · 5, 「古代의 貿易形態와 羅末의 海上發展에 대하여 - 淸海鎭大使張保皐를 主로
　　　하야 (1)(2)」『震檀學報』1 · 2 ; 1984, 『東方文化交流史論考』, 乙酉文化社.

3. 日野開三郎, 1960 · 61, 「羅末三國の鼎立と對大陸海上交通貿易」『朝鮮學報』16 · 17 · 19 · 20
　　　;『日野開三郎東洋史學論集』, 三一書房.

4. 石井正敏, 1976, 「渤海の日唐間における中繼的役割について」『東方學』51.

5. 蒲生京子, 1979, 「新羅末期の張保皐の擡頭と反亂」『朝鮮史研究會論文集』16.

6. 東野治之, 1980, 「正倉院文書からみた新羅文物」『日本のなかの朝鮮文化』47 ;『遣唐使と正倉
　　　院』, 岩波書店.

7. 鈴木靖民, 1982, 「正倉院の新羅文物」『季刊 三千里』29.

8. 李成市, 1982, 「正倉院寶物氈貼布記を通して八世紀の日羅關係」『朝鮮史研究會會報』67.

9. 盧德浩, 1983, 「羅末 新羅人의 海上貿易에 관한 硏究」『史叢』27.

10. 濱田耕策, 1983, 「新羅の中 · 下代の內政と大日本外交 - 外交形式と交易をめぐって」『學習院
　　　史學』21.

11. 홍희유, 1989, 『조선상업사』고대 · 중세, 과학백과사전종합출판사.

12. 김창석, 2004, 『삼국과 통일신라의 유통체계 연구』, 일조각.

13. 金昌錫, 2002, 「三國 및 統一新羅의 官商과 官市」『강좌 한국고대사』6.

14. 李成市, 2005, 「新羅王京의 交易體系에 關한 基礎的硏究 - 三市(東 · 西 · 南市)의 機能과 役割을
　　　中心에」『역사문화도시의 보존과 복원』, 경주시.

15. 金昌錫, 1997, 「한국 고대 市의 原形과 그 성격 변화」『韓國史硏究』99 · 100.

16. 余昊奎, 2002, 「新羅 都城의 空間構成과 王京制의 성립과정」『서울학연구』18.

17. 鈴木靖民, 1969, 「新羅の倭典について」『古事類苑月報』33, 吉川弘文館.

18. 濱田耕策, 1979, 「新羅聖德王代の政治と外交」『朝鮮歷史論集』上, 龍溪書舍.

19. 李成市, 1998, 「正倉院所藏新羅氈貼布記の硏究 - 新羅・日本間交易の性格をめぐって」『古代東アジアの民族と國家』, 岩波書店.

20. 서영교, 2003, 「文武王代 倭典의 再設置와 對日外交」『전통문화논총』창간호, 한국전통문화학교.

21. 李基東, 1985, 「張保皐와 그의 海上王國」『張保皐의 新硏究』, 莞島文化院 ; 1997, 『新羅社會史硏究』, 一潮閣.

22. 金文經, 1975, 「唐代 藩鎭의 한 硏究 -高句麗遺民 李正己 一家를 中心으로-」『省谷論叢』6.

23. 濱田耕策, 1999, 「新羅王權と海上勢力 - 特に張保皐の淸海鎭と海賊に關連して」『東アジアにおける國家と地域』, 刀水書房 ; 2002, 『新羅國史の硏究 - 東アジアの視點から』, 吉川弘文館.

24. 金文經, 1997, 『張保皐 硏究』, 연경문화사.

25. 高慶錫, 2006, 「淸海鎭 張保皐勢力 硏究」, 서울大學校 國史學科 博士學位論文.

26. 이병로, 1995, 「九世紀 초기의 '環시나海무역권'의 고찰 - 장보고와 對日교역을 중심으로-」『日本學誌』15.

27. 王勇, 1999, 「渤海商人李光玄について - "金液還丹百問訣"の史料紹介を兼ねて」『アジア遊學』6, 勉誠出版.

28. 林相先, 2000, 「'渤海人' 李光玄과 그의 道敎書 檢討」『韓國古代史硏究』20.

29. 李榮薰, 1998, 「貫甲」『古文書硏究』13.

30. 윤선태, 2005, 「월성해자 출토 신라 문서목간」『역사와 현실』56.

31. 이용현, 2006, 「8세기 중후반 신라 동궁(東宮) 주변 - 경주 안압지 목간의 종합적 검토」, 한국역사연구회 기획발표회 요지.

32. 東野治之, 1974, 「鳥毛立女屛風下貼文書の硏究 - 買新羅物解の基礎的考察」『史林』57-6 ; 1977, 『正倉院文書と木簡の硏究』, 塙書房.

33. 皆川完一, 1994, 「買新羅物解拾遺」『正倉院文書硏究』2, 吉川弘文館.

34. 池田溫, 1995, 「天寶後期の唐・羅・日關係をめぐって」『春史卞麟錫敎授還曆紀念唐史論叢』 ; 2002, 『東アジアの文化交流史』, 吉川弘文館.

35. 永正美嘉, 2003, 「新羅의 對日香藥貿易」, 서울大學校 國史學科 碩士學位論文.

36. 池田溫, 1989, 「新羅・高麗時代 東亞地域 紙張의 國際流通에 관하여」『大東文化硏究』23 ; 2002, 『東アジアの文化交流史』, 吉川弘文館.

37. 尹載云, 2002, 「南北國時代 貿易硏究」, 高麗大學校 史學科 博士學位論文.

38. 魏國忠, 1986, 「關于唐代渤海王國的貨幣問題」『學習與探索』1986-1 ; 方學鳳·鄭永振主編, 2000, 『渤海貨幣及二十四塊石匯編』, 吉林人民出版社.

39. 방학봉, 2001, 「발해의 화폐에 대하여」『발해경제연구』, 흑룡강조선민족출판사.

40. 김창석, 2001, 「삼국 및 통일신라의 현물화폐 유통과 재정」『역사와 현실』42.

41. 박시형, 1979, 「발해국에서의 경제생활」『발해사』, 김일성종합대학출판사.

42. 權悳永, 1997, 「遣唐使의 活動」『古代韓中外交史』, 一潮閣.

43. 鈴木靖民, 1985, 『古代對外關係史の硏究』, 吉川弘文館.

44. 崔在錫, 1996, 『正倉院 소장품과 統一新羅』, 一志社.

45. 石井正敏, 2001, 『日本渤海關係史の硏究』, 吉川弘文館.

46. 李成市, 1997, 『東アジアの王權と交易』, 靑木書店 ; 김창석 옮김, 1999 『동아시아의 왕권과 교역』, 청년사.

47. 金文經, 1984, 「唐代 新羅僑民의 村落과 社會」『唐代의 社會와 宗敎』, 崇實大學校 出版部.

48. 卞麟錫, 1992, 「9세기 在唐 新羅坊의 性格에 관한 試論的 考察」『人文論叢』3.

49. 권덕영, 2005, 『재당 신라인사회 연구』, 일조각.

50. 李龍範, 1969, 「三國史記에 보이는 이슬람商人의 貿易品」『李弘稙博士回甲紀念韓國史學論叢』, 新丘文化社.

51. 李龍範, 1969, 「處容說話의 一考察 - 唐代 이슬람 商人과 新羅」『震檀學報』32 ; 1989 『韓滿交流史 硏究』, 同和出版公社.

52. 金昌錫, 2006, 「8~10세기 이슬람 제종족의 신라 來往과 그 배경」『韓國古代史硏究』44.

53. 朴盛鍾, 1997, 「三和寺 鐵佛 銘文에 대하여」『文化史學』8.

54. 文明大, 2002, 「元曉系 華嚴宗 本尊佛 問題와 三和寺 鐵盧舍那佛像의 硏究」『美術史學硏究』246.

55. 宋基豪, 1992, 「渤海佛敎의 展開過程과 몇 가지 特徵」『李智冠 스님 華甲紀念論叢 韓國佛敎文化思想史』.

56. エルンスト·Ｖ·シャフクノフ, 1998, 「北東アジア民族の歷史におけるソグド人の黑貂の 道」『東アジアの古代文化』96, 大和書房.

57. 金昌錫, 2004, 「高句麗 초·중기의 對中 교섭과 교역」『新羅文化』24.

58. ______, 2004, 「한국 고대 유통체계의 성립과 변천」『震檀學報』97.

59. 김창석, 2004, 「고려 전기 '허시(虛市)' 의 성립과 그 성격」『역사와 현실』53.

60. 森克己, 1951, 「遣唐使と新羅‧渤海との關係」『史淵』48.

61. 石井正敏, 2002, 「八‧九世紀の日羅關係」『日本前近代の國家と對外關係』, 吉川弘文館.

62. 윤선태, 1997, 「752년 신라의 대일교역과 ‘바이시라기모쯔게(買新羅物解)’」『역사와 현실』
24.

63. 石井正敏, 2002, 「天平勝寶四年の新羅王子金泰廉來日の事情をめぐって‑渤海の對日外交目
的の變化と關連して」『日本渤海關係史の研究』, 吉川弘文館.

64. 酒寄雅志, 1977, 「八世紀における日本の外交と東アジアの情勢‑渤海との關係を中心として」
『國史學』103 ; 2001, 『渤海と古代の日本』, 校倉書房.

65. 新川登龜男, 1988, 「日羅間の調(物産)の意味」『日本歴史』481 ; 1999, 『日本古代の對外交渉と
佛敎‑アジアの中の政治文化』, 吉川弘文館.

66. 田村圓澄, 2002, 「平城京の新羅使」『古代東アジアの國家と佛敎』, 吉川弘文館.

67. 金昌錫, 2004, 「8세기 신라‧일본간 외교관계의 추이‑752년 교역의 성격 검토를 충심으로」
『歷史學報』184.

68. 鈴木靖民, 1979, 「渤海の首領制に關する豫備的考察」『朝鮮歴史論集』上, 龍溪書舍 ; 1985,
『古代對外關係史の研究』, 吉川弘文館.

69. 李成市, 1994, 「渤海の對日本外交への理路」『東アジアの再發見』; 1998, 『古代東アジアの民
族と國家』, 岩波書店.

왕권과 불교

김복순 _ 동국대학교 국사학과

1. 왕과 승려

불교의 흥망성쇠는 국가권력에 의해 좌우되는 경우가 많았다. 인도의 아쇼카왕에 의한 전인도로의 포교가 있었는가 하면, 중국의 경우 3武1宗의 폐불사건이 일어나기도 하였다.

삼국의 왕들은 고대국가로의 확장에 따른 왕권의 강화와 이를 뒷받침해 줄 보편적 진리로서 불교를 수용하였다. 이에 372년과 384년 고구려와 백제는 각각 불교를 공인하였다.

고구려는 광개토대왕이 평양에 9사를 건립한 이후 장수왕이 천도함으로써 호국불교의 형태를 이어 나갔으나,[22] 도교의 공인 이후 보덕과 같은 고승이 백제로 이주해 버리는 양상이 나타나기도 하였다. 백제의 경우 불교의 공인 이후 기존신앙을 고수하려는 세력과의 갈등이 일부 있었으나, 웅진으로 천도한 이후 무녕왕, 성왕, 위덕왕, 법왕으로 이어지는 봉불군주의 등장으로 불교는 왕권과 밀착된 종교가 되어 있었다.[38, 60, 72, 84, 87]

신라는 시대별로 왕과 승려와의 관계가 조금씩 변화를 있었으므로 협력과 상생, 협조와 대립, 견제와 타협으로 구분하여 보았다.

먼저 협력과 상생의 관계이다. 신라의 불교는 공인과 정착과정에서 왕과 승려들의 협력과 상생의 결과 사회사상으로 확고히 자리를 잡게 되었다. 신라는 이차돈의 순교가 있었으나, 진흥왕 이후 전륜성왕 사상 내지 眞宗 의식, 捨身 등 왕들의 숭불 내지는 봉불에 힘입어 국가불교로서의 모습을 보여준 바 있다. 이에 중고기의 불교가 북조의 王卽佛의 성격이라든가,[58] 남조의 菩薩爲

王의 성격인 것으로 보는 견해가 있었다.[36, 66] 신라 중고기에 이러한 모습들이 나타난다는 것은 교류한 대상국의 불교에서 부분적으로 변용해서 활용한 때문으로 생각된다.

그런데 신라가 중국과 통교함에 있어 외국에 유학한 승려들의 협조는 절대적인 측면을 지니고 있었다. 진평왕 대 직접 정치에 참여한 원광, 지명, 안함, 담육은 불교의 교리와 도력을 지닌 이들로서, 불교가 신라에서 사회사상으로서의 위치를 점하게 하는데 큰 역할을 하였다.[24, 36] 이렇게 신라는 진흥왕과 진평왕, 선덕왕과 함께 원광과 지명, 안함, 자장이라는 승려들의 뛰어난 정치력이 상승 작용하여 호국불교를 성격을 갖게 된 것이다.[35, 36, 75] 즉 세속오계, 걸사표, 백고좌회, 승니 규율의 규찰, 황룡사9층탑의 건립과 같은 호국 형태의 불교가 신라에 정착되면서 그 성격을 드러내었고, 수대 유학하였던 승려들은 정치집단으로까지 성장하였다.[85]

다음으로 협조와 대립의 관계이다. 계속되어지는 삼국의 쟁패과정 속에서 신라의 불교는 더욱 호국적으로 되어갔다. 하지만 이와 함께 점차 불교세력의 저변이 확대되면서 이른바 가항불교로 불리는 일군의 재야 불교세력의 등장을 가져 왔는데, 대안, 혜숙, 혜공과 같은 이들이었다[57]. 이들은 원효, 자장과 함께 서로 불교의 전교를 위해 노력하였으나, 이전의 왕권과 연관된 불교와는 그 형태가 다르게 나타나고 있다.[46, 53] 또한 신라 왕경에서는 『인왕경』, 『금광명경』이 호국법회에서 강경되어지고, 호국경에 대한 주석서가 저술되어 있었다. 국왕의 필요와 승려의 협조로 만들어진 호국법회의 내용이라고 할 수 있다.[8]

반면 나당전쟁의 과정에서 큰 공을 세웠던 원효와 명랑 등 구유식계 승려들은, 새로이 신유식으로 무장되어 왕권과 밀접한 관련 하에 있던 이들과는[25] 이해를 달리하고 있었다. 이에 신문왕대에 나타난 천도의 좌절은 7처가람설로 대변되는 불교의 전설적 설화를 이용한 기존 불교세력과 귀족이 왕권을 누른 사례라 할 수 있다.[77] 이렇게 왕과 승려는 호국을 위해 서로 협조하기도 하고, 자신이 속한 집단의 이익을 대변하게 되면서 대립하기도 한 것이다.

다음으로 견제와 타협의 관계이다. 성덕왕은 경흥의 『최승왕경』의 강경을 통해 당과의 관계를 회복하고자 하였고, 경덕왕은 당나라 제도로의 개편을 추구하였으나 기존 귀족들이 변화를 싫어하였을 뿐 아니라, 태현으로 대변되는 왕경승들이 수대의 『금광명경』의 강경을 고수하여 왕을 견제하였다.[85] 이에 경덕왕은 새로운 세력으로 화엄종과 법상종 등 지방불교 세력를 포용하고, 수많은 불사를 지원하여 왕경의 불교세력에 대한 견제세력으로 이용하려 하였다. 또한 원성왕은 즉위 배경으로 재야의 화엄계 불교세력(갈항사, 법광사)을 이용하였으며,[11] 정법전의 개혁을 통해 화엄종 승려들을 대거 발탁하였다. 이에 반해 기존의 왕경 불교계 승려들은 佛事와 함께 僧傳을 저술하여 이를 견제였다.[70] 그리고 헌덕왕 이후 하대 왕들은 왕권유지를 위한 정책으로 선승들을 우대하였는데, 국사책봉과 자문역으로서의 대우였으므로 유력한 선승들은 이에 협조함으로써 선종의 융성을 꾀하려 하였다.[14]

이상과 같이 신라의 왕과 승려는 협력과 상생, 협조와 대립, 견제와 타협이라는 부단한 관계를 가지면서 그에 따른 많은 문제를 야기하였다. 또한 신라는 불교 공인 이후 잡다한 불교교리가 수입되었을 뿐 아니라, 화엄종과 법상종의 성립, 선종의 전래와 같은 외부로부터의 충격이 신라사회에 계속적으로 전해진 특징이 있다. 그리고 신라의 왕들은 왕권의 강화를 위해 불교를 지배 이데올로기로서 이용 내지는 도움을 받으려고 부단히 노력하였다. 이와 함께 승려들은 수대 유학승들의 전통 이래 형성된 왕경불교세력, 화엄종세력, 법상종세력, 선종세력으로 세력집단화하면서 나름대로의 성격을 가지고 왕권과의 관계를 유지해 나갔다. 물론 신라시대에 종파가 성립되었는가에 대해 그 성격을 학파,[13] 종파,[6] 통불교[19]로 본 견해가 있었다.

여하튼 신라의 왕권과 불교는 어느 한쪽에 완전히 예속되거나 이용되지 않으면서 서로가 적절한 긴장관계 속에서 타협과 대립이 반복되었던 면모를 보인 것이다. 때문에 신라말 고려초는 여러 종류의 불교사상이 풍류와 함께 유교, 도교도 혼재해 있어 3교 혼융과 같은 형태가 운위되기도 하였지만, 고려에까지 그 사상적 역할을 넘길 수 있었다.

2. 새로운 思潮로서의 불교와 왕권

신라의 불교는 왕권에 힘입어 국(가불)교로서 중앙과 지방에 확산되었으며, 새로운 사조가 유입될 때마다 내홍을 겪으면서도 전국적으로 퍼져 나간 특징을 보이고 있다. 그런데 신라 불교의 성격 규명에 있어 오랫동안 지속적으로 논의되고 있는 부분은 왕권과 불교가 어떠한 관련을 가지고 있었는가 하는 부분이다. 그 가운데서도 논의와 논쟁이 많았던 내용을 크게 세 가지 주제로 나누어 살펴본다면, 하나는 불교통제기관으로서의 승관제에 대한 논의이고, 또 하나는 신라 중대 화엄종과 전제왕권과의 관련 문제, 그리고 선사들과 하대 왕들과의 관련 문제라고 할 수 있다.

먼저 불교통제기관에 관한 것은 사원성전의 성격문제와 정관과 정법전의 관계에 대한 것이다. 사원성전에 관한 연구는 중대 왕실의 원당으로 奉祀를 수행한 官寺的 기능이 강조되었으며,[12] 불교계를 통제하는 승정기구로서의 성격이 있다고 보았고,[16] 신라의 中祀와 관련된 祭場으로서의 역할을 수행한 곳[62]으로 보고 있어, 대체로 왕실 내지 국가제사를 담당했던 곳으로 의견이 모아지고 있다.

또한 『삼국사기』 권40 직관지에 보이는 政官과 원성왕대의 정법전의 이해에 있어 같은 기구로 이해하기도 하고,[1, 27] 서로 다른 기구 내지 계승관계로 보기도 한다.[43, 47] 정관과 정법전의 설치 목적으로는 국왕이 귀족세력의 지방 이주 이후 불사가 잦아진 것에 대처하기 위한 것으로 이해하거나,[16, 43] 승려들의 자율적인 면을 인정하여 설치한 것으로 보기도 한다.[27, 47]

다음으로 신라의 왕권과 불교와의 관계에 있어 주로 논쟁이 있었던 부분은 중대 화엄종과 전제왕권과의 관련이라고 할 수 있다.

1970년대의 연구에 의하면, 신라 중대는 화엄종이 전제왕권의 사상적 뒷받침을 해주었고, 신라 하대는 선종이 호족들과 관련되어 사회변혁사상으로 작용한 것으로 알려져 있었다. 특히 의상의 화엄사상이 중대 왕권을 사상적 뒷받침을 해 주었기 때문에 의상과 중대왕권이 결부되었다는 주장이[2, 3, 7] 국사 개설서에 실릴 정도로 그 파장이 매우 컸다.[9]

즉 화엄사상은 전제왕권과 밀접한 관련을 가지고 있으며, 화엄10찰은 중대 왕권이 국가의 진호를 위해 설정한 신라 五嶽과 깊은 관계를 가진 것으로 파악하였다.[3] 뿐만 아니라 「화엄일승법계도」의 一卽多 多卽一의 내용이 바로 일반 국민(多)들을 국왕(一) 중심으로 통합시키는 이념적 역할을 할 수 있었다고 본 것이다.[9] 같은 맥락에서 중대왕권과 화엄종의 관계를 언급한 시대사가 나오기도 하였다.[10]

그런데 이러한 관련설에 대하여 1980년대에 반론이 제기되었다. 의상은 중대 왕실과는 긴밀한 관계가 아니며, 일즉다 다즉일의 원융사상은 모든 구성원의 조화와 평등을 강조하는 내용이라는 것이다. 따라서 중대 왕권의 전제성 강화를 정신적으로 뒷받침하였다는 것은 초세속의 종교이념을 세속의 정치이념으로 해석한 것으로 문제가 있다고 본 것이다.[15]

이러한 반론에 대해 다시 화엄사상과 전제왕권의 관계를 재확인하는 논고가 나왔다. 즉 화엄사상과 세속이념과의 결부를 근본적으로 거부한다는 것은 문제이며, 화엄사상이 빚어주는 통화사상의 분위기는 전제왕권의 중앙집권적 통치체제에 유효한 것으로 작용한나고 재강조한 것이다.[17]

이후 의상의 귀국 상황과 귀국 후의 행보, 제자 양성 등의 내용을 최치원의 불교관계 저술 등을 통해 고구해 보고, 신라의 화엄종은 중대보다는 하대의 왕권과 긴밀한 관계에 있었음을 밝히면서, 중대의 왕경에는 유가유식 계통의 불교가 성하였음을 강조한 논고[21] 등과 함께, 의상의 전기, 그의 화엄사상 등에 관련된 논문과 단행본들이 계속 나오게 되었다.[23, 24, 26, 30, 31, 33, 39, 45, 50, 54, 65, 71]

이 과정에서 의상과 중대왕권과의 관계를 긍정하거나 부정하는 쪽으로 나뉘어 논쟁이 지속되었다. 특히 관계 논문이 양산되면서 각각의 관점에서 연구 성과를 정리한 논고만도 3편이나 되었다. 이들 논문에 관련 논의들이 망라되어 있으므로 일별해 보고자 한다.

첫 번째는 신라의 화엄사상 연구에 관련된 내용을 전반적으로 잘 정리하면서도, 핵심은 의상의 사상적 특질이 융섭적이고 성기론적이며 횡진법계관의 입장에 서 있기 때문에 의상의 화엄사상이 신라 중대 전제주의에 아울림을 다시 강조한 것이었다.[41] 그런데 내용 중에 전제왕권과 화엄종의 밀접한 관계를 주장하는 측은 역사학자들이고 이를 못마땅해 한 측은 불교학계로까지 비약하기도 하였다.

두 번째는 의상 화엄사상과 전제왕권과의 관계를 '전제왕권 이념설'로 규정하고 학설사를 검토하였다. 특히 이념설의 논리를 제공한 가마다 시게오鎌田茂雄의 설을 비판하였다. 중국 화엄종의 3조인 법장의 화엄사상이 측천무후의 전제주의와 武周혁명에 부합한 것이라는 그의 주장은 국가권력의 입장을 일방적으로 강조한 것임을 밝히었다. 의상은 전제왕권의 이념을 뒷받침해 주었다고 보기보다는 종교의 본질적 이념 구현에 충실하고자 했던 인물로 평가하고, 『화엄경』의 원융사상과 유심사상 그 자체를 전제왕권의 이념적 근거로 간주하려는 견해는 성립하기 어렵다고 보았다. 또한 이념설에 동조하건 반대하건 다같이 역사학자로서 불교사를 연구하고 있고, 불교사상을 역사적 맥락에서 해석한다는 사상사의 방법론에도 동의하고 있다고 하면서, 의상 화엄사상의 역사적 이해를 규명하였다.[51]

세 번째는 의상연구의 전개과정을 해방 이전부터 1990년대 중반 이후까지 4단계로 나누어 소개의 시기, 이해의 시도, 사상의 체계화와 性起的 파악, 자료의 재해석과 새로운 방법론의 모색으로 학설들을 정리하였다. 특히 의상의 사상으로 性起사상과 地論師의 영향이 있었음을 강조하였고, 새로이 발견된 의상의 강의록인 『화엄경문답』 등에 대한 관심과 중국학자에 의해 제기된 의상 법계도의 지엄 찬술설에 대한 반박과 같은 내용을 소개하였다. 이러한 검토에서 의상연구의 쟁점과 과제를 저술의 진위를 확정하는 일, 性起의 개념 자체에 대한 면밀한 연구, 전제왕권과의 관계를 타협적으로 볼 필요가 있으며, 의상사상의 계승과 불교계의 위상 등을 논하였다.[73]

세 번에 걸쳐 의상연구의 성과를 정리하고 과제와 전망에 대한 의견들을 내어 놓았지만, 각각의 목적의식과 기준에 의하고 있다는 점이다. 그렇다면 중고기에 이미 국가불교로서 연구되어진 상황에서 유독 중대 전제왕권과 화엄종에 관한 문제만 여러 이견들을 나오면서 지속적으로 논쟁이 진행되었는가 하는 점이다. 그 이유를 전망과 과제에서 다루도록 하겠다.

마지막으로 선종과 왕권과의 관련 문제이다. 1970년대의 연구에 의하면 신라의 선종은 중대 교학불교에 대한 반성에서 유입되었으며 특히 육두품과 연관되어 사회변혁사상으로서 역할을 하였음이 당시의 유행처럼 고구되었다.[4, 5] 이에 더하여 신라 하대 선사들의 비문이 교감되고 역주되면서 산문별, 선사 개인별로 선종에 대한 연구가 활성화되어졌다.[14, 48, 55]

종래 선종과 육두품 내지 지방 세력과의 연계만이 운위되던 것이 점차 신라 왕실과의 관련성이 언급되기 시작하였다.[24, 64, 67] 즉 왕실과 선승과의 연계에 대해 인정을 하고 새로운 시각에서 그들이 끼친 영향을 보게 된 것이다. 또한 선종의 유입과 성황의 배경에 대해서도 당대 무종의 폐불로 인한 유학승들의 강제 출국과 같은 외적인 요인이 있었음이 논의되기도 하였다.[26, 40]

한편, 중국의 개방 이후 신라 유학승들의 중국 내에서의 활동 양상에 관한 연구가 봇물을 이루면서 신라승들이 중국에서 활동한 양상이 고구되기도 하였고,[78, 81] 한 · 중 불교 교류사 문헌자료 모음십(Ⅰ-Ⅴ, 한국불교연구원)이 나온 바 있다.

3. 과제와 전망

고대사회에서 불교를 공인한 이후 왕권과 불교는 매우 긴밀한 관계에 있었음은 다시 언급할 필요가 없을 것이다. 다만 신라의 화엄종과 전제왕권과의 문제는 신라사 이해의 중요사안으로, 논쟁에 있어서의 문제점을 요약하는 것으로 전망과 과제를 삼고자 한다.

첫째로 후대에 이미 신성시된 의상상을 의상 당대의 사실로 인식하고 그대로 역사적 사실로 투영시켜 보았다는 점이다. 이는 의상 당대의 신라 불교계에 대한 이해의 부족과도 관련된다고 하겠다.

즉 유가사상을 중대 전제왕권과 결부시킨 것에 대해서는 그 사상적 특성이 전제주의 성립에 부응한 것이 아니어서 핵심적 역할을 하지 않은 것으로 언급함으로써,[41] 불교사상 가운데서도 화엄사상은 전제왕권을 뒷받침할 사상이 되고, 유가유식사상은 안된다는 모순을 드러내고 있다. 유식은 의상의 수학 배경에서 중요한 부분을 차지하고 있는 교학내용으로,[54, 79] 이와 관련된 당대의 불교계에 대한 이해가 선행되어야 한다고 생각된다.

즉 신라의 불교계는 구유식의 원광과 자장에 이어, 현장의 귀환을 전후하여 당에 유학한 신유식의 원측이 서명학파로 그 명성을 날리고 있고[32, 56, 78] 신방. 승장, 순경 등도 있으며, 한 세대를 이어 경흥과 도증, 둔륜, 의적, 행달, 현범, 태현과 같은 유식학자들이 있었다. 이들이 남긴 수많은 저술은 신라 불교의 가장 자랑스러운 내용으로 지적되고 있으며,[34, 37, 44, 49, 52, 56, 57, 59, 63, 68, 74, 76, 79, 80, 81, 82, 83, 86] 그 최고봉으로 원효와 원측, 태현을 꼽고 있다.

그런데 구유식과 신유식에 관련된 개별 승려과 그 저술에 대한 연구는 상당히 진척되었으나, 이들의 활동이 어떠한 경향에서 나온 것이고, 이후 어떠한 영향을 끼쳤는가 하는 것이 역사적 사실로서 제대로 투영되지 못하였다는 점이다. 즉 이제까지의 연구 패턴을 보건대, 왕 중심의 정치사에서는 불교를 정치에 이용하는 것으로만 바라 본 점이 있었고, 승려 중심의 불교사에서는 개별적인 사상에 치우쳐 고구한 측면이 있었다. 이러한 경향을 불식하고자 한 연구도 많이 나왔지만,[6, 8] 좀 더 활성화 되어야 하리라 생각된다.

둘째로 신라인들이 새로운 사조를 쉽게 받아들이지 않는 보수적인 성격에 대한 이해가 필요한 점이다. 신라에 새로이 유입된 불교는 이차돈의 순교를 거치면서 비로소 새로운 사상으로 공인받을 수 있었다. 고구려나 백제에 비해 150년이라는 긴 세월을 지난 결과였으며, 순교승까지 나온 결과였다. 신라는 불교의 공인 이전부터 정치세력들 간의 알력이 있는 상황이었기 때문에 불교가 신라의 정치이데올로기로 수용되기가 쉽지 않았음을 알려 주고 한다. 때문에 신라불교의 정착과정이 전래기, 과도기, 수용기로 나누어 설명된 바도 있다.[36] 법흥왕 대의 불교 공인의 배후세력으로 지방 불교 세력이 주목되기도 하였다.[29] 이 때 공인된 불교세력은 석가불신앙을 가진 것으로 보기도 하고,[20] 업설이 들어왔던 것으로 보기도 하였다.[28] 이러한 사실은 신라인들이 새로운 사조를 받아들이는데 매우 소극적이며 생각을 쉽게 바꾸려 하지 않는 보수적인 측면을 지니고 있음을 단적으로 드러낸 것이다. 따라서 신라에 새로운 사조로서의 불교가 공인되고 정착되는 과정에서 긴 시간이 소요된 것이다.

중고기에 신라로 들어온 불교는 대승불교 개설서라고 할 수 있는 『섭대승론』으로 대표되는 구유식의 불교였다.[34, 79] 그런데 중국의 현장이 인도에서 귀환하여 새로운 경전의 번역이 시작되었다는 소식을 접한 신라 승들은 당으로 향하였고, 많은 이들이 현장 휘하에서 신유식을 익히고 돌아오거나 당에 머물고 있다. 원효와 의상도 신유식을 배우기 위해 2차에 걸친 입당을 시도하였으나, 결국 의상만 660년에 중국에 갈 수 있었다. 그러나 의상은 현장이 아닌 종남산의 지엄에게 나아가 화엄종을 수학하고 670년 당의 신라침입이라는 급보를 가지고 귀국하고 있다.[15, 26, 30, 31, 33, 39, 54]

의상이 전교해 온 것은 당시 신라에는 크게 알려져 있지 않던 화엄사상이었다. 최치원의 「법장화상전」에 의하면, 신라에 돌아온 의상이 화엄사상을 언급하자 그를 東家丘(위대한 공자를 동쪽 집에 사는 평범한 구로 부른데서 생긴 고사)로 인식하였다고 한다.[18] 구유식과 신유식의 정연한 교학불교가 만연해 있던 왕경의 불교계에 새로운 사조인 의상의 압축되고 요약된 「화엄일승법계도」의 내용이 제대로 용인되기 어려운 상황이었던 것이다.

그리고 선종은 신라에 세 번째로 들어온 새로운 사조로서, 821년 신라에 최초로 남종선을 전한 도의에 대해 왕경인들이 마구니의 말을 한다면서 배척을 하여 진전사로 은거한 일은 신라인들의 보수성을 또다시 보여준 사건이라 할 수 있다.

유가유식이 만연해 있던 왕경불교계에 새로운 사조로서의 화엄사상과 선종이 당시의 불교의례 속에 어떻게 받아들여져 정착되어 나갔는가에 대한 역사적인 고구가 신라의 대중국 외교와 관련해서 살펴 볼 필요가 있을 것이다.

셋째로 의상의 행적에 대한 다양한 접근이 필요한데, 의상의 전기에 관한 내용 가운데 서로 달리 해석하고 있다는 점이다. 특히 황복사와 표훈에 관련된 문제에 집중된다고 할 수 있다. 황복사는 의상의 출가사찰로서 탑돌이를 한 기사가 나오고 있어, 의상이 왕경에 머무른 중요한 근거로 삼고 있다.[33] 그러나 황복사탑에서 출토된 사리함명에는 의상 내지 의상의 제자들이 전혀 보이지 않고 있어 이러한 사료에 문제가 있음을 알게 해 준다.[50] 뿐만 아니라 표훈은 경덕왕 대에 대덕으로 나오는 역사적 인물임에도 의상과 관련된 사료에 집착하여, 674년과 760년으로 두 번 나오는 상원 원년의 내용을, 경덕왕 대의 760년으로 보는 견해[50]가 있기는 하지만, 대부분의 연구자들이 674년으로 보아,[30, 31, 33, 39, 45] 표훈의 생애가 기형적으로 늘어나는 결과를 초래하고 있다. 이에 의상과 그 제자들에 대한 정확한 생몰년의 이해가 필요하며 관련 문헌자료의 재해석과 방법론의 모색이 필요하다고 하겠다.

참고문헌

1. 이홍직, 1959, 「신라 승관제와 불교정책의 제문제」 『백성욱박사송수기념 불교학논문집』.

2. 김문경, 1970, 「의식을 통한 불교의 대중화 운동」 『사학지』4, 숭실대 사학회.

3. 이기백, 1972, 「신라 오악의 성립과 그 의의」 『진단학보』33.

4. 최병헌, 1972, 「신라 하대 선종구산파의 성립」 『한국사연구』7.

5. 김두진, 1973, 「낭혜와 그의 선사상」 『역사학보』57.

6. 문명대, 1974, 「신라 법상종의 성립과 그 미술」 상, 하 『역사학보』62 · 63.

7. 김문경, 1976, 「삼국. 신라시대의 불교 신앙결사」 『사학지』10.

8. 문명대, 1976, 「신라 신인종의 연구 -신라 밀교와 통일신라사회-」 『진단학보』41.

9. 이기백, 1976, 『한국사신론』개정판, 일조각.

10. 안계현, 1976, 「신라불교」 『한국사』3, 국사편찬위원회.

11. 문명대, 1981, 「김천 갈항사 석불좌상의 고찰」 『동국사학』15 · 16합집.

12. 이영호, 1983, 「신라 중대 왕실사원의 관사적 기능」 『한국사연구』43.

13. 허흥식, 1983, 「한국불교의 종파형성에 대한 시론」 『김철준박사화갑기념 사학논총』.

14. 고익진, 1984, 「신라 하대 선전래」 『한국선사상연구』, 동국대 불교문화연구원.

15. 김상현, 1984, 「신라 중대 전제왕권과 화엄종」 『동방학지』44.

16. 채상식, 1984, 「신라 통일기의 성전사원의 구조와 기능」 『부산사학』8.

17. 이기백, 1986, 「신라시대의 불교와 국가」 『역사학보』111.

18. 김복순, 1987, 「최치원의 「법장화상전」검토」 『한국사연구』57.

19. 김영태, 1987, 『신라불교연구』, 민족문화사.

20. 김두진, 1988, 「신라 진평왕왕대의 석가불신앙」 『한국학논총』10.

21. 김복순, 1988, 「신라 중대 화엄종과 왕권」 『한국사연구』63.

22. 신동하, 1988, 「고구려 사원 조성과 그 의미」 『한국사론』19, 서울대 국사학과.

23. 전해주, 1988, 「일승법계도에 나타난 의상의 성기사상」 『한국불교학』13.

24. 고익진, 1989, 『한국고대불교사상사』, 동국대 출판부.

25. 여성구, 1990, 「신라 중대 유학승의 지반과 그 활동」 『사학연구』41.

26. 김복순, 1990, 『신라화엄종연구』, 민족사.

27. 이수훈, 1990, 「신라 승관제의 성립과 기능」 『부대사학』14.

28. 김상현, 1991, 「신라 중고기 업설의 수용과 의의」 『한국고대사연구』4.

29. 남희숙, 1991, 「신라 법흥왕대 불교수용과 그 주도세력」 『한국사론』25, 서울대 국사학과.

30. 정병삼, 1991, 「의상 전기의 제문제」 『한국학연구』1.

31. 김상현, 1991, 『신라화엄사상사연구』, 민족사.

32. 권덕영, 1992, 「원측의 입당과 귀국문제」 『수촌박영석교수화갑기념 한국사학논총』상.

33. 김두진, 1992, 「의상의 생애와 정치적 입장」 『한국학논총』14.

34. 김복순, 1992, 「8·9세기 신라 유가계 불교」 『한국고대사연구』6.

35. 남동신, 1992, 「자장의 불교사상과 불교치국책」 『한국사연구』76.

36. 신종원, 1992, 『신라초기불교사연구』, 민족사.

37. 김상현, 1993, 「신라 법상종의 성립과 순경」 『가산학보』2.

38. 김주성, 1993, 「백제 무왕의 사찰건립과 권력강화」 『한국고대사연구』6.

39. 전해주, 1993, 『의상화엄사상사연구』, 민족사.

40. 권덕영, 1994, 「당 무종의 폐불과 신라 구법승의 동향」 『정신문화연구』54.

41. 김두진, 1994, 「의상 화엄사상 연구의 현황과 전망」 『역사학보』142.

42. 김복순, 1994, 「표훈」 『가산학보』3.

43. 곽승훈, 1995, 「신라 원성왕의 정법전 정비와 그 의의」 『진단학보』80.

44. 김남윤, 1995, 「신라 법상종 연구」, 서울대 박사학위논문.

45. 김두진, 1995, 『의상』, 민음사.

46. 김상현, 1995, 「원효 화쟁사상의 연구사적 검토」 『불교연구』11·12.

47. 박남수, 1995, 「신라 승관제에 관한 재검토」 『가산학보』4.

48. 정성본, 1995, 『신라 선종의 연구』, 민족사.

49. 정영근, 1995, 「신라 유식학 연구의 현황과 과제」 『한국종교사연구』3.

50. 김복순, 1996, 「의상과 황복사」 『신라문화제학술발표회논문집』17.

51. 남동신, 1996, 「의상 화엄사상의 역사적 이해」 『역사와 현실』20.

52. 김영미, 1998, 「삼국 및 통일신라 불교사연구의 현황과 과제」 『한국사론』28, 국사편찬위원회.

53. 남동신, 1998, 「신라 중대 불교의 성립에 관한 연구」, 『한국문화』21.

54. 정병삼, 1998, 『의상 화엄사상 연구』, 서울대학교 출판부.

55. 조범환, 1998, 「낭혜 무염과 성주사 창건」, 『한국고대사연구』14.

56. 고영섭, 1999, 『문아대사』, 불교춘추사.

57. 남동신, 1999, 『원효』, 새누리.

58. 이정숙, 1999, 「진평왕대 왕권강화와 제석신앙」, 『신라문화』16.

59. 김상현, 2000, 『원효연구』, 민족사.

60. 김수태, 2000, 「백제 법왕대의 불교」, 『선사와 고대』15.

61. 역사학회편, 2000, 『역사상의 국가권력과 종교』, 일조각.

62. 윤선태, 2000, 「신라의 성전사원과 금하신」, 『한국사연구』108.

63. 이 만, 2000, 『한국유식사상사』, 장경각, 2000.

64. 이인철, 2000, 「신라 하대 불사경영과 그 사회적 배경」, 『경북사학』23.

65. 정병삼, 2000, 「의상의 화엄사상과 통일기 신라사회」, 『불교학연구』1.

66. 남동신, 2001, 「삼국통일과 사상계의 동향 -중대초 국가와 불교교단의 관계를 중심으로-」, 『한
        국고대사연구』23.

67. 조범환, 2001, 『신라선송연구』, 일조각.

68. 한국유학생인도학불교학연구회편, 2001, 『일본의 한국불교 연구동향』, 장경각.

69. 佐藤厚, 2001, 「의상계 화엄학파의 사상과 신라불교에 있어서의 위상」, 『보조사상』16.

70. 곽승훈, 2002, 『통일신라시대의 정치변동과 불교』, 국학자료원.

71. 김두진, 2002, 『신라 화엄사상사 연구』, 서울대학교 출판부.

72. 조경철, 2002, 「백제 성왕대 대통사 창건의 사상적 배경」, 『국사관논총』98.

73. 최연식, 2002, 「의상 연구의 현황과 과제」, 『한국사상사학』19.

74. ______, 2003, 「의적의 사상경향과 해동법상종에서의 위상」, 『불교학연구』6.

75. 양정석, 2004, 『황룡사의 조영과 왕권』, 서경.

76. 최연식, 2004, 「일본 고대화엄과 신라 불교－나라·평안시대 화엄학 문헌에 반영된 신라불교
        학－」, 『한국사상사학』21.

77. 김복순, 2005, 「신라 중대의 불교」, 『신라문화』25.

78. ______, 2005, 「9~10세기 신라 유학승들의 중국유학과 활동반경」, 『역사와 현실』56.

79. 남무희, 2005, 「원측의 생애와 유식사상연구」, 국민대 박사학위논문.

80. 이만, 2005, 「신라불교에 있어서의 『섭대승론』의 영향」, 『한국불교학』30.

81. 정병조, 2005, 「구법승 연구의 의의와 과제」, 『불교연구』23.

82. 최연식, 2005, 「8세기 신라 불교 동향과 동아시아 불교계」, 『불교학연구』12.

83. 허남진외 편역, 2005, 『삼국과 통일신라의 불교사상』, 서울대학교 출판부.

84. 길기태, 2006, 「백제 성왕대의 열반경 이해」, 『한국고대사연구』41.

85. 김복순, 2006, 「수.당의 교체정국과 신라 불교계의 추이」, 『한국고대사연구』43.

86. 김성철, 2006, 「한국유식학연구사」, 『불교학리뷰』1-1.

87. 조경철, 2006, 「동아시아 불교식 왕호 비교」, 『한국고대사연구』43.

불교신앙과 결사

김영미 _ 이화여자대학교 사학과

1. 들어가는 말

Durkheim에 의하면, 한 종교를 구성하는 요소는 믿음체계인 敎理, 儀式體系인 종교 儀禮, 그리고 신앙자 조직을 통한 사회적 관계라고 할 수 있다. 이 중 믿음체계, 의식체계와 관련된 부분이 신앙이라면, 신앙자들이 하나의 조직을 이루고 사회적 관계를 맺는 것이 결사이다. 한 종교의 신자들은 종교의 이러한 요소들을 통해 자신의 인생을 견딜 만한 것으로 여기게 된다. 따라서 신앙에 관한 연구는 특정 종교를 연구하는 데 중요한 의미를 지닌다.

그런데 불교의 신앙을 분석하는 일은 많은 불보살의 존재로 인해 쉽지 않다. 불교의 개창자인 석가모니불, 현재 시방세계에 상주하며 사람들의 고통을 해소하고 깨달음으로 인도하는 아미타불, 약사불, 그리고 이타행을 실천해 붓다가 되려고 하기도 하고 붓다의 협시보살로서 중생을 구제하는 관세음보살, 지장보살, 그리고 현재는 도솔천에 미륵보살로 머물고 있지만 먼 미래에 인간세상에 태어나 깨달음을 얻어 모든 중생을 구원하기로 예정되어 있는 미래불인 미륵불, 뿐만 아니라 인도의 전통적인 梵天 帝釋天 등의 천신들에 이르기까지 그 신앙대상의 수와 성격이 매우 다양하다.

1980년대 후반 이후 20여 년간의 불교사 연구에서 눈에 띄는 사실은 불교사를 전공하는 연구자의 수적 증가와 그에 따른 연구의 다양화 및 심화, 그리고 논문의 양산이라고 할 수 있다. 그 중에서도 특히 신앙과 결사에 관한 연구는 불교 신앙행위의 사회적 의미를 탐구하여 괄목할 만한 성과를 거두었다. 시기별로 살펴보면 1980년대 이후의 불교신앙 연구에서 나타나는 가장 큰 특징은 일반 민들의 신앙행위에도 관심을 기울였다는 점이다. 이는 종래 연구가 불교의 수용과 정치, 그 중에서도 왕권과 귀족세력과의 관계에 초점이 맞추어져 있던 경향과는 크게 다른 점이다. 1990년대에는 그 이전부터 관심의 대상이 되었던 미륵신앙과 아미타신앙 외에도 약사신앙, 문수신앙, 법화신앙, 화엄신앙 등 다양한 불교신앙에 대해서도 천착하는 연구들이 나왔다. 이러한 연구들은 주로 자료가 풍부한 신라를 중심으로 이루어졌다. 하지만 2000년을 전후한 시기부터 백제와 고구려의 불교신앙에 관한 본격적 연구도 역사학자들에 의해 이루어지기 시작했다는 사실은 매우 고무적이다. 또 중대 불교계, 하대 불교계 내지 8세기 불교계 등으로 한 시기의 불교계를 종합적으로 파악하려는 노력도 계속되고 있다. 이는 기존의 연구들이 종파, 신앙 등 분산적으로 이루어져 한 시기 불교신앙의 성격이나 특징이 분명하지 않았던 것을 반성한 데서 연유한다고 생각한다.

최근의 활발한 불교사 연구는 부여 능산리 사원지에서 출토된 舍利龕 명문과 木簡, 그리고 새로이 접하게 된 북한의 유물 사진, 그리고 금석문 번역작업 및 새로운 금석문 자료의 활용 등과 밀접한 관련이 있다고 하겠다. 또『한국불교전서』의 간행으로 쉽게 접할 수 있게 된 승려들의 論疏를 적극적으로 활용한 역사학자들의 연구가 많아진 것도 불교사 연구를 한 단계 발전시킨 것으로 이해할 수 있다.

2. 삶의 괴로움과 그 초월

석가모니는 삶과 죽음이 모두 고통임을 직시하고, 이를 해결하기 위해 인간의 인식이 전환되어야 함을 제시하였다. 즉 이 세상의 모든 존재에 고정된 실체가 없으며 현상세계는 끊임없이 변화하는데 사람들이 그것을 깨닫지 못하고 집착하므로 괴로움이 시작된다. 따라서 잘못된 집착을 벗어나 실상을 직시하면 괴로움으로부터 벗어날 수 있다는 것이다. 그러나 대부분의 사람들은 이를 깨닫기보다, 이미 깨달은 佛과 利他行을 실천해 깨달음을 얻으려고 노력하는 보살들에 의존함으로써 삶의 고통에서 벗어나기를 갈구한다.

불교 교조가 석가모니이므로 불교의 수용초기부터 석가신앙을 찾아볼 수 있다. 그리고 중고기에 조성된 반가사유상 및 신앙사례 등을 통해 미륵신앙에 대한 연구가 활발하였다. 석가에 대한 신앙은 일찍부터 연구되어 신라 왕족의 이름에 이용된 석가 가족의 이름을 근거로 신라에서 왕권을 합리화하는 데 이용된 것으로 이해되었다. 그런데 1980년대 후반 이후에도 이러한 연구 경향은 지속되고 있다.[3] 중고기의 미륵신앙 역시 전륜성왕사상과 결합한 미륵신앙 연구에서 크게 벗어나지 않은 상태이며, 화랑으로 하생하였다는 것과 관련하여 연구되고 있다.[35, 30, 32] 한편 斷石山 神仙寺의 磨崖佛像을 분석하여 신라 중고기에도 미륵신앙의 주류인 하생신앙과 달리 상생을 기원하는 신앙도 있었음을 지적하는 연구도 있다.[41]

眞表의 미륵신앙에 대해서는 여전히 논란이 계속되고 있다. 진표는 경덕왕대 활동하였는데, 참회수행을 하다가 지장보살로부터 戒를 받았고 다시 미륵보살에게서 대국왕의 몸으로 태어나리라는 수기를 받았다. 그는 자신의 果報를 점치고 참회 수행하였는데, 이것은 占察經에 근거한 점찰법을 시행한 것이다. 이와 관련하여 미륵신앙과 지장신앙 중 어느 것이 진표의 신앙인가에 대한 논란도 계속되고 있고, 진표의 미륵신앙이 지니는 사회적 성격에 대해서도 논란이 있다. 즉 상생신앙인가 하생신앙인가의 문제이다. 상생신앙이라고 보는 입장은 진표가 경덕왕의 전제왕권을 뒷받침하는 것으로 이해하고 있다.[11, 15, 27] 이와 달리 하생신앙이라고 보는 입장은 진표가 이 지상에 이상국가를 건설할 것을 꿈꾸고 있었던 것으로 다시 말하면 그가 백제 유민으로서 백제부흥운동을 전개하여 반신라적 이상국가를 건설하고자 한 것으로 보는 것인데,[1] 이 입장이 계승되어 신라 하대 농민반란의 사상적 배경으로도 이해되고 있다.[27, 40, 50]

신라 하대의 미륵신앙이 기층민신앙의 중심이 되었다는 점에는 모두 의견이 일치한다. 즉 메시아적 존재로서의 미륵을 희구하는 미륵하생신앙이라는 것이다. 이들 연구는 궁예가 미륵불을 자처한 것, 금산사가 견훤 정권과 연결된 것 등과 관련하여 후삼국기에 미륵신앙이 크게 성행하였음을 살펴보고 있다. 또 진표의 신앙이 현실에 비판적이었다고 보는 견해들은 하대의 미륵신앙이 진표의 영향을 받았다고 여기고 있다.

한편 백제의 미륵신앙에 대해서는 일찍부터 많은 연구가 진행되었으며, 최근의 연구도 여기에서 크게 벗어나지 않는다.[78, 91] 오히려 고구려의 미륵신앙에 대한 관심이 커졌다는 점이 주목된다. 백제의 미륵신앙과 달리 고구려 미륵신앙에 대해서는 그동안 별로 주목하지 않았다. 고구려 미륵 신앙에 대한 연구는 승 惠亮과 중원 햇골산 마애불, 고분 벽화 및 불상 명문 등을 통해 진행되었다. 미륵신앙은 귀족들과 관계된 것으로 이해되기도 하고[72] 5세기 중반 이후 도솔천을 사후의 이상세계로 상정하는 모습을 살펴본 연구도 있다.[78] 하지만 후자에 따르면 왕실과 귀족들의 사후 귀환지로 여겨지던 천상세계와 잘 구별될 수 없었기 때문에 사후 이상세계에 대한 인식에는 큰 영향을 미치지 못했다고 한다.

제석천신앙도 한국 초기불교의 특성으로 이해되고 있다. 불경에 주로 나타나는 천신 중 하나인 제석천이 무교의 ‘하늘임’과 상통하여 재래신의 攝化라는 차원에서 쉽게 받아들여졌기 때문이라고 한다. 최근에는 여기에서 나아가 진평왕의 玉帶와 내제석궁을 근거로, 성골왕실은 부처와 같이 초월적 존재로서 제석으로부터 인정받고 보호받는 유일한 통치자로 신성화하는 데 제석신앙을 이용하였다고 보는 견해도 제시되었다.[55] 백제의 제석신앙에 대한 연구에서는 계율, 참회와도 관련된 것으로 이해되고 있다.[91]

관음신앙은 중생의 소리를 널리 듣는 관음보살에 대한 신앙으로 現實求福的·現世利益的인 신앙으로 주목되어 왔다. 고구려와 백제의 관음신앙 사례는 매우 적다. 그러나 고구려의 光明寺와 백제의 聖德山이 관음의 상주처로 간주되었다고 한다.[19] 백제의 경우에는 관음신앙과 함께 법화신앙이 주목되고 있다.[66, 91] 그리고 능산리 사원과 관련하여 위덕왕의 부왕인 성왕 추모와 관련하여 일본에 남아있는 救世觀音像을 연결시킨 연구도 있다.[62] 신라의 경우 慈藏의 부모가 千部觀音像을 조성하고 아들 낳기를 기원하여 자장을 낳게 되었다고 하는 사례가 전할 뿐이지만, 통일 이후에는 많은 신앙사례가 『三國

遺事』에 전한다. 이러한 신라 관음신앙의 성격이 현세이익적이라는 점에서는 연구자들의 견해가 일치하고 있다. 그러나 중고기의 관음신앙이 귀족중심의 신앙이었음을 강조했다고 한 기존의 연구와 달리, 근래에는 신분에 관계없이 두루 나타난다고 보고 있다. 그리고 관음보살이 자발적으로 나타나 구제해주는 특징을 지닌다고 보기도 한다.[19, 23]

한편 신라의 관음신앙에서는 義相이 주목되어 왔는데, 그동안 의문시되지 않던 의상의 저술「白花道場發願文」에 대한 논쟁이 근래 전개되었다. 처음 문제를 제기한 연구에 의하면 낙산과 백화라는 단어가 의상이 살아있을 때 번역되었던 『화엄경』 60권본에는 나오지 않고, 80권본과 40권본에 가야 觀自在菩薩이 補陀洛迦山에 상주한다고 되어 있으며 그 산에는 小白華樹가 많아 소백화수산이라고 부른다고 한다.[11, 20] 이런 이유로 의상의 낙산사 창건과「백화도량발원문」 저술을 부정하였다. 그러나 기존과 마찬가지로 의상의 관음신앙과 저술을 인정하는 입장도 여전한데, 이들은 布怛洛迦山에 天宮이 있어 觀自在菩薩이 왕래한다는 내용이 646년 玄奬이 쓴『大唐西域記』 권10과『不空索神呪心經』에 나온다는 점에 근거하고 있다.[22, 24] 이러한 입장에 선 연구자는 발원문 외에도「西方歌」「投師禮」「一乘發願文」 등도 의상의 저술로 받아들여 의상의 사상을 적극적으로 해석하기도 한다.[22] 그리고 낙산사 창건은 의상의 행적으로 인정하면서도「백화도량발원문」은 제목이나『楞嚴經』 사상을 수용한 '圓通三昧' 등의 발원문 내용으로 보아 후세의 문도가 의상에 가탁하여 저술한 것으로 보는 연구자도 있다.[23]

초기 불교의 治病과 除厄이라는 밀교적 성격과 의례 역시 불교가 토속신앙의 기능을 대신하면서 정착하도록 하는 데 이바지하였다. 초기 불교의 呪術的, 밀교적 성격은 일찍부터 주목되었지만, 최근의 연구에서도 계속 관심의 대상이 되고 있다. 三岐山 金谷寺를 중심으로 한 圓光과 密本의 초기밀교는『占察經』에 근거한 占卜과『藥師經』에 근거한 질병 치유 등 샤먼적 기능으로 서민들에게 부합했다는 것이다. 밀교에 대한 심화된 연구는 주술, 진언, 다라니를 중심으로 한 초기 雜部 密敎(雜密)와 만다라를 중심으로 한 후기의 純粹

密敎(純密)의 사상과 특징을 분석하는 것으로 나타났다.[17] 이러한 종래의 연구에서 나아가 통일신라시대에 불교가 서민층까지 확산될 수 있었던 것은 밀교신앙의 영향력 때문이라고 보고, 중대의 아미타신앙, 하대의 藥師如來信仰, 선종의 비로자나불 조상 등은 밀교신앙이 보편화되었음을 의미한다고 파악한 연구도 있다.[13] 그리고 최근 혜초와[90] 진표를[92] 중심으로 밀교를 분석한 연구도 나와, 밀교에 대한 관심이 높아졌음을 알 수 있다.

밀교와 뗄 수 없는 관계에 있는 것이 약사신앙과 사천왕신앙, 화엄신중신앙이다. 7세기 전반에 수용된 약사신앙은 密本과 惠通으로 상징되는데, 治病을 위해 呪術을 사용함으로써 귀족 중심으로 확산될 수 있었다. 이 신앙은 불교 전래 초기의 승려들이 무당을 대신하여 의사의 역할을 하였던 것과도 부합된다. 중대에는 서민들에게까지 확대되어 四方佛 중 동방의 부처로 질병 기근 등의 현세의 모든 고난에서 벗어나게 해주면서 생명까지 연장시켜준다고 이해되었다. 하대에는 정치 사회적 혼란과 기근 도적 질병 등의 현실 재난 속에서 더욱 유행하게 되었고, 선종 사찰에서도 呪文 祈願의 대상으로 받아들여짐으로써 약사신앙이 적극적으로 밀교화하는 계기가 되었다고 이해되었다. 최근에는 전염병의 유행과 약사불의 조성을 관련시킨 연구도 나왔다.[79]

사천왕신앙은 欲界 六天 중 四王天의 주인으로 수미산의 사방을 수호하는 신에 대한 신앙이다. 신라의 사천왕신앙은 법흥왕 또는 진흥왕대에 시작되었으며, 중대에는 호국신앙의 성격을 지녔다. 하대의 사천왕신앙은 禪師들의 부도탑에 조각된 사천왕상을 중심으로 연구되었다. 이들 연구는 사천왕신앙과 아미타신앙의 결합이라는 설,[51] 화엄종과 선사상을 기반으로 조성되어 밀교 의궤가 顯敎에 널리 채용되어가는 양상을 보여준다는 설이 있다.[44] 최근에는 일본 사료를 이용한 백제 사천왕신앙 연구도 진행되었다.[91]

한편 화엄신앙은 『화엄경』의 講經, 誦經, 寫經 등 화엄경 자체에 대한 신앙과 華嚴神衆信仰, 『화엄경』 菩薩住處品에 근거한 菩薩住處信仰 등이 있다.[22] 그 중 특히 주목되는 것은 화엄신중신앙으로, 신라에서 『(화엄)신중경』을 성립시켰다.[34] 보살주처신앙은 문수보살이 신라에 상주한다고 본 慈藏 이래 신라 각지에 보살들이 상주한다고 믿고 그들에게 기원하는 신앙이다. 문수보살의 상주처로서 자장이 오대산[22] 또는 태백산[1, 21, 29]을 설정하였다고 보는 견해도 있지만, 자장과 오대산 문수신앙과의 관계를 부정하고 하대 화엄종 승려들의 윤색이라고 보는 입장도 있다.[2, 47] 한편 자장과 문수신앙과의 관계는 인정하면서도, 오대산과의 관계는 부정하는 견해도 있다.[25] 그 외에도 보살주처신앙으로 금강산의 曇無竭菩薩, 전남 장흥군 天冠山의 天冠菩薩 등이 주목되었다.[22, 33]

3. 사후세계에 대한 기원

인간은 경험하지 못한 죽음의 세계를 생각하기 시작했다. 샤머니즘이 지배적이던 시기에도 지배층의 사후세계로서의 하늘과 무덤 속이 생각되었지만, 일반 민들의 사후세계에 대해서는 막연하였다. 그런데 불교가 수용된 이후 사람들은 윤회설을 널리 믿게 되어, 자신들의 현재 행동에 따라 사후세계가 결정되며 현재의 삶도 과거의 삶으로 인한 결과라고 여기게 되었다.

불교의 사후세계 중 고대인들에게 먼저 받아들여진 것은 미륵의 도솔천이었다. 사후세계로서 미륵보살이 머무는 도솔천에 왕생하기를 기원하는 미륵상생신앙에 대한 연구로는 신라 중대의 미륵신앙이 먼저 주목되었다. 이 신앙은 法相宗 승려들과 지식층을 중심으로 행해졌고 또 미륵경전에 대한 활발한 교학연구로 뒷받침되었다고 한다. 憬興은 『미륵상생경』은 상품인과 중품인을 위한 것으로 『미륵하생경』은 출가 수행하거나 선행을 행할 수 없는 하품인을 위한 것으로 간주하였다. 특히 이를 근거로 법상종 승려들의 본래 신앙은 미륵도솔천상생신앙이었으나 이와 함께 아미타불도 신앙하였다고 한다. 그리고 여기에서 더 나아가 중대의 미륵신앙이 아미타신앙뿐 아니라 觀音 및 地藏信仰과도 혼합한 것으로 보고 있다.[13, 30, 35] 최근에는 고구려의 미륵신앙도 상생신앙으로 고구려인도 도솔천에 왕생하기를 기원하였다는 연구가 제시되었다.[78]

죽어서 도솔천에 가더라도 다시 인간 세상에 태어나게 되는 것과 달리 윤회하지 않는 이상세계로서 아미타불이 상주하고 있는 극락이 또 다른 사후세계로 제시되었다. 신라사회의 아미타신앙에 대한 연구는 불교 대중화와 관련하여 일찍부터 진행되었다. 1980년대 중반까지의 연구에서는 같은 아미타불을 신앙하는 사람들이라 하더라도 계층간에 신앙의 성격이 다르다고 이해되었다. 즉 아미타신앙자들은 주로 하급귀족이나 村主들, 그리고 평민 노비 등으로, 이들은 신라 현실 사회에 불만이 많아 현실로부터 도피하려는 소극적인 비판세력이라는 것이다. 전제왕권과 이를 추종하는 지배 귀족들은 이 정토신앙으로써 민심을 수습하였으므로, 그 결과 전제왕권을 소극적으로나마 뒷받침해주는 결과를 가져왔다고 이해한다.[1]

이러한 입장과 달리 근래의 연구는 아미타신앙을 통한 중생구제의 평등성이 민생안정을 통한 왕권강화를 꾀하던 중대왕실의 정책과 관련이 있으며,[42] 귀족 등의 상류층보다는 노비나 촌민 등 민중들이 많이 信行하였다고 보는[8, 18] 등 일반 민과 아미타신앙의 관계를 추구하는 경향이다. 아미타신앙이 佛性論과 관련하여 일반 민에게 성불 가능성을 개방하였고, 성불을 쉽게 이룰 수 있는 방법으로 정토왕생이 권유되었다는 점을 감안하면[42] 신라 통일전쟁기의 民의 성장과 밀접한 관계가 인정된다. 신라 하대에도 아미타신앙은 선종을 비롯한 사찰에서 종파와 관계없이 널리 행해져, 無垢淨塔을 세우고 극락왕생을 기원하였다.[42]

이처럼 불교 수용 이후 나타난 변화 중 하나는 고대인들의 사유 속에 내세관이 분명해지고 사후세계에 대한 생각이 구체적으로 된다는 점이다. 이는 샤마니즘의 세계관과 가장 구별되는 특징으로, 불교 이해의 심화와도 흐름을 같이한다. 최근 샤머니즘 및 불교와 관련하여 타계관 내지 영혼관 등[82, 83]과 함께 죽음에 대한 인식의 변화[71]도 탐구되고 있는 점은 신앙 연구의 새로운 측면이라고 하겠다.

4. 신앙자의 조직화: 결사

결사는 불교 대중화의 방편이기도 하고, 또 그 결과이기도 하다. 신앙결사는 신앙심을 공고히 하는 한편 講經 讀經 誦經 寫經 齋會 修寺 造像 造塔이나 鍾 등을 만드는 일을 수행했다. 우리나라에 불교가 수용된 후 최초의 결사는 고구려의 경우 延嘉 7년명 금동여래상을 조성하기 위해 모인 東寺主 敬을 비롯한 승려들과 徒 40인의 모임이다. 신라의 경우 진평왕때 圓光이 嘉栖寺에 설치한 占察寶와 비구니 智惠가 仙桃山聖母와 관련한 占察會를 들 수 있다. 그 이후 많은 결사가 이루어지는데, 그 중 香徒에 대해서는 불교사 연구자들 외에도 지방사회 지배와 관련시켜 연구되기도 하였다.[16, 88, 89]

결사에 대한 연구에서 근래 관심의 대상이 되고 있는 것은 원광에 의해 처음 행해진 점찰회, 그리고 경덕왕대 진표의 점찰법회, 오대산의 결사, 9세기의 화엄결사 등이다. 점찰회는 신앙자들이 모여 자신의 업보를 점치고 그 결과에 따라 참회하는 수행을 행하는 신앙의례이며 신앙자들의 모임이다. 이에 대한 연구는 진표의 점찰법회에 대한 연구가 중심이 되었으나[6, 7] 근래 원광의 점찰법회도 연구되었다.[26, 45, 75, 87] 『점찰선악업보경』을 심층적으로 분석하면서 본격화되어,[5, 6] 중국에서 僞經으로 판정되어 유포가 금지된 것과 달리 신라에서는 점찰법회가 금지되지 않았음이 연구되었다. 그리고 점찰법회는 점을 치는 방법 때문에 巫覡신앙을 극복하지 못한 것으로 이해되기도 하지만[1] 토착신앙과 습합하면서 불교를 수용하도록 하는 배경이 되었고, 한편으로는 불교의 가치관 즉 참회와 계율을 강조하는 대승 교학의 실천적 방편이며[26, 45, 87] 불교의 업설과 내세관을 신라의 민에게 심어주는 역할을 하기도 하였다.[75] 진표의 점찰법회 역시 참회와 계율이 강조되고 있다.

한편 9세기 이후에는 결사가 더욱 성행하는데, 중대 말 이후 선종이 대두하자 교종에서는 교학 체계 재정비의 관점에서 역대 조사의 遺文을 강독하고 조사 숭배와 교단의 결속과 아울러 신앙을 실천하려는 목적에서 결사운동이 왕성하게 전개되었다.[14, 34, 49] 즉 최치원이 찬술한 글에 의하면 왕실, 귀족, 화엄종 승려들이 주도하여 화엄경을 사경하고 1년에 두 번씩 轉讀하는 결사를 시도하였다. 그리고 하대 중반에 접어들어 결사운동이 본격적으로 전개되었는데, 지방사회에서는 향리나 촌주 등 지방 토착세력을 중심으로 불상 조성 등

佛事를 운영하고 신앙을 도모하는 결사도 이루어졌다.

신앙결사에서 주목되는 것은 경덕왕대의 염불만일결사와 오대산의 신앙결사이다. 삼국에 불교가 수용되고 아미타신앙자들이 나타난 이후 신라에서도 염불결사가 행해졌는데, 경덕왕대 康州의 阿干 貴珍을 비롯한 善士 수십 인이 1만 일을 기약하고 염불하여 극락왕생을 비는 것이었다.[2, 42] 그런데 이 결사에 노비 郁面이 참가하여 제일 먼저 왕생하였다고 한다. 그 외에도 경덕왕 17년 금강산 乾鳳寺에서 發徵和尙이 주도한 만일염불회 등의 기록도 있다. 그 후 만일염불회의 전통이 계속되어 고려 성종 원년(982) 승 成梵이 주도하여 包山 道成巖에서 만일 미타도량을 개설한 것으로 이어졌던 것이다.

오대산의 각 사찰에서는 결사를 맺고 낮에는 독경하고 밤에는 예참을 행했다. 성덕왕대의 眞如院 창건설화와 관련하여, 오대산에 석가, 관음, 무량수, 지장, 문수 등이 상주한다는 믿음이 신라 중대에 존재했다고 보는 것이 일반적이었다. 그러나 중국 오대산이 문수보살의 상주처라는 인식이 5佛의 상주처라고 바뀐 것은 不空에 의한 밀교의 전개와 澄觀이 密敎의 금강만다라의 세계관을 근거로 敎義를 확립한 이후라고 하는 견해가 제시되었다.[9, 10] 그리고 이 견해를 수용하여 오대산에서 화엄결사가 맺어진 것은 징관의 「華嚴經疏」가 전래된 799년 이후라고 하는 연구도 진행되었다.[47, 49, 52] 앞으로도 오대산의 결사에 대해서는 더욱 천착되어야 할 것이다.

5. 전망과 과제

1980년대 중반 이후 불교사 연구의 진전은 종래 역사학자들이 주로 이용하던 『삼국사기』, 『삼국유사』, 금석문 외에도 현재 남아 있는 승려들의 論疏와 불경에 대한 심층적 분석이 이루어지면서 가능해졌다. 신앙은 앞에서도 언급했듯이 단순히 종교의례에 참여하는 것만을 의미하지 않는다. 즉 믿음체계인 교리를 자신의 삶 속에 받아들여 행동하는 것을 의미한다. 그렇다면 불교신앙자들은 불교의 세계관을 자기 나름대로 받아들여 그 가치관에 따라 살아갔을 것이기 때문에, 불교신앙이 그들의 윤리관 및 세계관의 변화에 미친 영향도 더욱 천착되어야 할 것이다. 또한 고대사회의 종교 의례를 복원하려는 시도도 계속되어야 할 것이다.

종래 종파와 신앙을 직결시키던 연구 태도는 지양되어야 할 것이다. 법상종 승려와 신자가 미륵신앙자일 가능성은 있지만, 미륵신앙자가 법상종과 관계가 있다는 등식은 성립하기 어렵다. 그리고 미륵신앙 연구에서는 상생신앙인지 하생신앙인지에 많은 관심을 기울였다. 이는 왕권과의 관계에서 신앙을 논의하는 데 중요한 고리가 된다고 생각했기 때문이다. 그러나 삼국이 불교를 수용한 초기 신앙의 경우 샤머니즘 전통이 강했던 사회라는 점, 불교 교리에 대한 깊은 이해가 없었을 가능성 등이 모두 고려되면서 연구되어야 할 것이다. 여기에서 불교 수용 초기 조성된 반가사유상을 분석하여, 도솔천에 태어나기를 기원하더라도 사유상으로 조성된 경우는 용화삼회를 기대하고 미륵보살을 조성하였다는 견해[73]를 참고한다면 수용초기의 미륵신앙도 새롭게 연구될 여지가 있다고 생각한다.

최근 목간 자료 및 새로 발견된 금석문 등이 연구자료로 활용되고 있지만, 그 수와 내용이 매우 제한적이다. 따라서 연구 시야를 확대하기 위해서는 중국의 불상 명문 등도 참조할 필요가 있다. 아울러 『홍명집』, 『광홍명집』 등을 활용한다면, 불교와 관련한 고대인들의 다양한 생각을 읽어낼 수 있을 것이다. 그리고 근래 몇몇 연구자들에 의해 진행된 우리나라 승려들의 일실된 자료를 추출하는 작업 및 일본 불교와의 관계 고찰도 일본 승려들의 저술 분석을 통해 계속 진행되어야 할 것이다.

참고문헌

1. 李基白, 1986, 『新羅思想史研究』, 일조각.

2. 辛鍾遠, 1987, 「新羅 五臺山事蹟과 聖德王의 卽位背景」『崔永禧先生華甲紀念韓國史學論叢』, 探求堂.

3. 金杜珍, 1987, 「新羅 中古時代의 彌勒信仰」『韓國學論叢』9, 국민대 한국학연구소.

4. 金在庚, 1987, 「新羅 景德王代의 彌勒信仰」『慶北産業大論文集』3.

5. 채인환, 1987, 「신라 진표율사연구2: 占察의 戒義와 方法」『佛敎學報』24 ; 1997, 『韓國佛敎戒律思想硏究』, 土房.

6. ＿＿＿, 1988, 「신라 진표율사연구3: 懺悔戒法의 確立과 敎化」『佛敎學報』25 ; 1997, 『韓國佛敎戒律思想硏究』, 土房.

7. 金杜珍, 1988, 「新羅 眞平王代의 釋迦佛信仰」『韓國學論叢』10.

8. 金東胤, 1988, 「新羅 阿彌陀信仰의 民衆指向的 展開와 그 背景」『慶州史學』7.

9. 朴魯俊, 1988, 「唐代 五臺山信仰과 不空三藏」『嶺東文化』3 ; 1997, 「唐代 五臺山文殊信仰과 그 東아시아的 展開에 關한 研究」, 성신여대 박사학위논문.

10. ＿＿＿, 1988, 「唐代 五臺山信仰과 澄觀」『關東史學』3 ; 1997, 「唐代 五臺山文殊信仰과 그 東아시아的 展開에 關한 研究」, 성신여대 박사학위논문.

11. 金惠婉, 1988, 「新羅 中代의 彌勒信仰」『溪村閔丙河敎授停年紀念 史學論叢』.

12. 金相鉉, 1989, 「義相의 信仰과 發願文」『차문섭화갑기념 사학논총』.

13. 정제규, 1989, 「통일신라의 불교신앙 변천 소고: 밀교적 특성을 중심으로」『史學志』22.

14. 曹庚時, 1989, 「新羅 下代 華嚴宗의 構造와 傾向」『釜大史學』13.

15. 尹汝聖, 1989, 「新羅 眞表의 佛敎信仰과 金山寺」『全北史學』11·12.

16. 蔡雄錫, 1989, 「高麗時代 香徒의 사회적 성격과 변화」『國史館論叢』2 ; 2000, 『高麗時代의 國家와 地方社會』, 서울대학교출판부.

17. 高翊晋, 1989, 『韓國古代佛敎思想史』, 동국대출판부.

18. 金東胤, 1990,「新羅 中代 阿彌陀信仰과 慶州南山 : 문헌사료를 중심으로」『考古歷史學誌』5·6.

19. 김영태, 1990,『삼국시대 불교신앙연구』, 불광출판사.

20. 金福順, 1990,『新羅華嚴宗研究』, 민족사.

21. 金杜珍, 1990,「慈藏의 文殊信仰과 戒律」『韓國學論叢』12.

22. 金相鉉, 1991,『新羅華嚴思想史研究』, 민족사.

23. 鄭炳三, 1991,「義相 華嚴思想 研究: 그 思想史的 意義와 社會的 性格」, 서울대 박사학위 논문 ; 1998,『의상화엄사상연구』, 서울대출판부.

24. 金杜珍, 1991,「義湘의 觀音信仰과 淨土」『震檀學報』71·72 ; 1995,『義湘』, 민음사.

25. 南東信, 1992,「慈藏의 佛敎思想과 佛敎治國策」『韓國史研究』76.

26. 辛鍾遠, 1992,「圓光과 眞平王代의 占察法會」『新羅初期佛敎史研究』, 民族社.

27. 金惠婉, 1992,「新羅 下代의 미륵신앙」『成大史林』8.

28. 추만호, 1992,『나말려초 선종사상사 연구』, 이론과실천.

29. 金英美, 1992,「慈藏의 佛國土思想」『韓國史 市民講座』10.

30. 金惠婉, 1992,「新羅時代 彌勒信仰의 研究」, 성균관대 박사학위논문.

31. 金杜珍, 1992,「新羅 下代의 五臺山信仰과 華嚴結社」『伽山李智冠스님華甲紀念論叢 韓國佛敎文化思想史』上 .

32. 韓相吉, 1992,「新羅 彌勒下生信仰의 研究」『伽山李智冠스님 華甲紀念論叢 韓國佛敎文化思想史』上.

33. 여성구, 1993,「원표의 생애와 천관보살신앙연구」『국사관논총』48.

34. 南東信, 1993,「羅末麗初 華嚴宗團의 대응과『華嚴神衆經』의 성립」『外大史學』5.

35. 김남윤, 1993,「新羅 彌勒信仰의 전개와 성격」『역사연구』2 ; 1995,「新羅法相宗研究」, 서울대 박사학위논문.

36. 韓普光, 1993,「信仰結社의 類型과 그 役割」『佛敎學報』30.

37. 金英美, 1993,「元曉의 阿彌陀信仰과 淨土觀」『伽山學報』2 ; 1994,『新羅佛敎思想史研究』, 民族社.

38. 김두진, 1993,「백제의 미륵신앙과 계율」『백제사의 비교연구』, 충남대 백제연구소.

39. 金三龍, 1994,「百濟佛敎와 彌勒信仰」『百濟의 宗敎와 思想』, 現代社會問題研究所.

40. 조인성, 1994,「신라말 농민반란의 배경에 대한 —試論-농민들의 세계관에 관련하여-」『한국고대사연구』7.

41. 辛鍾遠, 1994,「斷石山神仙寺 造像銘記에 보이는 미륵신앙집단에 대하여-신라 중고기의 왕비
　　　족 岑喙部-」『歷史學報』143.

42. 金英美, 1994,『新羅 佛敎思想史 硏究』, 民族社.

43. 郭丞勳, 1994,「新羅 中代 末期 中央貴族들의 佛事活動」『李基白先生古稀紀念韓國史學論集
　　　(上 古代篇·高麗時代篇)』, 一潮閣.

44. 曺元榮, 1995,「新羅下代 四天王浮彫像의 조성과 그 배경」『釜大史學』19.

45. 崔鉛植, 1995,「圓光의 생애와 사상:『三國遺事』「圓光傳」의 분석을 중심으로」『泰東古典硏究』12.

46. 김상현, 1995,「사천왕사의 창건과 의의」『新羅文化祭 學術會論文集』17, 新羅文化宣揚會.

47. 金福順, 1996,「新羅 五臺山 事蹟의 形成」, 金福順 金杜珍 金龍善 金南允 辛鍾遠,『江原佛敎史
　　　硏究』, 소화 ; 2002,『한국고대불교사연구』, 民族社.

48. 김재경, 1996,「신라불교와 천신신앙」『논문집』13, 경일대학교.

49. 정병삼, 1996,「9세기 신라 佛敎 結社」『韓國學報』85.

50. 趙仁成, 1996,「彌勒信仰과 新羅社會-진표의 미륵신앙과 신라말 농민봉기와의 관련성을 중심
　　　으로」『진단학보』82.

51. 沈曉燮, 1996,「新羅 四天王信仰의 受容과 展開」『東國史學』30.

52. 신동하, 1997,「新羅 五臺山信仰의 구조」『人文科學硏究』3, 동덕여대 인문과학연구소.

53. 장지훈, 1997,『韓國 古代 彌勒信仰硏究』, 집문당.

54. 洪潤植, 1997,「新羅時代 眞表의 地藏信仰과 그 展開」『佛敎學報』34.

55. 안지원, 1997,「신라 眞平王代 帝釋信仰과 왕권」『歷史敎育』63.

56. 金在庚, 1998,「新羅 佛敎와 土着信仰 -非天神系를 중심으로-」『慶北史學』21.

57. 김수태, 1998,「백제 위덕왕대 부여 능산리 사원의 창건」『백제문화』27.

58. 郭丞勳, 1998,「下代 前期 興輪寺 金堂 十聖의 奉安과 彌勒下生信仰」『韓國思想史學』11 ;
　　　2002,『統一新羅時代의 政治變動과 佛敎』, 國學資料院.

59. 徐永大, 1998,「新羅의 佛敎受容과 天神觀念」『韓國思想史學』10.

60. 김영미, 1998,「삼국 및 통일신라 불교사 연구의 현황과 과제」『韓國史論』28.

61. 최광식, 1998,「토착신앙과 불교와의 관계」『한국사』8, 국사편찬위원회.

62. 金相鉉, 1999,「百濟 威德王의 父王을 위한 追福과 夢殿觀音」『韓國古代史硏究』15.

63. 김상현, 1999,「신라 중대의 불교사상 연구: 왕실의 불교신앙을 중심으로」『國史館論叢』85.

64. 李仁哲, 1999,「新羅上代의 佛寺造營과 그 社會 經濟的 基盤」『白山學報』52.

65. 曺元榮, 1999, 「新羅 中古期 佛教의 密教的 性格과 『藥師經』」, 『釜大史學』23.

66. 趙景徹, 1999, 「百濟의 支配勢力과 法華思想」 『韓國思想史學』12.

67. 김재경, 2000, 「新羅 佛教史의 大勢와 土着信仰」 『韓國古代史研究』20.

68. 나희라, 2000, 「고대 한국의 샤마니즘적 세계관과 불교적 이상세계」 『韓國古代史研究』20.

69. 金壽泰, 2000, 「百濟 法王代의 佛教」 『先史와 古代』15.

70. 郭丞勳, 2000, 「下代 前期 彌勒下生信仰의 盛行과 그 意義」 『韓國思想史學』15 ; 2002, 『統一
新羅時代의 政治變動과 佛教』, 國學資料院.

71. 김영미, 2000, 「불교의 수용과 신라인의 죽음관의 변화」 『韓國古代史研究』20.

72. 강희정, 2001, 「中國 南北朝時代의 半跏思惟像과 彌勒信仰」 『百濟研究』33.

73. 정선여, 2001, 「6세기 高句麗 佛教信仰」 『百濟研究』34, 忠南大學校 百濟研究所.

74. 장지훈, 2001, 「신라 佛教의 密教的 성격」 『先史와 古代』16.

75. 박광연, 2002, 「원광의 점찰법회의 시행과 그 의미」 『역사와 현실』43.

76. 金善淑, 2002, 「古代 佛教信仰行爲로서의 創寺에 대한 검토」 『淸溪史學』16 · 17, 韓國精神文
化研究院.

77. 김영미, 2002, 「고대인의 인간관: 신라 중고기의 윤리관을 중심으로」 『강좌 한국고대사』8(고
대인의 정신세계), 가락국사적개발연구원.

78. 최연식, 2002, 「삼국시대 미륵신앙과 내세의식」 『강좌 한국고대사』8(한국인의 정신세계), 가
락국사적개발연구원.

79. 이현숙, 2003, 「신라 통일기 전염병의 유행과 대응책」 『韓國古代史研究』31.

80. 金善淑, 2003, 「古代 佛教信仰行爲에 대한 歷史的 考察 -造像을 중심으로-」 『白山學報』65.

81. 姜熺靜, 2003, 「발해 후기의 불교조각과 신앙」 『東岳美術史學』4, 東岳美術史學會.

82. 나희라, 2003, 「고대 한국의 타계관」 『韓國古代史研究』30.

83. ______, 2003, 「고대 한국의 생사관: 영혼관을 중심으로」 『역사와 현실』47.

84. 김두진, 2004, 「원광의 戒懺悔신앙과 그 의미」 『新羅史學報』2.

85. 김영미, 2004, 「신라인의 이상적 인간상: 성인관을 중심으로」 『韓國思想史學』23.

86. 조경철, 2004, 「백제 사택지적비에 나타난 불교신앙」 『역사와 현실』52.

87. 박미선, 2005, 「圓光의 占察法會와 三階教」 『韓國思想史學』24.

88. 金昌錫, 2005, 「菁州의 祿邑과 香徒」 『新羅文化』26, 東國大 新羅文化研究所.

89. 尹善泰, 2005, 「新羅 中代末~下代初의 地方社會와 佛教信仰結社」 『新羅文化』26, 東國大 新羅

　　　文化硏究所.

90. 정병삼, 2005, 「혜초의 활동과 8세기 신라 밀교」『韓國古代史硏究』37.

91. 吉基泰, 2006, 『백제 사비시대의 불교신앙 연구』, 서경.

92. 박광연, 2006, 「眞表의 占察法會와 密敎 수용」『韓國思想史學』26.

제사와 의례

최광식 _ 고려대학교 한국사학과

1. 개관

고대의 제사와 의례에 대한 논의는 최근 20년간 연구업적의 양적 팽창과 질적 향상이 가장 두드러지게 이루어진 분야 중 하나다. 물론 일제시대에 민족주의, 신민족주의 계열의 사학자와 일본관학자를 포함한 실증주의 사학자들이 제천의례와 고대의 관념체계에 대해 관심을 표현한 경우가 있고 해방 후 70년대까지 신라 廟制와 산천제사(오악신앙), 삼한의 천군과 소도 등에 대한 연구가 발표된 바 있다. 그러나 이 시기의 연구는 고대의 제사를 원시종교로 바라보는 입장에서 진행된 것으로 사실상 고대의 제사와 의례에 관한 연구는 거의 이루어지지 못했다고 볼 수 있다. 일본 사학의 영향으로 불교를 고대사회의 지배적인 이념으로 주목하게 되어, 상대적으로 토착신앙에 대해 관심을 가지지 않았기 때문이다.

그러나 인류학적 지식이 한국 고대국가 형성에 원용되면서 고대국가 형성에 대한 개념이 바뀌게 되자, 불교 수용 이전 국가차원에서 신봉되던 신앙과 제의체계를 파악하여 그 정치적 기능과 사회적 의미를 추구하고자 노력하게 되었다. 따라서 1970년대 말~1980년대 초부터 고대의 신앙과 제사, 의례에 대한 본격적인 논의가 시작되었다. 고대의 신앙과 제의에 대한 종교사적 고찰,[11] 백제의 제천의례와 정치체제 변화의 관계,[10] 백제 고구려의 동명묘제사,[12, 13] 신라의 신궁과 사전체계에 대한 연구[14, 16] 등이 이즈음에 발표되었다. 특히 신라의 제사에 대해서는 고구려와 백제의 경우보다 훨씬 풍부한 제사 관련 자료가 남아 있기 때문에 이후 한동안 신라의 시조묘, 신궁, 五廟에 대한 연구가 고대 제사연구의 중심이 되었다.

90년대에는 그동안 심화되고 체계화된 연구들이 단행본으로 묶여 출판되고 제사 연구가 체계화되었다. 고대의 국가제사에 대한 정치사상사적 연구,[23] 삼국시대의 시조인식과 변천에 대한 연구,[40] 신라의 시조묘, 신궁, 오묘에 대한 연구,[50, 60] 삼국의 시조전승과 국가제의의 관계에 관한 연구[65] 등 시조인식 국가제사와 관련된 박사학위논문도 여러 편 제출되었다. 이를 통해 신라의 국가제사는 물론 그동안 자료의 부족으로 연구가 제한되었던 백제와 고구려의 국가제사에 대한 관심이 깊어지게 되었다. 신라의 제사 연구에 있어서도 시조묘, 신궁, 오묘 이외에 대 중 소사의 제사체계[41, 74]나 농경의례[4, 70] 등 다양한 측면에 대한 연구가 진행되었다. 한편 1992년 부안 죽막동에서 제사유적이 발굴된 이래[1] 제사유적에 대한 관심이 커지고 다양한 제사 관련 유적 유물의 발굴이 이루어짐으로써[36, 64, 72, 84] 고대의 제사와 의례에 대한 연구가 심화되어 갔다. 이러한 연구성과를 바탕으로 현재는 제사와 의례의 형태에 대해 개별적이고 구체적인 연구가 적극적으로 행해지고 있으며, 제사의 구체적인 과정을 복원하는 작업도 시도되고 있다.

2. 제사

고대의 제사는 보통 국가제사를 이르는데, 여기에는 제천의례와 삼국의 시조묘제사, 천지신제사와 산천제사가 포함된다. 이 중 가장 이른 시기에 등장하는 것은 『삼국지』 동이전에 보이는 부여의 迎鼓, 고구려의 東盟, 동예의 舞天, 三韓의 계절제 등의 제천의례다. 제천의례는 집단의 안위와 풍요를 위해 하늘에 제사하는 의식으로 그 祭日이 파종기(5월)와 수확기(10월)에 해당되는 것으로 보아 농경의례임이 분명하다. 다만 부여는 제일이 은정월로 농경의례라기보다는 수렵의례적 성격을 갖고 있다고 이해된다. 제천의례는 시행집단과 사회의 규모에 따라 다양한 모습으로 나타나는데, 그 내용에 따라 虎神에 대한 제사(토테미즘)가 남아 있는 동예와 別邑에서 귀신을 섬기는 삼한의 諸國(소국) 등은 수장사회, 제천의례와 시조신제사가 함께 이루어지는 고구려나 제사장인 천군이 천신에 대한 제사를 주제하는 삼한의 대국 등은 초기 국가 단계와 각각 연결시키기도 한다.[2] 한편 마한의 소도에 대해서는 기존에 천군이 제사를 지내는 신성한 곳이라는 견해가 있었으나[8] 사료에 따르면 國邑에는 천군이 있고, 諸國의 別邑에는 소도가 있다 하였으므로 이 둘을 구분해 보아야 한다는 것이 최근의 공통된 이해다.

삼국의 국가제사 중에서는 시조묘제사가 다른 국가제사에 비해 많이 연구된 편이다. 『삼국사기』에 보이는 삼국 시조묘제사의 공통점은 시조묘제사가 주로 신왕 즉위 2~3년 내에 행해져 즉위의례의 성격을 지닌다는 점과, 시조묘제사와 더불어 사면이나 순행, 중신임명과 국가 중대사 논의 등이 이루어진다는 점이다. 따라서 시조묘제사에 정치적인 의미가 깊이 내포되어 있다는 점이 강조되었고 이러한 관점은 지금까지도 고대 국가제사 연구의 근간을 이루고 있다.

먼저 고구려의 동맹은 명칭으로 볼 때 제천의례이면서 동시에 시조신에 대한 제의로서 양면성을 지니고 있음을 지적할 수 있다.[2, 69] 國中大會 때 나라 동쪽 수혈에서 맞아오는 수신은 주몽의 어머니인 유화를 신격화한 地母神로 보거나,[61] 隧穴神으로 이해하고 몽골이나 탁발족에서 확인되는 동굴신앙과 비교하기도 한다.[76] 수신이 동굴에 모셔졌다가 장소를 이동하여 제사되는 것은 건국신화에서 유화가 유폐되었다가 빛을 받아 주몽을 잉태하던 모습을 상징하는데, 이는 고구려 건국과정을 제의적으로 표현한 것이다. 한편 『삼국사기』는 시조묘인 동명묘에 대한 親祀 기록 외에 유화가 죽은 후 태후묘를 세우고 제사지낸 기록이 있다. 『삼국사기』의 동명묘와 태후묘제사는 '고구려에는 신묘가 두 곳에 있어 夫餘神인 하백녀와 登高神인 주몽이 모두 받들어졌다'는 『주서』의 기록과도 관련된다. 여기에 대해서는 태후묘와 신묘의 관계와 설립시기, 배경 등에 대해서는 국가의 지배이데올로기 확립이라는 측면에서 논의된 바 있다.[76, 78]

백제의 시조에 대해서는 온조와 비류, 동명, 우태, 구태, 도모 등 다양한 시조전승이 전해지고 있는데, 이에 비해 시조묘는 『삼국사기』에 동명묘, 중국정사에 구태묘로 나타난다. 따라서 백제의 시조묘제사는 국가 제사에서 모셔진 시조인 동명과 구태의 실체와 구태묘 성립의 배경을 파악하는 것에 초점이 맞춰져 왔다. 대개 동명에 대해서는 고구려의 주몽으로 보고 있으나, 구태의 실체에 대해서는 고이왕, 우태, 근초고왕, 하백녀, 온조 등에 이르기까지 다양한 견해가 제기된 바 있는데 고이왕설이 우세한 듯하다. 또한 이 문제는 백제 왕계의 변천과 맞물린 시조묘제사 체계의 변화라는 측면에서 연구되기도 있다. 구태묘의 성립 배경으로는 고구려와의 전쟁과 천도라는 당시의 정치적 상황이 주로 지적되었다.[34, 65]

신라 시조(조상) 제사의 경우 『삼국사기』 제사지 첫부분의 '新羅宗廟之制' 항목에 보이는 시조묘제사와 신궁제사, 오묘제의 내용을 둘러싼 논의가 치밀하게 전개되었다. 그 내용은 주로 제사지의 분석을 통한 신라 사전체계의 이해, 신궁의 설치시기와 배경, 신궁의 주신, 오묘제의 도입과 그 배경 등이다. 시조묘제사에 대해서는 신궁 설치 이전의 시조묘제사와 초기 왕의 사제왕적 성격이 지적된 바 있다.[4] 신궁은 신라사회의 변화기인 마립간기에 설치되었다는 점에서 신라사의 변화와 발전을 증명하는 중요한 사건으로 다루어졌다. 신궁 설치가 왕권이나 중앙집권의 강화와 긴밀히 연결되어 있었다는 것은 공통적인 견해다.

신궁의 주신문제는 신궁의 성격을 파악하고 신라 제사제도의 변화를 이해하기 위해 일찍부터 관심의 대상이 되었다. 신궁의 시조와 관련하여 기왕의 견해는 박씨시조설(혁거세), 김씨시조설(알지, 미추, 내물, 星漢), 천지신설로 대별된다.[2, 4] 천신설의 입장에서는 신궁을 조상제사가 아닌 사직단과 관련시키기도 하지만,[2] 신궁은 대체로 시조묘나 오묘 등과 함께 시조 제사의 범주에서 이해되어 왔다. 이 중 김씨시조설은 신궁이 설치되는 마립간기가 신라 국가체제의 정비기이며, 이후 김씨가 왕위계승을 독점하면서 왕권을 강화시켜 나간다는 점에 주목하여 많은 호응을 얻었다.[14] 그러나 최근에는 제사지의 서술방식과 '始祖誕降之地奈乙' 기록을 면밀히 분석하여, 마립간기 왕의 계보가 확립되면서 더욱 신성시된 박혁거세가 신궁의 주신으로 모셔졌을 것이라는 의견이 다시 대두되고 있다.[50, 60] 이 때 혁거세는 신라 시조로서의 성격뿐 아니라 신성성이 고조된 천신적 성격도 띠고 있었으며, 왕실은 신궁제사를 통해 자신들의 권위를 직접적으로 天에 연결시킴으로써 왕권의 강화를 꾀하려는 의도를 가지고 있었다고 한다. 이러한 이해는 신궁을 조상신과 연관시킨다는 점에서 기본적으로 천지신설과는 차이가 있지만, 신궁제사의 제천의례적 성격을 강조한다는 점에서는 서로 유사한 면이 있다.

신라의 오묘제는 삼국통일기를 전후한 시기에 중국의 영향으로 도입된 후, 혜공왕, 원성왕, 애장왕대에 오묘에 안치되는 神主의 내용에 변화가 일어난다. 종묘는 왕실의 조상제사로, 범국가적 차원의 신궁제사와는 그 성격이 다르다. 신라 오묘의 구성 변화는 해당 왕대에 있었던 신라 왕실의 시조 계보 인식의 변화와 궤를 같이하는 것이며[4, 50] 왕권의 변화, 왕실 주변세력의 포섭과도 일정한 관련이 있었다.[58, 60, 66] 그런데 신라의 오묘제는 중국의 종묘제를 수용한 것이지만 오묘의 구성이나 祭日 등에 신라의 독자적인 관념이 개입되어 있었다. 오묘제가 시행된 후에는 신궁제사의 격이 떨어져 형식적인 것으로 변했다고 보기도 하지만,[60] 신궁과 오묘제사는 그 성격이 다르므로 신궁제사는 여전히 국가의 중요한 제사로 취급되었을 것이다.

이상과 같은 시조묘제사에 대한 체계적 연구와 더불어, 최근 고대 국가제사에 대한 관심은 신라의 기타제사와 고구려, 백제의 제사체계로까지 이어지고 있다. 『삼국사기』 제사지에는 시조묘(신궁, 오묘) 제사 이외에도 八禭祭, 先 · 中 · 後農祭, 風伯 · 雨師 · 靈星 등 제일이 정해져 있는 농경제사와 대 · 중 · 소사로 구분된 산천제사, 別制나 水旱으로 인해 행하는 四城門祭 이하 비정기적 제사가 기재되어 있다. 이 중 농경제사와 비정기적 제사에 대해서는 사료가 워낙 소략하여 대략적인 검토만이 이루어졌는데,[2, 4] 최근에는 제천의례와 농경제사를 공납의 수취 변화와 관련지어 해석한 독특한 연구[70]가 나온 바 있다. 대 · 중 · 소사에 대해서는 신라의 삼산 오악과 산악숭배신앙,[7, 15, 29] 대 · 중 · 소사의 제장[2]과 산천제사 체계[2, 3, 4, 17] 중국의 대 · 중 · 소사와의 비교[7, 15, 29] 등 비교적 다양한 연구 성과가 축적되어 있다. 특히 중국과 일본의 대 ·

중·소사가 국가제사 제사 전반을 체계화한데 비해 신라는 산천제사만이 대·중·소사로 편제되어 있었다는 점이 주목되었다. 그 이유로는 신라가 당의 제사체계를 받아들이면서도 종래의 토착적 신관에 따른 제사체계를 유지하고자 했던 점[41]과 통일 후 지방세력 재편 과정에서 지방세력의 편제문제와 대·중·소사의 편제가 깊은 관련을 가지면서 전개되었을 것이라는 점[4, 17]을 들 수 있다.

　제사지의 고구려 백제 관련 내용은 일부 [고기] 내용을 제외하고는 대부분 중국 정사의 내용을 옮겨 놓은 것이다. 따라서 그 내용은 제사체계의 구체적인 모습을 보여주지는 못한다. 그러나 고구려의 국가제사로는 동맹과 시조묘 제사 외에 靈星, 社稷(國社) 등이 있었으며 『구당서』와 『신당서』에서는 '陰祀' 라는 이름으로 日神, 可汗神, 箕子神 등을 언급하고 있다. 따라서 이를 바탕으로 동맹 이외의 고구려 국가제사에 대한 연구가 하나둘씩 나오고 있다.[59, 69, 77, 86] 그리고 백제에서는 시조묘제사와 더불어 祭天祀地가 중요하게 여겨졌는데 제천사기의 기사는 삼국 중 백제본기에서만 나타난다.[45] 산천제사의 경우 『삼국사기』에 보이는 神異 災異 기록과 전렵지, 北岳, 『삼국유사』의 삼산, 『괄지지』의 백제7산기록 등을통해 삼산과 오악에 대한 산천제사 체계를 유추하게 되었다.[5, 21, 67, 68, 78] 또한 부여 능산리사지 출토 天명 목간이나 궁남지 수로 출토 새모양 목제품을 가지고 단편적이나마 백제의 道祭[79, 89]나 河川祭의 모습을 유추해 내고 죽막동 유적을 통해 해양제사가 조망되는 등 최근 들어 백제 제사에 대해 다양한 각도에서 연구가 이루어지고 있다. 특히 죽막동은 우리나라에서 최초로 발굴된 제사유적이라는 점에서 중요한 위치를 차지한다. 바다와 인접한 제장인 죽막동 유적을 통해 해신에 대한 제사양상을 추측할 수 있게 되었으며 일본의 오키노시마 제사와의 비교연구가 가능하게 되어[1, 55] 고대 제사의례의 변화양상을 추측하는데도 큰 도움을 주었다. 마지막으로 가야 제사의 경우 남아 있는 자료가 거의 없는 관계로 시조신화와 고령지역에 산재하는 암각화를 통해 가야 제사의 일면을 추측하는 정도에 그치고 있다.[36, 82]

3. 의례

의례는 본래 '사회적 문화적 합의에 따라 상징적 의미와 효력을 지니는 행위체계' 라는 포괄적이고 광범위한 사전적 의미를 지니고 있는데, 이에 따른다면 제사도 기본적으로 의례에 속한다고 할 수 있다. 그러나 좁은 의미에서 의례는 제사의 차례, 행위 등을 뜻한다. 그런데 제사의 구체적인 과정과 형태에 대한 연구는 손에 꼽을 정도로 적은 편이다. 이는 관련된 내용을 전하는 기록이 거의 없기 때문이기도 하고 이 방면에 대한 연구자들의 관심이 미미했던 탓이기도 하다.

그런 가운데 1980년대 말 영일냉수리비와 울진봉평비가 발견된 후 두 비에서 공통적으로 나타나는 '殺牛' 기록에 주목해 신라의 犧牲禮에 대해 논의한 연구[23, 26]는 의례 연구의 선구로 꼽을 수 있을 듯하다. 두 비에 따르면 '살우'의 희생례는 어떤 사안에 대해 왕을 위시한 귀족 대표의 판결을 정하고 在地人에게서 이를 준수할 것을 약속받은 후 서약의 의식으로 행해진 것이다. 이는 백제 멸망 후 당 고종의 詔에 따라 문무왕과 부여융이 백마를 잡아 삽혈했던 회맹례와 유사한 성격이나, 두 비에는 삽혈에 대한 내용이 없으나, 일정한 인원이 꿇어 앉아 소를 죽여 諧하였으며 그 약속을 어겼을 때에는 하늘로부터 죄를 받는다고 맹세한 내용이 명시되어 있다. 이러한 모습은 중국의 회맹례를 충실히 따른 의례라 할 수 있으며 희생으로는 소가 쓰인 것은 농경사회에서 말보다는 소가 더 신성시되었기 때문일 것이다. 백제 비류왕 10년의 천지제사에서는 왕이 친히 희생의례를 행하기도 한다. 이렇듯 제사의례에서 희생의례는 매우 중요한 부분을 차지하고 있다. 다만 백제의 희생의례에서 어떤 짐승을 희생으로 사용했는지는 확실하지 않지만 전렵에서 사슴이 주 사냥 대상으로 나오는 것을 볼 때 사슴을 희생으로 사용한 듯 하며, 고구려에서도 사슴과 돼지를 희생으로 사용했다.

한편 최근에는 신화와 의례의 상관관계에 주목하여 시조 박혁거세신화가 반영된 신라 시조묘제사의 의례행위를 복원한 연구[82]가 나왔다. 그에 따르면 신라의 시조묘제사(지증왕 이후 신궁제사)는 박혁거세 신화의 전개 순서대로

禊祓이라는 齋戒 과정과 迎神을 위한 협의과정, 강신과 영신, 신과 인간의 화통과 환락, 마지막으로 신계로의 귀환이라는 과정을 행위적으로 표현했을 것이라 한다. 그리고 신화의 내용으로 보아 시조묘(신궁)제사는 어느 한 장소에서 거행되었다기 보다는 여러 곳을 옮겨다니면서 오랜 시간에 걸쳐 행해졌을 것으로 보았다. 이는 고대 제천의례와 유사한 모습으로, 시조묘제사는 일종의 公共儀禮로서 축제적인 성격을 가지고 있었다. 이 과정에서 있었을 行進은 특히 중요한 의례행위 중 하나로 여겨졌을 것인데, 행진에 참여함으로써 보다 많은 사람들이 일체감을 가지고 의례가 표현하는 신화의 의미와 그 진실성을 몸소 확인할 수 있다는 점에서 그러하다. 시조묘(신궁)제사는 즉위의례의 성격도 겸하고 있는데, 이때 신왕은 제사 과정에서 시조왕의 탄강과 즉위를 자신이 직접 표현함으로써 하늘로부터 부여받은 즉위의 정통성과 통치행위의 정당성을 신라인들에게 확인시켰을 것으로 보고 있다. 이는 일본의 즉위의례인 대상제의 과정을 참고한 것이다. 이 연구는 시조묘(신궁)제사의 구체적인 과정과 모습을 복원하려는 본격적인 시도로서, 제사 연구의 저변을 넓히는데 기여하고 있다.

고고학 방면에서는 발굴조사된 제사 유구와 유물에서 의례행위를 파악하려는 시도가 있었다.[51] 제사 유구와 유물에서 의례행위를 추출해내는 일은 쉽지 않지만 유물의 존재양상이나 유물에 나타난 흔적으로 의례행위를 판단할 수 있다. 즉 의외의 장소나 위치에서 유물이 출토되거나 수혈과 같은 특정 장소에 의례와 관련된 유물을 투기한 경우, 1개체분의 유물이 일부만 존재하는 경우 혹은 토기에 구멍을 뚫거나 무작위로 깨뜨리는 경우, 토기나 석기를 깨어서 다른 제품을 만드는 경우, 소형모조품을 제조하는 경우 등은 보통 의례행위로 볼 수 있다고 한다. 그러한 행위들이 각각 어떤 종교적 주술적 의미를 지니고 있는지가 함께 연구된다면 이 역시 의례의 복원에 큰 도움이 될 것이다.

의례 관련 연구에서 또 하나 언급할 것은 고대의 喪葬儀禮에 관한 부분이다. 특히 1996년 발굴된 공주 정지산유적이 무령왕릉의 지석과 간지도, 무령

왕릉과 정지산유적, 공산성과의 위치 관계 등을 통해 무령왕 또는 왕비의 빈
전(殯殿, 殯宮)이었을 것으로 추정되어 관심을 끌었다.[53] 능선 평탄부 정중앙
에 독립적 지상식 건물이 위치하고 주변에서 氷庫로 추정되는 수혈유구가 확
인된다는 점에서 정지산유적이 빈전의 성격을 지니고 있음이 확인된다. 무령
왕릉의 왕과 왕비 지석에 의하면 殯의 기간은 27개월이었으며 그후 大墓(무
령왕릉)으로 옮겨졌다. 빈전의례에 대한 연구는 고대의 내세관을 이해하는
방편이 될 뿐만 아니라 빈전이 모셔지는 동안 신왕의 즉위가 이루어진다는 점
에서 왕권의 계승, 사회질서의 정비와 같은 정치적 문제와도 밀접하게 관련된
다.[52] 따라서 상장(빈전)의례 역시 즉위의례 못지않게 중요한 연구주제로 다
루어야 할 것이다.

4. 연구 방향

　10여 년 전만 해도 제사와 의례 연구는 시작 단계에 있었기 때문에, 당시 신
화와 제의에 대한 연구사를 검토하고 과제와 전망을 논하는 글에서는 개별 제
의의 성립과 의미, 기능에 대한 분석이 먼저 이루어져야 한다는 지적이 있었
다. 그러나 그 후 10여 년 동안 학계에서는 제사와 의례에 관심을 갖는 연구자
가 늘어났고 따라서 제사의 성립과 제사체계, 제사의 대상, 제사의 성립과 변
화가 갖는 정치 사회적 의미에 대한 개별적 연구가 이루어졌다. 연구 성과도
상당히 축적되었으며 연구자들의 관심도 점차 세부적인 주제로 넓혀지고 있
다. 다만 앞으로 제사와 의례에 대한 폭넓은 이해가 가능해지려면 다음과 같
은 방향의 연구가 함께 행해지는 것이 좋을 듯하다.

　첫째, 90년대 이후부터 꾸준히 발굴되고 있는 제사 유적과 관련 유물에 대
한 검토와 정리 작업을 수행하고 이를 고대의 제사 연구에 적극적으로 활용해
야 한다. 현재 제사유적을 판단하는 기준은 卜骨, 鏡이나 玉 등 신에게 바쳐지
는 공헌품, 土製馬, 鐵製馬, 소형토기 등의 모조품, 제사용으로 만들어진 특이
한 형식의 토기 등 제사에 사용되는 유물이 발견되거나, 유물이 없더라도 유
적에 독특한 시설이 있어서 주거지나 고분 등으로 판단할 수 없는 경우 등이

다. 이러한 기준을 통해 지금까지 알려진 제사 유적은 하남 이성산성, 천안 위례산성, 공주 공산성 등의 산성내 제사유적을 비롯해 진주 대평리, 고성 동외동, 강릉 강문동 등 복골 출토 유적, 부안 죽막동, 공주 정지산, 풍납토성 경당지구 9호 44호 제사유구, 경주 나정, 부여 논치리 수혈 유구 등이 있다. 이들 가운데는 부안 죽막동이나 경주 나정처럼 몇 세기에 걸치는 다양한 유물이 발굴되어 고대 제사의 목적, 대상, 의례행위 등으로 연구 범위를 넓혀주는 확실한 제사유적도 있지만 의례 관련 유물 한 두 점이 출토되어 그 성격이 불분명한 소규모의 제사유적도 있다. 제사유적을 통해 당시의 종교와 신앙 같은 정신적, 관념적 측면을 추출하고 제사의례의 진행과정이나 목적, 대상, 방법, 주관자 등을 규명하는 것이 바람직할 것이나 아직 학계의 연구수준이 거기까지 미치지 못하고 있는 형편이다. 따라서 현재까지 조사된 제사유적을 제사의 규모, 담당자, 의례행위, 시대, 대상, 성격 등 몇 가지 범주로 나누어 체계적으로 정리하는 작업이 필요하다 하겠다. 또 제사유적에 투영된 고대인들의 신앙에 대한 연구도 계속되어야 한다. 제사유적의 표지유물인 토제마 철제마가 가지는 의미를 除厄, 돌림병 방지, 공헌물, 신승물 등으로 다양하게 해석하고 이를 통해 고대의 사유체계와 관념에 관심을 가지는 경우가 한 예라 할 수 있을 것이다.

둘째, 제사의 구체적인 형태와 과정 복원에 관심을 기울여야 한다. 지금까지는 자료의 부족으로 인해 제사의 절차나 주제자의 역할 등 제사의 과정에서 있었을 고대인의 '행위'에 대해서는 거의 밝혀내지 못했다. 단적인 예로 신라 국가제사의 연구를 통해 시조묘, 신궁, 오묘의 설치시기와 제사 대상 등에 대한 이해가 깊어졌지만, 우리는 아직 시조묘나 신궁이 경주의 어디에, 어떤 형태의 건물로 세워졌던 것인지 알지 못하며 왕의 親祀는 어떤 절차를 밟아 행해졌는지, 제사에는 어떤 祭器와 祭物을 사용했는지도 알지 못한다. 그나마 앞서 살펴본 신라의 희생례 연구나 신화가 반영된 신라 의례 연구 등이 이 분야 연구의 물꼬를 틔워주고 있다. 초기의 제사 의례는 유교적 예제가 확립된 후의 제사보다는 接神의 의미가 강조되어 보다 자유롭고 역동적인 형태로 진행되었을 것이다. 건물형태의 경우 집안 환도산성, 경주 나정의 팔각건물지, 이성산성의 팔각 십이각건물지 등을 신궁이나 사직단과 관련시키는 견해가 나오고 있는데, 중국의 禮制建築 연구를 참고하는 것도 한 방법이 될 수 있겠다.

셋째, 제사와 의례에 접근하는 관점과 세부주제를 좀 더 다양하게 모색할 필요가 있다. 사실 그동안의 연구는 주로 정치사, 제도사적 맥락에서 제사를 다루고 있다. 이러한 관점은 종교가 주로 국가의 구조와 권력을 더욱 안정적으로 유지하기 위한 기능을 수행한다는 근대의 정치 국가 이론에 입각한 것이다. 그러나 20세기말 이후 새로운 패러다임의 연구에 따르면 종교는 반드시 국가의 구조를 안정적으로 유지하기 위해서만 존재하는 것이 아니라 국가의 구조가 극단화(독재화)되는 것을 방지하거나, 또는 개인(집단)들의 입장에서 구조를 변혁하는 作因(Agency)으로 작용하기도 한다. 따라서 국가와 종교를 동반자 관계에서만 분석하지 말고 종교 자체의 작인과 개인(집단)과의 관계에서 다시 검토할 필요가 있다는 것이다. 종래 불교를 고대 국가의 지배 이데올로기만으로 파악했던 시각이 경직된 종교 이해로 비판받았음을 상기한다면, 불교 수용 이전의 토착신앙과 제사 연구에 대해 정치적 이데올로기의 성격이 지나치게 강조되는 점 역시 경계해야 할 것이다. 제사의 거행이 아무리 정치적이며 사회적인 의도성을 가지고 있다 하더라도 기본적으로 종교현상이니 만큼, 종교적 맥락에서의 해석이 우선되어야 한다는 지적도 이와 관계가 있다. 또한 제사와 의례에 접근하는 시각도 다변화될 필요성이 있다. 제사 관련 유물에서 보이는 '새'에 대한 관념을 분석하고, 이를 중심으로 제의의 다양한 부분을 종합적으로 이해하고자 했던 연구[49]는 이러한 점에서 주목된다.

참고문헌

1. 국립전주박물관, 1994, 『부안 죽막동 제사유적』 ; 1995, 『바다와 제사-부안 죽막동 제사유적』 ; 1998, 『부안 죽막동 제사유적 연구』(개관5주년기념 학술심포지움 논문집).

2. 최광식, 1994, 『고대한국의 국가와 제사』, 한길사.

3. 김두진, 1999, 『한국고대의 건국신화와 제의』, 일조각.

4. 나희라, 2003, 『신라의 국가제사』, 지식산업사.

5. 최광식, 2005, 『백제의 신화와 제의』, 주류성.

6. 邊太燮, 1958·1959, 「韓國 古代의 繼世思想과 祖上崇拜信仰」 『歷史敎育』3·4.

7. 이기백, 1972, 「新羅 五岳의 成立과 그 意義」 『진단학보』33 ; 1974, 『新羅政治社會史硏究』, 일조각.

8. 김정배, 1978, 「소도의 정치사적 의미」 『역사학보』79.

9. 이기동, 1978, 「新羅太祖 星漢의 문제와 興德王陵碑의 發見」 『大丘史學』15·16.

10. 차용걸, 1978, 「百濟의 祭天祀地와 政治體制의 變化」 『韓國學報』10.

11. 琴章泰, 1978, 「韓國 古代의 信仰과 祭儀-그 構造의 宗敎史學的 考察」 『同大論叢』8.

12. 盧明鎬, 1981, 「百濟의 東明神話와 東明墓-東明神話의 再生成 現象과 관련하여」 『歷史學硏究』10.

13. 成周鐸·車勇杰, 1981, 「百濟儀式考-祭儀 田獵 巡撫 閱兵 習射儀式에 關한 檢討」 『백제연구』12.

14. 최광식, 1983, 「신라 신궁 설치에 대한 신고찰」, 『한국사연구』43.

15. 홍순욱, 1983, 「신라 삼산 오악에 대하여」 『신라민속의 신연구』(신라문화제학술발표회논문집4).

16. 辛鍾遠, 1984, 「三國史記 祭祀志 硏究; 新羅祀典의 沿革 內容 意義를 중심으로」 『史學硏究』38, 1984 ; 1992, 『신라초기불교사연구』, 민족사.

17. 浜田耕策, 1984, 「新羅の祀典と名山大川の祭祀」 『泡沫集』4 ; 2002, 『新羅國史の研究-アジア史の視點から』, 吉川弘文館, 日本.

18. 崔在錫, 1986, 「新羅의 始祖廟와 神宮의 祭祀-그 政治的 宗政的 意義와 變化를 중심으로」『東方學志』50.

19. 정재교, 1987, 「新羅의 國家的 成長과 神宮」『釜大史學』11.

20. 羅喜羅, 1989, 「新羅初期 王의 性格과 祭祀」『한국사론』23, 서울대 국사학과.

21. 이도학, 1989, 「사비시대 백제의 사방계산과 호국사찰의 성립」『백제연구』20.

22. 崔光植, 1989, 「三國의 始祖廟와 그 祭祀」『대구사학』38.

23. ______, 1989, 「한국고대의 국가제의」, 고려대 박사학위논문; 1994, 『고대한국의 국가와 제사』, 한길사.

24. 金杜珍, 1990, 「百濟 建國神話의 復元試論; '祭天祀地' 의 儀禮와 關聯하여」『국사관논총』13 ; 1999, 『한국고대의 건국신화와 제의』, 일조각.

25. 宋華燮, 1990, 「馬韓 農耕儀禮의 史的 考察」『如山柳炳德博士華甲紀念 韓國哲學宗敎思想史』.

26. 辛鍾遠, 1990, 「6세기 초 신라의 희생례:영일 냉수리비와 울진 봉평비의 비문을 중심으로」『진단학보』70.

27. 崔光植, 1990, 「韓國古代의 祭天儀禮」『국사관논총』13.

28. ______, 1990, 「韓國古代 祭儀에 대한 研究史的 檢討」『한국전통문화연구』6, 효성여대 한국전통문화연구소.

29. 文暻鉉, 1991, 「신라인의 산악숭배와 산신」『신라사상의 재조명』(신라문화제학술발표회논문집).

30. 이종태, 1992, 「新羅 智證王代의 神宮設置와 金氏始祖認識의 變化」『택와허선도선생정년기념 한국사학논총』.

31. 姜鍾薰, 1994, 「神宮의 設置를 통해 본 麻立干時期의 新羅」『韓國古代史論叢』6.

32. 정영호, 1994, 「고구려의 동맹과 그 유적」『于江權兌遠教授停年紀念論叢』.

33. 宋華燮, 1994, 「馬韓蘇塗의 成立과 歷史的 意義」『韓國古代史研究』7.

34. 박찬규, 1994, 「백제 구태묘 성립배경에 대한 일고찰」『학술논총』17, 단국대대학원.

35. 최광식, 1994, 「新羅와 唐의 大祀 中祀 小祀 비교연구」『韓國史研究』95, 韓國史研究會; 1994, 『고대한국의 국가와 제사』, 한길사.

36. 崔夢龍, 1994, 「百濟의 祭祀遺蹟」『韓國上古史學報』17.

37. 崔光植, 1995, 「大伽耶의 信仰과 祭儀」『加耶史研究』(대가야의 政治와 文化), 韓國古代史研究會.

38. ______, 1995, 「토착신앙과 제사의례」 『한국사』 4(고대사회에서 중세사회로 2), 한길사.

39. 나희라, 1996, 「한국 고대의 신관념과 왕권-신라 왕실의 조상제사를 중심으로」 『국사관논총』 69.

40. 이종태. 1996, 「삼국시대의 시조 인식과 그 변천」, 국민대학교 박사학위논문.

41. 최광식, 1996, 「新羅와 唐의 大祀 中祀 小祀 비교연구」 『한국사연구』 95.

42. 金杜珍, 1997, 「新羅의 宗廟와 名山大川의 祭祀」 『白山學報』 52(申瀅植博士 回甲紀念論叢 新羅史의 再照明); 1999, 『한국고대의 건국신화와 제의』, 일조각.

43. 서영대, 1997, 「한국 고대의 의례와 종교」 『韓國古代史硏究』 12, 한국고대사학회.

44. 李基東, 1997, 「新羅人의 信仰과 宗敎-『三國史記』 新羅本紀 記事를 통해서」 『慶州史學』 16.

45. 최광식, 1997, 「백제의 토착신앙」 『한국사』 8(삼국의 문화), 국사편찬위원회.

46. 李鍾泰, 1998, 「百濟 始祖仇台廟의 成立과 繼承」 『韓國古代史硏究』 13.

47. 임기환, 1998, 「百濟 始祖傳承의 형성과 변천에 관한 고찰」 『百濟硏究』 28.

48. 蔡美夏, 1998, 「『三國史記』 祭祀志 新羅條의 分析-新羅 國家祭祀體系의 再檢討와 관련하여」 『韓國古代史硏究』 13.

49. 권오영, 1999, 「한국 고대의 새(鳥) 관념과 제의」, 『역사와 현실』 32.

50. 나희라, 1999, 「신라의 국가 및 왕실 조상제사 연구」, 서울대 박사학위논문 ; 2003, 『신라의 국가제사』, 지식산업사.

51. 이상길, 1999, 「청동기시대 의례에 관한 고고학적 연구」, 대구효성가톨릭대학교 박사학위논문.

52. 이종태, 1999, 「신라의 시조와 태조」 『백산학보』 52(신형식박사 회갑기념논총: 신라사의 재조명).

53. 이한상 외, 1999, 『정지산』, 국립공주박물관.

54. 권오영, 2000, 「고대 한국의 喪葬儀禮」 『韓國古代史硏究』 20.

55. 小田富士雄, 2000, 「海の祭祀と日韓交渉-古代航海祭祀にみる國際交流」 『인문연구논집』 제5집(伽倻의 歷史와 文化), 동의대학교 인문과학연구소.

56. 朴承範, 2000, 「百濟의 始祖傳承과 始祖廟儀禮」 『東洋古典硏究』 13.

57. 서영대, 2000, 「百濟의 五帝信仰과 그 意味」 『韓國古代史硏究』 20.

58. 蔡美夏, 2000, 「新羅 惠恭王代 五廟制의 改定」 『韓國史硏究』 108.

59. 박승범, 2001, 「고구려의 국가제사」 『사학지』 34.

60. 채미하, 2001, 「신라 종묘제와 왕권의 추이」, 경희대학교 박사학위논문.

61. 한영화, 2001, 「高句麗 地母神信仰과 母處制」『韓國古代史의 諸照明』, 신서원.

62. 金東淑, 2002, 「新羅 伽耶 墳墓의 祭儀遺構와 遺物에 관한 연구」『嶺南考古學』30.

63. 나희라, 2002, 「新羅의 卽位儀禮」『韓國史硏究』116.

64. 閔德植, 2002, 「發掘調査된 祭祀用 模造馬에 대한 分析」『史學研究』66.

65. 박승범, 2002, 「삼국의 국가제의 연구」, 단국대 박사학위논문.

66. 蔡美夏, 2002, 「新羅 宗廟制의 受容과 그 意味」『歷史學報』176.

67. 노중국, 2003, 「사비 도읍기 백제의 山川祭儀와 百濟金銅大香爐」『啓明史學』14.

68. 朴承範, 2003, 「한성시대 백제의 국가제사」『선사와 고대』19.

69. 서영대, 2003, 「고구려의 국가제사 동맹을 중심으로」『한국사연구』120.

70. 전덕재, 2003, 「신라초기 농경의례와 공납의 수취」『강좌 한국고대사』2.

71. 최광식, 2003, 「고대국가의 왕권과 제의」『강좌 한국고대사』3.

72. ______, 2003, 「한국 고대의 국가제사와 제사유적」『한국인의 사상과 예술』, 국립제주박물관.

73. 金昌錫, 2004, 「한성기 백제의 국가제사 체계와 변화 양상-풍납토성 경당지구 44호, 9호 유구의 성격 검토를 중심으로」『서울학연구』22.

74. 나희라, 2004, 「7~8세기 唐, 新羅, 日本의 國家祭祀體系 비교」『韓國古代史研究』33.

75. 文昌魯, 2004, 「三韓時代 邑落社會의 信仰儀禮와 그 變遷」『北岳史論』5.

76. 朴承範, 2004, 「新羅의 始祖廟 儀禮」『史學志』30, 檀國史學會.

77. ______, 2004, 「祭儀를 通해서 본 高句麗의 正體性」『高句麗研究』18.

78. 여호규, 2004, 「국가제사를 통해 본 백제 도성제의 전개과정」『고대 도시와 왕권』(제12회 백제연구 국제학술회의 발표집), 충남대 백제연구소.

79. 尹善泰, 2004, 「扶餘 陵山里 出土 百濟木簡의 再檢討」『東國史學』40.

80. 채미하, 2004, 「新羅의 五廟制 始定과 神文王權」『白山學報』70.

81. 김두진, 2005, 「백제의 건국신화를 통해 본 조상숭배신앙」『鄕土서울』65.

82. 나희라, 2005, 「신라의 건국신화와 의례」『韓國古代史研究』39.

83. 남재우, 2005, 「가야의 建國神話와 祭儀」『韓國古代史研究』39.

84. 閔德植, 2005, 「發掘調査資料로 본 百濟時代의 祭祀遺蹟」『史學研究』71.

85. 朴賢淑, 2005, 「三國時代 祖上神 觀念의 形成과 그 特徵」『史學研究』58·59合集(乃雲崔根泳博士停年紀念論文集).

86. 서영대, 2005, 「고구려의 사직과 영성에 대하여」『고구려의 사상과 문화』(고구려연구재단 연

구총서4).

87. 윤성용, 2005, 「고구려 建國神話와 祭儀」『韓國古代史硏究』39.

88. 이정빈, 2006, 「고구려 東盟의 정치의례적 성격과 기능」『韓國古代史硏究』41, 한국고대사학회.

89. 平川南, 2005, 「百濟と古代日本における道の祭祀-陽物木製品の檢討を中心に」『百濟 泗沘時
期 文化의 再照明』, 국립부여문화재연구소.

전쟁과 군사

이인철 _ 동북아역사재단

전쟁이 비록 대규모 살상과 파괴를 통해 그 목적을 달성할지라도 그것이 지향하는 것은 평화이다. 적의 침략으로부터 자신들을 방어하고자 하는 전쟁은 물론이고 주변 세력에 대한 침략 전쟁도 전쟁을 수행함으로써 얻게 되는 더 큰 평화를 갈망한다. 그러나 전쟁은 엄청난 재앙을 가져오기 때문에 인류는 적의 침략으로부터 자신들을 보호하기 위해 군사력을 증강하고 새로운 무기를 개발해왔다. 그 결과, 인류는 더 큰 살상과 파괴의 위협을 받게 되었다. 화약무기가 사용되지 않았던 한국고대의 전쟁은 후대에 비해 대량 살상이 상대적으로 적었지만 인간이 인산을 칼과 창으로 직접 살해하는 야만적 전투행위는 더 많았다. 고대유적에서 발굴되어 나오는 수많은 무기들은 그러한 야만적 전투행위의 증거물인 것이다.

한국고대에도 수많은 전쟁이 있었다. 고구려 · 백제 · 신라 등의 나라가 성읍국가단계에서 영역국가단계로 성장하면서 주변의 수많은 소국들을 정복한 전쟁이 있었다. 삼국사기에는 비록 기록이 남지 않았을지라도 소국들 상호간의 전쟁이 있었다. 또, 고구려 · 백제 · 신라 삼국 상호 간의 전쟁이 있었는가 하면, 부여와 고구려의 전쟁, 신라와 가야의 전쟁, 백제와 가야의 전쟁도 있었다. 이들 전쟁이 민족 내부의 전쟁이었다면, 고대 한중전쟁, 한일전쟁과 같은 국제전쟁도 있었다.

돌칼이나 돌창 등의 무기들은 선사시대에도 수많은 전쟁이 있었음을 알려주는 유물들이다. 이들 유물들을 정리한다면 선사시대의 전쟁 양상을 복원할 수 있을 것이다. 기록에 전하는 한국고대의 최초 전쟁은 고조선과 전국연의 전쟁이었다. 연나라가 장군 秦開를 보내 고조선 서쪽 지방을 공격하여 2000 여리를 빼앗고 만번한을 경계로 삼았다는 전쟁이 바로 그것이다. 그 다음 전쟁은 위만이 주변의 진번 임둔 등 소국을 병합한 전쟁이고, 세 번째 전쟁은 한나라가 기원전 108년에 위만조선을 멸망시키고 한사군을 설치한 전쟁이다. 이 전쟁에 대해서는 한중간에 인식차이가 존재한다. 중국학자들은 기자조선과 위만조선을 중국사의 일부로 보아 이들 전쟁을 중국내부의 전쟁으로 인식하는 반면에 남북한 학자들은 이 전쟁을 고조선과 중국의 전쟁으로 파악한다. 소위 기자조선과 위만조선의 귀속문제와 더불어 전쟁의 성격 문제를 정리해야 할 필요성이 제기된 것이다. 당시로서는 세계 최강이라 할 수 있는 한나라 군대의 침략에 대항하여 1년 동안 항전을 계속하던 위만조선은 내분으로 인하여 망하고 말았다. 이 같은 사실은 위만조선의 군사력이나 사회발전 수준이 한나라의 그것에 필적하였다는 의미가 되는 것이기도 하다.

1. 고구려의 군사적 우세

현재 한중 간에 쟁점이 되고 있는 '고구려가 고대중국의 소수민족지방정권'이었는가 하는 문제도 전쟁의 성격 문제와 밀접한 관련이 있다. 중국학자들처럼 고구려를 현도군 경내에 건립된 지방정권이라고 보면, 고구려와 한의 전쟁은 고대중국의 내전이다. 그러나 고구려는 기원전 75년경에 현도군을 서북쪽으로 밀어내고 중국 영토 바깥에 건립된 국가이므로 고구려와 고대중국과의 전쟁은 국제전이었다. 삼국사기를 통해서 보면 고구려는 주변 소국들을 정복하였을 뿐 아니라 한군현을 몰아내고 마침내 요동을 차지하였다. 중국학자들은 고구려가 중국의 지방정권임을 강조하기 위하여 전쟁기간을 제외한 시기는 고구려가 중국에 臣屬關係에 있었다고 주장하지만 이러한 풀이는 부적절하다. 전쟁이 있은 후에 화해하기까지의 시기는 냉전(cold war)상태이고 이는 전쟁상태라고 풀이해야 할 것이기 때문이다. 또, 화해를 하였다고 하더라도 조공책봉관계가 하나의 국가를 지방정권으로 불러야 할 만큼의 신속관계였는지에 대해서는 광범위하면서도 심도있는 검토가 필요하다.

고구려는 중국과 전쟁을 지속적으로 전개하여 313년에 낙랑군, 314년에 대방군을 몰아내게 된다. 하지만 평안 황해도 지역의 전축분 중에는 紀年名塼이 남아 있어 이를 두고 407년경까지 중국계통의 정치세력이 남아 있었다는 견해가 있다.[1, 32] 여기에는 안악 3호분 묵서명에 대한 해석이 곁들여지기도 하였다. 이에 대해 해당 유물을 남긴 사람들을 고조선 계통의 유민들이었던 것으로 풀이하고, 안악3호분의 주인공에 대해서도 이를 동수가 아닌 고국원왕으로 해석한 견해가 있다.[29] 광개토왕비문의 수묘인 중에 평양성에서 차출된 구민 수묘인연호가 있다는 사실에서 보면 고국원왕대에 과연 평안 황해도 지역에 반독립적인 중국인 세력이 있었을지 의문이다. 특히나 영락 6년(396)에 광개토왕이 몸소 이끌고 백제를 공격한 수군은 항해에 익숙한 평안 황해도 지역의 주민들 중에서 징발되었을 것이라는 점에서 이 지역에 대한 지배의 성격을 논함에 있어서는 참고하여야 할 사항이다.

낙랑 대방군을 축출한 후, 고구려와 백제가 국경을 접하게 됨은 필연이었다. 불행히도 백제와의 첫 대결에서 고구려는 고국원왕이 전사하는 불운을 당했다. 그 후, 고구려는 한동안 백제와 신라에 대해 군사적 우위를 유지하게 되는데 승전의 배경에 대해서는 고구려의 무기와 무장이 백제와 신라의 그것에 비해 우수하였기 때문이라는 해석이 있다.[29] 특히, 말과 기병이 철제갑주로 무장한 고구려의 중장기병의 위력은 대단하였을 것이라는 주장이다. 이에 대해서는 고구려에서 등자 사용 시기가 장수왕대로 내려온다는 해석이 있다.[9] 하지만 373년경에 조영된 안악 3호분에 철제갑주로 무장한 중장기병이 그려져 있고, 벽화에는 등자가 보이지 않지만 등자를 하지 않은 기병의 존재를 상정하기 어렵다는 측면에서 이 시기 등자의 존재에 대해서는 벽화 화법상의 문제인지, 등자가 실제로 존재하지 않았는지 하는 문제는 좀 더 검토가 필요한 사항이다. 철제 갑주의 효용성 정도에 대해서도 논란이 있지만 현대 전투에서 방탄조끼의 위력을 감안해보면 논란은 쉽게 해결될 것으로 생각된다. 이를 실험고고학적인 방법으로 검증해보는 것도 좋은 해결책이 될 것이다. 중장기병에 대한 해석은 광개토왕과 장수왕대에 고구려의 군사적 우세가 단지 국왕 개인의 유능함에만 힘입은 것이 아니라 우수한 무기와 무장 때문에 가능하였다는 의미로 받아들여진다.

광개토왕 및 장수왕대의 고구려 남진 범위에 대해서도 다른 의견이 존재한다. 우선 영락 6년(396)에 고구려군이 충청도 일대까지 점령하였다는 일인학자의 견해가 있고,[35] 한강유역까지 남하하였다는 견해,[25] 일시적으로 백제 한성을 점령하기는 하였지만 곧 후퇴하여 임진강선에 머물렀다는 견해,[29] 남한강 수로를 따라 국원성(충주)까지 진출하였다는 견해[24] 등이 있다. 그러나 충청도 일대까지 고구려가 진출하였다고 볼 경우에는 고구려가 언제 철수하였다가 다시 장수왕대에 백제 한성을 공략하였는가에 대한 설명이 수반되어야 한다. 영락 17년(407) 전쟁에 대해서는 전쟁 상대를 백제로 보는 입장과 후연으로 보는 입장이 있다. 백제로 보는 입장의 근거는 영락 17년 조에 보이는 沙溝城이 삼국사기 백제본기에서 전지왕 13년(417)에 쌓았다는 沙口城이고, 백제 방면에 婁城이라는 城 명칭이 많다는 사실에 근거하고 있다. 영락 17년 전쟁을 후연과의 전쟁이라고 보는 입장은 삼국사기에는 영락 15년과 16년 전투가 기록되어 있는데 비해 광개토왕 비문에는 고구려와 후연의 전쟁에 관한 기록이 전혀 없다는 사실에 근거하여 영락 17년조의 기록이 고구려와 후연의 전쟁을 집약적으로 기록해놓았을 것이라는 데 근거를 두고 있다. 『삼국사기』 권37 지리 4에 압록강 이북의 성들을 기록해놓은 것을 보면 婁城도 존재하고 似城 또는 史忽이라는 城名도 존재한다는 사실에서 보면 영락 17년 전쟁은 대후연전일 가능성이 높다.

장수왕대의 고구려 남진 범위에 대해서도 학계에는 크게 다른 두 가지 시각이 존재한다. 그 중의 하나는 삼국사기 지리지 기록을 신빙하는 입장에서 本高句麗郡縣이 기록되어 있는 한주·삭주·명주 지역 곧 지금의 경기도와 강원도 지역을 고구려가 모두 점령하였다는 입장이고,[25] 다른 하나는 삼국사기 본기 기록을 중시하는 입장에서 고구려가 백제 한성을 점령하기는 하였지만 곧 한강이북으로 철수하였고, 한강을 도하하여 한강 이남의 경기도 지역을 점령하지 못했다는 입장이 그것이다.[29] 삼국사기에 보이는 고구려의 백제 공격은 남한강 지류를 타고 내려와 제천 부근에서 충청도 지역으로 공격해 들어간 것으로 해석한다. 이 견해는 몽촌토성을 제외하고 한강 이남의 경기도 지역에서 고구려 유물이나 유적이 발견되지 않는다는 고고학적 조사결과와도 일치한다는 측면에서 긍정적이다.[18]

2. 백제와 신라의 항전

백제의 건국시기에 대해서도 확연히 다른 입장이 대립적으로 존재한다. 4세기경에 백제가 건국되었다고 보는 입장이 있는가 하면, 삼국사기 기록대로 기원전후기에 건국되었다고 보는 견해가 있다. 그러나 한나라와 직접 교류하려는 것을 위만조선이 방해했다는 진번 옆에 있던 '辰國' 혹은 '衆國'의 존재를 염두에 두면 기원전후기에는 이미 한강유역에 일정한 정치세력이 있었다. 『삼국지』 동이전이 54국으로 기재된 이들 소국은 백제를 중심으로 마침내 통합되었고 그 통합과정에는 전쟁이 수반되었을 것이다. 백제가 마한 54국을 모두 정복한 시기에 대해서는 근초고왕대로 보는 입장과 그보다 좀 더 내려다 보는 입장이 있다. 이에 대해서도 전남지역에서 발견되는 백제계와는 다른 묘제 및 고고유물과 관련하여 좀 더 세밀한 검토가 필요하다.

낙랑 대방군의 소멸로 고구려와 백제의 전쟁은 피할 수 없는 것이었지만 이들 두 국가는 전쟁에서 승리하기 위해 주변 국가를 자기들 편으로 끌어넣었다. 백제의 북진을 약화시키기 위해 고구려는 신라와 협조하였고, 신라가 고구려 편에 서서 공격해오지 못하도록 하기 위해 백제는 왜와 가야를 끌어들여 신라를 공격하도록 했다. 고구려와 손을 잡고 백제를 공격하던 신라는 고구려가 남진정책을 본격화하자 이번에는 백제와 나제동맹을 결성하여 고구려에 대항하였다. 백제 한성을 점령한 이후에 얼마 되지 않아 고구려의 남진이 주춤하게 된 것도 바로 이 때문이다.

백제와 신라는 고구려의 남진을 저지해야 한다는 데에는 같은 입장을 가지고 있었지만 가야를 서로 차지하기 위해 신경전을 벌였다. 『일본서기』에 보이는 백제성왕 주제 사비회의는 가야 여러 나라로 하여금 신라에 점령된 가야

소국들을 탈환하라고 선동하고 임나일본부로 하여금 이 일에 협조하도록 하라는 것이었다. 그러나 가야 소국들의 입장에서는 백제나 신라가 모두 침략자일 뿐이기 때문에 사비회의는 별 효과를 거두지 못하였고, 백제와 신라는 함께 한강유역을 수복하게 된다. 하지만 곧 신라가 한강하류 지역을 점령함으로서 나제동맹은 결렬되고 만다. 가야 문제를 둘러싼 양국 간의 갈등이 신라의 한강하류 점령으로 확대 재생산되었다고 할 것으로, 고구려를 한강유역에서 축출하기 위한 나제동맹은 오히려 일시적 동맹에 지나지 않았다.[30]

고구려가 한강유역을 상실한 원인에 대해서는 고구려 북방에서 돌궐이 침입하였기 때문이라는 견해가 유력하다.[3] 신라의 북진 범위에 대해서도 학계에 이견이 있지만 진흥왕 순수비가 세워져 있는 함경도 황초령과 마운령까지로 봄이 옳다. 그러나 신라 진평왕대에 고구려군이 북한산 부근에서 전투를 벌이고 있음을 보면, 함경도 일대까지 영토를 상실하였던 고구려가 짧은 시간에 영토를 수복하였음을 알 수 있다. 다만 한강유역은 신라가 계속 장악하고 있었다. 고구려가 영양왕 초기에 충북 단양 온달산성까지 점령하였다는 견해가 있기도 하지만[11] 삼국사기 기록을 통해서 보는 양국 간의 전황은 이와는 상당한 거리가 있다. 진평왕 25년에 고구려가 신라의 북한산성을 공격해왔다는 기사가 있어 고구려의 충북 단양 지역 점령시기와 상실 시기에 대해 의문이 있기 때문이다. 영양왕 9년(598)에 고구려가 수나라를 공격한 사실 등을 감안하면 고구려가 충북 단양 온달산성까지 점령할 만한 여력이 있었는지는 더욱 의문이다. 특히나 선덕왕 11년(642)에 김춘추가 고구려에 도움을 청하러 갔을 때 고구려왕이 마목현과 죽령이북의 땅을 돌려주지 않으면 돌아갈 수가 없다고 한 말을 상기해보더라도 진흥왕 때 한강유역을 점령한 이후에 다시 신라가 이 지역을 상실했다고 보기는 어렵다.

3. 고구려의 대수당전쟁

589년에 수나라가 중국을 통일하자, 고구려는 앞으로 일어나게 될 사태에 대해 적극적으로 대비하였다.[27] 남쪽에서는 백제가 무모할 만큼 자주 신라를 공격하였고, 신라는 고구려에 도움을 청하게 되지만 고구려는 오히려 죽령이 북의 땅을 요구하였고, 신라는 바다를 건너가 당과 손을 잡았다. 고구려의 선제공격으로 시작된 麗·隋 전쟁에서 수나라는 여러 번의 침입에도 불구하고 패배해 돌아갔다. 고구려의 무기와 무장은 4~5세기와 마찬가지로 7세기에도 백제나 신라에 비해 여전히 우위를 점하고 있었지만, 隋唐에 비해서는 무기와 무장이 劣勢였다. 고구려는 산성을 쌓아 무기·무장의 열세를 극복하였다. 隋唐의 공성용 무기들이 평지성 공격에 적합한 것들이어서, 고구려의 산성을 공격하는 데는 효과적이지 못하였고, 이로 인해 隋唐은 여러 차례의 공격에도 불구하고 번번이 패배하여 돌아갈 수밖에 없었다.

고구려는 176개 이상의 성을 쌓았다. 요동지역에는 대규모 산성을 쌓아 그 안에 軍民을 주둔시켜 隋唐의 침입에 대비하였다. 반면에 백제 신라 방면에는 소규모 보루를 쌓았고, 동북지역의 말갈 방면에도 그다지 성을 쌓지 않았다. 성이 방어시설이라는 점을 상기하면 고구려는 隋唐을 침략세력으로 설정하고 저들을 방어하기 위해 요동지역에 千里長城으로 대변되는 수많은 성곽을 구축하였던 것이나. 반면에 백제·신라·말갈·부여 방면에 소규모 보루를 쌓거나 성을 별반 쌓지 않은 것은 고구려가 이들 세력을 방어대상이라기보다는 공격대상으로 설정하고 있었다는 의미가 된다. 7세기 동북아전쟁에서 백제는 동맹세력이고 말갈은 고구려에 복속되어 있어서 이들을 방어하기 위해서 성을 쌓을 필요가 없었기 때문이기도 하다.

고구려는 6세기 초중반이후에 점차 말갈을 정복하여 그 지배하에 넣었다. 이로 말미암아 고구려의 동북 경계는 아무르강 이남 우수리강 이서에 이르렀다. 말갈에 대한 고구려의 지배는 말갈인들을 동원하여 隋·唐과의 전쟁에 투입하고, 牛馬를 공납으로 거두어 전투에 활용하는 형태로 이루어졌다.

고구려가 망하게 된 것은 나당연합군의 전술전략을 제대로 파악하지 못했을 뿐 아니라 연개소문 사후에 내분이 일어났기 때문이었다. 당군은 백제공격을 앞두고 요동지역을 공격하였는데, 이는 고구려군을 서북국경 방어에 주력하게 함으로써 백제와 연합하여 전쟁을 수행하지 못하게 하는 전략에서 나온 것이었다.

고구려와 수당의 전쟁에 대해 한국학계에서는 국가 간의 전쟁, 즉 국제전쟁으로 파악한다. 그러나 중국학계에서는 고구려를 중국의 소수민족지방정권으로, 양국 간의 전쟁을 內戰으로 규정한다. 수양제와 裵矩의 대화중에 '고구려는 본래 기자가 봉해진 곳이고 漢쯤이 모두 군현로 삼았다'는 기록이나 당 고조 때에 溫彦博과 裵矩가 '요동의 땅은 周가 기자의 나라를 삼았고, 한나라의 현도군이었다'고 한 기록을 근거로 수당시기에 중국인들이 고구려를 중국의 전통강역으로 보고, 고구려 통일을 중국통일대업을 실현하는 것으로 보았다고 주장한다.[16, 23, 33] 相里玄奬과 연개소문의 대화중에 '요동은 옛 중국 군현이지만 천자가 취하지 않는데 고려가 어찌 詔를 어기는가 하고 물었는데, 연개소문이 현장의 질문에 반박을 하지 않은 것은 현장의 말을 연개소문이 인정한 것이라고도 한다.[4] 이에 수당이 요동을 수복한 것은 중국 국내 민족 간에 민족주권을 회복하는 전쟁이라는 것이다.[13, 14] 그러나 『신당서』와 『삼국사기』에 수당의 황제나 관리가 고구려를 '故中國地'나 '本中國地'라고 한 말은 오히려 요동이 당시에는 중국의 영역이 아니었음을 의미하는 말로 해석된다. 따라서 고구려와 수당의 전쟁은 중국 내전이 아니라 국제전이었다.[6, 22]

4. 삼국통일전쟁과 나당전쟁

중국학자들이 고구려와 수당의 전쟁을 통일전쟁이라고 하는 것과는 별도로 한국학계에는 고구려와 백제의 멸망을 신라의 삼국통일로 볼 것인가, 그렇지 않으면 북쪽에 발해가 존재함을 고려하여 남북국시대로 볼 것인가 하는 입장이 존재한다.[2] 이러한 후대인의 인식과는 상관없이, 전국을 9주로 구획하고, 3개주씩 나누어 본고구려군현, 본백제군현, 본신라군현으로 편제한 사실을 통해서 보면 당시 신라인들은 통일의식을 가지고 있었고, 자기들이 삼국을 통일한 것으로 인정받고 싶어 했음을 알 수 있다.

삼국통일을 신라가 아닌 고구려가 했으면 더 좋았으리라는 견해가 있지만[15] 역사의 전개는 인간들의 소망대로만 이루어지는 것은 아니다. 더욱이 고구려가 신라와 백제를 멸망시키기 위해서는 전군을 한반도 남쪽 전선에 투입해야 한다. 이는 수와 당에게 고구려를 쉽게 멸망시킬 기회를 제공하고 한반도 전체가 중국영토로 되었을 가능성을 높여준다. 그나마도 고구려가 수당과 대결해주었기 때문에 신라가 한반도 중부이남을 통일하고 우리민족이 중국에 동화되는 것을 막을 수 있었던 것이다.

백제의 멸망 원인에 대해서도 삼국사기 백제본기와 같은 도덕적 잣대를 갖다 댈 것은 아니다. 고구려와 전쟁을 수행해야 하는 수당의 입장에서는 고구려와 국경을 맞대고 대결을 벌이고 있는 신라를 동맹 상대로 택할 수밖에 없고, 신라와 적대관계에 있었던 백제는 나당연합군의 공격을 받게 되어 있었던 것이다. 고구려군이 요동전선에 발이 묶여 있는 상황에서 백제는 동서 양쪽에서 공격해오는 나당연합군을 홀로 막아내기에는 역부족이었다.[31]

신라가 삼국을 통일할 수 있었던 배경에는 당시의 국제적인 역학관계도 크게 작용하였지만 신라의 군사조직 편제의 우수성도 커다란 기여를 하였다. 고구려와 백제의 군사조직에 관한 사료가 거의 없기 때문에 단정적으로 말하기는 어렵지만 남아서 전하는 사료로 판단하건데, 신라의 군사조직 편제는 매우 탁월하였다.[26, 28] 왕경과 소경, 주군현과 鎭에 농민 군사들로 법당을 편성하고, 왕경과 주 소재지에 보병군단인 6정을, 주요 전략지점에 기병군단인 10정을 배치하는 군사조직의 편제는 매우 체계적이었다.[5, 30, 34] 신라 또한 수많은 산성을 쌓아 적의 침략을 방어하였다.

나당전쟁의 개전과 신라군이 승리하게 된 배경에 대해서는 이를 토번의 등장에 따라 당의 군사력이 서쪽으로 옮겨갔기 때문에 가능하였다는 견해가 있다.[8, 10] 넓은 시야에서 역사현상을 보면 색다른 해석이 가능함을 보여주는 연구라 하겠다.

참고문헌

1. 공석구, 1998, 『高句麗 領域擴張史 研究』, 서경문화사.

2. 김영하, 2002, 『韓國古代社會의 軍事와 政治』, 고려대학교 민족문화연구원.

3. 노태돈, 1999, 『고구려사연구』, 사계절.

4. 厲聲 李方, 2004, 「隋唐征伐高句麗芻議」『東北史地』2. 동북사지잡지사.

5. 末松保和, 1954, 『新羅史の諸問題』, 東洋文庫, 東京.

6. 朴京哲, 2004, 「中國學界의 高句麗 對隋 唐 70年 戰爭 認識의 批判的 檢討」『한국고대사연구』 33.

7. 서영교, 2002, 「九誓幢 완성 배경에 대한 新考察」『한국고대사연구』18.

8. 徐榮敎, 2002, 「羅唐戰爭의 開始와 그 背景」『歷史學報』173.

9. ______, 2004, 「고구려 기병과 鐙子」『歷史學報』181.

10. ______, 2002, 「羅唐戰爭과 吐藩」『東洋史學研究』79.

11. 徐榮一, 2001, 「6~7世紀 高句麗의 南京 考察」『高句麗研究』11.

12. 徐仁漢, 1999, 『羅唐戰爭史』, 國防軍史研究所.

13. 孫進己, 1994, 「高句麗的歸屬」; 楊昭全主編, 1998, 『中朝邊界研究文集』, 吉林省社會科學院.

14. ______, 1994, 「關于高句麗歸屬問題的幾個爭議焦点」『東北民族史研究』, 中州古蹟出版社.

15. 孫晋泰, 1948, 「朝鮮民族史槪論」, 乙酉文化社.

16. 孫 泓, 2004, 「中國學者高句麗歸屬研究綜述」『高句麗研究』18, 학연문화사.

17. 申瀅植, 1990, 『統一新羅史研究』, 三知院.

18. 沈光注, 2001, 「南漢地域의 高句麗遺跡」『高句麗研究』12.

19. 余昊奎, 「國內城期 高句麗의 軍事防禦體系」『韓國軍事史研究』1.

20. ______, 「高句麗中期의 武器體系와 兵種構成」『韓國軍事史研究』.

21. ______, 「高句麗後期의 軍事防禦體系와 軍事戰略」『韓國軍事史研究』3.

22. 역사학회, 2006, 『전쟁과 동북아의 국제질서』, 일조각.

23. 李大龍, 2003,『古代中國高句麗歷史續論』, 中國社會科學院出版社.

24. 이도학, 2006,『고구려 광개토왕릉비문 연구』, 서경.

25. 이병도, 1976,『한국고대사연구』, 박영사.

26. 이문기, 1997,『新羅兵制史硏究』, 일조각.

27. 이성제, 2005,『고구려의 서방정책 연구』, 국학자료원.

28. 李仁哲, 1993,『新羅政治制度史硏究』, 一志社.

29. 이인철, 2000,『고구려의 대외정복 연구』, 백산자료원.

30. _____, 2003,『신라 정치경제사 연구』, 일지사.

31. 李昊榮, 1998,「삼국통일」『한국사』9, 국사편찬위원회.

32. 임기환, 2004,『고구려 정치사 연구』, 한나래.

33. 張博泉, 1985,『東北地方史稿』, 吉林大學出版社.

34. 井上秀雄, 1974,『新羅史基礎硏究』, 東出版, 東京.

35. 酒井改藏, 1955,「好太王碑面の 地名について」『朝鮮學報』8.

도성과 도시

여호규 _ 한국외국어대학교 사학과

고대의 도성과 도시는 정치, 경제, 사회, 문화의 중심지로서 그 규모나 경관이 자급자족적인 촌락과 뚜렷이 구별된다. 그러므로 공간이라는 관점에서 역사를 접근한다면 자연스럽게 촌락과 구별되는 정주형태로 도성이나 도시를 주목하고, 이를 통해 인간의 다채로운 삶과 다양한 관계망을 발견할 수 있을 것이다. 그런데 종래 연구는 주로 인간들이 빚고 만들어낸 삶과 제도의 시간적 변화를 추적하는 형태로 진행되었다. 그 결과 역사전개의 무대였던 공간은 크게 주목받지 못했고, 도성과 도시에 대한 연구도 부진할 수밖에 없었다.

더욱이 마르크스는 동양 고대 도성을 '자립적인 경제적 토대를 지니지 못한 군주의 숙영지에 불과하다'고 파악했다. 농업과 상공업의 분화가 성숙하지 않아 진정한 의미의 도시가 발달하지 못했다는 것이다. 이로 인해 많은 연구자들이 동양의 고대 도성을 도시로 파악하기를 주저했다. 특히 한국 고대의 경우, 도성의 도시적 면모에 관한 문헌자료가 절대적으로 부족한 형편이다. 연구의 진전 자체를 근본적으로 제약하고 있는 것이다.

그런데 고대 오리엔트 지역의 경우, 국가기구나 종교시설의 운영과 관련된 비농업부문 종사자의 集住를 바탕으로 고대 도시가 출현했다는 사실이 밝혀졌다.[D3, 7] 이렇게 본다면 궁궐, 관아, 각종 종교시설 등을 중핵으로 하는 동아시아 고대 도성도 충분히 도시로 파악할 수 있을 것이다. 또한 1980년대 이후 고고학발굴의 진전으로 지하에 켜켜이 쌓여 있던 도성 유적이 조금씩 드러나고 있다. 더욱이 중국이나 일본에서는 문헌자료와 고고학자료를 결합시킨 도성사 나아가 도시사 연구가 활발하게 진행되고 있다.

따라서 관련 자료를 다각도로 검토하고 주변국의 연구성과를 폭넓게 섭렵한다면 고대 도성사와 도시사를 새롭게 규명할 수 있을 것이다. 이에 본고에서는 기존 연구성과를 정리하고 향후 과제를 점검함으로써 고대 도성사와 도시사 연구를 활성화시키는 계기를 마련하고자 한다.[D8]

1. 삼국 초기 도성의 위치

도성이나 도시 연구의 출발점은 위치와 장소라 할 수 있다. 위치도 정확히 모르면서 그것의 공간적 측면이나 도시적 면모를 파악할 수 없기 때문이다. 그런데 고조선의 도성인 왕검성은 그 위치를 전혀 알 수 없다. 부여도 길림시 동쪽의 동단산 부근에 도성이 위치했다고 추정되지만,[D17] 더 구체적인 양상을 파악할 수 없다. 위치 문제는 삼국 초기 도성에서도 그대로 나타난다. 특히 고구려나 백제는 여러 차례 천도하여 초기 도성은 위치조차 불명확하고, 이로 인해 초창기 연구는 자연히 이들의 위치 비정을 중심으로 진행되었다.

가령 고구려 첫 번째 도성인 卒本은 渾江 유역의 환인분지에 해당하지만, 구체적인 위치에 대해서는 오녀산성,[A16] 하고성,[A13] 나합성[A6] 등 의견이 분분하다. 다만 최근 오녀산성에서 고구려 건국기의 유적이 상당수 발굴되었고,[A15] 「광개토왕릉비」에서는 '홀본[졸본] 서쪽 산 위에 성곽을 쌓고 도읍을 세웠다'고 했다. 양자를 연관시키면 산상의 성곽은 오녀산성, 졸본은 그 동쪽인 환인댐 수몰지구에 위치했다고 추정된다[A14]. 오녀산성이 군사방어성이라면 졸본은 평상시 거점으로서 일찍부터 평지거점과 산성을 세트로 도성을 구축했음을 보여준다.

고구려는 졸본에서 國內로 천도한 다음 尉那巖城을 군사방어성으로 삼았다가 산상왕대에 丸都城을 축조했다. 이들의 위치에 대해서도 다양한 견해가 제기되었는데, 초창기에는 국내성과 환도성이 전혀 다른 곳에 위치했다는 異處說[A1], 같은 성곽에 대한 다른 명칭에 불과하다는 同一說[A10] 등이 제기되었다. 그렇지만 고고학조사가 진전되면서 국내성은 압록강변의 국내성지, 환도성은 산성자산성으로 확인되었다.[A16, 17, 24] 국내성 천도 이후에도 평지성과

산성을 세트로 도성을 구축한 사실이 확인된 것이다.

이처럼 고구려 초기 도성의 위치 문제가 고고학 조사의 진전으로 점차 해결되고 있다. 이러한 양상은 백제 초기 도성에서도 그대로 나타난다. 『삼국사기』 백제본기에는 온조왕이 즉위시에 河南慰禮城에 도읍했다는 기사와 14년에 漢水 남쪽으로 천도했다는 상반된 기록이 나온다.

이에 많은 연구자들이 하북위례성에서 하남위례성으로 천도한 것으로 파악하고, 하북위례성을 북한산[B31]이나 중랑천[B32] 일대로 비정했다. 그렇지만 온조왕이 처음 하남위례성에 도읍했다는 기사를 근거로 하북위례성을 부정하기도 한다.[B1]

백제는 371년에 다시 漢山으로 移都했는데, 이때부터 漢城이라는 명칭이 자주 등장한다. 이에 위례성과 한성의 관계에 대해 이처설과 동일설 등이 제기되었고, 그 후보지로 하남 춘궁리, 남한산성, 이성산성, 몽촌토성, 풍납토성 등이 거론되었다.[B2] 그런데 고고학조사 결과 하남 춘궁리, 남한산성, 이성산성 등이 백제 도성일 가능성은 희박한 반면, 몽촌토성과 풍납토성에서는 관련 유적이 대량으로 발굴되었다.[B6]

이에 최근에는 475년 한성 함락 당시 北城과 南城이 존재한 사실에 주목하여 풍납토성은 북성, 몽촌토성은 남성에 각기 비정한다.[B2] 그리고 이들이 합쳐져 위례성이나 한성으로 불린 초기 도성을 구성했다고 이해한다.[B25] 다만 한강변의 풍납토성이 평상시 거성이라면 구릉상의 몽촌토성이 군사방어성의 성격이 강하다는 데는 대체로 동의하지만,[B17] 왕성에 대해서는 몽촌토성설[B6]과 풍납토성설[B17, 20]로 대립되고 있다. 또한 본래 풍납토성을 왕성으로 삼았다가 4세기 후반에 몽촌토성으로 천도했다고 보기도 한다.[B30]

천도를 하지 않았던 신라도 초기 왕성의 위치에 대해서는 의견이 분분하다. 가령 『삼국사기』 신라본기와 지리지에 따르면 혁거세왕 21년에 京城(宮城)인 金城을 축조했고, 파사왕 22년에는 그 동남쪽에 月城을 축조해 거처를 옮겼다고 한다. 월성[신월성]이 현재의 월성임은 분명하지만, 금성과 관련된 유적은 명확히 확인되지 않고 있다.

금성의 위치는 상기 기사를 근거로 월성 서북방으로 비정하거나[C7, 10, 38] 박씨세력의 근거지로 전하는 남산 서쪽 일대로 파악한다.[C37] 또한 월성과 동일시하거나[C28] 왕도의 대명사로 보아[C11, 43] 존재 자체를 부정하기도 한다. 그렇지만 사료에 자주 등장하는 만큼 존재 자체를 부정하기는 힘들다. 특히 알천의 범람으로 금성의 북문이 붕괴된 기사를 고려하면[C1] 북천 남쪽인 대릉원 주변으로 추정되는데, 구체적인 위치는 고고학조사를 기대할 수밖에 없다.

2. 왕성에서 대도성으로의 전환

삼국 초기 도성으로 비정되는 국내성지나 풍납토성은 둘레 2.7~3.5km로서, 둘레 20km 전후인 후기 평양성이나 사비도성에 비하면 소규모이다. 특히 후자는 대규모 시가지를 포괄한 羅城이 있는 반면, 전자는 왕궁 등을 제외하면 일반 거주구역은 그다지 넓지 않다. 초기 도성이 왕궁을 중심으로 형성된 '王城'이라면, 후기 도성은 대규모 시가지를 포괄한 '大都城'이라 할 수 있다.[B17, 23, D13] 이렇게 본다면 도성의 전개와 관련하여 삼국 초기 왕성의 형성 및 왕성에서 대도성으로의 전환이 핵심적인 연구주제라 할 수 있다.

삼국 초기 왕성의 형성과 관련해서는 삼한의 國邑이 주목된다. 삼한 국읍에는 일반 읍락과 달리 지배층의 거주처, 제의공간, 창고시설, 광장(회의장), 특수 생산시설 등이 있었다고 추정된다.[D2] 최근 일본학계에서는 야요이시대의 대형 환호취락을 도시의 초기 단계로 설정하는 만큼,[D1, 6] 삼한 국읍도 고대 도시 또는 그 맹아적 존재일 가능성이 높다. 다만 국읍 主帥의 거처가 일반 거주지와 완전히 분리되지 않았을 가능성이 높고, 관련 고고학 성과도 충분히 축적되지 않은 만큼 향후 더욱 면밀하게 검토할 필요가 있다.

백제 도성은 천도할 때마다 성곽 규모가 달라졌기 때문에 왕성에서 대도성으로의 전환을 잘 보여줄 것으로 기대된다. 최근 풍납토성은 각종 유적의 발굴과 더불어 초기 왕성의 가장 유력한 후보로 부상했다.[B34] 특히 토성 이전의 환호가 확인됨에 따라 삼한의 취락[국읍]에서 왕성으로의 전환을 파악할 단서도 확보했다. 토성의 축조 시점에 대해서는 기원 전후설[B17]과 3세기 중반설[B6]

로 나뉘는데, 백제국이 3세기 중후반부터 본격적으로 주변 소국을 아우른 사실을 고려할 필요가 있다. 다만 풍납토성이나 몽촌토성은 둘레 2.7~3.5km로서 왕궁을 중심으로 형성된 왕성으로서 아직 대규모 시가지는 발달하지 않은 상태이다.

이러한 점에서 475년에 천도한 웅진시기 왕궁의 위치 논쟁이 주목된다. 웅진성은 공산성 바깥에 시가지가 형성되었지만[B3] 나성이 없다는 점에서[B22] 한성시기와 사비시기 도성의 과도기에 해당한다. 따라서 왕궁이 공산성에 위치했다고 본다면[B11, 19] 한성시기의 왕성에 가까운 반면, 공산성 바깥에 위치했다고 본다면[B3, 15] 사비시기의 대도성에 가깝다고 볼 수 있다. 웅진성은 초기 왕성에서 도성으로의 전환과 관련하여 중요한 단서를 갖고 있는 것이다.

사비도성은 대규모 시가지를 포괄한 대도성이라 할 수 있다. 흔히 동성왕이나 무령왕대부터 천도를 준비했다고 보며,[B18] 실제 부소산성[B14]과 동나성[B4]은 천도 이전에 완공되었을 가능성이 높다. 이에 538년 천도시에 도성 조영을 마무리했다고 보기도 한다.[B7] 그렇지만 천도 당시에 대규모 시가지에 상응하는 도성민이 존재했는지는 의문이다. 이에 천도 이후 인구증가와 더불어 단계적으로 조영했다고 보기도 한다.[B26] 웅진성의 성격과 사비성의 완성 시점은 왕성에서 대도성으로의 전환과 관련하여 중요한 문제인 만큼 더욱 다각도로 검토할 필요가 있다.

고구려 두 번째 도성으로 비정되는 국내성지는 둘레 2.7km로서 풍납토성처럼 왕궁을 중심으로 형성된 왕성으로 추정된다. 국내성지의 축조 시기에 대해서는 기원 이전설[A16, 23]과 4세기 초반설[A11]로 대립되고 있다. 다만 4세기 전반의 대형 건물지가 국내성 외곽에서도 확인되는 만큼 4세기 이전에 이미 국내성지 규모의 왕성이 확립되었고, 4세기 전반에는 그 외곽으로 시가지가 확장되었을 가능성이 높다.[A18]

고구려는 427년 평양 서북방으로 천도했다가[전기 평양성] 6세기 후반에 평양시가지로 다시 도읍을 옮겼다[후기 평양성].[A9] 국내성이 왕성이라면, 후기 평양성은 둘레 23km로 대규모 시가지를 갖춘 대도성이다. 전기 평양성은 웅진성처럼 초기 왕성이 대도성으로 전환하던 과도기에 해당하는 것이다. 전기 평양성의 방어성이 대성산성이라는 데는 이견이 없지만, 평지성은 청암리토성설[A2, 21,22, 26]과 안학궁설[A4]로 대립되며 최근 절충설도 제기되었다.[A8, 19]

청암리토성은 둘레 5km의 구릉성으로 규모나 입지상 초기 왕성에 가깝다. 이에 비해 안학궁지는 둘레 2.5km로서 전형적인 宮城이다.[A12, 20] 안학궁설은 별도의 관아구역과 대규모 시가지 등을 전제하고 있는 셈이다.[A28, 29] 따라서 청암리토성설을 취하면 전기 평양성은 초기 왕성, 안학궁설을 취하면 대도성에 가까운 것으로 설정된다. 어느 견해를 취하느냐에 따라 전기 평양성의 성격 및 대도성으로의 전환 시점이 달라지는 것이다.

신라 초기의 금성도 왕궁을 중심으로 형성된 왕성으로[C4] 대형 적석목곽분이 조영되던 4세기경에 축조된 것으로 보인다.[C1] 이러한 왕성은 늦어도 7세기 후반에는 대규모 시가지를 갖춘 대도성으로 전환되었다. 이와 관련하여 월성의 축조, 방리제의 시행, 가로구획의 조영시기 등에 대한 논의가 주목된다. 먼저 월성은 5세기 후반부터 본격적으로 사용한 것으로 확인되었는데,[C34] 궁성의 성격이 강한 만큼 이때부터 왕궁과 일반 거주공간이 분리되었다고 생각된다.

5세기 후반에는 '坊里名'도 정했다고 한다. 종래 이때부터 계획도시를 건설했다고 보았는데,[C2, 7, 15, 26] 최근에는 里制가 먼저 시행되었고[C22] 중고기에는 坊制가 없었다[C39]고 이해한다. 이에 7세기 후반에 비로소 계획도시를 건설했다고 보기도 한다.[C12, 19, 35, 40, 42] 그렇지만 도성 중심부인 인왕동에서는 6세기 후반의 도로유적이 확인되었고,[C36] 이 무렵 시가지 가장자리를 따라 사찰을 계획적으로 배치한 사실도 확인되었다.[C7, 20, 24] 따라서 6세기 중반을 전후하여 중심 지역부터 계획적인 시가지를 조성했을 가능성이 높다.[C21]

신라는 삼국통일 이후 도성을 대대적으로 재정비하면서 시가지를 확장하고 계획도시의 면모도 완비했다. 아울러 월성의 방어용 해자를 폐쇄한 다음 대형 건물을 조영한 것에서 보듯이[C34] 주요 건물의 배치와 공간구성에도 중대한 변화가 일어났다.[C25] 중대 이후에도 시가지가 계속 확장되고, 특히 하대에는 택지를 조밀하게 분할하거나[C27] 시가지 외곽에 저택을 조영하기도 했다.[C40] 이로써 계획도시의 면모가 다시 변화했을 텐데, 아직 이를 집중적으로 다룬 연구는 없다.

3. 가로구획의 조영원리

삼국 후기 도성의 가장 중요한 특징은 시가지를 격자형 가로망으로 구획한 점이다. 격자형 가로망은 고대 동아시아 도성의 공통적인 요소로서 중세 이후에는 사라진다는 점도 주목된다. 특히 격자형 가로망으로 조영된 가로구획은 도성의 공간분할이나 건축물배치의 단위로 활용되었고 이를 토대로 신분[관등]에 따라 택지를 차등 지급하기도 했다. 질서정연한 가로구획은 고대 도성의 공간구조 및 그 속에 나타난 도시적 면모나 사회구조를 이해하기 위한 출발점인 것이다.*

가로구획에 대한 연구는 20세기 초 지형도나 지적도의 제작과 더불어 시작되었다. 먼저 신라 도성이었던 경주지역의 1/1만 지형도[C14]나 1/1200 지적도[C13]를 분석하여 정방형 가로구획을 검출하고, 남천이나 북천 너머까지 가로구획을 조영한 사실을 확인했다.[C15] 다만 일본 헤이죠교[平城京]처럼 도성 평면을 방형으로 설정함으로써 명확히 확인되는 곳을 제외하거나 산지를 포함시키는 문제를 낳았다. 도성의 전체 평면을 방형으로 설정해 가로구획의 범위를 축소하거나[C29] 확대하는[C16] 문제는 최근까지도 되풀이되고 있다.[C12]

---

*都城의 가로구획은 條里制, 條坊制, 坊制, 坊里制 등 다양한 명칭으로 불려왔다. 그런데 條里制나 條坊制라는 명칭은 동서도로를 '條' 남북도로를 '里'로 명명하고 몇 條, 몇 里라는 숫자를 사용하여 가로구획을 명명한 일본 고대 도성제의 영향을 받은 것이다. 또한 坊制라는 명칭은 '坊'과 '里'를 동일한 것으로 이해하고 제기된 개념이다. 그렇지만 중국 도성에서는 '坊'과 '里'가 동일하지만 신라 도성에서는 '坊'을 기초로 '里'를 설정했다. 따라서 신라 도성에 국한한다면 '里坊制' 또는 '里坊區劃'이 당시 가로구획의 특성을 가장 잘 표현한 명칭이라고 생각된다. 그렇지만 고구려 도성에 방제나 리제를 시행했다는 기록이 없고, 백제는 사비시기에 5부 아래에 남조 계통의 巷制를 시행했다고 전한다. 따라서 현재로서는 삼국 도성의 가로구획을 특정한 명칭으로 지칭하기는 힘들다. 이에 이 글에서는 가로구획이라는 일반적인 명칭을 사용하기로 한다.[C24]

이처럼 도성 평면을 방형으로 설정한 것은 당 장안성을 모델로 삼아 도성을 일시에 조영했다고 파악했기 때문이다.[C29] 그렇지만 지적도를 활용한 연구에서 시가지가 단계적으로 확장되었고, 가로구획 범위가 동서로는 서천-명활산, 남북으로는 포석정—황성동으로서 전체 평면이 불규칙하다는 사실이 거듭 확인되었다.[C5, 27, 38] 아울러 각 가로구획도 정방형이 아니라 동서 160~165m, 남북 140~145m의 장방형임이 밝혀졌다.[C15, 28]

더욱이 고고학 조사의 진전과 더불어 도로의 조성시기나 가로구획의 크기가 지역에 따라 다르다는 사실도 확인되었다.[C19, 36] 이와 더불어 주작대로는 존재하지 않았으며, 도로는 대·중·소 3종류가 존재한 사실이 확인되었다.[C17] 또한 거의 모든 논자가 일본의 후지하라쿄[藤原京]처럼 도로 중심선을 기준으로 가로구획을 분할했다고 파악했는데,[C5, 13] 최근 발굴사례를 종합하여 택지와 도로 구역을 별도로 설정했을 가능성을 제기하기도 했다.[C44]

이로써 신라 도성의 가로구획은 6세기 후반 이래 단계적으로 확장되었고, 전체 평면은 불규칙한 것으로 확인되었다. 신라가 수·당대 이전에 이미 질서정연한 가로구획을 조영했다는 것이다. 이에 신라 도성의 조영원리를 고구려 도성과 관련시키거나[C16] 북위 낙양성과 비교하는[C23] 견해가 제기되고 있다. 그리고 일본 고대 도성에 미친 영향도 검토되고 있다.[30]

신라 중대의 소경이나 주치에서도 격자형 가로구획이 확인되고 있다. 남원[南原京], 상주, 전주 등에서는 한 변 160m인 정방형 가로구획,[D9, 18] 청주[西原京]에서는 한 변 132~174m인 가로구획[D15, 24]이 확인되었다. 장방형과 정방형의 차이는 있지만 도성의 가로구획과 크기가 비슷하다는 점에서 동일한 원리로 조영했다고 추정된다. 이는 당시 지방도시의 성격과 관련하여 주목되는 점인데,[D16] 아직 구체적인 연구는 진행되지 않고 있다.

고구려의 경우 전기 평양성에서 한 변 140m인 정방형 가로구획을 조영했다고 보기도 하지만,[A28, 29] 논거가 명확하지는 않다. 후기 평양성에서는 가로구획이 명확히 확인되는데, 처음에는 장방형[A27]이나 정방형[A7]의 단일한 형태로 이해했다. 그렇지만 정양문을 기준으로 그 동쪽은 동서 120m 남북 84m인 장방형, 서쪽은 한 변 84m인 정방형으로 조영한 사실이 밝혀졌다.[A30] 아울러 당 장안성과 같은 주작대로는 없고, 3종류의 도로가 확인되었다.[A27] 당 장안성과의 차이를 고유한 특징으로 보기도 하지만,[A3] 북위 낙양성과 관련시켜 파악하기도 한다.[A5]

백제의 경우 웅진시기까지는 격자형 가로구획을 조영한 흔적이 확인되지 않는다. 사비도성도 초창기 연구에서는 격자형 가로망을 시행하지 않았다고 파악했다.[B12] 그런데 도로유구의 발견과 더불어 거의 모든 유적의 방향이 비슷하다는 사실이 확인되면서 계획도시 건설의 가능성이 제기되었다.[B23, 24] 이에 관북리 일대의 발굴성과를 토대로 동서 86m 남북 103m[B5] 또는 동서 85m 남북 99.6m[B27]의 장방형 가로구획을 검출하기도 했다.

더욱이 2000년대 이후 도성의 변두리나 산기슭에서 도로유구와 주거지가 잇따라 발견되었다.[B8, 16] 이에 GPS 측량 결과를 활용하여 도성 전체를 동서 95.5m, 남북 113~117m의 가로구획으로 조영했다고 파악했는데,[B8, 28] 아직 명확한 논거가 확보된 상태는 아니다. 이러한 점에서 지형도를 분석한 연구성과를 활용하고,[B9] 일제시기의 지적도를 검토힐 필요기 있다. 또한 남조 계통의 巷制를 시행한 점을 근거로 건강성의 영향을 상정하기도 하는데,[B33] 고구려척을 사용했을 가능성도 있는 만큼[B9, 24] 다각도로 검토할 필요가 있다.

4. 거주단위와 공간구성

이러한 가로구획은 도성의 택지나 주요 건축물, 나아가 행정구역을 설정하는 기준으로 활용되었다. 도성은 외형상으로만 계획도시로 탈바꿈한 것이 아니라, 도성민의 삶이나 도성 운영까지도 규격화되었던 것이다.

신라가 격자형 가로구획인 坊을 기초로 里와 部를 설정한 것은 이를 잘 보여준다. 방의 실체는 대체로 가로구획 1개로 파악되지만,[C39] 2개 이상이 1방을 이루었을 가능성이나 외곽에도 방이 존재했을 가능성[C32]을 고려할 필요가 있다. 주요 건축물이나 의례공간도 가로구획을 기준으로 배치했다. 가로구획 4개를 점유한 황룡사지[C7]나 가로구획 바로 외곽에 설정된 각종 祭場[C24]은 이를 잘 보여준다. 또한 고대 일본처럼[D11, 23] 택지도 가로구획을 분할해 신분[관등]에 따라 차등 지급했다고 보이는데, 황룡사지 동편의 왕경유적이 주목된다.

약 8,000평인 1개의 가로구획에서 18가옥, 110여채의 건물이 드러났는데,[C3] 대략 가로구획마다 200평 전후의 가옥 30여호가 존재했다고 파악한다.[C6] 이에 호당 15명에 360방[C36] 또는 호당 7~9명에 1,360방[C40]을 대입하여 도성의 인구를 162,000명이나 204,000~367,000명으로 추산한다. 178,936호라는 기록은 통설처럼[C31] 178,936명의 오기라는 것이다. 다만 지적도상 가로구획이 700~800여개나 검출되므로 360방을 곧바로 대입해도 될지 의문이며, 소형 주택이 많았을 가능성도 고려해야 한다. 평균적인 거주단위는 개별 가구나 도성의 인구, 신분제[관등제]의 공간적인 구현양상을 파악하는 출발점인 만큼 더욱 신중하게 산출할 필요가 있다.

백제 사비도성에서도 최근의 발굴성과를 토대로 동서 95.5m, 남북 113~117m인 대구획에 25.8m 28.2m 규모의 가옥 16호가 존재했고,[B28] 도성 내의 600여개 대구획에 총 9600가옥이 있었다[B8]고 추산한 견해가 제기되었다. 또한 고분군을 분석하여 신분별 인구수와 택지규모를 산출한 연구성과도 나왔다.[B10] 전체 관인1000~1500명 가운데 최고위는 20~30명, 중급은 100~150명이며, 25.8m 28.2m의 가옥은 중급 관인의 택지로 고위관인은 이보다 2-8배, 하위관료는 1/2~1/4의 택지를 보유했다고 추정했다. 시론적인 성격이 강하지만 신분제[관등제]의 공간적인 구현양상을 구체적으로 분석한 점이 주목된다.

그러면 계획도시의 건설과 더불어 도성 전체의 공간구성은 어떻게 변모했을까? 이에 대해 종래 초기 이래의 양상이 지속되었다는 견해[B13]와 당 장안성 등을 모방하여 전면 재편했다는 견해[C29]가 제기되었지만, 대체로 기존의 전통을 바탕으로 새로운 요소를 도입한 것으로 추정된다.

고구려가 평지성과 산성의 도성체계를 계승하여 후기 평양성을 平山城으로 건설한 것은 이를 잘 보여준다. 다만 주요 시설이 하나의 성곽에 병존하던 초기 왕성과 달리, 내성은 궁성, 중성은 관아와 대저택, 외성은 일반 거주구역과 수공업시설, 북성은 방어성[후원] 등으로 분화되었고,[A27] 전체 공간구조도 궁성을 중심으로 더욱 위계적으로 변모했다.[A25] 특히 궁성을 북쪽에 배치한 것을 보면 북위 낙양성을 참조했을 가능성도 있다.[A5]

백제도 강 남쪽에 구릉성산성을 끼고 도성을 조영하는 전통을 유지했다.[B13] 다만 사비도성은 대규모 시가지가 발달했을 뿐 아니라, 왕궁은 별도의 공간에 조영했다. 초기 왕성이 왕성[부소산성], 왕궁구[왕궁+관아], 곽성[시가지+나성] 등 3중의 공간구성으로 변모한 것이다.[B29] 특히 왕궁을 북쪽에 위치시키고 남북대로를 중심으로 주요 건축물을 배치했는데,[B24] 중국식 도성제를 도입한 결과로 보인다. 남조 계통의 항제를 시행한 것도 이와 연관될 가능성이 높다.[B3]

최근 지형도나 고고학 발굴성과를 토대로 왕궁뿐 아니라 관아구역,[B5] 왕궁의 內裏,[B26] 시장이나 수공업장,[B27] 관인층의 거주구역,[B10] 4교의 祭場[B21] 등을 비정한 연구성과가 잇따라 나오고 있다. 시론적 성격이 강하지만 주요 시설의 위치와 공간구성을 구체적으로 파악한 점이 주목된다. 향후 기존의 전통을 바탕으로 중국식 도성제를 도입하여 주요 건축물의 위치나 전체 공간구성을 재편하던 양상을 더욱 다각노로 검토힐 필요기 있다.

신라 도성의 경우 당 장안성을 모델로 공간구성을 재편했다고 보기도 했다.[C29] 그렇지만 전체 평면이 불규칙하며 정궁도 월성으로 확인되었다.[C17] 특히 월성의 남쪽은 하안단구이고 시가지도 북쪽으로 펼쳐져 있다. 坐北朝南의 중국식 도성제를 도입하기 힘든 입지조건인데, 실제 월성 북편에서 관아 건물이 대거 확인되었다.[C34] 이에 북쪽의 첨성대-안압지 일대까지 왕궁이 확장된 것으로 보거나,[C17] 敎宥禮를 분석하여 월성 북문[武平門]을 왕궁과 관아구역을 나누는 外朝의 정전으로 파악했다.[C25] 월성의 북문이 정문인 것이다.

신라는 중국식 도성제를 변용하여 월성의 지형적 한계를 극복하는 한편, 월성을 정점으로 하는 전통적인 공간구성의 권위를 최대한 활용한 것이다. 따라서 전통과 외래적인 요소를 종합적으로 고려할 필요가 있다. 이러한 점에서 왕궁의 건물배치를 고대 중국이나 일본 도성과 비교하여 검토한 연구가 주목되는데,[C25, 30, 35, 41] 향후 더욱 구체적으로 검토할 필요가 있다.

사찰은 도성의 경관을 일신하는데 결정적인 역할을 했다. 특히 신라는 사찰 건립과 더불어 시가지를 본격적으로 조영했는데,[C8, 20] 사찰 건립을 통해 전통적인 공간관념을 불식시켜 거주공간을 확장하는 한편,[C33] 시가지 가장자리에 사찰을 배치해 도성 중심부를 성역화했다.[C24] 또한 金入宅을 원찰을 갖춘 金堂入宅으로 해석하기도 하는데,[C36] 귀족의 대저택도 의례공간과의 결합을 통해 권위를 구현했다는 점에서 주목되는 견해이다.

따라서 도성의 공간구성을 정확히 파악하려면 사찰뿐 아니라 제장 등 각종 의례공간을 종합적으로 고찰할 필요가 있다. 특히 왕궁을 정점으로 하는 각종 의례공간의 유기적 연계망에 유의해야 한다.[C25] 이를 통해 각종 의례공간의 위상과 전체 공간구성의 위계구조를 파악하는 한편, 고대인의 공간의식이나 정치체제의 구체적인 면모까지 새롭게 파악할 수 있을 것이다.

5. 맺음말

이상과 같이 최근 고고학조사의 진전과 더불어 초기 왕성의 위치 비정을 둘러싸고 논쟁하던 단계를 벗어나 초기 왕성에서 대도성으로의 전환, 가로구획의 조영원리, 평균적인 거주단위와 도성 전체의 공간구성 등을 본격적으로 연구하고 있다. 이를 통해 개별 가구나 도성의 인구, 신분제의 공간적 구현양상이나 도성의 공간적 위계구조를 밝힐 단서를 확보하게 되었다.

도성사 연구가 본궤도에 진입한 것이다. 그렇지만 도시사라는 측면에서는 이제 시작이라 할 수 있다. 고대 도성은 대규모 인구가 밀집한 거대 도시였다. 일반 촌락과 달리 각종 생산과 소비 활동이 왕성하게 이루어졌고, 특히 도성민의 소비를 뒷받침하기 위한 유통과 수공업생산, 특수 서비스업이 발달했다. 따라서 향후에는 도성의 기본구조를 파악하는 한편, 미개척 분야인 유통망[C18]이나 수공업 생산체계,[C9] 각종 서비스업 등 도시적 면모를 다각도로 분석할 필요가 있다.

이와 더불어 불모지나 다름없는 지방도시도 본격적으로 연구해야 한다. 특히 당시 대표적인 지방도시는 지방행정 중심지가 아니라 신라 소경,[D21, 22] 고구려 別都[D20], 백제 副都[B4, 19] 등 지방에 건설한 또 다른 왕경(도성)으로 밝혀졌다.[D16] 이는 왕경인(도성민) 중심의 지배체제를 구현하기 위한 물류망이나 정치적 거점의 구축과 연관되는데, 고대 국가의 성격과 관련된 중요한 문제인 만큼 더욱 다각도로 검토할 필요가 있다. 아울러 지방행정 중심지나 군사적 중진 등이 지방도시로 발달하는 과정에 대해서도 본격적으로 고찰할 필요가 있다.

향후 이러한 연구과제를 해결하는 데는 고고학 자료가 결정적인 역할을 할 것으로 예상된다. 특히 목간에는 아주 구체적인 정보가 담겨 있다. 따라서 단편적인 문헌자료를 최신 고고학 성과와 연계시켜 다각도로 재해석할 필요가 있다. 아울러 영향을 주고 받은 고대 중국이나 일본 도성과의 비교 연구도 계속 진행할 필요가 있다. 종래의 포괄적인 연구성과를 바탕으로[C30, D12] 미세한 측면까지 비교한다면 구체적인 양상까지 새롭게 밝힐 수 있을 것이다.

이상에서 기존의 연구성과를 정리하고, 향후 과제를 간략히 전망해 보았다. 다만 백제사나 신라사, 특히 고고학에 대해서는 이해가 부족하여 잘못 파악한 부분이 적지 않을 것이다. 또한 발해의 도성[D5]이나 지방도시[D14]에 대해서는 언급조차 못했고, 지면의 제한으로 다루지 못한 중요한 논저도 너무 많다. 여러 가지 부족한 점에 대해서는 아낌없는 질정을 바란다.[D25]

A. 고구려 도성사

1. 關野貞, 1914, 「國內城及丸都城の位置」『史學雜誌』25-11.

2. ______, 1928, 「高句麗の平壤城及び長安城に就いて」『史學雜誌』39-1.

3. 김경삼, 2004, 「고구려도성의 특징과 력사적 지위」『고조선 고구려 발해 발표 논문집』, 고구려 연구재단 조선력사학학회 러시아극동국립기술대학.

4. 김일성종합대학 고고학민속학강좌, 1973, 『대성산의 고구려 유적』, 김일성종합대학 출판부.

5. 김희선, 2006, 「6~7세기 동아시아 도성제와 고구려 장안성」『한국고대사연구』43.

6. 盧泰敦, 1999, 「고구려의 기원과 국내성 천도」『한반도와 중국 동북 3성의 역사와 문화』, 서울 대 출판부.

7. 리화선, 1989, 「고구려 평양성 외성안의 리방의 형태와 규모, 그 전개에 대하여」『력사과학』 1989-1.

8. 閔德植, 1989, 「高句麗의 中期都城」 및 「高句麗의 後期都城」『韓國史論』19, 國史編纂委員會.

9. ______, 2003, 「高句麗 平壤城의 都市形態와 設計」『高句麗研究』15.

10. 三品彰英, 1951, 「高句麗王都考」『朝鮮學報』1.

11. 심광주, 2005, 「고구려와 백제의 성곽문화」『高句麗研究』20.

12. 양정석, 2005, 「안학궁 남궁 정전곽의 구조를 통해본 고구려 도성제」『고구려의 국제관계』, 고 구려연구재단.

13. 梁志龍, 1992, 「桓仁地區高句麗城址槪述」『博物館研究』1992-1.

14. 余昊奎, 2005a, 「고구려 국내 천도의 시기와 배경」『한국고대사연구』38.

15. 遼寧省文物考古研究所, 2004, 『五女山城』, 文物出版社.

16. 魏存成, 1985, 「高句麗初 中期的都城」『北方文物』1985-2.

17. 李殿福 孫玉良, 1990, 「高句麗的都城」『博物館研究』1990-1.

18. 임기환, 2003, 「고구려 도성제의 변천」『한국의 도성』, 서울학연구소.

19. ______, 2006, 「고구려 평양도성의 구성과 성격」 『역사도시 평양』(한국사연구회 학술대회 논
　　　문집).

20. 전제헌·손량구, 1985, 『안학궁유적과 일본에 있는 고구려관계 유적유물』, 김일성종합대학출
　　　판사.

21. 田中俊明, 2004, 「高句麗の平壤遷都」 『朝鮮學報』190.

22. 田村晃一, 1988, 「高句麗の城郭について」 『百濟硏究』19.

23. 集安縣文物保管所, 1984, 「集安高句麗國內城址的調査與試掘」 『文物』1984-1.

24. 車勇杰, 1993, 「高句麗 前期의 都城」 『국사관논총』48.

25. 채희국, 1982, 『고구려력사연구-평양천도와 고구려의 강성』, 김일성종합대학출판사.

26. 千田剛道, 1983, 「淸岩里廢寺と安鶴宮」 『文化財論叢』, 同朋社出版.

27. 최희림, 1978, 『고구려 평양성』, 과학백과사전출판사.

28. 한인호, 1998, 「안학궁 부근의 고구려 수도 도시면모에 대한 복원」 『조선고고연구』1998-2.

29. 한인호·리호, 1991, 「안학궁터 부근의 고구려 리방에 대하여」 『조선고고연구』1991-4.

30. ___________, 1993, 「평양성 외성안의 고구려 도시리방과 관련한 몇가지 문제」 『조선고고연
　　　구』1993-1.

　B. 백제 도성사

1. 姜仁求, 1993, 「百濟 初期 都城 問題 新考」 『한국사연구』81.

2. 金起燮, 1990, 「百濟前期 都城에 관한 一考察」 『청계사학』7.

3. 朴淳發, 1996, 「百濟都城의 變遷과 特徵」 『重山鄭德基博士華甲紀念韓國史學論叢』.

4. ______, 2000a, 「사비도성의 구조 - 나성 구조를 중심으로」 『사비도성과 백제의 성곽』, 서경문
　　　화사.

5. ______, 2000b, 「사비도성의 구조에 대하여」 『백제연구』31.

6. ______, 2001, 「한강유역 성곽 출현과 백제의 국가형성」 『한성 백제의 탄생』, 서경문화사.

7. ______, 2005, 「사비도성의 경관에 대하여」 『고대 도시와 왕권』, 서경문화사.

8. ______, 2006, 「泗沘都城 硏究 現況과 課題」 『百濟 泗沘時期 文化의 再照明』, 춘추각.

9. 朴海玉, 1992, 「百濟 泗沘都城의 토지구획」 『문화역사지리』4.

10. 山本孝文, 2005, 「백제 사비도성의 관료와 거주공간」 『고대 도시와 왕권』, 서경문화사.

11. 서정석, 2002 『백제의 성곽 - 웅진사비시대를 중심으로』, 학연문화사.

12. 성주탁, 1982, 「백제 사비도성 연구」 『백제연구』13 ; 2002, 『百濟城址硏究』, 서경.

13. ______, 1988, 「百濟 都城 築造의 發展過程에 對한 考察」 『백제연구』19 ; 2002, 『百濟城址研究』, 서경.

14. ______, 1993, 「백제 사비도성 再齣」 『국사관논총』45 ; 2002, 『百濟城址研究』, 서경.

15. ______, 1997, 「百濟 熊津城研究 再齣」 『百濟研究論叢』5 ; 2002, 『백제성지연구』, 서경.

16. 신종국, 2006, 「泗沘都城 發掘調査 成果와 意義」 『百濟 泗沘時期 文化의 再照明』, 춘추각.

17. 신희권, 2003, 「백제 한성기 도성제에 대한 고고학적 고찰」 『백제 도성의 변천과 연구상의 문제점』, 서경.

18. 심정보, 2000, 「백제 사비도성의 축성시기에 대하여」 『사비도성과 백제의 성곽』, 서경문화사.

19. 安承周, 1988, 「百濟 都城(熊津城)에 對하여」 『백제연구』19집.

20. 余昊奎, 2002a, 「漢城時期 百濟의 都城制와 防禦體系」 『百濟研究』36.

21. ______, 2005b, 「국가제사를 통해본 백제 도성제의 전개과정」 『고대 도시와 왕권』, 서경문화사.

22. 유원재, 1992, 「웅진도성의 羅城문제」 『호서사학』19-20합집.

23. 윤무병, 1990, 「산성, 왕성, 사비도성」 『백제연구』21.

24. 尹武炳, 1994, 「百濟王都 泗沘城 研究」 『學術院論文集』33(人文 社會科學篇).

25. 李道學, 1992, 「百濟 漢城時期의 都城制에 관한 檢討」 『한국상고사학보』9.

26. 이병호, 2002, 「백제 사비도성의 조영과정」 『韓國史論』47.

27. ______, 2003a, 「백제 사비도성의 구조와 운영」 『한국의 도성』, 서울학연구소.

28. 이형원, 2003, 「사비도성내 군수리지점의 공간구획 및 성격」 『호서고고학』8.

29. 田中俊明, 1990, 「왕도로서의 사비성에 대한 예비적 고찰」 『백제연구』21.

30. ______, 1999, 「百濟漢城時代における王都の變遷」 『朝鮮古代研究』1.

31. 丁若鏞, 「慰禮考 漢城考」 『大韓疆域考』권3.

32. 차용걸, 1981, 「위례성과 한성에 대하여」(I), 『향토서울』39.

33. 秋山日出雄, 1988, 「南朝建康城の復原序說」 『彊原考古學研究論文集』제7집.

34. 한밭대학교 향토문화연구소 편, 2001, 『풍납토성의 발굴과 그 성과』.

C. 신라 도성사

1. 姜鍾元, 1993, 「新羅 王京의 形成過程」 『백제연구』23.

2. 姜泰昊, 1996, 「新羅 都城의 空間構造 形成過程에 관한 研究」 『慶州史學』15.

3. 국립경주문화재연구소, 2002, 『新羅王京 발굴조사보고서』.

4. 鬼頭淸明, 1979, 「新羅における都城制の發達」 『田巍先生古稀記念 朝鮮歷史論集』(上) 龍溪書舍.

5. 龜田博, 2000, 『日韓古代宮都の研究』, 學生社.

6. 김교년, 2003, 「신라 왕경의 발굴조사와 성과」『제10회 문화재연구국제학술대회논문집』.

7. 김병모, 1984, 「신라 왕경의 도시계획」『역사도시 경주』, 열화당.

8. 김복순, 2006, 「신라 왕경 사찰의 분포와 체계」『新羅文化祭學術論文集』27.

9. 김세기, 2006, 「신라 왕경의 생산유적과 생산체계의 변화」『新羅文化祭學術論文集』27.

10. 김호상, 1999, 「新羅王京의 金城研究」『경주사학』18.

11. 남승호, 2004, 「신라 금성의 의미와 범위」『대구사학』74.

12. 東潮, 2001, 「新羅金京の坊里制」『條里制古代都市研究』15.

13. 藤島亥治郎, 1930, 「朝鮮建築史論」『建築雜誌』: 1969, 『朝鮮建築史論』(경인문화사 복각본).

14. 藤田元春, 1929, 「都城考」『尺度綜考』.

15. 閔德植, 1986, 「新羅王京의 都市設計와 運營에 關한 考察」『白山學報』33.

16. ______, 1989, 「新羅王京의 都市計劃에 관한 試考)(上-下), 『史叢』35 · 36.

17. 박방룡, 1997, 「新羅 都城 研究」, 동아대 박사학위논문.

18. ______, 2006, 「新羅王京과 流通」『新羅文化祭學術論文集』27.

19. 山田隆文, 2002, 「新羅金京復原試論」『古代學研究』159.

20. 中昌秀, 1995, 「中古期 王京의 寺刹과 都市計劃」『新羅文化祭學術論文集』16.

21. 신창수, 2002, 「신라의 왕경」『한국고대사강좌』7, 가락국사적개발연구원.

22. 申衡錫, 2000, 「新羅 慈悲王代 坊里名의 設定과 그 意味」『慶北史學』23.

23. 양정석, 2004, 『황룡사의 조영과 왕권』, 서경문화사.

24. 余昊奎, 2002b, 「新羅 都城의 空間構成과 王京制의 성립과정」『서울학연구』18.

25. 여호규, 2003, 「국가의례를 통해 본 신라 중대 도성의 공간구조」『한국의 도성』, 서울학연구소.

26. 吳英勳, 1992, 「新羅王京에 대한 考察」『경주사학』11.

27. 우성훈, 1996, 「신라 왕경 경주의 도시계획에 관한 연구」, 성균관대 건축공학과 석사학위논문.

28. 윤무병, 1972, 「역사도시 경주의 보존에 대한 조사」『문화재의 과학적 보존에 대한 연구』I, 과학
     기술처.

29. ______, 1987, 「신라 왕경의 坊制」『두계이병도박사구순기념한국사학논총』.

30. 이근우, 2005, 「新羅의 都城과 日本의 都城」『新羅文化』26.

31. 이기동, 1980, 「왕경의 번영과 사회생활」『역사도시 경주』, 열화당.

32. 이기봉, 2002a, 「신라 왕경의 범위와 구역에 대한 지리적 연구」, 서울대 지리학과 박사학위논문.

33. _____, 2002b, 「中古期 新羅 王京에서 불교의 공인과 都市의 변화」『新羅文化』20.

34. 이상준, 1997, 「경주 월성의 변천과정에 대한 소고」『영남고고학』21.

35. 이영호, 2005, 「7세기 新羅 王京의 變化」『신라문화제학술논문집』26.

36. 李恩碩, 2003, 「新羅王京の都市計劃」『東アジアの古代都城』, 日本 奈良文化財研究所.

37. 李鍾旭, 1980, 「新羅 上古時代의 六村과 六部」『震檀學報』49.

38. 장순용, 1976, 「신라 왕경의 도시계획에 관한 연구」 서울대 환경대학원 석사학위논문.

39. 전덕재, 2005a, 「新羅 里坊制의 施行과 그 性格」『신라문화제학술논문집』26.

40. _____, 2005b, 「신라 왕경의 공간구성과 그 변천에 관한 연구」『역사와 현실』57.

41. _____, 2006, 「新羅 王宮의 配置樣相과 그 變化」『新羅文化祭學術論文集』27.

42. 田中俊明, 1992, 「新羅における王京の成立」『朝鮮史研究會論文集』30.

43. 村上四男, 1962, 「新羅王都考略」『朝鮮學報』24.

44. 황인호, 2004, 「경주 왕경 도로를 통해본 신라 도시계획 연구」, 동아대 석사학위논문.

D. 지방도시 등

1. 廣瀬和雄 편, 1998, 『都市と神殿の誕生』, 新人物往來社.

2. 권오영, 1996, 「삼한의 '國'에 대한 연구」, 서울대 박사학위논문.

3. 金關恕 편, 1998, 『古代史の論点』③(都市と工業と流通), 小學館.

4. 김용민, 2005, 「익산 왕궁성의 조영과 공간구획에 대한 고찰」『고대 도시와 왕권』, 서경문화사.

5. 김종복, 2003, 「발해 상경성의 성립과 구조」『한국의 도성 -都城 造營의 傳統-』, 서울학연구소.

6. 大阪府立彌生文化博物館 편, 2001, 『彌生時代の集落』, 學生社.

7. 로버트 아담스, 최몽룡 역, 1977, 『도시의 기원 : 청동기시대의 제문제』, 백록출판사.

8. 민덕식, 2006, 「삼국시대의 도성제」『한국고대사연구입문』2, 신서원.

9. 박태우, 1987, 「통일신라시대의 지방도시에 대한 연구」『백제연구』18.

10. 山本孝文, 2006, 「都城과 領域」『삼국시대 율령의 고고학적 연구』, 서경문화사.

11. 山下信一郎, 1998, 「宅地の班給と賣買」『古代都市の構造と展開』, 奈良國立文化財研究所 古代都城制研究集會第3回報告集.

12. 成周鐸, 1989, 「韓 中 古代 都城築造에 關한 比較史的 考察」『백제연구』20.

13. _____, 1994, 「한국 고대의 도성」『동양 도시사 속의 서울』, 서울시정개발연구원.

14. 송기호, 2002, 「발해 5京制의 연원과 역할」『강좌 한국고대사』7, 가락국사적개발연구원.

15. 梁起錫, 1993, 「新羅 五小京의 設置와 西原京」『湖西文化研究』11.

16. 여호규, 2002c, 「한국 고대의 지방도시」 『강좌 한국고대사』7, 가락국사적개발연구원.

17. 李健才, 1982, 「扶餘的疆域和王城」 『社會科學戰線』1982-4.

18. 이경찬, 1987, 「전주시가지 격자형 토지구획의 형태적 특성에 대한 기원적 고찰」 『국토계획』 2-4.

19. 이병호, 2003b, 「백제 사비시기의 도성과 지방도시」 『지방사연구』6-1.

20. 임기환, 2004, 「고구려의 부도 한성과 지방통치」 『한국고대중세 지방제도의 제문제』, 집문당.

21. 임병태, 1967, 「신라소경고」 『역사학보』35 · 36.

22. 전덕재, 2002, 「신라 소경의 설치와 그 기능」 『진단학보』93.

23. 佐藤信, 1991, 「長岡京から平安京へ」 『古代を考える 平安の都』, 吉川弘文館.

24. 차용걸, 1993, 「서원경의 위치와 구조」 『湖西文化研究』11.

25. 이 글은 「삼국시기 도성사 연구의 현황과 과제」(『역사문화연구』26, 2007. 2)를 축약 · 보완한 것임을 밝혀둔다.

도량형

이우태 _ 서울시립대학교 국사학과

1. 도량형 연구의 의의

도량형의 내용을 정확히 파악한다는 것은 사회경제사 연구에 있어서 무엇보다도 중요한 일임에도 불구하고 우리나라의 도량형사에 대한 연구는 활발하다고 말하기는 어렵다. 각 시대별로 적지 않은 성과를 축적하고 있지만, 아직 연구되지 못한 부분이 많으며 또 중요한 문제에 대해서도 연구자들 사이의 견해차가 상당히 큰 편이라고 할 수 있는데, 특히 古代의 경우에는 더욱 그러하다고 할 수 있다. 그 원인은 무엇보다도 당시의 도량형제의 실상을 파악할 수 있는 유물의 숫자가 적을 뿐 아니라, 문헌 기록 또한 매우 영세하기 때문이라고 할 수 있겠다. 그러나 다행히 최근에 들어 고대 도량형기의 기본인 자의 실물이 3개나 발견됨에 따라 이에 대한 관심이 고조되고 있고, 또 국내외에서 새로운 연구 성과가 발표되는 등, 도량형사에 대한 연구는 이전에 비해 상당히 활발해지고 있다고 보인다.

2. 길 이

전통시대의 우리나라 척도의 기본 단위는 尺이었다. 그런데 기록상으로는 다 같이 尺으로 표시되어 있다 하더라도, 실제의 내용은 얼마든지 다를 수 있다. 본래 자연계에는 절대적인 길이의 기준이 존재하는 것이 아니기 때문이다. 따라서 동양에서 가장 보편적으로 사용된 尺도 시기와 지역에 따라 그 실제 길이는 다를 수밖에 없는 것이다. 예를 들면 周尺이니 漢尺이니 唐尺이니 하는 것은 시대별로 쓰인 尺度가 다르기 때문에 붙여진 명칭이고, 營造尺, 布

帛尺, 造禮器尺 등은 같은 시대에서도 尺의 용도에 따른 분류이다. 또 같은 시기의 같은 용도의 척도라 하더라도 지역에 따라 그 길이가 다를 수 있으니 서울척이나 진주척 등의 지명이 들어가는 것이 이에 속한다.

한국 고대에 있어서는 영조척이나 포백척 등과 같이 용도에 따른 척의 분화는 없었다고 여겨지지만, 국가별·시기별로는 다른 종류의 척도가 사용되었다고 보여진다. 우리나라 고대에서 사용된 척은 흔히 唐大尺이라고 불리는 길이 약 30cm의 자, 그리고 길이 약 23cm의 漢尺에 가까운 자, 그리고 문헌상으로 高麗尺이라고 전하지만 실상은 고구려에서 사용된 길이 약 35cm의 세 종류의 자가 있었다. 그런데 고대의 尺度에 대한 연구는 몇몇 연구를 제외하고는 거의 대부분 고구려척과 관련이 있는 것이다. 따라서 고려척(=고구려척)을 중심으로 고대의 척도에 관한 연구를 우선 살펴보기로 한다.

고려척이라는 명칭은 일본의 『令集解』에 그 이름이 보이는데, 그 주요 내용은 '고려의 5척은 지금 사용하는 大尺 6척에 상당한다' 는 부분이다. 이 기록에 대해 최초로 언급한 일본의 연구자는 이를 東魏尺으로 파악하였고,[1] 그의 이러한 주장을 유물의 실측을 통해 증명하고자 하는 노력도 있었다.[2, 3, 4] 그러나 그 후 중국학자의 연구에 의해 동위척에 대한 기록이 잘못된 것임이 밝혀졌고,[5] 이 견해는 이후 많은 학자들의 지지를 받았다.[6, 7, 8] 물론 이에 반대하는 견해도 있으나[9] 지금으로서는 고구려척의 기원을 동위척에서 찾는 고전적인 견해는 더 이상 설 자리를 잃었다고 할 수 있다.

얼마 전 일본에서는 고구려척의 존재 자체를 부정하는 견해가 발표되었는데,[10] 이 주장에 의하면 고구려척은 표준척이 남아 있지 않을 뿐더러 분명한 유물과 유적도 없으며, 동양 척도가 시기적으로 조금씩 길어져가는 상황을 고려한다면, 그것은 계산에 의해 만들어진 상상의 척도에 불과한 것으로 그는 고구려척을 '환상의 고대척' 이라고 이름 붙였다. 그는 유적지의 분석을 통해 고구려척 대신에 26.7cm의 척도가 後漢尺을 대신하여 수·당 이전까지 삼국과 일본에서 널리 쓰여졌다고 주장하였으며 이를 古韓尺이라고 이름 붙였다. 그러나 그의 이러한 분석 방법에 대하여는 일본에서도 여러 차례 그 문제점에 대한 지적이 있었으며,[11, 12] 또한 그가 제시한 유적의 실측치를 새로이 분석한 결과 고구려의 여러 건물지에 사용된 척도는 고한척이 아니라 고구려척으로 볼 수 있으며 그 실제 길이는 35cm 내외가 될 것이라는 반론도 있다.[13] 결론적으로 기록에 분명히 나타나는 고구려척의 존재를 부인하고, 아무런 근거도 없고 사용된 예도 찾아볼 수 없는 고한척을 동아시아 도량형사의 한 부분으로 설정하고자 하는 것은 납득하기 힘들다.

또 고구려척의 기원을 山東地方의 量地尺이 들어온 것이라고 견해가 있는데[1, 7, 14] 이 견해에 대해서는 산동지방의 양지척이 고구려척의 기원이 된 것이 아니라 거꾸로 고구려의 유민들에 의해 산동지방에 고구려척이 유입되었을 가능성이 높다는 반론[13]도 있지만, 이보다는 산동지방의 양지척이 결국은 당대척류의 척도에 지나지 않는다는 견해[15]가 타당하다고 여겨진다. 그러므로 고구려척의 기원을 산동지방의 자에서 구하려는 시도도 타당하지 못하다고 할 것이다.

최근 二聖山城에서 발견된 길이 약 35.6cm의 자는 발굴자에 의해 고구려자로 보고되면서 많은 논란을 불러일으켰다.[17] 그러나 이 자는 모두 15마디(寸)로 되어있는데, 15寸이 1尺이 된다는 것은 상식적으로 납득하기 곤란하다.[18] 그러므로 이 자는 35.6cm의 3분의 2인 23.7cm를 1척으로 하는 1.5척 길이의 자라고 보는 것이 옳다. 그렇다면 이 자의 발견으로 알 수 있는 것은 5~6세기의 고구려에서 23.7cm 정도의 漢尺이 사용되고 있었다는 사실이다. 삼국시대 초기에 낙랑군을 통하여 들어온 漢나라의 척도가 광범위하게 사용되었을 것이라는 추측은 일찍이 제시되었고,[3] 이를 보완하는 연구도 있다.[18, 19] 이 자가 발견되기 이전에는 한척 관련의 자료의 가치를 낮게 평가하여 한척이 사용되었을 가능성이 낮다고 본 견해도 있었으나,[13] 적어도 이 자의 발견으로 삼국시대에 한척이 사용된 것은 확고부동한 사실이 되었다고 하여도 좋을 것이다. 한편 이 자가 한척의 1.5척임을 인정하면서도, 이것이 고구려척의 기원이 되었을 것이라는 주장이 있는데,[15] 이는 상당히 매력적인 가설임에 틀림없으나 선뜻 동의하기 어렵다.[20]

결론적으로 고구려척이 존재하였음은 틀림없는 사실이지만, 그 기원과 내용에 대해서는 앞으로의 보다 정밀한 연구가 필요한 것이 아닌가 여겨지며, 또한 새로운 유물의 출토를 기대하는 바이다.

3. 면 적

우리나라 고대에 있어서 넓이를 나타내는 단위는 길이의 경우처럼 다양하지 않다. 우리나라의 전통적인 토지면적의 단위로는 파종량을 기준으로 하는 斗落只·石落只 등의 斗落制와, 하루에 農牛 1 마리가 갈 수 있는 면적을 기준으로 하는 日耕이 있고, 땅의 절대 면적을 나타내는 頃畝制, 그리고 結·負·束·把를 단위로 하는 結負制가 있었다. 그러나 두락제나 일경에 의한 지적의 표시는 어디까지나 관행적인 것이었고 국가에서 공식적으로 채택한 법제적인 제도는 결부제였다. 또 토지의 면적 이외에 건물의 면적을 나타내는 間이 쓰이기는 하였으나, 그 내용은 步와 동일한 것이었다.[18]

토지 면적의 측량 대상으로 農地·垈地·山林·墓域 등이 있는데 우리나라의 경우 모든 토지는 결·부로 측량되었다고 보인다. 중국의 경무라는 단위가 사료에 보이기는 하지만, 그 내용은 결부와 동일한 것이었다고 여겨진다.[21, 22, 23] 결부제는 아마도 삼국시대 초기에 발생하여 관행적으로 사용되기 시작하였고, 대략 문무왕대를 전후한 시기에 법제화되어 신문왕대에는 관료전의 지급을 위한 양전사업이 있었으며, 늦어도 丁田이 지급된 성덕왕대인 8세기 전반에는 전국적인 양전 사업이 일단 완료되었음을 알 수 있다.[22, 23]

신라의 결부제는 고려의 그것과 마찬가지로 사방 33보의 면적이었다고 여겨진다. 그런데 『고려사』식화지의 기록에는 '田一結方三十三步' 아래에 '六寸爲一分 十分爲一尺 六尺爲一步' 라고 주석을 달고 있다. 이를 문자 그대로 해석하면 6寸=1分, 10分=1尺, 6尺=1步로 곧 1步=6尺=60分=360寸이 된다. 즉 1尺=60寸이라는 상식적으로 납득하기 어려운 결론에 귀착하게 되는데, 이러한 자료상의 혼란으로 말미암아 고려시대 1결의 면적에 대하여 여러 가지 견해가 대두하였다. 고려시대의 1결의 실제 면적에 대해서는 17,000여평,[24]

7,260평,[25, 26] 6,800여평,[27] 4,184평,[28, 29] 2,000여평,[30] 1,400~1,500평,[22, 23, 31] 1,200평[32] 등의 커다란 견해차를 보이고 있는 실정이다. 그러나 『고려사』식화지에 보이는 기준척을 여러 척도 중 가장 짧은 周尺으로 보아도 1결의 면적이 17,000평 이상이 되는데, 이는 촌락문서의 예로 보아 사실로 받아들일 수 없다.[33] 그렇다면 이 기록에는 어떤 착오가 있다고 볼 수밖에 없는데 이는 이미 지적된 것처럼 가운데 구절의 誤記로 이 구절은 '十分爲六尺'이 되어야 한다.[21] 그렇다면 통일신라의 결부제의 내용이 고려 전기와 동일한 것이 된다고 할 것이다.

결부제의 기원에 대해서는 확실하지는 않으나 '方33步'는 '方100步'의 단위 면적을 9등분한데서 유래한 것으로 중국 고대의 이상적인 토지제도인 井田法을 모방하려는 의도가 있었던 것으로 보기도 한다.[34, 20] 그러나 결부제의 기원과 함께 실질적인 토지 측량의 기술이나 방법 등에 대하여는 아직 연구가 거의 없는 실정이다. 이러한 문제의 해결을 위하여는, 사료상의 한계를 극복하기 위한 보다 적극적인 방법론의 개발이 필요한 분야라고 여겨진다.

4. 부 피

고대의 도량형제 전반이 모두 그렇지만 특히 量制는 그 중요성에 비해 연구 성과가 매우 부족한 부분이다. 그 이유는 무엇보다도 이에 관한 자료가 너무나 부족하여 체계적인 고찰을 할 정도가 되지 못하였기 때문이다. 지금까지 우리나라 고대의 양제에 관한 기존의 연구는 겨우 서너 편을 손꼽을 수 있는 형편인데,[35, 36, 32] 그나마 고려시기에 대한 연구의 연장선상에서 고대의 양제에 대해 언급하였던 것이 대부분이다.

우리나라 고대에 쓰인 양제의 기본 단위는 合, 升(=刀), 斗, 石이 있다. 升은 양제의 기본단위로, 合은 升의 10분의 1이다. 升은 '刀'라고도 쓰였는데, 보통 10升이 1斗이다. 斗보다 큰 양을 나타내는 단위로는 斛, 石, 碩, 苫 등이 사용되었는데 이 중 가장 일반적으로 사용된 것은 石이었으며, 내용상 이들 넷은 모두 동일한 것이었다.[36] 그런데 당시의 1석이 과연 몇 斗였겠는가하는 문제는 고대의 양제를 규명하는데 핵심적인 것이라 할 수 있다.

과거에는 흔히 고려 이래로 1석이 15두였던 관계로 신라에서도 1석은 15두였을 것으로 여겨왔으나, 과연 신라나 삼국에서도 1석=15두의 제도가 통용되었는지는 확실하지 않다. 고구려에서는 호별로 부과된 租가 상중하의 등급에 따라 1석, 7두, 5두라고 기록하고 있으므로, 중국과 마찬가지로 1석=10두의 제도를 사용했을 것으로 추측된다.[36] 그런데 신라의 경우「正倉院 佐波理加盤 附屬 新羅文書」에는 석과 함께 '15두', '17두' 등의 용례가 있어, 이 문서가 작성되던 당시의 신라에서는 공식적으로 1석이 17두 이상이었음을 알 수 있다. 그런데 조선시대의『經國大典』工典 도량형조에 의하면 조선초기의 양제에는 大石과 小石의 구분이 있고 각각 15斗, 20斗로 되어있는데, 이러한 사정으로 미루어보아 신라에서도 1석을 20두로 사용했다고 봄이 옳을 것이다. 또한 고려 초기부터 본격적으로 쓰인 1석=15두의 제도는 신라에서도 있었음이 확인되고 있다.[37] 또 지금까지는 고려에는 1석=20두의 제도는 없었던 것으로 보기도 하였으나, 실상은 신라의 제도가 고려를 거쳐 조선시대에까지 계승되는 것으로 보아야할 것이다.

즉 고대에는 1석=10두, 1석=15두, 1석=20두의 양체계가 모두 사용되었음이 확인되는데, 이들의 선후 관계나 변화의 계기 등은 앞으로의 연구 과제라 할 것이다. 다만 가장 선행했던 1석=10두의 양체계가 1석=15두와 1석=20두의 것으로 바뀌는 것은, 아마도 신라의 삼국통일을 전후한 시기에 唐의 영향으로 大量化된 것이 아닐까 추측된다.[20]

위에서 고대의 양체제에 대해서 살펴보았는데, 양제의 실체를 규명하기 위히서는 양체제와 함께 量器의 실제 용적의 규명이 필요하다. 그런데 지금까지의 연구성과를 보면 양기의 용적에 대해서는 중국과의 관련 속에서 막연하게 추측하는 정도의 수준에 지나지 않았다.[38, 35] 그러나 최근 통일신라시대의 토기 가운데에 양과 관련된 명문이 있는 토기를 중심으로 실제 용적을 밝힌 연구가 있어 주목된다. 이 연구에서는 신라말기의 토기를 통하여 당시의 1升의 용적이 350ml 정도이고, 1석은 약 52리터가 됨을 밝히고 있는데, 이러한 연구 성과는 도량형사 연구에 있어서 획기적인 것이라고 할 만하다.[37] 그러나 아직은 발견된 유물의 숫자가 2개에 자나지 않아, 앞으로 더욱 많은 유물의 출토가 있어야만 더욱 구체적인 연구가 가능할 것이다.

5. 앞으로의 전망

위에서 고대의 도량형제의 연구성과를 살펴보았는데, 몇 가지 이유로 인하여 체계적이고 자세한 서술이 되지 못하였다. 특히 무게에 해당하는 衡制에 관한 부분은 자료도 부족할 뿐 아니라 연구 성과도 거의 전무한 실정인 까닭에 이 부분은 전혀 서술하지 못하였다. 이에 비해 度制에 관한 부분은 비교적 내용이 많은 까닭에 길이와 면적을 따로 나누어 살펴보았지만, 그 내용을 살펴보면 길이에 대해서는 고구려척에 대한 연구가 기존 연구의 대부분을 차지하고 있는데 그럼에도 불구하고 아직까지도 그 실재 여부 자체가 논란의 대상이 되고 있는 실정이다.

그리고 면적은 결부제가 그 핵심 논의의 중심인데, 그 실제 면적에 대해서는 상당한 견해차가 있음이 사실인 것이다. 양제에 대한 연구는 이제 막 시작되었다고 보아도 좋을 것이다. 이와 같이 우리나라 고대의 도량형제에 대한 연구는 질과 양 모든 면에서 아직도 초보적인 단계에 머물러 있다고 보아도 좋을 것이다.

다만 고무적인 사실은 최근 고대의 실물자가 3개나 발견되어 이를 중심으로 활발한 논의가 전개되고 있는데, 도량형사 만큼이나 유물의 존재가 절대적인 가치를 지니는 분야도 없을 것임을 감안한다면 이들 유물의 발견은 매우 획기적인 사실이라 할 것이다. 그런데 이러한 유물의 발견이 최근에야 집중적으로 이루어진 것은 바로 관심의 증대에서 비롯된 것이라 여겨진다. 따라서 앞으로 새로운 유물이 계속하여 발견될 가능성은 매우 높다고 여겨진다. 이와 아울러 과거에 상대적으로 소홀하였던 문헌 자료에 대한 보다 본격적인 분석이 필요할 것이다. 만약 앞으로 새로운 유물이 발견되고 이와 아울러 보다 체계적인 연구가 병행된다면 우리나라의 도량형사에 대한 연구의 전망은 결코 어둡다고 만은 볼 수 없을 것이다.

그리고 우리에 비해 자료가 풍부한 중국이나 일본의 연구 성과를 보다 적극적으로 살펴볼 필요가 있다. 특히 측량 기술이나 측량 기구에 대한 연구는 우리나라에서는 고대는 물론 조선시대에 이르기까지도 거의 연구되고 있지 못한 실정인데, 이러한 분야의 연구에는 자료상의 한계가 있으므로 비교 연구의 방법이 하나의 훌륭한 대안이 될 것이라 믿는다.

참고문헌

1. 狩谷掖齋, 1978, 『本朝度量權衡考』(初刊 年度 未詳).

2. 關野貞, 1928, 「高句麗の平壤及び長安城に就いて」 『史學雜誌』39-1.

3. 米田美代治, 1944, 『韓國上代建築の研究』, 秋田屋 ; 申榮勳譯, 1976, 『韓國上代建築의 研究』, 東山文化社.

4. 藤島亥治郎, 1930, 「朝鮮建築史論」, 1~5, 『建築雜誌』44-530 · 531 · 533 · 535 · 536.

5. 馬衡, 1932, 『隋書 律曆志 十五等尺』.

6. 吳洛, 1937, 『中國度量衡史』.

7. 藪田嘉一郎, 1969, 「高麗尺と東魏後尺との關係」 『中國古尺集說』, 綜芸舍, 東京.

8. 小泉袈裟勝, 1977, 「東洋尺度史の諸問題」 『日本歷史』351.

9. 尹張燮, 1975, 「韓國의 營造尺度」 『大韓建築學會論文集』19-63 ; 1983, 『韓國建築研究』.

10. 新井宏, 1992, 『まぼろしの古代尺 - 高麗尺はなかった』, 吉川弘文館.

11. 西村淳, 1992, 「新井宏著 『まぼろしの古代尺-高麗尺はなかった』について」 『計量史研究』14.

12. 白崎昭一郎, 1993, 「新井宏氏の 「古韓尺說」について」 『計量史研究』15.

13. 朴贊興, 1995, 「高勾麗尺에 대한 研究」 『史叢』44.

14. 小泉袈裟勝, 1977, 『ものさし』, 法政大學出版局.

15. 尹善泰, 2002, 「韓國 古代의 尺度와 그 變化 －高句麗尺의 誕生과 관련하여－」 『國史館論叢』 98.

16. 李康承, 2000, 「백제시대의 자에 대한 연구 -부여 쌍북리유적 출토 자를 중심으로」 『韓國考古學報』43.

17. 兪泰勇, 2001, 「高句麗尺에 대한 文獻史料와 考古學的 遺物의 再檢討」 『高句麗研究』11 ; 2001, 『35,6의 고구려자』, 서문문화사.

18. 李宇泰, 1984, 「韓國古代의 尺度」 『泰東古典研究』1.

19. 金容雲 · 金容局, 1977, 『韓國數學史』, 悅話堂.

20. 李宇泰, 2002,「고대 度量衡制의 발달」『강좌 한국고대사 6』, 가락국사적개발연구원.

21. 朴時亨, 1941,「李朝田稅制度의 成立過程」『震檀學報』14.

22. 李宇泰, 1989,「新羅時代의 結負制」『泰東古典研究』5.

23. _____, 1992,「新羅의 量田制 -結負制의 成立과 變遷過程을 중심으로」『國史館論叢』37.

24. 金容燮, 1975,「高麗時期의 量田制」『東方學志』16.

25. 朴興秀, 1972,「新羅 및 高麗의 量田法에 관하여」『學術院論文集』11.

26. _____, 1974,「한국 고대의 量田法과 量田尺에 관한 연구」『한불연구』1.

27. 姜晉哲, 1980,「田結制의 問題」『高麗土地制度史研究』.

28. 朴時亨, 1941,「李朝田稅制度의 成立過程」『震檀學報』14.

29. _____, 1957,「결부제도의 발생과 발전」『과학원 창립5주년 기념논문집』.

30. 朴克采, 1946,「朝鮮封建社會의 停滯的本質 - 田結制 研究」『李朝社會經濟史』.

31. 呂恩暎, 1986,「高麗時代의 量田制」『嶠南史學』2.

32. 李宗峯, 1999,「高麗時代 度量衡制 研究-結負制와 관련하여-」, 釜山大學校 博士學位論文 ; 2001,『韓國中世度量衡制研究』, 혜안.

33. 李宇泰, 1983,「新羅村落文書의 村域에 대한 一考察」『金哲埈博士華甲紀念史學論叢』.

34. 李泰鎭, 1996,「韓國での結負法の傳統とその特徵」『日本古代莊園圖』, 東京大學出版會.

35. 呂恩暎, 1987,「高麗時代의 量制 - 結負制 이해의 기초로서」『慶尚史學』3.

36. 李宇泰, 1993,「韓國 古代의 量制」『泰東古典研究』10.

37. 尹善泰, 2000,「新羅下代의 量制에 관한 一試論 - 雁鴨池 출토 量器의 분석을 중심으로」『新羅文化』17・18合.

38. 朴興秀, 1999,『韓・中度量衡制度史』, 성균관대학교 출판부.

생활사 연구의 현황과 전망

하일식 _ 연세대학교 사학과

한국 고대사의 연구 주제가 사건과 인물 중심의 정치사, 또는 경제 제도사를 넘어서 여러 방면으로 확대되기 시작한 것은 그리 오래 되지 않았다. 특히 여성과 혼인, 풍속과 생활 등에까지 연구자의 관심이 기울여진 것은 20년이 채 안된 것으로 생각된다. 따라서 이 방면에 관한 연구 성과도 그리 많지 않은 편이다. 막 연구가 시작되는 단계라고 하는 것이 바를 듯하다.

오랫동안 전통적인 연구에 가려 있던 주제가 새로 주목받기 시작한 배경으로는 여러 가지를 짚어볼 수 있다. 먼저, 제한된 문헌사료로는 기존의 전통적인 주제에 관한 연구의 진전이 점점 어려워지고 있는 상황을 들 수 있을 것이다. 두 번째로는, 최근 20여 년간 고고 발굴이 질적·양적으로 발전하면서, 다양한 정보를 담은 물질자료들이 많이 축적되었다는 점을 꼽을 수 있다. 셋째로 거론할 수 있는 것이 고대사 연구가 양적으로 늘어나면서 연구자의 관심이 풍부하고 다양해졌다는 점이다.

이에 덧붙여 언급할 점이 하나 더 있다. 즉 풍속이나 생활에 대한 연구는 학계 내부에 축적된 연구에서 파생되기보다는, 대중적인 흥미와 관심이 선행되면서 연구가 그 뒤를 따르는 과정을 밟고 있다는 점이다. 이 주제들과 관련된 흥미로운 정보나 자잘한 지식은 학문적인 연구물보다는 대중 교양서적과 매스 미디어 프로그램 속에서 더 쉽게 찾을 수 있는 것이 현실이다.[1] 이렇게 생활사 연구는 학문적 취약성을 얼마간 지닌 채 출발하는 단계에 있다. 더 많은 사실들을 찾아내고 학문적으로 종합하며 체계화하는 과정을 밟아가는 것이 앞으로의 과제일 것이다.

1. 여성과 혼인, 가족

고대사 영역만이 아니라 한국사 연구 전체에서 여성이 관심의 대상이 된 지는 얼마 되지 않는다. 현실의 한국사회에서 양성 평등의 문제가 제기되면서, 그로부터 파생된 문제의식을 과거 역사로 소급한 데서 관심이 촉발된 측면이 강할 것이다. 따라서 심각한 여성 차별의 관행이 실제로는 수백년이 채 안되는 전통이었다는 것, 조선 전기는 물론 고려시대에는 여성의 지위와 역할이 막연한 통념과 큰 차이가 있었음이 밝혀지고 있다.

고대의 여성에 대한 관심도 일차적으로는 이런 맥락과 무관하지 않다. 그리고 학문적인 차원에서 연구가 시작된 것도 최근의 일이다. 일찍이 1980년대 초에 고대 여성을 다룬 연구가 나온 이후에 공백기가 있었고, 1990년대 이후부터 조금씩 연구가 늘어나고 있는 상황이다.

신라에 여왕이 존재했던 만큼, 고대 여성의 지위는 고려·조선과 견줄 수 없을 정도로 독특한 면모를 지니고 있었으리라는 점은 얼마간 선험적인 전제가 되기도 한다. 그리고 일차적으로 고대사회의 여성의 지위를 검토하거나,[2] 여러 방면에서 활발히 활동하던 여성들을 사료 속에서 찾아내는 작업이 이루어졌다.[3] 그러나 초기 연구에서는 여성의 존재형태를 수집하여 정리하는 데 주된 노력이 기울여질 수밖에 없었다.

이런 연구들을 바탕으로 하여 최근에는 유학사상이 수용된 뒤에 여성과 관련하여 자리잡은 윤리관이 검토되는 등,[4] 조금씩 전진된 연구가 나오고 있다. 그러나 아직은 많은 연구가 축적된 상태가 아니기 때문에, 여성의 존재형태를 현상적으로 묘사하거나 여성의 활동 사례들을 통해 사회적 지위를 짐작해보는 정도에 머물고 있다. 고대 여성과 관련한 사료가 워낙 영세한 사정에서 비롯된 측면이 크다고 생각된다. 최근에는 여기서 조금 더 나아가 고대사회의 혼인 형태나 가족 구성원리 속에서 여성 문제를 다룬 연구도 나왔다.[5]

고대 여성이라는 주제는 여성의 사회적 지위라든가 역할에 관한 것으로 그치지 않는다. 여성이 혼인의 한 주체인 만큼 여러 혼인형태와 함께 그러한 혼인을 가능케 한 사회·역사적 배경, 또 혼인으로 인하여 구성되는 가족형태,

나아가서는 가계 계승의 원리와 상속 등등으로 이어지는 연쇄적인 사슬의 첫 마디가 여성이라고 할 수 있다.

그러나 『삼국지』에 보이는 여러 혼인형태에 대해서는 풍속의 하나로 가볍게 설명되는 경향이 많고, 연관된 측면들을 감안한 심도 있는 연구는 미흡한 편이다. 또 『삼국사기』나 『삼국유사』에 단편적으로 보이는 혼인형태는 물론, 귀족들의 처첩제에 대해서도 관심을 기울여야 할 것이지만, 아직 본격적인 연구가 없다. 뒤에 언급하겠지만, 고대사회의 성풍속은 개방적이었다고 알려진다. 그러나 성풍속이 개방적이고 남녀의 만남이 자유롭다는 점과, 정식 혼인의 엄격한 기준과 그로 인해 성립하는 가족, 그리고 가계 계승의 원리는 서로 연관되면서도 다른 차원의 문제일 수 있다는 점도 감안한 연구가 이루어져야 하리라 생각된다.

2. 풍속과 관념

고대인의 풍속에 관해서는 제법 많은 기록들이 남아 있는 편이다. 『삼국지』 동이전에는 부여, 고구려로부터 삼한에 이르기까지 여러 지역·종족의 생활 습속에 관한 정보가 담겨 있다. 그리고 『삼국사기』, 『삼국유사』에도 흥미로운 기사들이 적지 않다. 비록 단편적이기는 하지만, 이 기록들이 가지는 가치는 매우 높다.

다만 지금까지는 대략적인 생활상의 서술에 주로 활용되었고, 깊이 있는 분석을 바탕으로 한 해석은 그다지 많지 않은 상황이라 할 수 있다. 몇 가지 사례를 들어서 새로운 연구의 필요성을 이야기해보자.

『삼국지』 부여전에는 "영고 때 형옥을 단행하고(斷刑獄) 죄수를 풀어준다(解囚徒)"고 한 기록이 있다. 널리 알려진 내용이기는 했지만, 이것이 형벌을 단행한다는 뜻인지 중단한다는 뜻인지에 관해서조차 이해가 엇갈리는 경우도 있었다. 이를 축제 때 형벌을 집행한다는 뜻으로 정리하고, 재판이 신에 의해 행해진다는 관념에 뿌리를 두고 있다는 인류학의 지식을 바탕으로, 고대사회에서는 축제와 재판이 모두 신과 연결되기 때문에 가능한 일이었다는 해석

이 나온 것은 그리 오래되지 않았다.[6]

이렇게 그동안 간과해오던 측면일지라도 새롭게 주목하여 당시 사람들의 생활관념이나 의식구조를 더듬어낼 수 있는 분야가 고대인의 풍속이다. 하나 더 예를 들어본다면, 『삼국지』에서 고구려 풍습으로 "남여가 혼인하면 수의(送終之衣)를 만든다"고 한 기록을 들 수 있다. 대개는 혼인과 동시에 죽음을 준비하는 풍속 정도로 해석하는 것이 일반적이었다. 때로는 혼인한 뒤에는 국가를 위해 언제라도 목숨을 바칠 각오가 되어 있었던 상무적 기풍을 거론하는 경우도 없지 않았다. 고대인의 정신세계와는 무관한, 매우 현재적이고 국가주의적인 해석임은 물론이다.

여기에 대해서는, 결혼을 하고 자식을 둔 자만이 정상적인 죽음을 준비할 수 있다는 관념에 바탕을 둔 풍습이라는 해석이 설득력이 있다.[7] 이런 해석을 바탕으로, 결혼이 당사자의 새로운 삶의 시작이듯이 죽음 또한 사자의 새로운 삶의 시작이라는 맥락에서 이 풍습을 이해하려 한 최근의 연구도 주목된다.[8] 연구가 심화되면서 고대인의 정신세계를 바탕으로 한 합리적인 해석에 다가가는 과정인 것이다.

한편, 연구가 이루어지던 때의 사회적 분위기와 관련되어 해석이 달라지고 발전하는 경우도 있다. 신라 토우에 대한 이해를 대표적인 사례로 꼽을 수 있다. 신라 토우는 인간과 동물을 포함한 다양한 종류가 있다. 그런데 동물 중에서는 물소, 원숭이, 개미핥기 등 아열대 기후의 동남 아시아에 서식하는 것들이 보인다. 어떤 경로를 통해 삼국시대의 신라 사람들이 이런 동물들을 알게 되었고, 그것을 형상화하여 무덤 속에 껴묻은 마음 상태가 어떤 것이었을까 하는 의문은 향후 연구를 기다리는 수밖에 없다.

인간을 묘사한 토우 가운데는 등짐을 진 모습, 통곡하는 모습, 절하는 모습, 악기를 연주하는 모습, 활을 쏘는 모습 등 일상적인 삶의 순간을 포착한 것들이 있다. 이들은 신라인의 일상을 생생하게 이해하는 데 큰 도움이 된다. 그런데 토우 중에는 남녀의 성기를 과장되게 표현한 것, 심지어 적나라한 섹스 장면을 묘사한 것들이 제법 포함되어 있다. 이들 토우들의 전모가 정식으로 학계에 소개되기 전까지는 풍요와 다산이라는 틀 속에서만 간단히 언급되는 수준이었지만, 이는 당시의 사회 분위기에 구애받은 일면적 해석이었다.

1997년에 신라 토우의 전모가 소개되면서부터는 해석의 폭이 조금 더 넓어졌다. 과장된 성기를 생산력과 재생력에 대한 기원으로, 섹스토우를 성의 결합을 통한 새로운 탄생을 기원하는 의미로 해석하는 견해들과 함께, 성교의 기쁨을 표현한 것이라는 지적이 가능해졌던 것이다.[9] 신라의 경우에는 문헌 기록을 통해서도 남녀 관계의 개방성이 엿보이는 만큼,[10] 토우가 전달하는 분위기와 상충되지 않는다. 또한 그리스·로마의 유물들도 이런 개방성을 보여준다. 따라서 섹스토우로부터 주술적인 의미를 찾는 노력도 필요하겠지만, 쾌락을 표현하려 했다는 점도 함께 인정할 때 선입견 없이 신라인의 정신세계에 다가갈 수 있으리라 생각된다.

이렇게 신라 토우는 단순히 성풍속만이 아니라 신라인의 상징체계는 물론, 일상생활과 죽음에 대한 관념까지를 포함하는 다양한 측면에 접근할 수 있는 중요한 소재이다. 최근 토우의 출토 상태와 기원 등을 전체적으로 검토하고, 계림로 30호분 출토 항아리의 장식 토우들을 종합하여 상징성을 탐구해보려는 노력도 나왔다.[11] 그러나 아직 충분한 연구가 축적되었다고 하기는 어려우며, 향후 여러 각도에서 더 많은 연구가 이루어질 필요가 있다.

고대인의 놀이 문화에 대한 관심도 필요하다. 이전에도 전쟁과 유희에 대한 관심이 없지 않았지만, 최근에 놀이와 관련된 연구들이 제출되고 있다. 고분 벽화에 보이는 갖가지 놀이 모습을 종합적으로 분석·검토한 연구,[12, 13] 일이나 의식과 관련된 신라인의 놀이를 검토한 연구[14] 등은 이 방면 연구를 활성화하는 바탕이 되리라 생각된다.

풍속이나 관습, 그리고 사회 속에서 자연스레 습득된 관념이나 정신세계를 해명하는 일은, 논리적인 의지로 이루어진 사상의 내용을 해명하는 것과는 또 다른 차원에서 중요한 의의를 갖는다. 이것들은 해당 사회 전체를 장기적으로 유지하고 변화를 더디게 하는 데 보이지 않는 역할을 하기 때문이다. 때로는 지역이나 종족에 따라 형태를 달리하지만 궁극적으로는 같은 역할을 하는 경우도 있을 것이다.

따라서 해당 사회에만 눈에 띄는 풍속이 있다고 했을 때, 왜 그런 풍속이 자리잡았을까 하는 점을 탐구하는 일이 필요할 것이다. 그와 아울러, 그런 풍속이 '궁극적으로' 어떤 사회적 역할을 했는가 하는 점도 역사 연구가 풀어야 할 과제가 아닐까 한다. 다만, 이 때 고대인의 생활 깊숙이 장기간 지속되고 있었던 풍속이나 습관으로부터 직접적인 정치·경제적 의미를 찾으려는 성급함은 피해야 할 것으로 생각된다. 동아시아 각국은 물론, 서양의 경우와도 비교 연구하면서 이해의 폭을 넓히려는 적극적인 시도도 요구된다.

3. 생활사의 가능성

사회 일반에서 생활사와 문화사에 대한 관심이 높아지고 있다고는 하지만, 그 관심이 고대사 분야의 연구로 나타나기에는 장애가 많다. 기본 사료의 부족이라는 만성적인 어려움이 있기 때문이다. 고대 생활사에 대한 연구는 이런 현실적 어려움에도 불구하고 막 시작된 단계라고 할 수 있다. 따라서 유적 발굴을 통해 얻어낸 정보가 큰 비중을 차지하며, 그 중요성은 앞으로도 더 커질 것이다. 고고학과 문헌사학의 적극적인 소통과 교류가 요구된다.

먼저 생활의 가장 기본이 되는 의식주에 대해 살펴보자.

고구려의 경우에는 유물 자체는 상대적으로 적은 편이지만 고분벽화가 풍부하게 남아 있으므로 의생활에 관한 중요한 자료가 된다. 최근에 이를 활용한 연구들이 속속 나오고 있다. 의복의 종류와 특징, 일반복식의 고유한 양식을 비롯하여 갑옷을 포함하는 특수복식까지를 개괄한 연구가 있다.[15] 그리고 의복·관모·신발의 기본 복식과 그 세부구조를 복원하며 세밀하게 검토한 연구도 나와 있다.[16] 고구려의 冠을 동시기 중국 및 백제·신라 등과 비교하여 검토한 연구[17]는 관에 관한 그동안의 언급들을 중간 결산한 것이라 할 수 있다.

백제의 경우는 「양직공도」의 백제 사신이 유일한 그림 자료일 뿐, 그 외에는 중국기록에 단편적으로 보이는 언급이 전부이다. 최근에 옛 백제 지역에서 금동관의 출토 사례가 조금씩 추가되어 관모에 대한 지식이 늘고 있지만, 여전히 자료가 빈약한 편이다. 따라서 연구도 많지 않은 편이었지만, 최근 관모와 복식에 관한 자료를 종합적으로 개괄한 성과가 나와서 이 방면 연구의 밑바탕이 되고 있다.[18]

신라는 금관의 구조나 기원에 대한 연구라든가, 『삼국사기』 색복조의 신분별 禁制에 관해서 일찍부터 관심이 기울여졌었다. 그러나 의생활이라는 관점에서 이루어진 연구는 많지 않다. 토우나 토용을 통해 복식에 접근하려는 노력들이 있었고, 중국 王會圖의 신라 사신 모습이 알려져서 그림 자료가 추가되었다. 최근에 여러 기록을 종합하고 고구려 고분벽화와 비교하면서 신라 지배층의 의생활을 개괄한 연구가 이 방면 연구의 가능성을 보여준다.[19]

고대사회의 복식이란 것이 추위를 피하는 등의 기능적인 측면만이 아니라 형태와 재질 및 색깔로 신분을 표시하는 것이란 점은 잘 알려져 있다. 따라서 그동안의 연구는 주로 이런 측면에 주목하여 이루어져왔다. 이런 측면을 해명하는 일은 고대사회의 구조를 이해하는 데 중요한 요소가 될 것이다. 그러나 비록 자료의 한세가 있더라도 의복의 재질과 기능, 재료의 생산과 제작까지를 염두에 둔 연구를 지향해나간다면 고대인의 생활상은 물론 사회구조도 더 풍부하게 이해할 여지가 마련되리라 생각된다.

식생활을 탐구하는 일은 더욱 어려운데, 연구 소재가 될 만한 실물을 기대하기가 거의 불가능하기 때문이다. 그럼에도 불구하고 단편적인 기록과 물질자료를 활용한 연구들이 없지 않다. 특히 과거 1970년대까지는 고분 출토물을 활용하려는 노력이 미흡했지만, 최근에는 기존의 발굴성과를 활용하여 먹거리에 관한 연구들이 다수 제출되고 있다.

고구려의 경우에는 출토 유물은 상대적으로 적지만 벽화 자료가 많이 남아 있으므로, 이들 자료를 분석한 연구들이 나오고 있다. 벽화자료와 유물을 검토하여 조리와 상차림, 먹거리를 얻는 방식과 도구, 그리고 조리하고 먹는 데 쓰인 그릇, 저장용기 등의 기초자료를 정리한 연구가 고구려인의 식생활을 이해하는데 도움을 준다.[21] 또 고구려 유적에서 출토된 금속용기를 분류·정리

하여 조합상을 검토하고 신라나 가야와 비교한 연구도 식문화 이해에 도움을 준다.[22]

한편, 백제의 경우에는 일찍이 고고 발굴의 성과를 정리하여 식생활을 개괄한 연구가 나온 이후,[23] 발굴 유적의 꽃가루 분석 등을 통해 생태환경을 언급하면서 백제인의 식생활 재료와 조리도구를 정리한 연구도 나와 있다.[24] 최근에는 문헌과 고고자료를 개괄하여 조리도구 및 음식의 종류를 종합한 결과물도 나왔다.[25] 아직 충분치는 않지만 이러한 성과들은 향후 연구의 밑바탕이 될 것으로 기대된다.

신라의 경우에는 먹거리와 관련하여 고분 출토물들이 있었지만 종합·정리하려는 시도는 많지 않았다. 따라서 상대적으로 많은 자료가 있음에도 불구하고 적극적인 관심이 기울여지지 못하였고, 단편적인 언급만 나오다가 한참만에 통일신라기의 식문화를 개괄한 연구가 나왔다.[26]

종합적인 정리와 연구가 상대적으로 잘 된 경우는 가야이다. 1980년대 이후 현재까지도 각지에서 발굴이 꾸준히 진행되고 있기 때문에 축적된 자료들도 많은 편이다. 가야 각지의 고분 출토물을 검토하여 먹거리의 조달과 조리, 식문화 양상 등을 종합·정리한 연구[27]는 식문화 이해에 큰 도움을 주며, 최근의 발굴 사례에서 식습관을 지적한 연구도 주목된다.[28] 특히 가야 고분 출토물을 분석한 결과는 흥미로운 요소를 제공한다. 즉 해안에서 얻은 어패류들이 내륙의 고분에서 나옴으로써, 건조시키거나 소금에 절여서 운반하여 조달했음을 알려주고, 더 나아가 양 지역의 관계까지 생각해볼 여지를 제공하는 점 등이다. 이밖에도 발굴과 연구가 더 진행되면 고대인의 생활상을 풍부하고 역동적으로 짚어볼 수 있는 자료들이 추가될 것으로 기대된다.

건물지 발굴이 많이 이루어졌지만 주거문화에 대한 이해는 아직 생동감 있게 이루어지지 못하고 있다. 사찰이나 궁궐의 규모나 배치를 알아내는 자료는 더러 축적되어 있지만, 그 속에서 움직이며 살아가던 사람들의 구체적인 모습을 추정할 단서들이 쉽게 발견되지 않기 때문이다. 주거문화에 관해 상대적으로 많은 자료가 확보되어 있는 경우가 신라 왕경이다.

일찍이 황룡사 동쪽의 왕경유적에 대한 조사가 마무리되어 보고서가 이미 간행되었다. 여기서는 도로 및 배수로, 단일 주택구역으로 추정할 수 있는 택지규모, 개별 건물의 초석과 담장, 우물 등에 대한 정보를 얻을 수 있다. 그리고 황남동, 동천동, 인왕동 등 여러 곳에서 신라 왕경의 주거유적이 발견되어 자료들이 모이고 있다. 다만 그럼에도 불구하고 유적 해석의 어려움으로 인해 주거문화의 구체적인 양상에 대한 연구는 본격화되지 못한 상태라고 생각된다. 최근 문헌과 고고자료를 종합한 검토가 나와서 연구의 기본방향을 제시했지만,[29] 향후 더 활발한 연구가 기대되는 부분이라고 할 수 있다.

궁궐이나 귀족 저택의 정원에 대한 정보도 유적 발굴을 통해 조금씩 추가되고 있다. 궁궐에 딸린 苑池로는 일찍부터 부여 궁남지나 경주의 월지(안압지)가 주목받아왔다. 그리고 최근 경주에서 귀족 저택의 원지로 추정되는 발굴 사례들이 속속 추가되고 있어서 지속적인 관심을 가질 필요가 있을 것이다.

한편, 고구려 고분벽화를 바탕으로 고대 귀족의 실내생활이 침상과 좌상, 의자와 탁자를 사용하는 입식생활이었으리라는 점은 일찍부터 지적되었다. 신라의 경우에도 문헌사료와 함께 집모양 토기를 분석해보면 같은 양상이었음을 알 수 있다.[30] 또 주거 생활사라고 했을 때 난방 문제도 중요한 요소이다. 한반도 북부와 만주 지역에서는 쪽구들이 난방시설의 핵심이었다고 이해된다. 여기에 대해서는 최근 관련 유적을 망라하여 개괄한 연구가 나와 있다.[31]

그런데 방 전체를 덮히는 온돌은 한참 후대에 들어온 것이며, 쪽구들도 한반도 중부 이남의 고대 유적에서 발견된 사례가 드물다. 따라서 주거생활에서 겨울철의 난방 문제는 의문으로 남아 있다. 다만 굴뚝이 건물 외벽에 붙은 집모양 토기, 출입문 위에 통풍구가 뚫린 집모양 토기 등을 참고하면, 불을 때는 아궁이나 화덕이 실내에 있었다는 것을 알 수 있다. 이런 점들을 감안하여 향후 깊이 있는 연구가 이루어질 필요가 있다고 생각된다. 아울러 벽화를 비롯한 유물 자료를 통하여 실내 채광에까지 관심의 폭을 확대할 필요도 있을 것이다.

인간생활이 복잡하고 다양하게 이루어지듯이, 생활사의 영역은 의식주를 제외하고서도 매우 넓다. 다양한 정보들은 주로 고고 발굴을 통해서 알려지는 경우가 대부분이다. 광주 신창동 유적에서 기생충 알이 추출되어 당시 사람들이 안정된 정착 농경생활을 누리면서 기생충 감염이 만연한 상태에서 살았음이 알려졌다. 그리고 대구 칠곡 유적지에서도 회충·편충·촌충을 포함하여 간디스토마가 확인되어 잉어과 담수어나 은어를 날것으로 먹었다는 것, 돼지고기를 날 것으로 먹었다는 것 등이 확인되기도 한다. 또한 부여 은산 가중리 집터 유적에서는 지사제로 쓰인 쥐손이풀 씨앗이 발견되기도 했다.

이렇듯 고고 발굴은 고대 생활사를 연구하는 데 큰 비중을 차지한다. 다만 발굴을 통해 얻는 정보 자체는 개별적이고 파편적인 만큼, 이를 종합하는 노력이 병행되어야 할 것이다. 작은 정보들이 분석되고 모이면서 고대인의 생활 모습 전체에 다가갈 수 있으리라 기대된다. 어쩌면 과거에 발굴된 유물을 다시 돌아보면서 새로운 사실을 알아낼 여지가 있을 지도 모른다. 목간도 생활사에 대한 중요한 자료이지만, 이 책의 다른 장에서 구체적으로 언급될 것이다.

최근 20여 년간 발굴이 급증하고 있는 성곽도 고대인의 생활상에 대한 중요한 자료를 제공한다. 발굴 사례가 늘면서 과거 막연히 유사시의 피난 장소로 생각하던 경향을 넘어서, 지배업무에 따르는 행정과 수취 등을 비롯하여 고대인의 일상이 이루어지던 공간의 하나였음이 드러나고 있다. 따라서 출토 유물만이 아니라 산성의 입지와 산 아래 촌락의 위치, 고분과 농경지의 배치 등을 면밀하게 더듬어서 당시 사람들의 생활공간 자체를 복원하려는 노력도 필요하리라 생각된다.

4. 과제와 전망

이상에서 매우 거칠게나마 생활사를 중심으로 한 최근의 연구를 짚어보았다. 생활사·문화사에 대한 관심이 높아지는 것이 사회적인 추세이고, 일찍부터 많은 성과를 내고 있는 서구 역사학계의 동향이 소개되는 한편으로 번역물이 쏟아져 나오는 상황이다. 그러나 정작 우리 학계는 이런 경향의 연구를 주체적으로 소화할 만한 준비가 미처 되어 있지 않았던 것도 사실이다.

이제 향후의 진전된 연구를 위해 필요한 몇 가지를 짚어보기로 한다.

이 방면 연구를 위한 자료는 문헌보다는 고고 자료가 절대적인 중요성을 차지한다. 따라서 개별 정보를 판단하고 해석하거나 종합적으로 검토하여 전체상을 그려나가기 위해서는 고대사와 고고학의 적극적인 교류와 소통이 필요하다고 생각된다. 당장은 논리적인 주장을 담은 형태가 아니더라도, 이런 노력을 통해서 고대인들의 삶의 배경이 되고 일상의 움직임을 구성하는 갖가지 요소들에 대한 연구가 조금씩 축적되어 간다면 전체적인 역사상에까지 접근할 수 있을 것이다.

다음으로는, 중국과 일본 등의 인접 국가뿐만 아니라 서구의 연구 성과 및 다양한 사례들과 비교 검토가 요구된다는 점이다. 풍속이나 관념, 생활상의 같고 다름을 비교하는 것은 물론이거니와, 전체상의 재구성을 위해 활용되는 인식론과 방법론도 배울 필요가 있다. 우리 학계의 이 방면에 대한 관심이 시작하는 단계임을 감안한다면, 얼핏 지엽적인 소재주의에 빠질 우려를 덜기 위해서도 비교 연구는 필수적이라고 생각되는 것이다.

역사학이 인간의 삶을 종합하여 연구하는 학문임을 전제한다면, 사소해보이는 일상의 여러 요소들에까지 관심을 갖는 것은 자연스럽다. 생활문화사에 대한 관심은 고대사 연구의 지평을 넓히고 한 차원 높은 연구를 모색하는 데도 필요하다고 생각된다. 생활사 연구의 성과물이 쌓인다면, 그동안 성급하게 현대인의 마음을 기준으로 파악·해석해온 정치·경제·사회사의 결론들을 수정할 여지가 생길 수도 있을 것이다. 고대인의 생활감각을 바탕에 깔지 못하고 진행된 연구는 해석 과정에서 오류의 폭이 넓어질 수 있기 때문이다.

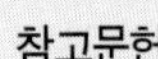

참고문헌

1. 한국역사연구회, 1994, 『문답으로 엮은 한국 고대사 산책』, 역사비평사 ; 1998, 『삼국시대 사람들은 어떻게 살았을까』, 청년사 및 KBS TV의 「역사 스페셜」.

2. 金杜珍, 1994, 「한국 古代 女性의 지위」 『韓國史市民講座』 2, 一潮閣.

3. 全虎兌, 1997, 「韓國 古代의 女性」 『韓國古代史研究』 2.

4. 김영심, 2003, 「한국 고대사회 女性의 삶과 儒敎」 『韓國古代史研究』 30.

5. ＿＿＿＿, 2003, 「혼인습속과 가족구성원리를 통해 본 한국 고대사회의 女性」 『강좌 한국고대사 10』, 가락국사적개발연구원.

6. 李基白, 1997, 「韓國 古代의 祝祭와 裁判」 『歷史學報』 154.

7. 이필영, 1987, 「한국 고대의 장례의식 연구」 『論文集』 17, 한남대 동아문화연구소.

8. 나희라, 2004, 「고대의 상장례와 생사관」 『역사와 현실』 54.

9. 姜友邦, 1997, 「新羅土偶論」 『신라토우』(국립경주박물관) ; 2000, 『法空과 莊嚴』, 열화당.

10. 李鍾哲・皇甫明, 2002, 「韓國 古代의 性文化」 『강좌 한국고대사』 8, 가락국사적개발연구원.

11. 孫明淳, 2000・2001, 「新羅土偶의 象徵性에 關한 研究(上・下)」 『慶北史學』 23・24.

12. 田耕旭, 2003, 「壁畵를 通해본 高句麗의 놀이문화(演戲文化)」 『高句麗研究』 17.

13. 전덕재, 2006, 「고구려의 놀이문화」 『고고자료에서 찾은 고구려인의 삶과 문화』, 고구려연구재단.

14. 金聖惠, 2007, 「신라인의 놀이에 관한 고찰(1)」 『신라 왕경인의 삶』(新羅文化祭學術論文集 28).

15. 박선희, 2004, 「비교 연구를 통한 고구려 복식의 고유양식과 정체성 인식」 『고구려문화의 비교 연구』, 고구려연구재단.

16. 정완진, 2004, 「고구려 복식의 형태 복원」 『고분벽화로 본 고구려 문화』, 고구려연구재단.

17. 권오영, 2006, 「중국 유물과 벽화를 통해 본 고구려인의 冠」 『고고자료에서 찾은 고구려인의 삶과 문화』, 고구려연구재단.

18. 권태원, 2004, 『백제의 의복과 장신구』, 주류성.

19. 高富子, 2007, 「新羅 王京人의 衣生活」『신라 왕경인의 삶』(新羅文化祭學術論文集28).

20. 李弘鍾, 1997, 「韓國 古代의 生業과 食生活」『韓國古代史硏究』12.

21. 강현숙, 2006, 「유적·유물로 본 고구려의 식생활」『고고자료에서 찾은 고구려인의 삶과 문화』, 고구려연구재단.

22. 이한상, 2006, 「高句麗 金屬容器文化의 特色」『고고자료에서 찾은 고구려인의 삶과 문화』, 고구려연구재단.

23. 李鍾哲 皇甫明, 1994, 「百濟의 衣食住生活 習俗」『裵鍾茂總長退任紀念 史學論叢』.

24. 金起燮, 2003, 「百濟人의 食生活 試論-재료와 조리를 중심으로-」『百濟硏究』37.

25. 이재운·이상균, 2005, 『백제의 음식과 주거문화』, 주류성.

26. 김상보, 2007, 「통일신라시대의 식생활문화」『신라 왕경인의 삶』(新羅文化祭學術論文集28).

27. 권주현, 2004, 『가야인의 삶과 문화』, 혜안.

28. 곽종철, 2003, 「가야의 생업」『가야고고학의 새로운 조명』, 부산대학교 한국민족문화연구소.

29. 梁正錫, 2007, 「新羅 王京人의 住居空間」『신라 왕경인의 삶』(新羅文化祭學術論文集28).

30. 하일식, 2007, 「삼국유사에 보이는 빈민관련 자료 검토」『삼국유사와 일연』, 신서원.

31. 송기호, 2006, 『한국 고대의 온돌』, 서울대학교 출판부.

부록

기초자료의 정리와 편찬
전시도록의 정리와 평가

부록

기초자료의 정리와 편찬

권덕영 _ 부산외국어대학교 역사학과

일찍이 프랑스의 역사가 랑글로아(Langlois)와 세뇨보(Segnobos)는 "사료 없이 역사 없다"라는 말을 남겼다. 이는 역사에서 가장 기본적인 것이 사료이고, 사료를 통해서만 비로소 역사가 존재할 수 있다는 의미이다. 이렇듯 역사 연구에서 사료는 압도적인 중요성을 가진다. 그 중에서도 문자로 씌어진 이른바 문헌자료는 모든 형태의 사료 가운데 으뜸이라 할 수 있다.

한국고대사 연구도 예외가 아니다. 비록 풍부하지는 않지만, 한국고대사 관련 사료는 한국과 중국 그리고 일본 등지에 다양한 형태로 남아 있다. 역사서, 시문집, 금석문, 고문서, 목간, 전기, 경전, 일기 등이 바로 그것이거니와, 이들 사료는 한국고대사 연구에 기초가 됨은 말할 것도 없다.

지난 20여년 동안 한국고대사 연구는 괄목할만한 성과를 거두었다. 그것은 활발한 사료의 발굴 · 정리 · 편찬 · 연구가 있었기에 가능했다고 해도 과언이 아니다. 다시 말하면 오늘날 한국고대사 연구의 눈부신 발전 뒤에는 기초 자료의 정리와 편찬이라는 숨은 노력이 있었다. 모든 분야의 역사연구가 그렇듯이, 기초 자료의 조사와 정리 · 편찬은 고되고 힘든 작업이다. 그럼에도 불구하고 한국고대사 연구자들은 그러한 작업에 꾸준히 매진해왔다.

여기서는 한국고대사 연구의 기반을 마련한 기초 자료의 정리와 편찬 및 그 연구를 몇 개의 범주로 나누어 정리, 소개하고자 한다. 다만 지면의 제한과 필자의 능력 부족으로 1980년대 이후 남한에서 이루어진 성과만을 대상으로 하되, 학술적 가치가 있다고 판단되는 문헌자료를 중심으로 소개하겠다.

1. 원전 간행과 교감

한국고대사 관련 원전 자료는 다종다양하다. 그 중에서 『삼국사기』와 『삼국유사』가 단연 중심이 된다. 잘 알려져 있듯이 『삼국사기』와 『삼국유사』는 각각 고려 인종 23년(1145)과 충렬왕 7년(1281)경에 편찬되었다. 그 후 이 책들은 목판본, 鑄字本, 필사본, 新活字本 등의 여러 가지 형태로 꾸준히 간행·유포되었다. 그러한 전통은 현재까지 이어지고 있다.

『삼국사기』 간행본으로 우선 들 수 있는 것은 조병순이 편찬한 『증수보주 삼국사기』이다.[1] 이 책은 조선 중종 壬申本을 축소 영인하여, 그 상단에 『삼국사절요』와 고려판본 『삼국사기』 및 금석문 등을 참고해 원문에 보주를 붙이는 형식으로 교감한 것이다. 그리고 恐案이라 표시하여 편자의 새로운 의견을 덧붙이고 그 근거를 제시하였다. 이강래의 『원본 삼국사기』 역시 1931년 고전간행회에서 영인한 중종 임신본을 다시 축소 영인하여, 여타의 여러 목판본·주자본과 각종 활자본을 서로 대조하고 국내외 관련 자료를 광범위하게 참고한 교감본이다.[3]

그리고 한국정신문화연구원(현 한국학중앙연구원)에서 국역 총서의 일환으로 교감·간행한 『역주 삼국사기』 勘校 원문편은 중종 임신본을 저본으로 하였으나, 원본을 영인한 것이 아니라 그 내용을 컴퓨터 활자로 조판하였다.[2] 이 교감본은 지금까지 간행된 10여종의 각종 판본과 일일이 대조하여 글자의 같고 다름을 각주에 명시하고, 중국과 한국의 다양한 자료를 참고해 오류를 수정하였다.

『삼국유사』 원전도 여러 종 간행되었다. 고려대학교 도서관에서 편찬한 『만송문고 삼국유사』는 중종 임신본의 여러 판본 가운데 晚松文庫本을 영인해 싣고 뒤쪽에 石南本과 鶴山本을 부록으로 함께 수록하였는데, 이 본들에서 낙장 및 훼손된 부분은 順庵手澤本으로 보충하였다.[4] 그리고 하정룡과 이근직의 공동작품인 『삼국유사 교감연구』는 현존하는 목판본 13종과 필사본 2종 그리고 대표적인 활자본 4종을 교차 대조하여 교감하고 아울러 그 결과를 각주에 기재하였다.[5]

한편 강인구 등의 『역주 삼국유사』는 원전 교감을 위한 것이 아니라 『삼국유사』 역주의 기초 작업으로 이루어진 성과물이다.[6] 그러나 이 책은 번역과 주석에 앞서 원문을 교감하였고, 말미에 중종 임신본을 축소 영인해 실었기 때문에 『삼국유사』 원전 교감본에 포함시켜도 무방할 듯하다.

이외에도 『삼국사기』와 『삼국유사』의 원본을 영인 또는 활자로 간행한 책들이 다수 출판되었다. 그러나 대부분이 원전에 대한 교감을 거치지 않은 것들이어서 격이 다소 떨어진다. 다만 『韓國佛敎全書』(동국대학교 불전간행위원회, 1994) 제6권에 수록된 『삼국유사』는 각종 판본을 두루 참고해 교감하였고, 一然學硏究院에서 간행한 『삼국유사』(일연학연구원, 2003)는 조선초기 刊本과 중종 임신본을 합해 영인했다는 점에서 비교적 학술적 가치가 높다고 하겠다.

1980년대 이후 한국고대사 연구의 특징적인 경향은 금석문의 활용이다. 문헌자료의 한계와 연이은 금석문의 발견으로 고대사 연구자들은 금석문의 가치를 새삼 인식하고 그것들을 적극적으로 연구에 활용하였다. 그 과정에서 금석문 자료집이 다수 간행되었다.

우선 조동원은 십 수년에 걸쳐 전국에 산재한 금석문을 일일이 탁본하여 그것을 축소·영인해 각 도별, 시대순으로 정리·편집한 『한국금석문대계』를 간행하였다.[7] 한국 금석문 종합자료집이라 할 수 있는 이 책은 비록 한국고대사 관련 금석문이 각 도별로 분산 수록되어 있어 활용에 다소 불편한 점이 없지 않으나, 실물의 탁본을 연구자들에게 제공한다는 점에서 매우 유익한 자료집이라 할 수 있다. 이와 유사한 것이 한국정신문화연구원에서 정리 편찬한 『장서각소장탁본자료집』이다.[8] 이 자료집은 장서각에 소장된 고대·고려시대의 금석문 탁본 57종을 축소 영인해 연대순으로 수록하였는데, 이 가운데 고대사 관련 금석문으로는 「영일냉수리신라비」 등 25종이 실려 있다. 그리고 임세권과 이우태는 삼국시대부터 고려시대까지의 금석문 탁본과 판독문 그리고 해설을 붙인 『한국금석문집성』을 시리즈로 편찬하였다.[9] 이 자료집 중의 고대사 관련 금석문으로는 고구려편과 백제편 각각 1권, 신라편 3권이 현재 간행되었다.

앞에서 소개한 금석문 자료집은 실물의 탁본 혹은 사진 자료집인데 반하여
『한국금석전문』, 『역주 한국고대금석문』, 『한국고대금석문자료집』, 『신라사
산비명』, 『역주 나말려초금석문』 원문교감편은 판독문만을 수록한 것이다.
허홍식의 『한국금석전문』은 고대부터 고려말까지의 금석문을 연대순으로 정
리한 자료집으로, 고대편에는 143점의 금석문이 판독·수록되어 있다.[10] 그
리고 국사편찬위원회에서 정리한 『한국고대금석문자료집』은 기존의 여러 판
독문을 나라별·종류별로 분류해 단순히 나열한 것으로, 앞으로의 금석문 전
문조사를 위한 기초 자료집 성격을 띠고 있다.[12]

그리고 한국고대사회연구소에서 편찬한 『역주 한국고대금석문』은 한사군
시기부터 신라말까지의 모든 금석문을,[11] 한국역사연구회의 『역주 나말려초
금석문』은 신라말 고려초의 금석문만을 대상으로 하였다.[14] 이들은 비록 역
주를 위한 기초 작업의 성과를 정리한 것이지만, 각종 판독문을 대조하고 실
물을 조사해 나름대로 교감했다는 점에서 금석문 원전자료집이라 할 수 있다.
한편 이우성은 최치원의 이른바 四山碑銘을 원 비문의 탁본과 각종 필사본을
대조해 원문을 정밀하게 교감하고, 기왕의 여러 주석들 가운데 가장 합당한
것을 채택하여 원문에 주를 붙인 『신라사산비명』을 편찬하였다.[13]

이 외에도 다양한 형태의 금석문 자료집이 있다. 주로 특정 지역의 금석문
을 조사·소개한 자료집이 많이 출간되었는데, 『서울금석문대관』(서울특별
시, 1987), 『김해금석문총람』(김해문화원, 1999), 『원주금석문대관』(연세대
원주박물관, 2004) 등이 그것이다.

금석문의 사료적 가치와 버금가는 것이 고문서와 목간 그리고 고대인들의
시문과 저술이다. 일찍이 최치원의 글을 모아 편집한 『최문창후전집』(성균관
대 대동문화연구원, 1972)이 간행된 적 있으나, 고문서와 목간은 그 수량이 극
히 제한되어 있어 종전에는 개별 연구논문에서 판독·활용하는 정도였다. 그
러나 근년에 들어와 이들 자료를 집대성하여 서책으로 간행하였다.

먼저 이기백은 신라와 고려시대의 고문서와 목간을 종합적으로 정리한 『한

국상대고문서자료집성』을 출간하였다.[15] 이 자료집에 수록된 신라시대 자료
는 전체 164종 가운데 8종에 불과하나, 이 책은 종전까지 알려진 고대 고문서
와 목간을 종합적으로 정리하고 도판과 판독문을 실어 연구자들에게 제공하
고 있다. 그리고 근년에 국립창원문화재연구소는 경주 안압지에서 처음 목간
이 발견된 이후 약 30년 동안 국내에서 발견된 모든 목간의 실물 적외선 촬영
사진과 판독문을 수록한 『한국고대목간』을 내놓았다.[16] 한편 동국대학교 불
전간행위원회에서 편찬한 『한국불교전서』 신라편(권1-3)에 수록된 원측, 원
효, 의상 등의 저술 역시 원전 자료집로서의 성격을 가지고 있다.[17]

2. 번역과 주석 작업

　한국고대사 원전의 교감과 간행을 바탕으로 번역과 주석 작업 역시 활발히
진행되었다. 종전의 한국고대사료 역주 작업은 주로 『삼국사기』와 『삼국유
사』를 중심으로 이루어졌다. 그런데 근년에 들어와서는 이들 자료뿐만 아니
라 한국의 금석문, 문집류, 승전류와 중국, 일본 자료까지도 광범위하게 역주
되었다.

　『삼국사기』 역주서로 우선 들 수 있는 것은 한국정신문화연구원의 『역주
삼국사기』이다.[18] 전체 5책으로 이루어진 『역주 삼국사기』는 감교 원문편, 번
역편, 주석편, 색인편으로 나누어진다. 이 가운데 번역편은 감교 원문편을 대
본으로 한글 표기를 원칙으로 번역하였고, 주석편은 인명·지명·용어뿐만
아니라 최근의 역사연구 성과까지 상세히 소개하였다. 그리고 이강래는 자신
이 교감한 『원본 삼국사기』를 저본으로 삼아, 비교적 평이한 문체로 『삼국사
기』를 번역하였는데, 필요한 부분에 각주를 달아 번역문의 이해를 돕고 있
다.[20] 한편 이재호는 일찍이 수차례에 걸쳐 자신이 번역했던 『삼국사기』와
『삼국유사』를 수정·보완하고 곳곳에 주석을 달아 이들을 재차 간행하였
다.[19, 21] 이재호가 옮긴 『삼국사기』와 『삼국유사』는 정갈하고 정확한 번역으
로 정평이 나 있다.

　『삼국유사』에 대한 역주작업 역시 일찍부터 있어왔다. 그런데 최근에 들어

와 보다 정확하고 내용이 풍부한 역주서들이 속속 출간되었다. 우선 강인구를 비롯한 5명의 연구자가 참여한『역주 삼국유사』는 항목별로 원문교감, 번역, 주석 순으로 구성하고, 독자의 편의를 위해 각권 내의 항목에 일련번호를 붙여 쉬운 한글로 번역하려 노력하였으며, 많은 주석을 달아 번역문의 내용을 보충하였다.[23] 하정룡의『교감 역주 삼국유사』역시 각 항목별로 원문, 번역, 주석 순으로 구성하고 일련번호를 붙였다.[23] 그런데 이 책 주석의 대부분이 원문 교감에 치우쳐 있어 역주서라 칭하기에 부족한 감이 없지 않다.

사실『삼국사기』와『삼국유사』번역본은 앞에서 소개한 것 외에도 숱하게 출간되었다. 그 중에는 학술적 목적을 위한 번역·역주서도 있으나, 대부분은 일반 대중을 겨냥한 교양서 수준의 번역본이다. 따라서 여기서 그것들을 일일이 소개할 필요가 없을 듯하다.

한편『삼국사절요』는『삼국사기』『삼국유사』와는 또 다른 사료적 가치를 가지고 있다.『삼국사절요』원전은 일찍이 영인·간행되었으나[25] 그것의 번역은 최근에 이루어졌다. 세종대왕기념사업회에서 출판한『국역 삼국사절요』가 그것이다.[24] 이 책은 규장각본『삼국사절요』를 대본으로 번역하고, 필요한 부분에 間註와 각주를 활용하여 어려운 용어 등에 대한 설명을 덧붙였다. 그리고 번역편 말미에 원문을 영인해 수록하였다.

『삼국사기』『삼국유사』와 함께 금석문의 번역과 주석도 활발하게 이루어졌다. 사실 종전에는 금석문의 체계적인 연구와 정밀한 판독문이 부재했을 뿐 아니라 비문이 난해하여 섣불리 번역·주석할 수 없었다. 그러나 금석문에 대한 꾸준한 연구를 바탕으로 보다 정확한 판독문이 만들어졌고 금석문의 중요성이 어느 때보다 높게 인식됨으로써, 1990년대에 들어와 한국고대 금석문의 번역과 주석이 성행하였다.

고대 금석문의 번역과 주석을 처음 시도한 것은 한국고대사회연구소였다. 이 연구소는 수십 명의 고대사 연구자를 모아 한국고대 금석문을 빠짐없이 수집하고, 그것을 나라별·종류별로 분류해 원문을 교감·번역·주석하여『역주 한국고대금석문』을 발간하였다.[26] 이와 비슷한 시기에 이지관은 신라시대부터 조선시대까지 고승들의 비문을 교감·역주하여 『역주 역대고승비문』 시리즈물을 출간하였다. 이 가운데 제1권 신라편은 한국고대사와 직접적으로 관련되는 자료이다.[27] 특히 이 책은 역주자의 해박한 불교지식을 바탕으로 난 해한 승려들의 비문을 정치하게 역주한 노작이라 할 수 있다.

그런데 몇 년 후 한국역사연구회에서 『역주 나말려초금석문』을 간행하였 다.[30] 이는 제목에서 명시한 바와 같이 신라말 고려초의 금석문, 그 중에서도 선사들의 비문을 중심으로 원문을 교감하고 역주하였다. 이처럼 역주 대상이 기존의 주석서와 겹침에 따라 이 책은 앞서 출간된 금석문 역주서를 많이 참 고했을 것으로 생각된다. 그런 탓인지 모르겠으나 번역과 주석의 상당 부분 이 그것들과 유사하다는 느낌은 준다.

이 시기에 최치원의 사산비명 곧 雙谿寺眞鑒禪師大空塔碑銘, 聖住寺朗慧 和尙白月葆光塔碑銘, 初月山大崇福寺碑銘, 鳳巖寺智證大師寂照塔碑銘을 번 역·주석한 책도 나왔다. 최영성의 『주해 사산비명』과 이우성의 『신라사산비 명』이 바로 그것이다.[28, 29] 이 가운데 『신라사산비명』은 종전의 원문 교감과 주석 그리고 번역에 대한 오류와 미비점을 대폭 수정·보완하였다.

한국고대사 관련 문집류와 불전류는 중국이나 일본에 비하여 그 양이 많지 않다. 그럼에도 종전에는 최치원의 글을 모은 이른바 '최치원문집' 정도가 번 역되고 나머지는 방치되었다. 그런데 근년에 들어와 신라와 고려시대의 시문 집과 불교 관련 저술들이 하나씩 번역·주석되었다.

우선 최영성의 『역주 최치원전집』을 들 수 있다.[31] 이 책은 최치원의 모든 글들을 모아 번역 주석한다는 계획 하에 진행되고 있는 역주작업의 중간 결과 물이다. 지금까지 두 책이 간행되었는데, 제1권은 사산비명에 대한 역주이고 제2권은 『계원필경집』을 제외한 최치원의 시문과 비문들을 번역·주석한 것 이다. 그리고 장휘옥은 『해동고승전』의 각종 寫本과 刊本을 대조해 새로 교정 본을 만들고, 그것에 기초하여 번역·주석한 『해동고승전 - 현대적 풀이와 주 석』을 간행하였다.[32] 이 책은 특히 본격적인 역주 이전에 승전의 내용을 쉬운 현대어로 풀이해 놓은 점이 이채롭다.

각훈의 『제왕운기』도 쉽게 번역되었는데, 김경수가 역주한 『제왕운기』가 그것이다. 여기서 역주자는 원문과 번역 및 역주를 병기하고 권말에는 원본을 영인해 붙였다. 그리고 정수일은 『혜초의 왕오천축국전』에서 殘本으로 남아 있는 『왕오천축국전』을 세밀하게 고증하고 자세히 번역, 역주하였다.[34] 이는 종전의 다른 주석서와 달리 필요한 부분에 관련사진, 도표, 지도 등을 첨부하여 독자들의 이해를 돕고 있다. 이 밖에 원효, 원측 등의 불교관련 저술은 동국대학교 역경원에서 간행한 『한글대장경』에 번역, 수록되어 있다.

한국고대사의 기초 자료로서 널리 활용되는 것이 중국과 일본 자료이다. 중국자료는 일찍부터 그 중요성이 인정되어 널리 활용되었으나, 일본 자료는 비교적 근년에 들어와 주목받게 되었다. 한국고대사 연구는 이러한 자료를 적극적으로 활용함으로써 그 폭과 깊이가 더해져갔거니와, 그와 병행하여 관련 자료의 번역과 주석도 이루어졌다.

국사편찬위원회에서 간행한 『중국정사조선전 역주』는 중국의 이른바 25사 가운데 한국관련 열전만을 뽑아 전체 3책으로 역주한 것이다.[35] 『사기』 조선열전부터 『신당서』 동이전까지를 수록한 제1권과 제2권은 한국고대사와 직접적으로 관련된다. 그리고 일본 승려 圓仁의 『입당구법순례행기』는 신라 하대 장보고와 재당신라인들의 활동을 생생하게 전하는 자료인데, 우리나라에서 두 차례 번역되었다. 신복룡이 번역한 『입당구법순례행기』와 김문경이 역주한 『엔닌의 입당구법순례행기』가 그것이다.[36, 37] 이 가운데 신복룡 역주본은 비교적 주석이 간략한데 비하여 김문경의 그것은 지금까지의 다양한 연구성과를 충실히 담고 있다.

『일본서기』도 역시 우리나라에서 두 차례 번역되었다. 성은구가 역주한 『일본서기』는 이노우에 미츠사다(井上光貞)가 책임 편집한 『일본서기』(중앙공론사, 1983)를 저본으로, 전체 30권 가운데 20권만을 발췌해 번역하고 간단한 주석을 붙인 것이다.[38] 그리고 전용신은 일본의 각종 번역본과 주석서를 참고하여 『일본서기』 전체를 번역하고 간단한 각주를 달았다.[39] 그리고 최근에 노성환과 권오엽이 『고사기』를 번역, 출간하여[40, 41] 고대 한일관계사 연구에 도움을 준다.

한편 1989년에 필사본 『화랑세기』가 발견·공개됨으로써 이 자료에 대한 역주도 이루어졌다. 필사본 『화랑세기』의 진위여부는 아직도 논란이 되고 있지만, 대부분 사람들은 이 책을 위서로 판단하고 있다. 그럼에도 이 자료는 사학사적인 면에서 나름대로 의미가 있으므로 여기서 간단히 소개한다.

먼저 이태길은 필사본 『화랑세기』가 발견된 직후에 이른바 발췌본을 번역하고 아울러 원문을 제시하였다.[42] 그 후 조기영과 이종욱이 모본을 대상으로 번역, 주석하였는데,[43, 44] 이 중에서 이종욱이 역주한 『화랑세기』는 번역과 주해, 원문, 부록의 순으로 배열하고 용어해설과 색인까지 갖춘 가장 충실한 주해본이라 할 수 있다.

3. 색인, 목록집 작성

한국은 중국이나 일본에 비하여 사료 색인집과 연구 문헌목록집 간행의 역사가 짧다. 한국고대사 분야도 예외가 아니어서, 1980년대 이전에 간행된 고대사자료 색인집으로는 연희대학교 동방학연구소에서 펴낸 『삼국사기 색인』(연희대학교, 1956)이 고작이었다. 그런데 근년에 들어와 한국고대사 연구가 활성화됨에 따라 다양한 사료 색인집과 연구 문헌목록집이 속속 출간되었다.

우선 한국정신문화연구원에서 펴낸 『역주 삼국사기』 색인편을 들 수 있다.[45] 그런데 이것은 『삼국사기』 원전의 색인이 아니라 앞에서 소개한 『역주 삼국사기』 번역편과 주석편의 내용을 대상으로 한 색인집이다. 이 책은 두 부분으로 나뉘어졌는데, 제1부는 번역편 색인이고 제2부는 주석편 색인이다.

이보다 먼저 한국정신문화연구원은 『삼국유사』에 대한 색인집도 만들었다. 『삼국유사 색인』이 바로 그것이다. 이 책은 서울대학교 중앙도서관에 소장된 중종 임신본을 저본으로 삼아, 주제별 색인과 발음순 색인으로 나누어 편집 간행하였다.[46] 주제별 색인은 인명·지리 등 15개의 대항목으로 나누고, 다시 각 항목을 세분하여 230개 세부항목으로 구분한 다음 가나다 순서로 배열하였다. 그리고 권말에 "삼국유사 諸本 페이지 대조표"를 만들어 제시함으로써 다양한 판본에 대한 검색의 편의를 도모하였다.

한편 김용옥은 민족문화추진회에서 영인·간행한 중종 임신본『삼국유사』를 저본으로 삼아 그 내용을 一字索引 방식으로 만든『삼국유사인득』을 펴내었다.[47] 일자색인은 글자 한 자 한 자의 사용례를 컴퓨터로 검색하는 것처럼 찾아 들어가는 색인방식으로, 이 책은 우리나라에서 처음으로『삼국유사』를 일자색인 방식으로 정리한 것이다. 그후 하정룡은『삼국유사인득』을 비롯한 기존 색인집이 정확한 교감본에 기초하지 않음으로써 원본성이 담보되지 못했다고 판단하고, 각종 판본을 정밀하게 대조·교감한 자신의『삼국유사 교감연구』를 대본으로 역시 일자색인을 만들었다.『삼국유사 일자색인』이 바로 그것이다.[48]

문헌자료뿐만 아니라 금석문에 대한 색인작업도 최근에 이루어졌다. 권덕영의『한국고대금석문종합색인』이 그것이다. 이는 기원전 2세기경부터 기원후 10세기 중엽까지 약 1,200년 동안의 한국고대사 관련 금석문 600여 점을 대상으로, 주제별 분류색인과 발음순 종합색인으로 나누어 편집한 색인집이다.[49] 이 책은 한국고대금석문에 대한 우리나라 최초의 종합색인집으로, 판독의 오류를 방지하기 위해 특정 자료집을 저본으로 정하지 않고 실물과 탁본을 대상으로 색인어를 적출하였다. 그리고 각종 판독문을 일일이 대조해 3,600여 항목의 각주를 달아 글자의 같고 다름을 표시하였다.

사료 색인집이 원전자료의 검색과 활용에 중요하다면, 연구목록집은 기존의 연구경향과 성과를 파악하는 데 긴요하다. 해방 후 한국사 연구의 활성화로 수많은 논문과 저서가 발표·간행되었다. 이처럼 늘어나는 연구 성과를 효과적으로 연구자들에게 알리기 위하여 국사편찬위원회는 1973년부터 매년 4차례『한국사연구휘보』를 간행, 배포하였다. 그러나『한국사연구휘보』에는 간혹 빠진 것이 있을 뿐더러 이 책 간행 이전의 연구와 특정 주제에 관한 연구 성과를 일목요연하게 파악하는데 어려움이 있다. 이에 1980년대부터 다양한 형태의 연구목록집이 간행되었다.

먼저 국사편찬위원에서 편찬, 정리한『한국사』논저목록은 근대 이후부터 1977년 말까지 국내외에서 발표·간행된 논문과 저서를 시대별로 나누어 일괄 수록하였다.[50] 그 가운데 제2장 선사시대와 제3장 고대는 한국고대사 연구목록집 역할을 한다. 이와 비슷한 시기에 장득진은 국사편찬위원회에서 오랫동안 『한국사연구휘보』 편찬을 담당한 경험과 정보를 바탕으로, 1945년부터 1984년까지 국내외에서 간행된 논문과 저서를 시대별, 주제별로 분류 정리한 『한국사논저총목록』을 출간하였다.[51]

그후 김동수는 『한국사논저 분류총목』에서 1994년까지 발표된 국내외 한국사 관련 논저를 총괄하고, 그것을 시대별로 분류한 다음 다시 분야별로 세분해 정리하였다.[52] 전체 2책 가운데 제1권에 고고학과 고대사 관련 논문과 저서들이 수록되어 있다. 그리고 한국사연구회는 광복 50주년 기념사업의 일환으로 『한국사연구논저총목록』을 간행하였다.[53] 이 책은 해방 이후 1994년까지 남북한과 미국, 일본, 러시아 등의 한국사 관련 논문과 저서를 총류와 각 시대사별로 분류해 정리한 논저목록집이다. 이 가운데 선사와 고대 부분은 한국고대사 연구목록에 해당한다.

앞에서 소개한 연구목록집이 종합목록집이라면 이하에 살펴볼 것은 시대별 혹은 주제별 연구목록집이라 할 수 있다. 신라사에 관해서는 동국대학교 신라문화연구소에서 편찬한 『신라연구논저목록』을 들 수 있다.[54] 이는 근대 이후 1986년 말까지 국내외에서 발표된 신라문화에 관한 모든 저서, 학술논문, 학위논문을 수록한 신라사 전문 목록집이라 할 수 있다. 그리고 동국대학교 경주캠퍼스 도서관에서 펴낸 『경주신라관계논저총람』은 경주·신라와 관련된 문학, 역사, 고고미술, 사상, 관광, 조경에 관한 단행본과 논문 목록 2만여 건을 수록하였는데, 신라 관련 연구가 대부분을 차지하고 있다.[55]

가야사와 백제사 연구목록집도 출간되었다. 국립창원문화재연구소의 『가야연구논저목록』은 가야와 관련한 연구를 역사학, 고고학, 미술사, 민속학, 종교·사상, 어문으로 분류해 정리하였다.[56] 아울러 해당 논문이나 저서에 대하여 간략한 설명을 덧붙여 연구자들에게 논저의 개략적인 정보를 제공하고 있다. 백홍기 등이 펴낸 『백제사연구논저총람』은 1900년부터 2002년 사이 남북한에서 발표된 단행본과 논문 그리고 조사보고서 등 총 3,762건을 주제별, 지역별로 정리한 목록집이다.[57]

한편 중국의 동북공정에 대응하기 위하여 설립된 고구려연구재단은 고구려를 포함한 고대 북방사에 대한 엄청난 분량의 연구서와 자료집을 간행·보급하였다. 이 재단에서 간행한 『고구려사 연구논저 목록』과 『발해사 연구논저 목록』은 그러한 성과의 일부이다.[58, 59] 이것들은 모두 국내에서 처음 간행된 고구려사와 발해사 관련 연구 논저목록으로, 전체를 주제별로 분류한 다음 각 주제 항목 아래에 나라별로 나누고 다시 그것을 저서와 논문으로 구분한 후 저자의 가나다 순서로 정리하였다. 거기에는 한국의 연구 성과뿐만 아니라 북한, 중국, 일본, 러시아, 구미의 연구 성과까지 망라해 수록되어 있다.

이 외에 특수 분야의 연구목록집이 있다. 우선 들 수 있는 것은 조동원의 『한국금석문논저총람』이다.[60] 사실 이 책을 한국고대사 연구 목록집의 범주에 넣기에 주저되는 바가 없지 않다. 그러나 금석문 연구의 대다수가 고대사와 관련되어 있기 때문에 여기에 포함시켜 소개해도 무방할 듯하다. 이 자료집은 한국 금석문 관련 저서와 논문을 언어별·시대별로 분류해 정리하고, 부록으로 주요금석문 소재지를 지방별로 나누어 소개하였다. 그리고 해상왕장보고연구회에서 펴낸 『7~10세기 한중일 교역 연구문헌목록·자료집』 역시 특수 분야 연구자료 목록집이라 할 수 있다.[61] 이는 1900년부터 1999년까지 장보고를 중심으로 한 고대 교역활동에 관한 국내외 연구 논문과 저서 그리고 신문과 방송 관련 기사까지를 수집 정리한 고대 대외교역 관련 연구목록집이다.

잘 알고 있듯이 서책으로 간행된 연구문헌 목록집은 수명이 길지 못하다. 매년 쏟아져 나오는 논문과 저서를 모아 정기적으로 증보판을 만들지 않으면 시간이 지날수록 그 효용성이 떨어지기 때문이다. 그래서 최근에는 실시간으로 업데이트 할 수 있는 인터넷 사이트의 연구문헌 검색코너가 인기를 끌고 있다. 대표적인 것이 국사편찬위원회(http://www.history.go.kr.)의 한국사연구휘보 검색 사이트이다. 앞으로는 이러한 인터넷 검색 사이트가 보다 유용하게 활용될 것으로 여겨진다.

4. 사전, 사료집 편찬

일본에서는 일찍부터 다양한 형태의 역사사전이 편찬되었다. 일본 전 시기의 역사를 대상으로 한 『일본사사전』(암파서점, 1999) 혹은 『국사대사전』(길천홍문관, 1993~1997)은 물론 『일본고대사사전』(대화서방, 1997)과 같은 단대사 역사사전도 편찬되었다. 한국에서는 이홍직의 『국사대사전』을 비롯한 몇몇 역사사전이 있으나, 시대별 역사사전은 아직 편찬되지 않은 실정이다. 한국고대사 연구의 괄목할만한 성과를 감안해볼 때 한국고대사를 대상으로 한 역사사전의 출현을 기대해봄직하다. 그런데 최근 이와 유사한 몇몇 사전이 편찬, 출간되었다.

넓은 의미에서 고고학은 고대사의 한 분야이다. 이런 점에서 국립문화재연구소가 편찬한 『한국고고학사전』을 한국고대사 사전류에 포함시켜도 무방할 듯하다. 이 사전은 선사시대와 역사시대의 유적과 유물을 포괄적으로 소개, 설명하고 있다.[62] 특히 고구려, 백제, 신라, 가야, 발해의 역사와 문화에 관한 서술은 한국고대사의 연구 성과를 대폭 반영하였다. 그리고 최근영과 엄성흠이 함께 만든 『고대한국인명사전』은 6~10세기 중국에서 활동한 인물들을 신라계·백제계·고구려계·발해계·고려계로 나누고, 원사료 제시를 통하여 해당 인물의 활동을 설명한 일종의 인물사료집에 가까운 사전이다.[63]

사전 못지않게 연구에 편의를 제공하는 것이 여러 곳에 산재한 관련 기록을 일괄 정리해서 편찬한 자료집이다. 일찍이 조선사학회가 편찬한 『支那史料抄』와 단국대학교 동양학연구소의 『二十五史抄』가 대표적인 한국고대사 자료집이라 할 수 있거니와, 최근에 들어와 시대별·분야별로 보다 세분되고 내용이 풍부한 형태의 고대사자료집이 다수 편찬되었다.

그 중에서도 특정 왕조를 중심으로 관련 자료를 수집 정리한 자료집이 가장 일반적이다. 먼저 백제사 관련 자료집으로는 백제문화개발연구원에서 편찬한 『백제사료집』을 들 수 있다.[64] 이 책은 백제 건국에서부터 멸망 후 부흥운동기까지의 백제 관련 사료를 『삼국사기』 백제본기의 기년을 중심으로, 한국·중국·일본의 자료를 배열한 편년체 자료집이다. 다만 금석문과 백제에 관한 일반적인 설명 및 연대를 추정할 수 없는 백제관련 기록들은 부록에 일괄 수록하였다. 그리고 충청남도 역사문화원 백제사연구소가 펴낸 『백제사자료원문집』은 백제문화사대계 사업의 일환으로 한국, 중국, 일본에 산재하는 백제관련 자료를 발췌·수록하였다.[65] 한국자료는 사서류, 금석문, 지리지, 문집류, 기타로 나누고, 중국자료는 사고전서의 체계에 따라 經·史·子·集으로 구분하였으며, 일본자료는 역사서, 법령집, 씨족관련자료, 地誌, 사료집·일기, 불교관련자료, 문학작품으로 나누어 시대순으로 배열하였다.

다음의 가야사 관련 자료집으로는 김태식과 이익주가 공동으로 펴낸 『가야사사료집성』이 있다.[66] 이는 국내외 각종 문헌에서 가야 관련 기록을 발췌하여, 고려시대 이전의 한국사료, 일본사료, 중국사료, 조선시대 한국사료의 순으로 정리한 자료집이다. 그리고 김문길은 『가야사사료집성』에서 빠진 일본사료를 중심으로 가야관련 자료를 모아 『일본지역 가야사사료집성』을 편찬하였다.[67] 그런데 이 자료집은 오류가 많고 잡다한 근대자료를 담고 있다는 점에서 전문 연구자를 위한 사료집으로서는 다소 격이 떨어진다고 하겠다. 최근에 이들 자료집은 각각 『역주 가야사사료집성』(가락국사적개발연구원, 2004)과 『역주 일본지역 가야사사료집성』(가락국사적개발연구원, 2005)이란 제목으로 번역되었다.

고구려사 관련 사료도 일찍부터 정리, 출간되었다. 연세대학교 국학연구원에서 편찬한 『고구려사연구』 사료편은 국내외의 각종 문헌과 금석문 중에서 고구려는 물론 濊貊이나 한사군과 관련 있는 기록들까지 발췌하여 문헌 사료편과 금석문편으로 나누어 정리한 사료집이다.[68] 그리고 최근에 고구려연구재단에서 중국의 수·당대 인물의 墓誌, 신도비, 德政碑와 같은 금석문 가운데 고구려와 관련된 내용을 발췌하여, 수대와 당대로 구분해 정리한 『중국소재 고구려 관련 금석문 자료집』을 간행하였다.[69]

뿐만 아니라 고구려연구재단은 고조선, 부여, 발해사 관련 사료집도 편찬하였다. 『고조선·단군·부여 자료집』은 국내외 각종 전적에 수록된 단군·기자를 포함한 고조선과 부여 관련 기사를 모은 것으로, 총 2,700여 쪽에 달하는

방대한 자료집이다.[70] 국내사료는 사서·문집·지리지·총류·기타로 나누
었고, 중국사료는 선진문헌·25사·기타 자료로 나누어 정리했으며, 일본자
료로는 『신찬성씨록』 기사가 유일하게 수록되었다. 그리고 『발해사 자료집』
은 현존하는 발해사 관련 문헌자료를 국내사서, 중국사서, 일본사서, 금석문
및 기타로 나누어 편집한 자료집이다.[71] 단군과 고조선 관련 자료집으로 蛇足
을 덧붙인다면 『단군 - 그 이해와 자료』(서울대학교출판부, 1994)를 들 수 있
다. 이 책의 후반부에 고려시대부터 해방 후까지의 단군관련 자료를 발췌, 정
리해 놓았기 때문이다.

한편 한일관계사를 중심으로 한 한국고대사 관련 자료집도 몇 종 출간되었
다. 먼저 최근영을 비롯한 6명이 함께 작업한 『일본육국사 한국관계기사』 원
문편을 들 수 있다.[72] 이는 『일본서기』, 『속일본기』, 『일본후기』, 『속일본후
기』, 『일본문덕천황실록』, 『일본삼대실록』 등 이른바 일본 六國史 가운데 한
국고대사와 관련 있는 기사들을 뽑아 순서대로 정리한 것으로, 같은 제목의
역주편과 세트를 이루어 간행되었다. 그리고 김기섭 등은 일본 아스카(飛鳥)
시대 이전부터 무로마치(室町)시대까지 일본에서 편찬된 각종 문헌 가운데
한국 관련 사료를 발췌·정리해 『일본 고중세 문헌 속의 한일관계사료집성』
을 펴내었다.[74] 또한 손승철은 한국문헌 속의 일본관련 사료를 발췌·정리하
여 『한일관계사료집성』을 편찬했는데, 제1권은 『삼국사기』 『삼국유사』 『고려
사』의 일본 관련기사가 수록되어 있다.[73]

한편 김덕원은 조선초기에 편찬된 『고려사』와 『고려사절요』 가운데 고대사
관련 기사를 발췌해 국가별로 재편집한 『한국고대사료집성』을 출간하였다.[75]
그리고 국사편찬위원회는 약 10년에 걸쳐 중국의 한국고대사 관련 자료를 집
대성하여 『한국고대사료집성』 중국편을 최근 간행하였다.[76] 이 자료집은 중
국의 각종 문헌 가운데 한국고대사 관련 내용을 담고 있는 74종의 문헌에서
사료를 발췌하여 총 7책으로 정리한 것으로, 발췌사료는 선진문헌류, 정사류,
총서류, 시문집류, 승전류로 나뉘어 수록되었다. 이 자료집은 다소 산만한 감
이 없지 않으나, 마지막에 간략하게나마 기사색인이 실려 있고 또 국사편찬위

원회 홈페이지에서 원문검색 서비스를 제공하고 있어 자료집 내용의 검색에 편리하게 활용할 수 있다.

근년에 들어와 장보고에 대한 사회적 관심이 부쩍 높아졌다. 그러한 분위기 속에서 해상왕장보고연구회에서 장보고 연구목록과 사료집을 합본한 형태인 『7~10세기 한중일 교역 연구문헌목록·자료집』을 내놓았다.[77] 이 자료집의 사료 부분은 국내외의 여러 문헌 중에서 장보고를 비롯한 고대 해상교역과 관련있는 내용을 가려 뽑아 한국사료, 중국사료, 일본사료 순서로 엮었는데, 근년에 『7~10세기 한·중·일 교역관계 자료 역주』(해상왕장보고기념사업회, 2003)라는 제목으로 번역되었다. 또한 이 자료집 가운데 장보고와 직접적으로 관련 있는 부분을 발췌하고 아울러 조선후기 이후의 몇몇 자료를 더하여 『장보고자료집』(해상왕장보고기념사업회, 2006)이라는 이름으로 번역되었다.

지난 20여년 동안 한국고대사학계에서는 기초 자료에 대한 관심이 그 어느 때 보다도 높았다. 그 결과 원전 교감과 간행, 번역과 주석, 색인과 목록집 작성, 관련 사료집 편찬 작업이 왕성하게 일어났고 또한 풍성한 결실을 거두었다. 한국고대사 연구의 괄목할만한 성과는 바로 그러한 기초 자료에 대한 관심과 노력에 힘입은 바 컸다.

그럼에도 한국고대사 기초 자료의 정리와 연구에는 아직 몇 가지 과제가 남아 있다. 첫째, 관련 자료의 지속적인 발굴과 수정·보완 노력이 요구된다. 둘째, 각기 다른 목적과 방식으로 편찬된 원전 사료를 한 단계 높은 수준으로 재정리하여 종합적으로 결집할 필요가 있다. 셋째, 종합적으로 결집한 기초 자료에 대한 보다 정밀한 번역과 주석 작업이 뒤따라야 한다. 넷째, 모든 원전 사료와 연구문헌 목록을 데이터베이스화하여 편리하고 효과적인 검색 시스템을 갖추어야 한다. 이러한 과제들이 완수된다면 한국고대사 연구는 또 한 번 도약의 기회를 맞게 되리라 확신한다.[78]

참고문헌

1. 趙炳舜 編, 1984, 『增修輔註 三國史記』, 誠庵古書博物館.

2. 鄭求福 · 盧重國 · 申東河 · 金泰植 · 權悳永, 1996, 『譯註 三國史記(1) 勘校 原文篇』, 韓國精神文化研究員.

3. 이강래 교감, 1998, 『原本 三國史記』, 한길사.

4. 高麗大學校圖書館 編, 1983, 『晩松文庫 三國遺事』, 高麗大學校圖書館.

5. 河廷龍 · 李根直 著, 1997, 『三國遺事 校勘研究』, 신서원.

6. 姜仁求 · 金杜珍 · 金相鉉 · 張忠植 · 黃浿江, 2002~2003, 『譯註 三國遺事(1~4)』, 以會文化社.

7. 趙東元 編著, 1979~1998, 『韓國金石文大系(1~7)』, 圓光大學校出版局.

8. 韓國精神文化研究院, 1997, 『藏書閣所藏拓本資料集(1) 古代 · 高麗篇』, 韓國精神文化研究院.

9. 任世權 · 李宇泰 編著, 2002~2005, 『韓國金石文集成(1, 4, 5, 9, 10)』, 韓國國學振興院.

10. 許興植 編著, 1984, 『韓國金石全文 古代篇』, 亞細亞文化社.

11. 韓國古代社會研究所 編, 1992, 『譯註 韓國古代金石文(1~3)』, 駕洛國史蹟開發研究院.

12. 國史編纂委員會 編, 1995~1996, 『韓國古代金石文資料集(1~3)』, 國史編纂委員會.

13. 李佑成 校譯, 1995, 『新羅四山碑銘』, 亞細亞文化社.

14. 한국역사연구회 편, 1996, 『譯註 羅末麗初金石文(上) 原文校勘篇』, 혜안.

15. 李基白 編著, 1987, 『韓國上代古文書資料集成』, 一志社.

16. 國立昌原文化財研究所 編, 2004, 『韓國의 古代木簡』, 昌原文化財研究所.

17. 東國大學校 佛典刊行委員會 編, 1979~1980, 『韓國佛敎全書(1~3)』, 東國大學校出版部.

18. 鄭求福 · 盧重國 · 申東河 · 金泰植 · 權悳永, 1997, 『譯註 三國史記(2~4) 번역편, 주석편』, 韓國精神文化研究院.

19. 이재호 옮김, 1997, 『삼국사기(1~3)』, 솔출판사.

20. 이강래 옮김, 1998, 『삼국사기(1, 2)』, 한길사.

21. 이재호 옮김, 1997, 『삼국유사(1, 2)』, 솔출판사.

22. 姜仁求·金杜珍·金相鉉·張忠植·黃浿江, 2002~2003, 『譯註 三國遺事(1~4)』, 以會文化社.

23. 하정룡 지음, 2003, 『교감 역주 삼국유사』, 시공사.

24. 세종대왕기념사업회, 1996, 『국역 삼국사절요(1, 2)』, 세종대왕기념사업회.

25. 亞細亞文化社 影印, 1973, 『三國史節要』.

26. 韓國古代社會研究所 編, 1992, 『譯註 韓國古代金石文(1~3)』, 駕洛國史蹟開發研究院.

27. 李智冠 譯註, 1993, 『譯註 歷代高僧碑文(1) 新羅篇)』, 伽山文庫.

28. 崔英成 註解, 1987, 『註解 四山碑銘』, 亞細亞文化社.

29. 李佑成 校譯, 1995, 『新羅四山碑銘』, 亞細亞文化社.

30. 한국역사연구회 편, 1996, 『譯註 羅末麗初金石文(下) 譯註篇』, 혜안.

31. 崔英成, 1998~1999, 『譯註 崔致遠全集(1, 2)』, 아세아문화사.

32. 章輝玉, 1991, 『海東高僧傳 - 현대적 풀이와 주석』, 民族社.

33. 김경수 역주, 1999, 『帝王韻紀』, 亦樂.

34. 정수일 역주, 2004, 『혜초의 왕오천축국전』, 학고재.

35. 國史編纂委員會, 1987~1988, 『中國正史朝鮮傳 譯註(1, 2)』, 國史編纂委員會.

36. 申福龍 번역 주해, 1991, 『入唐求法巡禮行記』, 정신세계사.

37. 김문경 역주, 2001, 『엔닌의 입당구법순례행기』, 중심.

38. 成殷九 譯註, 1987, 『日本書紀』, 正音社.

39. 田溶新 譯, 1989, 『完譯 日本書紀』, 一志社.

40. 魯成煥 譯註, 1999, 『古事記(上, 下)』, 예전사.

41. 權五曄 譯, 2000~2001, 『古事記(上, 中, 下)』, 충남대학교출판부.

42. 李泰吉 譯, 1989, 『花郎世紀』, 민족문화.

43. 조기영 편역, 1997, 『화랑세기』, 장락.

44. 이종욱 역주해, 1999, 『화랑세기』, 소나무.

45. 鄭求福·盧重國·申東河·金泰植·權悳永, 1998, 『譯註 三國史記(5) 색인편』, 韓國精神文化
　　　研究院.

46. 韓國精神文化研究院, 1980, 『三國遺事 索引』, 韓國精神文化研究院.

47. 金容沃 지음, 1992, 『三國遺事引得』, 통나무.

48. 河廷龍 지음, 1998, 『三國遺事 一字索引』, 民俗苑.

49. 權悳永 編著, 2002, 『韓國古代金石文綜合索引』, 學研文化社.

50. 국사편찬위원회 편, 1984, 『한국사(25) - 논저목록』, 국사편찬위원회.

51. 張得振 編, 1985, 『한국사논저총목록(1)』, 民族文化社.

52. 金東洙 編, 1996, 『韓國史論著 分類總目(1)』, 혜안.

53. 韓國史硏究會 編, 1996, 『韓國史硏究論著總目錄』, 景仁文化社.

54. 東國大學校 新羅文化硏究所 編, 1988, 『新羅硏究論著目錄』, 東國大大學校出版部.

55. 동국대학교 경주캠퍼스도서관 편, 2003, 『경주신라관계논저총람』, 동국대학교 경주캠퍼스도
　　서관.

56. 國立昌原文化財硏究所 編, 1991, 『加耶硏究論著目錄』, 昌原文化財硏究所.

57. 呂弘基 · 白種伍 · 金炳熙 共著, 2003, 『百濟史硏究論著總覽(1, 2)』, 서경문화사.

58. 고구려연구재단 편, 2004, 『고구려사 연구논저 목록』, 고구려연구재단.

59. 고구려연구재단 편, 2005, 『발해사 연구논저 목록』, 고구려연구재단.

60. 趙東元 編著, 1998, 『韓國金石文論著總覽』, 成均館大學校出版部.

61. 해상왕장보고연구회 편, 2001, 『7~10世紀 韓中日 交易 硏究文獻目錄 · 資料集』, 해상왕장보
　　고기념사업회.

62. 國立文化財硏究所, 2003, 『韓國考古學事典』, 학연문화사.

63. 崔根泳 · 嚴聖欽, 2004, 『古代韓國人名辭典』, 주류성.

64. 百濟文化開發硏究院 編, 1985, 『百濟史料集』, 百濟文化開發硏究院.

65. 충청남도역사문화원 백제사연구소 편, 2005, 『百濟史資料原文集(1~3)』, 충청남도 역사문화원.

66. 金泰植 · 李盆柱 編, 1992, 『加耶史史料集成』, 駕洛國史蹟開發硏究院.

67. 金文吉 編, 2001, 『日本地域 加耶史史料集成』, 駕洛國史蹟開發硏究院.

68. 延世大學校 國學硏究院 編, 1988, 『高句麗史硏究(2) 史料篇』, 延世大學校出版部.

69. 고구려연구재단 편, 2005, 『중국소재 고구려관련 금석문 자료집』, 고구려연구재단.

70. 고구려연구재단 편, 2005, 『고조선 · 단군 · 부여 자료집(상, 중, 하)』, 고구려연구재단.

71. 고구려연구재단 편, 2005, 『발해사 자료집(상, 하)』, 고구려연구재단.

72. 崔根泳 · 崔原植 · 金英美 · 朴南守 · 權悳永 · 田美姬 編, 1994, 『日本六國史 韓國關係記事 原
　　文篇』, 駕洛國史蹟開發硏究院.

73. 孫承喆 編, 2004, 『韓日關係史料集成(1)』, 景仁文化社.

74. 김기섭 · 김동철 · 백승충 · 채상식 · 연민수 · 이종봉 · 차철욱 편, 2005, 『일본 고중세 문헌 속
　　의 한일관계사료집성』, 혜안.

75. 김덕원, 2004, 『韓國古代史料集成 - 高麗史·高麗史節要를 중심으로』, 경인문화사.

76. 國史編纂委員會 編, 2006, 『韓國古代史料集成 中國篇』, 學硏文化社.

77. 해상왕장보고연구회 편, 2001, 『7~10世紀 韓中日 交易 硏究文獻目錄·資料集』, 해상왕장보고기념사업회.

78. 이 글은 『文化史學』 제27집에 투고한 「한국고대사 기초자료 정리와 편찬 현황」의 체제와 내용을 일부 바꾸어 재정리한 것이다.

부록

전시도록의 정리와 평가

이병호 _ 국립부여박물관

1. 머리말

우리는 주변에서 자주 전시회를 접한다. 전시회는 박물관에서 특정 목적을 가지고 대중에게 공개하기 위해 공식적으로 혹은 형식을 갖추어서 재현하는 것을 의미한다. 그런데 박물관 전시는 단순한 진열(display)이 아니라 전시(exhibit)에 해당한다. 전시란 진열인 동시에 진열된 대상의 의미와 중요성에 대한 전시 기획자의 "해석"이 개입된 것이며, 이를 관람객과 공유하기 위한 것이다. 전시 기획자는 특정 주제에 대한 견해를 가지고서 무엇을 전시할 지를 선정하게 된다. 또 다양한 매체를 활용하여 정보와 아이디어를 관람객에게 전달하며 그 종합적인 결과물로서 전시도록을 발행하게 된다. 기획 전시도록은 전시회가 끝난 다음에도 반영구적으로 남기 때문에 전시 기획자들은 작품을 완벽하게 재현해 낸 좋은 도판 사진과 기획 의도가 반영된 디자인을 통해 좋은 도록을 만들기 위해 노력한다.

지난 20여 년 동안 다양한 형태의 전시도록이 간행되었다. 전시도록의 양적인 증가는 디지털 인쇄 기술의 발달과 무관하지 않다. 이는 도록 발간에 필요한 시간과 비용을 크게 절감시켰으며 일반인의 시각 자료에 대한 욕구를 자극하였다. 또 문화재청이나 지방 자치단체 등의 재정 지원은 각급 박물관에서 다양한 도록이 발간되는 계기가 되었다.

다음에서는 각급 박물관의 상설 전시도록이나 발굴 유적·유물 도록 보다는 특별전시라고 이름 붙여진 전시도록을 선별적으로 소개하였다. 구석기시대부터 남북국시대까지를 시대순으로 정리하였고 주제별 전시도록에 대해서도 간략히 언급하였다. 새로운 자료와 좋은 도판사진, 간결한 설명을 곁들인 전시도록은 특정 시대나 주제를 이해하는 입문서나 개설서의 역할을 하며, 문헌사료에서 느끼지 못하는 강한 매력과 영감을 줄 것이다.

2. 선사시대의 전시도록

선사시대의 경우 석기, 토기, 청동기를 제외하고는 집터나 무덤 등의 유적이 중심이기 때문에 한 시대를 포괄하는 전시회는 부족한 편이다. 먼저 구석기시대의 경우 연세대박물관에서 한국구석기학회와 함께 연속 강좌를 실시한 다음 그 결과물로 남한지역 출토 구석기 유물을 종합하는 전시도록을 발간하였다[1]. 이후 금강 유역의 구석기시대 유적과 유물을 보강한 전시도록[2]과, 구석기시대부터 청동기시대까지의 석기를 주제로 한 전시도록,[3] 인류의 진화와 한민족의 기원을 다룬 전시도록[4]이 나왔다. 그중에서 국립대구박물관에서 발행한 전시도록에는 돌이 깨지는 원리, 석기를 관찰하는 테크닉, 석기에 사용되는 돌과 제작방법 등에 대한 설명과 신석기, 청동기시대의 석기를 함께 정리하여 좋은 참고가 된다.[3]

신석기 시대의 경우 토기 관련 전시도록이 가장 많다. 국립중앙박물관에서는 신석기부터 원삼국시대까지의 토기를 전시하면서 이 시대의 토기를 지역별로 분류·소개하였으며,[5] 그후 남부지역의 신석기시대 토기를 집성한 전시도록도 나왔다.[6] 또 빗살무늬토기에서 민무늬토기로 넘어가는 전환기의 토기를 모은 전시도록이 출간되었는데,[7] 여기에서는 그러한 전환기 토기가 갖는 의의를 농경과 관련지어 설명하고 있다.

청동기시대의 경우 청동 유물에 대한 전시도록이나 진주 남강유적, 진안 용담댐유적과 같이 대규모 구제발굴이 있었던 것을 기념하는 전시도록이 있다.[8, 9, 10, 11] 국립중앙박물관 발행 전시도록에는 당시까지의 남한지역 청동기 유물을 집대성하였다.[11] 여기에서는 한반도의 청동기문화를 요령식 동검문화, 한국식 동검문화로 크게 구분한 다음 각 문화기의 유적과 일괄유물, 종류별 유물을 나누어서 제시하였다. 또 청동기의 제작기술에 대한 설명과 별도의 논고를 곁들여 이 분야 연구를 촉발시키기도 하였다. 한편 진주 남강유역에서 발굴된 청동기시대의 유물과 유적을 정리한 전시도록은 이 시기의 토기와 석기, 묘제, 주거지, 방어시설 등을 종합적으로 이해하는데 도움을 준다.[9] 남강유역에 대해서는 이밖에도 구석기시대부터 삼국시대에 이르는 중요유적과 유물에 대한 도록이 있어 참고가 된다.[8]

초기철기 시대부터 원삼국시대에 걸치는 문화상에 대한 전시는 원삼국시대의 개념이나 용어의 문제가 문헌사학계와 고고학계에 뜨거운 논란이 되었기 때문인지 발굴 유물 성과전과 같은 형식의 전시도록에서 간략하게 언급되는 정도이다.[12, 13] 다만 초기철기 시대부터 고대국가 성립까지를 다룬 전시도록이 주목된다.[14] 여기에는 원삼국시대의 가장 중요한 유적인 경주 조양동, 창원 다호리, 광주 신창동 유적에서 출토된 유물이 함께 제시되어 있다. 고대국가의 형성에 관한 문제를 철기의 생산이나 철제 농기구의 보급과 같은 농업 생산력의 증대에서 찾았으며, 대형 고분이나 성곽, 중국제 도자기나 환두대도와 같은 위세품, 토기의 정형화, 각종 의기 등을 고대 국가의 표지적 유적·유물로 제시하였다.

한편 고조선을 직접적으로 언급한 전시회는 거의 개최되지 않았다. 낙랑을 주제로 한 전시회에서 낙랑군 설치 이전의 위만조선과 관련되는 유물들이 간략히 소개되었고,[15] 북한의 문화유산을 소개하면서 북한지역에서 발굴한 미송리형토기나 요령식동검과 요령식동모, 거친무늬거울 등이 처음으로 소개되었다.[16] 사실 고조선과 관련해서는 한국의 청동기 문화 전체를 다루면서도 전혀 언급되지 않아 아쉬움으로 남는다.

낙랑과 관련해서는 단 한 차례의 전시회가 있었는데 고조선 문화와 낙랑군, 낙랑문화의 전개, 삼한과 낙랑문화로 크게 구분하여 전시하였다.[15] 이 전시도록에는 일제강점기에 발굴된 낙랑 고분 출토 청동기와 무기, 마구, 화폐, 칠기, 장신구 등이 망라되었고, 생활유적인 낙랑 토성 출토품도 일부 소개되어 있다. 특히 남한지역에서 출토된 소위 낙랑계 유물들이 함께 소개되어 낙랑문화의 영향력을 확인하는 계기가 되었다.

3. 역사시대의 전시도록

역사시대의 전시도록을 고구려, 백제, 신라, 가야, 통일신라, 발해의 순서로 살펴보기로 하자. 고구려와 관련된 전시회는 고분벽화나 산성에 대한 전시와 한강유역에서 발견된 고구려 유적에 대한 전시, 북한 지역에서 대여한 고구려 유물 전시로 구분할 수 있다. 중국 지역의 고구려 고분벽화나 산성에 대한 전시는 중국과의 국교 정상화가 계기가 되었다. 중국 동북지방에 대한 여행이 자유로워지면서 집안 지역의 고분과 산성을 직접 촬영하고 돌아와 대규모 특별전시를 개최한 것이다.[17, 18] 이들 전시회는 유례가 없는 대성황을 이루었음에도 불구하고 일반인의 고구려 고토 회복이나 민족주의 심리를 자극하여 결국 중국의 東北工程과 같은 부작용을 유도한 측면이 있다. 그런데 고구려 고분벽화를 주제로 많은 전시회가 개최되었음에도 불구하고 학술적으로 유용한 전시도록을 구하기는 쉽지 않다. 다만 국립중앙박물관에 소장된 고분벽화 모사도 전시도록[19]과 일본 교토통신사에서 직접 북한에 들어가 찍어온 사진 자료가 게재된 전시도록[20]이 참고가 된다. 후자의 경우 일본 도쿄대학 소장 고구려 고분벽화 모사도가 함께 소개되어 있다.

서울 구의동 보루, 아차산 보루, 연천 호로고루 등 한강유역에서 발견된 고구려 유적과 유물을 소개하는 전시회가 개최되기도 하였다.[21] 북한이나 중국의 고구려 유물을 직접 접할 수 없는 현실에서 남한 지역에서 직접 발굴한 토기나 기와, 철기 등의 1차 자료를 정리·분석한 것이다. 한편 중국 동북공정 문제가 대두되면서 고구려 관련 전시회는 더욱 활발하게 개최되었다.[19~23] 여기에 남북한의 화해 분위기는 북한에 소장된 고구려 유물이 남한에 전시되는 계기가 되었다. 북한의 고구려 유물들은 고분 벽화의 모형뿐 아니라 각종 금속공예품, 불교조각품, 무기류, 와전류 등이 망라되었다. 특히 고려대박물관에서 발간한 전시도록에는 평양의 조선중앙력사박물관 소장품을 비롯해서 국내·외 박물관에서 대여한 고구려 관련 유물이 집성되어 있어 이 시기를 이해하는 입문서로서의 역할을 한다.[23] 이처럼 고구려 관련 전시회는 동북공정 문제나 남북한의 화해 분위기와 같은 외부적인 요인에 의해 개최되는 경우가 대부분이었다. 향후 각급 박물관이나 개인 소장의 토기, 와전류, 명문자료 등을 체계적으로 정리하여 소규모라도 내실 있는 전시도록이 출간될 필요가 있다.

백제의 경우 1990년대 중반까지 청주·공주·부여·전주·광주 등 지방박물관에서 발행한 상설전시도록과 와전류에 대한 도록이 전부였다. 하지만 백제사 전체를 종합적으로 조망하는 대규모 특별전시가 개최된 이후[24] 각 지역별로 특색 있는 전시회가 개최되었다. 한성시기의 경우 서울 석촌동 고분군과 몽촌토성 출토품을 소개한 도록[25]과 풍납토성 발굴 자료를 소개한 전시도록이 있고,[26] 웅진시기로의 전환과 관련된 공주 수촌리 유적 출토품을 중심으로 한 전시도록[27]과 공주 무령왕릉 출토유물을 중심으로 한 전시도록[28]도 나왔다. 사비시기의 경우 도량형이나 문자, 문물교류, 복식, 공방, 금동대향로 등의 전시도록이 있다.[29~34] 한편 영산강 유역을 중심으로한 옹관묘라는 특수한 묘제의 변천과 나주 복암리 고분군 출토품을 중심으로 한 전시회도 있었다.[13, 35, 36]

백제사 전체를 조망한 전시도록은 한성도읍기, 웅진도읍기, 사비 도읍기로 크게 구분한 다음 백제 속의 영산강 유역, 백제인의 정신세계 등으로 구성되어 입문서로서의 역할을 하며,[24] 다른 전시도록들은 각 시기의 대표적인 발굴 성과들이 보다 상세하게 소개되어 이를 보완해 주고 있다. 서울 풍납토성이나 공주 수촌리유적, 무령왕릉, 부여 능산리사지, 나주 복암리 고분 등은 근래에 이루어진 백제사의 가장 중요한 고고학 발굴 유적이다. 이들 유적 출토품을 중심으로 시의성 있는 전시회가 개최된 점은 긍정적이지만 아직 보고서가 발간되지 않은 상태에서 전시도록이 발간되어 유물에 대한 충분한 검토가 결여되거나 신자료 소개 정도에 머문 경우도 있었다.

한편 전북 지역의 경우 고창, 남원, 부안, 군산, 정읍 등의 시·군 단위 전시회를 개최하면서 백제 관련 유물이 정리되기도 하였다.[37~41] 또 전북 지역의 절터에서 출토된 유물을 정리한 전시도록에는 익산 사자암, 제석사지, 왕궁리 유적과 남원 만복사지 등지에서 출토된 기와·벽돌·소조상 등이 수록되어 있다.[42] 그밖에 백제 지역에서 다량 출토되는 중국 도자기를 모은 전시도록은

비록 통시대적인 것이기는 하지만 이 시기를 연구하는데 좋은 참고가 된다.[43]

신라의 경우 고분 발굴품을 중심으로 한 전시회가 많았다. 신라 능묘의 형성과 전개를 주제로 한 전시도록에는 경주 지역을 중심으로 한 청동 유물부터 적석목곽분의 발생 과정, 경주와 주변 지역의 대형고분, 석실분의 도입과 전개과정을 정리하였다.[44] 또 시·군 단위의 전시회를 개최하면서 신라의 지방 小國들에 대한 발굴성과를 정리한 특별전도 자주 개최되었다.[45~50] 의성군의 경우 의성 탑리고분과 안동 조탑동고분, 경산시의 경우 경산 임당동 고분, 성주군의 경우 성주 성산동고분, 대구시의 경우 달성고분·불로동고분, 상주시의 경우 병성동과 신흥리·청리 고분 등에서 확인된 유적과 유물을 소개하고 있다. 동해안 지역과 관련해서 강릉 추암동·초당동 고분이나 悉直國과 관련된 전시도록도 참고가 된다.[51, 52]

신라의 황금문화를 다룬 전시도록에는 경주의 신라고분에서 출토된 관과 관모·관식을 비롯해서 귀걸이, 목걸이, 팔찌, 허리띠, 금동신발, 장식대도, 외래계 유물 등을 종합적으로 소개하였다.[53] 신라의 문자 생활을 엿볼 수 있는 전시회도 있었다.[54, 55] 이 전시도록의 경우 경상도 지역 고분에서 출토된 토기나 청동기, 철기 등에 새겨진 단편적인 문자자료들은 물론 냉수리비·봉평비 등 많은 금석문 자료의 탁본이 소개되었으며, 안압지나 월성해자에서 출토된 목간과 와전류, 사리기에 남아 있는 명문 자료 등도 함께 수록되었다.[55] 일부 자료는 명문을 釋讀하기에 도판의 크기가 작아 아쉬움이 있지만 당대 사람들이 남긴 1차 사료의 구체적인 형태와 맥락을 이해하는데 도움을 준다.

그밖에 신라 고분에서 출토된 토우와 신라 와전에 관한 전시회도 있었다. 토우 전시도록의 경우 박물관에서 산발적으로 수집된 유물들을 체계적으로 정리하여 소개한 점은 긍정적이지만 土偶와 土俑, 陶俑의 명칭과 개념이 정리되지 않은 점은 아쉬움으로 남는다.[56, 57] 신라와 통일신라의 기와·벽돌을 집대성한 전시도록도 처음으로 출간되었다.[58] 경주를 중심으로 궁궐이나 관아, 사원, 가마터에서 출토된 기와는 물론 고구려·백제, 중국, 일본의 기와를 함께 소개하여 신라 기와의 생산과 유통, 기술 전파과정을 이해하는데 중요한 자료집이라 하겠다.

가야와 관련해서는 가야 문화 전반을 다룬 전시도록[59, 60]과 가야 지역에서 조사된 유적과 유물을 지역별·주제별로 모은 도록[61]이 발간되었다. 가야 문화 전반을 다룬 전시도록에는 김해 대성동, 부산 복천동, 합천 옥전, 고령 지산동, 경산 임당동과 조영동, 남원 월산리 고분에서 출토된 각종 무기와 마구, 농기구 등의 철제품과 고배, 기대 등의 토기류, 귀걸이 등의 장신구류가 망라되어 있다.[59] 동일한 유물들이 일본의 도쿄, 교토, 후쿠오카에서 순회전을 개최하여 가야사 연구의 활성화에 크게 기여하였다.[60]

이후 가야와 관련된 그릇받침,[62] 철제 무기와 갑옷[63, 64]에 대한 전시도록이 발간되었고, 대규모 고분군 주변에 발굴 성과를 전시하는 소규모 전시관이 설립되면서 보다 세분화된 상설전시 도록이 간행되었다. 부산 복천동 고분군,[65] 김해 대성동 고분군,[66] 고령 지산동 고분군,[67] 함안 도항리·말산리 고분군,[68] 합천 옥전 고분군[69] 등이 그것이다. 한편 전북 동부지방의 남원, 장수, 진안 등지에서 출토된 가야계 유물을 정리한 전시도록[70]과 가야의 前史와 성장과정,[71, 12] 신라와의 관계[72]를 다룬 도록, 금관가야의 대외교류를 다룬 도록[73]이 발간되기도 하였다.

통일신라의 경우 불상이나 불사리 장엄과 같은 미술사적인 주제를 가진 전시회가 자주 개최되었고,[74~79] 경주를 중심으로 한 고고학 발굴 성과를 정리한 전시도록도 출간되었다.[80, 81] 그중 통일신라 전시기를 다룬 도록에는 통일신라의 왕경과 사원, 고분, 산성 등지에서 출토된 토기, 기와, 목간, 비석, 장신구, 불교조각, 금속공예품 등이 망라되어 있다.[81] 종래의 고고학이 통일신라 유물에 무관심했던 것을 반성하고 고고·미술 자료가 한 자리에 모였던 것은 높이 평가할 수 있다. 그러나 통일신라의 고분이나 사원에 대한 자료의 정리가 부족했고, 지방 문화에 대한 내용이 거의 포함되지 않은 점은 과제로 남아 있다.

완도 청해진 유적에서 출토된 유물을 중심으로 장보고의 활동을 조명한 전시도록이나[82] 경주 분황사 발굴 성과를 모은 전시도록도 있다.[77] 경주 분황사의 경우 발굴조사 보고서 간행과 연계하여 전시회를 개최하고 도록을 발간한 것은 긍정적이다. 사자라는 특정 동물을 중심으로 한 전시도록[78]이나 경주 석 장사지에서 출토된 소조상을 중심으로 한 전시도록[79]도 주제사적인 접근이라 는 점에서 참고가 된다.

발해사 관련 전시회는 두 차례 개최되었다.[83, 84] 그 가운데 도쿄대학교에 소장되어 있는 발해 유물과 서울대학교 박물관에 소장된 발해 유물을 전시한 것이 주목을 끈다.[84] 이 전시회에는 1930년대 일본인 학자들이 조사하고 수집 하여 일본의 도쿄대학교과 한국의 서울대학교(당시 경성제국대학)에 분산 소 장되어 있던 것으로 주로 발해의 수도 상경성과 성터들에서 출토된 것이다. 이불병좌상이나 소조불상과 같은 불교미술품과 기와, 무기, 각종 생활도구들 이 발굴 당시의 흑백사진들과 함께 처음으로 국내에 소개된 것은 학술적인 측 면에서 뿐 아니라 한일 문화재 교류라는 측면에서도 의미 있는 전시였다고 생 각된다.

4. 주제별 전시도록

최근의 전시회는 특정 시대에 한정된 전시가 아니라 주제를 중심으로 하거 나 통시대적 내용을 전시하는 경향이 있다. 이 가운데 토기나 기와, 문자, 무 기, 갑옷, 마구, 기술, 제사와 같은 주제들은 그 자체가 단행본과 같은 완결된 구성을 가지고 있어 좋은 연구 입문서가 된다. 그중 토기의 경우 선사시대부 터 삼국시대까지 두 차례에 걸쳐 전시회를 개최하면서 발행한 전시도록[5, 85] 이 가장 많이 활용되며, 기증유물 도록[86, 87, 88]이나 호림박물관에서 발간한 소장품 유물 도록도 참고가 된다.[89]

기와나 벽돌의 경우 낙랑[90, 91]을 비롯해서 고구려,[92, 23] 백제,[93, 94, 34] 신라 와 통일신라,[58, 77] 발해[84, 91] 등 국가별 정리가 시도되었다. 하지만 기와의 형 식을 분류하는 기준이나 상대편년을 설정하는 문제 등이 제시되지 않아 과제 로 남아 있다.

문자의 경우 고구려, 백제, 신라·통일신라, 가야의 출토문자 자료에 대한 기초 자료가 정리되었다.[29, 54, 55, 95] 특히 비문과 같은 금석문 자료뿐 아니라 목간이나 토기·기와의 명문자료들에 대한 소개는 이 분야에 대한 새로운 과제를 던져주고 있다. 그밖에 전쟁이나 무기, 갑옷, 마구에 대한 전시도록이 있고,[63, 64, 96, 97] 철기 제작 기술을 비롯한 청동기, 석기, 토기, 기와 제작 기술에 대한 전시도록이 있다.[3, 98, 99, 100] 이러한 주제들은 고고학의 중요한 연구 과제이기 때문에 풍부한 도판자료를 통해 관련 분야를 이해하는데 도움을 주지만, 실제 복원 실험과 같은 분야는 거의 시도되지 않아 아쉬움이 남는다.

최근에는 고대의 제사에 관한 주제나 요리, 악기, 도작문화와 같은 생활 문화와 관련된 전시회도 개최되었다.[101~107] 제사의 경우 부안 죽막동 유적을 비롯해서 생활유적이나 산악, 무덤, 생산유적, 수변 제사, 불교와 같은 고대의 제사를 망라하여 제사유적의 분류 방법에 대한 시안이 제시되기도 하였다.[103] 이처럼 주제를 중심으로 고대 생활사를 복원하고자 하는 전시회는 일반인의 관심과 호응을 끌어낼 수 있기 때문에 향후에도 계속해서 시도될 것으로 생각된다.

끝으로 미술사적인 주제와 관련해서 삼국시대의 불상 조각[108]이나 신라의 금동불,[76] 불사리 장엄구,[74, 75] 소조상을 비롯한 사원 출토품[42, 77, 79] 등 불교 미술과 관련된 전시도록이 있다. 또 사자·용·연꽃과 같은 특정 문양에 주목한 전시도록[78, 109, 110]과 고대의 회화,[111] 서예,[112] 도자기[43] 등을 모은 전시도록이 나왔다. 고대 회화 관련 전시도록은 암각화를 비롯해서 빗살무늬토기나 신라 토기, 청동기, 와전, 금속공예품 등의 고고 유물과 십이지상이나 범종, 도자기 등에 보이는 회화적인 요소를 추출하여 고대부터 고려시대까지의 회화사를 정리하였다.[111]

5. 맺음말

이상에서 지난 20여 년 동안 이루어진 고대사 관련 특별전시 도록을 간략히 살펴보았다. 이제 특정 시대나 국가를 중심으로 한 전시회가 한 차례 이상 개최되어 유물을 통한 고대 문화사 복원의 단초가 마련되었다고 할 수 있다. 또

시·군 단위의 지역사 관련 전시나 토기·기와 등의 주제별 전시도 활성화되었다고 평가할 수 있다. 어떤 경우는 전시를 통해 학계의 연구 성과가 정리되기도 하고, 또 새로운 연구 주제가 발굴되기도 하였다. 전문사진 작가들이 찍은 양질의 사진은 일반 상업출판물에도 영향을 주어 일반인의 고대사에 대한 관심을 유도하였다. 박물관의 특별 전시를 통해 학계의 연구 성과가 관련 연구자는 물론 일반인과 공유할 수 있는 기초가 마련된 셈이다.

하지만 지나치게 많은 자료의 나열이나 참신한 주제 발굴의 부족, 전시과정에서 드러난 학술적인 문제의 해소 방안 등은 여전히 과제로 남아 있다. 특히 짧은 전시준비 과정에서 비롯된 기획력의 부재는 특별전시가 단순 일회성 이벤트로 전락할 우려를 안고 있다. 또 고고학 자료, 미술사 자료로 구분된 전시 주제들은 학제 간 교류의 활성화를 필요로 한다. 한 유물을 바라보는 다양한 시각을 전시회나 전시도록에 반영할 필요가 있고 이를 위해서는 통합론적 연구가 무엇보다 절실하다. 또한 일반인이 관심을 갖는 유물의 쓰임새나 사용 방법, 복원된 모습 등에 보다 더 많은 관심을 기울여야 하다. 학자들이 아닌 일반인이 쉽게 이해할 수 있는 설명적인 전시도록이 필요하며 이를 위해서는 분류의 기준이나 용어, 개념 등을 명확하게 제시할 필요가 있다. 또한 전시도록을 한정판이나 비매품 형식으로 발간하는 풍토도 반드시 개선되어야 할 것이다.

지난 20여 년 동안 고대사 관련 전시회는 국립박물관에서 주도적으로 추진해 왔던 것이 사실이다. 발굴된 매장문화재의 최종적인 보관 장소가 국립박물관으로 일원화된 제도적인 뒷받침이 있었기 때문일 것이다. 하지만 그로 인해 대학 박물관이나 소규모 전시관들은 모형이나 복제품을 진열하는 경우가 종종 생겨났다. 향후 다양한 주제와 형식을 갖춘 수준 높은 전시회가 개최되기 위해서는 이에 대한 제도적인 보완이 필요하다고 본다.

1. 연세대박물관, 2001, 『한국의 구석기』, 연세대출판부.

2. 국립공주박물관, 2005, 『금강의 구석기문화』, 예맥출판사.

3. ____________, 2005, 『머나먼 진화의 여정 : 사람과 돌』, 통천문화사.

4. 한양대학교박물관, 2003, 『ORIGINS - 인류의 진화 · 한민족의 기원』, 한양대출판부.

5. 국립중앙박물관, 1993, 『韓國의 先 · 原史土器』.

6. 동삼동패총전시관, 2004, 『신석기시대의 토기문화』, 한글그라픽스.

7. 국립김해박물관, 2005, 『전환기의 선사토기』, 도서출판 龍.

8. 동아대박물관 · 경상남도, 1999, 『南江流域文化遺蹟發掘圖錄』.

9. 국립진주박물관, 2003, 『청동기시대의 大坪 · 大坪人』, 예맥.

10. 국립전주박물관, 2003, 『수몰된 옛 사람의 흔적 : 龍潭』.

11. 국립중앙박물관, 1992, 『韓國의 靑銅器文化』, 범우사.

12. 국립김해박물관 · 복천박물관, 2000, 『고고학이 찾은 선사와 가야』, 세한출판사.

13. 국립광주박물관, 2004, 『先史와 古代의 旅行』, 삼성인터컴.

14. 국립중앙박물관, 1998, 『고고유물로 본 한국고대국가의 형성』, 통천문화사.

15. ____________, 2001, 『특별전 樂浪』, 솔출판사.

16. ____________, 2006, 『북녘의 문화유산』, 삼인.

17. 조선일보사, 1992, 『集安, 고구려 고분벽화』.

18. 한국방송공사, 1994, 『고구려 성』.

19. 국립공주박물관, 2004, 『고구려 고분벽화 모사도』, 통천문화사.

20. 서울역사박물관, 2006, 『인류의 문화유산 고구려 고분벽화』.

21. 서울대박물관, 2000, 『고구려 - 한강유역의 고구려 요새』, 통천문화사.

22. 특별기획전 고구려 추진위원회, 2002, 『평양에서 온 무덤벽화와 유물 - 고구려』.

23. 고려대박물관, 2005, 『한국고대의 Global Pride, 고구려』, 통천문화사.

24. 국립중앙박물관, 1999, 『특별전 백제』, 통천문화사.

25. 서울대박물관, 1997, 『서울대박물관 발굴유물 도록』.

26. 서울역사박물관, 2002, 『풍납토성 - 잃어버린 王都를 찾아서』.

27. 국립공주박물관, 2006, 『한성에서 웅진으로』, 학예사.

28. ____________, 2001, 『百濟 斯麻王 : 무령왕릉 발굴, 그후 30년의 발자취』, 통천문화사.

29. 국립부여박물관, 2002, 『百濟의 文字』, 하이센스.

30. ____________, 2003, 『백제금동대향로 - 발굴10주년 기념 특별전』, 예맥출판사.

31. ____________, 2003, 『百濟의 度量衡』, 예맥출판사.

32. ____________, 2004, 『百濟의 文物交流』, 예맥출판사.

33. ____________, 2005, 『百濟人과 服飾』, 예맥출판사.

34. ____________, 2006, 『百濟의 工房』, 예맥출판사.

35. 국립광주박물관, 1992, 『한국의 옹관묘』.

36. ____________, 1998, 『榮山江의 古代文化』.

37. 국립전주박물관, 1999, 『고창군의 역사문물』.

38. ____________, 2000, 『南原의 역사문물』.

39. ____________, 2001, 『부안 : 되살림의 땅』.

40. ____________, 2004, 『群山』.

41. ____________, 2006, 『정읍』.

42. 미륵사지유물전시관, 2004, 『전북의 옛 절터 출토유물』.

43. 국립대구박물관, 2004, 『우리 문화 속의 中國 陶瓷器』, 예맥출판사.

44. 국립경주박물관, 1996, 『신라인의 무덤 - 新羅王陵의 形成과 展開』, 통천문화사.

45. 국립대구박물관, 2000, 『압독 사람들의 삶과 죽음』, 통천문화사.

46. ____________, 2001, 『대구 오천년』, 통천문화사.

47. ____________, 2002, 『召文國에서 義城으로』, 통천문화사.

48. ____________, 2004, 『嶺南의 큰 고을, 星州』, 통천문화사.

49. ____________, 2005, 『영남의 첫 관문, 김천』, 통천문화사.

50. ____________, 2006, 『대구 불로동 고분군에서 나온 유물』.

51. 국립춘천박물관, 2004, 『강원 고고학의 발자취』, 통천문화사.

52. ____________, 2006, 『실직국과 해오름의 고장 동해 · 삼척』, 통천문화사.

53. 국립경주박물관, 2001, 『新羅黃金 - 신비한 황금의 나라』, 씨티파트너.

54. 부산광역시립박물관 복천분관, 1997, 『유물에 새겨진 古代文字』.

55. 국립경주박물관, 2002, 『文字로 본 新羅 - 新羅人의 記錄과 筆跡』, 예맥출판사.

56. ___________, 1997, 『新羅土偶-新羅人의 삶, 그 永遠한 現在』, 통천문화사.

57. 부산광역시립박물관 복천분관, 1997, 『삼국시대의 동물원』.

58. 국립경주박물관, 2000, 『新羅瓦塼 - 아름다운 신라기와, 그 천년의 숨결』, 씨티파트너.

59. 국립중앙박물관, 1991, 『특별전 伽耶 : 神秘의 古代王國』.

60. 東京國立博物館, 1992, 『伽耶文化展』, 朝日新聞社.

61. 한국고대사연구회편, 1999, 『가야문화도록』, 경상북도.

62. 국립김해박물관, 1999, 『가야의 그릇받침』, 통천문화사.

63. 부산복천박물관, 2001, 『古代戰士 - 고대전사와 무기』.

64. 국립김해박물관, 2002, 『한국 고대의 갑옷과 투구』.

65. 부산광역시립박물관 복천분관, 1996, 『부산의 역사와 복천동고분군』.

66. 대성동고분박물관, 2003, 『금관가야의 중심 - 대성동고분박물관』.

67. 대가야박물관, 2004, 『大加耶의 遺物과 遺蹟』.

68. 함안박물관, 2004, 『咸安博物館』.

69. 합천박물관, 2003, 『황강, 옥전 그리고 다라국』.

70. 군산대박물관, 2005, 『선북 동부지역 가야유물』.

71. 국립김해박물관, 2003, 『弁辰韓의 黎明-점토대토기의 등장』, 통천문화사.

72. 복천박물관, 2004, 『금관가야와 신라』, 세한기획.

73. 대성동고분박물관, 2005, 『금관가야의 대외교류』.

74. 국립중앙박물관, 1991, 『佛舍利莊嚴』, 김문사.

75. 통도사성보박물관, 2000, 『佛舍利信仰과 그 莊嚴』.

76. 국립경주박물관, 2002, 『신라의 금동불』.

77. 국립경주문화재연구소, 2006, 『芬皇寺 출토유물』, 그라픽네트.

78. 국립경주박물관, 2006, 『新羅의 獅子』, 씨티파트너.

79. 동국대 경주캠퍼스박물관, 2006, 『래여애반다라』.

80. ___________________, 1998, 『발굴유물 특별전』.

81. 국립중앙박물관, 2003, 『統一新羅 - 첫번째 통일, 새로운 나라』, 통천문화사.

82. 국립해양유물전시관, 2005, 『신라인 장보고-바닷길에 펼친 교류와 평화』, 예맥출판사.

83. 전쟁기념관, 1998, 『발해를 찾아서 - 발해 건국 1300주년 기획전』.

84. 서울대학교박물관 · 동경대학문학부, 2003, 『해동성국 발해』, 통천문화사.

85. 국립중앙박물관, 1997, 『한국고대의 토기』, 통천문화사.

86. 국립부여박물관, 1994, 『(박만식 교수 소장) 백제토기』, 통천문화사.

87. 국립대구박물관, 2001, 『맥타가트 박사의 대구 사랑, 문화재 사랑』, 통천문화사.

88. 국립중앙박물관, 2001, 『(겸산 최영도 변호사) 기증문화재』, 통천문화사.

89. 호림박물관, 2001, 『韓國土器의 아름다움』, 성보문화재단.

90. 국립중앙박물관, 1990, 『井內功寄贈瓦塼圖錄』, 통천문화사.

91. ____________ , 2002, 『(유창종 기증) 기와 · 전돌』, 통천문화사.

92. 경희대박물관, 2005, 『고구려 와당』.

93. 국립공주박물관, 1988, 『百濟瓦當特別展』.

94. 국립부여박물관, 1989, 『百濟의 瓦塼』.

95. 국립청주박물관, 2000, 『한국고대의 문자와 기호유물』, 통천문화사.

96. ____________ , 1990, 『삼국시대 馬具』.

97. 국립제주박물관, 2003, 『고대의 말』.

98. 국립광주박물관, 1994, 『先 · 原史人의 도구와 기술』.

99. 복천박물관, 2003, 『기술의 발견』.

100. 국립청주박물관, 1997, 『鐵의 역사』.

101. 국립전주박물관, 1995, 『바다와 祭祀 - 扶安 竹幕洞 祭祀遺蹟』.

102. 국립김해박물관, 2004, 『영혼의 전달자 - 새 · 풍요 · 숭배』, 통천문화사.

103. 복천박물관, 2006, 『선사 · 고대의 제사 - 풍요와 안녕의 기원』, 세한기획.

104. 국립진주박물관, 1992, 『눈으로 보는 고대의 소리』.

105. 경북대박물관, 2005, 『우리 악기, 보고 듣고』.

106. 국립중앙박물관, 2000, 『겨레와 함께 한 쌀 - 도작문화 3000년』, 통천문화사.

107. 복천박물관, 2005, 『선사 · 고대의 요리』, 세한기획.

108. 국립중앙박물관, 1990, 『(高句麗 · 百濟 · 新羅) 三國時代佛敎彫刻』.

109. 국립대구박물관, 2003, 『한국의 문양 : 龍』, 통천문화사.

110. 국립공주박물관, 2004, 『우리 문화에 피어난 연꽃』, 통천문화사.

111. 이화여대박물관, 2004, 『한국고대 회화의 흔적』, 이화여대출판부.

112. 예술의 전당 · 원광대학교, 1989, 『韓國金石文大展』.